MÉMOIRES

DU

DUC DE LUYNES

TYPOGRAPHIE DE H. FIRMIN DIDOT. — MESNIL (EURE).

MÉMOIRES

DU

DUC DE LUYNES

SUR LA COUR DE LOUIS XV

(1735 — 1758)

PUBLIÉS

SOUS LE PATRONAGE DE M. LE DUC DE LUYNES

PAR

MM. L. DUSSIEUX ET EUD. SOULIÉ

TOME TROISIÈME

1739 — 1741

PARIS

FIRMIN DIDOT FRÈRES, FILS ET CIE, LIBRAIRES

IMPRIMEURS DE L'INSTITUT, RUE JACOB, N° 56

1860

Tous droits réservés

MÉMOIRES
DU
DUC DE LUYNES.

ANNÉE 1739.

AOUT.

Retour de la Cour à Chantilly, puis à Versailles. — Brouillerie entre M. le Duc et Mme la Duchesse. — Observation de M. de Chavigny sur le caractère du roi de Danemark. — On montre le linge de Madame; plaisanterie du Cardinal à ce sujet. — Chapitre de l'ordre du Saint-Esprit. — Difficulté entre le duc de Chartres et le comte de Charolois au coucher du Roi. — Froideur du Roi envers le cardinal de Fleury. — Mariage de M. de Tréville avec Mlle de Rannes. — Mort de l'archevêque de Narbonne. — Le Roi visite Mme de Mailly; luxe de sa toilette pour dormir. — Arrangements pour les fiançailles de Madame, préparatifs de la fête à Versailles et à Paris; difficultés qu'elle provoque. — Voyage du Roi à Rambouillet. — Continuation des bruits sur M. le Duc et Mme la Duchesse. Mort du prince de Hesse-Rheinfels. — Formation d'un régiment corse. — Arrivée des galions en Espagne; contestations entre l'Espagne et l'Angleterre. — Mort du duc de la Vallière. — Le comte de Tessin présenté au Roi et à la Reine. — M. de la Mina fait la demande de Madame Infante. — Nouveaux règlements pour la fête du mariage. Observation sur les carreaux des ducs. — Mort du vicomte de Melun. — Fiançailles de Madame Infante. — Mariage de Madame Infante. — Fête donnée par M. de la Mina. — Difficulté sur une visite à la reine d'Espagne. — Causes des contestations entre l'Espagne et l'Angleterre. — Détail de la fête de M. de la Mina. — Préparatifs de départ de M. de la Mina. — Feu de la ville de Paris; le Roi y assiste. — Bal de la Ville; anecdote sur Mme de Mailly. — Départ de Madame Infante. — Le Roi va à Rambouillet. — Audience de congé du nonce Lercari.

Du samedi 1er août 1739, Compiègne. — La Reine, qui part lundi 3 de ce mois, a permis aux dames qui auront l'honneur de suivre S. M. d'être dès aujourd'hui en manteau et en jupe; c'est l'usage, et je l'ai déjà marqué pour d'autres voyages.

Du dimanche 2, Compiègne. — Le Roi fut hier courre le cerf; il partit à l'ordinaire dans sa gondole avec les deux princesses, Mme de Mailly et Mlle de Nesle. S. M. avoit donné une calèche et des relais à Mme de Chalais, qui mena Mme de Châtillon et M. de Chalmazel. Le premier cerf fut pris dans la rivière d'Aisne. Le Roi en attaqua un second sur les cinq heures; c'étoit un jeune cerf qui fit une grande refuite, et tout le monde perdit la chasse, même le Roi, qui crut le cerf manqué; mais les calèches avoient trouvé le cerf, qui venoit d'être pris, et Mademoiselle avec la compagnie de sa calèche arriva par-dessus la terrasse à la fenêtre du Roi, qui se déshabilloit, et Mme de Mailly présenta au Roi le pied du cerf. La conversation à la fenêtre dura environ un quart d'heure. Il y eut souper dans les cabinets, mais seulement des hommes, à cause du maigre. Mademoiselle soupa chez Mlle de Clermont; il n'y avoit d'autres dames que Mme de Mailly et Mlle de Nesle. On joua à cavagnole après souper, et le Roi après souper descendit chez Mlle de Clermont, y joua à cavagnole et y resta jusqu'à deux heures.

Du jeudi 6, Chantilly. — Le Roi arriva ici lundi sur les neuf heures du soir, après avoir été de Compiègne courre le cerf dans des buissons du côté de la Picardie. La Reine étoit arrivée un peu auparavant. Tout s'est passé à l'ordinaire pendant le séjour de la Reine; deux tables de dames seulement le soir et une le matin. Mlle de Clermont et Mlle de la Roche-sur-Yon ont tenu alternativement la seconde table. Le Roi le matin a mangé en bas avec quatre ou cinq hommes. M. le Duc y a presque toujours mangé. Mme de Luynes, qui au dernier voyage avoit toujours mangé à la table du Roi et de la Reine, a mangé un jour ici à la seconde table, qui est dans la même pièce. C'est par défaut d'attention de la part de M. le Duc, la dame d'honneur ne devant jamais être séparée de la Reine et ayant le droit de manger tous les jours avec S. M. à Marly, et étant toujours en carrosse ou en calèche avec la Reine. La Reine alla se promener ici le mardi, et pour faire honnêteté à Mmes les Duchesses, elle les mena avec elle et Mlle de Clermont, ce qui fit que Mme de Luynes alla dans une seconde calèche; mais il s'agissoit d'aller à cent pas. La Reine alla au jeu d'oie, qui est un bosquet fait depuis un an ou deux, où il y a une course de bagues assis sur des chaises, ou monté sur des oies. La Reine se mit dans une de ces chaises et prit même grand nombre de bagues.

Le Roi tira mardi et courut hier le sanglier dans le parc avec les chiens de M. le Duc. Avant-hier il fut au rendez-vous de sa chasse avec un attelage de chevaux tigrés dont la robe est fort belle ; cet attelage est acheté depuis peu, et le Roi parut assez occupé de le faire voir. Hier, Mme de Mailly avec M. le comte de Clermont et M. de Gesvres se servit de cet attelage pour se promener un moment autour du château avant le départ de la Reine. Mme de Mailly a toujours dîné dans sa chambre ici avec M. le comte de Clermont et M. de Gesvres. M. le duc de Villeroy soupe aussi toujours dans sa chambre en bas. Pendant le séjour de la Reine, M. le comte de Clermont tenoit la seconde table dans la même galerie que celle de M. le Duc. Il y a eu ce voyage-ci quelques retranchements sur les fruits. M. le Duc remarqua au passage du Roi que les fruits étoient fort chers; il n'a pas voulu que le Roi eût à payer ces frais extraordinaires, et a ordonné plus de simplicité dans les fruits. J'ai déjà marqué que ces voyages du Roi étoient aux dépens de S. M., qui l'a voulu absolument, malgré les représentations de M. le Duc; cela est ainsi depuis l'année passée.

Du lundi 10, *Versailles*. — Je n'ai rien écrit depuis Chantilly, ayant été depuis ce temps à Paris, d'où je ne revins qu'hier. J'ai trouvé en arrivant ici que l'on y parloit beaucoup d'une brouillerie que l'on dit être entre M. le Duc et Mme la Duchesse jeune. J'avois déjà entendu tenir beaucoup de discours qui pourroient bien n'avoir guère de fondement. Il est certain que Mme la Duchesse jeune a paru assez sérieuse à Chantilly; on dit, outre cela, qu'elle change d'appartement à Paris. C'en est assez pour avoir donné occasion de parler.

M. de Chavigny arriva hier ici (il vient de Danemark), et fit sa révérence au Roi dans son cabinet; ce fut M. le Cardinal qui, avant le travail, le présenta à S. M. M. de Chavigny me disoit hier au soir qu'il avoit été extrêmement satisfait de la façon dont le Roi l'avoit reçu; qu'il avoit remarqué avec plaisir toutes les questions que le Roi lui avoit faites, et qu'il avoit trouvé S. M. si disposée à l'entendre que s'il n'avoit pas craint de prendre trop de temps sur le travail avec M. le Cardinal, il seroit entré en détail sur les affaires de Danemark. Il paroît, par ce que dit M. de Chavigny, que l'on a été fort content à Copenhague de M. le marquis d'Antin, qui y a resté quelques jours avec une escadre de quatre vaisseaux, et que le projet est d'y en envoyer tous les ans, même en plus grand nombre, pour accoutumer peu à peu les couronnes du Nord à connoître qu'elles ne sont pas assez éloignées de nous pour n'en avoir pas besoin.

M. de L'Hôpital a remercié ce matin pour l'ambassade de Naples; il compte partir dans le mois de janvier.

J'oubliois une observation de M. de Chavigny sur le caractère du roi de Danemark. Il dit que ce prince ne hait point les François, et que son caractère est assez la douceur et la bonté, mais en même temps la foiblesse; que la Reine a plus d'esprit; qu'elle est assez dans le goût de la reine d'Espagne, aimant à gouverner, mais qu'il y a dans ce pays-là peu d'hommes capables du gouvernement. Il ajoute que le prince royal de Danemark, qui a quinze ou seize ans, donne beaucoup d'espérance.

Hier et aujourd'hui, on a montré le linge et les habits

achetés pour Madame; il n'y a rien de choisi avec autant de goût, autant de magnificence et en aussi grande quantité. Je ne sais point à quoi monte le total; mais il paroît que le linge seul doit aller à plus de 100,000 écus. M. le Cardinal le vit hier, et dit en badinant que c'étoit apparemment pour marier toutes Mesdames. Mme de Tallard répéta cette plaisanterie au Roi, qui voulut voir en détail toute cette emplette, et la plaisanterie parut ne pas plaire à S. M.

Du mardi 11, *Versailles*. — Avant-hier, il y eut chapitre de l'Ordre. Il y avoit cinq ou six jours que M. de Maurepas, par ordre du Roi, avoit écrit pour la convocation de ce chapitre; c'étoit pour l'examen des preuves de M. de la Mina, à qui le Roi a permis de porter le cordon de l'Ordre, quoiqu'il ne soit pas reçu. Il y a même des difficultés sur sa réception. Premièrement, à cause du serment, et secondement, à cause du rang qu'il pourroit prétendre comme ambassadeur et qu'on pourroit lui disputer n'étant pas grand d'Espagne.

M. le comte de Charolois étoit au chapitre; il vint au lever du Roi. M. le duc de Chartres y vint aussi. Le premier valet de chambre, qui n'avoit pas vu M. le duc de Chartres, donna la chemise à M. de Charolois pour la présenter au Roi. M. le duc de Chartres se montra et s'approcha de M. de Charolois pour prendre la chemise; M. de Charolois ne voulut pas la lui donner; de manière que le Roi, s'en étant aperçu, demanda à M. de Charolois s'il ne connoissoit pas M. le duc de Chartres. M. de Charolois dit qu'à cause de la petite vérole il ne l'avoit pas reconnu : cela prouve combien il vient peu dans ce pays-ci.

Le Roi fut chasser samedi dans la plaine de Grenelle, où il tua environ deux cent cinquante pièces de gibier; il en fut tué en tout près de quinze cents. On dit que dans la plaine de Creteil, où le Roi doit aller ces jours-ci, l'on a connoissance de douze cents compagnies de perdreaux.

Le Roi partit hier pour la Meutte ; il tire demain dans la plaine de Saint-Denis, et revient après-demain après avoir couru le cerf. Le même arrangement qu'à l'ordinaire ; Mademoiselle à Madrid et soupant les deux jours à la Meutte. Les dames sont Mlle de Clermont, Mme de Mailly, Mlle de Nesle, Mme la maréchale d'Estrées et Mme de Ségur.

Du mercredi 12, *Versailles*. — Le jour de la demande, qui devoit être le 22, est remis au 23. Il y a deux ou trois jours que M. le Cardinal, étant venu travailler avec le Roi et ignorant ce changement, demanda à S. M. quelle heure il vouloit donner le 21 à M. de la Mina. Le Roi ne répondit autre chose, sinon : « Je n'y serai pas », sans entrer dans aucun détail. M. le Cardinal ne jugea pas à propos de pousser plus loin les questions, et dit à M. de Gesvres, qui étoit présent : « On prendra le jour que le Roi sera ici » ; le Roi ne répondit autre chose, sinon : « apparemment », et entra tout de suite dans sa garde-robe. Le travail avant celui-là, le Roi ayant dit à M. de Gesvres d'envoyer querir M. le Cardinal, entra aussitôt dans sa garde-robe, et M. le Cardinal étant arrivé attendit une demi-heure ou trois quarts d'heure. Ces deux faits sont certains.

On ne sait point encore si le Roi ira au feu de la Ville avec la Reine, ou dans ses carrosses.

Hier, Mlle de Rannes, nièce de M. le lieutenant civil et de Mme la duchesse d'Estrées, épousa M. de Tréville ; il a servi longtemps dans les mousquetaires, et seroit à la place de M. de Jumilhac (1) si sa mère ne l'avoit pas obligé de quitter ; il a 45,000 livres de rente en Béarn, et quarante-six ou quarante-sept ans ; il a été marié deux fois, et n'a eu qu'une fille de sa première femme, qui est morte. Le mariage s'est fait chez Mme la duchesse d'Estrées.

---

(1) Capitaine-lieutenant de la première compagnie des Mousquetaires de la Garde.

Du vendredi 14, *Versailles.* — Mme d'Avéjan fit sa révérence il y a quelques jours; elle n'est plus en deuil; elle a attendu que le deuil de son mari fût fini pour paroître ici ; ce n'étoit pas autrefois l'usage.

On a appris ces jours-ci la mort de M. l'archevêque de Narbonne (1) ; il étoit Beauvau, frère du lieutenant général dont la fille avoit épousé feu M. le duc de Rochechouart, frère aîné de celui d'aujourd'hui.

M. l'archevêque d'Alby (2), qui est ici depuis deux mois, présenta il y a trois ou quatre jours ses neveux, fils de M. de Castries, qui ont toujours été élevés chez lui.

M. de Puysieux a fait hier et aujourd'hui ses révérences; il arrive de Naples. Le Roi l'a reçu avec bonté et lui parla beaucoup hier.

Le Roi fut mardi tirer dans la plaine de Saint-Denis, où il y eut douze cents pièces de gibier de tuées. S. M. soupa le lundi et le mardi avec les dames que j'ai nommées ci-dessus. Le mercredi, il partit de la Meutte sur le midi; il alla à Madrid, où il entra chez Mademoiselle, qui dormoit; ne s'étant point réveillée, le Roi alla chez Mlle de Clermont, qui se réveilla, mais la visite ne fut pas longue. Le Roi passa ensuite à l'appartement de Mme de Mailly; elle étoit éveillée, mais dans son lit, toute coiffée et la tête pleine de diamants; mais elle couche toujours ainsi; elle avoit sur son lit la jupe de son habit pour le mariage de Madame, et dans sa chambre un joaillier nommé Lemagnan, qui a beaucoup de pierreries et qui prête des parures valant deux ou trois millions. Il y avoit aussi des marchands de Paris de parures d'habits que l'on appelle de charpes (3) et que Mme de Mailly appelle ses petits chats. Le Roi entra dans la plaisanterie et les appela de même, examina

---

(1) René-François de Beauvau du Rivau.
(2) Armand-Pierre de la Croix de Castries.
(3) Ou de carpes. *(Note du duc de Luynes.)*

la jupe et les pierreries du sieur Lemagnan fort en détail ; et lorsque les dames furent prêtes, il partit pour la chasse menant dans sa gondole les six dames que j'ai nommées plus haut. Il y avoit deux calèches à la chasse ; dans chacune, une des deux princesses avec deux dames et deux places remplies, l'une par M. du Bordage et l'autre par M. de Luxembourg, qui ne va plus à la chasse à courre depuis une chute qu'il fit il y a deux ou trois ans, dont il a un doigt estropié.

Les arrangements pour la fête se décident tous les jours. Les fiançailles se feront dans la pièce où est l'œil-de-bœuf ; les dames attendront dans la galerie, passant ou par l'œil-de-bœuf ou par chez la Reine. M. de Gesvres fait garder toutes les portes de tout ce qui est appartement ; à la porte qui donne sur l'escalier de marbre, il y aura des huissiers en dedans, auxquels M. de Noailles donnera des Suisses pour les secourir, qui seront en dehors de la porte. Le jour du mariage, toutes les dames qui ne seront point habillées en grand habit, pourvu qu'elles soient en mantilles, pourront attendre dans la galerie pour voir passer le Roi. Madame n'aura point de manteau royal, mais seulement une mante de sept aunes de long. Le jour du mariage, le Roi entrera à six heures dans la galerie où il y aura une table de lansquenet dans le milieu, deux tables de cavagnole aux deux bouts, et beaucoup d'autres tables de jeu. Après le feu, le Roi ira se mettre à table chez la Reine. Madame Infante, Mme Henriette et toutes les princesses du sang souperont avec LL. MM. Cependant cela n'est point censé festin royal (1), car les grands officiers de la couronne ne serviront point. Les dames ne seront point en grandes boucles si elles ne l'aiment

---

(1) Il me semble que l'on distingue banquet royal et festin royal, et qu'on regarde ceci comme festin et non comme banquet. (*Note du duc de Luynes.*)

mieux; le Roi a décidé que ce seroit à leur volonté; lui-même sera en bourse.

Le jour du feu de la Ville, le Roi, la Reine, M. le Dauphin et Mesdames iront tous dans leurs carrosses séparément. Ceux qui veulent se présenter pour suivre S. M. dans son carrosse se font écrire chez M. de Gesvres, de même que cela est établi pour les voyages de la Meutte et pour les chasses à tirer. M. de Gesvres a donné les ordres à M. de Cotte pour le balcon que l'on a construit à Paris pour le Roi et la Reine (et que M. le contrôleur général vient de faire abattre pour en faire un plus grand); mais M. de Gesvres n'a point donné ces ordres comme en ayant droit; il déclara au contraire à M. de Cotte que c'étoit en l'absence de M. le contrôleur général, qui étoit en campagne, qu'il l'avertissoit des intentions du Roi par ordre exprès de S. M. Il y aura sur la petite terrasse, à Versailles, qui est immédiatement devant la galerie, des bancs pour les dames de Paris qui ne sont point en grand habit. Le Roi demanda hier à M. de Gesvres s'il prétendoit que ce fût à lui à donner les places sur ces bancs. M. de Gesvres lui répondit que cela n'étant point de l'appartement de S. M., il ne pouvoit y rien prétendre, que d'ailleurs ce n'étoit point un échafaud, ce qui en ce cas pourroit le regarder (tout ce qui s'appelle échafaud se fait par ordre du premier gentilhomme de la chambre, et sous lui par ceux de l'intendant des Menus; par exemple l'on fait des échafauds dans la chapelle en bas, et ce sera M. le duc de Villeroy qui donnera les places); M. de Gesvres ajouta qu'à l'égard de la terrasse, il supposoit toujours que c'étoient les bancs du jardin que l'on rassembleroit en cet endroit, et que par conséquent cela ne le regardoit point.

Le salon que l'on appelle de la Guerre, qui est au bout de la galerie, du côté de la chapelle, est destiné pour les ambassadrices.

Le Roi a déclaré qu'il n'iroit point au feu de M. de la Mina ni à sa fête; M. de la Mina le désiroit beaucoup, et demandoit même que la décoration du feu fût conservée, offrant de faire tirer un second feu si le Roi vouloit le voir; mais il a été décidé que la décoration seroit abattue aussitôt que le feu seroit tiré, parce qu'elle feroit tort au coup d'œil du feu de la Ville. Madame Infante ira chez M. de la Mina au feu et au bal paré qui sera après le souper, et auquel toutes les dames seront en grand habit. Il me semble que l'on compte que Madame ne soupera point chez M. de la Mina.

Du mardi 18, Versailles. — La décoration qui est en face de la galerie, au bord de la terrasse et au-dessus de Latone, est composée de plusieurs portiques qui ressemblent ou à la colonnade (1) ou à Trianon. Les boîtes de fusées sont aux deux côtés au-dessus de Latone et sur les deux rampes qui descendent vers le canal. Toute cette dépense est faite par les Menus; c'est MM. de Bonneval et de Selle, intendants des Menus, qui en sont chargés. Les intendants des Menus sont aux ordres du premier gentilhomme de la chambre; ce sera le capitaine des gardes qui donnera les places sur la petite terrasse vis-à-vis l'appartement de M. le Dauphin et celui de Mme la comtesse de Toulouse; aux deux côtés, il y aura deux échafauds, dont l'un est censé être pour le premier gentilhomme de la chambre; mais M. de Gesvres ne s'est point soucié de l'embarras d'y donner des places, et a laissé ce détail aux intendants des Menus. L'échafaud de l'autre côté sera pour MM. des Bâtiments, qui en ont demandé la permission à M. de Gesvres.

Il y a eu quelques difficultés par rapport à la galerie dans les fêtes; c'est le premier gentilhomme de la

---

(1) Bosquet des jardins de Versailles. Cette décoration a été gravée par Cochin fils.

chambre, et par conséquent les Menus qui sont chargés de faire fournir les bougies, et le profit des bougies qui restent se partage dans la chambre et donne lieu ordinairement à plusieurs contestations, quoique l'objet soit peu considérable. Lorsque c'est appartement, c'est le gouvernement qui fournit les bougies et ce sont les garçons bleus qui en ont le profit, comme dans le salon de Marly ; c'est aussi dans ce cas que les garçons bleus donnent les cartes, les tables, et qui en ont le profit; au lieu qu'en cas de fête, ce sont les valets de chambre du Roi. La décision de ce point étoit incertaine. M. de Gesvres en parla à M. le Cardinal, qui lui dit qu'il croyoit que ce devoit être fête. M. de Gesvres représenta ensuite au Roi que les garçons bleus étoient plus accoutumés à cette sorte de service, et qu'il y auroit moins de disputes en le décidant appartement, et cela a été ainsi décidé.

La décoration de l'hôtel de ville pour le bal sera au plus magnifique ; c'est dans la cour même de l'hôtel de ville où l'on dansera; on l'a parquetée et couverte avec beaucoup d'ornements; outre cela il y aura plusieurs autres pièces encore pour danser et plusieurs chambres où l'on pourra s'assembler et voir le bal par les fenêtres. Il y a une de ces chambres que l'on réserve pour le Roi en cas qu'il veuille y aller, ce qui paroît sûr. Toutes ces chambres sont meublées de meubles neufs, et l'on n'y a rien oublié de ce qui pourroit être pour la commodité des dames (1). On dit que MM. de la Ville n'ont point été contents de n'être pas priés par M. de la Mina d'aller à son feu ; ils font faire un échafaud pour eux sur le quai des Théatins.

---

(1) M. Hérault me dit hier qu'il croyoit que la dépense de la Ville en feu, illumination, bal, etc., à l'occasion du mariage de Madame, pouvoit aller aux environs de 360,000 livres. Il me confirma aussi ce que j'ai marqué ci-devant, que les revenus de la ville montoient à peu près à 800,000 livres, quelque chose de plus. (*Addition du* 16 *septembre.*)

Le Roi alla avant-hier à Rambouillet et en revient aujourd'hui; il doit y trouver ses ordres exécutés pour un entresol qui est dans la pièce qui sépare l'appartement du Roi d'avec celui qu'occupoit Mademoiselle. Cet entresol est à côté d'un autre qui servoit pour le premier valet de chambre et que le Roi a pris pour un cabinet, et le nouvel entresol sert pour le premier valet de chambre; ces deux pièces n'ont point de communication en haut, comme on l'avoit dit. Mme la comtesse de Toulouse ne s'est point mêlée de cet arrangement; c'est M. Gabriel qui y a été par ordre du Roi et qui l'a fait faire.

On a ici d'assez mauvaises nouvelles de la santé de l'Infante Marie-Thérèse; c'est celle que l'on regarde comme destinée à M. le Dauphin, et dont on dit beaucoup de bien tant du caractère que de la figure.

On a continué ces jours-ci à parler beaucoup sur ce qui regarde M. le Duc et Mme la Duchesse; comme elle a changé d'appartement et qu'elle loge présentement en haut, on a jugé que les bruits (1) n'étoient pas sans fondement. Cependant tout étoit arrangé et elle devoit venir ici à la fête; mais l'on vient d'apprendre depuis peu la mort du prince de Hesse-Reinfels, son frère; il avoit été blessé, à ce que l'on dit, légèrement, dans une défaite des Impériaux, sous la conduite du général Walis (2), par les Turcs, aux environs de Belgrade, et il est mort de sa blessure. Mme sa sœur en est extrêmement affligée, et n'ira à aucune des fêtes.

Le Roi vient de lever un régiment d'infanterie composé des habitants de l'île de Corse; tous les capitaines et officiers inférieurs sont aussi de cette île; il n'y a

---

(1) Voy. *Barbier*, t. III, p. 187 et suiv., et *d'Argenson*, t. II, p. 99.

(2) On l'accuse d'avoir attaqué avec imprudence; ce combat a duré depuis la pointe du jour jusqu'à neuf heures du soir. On dit qu'il a eu sa revanche et qu'il a battu un corps de trente mille hommes. (*Note du duc de Luynes.*)

que l'aide-major, major, lieutenant-colonel et le colonel qui soient François. Le régiment sera comme Royal-Italien sur le pied étranger. Le Roi en a donné le commandement à M. le chevalier de Vence, lieutenant aux gardes françoises. Ce sont des gentilshommes de Provence; M. le chevalier de Vence est un cadet et étoit sans biens.

Le Roi est arrivé de Rambouillet ce soir vers les dix heures. Il y avoit sept dames à ce voyage : Mademoiselle, Mme d'Antin, Mme de Mailly, Mlle de Nesle, Mme la duchesse de Ruffec, Mme de Maillebois et Mme de Sourches; ces deux dernières étoient priées par Mme la comtesse de Toulouse. Elles ont toutes été à la chasse, hors Mme de Sourches, hier et aujourd'hui, dans une des calèches à quatre du Roi. Hier c'étoit Mme de Mailly, Mme d'Antin, Mlle de Nesle et Mme de Maillebois; aujourd'hui, ç'a été Mademoiselle, Mme de Mailly, Mlle de Nesle et Mme de Ruffec. Ces quatre dames sont revenues avec S. M. et soupent dans ses cabinets. Mme d'Antin est arrivée devant parce qu'elle est de semaine; elle soupe avec la Reine. Mme d'Antin a fait avertir Mmes de Chalais et de Talleyrand pour souper dans les cabinets. La Reine soupe avec des dames, ce qui lui arrive présentement assez souvent; mais c'est son souper ordinaire. On passe seulement la table dans le cabinet qui est avant sa chambre.

Du dimanche 23, Versailles. — Le Roi revint hier de Rambouillet, où il étoit depuis jeudi. Les dames qui étoient à ce voyage-ci sont : Mme de Sourches, qui y a resté du dernier voyage, Mademoiselle, Mme de Mailly, Mlle de Nesle, Mme de Ségur, Mmes de Chalais et de Talleyrand. Les cinq dernières revinrent hier avec le Roi. Il y eut souper dans les cabinets, mais avec des hommes seulement, à cause du maigre.

On apprit hier une nouvelle qui fait grand plaisir : c'est l'arrivée des assobes ou galions; nous y avons un intérêt considérable; on dit qu'il y a dessus vingt millions appartenant à des François. La situation présente de l'Angleterre avec l'Espagne faisoit craindre que les galions ne pussent pas arriver, et ils n'auroient pu effectivement entrer à Cadix ; mais ils ont abordé dans un autre port. On leur avoit envoyé avis du danger qu'ils couroient et ils en ont profité.

Les Espagnols reprochent depuis longtemps aux Anglois qu'ils font tort à leur commerce par une contrebande continuelle; il y a eu quelques vaisseaux marchands anglois pris par les Espagnols. Cet événement avoit donné lieu aux Anglois de demander des dédommagements dont on étoit convenu par un écrit signé et revêtu de toutes les formes ; cependant le payement ne se faisant point, les Anglois ont renouvelé leurs plaintes et menacé de représailles. Mais de leur côté ils n'ont pas exécuté la parole qu'ils avoient donnée de faire rentrer dans leurs ports la flotte de l'amiral Haddock. Les Anglois disent pour leur justification que le gouvernement n'a pas été le maître d'exécuter sa parole, et que, quoique les ordres eussent été envoyés, la nation a exigé que l'on envoyât de nouveaux ordres contraires aux premiers. Ce qui est certain, c'est que Walpole, qui est le ministre en qui le Roi a le plus de confiance, est détesté par la nation, et qu'il paroît que la supériorité de crédit que le Roi s'étoit toujours conservée jusqu'à présent diminue tous les jours. Il y a eu aussi un de nos vaisseaux marchands portant pavillon françois insulté par les Anglois, c'est-à-dire fouillé (1); ce qui est contre les traités.

M. le duc de la Vallière mourut hier matin entre huit et neuf heures ; il avoit environ soixante-dix ans ; c'est le neuvième des gendres de Mme la maréchale de Noailles qu'elle voit mourir. Elle a eu neuf filles, dont une religieuse, et huit mariées dont deux mariées deux fois : Mme la comtesse de Toulouse, qui a été Mme de Gondrin,

---

(1) Visité.

et Mme de Mancini, qui a été Mme de Louvois. Il ne reste plus des dix gendres que M. de Mancini.

M. le comte de Tessin fut présenté avant-hier au Roi et à la Reine. C'est un homme de grande condition de Suède ; il est surintendant des bâtiments ; il est déjà venu plusieurs fois en France ; on croit qu'il y prendra dans peu la qualité d'ambassadeur. Ce fut M. le Cardinal qui le présenta au lever, à l'entrée du balustre en dehors. Mme la comtesse de Tessin a été présentée aujourd'hui au Roi et à la Reine par Mme de Luynes. Elle est fille du baron de Spa, qui a été ici ambassadeur ; elle a amené avec elle sa nièce, Mlle de Spa, qui a été présentée à la Reine en même temps qu'elle, et ne l'a pas été au Roi en même temps ; elle l'a été ce soir chez la Reine. On dit que c'est l'usage pour les filles ; et Mme de Mazarin dit que Mme de Flavacourt étant Mlle de Mailly, a été présentée de même au Roi chez la Reine.

Aujourd'hui, M. de la Mina, conduit par M. de Marsan, est venu faire la demande. Outre les carrosses de l'introducteur (M. de Sainctot), celui de M. de Marsan, celui du Roi et celui de la Reine, l'ambassadeur a cinq carrosses fort beaux, surtout un de velours vert par dedans et par dehors, avec beaucoup de broderie or et argent. Il a eu l'honneur des armes et s'est couvert chez le Roi. Je n'ai point été à cette audience. Les Ducs ne s'y trouvent point, à cause qu'ils n'ont pas droit de se couvrir ; par la même raison, les grands d'Espagne, qui en Espagne se couvrent devant le Roi. Chez la Reine, l'ambassadeur a été accompagné des grands d'Espagne françois ; il n'a pas même fait semblant de se couvrir chez la Reine ; la Reine s'est levée et a resté debout pendant la demande ; il n'y avoit que M. de Nangis derrière le fauteuil. L'ambassadeur a parlé espagnol au Roi et à la Reine. Il loge depuis plusieurs jours à l'hôtel des ambassadeurs, où il est traité à dîner et à souper aux dépens du Roi (je crois cependant qu'il couche dans sa maison, mais il est censé loger à l'hôtel des ambassadeurs); il y mange et y prie à dîner et à souper. C'est un maître d'hôtel du Roi qui fait les honneurs de cette table et qui y mange. Tous les officiers qui servent ceux qui sont à table servent le chapeau sur la tête; c'est l'usage.

M. de la Mina a été chez Madame, qu'on appelle présentement Madame Infante, après avoir été chez M. le Dauphin. Madame Infante loge présentement dans l'appartement vis-à-vis d'ici qu'occupoit S. A. R. Mᵐᵉ la duchesse d'Orléans. Madame Infante n'étoit point chez la Reine dans le moment de la demande, et de même Mᵐᵉˢ Henriette et Adélaïde n'étoient point chez Madame Infante dans le temps que M. de la Mina y est venu pour le même sujet. Il y avoit Mᵐᵉ de Tallard, Mᵐᵉ et Mˡˡᵉ de Montauban, sa fille aînée, et grand nombre d'autres dames. M. de la Mina a été ensuite chez Mᵐᵉˢ Henriette et Adélaïde. J'oubliois de marquer, qu'après avoir fait son compliment à Madame, il lui a remis un portrait de don Philippe pour mettre à son bras. Elle a eu aussi aujourd'hui un présent du Roi et de la Reine. C'est le portrait de LL. MM. enrichi de diamants pour mettre à son bras. M. le Cardinal étoit à l'audience de la Reine avec un pliant derrière lui ; mais il ne s'est point assis. Mᵐᵉ de Nangis y étoit avec un carreau devant elle. La Reine a pleuré après avoir répondu à l'ambassadeur.

Du mardi 25, Versailles. — Il y a eu ces jours-ci plusieurs choses de réglées par rapport à la fête. Premièrement, la coiffure comme il est déjà marqué au 14. Secondement, toutes les princesses veuves et toutes les veuves titrées auront des voiles. Troisièmement, on a été incertain pendant plusieurs jours s'il y auroit en bas d'autres dames que celles du service ; il a été réglé qu'outre le service de la Reine, de Mesdames et des princesses, et les dames du palais, il y auroit dix-huit dames qui suivroient la Reine. La Reine a nommé ces dix-huit dames, qui sont titrées et non titrées. Quatrièmement, il a été aussi réglé que les dames du palais (il n'en manquera qu'une, qui est Mme de Gontaut) auront un banc séparé et ne sont point derrière les dames d'honneur des princesses. Cinquièmement, que la Reine seroit suivie immédiatement par Mesdames et les princesses, après lesquelles marcheront la dame d'honneur de la Reine et sa dame d'atour, et ensuite ses dames du Palais. Cet arrangement est contraire à celui que j'ai marqué ci-dessus, qui avoit été réglé par la Reine pour que son service ne soit point coupé même par Madame. Sixièmement, l'affaire des carreaux a été fort traitée ces jours-ci; il a été décidé qu'outre les ducs en service, qui sans contredit ont des carreaux, il y auroit, pour marquer le droit, quatre ducs qui en auroient derrière le Roi, et de manière qu'ils ne pussent être vus par S. M. M. le Cardinal, qui craint toujours que les ducs ne veuillent faire un corps, a fort recommandé que ces ducs ne fussent pas même ensemble; et quoiqu'on lui eût rapporté les derniers exemples du mariage de Mme la princesse de Conty, du baptême de M. le Dauphin, etc., où les ducs avoient des carreaux, ce que M. de Dreux lui-même a certifié, et que l'on ait en outre représenté à S. Ém. le long usage de cette prérogative, on a eu assez de peine à obtenir qu'il y en eût. M. le Cardinal dit que le Roi ne veut point autoriser ce droit par une décision formelle. M. le duc de Villeroy, qui apparemment a craint de déplaire au Roi en faisant quelques démarches favorables aux ducs, ne s'est pas contenté d'un mot que M. le Cardinal lui avoit dit par rapport aux quatre carreaux; il alla hier au soir chez M. le Cardinal pour avoir un ordre positif, et il avoit encore quelqu'envie malgré cela de demander l'ordre du Roi; cependant il se contenta de celui de M. le Cardinal. Ces quatre ducs n'auront aucun de leurs gens pour porter lesdits carreaux; ce seront les ducs de service qui feront porter par leurs gens deux carreaux au lieu d'un. Cet ordre est pour conserver quatre places de plus que cela occuperoit dans la chapelle.

A propos des carreaux je dois placer ici une convervation que M. de Chaulnes eut avec le Roi, à Compiègne, au sujet d'une affaire concernant l'aide-major des chevau-légers, dont j'ai parlé ci-dessus, et qui me paroît entièrement décidée contre les chevau-légers. La conversation tomba sur l'article des carreaux. M. de Chaulnes crut remarquer par la réponse du Roi que ce n'étoit pas le temps favorable de traiter de cet article. Comme c'étoit dans le temps du travail de M. de Chaulnes avec le Roi sur les chevau-légers, M. le Cardinal étoit en tiers à ce travail, suivant l'usage. Au sortir de chez le Roi, M. de Chaulnes étant allé chez M. le Cardinal lui parla de la réponse du Roi, qui lui avoit paru peu favorable. M. le Cardinal dit et répéta même plusieurs fois à M. de Chaulnes, qui me l'a dit, qu'il (M. de Chaulnes) avoit mal compris la réponse de S. M., que le Roi ne vouloit ni ne prétendoit point ôter les carreaux aux ducs.

On apprit il y a deux jours la mort de M. le vicomte de Melun ; il étoit lieutenant général et avoit le gouvernement d'Abbeville. Ce gouvernement lui valoit 10 ou 12,000 livres de rente ; mais il y avoit eu sur cela une augmentation faite en sa faveur, que l'on retranchera vraisemblablement.

On a eu de meilleures nouvelles ces jours-ci de l'infante Marie-Thérèse, du 17 du mois et du 26 de sa maladie.

J'ai oublié de marquer, à l'occasion du mariage, que toutes les dames qui seroient aux travées en haut seront en grand habit.

Le Roi doit faire demain la liste de ceux qui doivent le suivre au feu de la Ville ; comme il restera peu de places dans les carrosses de S. M., à cause des princes et du grand nombre de service, le Roi trouvera bon que ceux à qui il permettra de le suivre aillent dans leurs voitures et qu'ils l'attendent au Louvre pour y entrer avec lui.

J'ai marqué ci-dessus que les grands d'Espagne n'avoient point accompagné M. de la Mina chez le Roi ; ils ne l'accompagnèrent pas non plus chez M. le Dauphin, par là même raison que chez le Roi, ne pouvant se couvrir ni chez l'un ni chez l'autre, quoique l'ambassadeur en ait le droit.

Du Mercredi 26, *Versailles.* — Hier se firent les fiançailles de Madame; l'heure étoit donnée à six heures et demie. Toutes les princesses et les grandes d'Espagne s'assemblèrent chez Madame. Mlle de Clermont et toutes les autres dames étoient chez la Reine. M. le Dauphin donnoit la main à Madame, et la conduisit chez la Reine, où tout étant réuni, on passa chez le Roi, où étoient tous les princes et tous les hommes de la Cour. Il y a ici de princesses : Mme la Duchesse mère, Mme la princesse de Conty, Mademoiselle, Mlle de Clermont, Mlle de Sens, Mlle de la Roche-sur-Yon, et de légitimée : Mlle du Maine. De princes : M. le duc d'Orléans, M. le duc de Chartres, M. le Duc, M. le comte de Charolois, M. le comte de Clermont, M. le prince de Conty, et de légitimés : M. le prince de Dombes, M. le comte d'Eu et M. de Penthièvre. Presque toutes les dames restèrent dans le cabinet de la Reine, qui est le salon du bout de la galerie (1). Un peu avant huit heures, la Reine se mit en marche, suivie immédiatement de Madame, de Mme Henriette et de Mme Adélaïde; ensuite Mme la Duchesse, les princesses de suite; ensuite Mmes de Luynes et de Mazarin, les dames du palais, les dames d'honneur des princesses; toutes les autres dames suivoient. La Reine entra par la porte de glaces dans le cabinet de l'œil-de-bœuf. (La pièce de l'œil-de-bœuf est d'ordinaire l'antichambre du Roi; mais pour ce moment-là elle devint cabinet du Roi, les huissiers et les flambeaux de la Reine n'y pouvant entrer). Toute la galerie étoit éclairée par des girandoles; les lustres n'étaient point allumés; (à l'occasion de cette fête on a acheté pour le roi un grand nombre de chandeliers de

---

(1) Le salon de la Paix.

Bohême; on étoit obligé d'en louer dans de pareilles occasions); l'œil-de-bœuf étoit fort bien éclairé. Dans le fond, auprès de la cheminée, étoit une grande table, au bout de laquelle le Roi se mit à droite et la Reine à gauche; ensuite M. le Dauphin et Mesdames et tous les princes et princesses, suivant leur rang, les hommes du côté du Roi, les femmes du côté de la Reine. Les ambassadrices de Vienne et de Madrid étoient immédiatement après les princesses. Les courtisans, sans distinction, le long des murailles des deux côtés. Il n'y avoit ni siéges, ni banquettes, de sorte que l'arrangement put ne pas paroître aussi régulier qu'il auroit dû l'être; mais il y avoit beaucoup de place, et le Roi (1) eut lui-même grande attention à faire reculer les hommes pour faire place aux dames.

M. de la Mina étoit venu ce même jour dans les carrosses du Roi avec M. de Marsan; il s'en retourna hier au soir dans ses carrosses et est revenu encore aujourd'hui dans les carrosses du Roi avec M. de Marsan. Il est toujours à l'hôtel des ambassadeurs, défrayé aux dépens du Roi; et quand il vient ici, il dîne dans la salle des ambassadeurs aux dépens de S. M.

M. de la Mina étoit hier dans le milieu de l'œil-de-bœuf avec les princes du sang, et M. de Marsan à côté. M. le duc d'Orléans avoit un grand manteau d'étoffe. Madame avoit un grand habit noir et or, comme c'est l'usage le jour des fiançailles, et une mante de réseau d'or, de sept aunes de long (2). Cette mante étoit portée par Mme Henriette, sa sœur. Le Roi étoit entré par sa chambre. Les quatre secrétaires d'État étoient auprès de la table, et M. le cardinal de Fleury auprès du Roi.

---

(1) Le lendemain, le Roi dit à son souper que du temps du feu Roi les hommes avoient bien plus de politesse pour les femmes, et que si un homme s'étoit mis devant une dame, le Roi l'auroit trouvé fort mauvais. (*Note du duc de Luynes.*)

(2) Celle de la Reine doit en avoir neuf. (*Note du duc de Luynes.*)

Tout le monde étant assemblé, la cérémonie commença par la lecture que fit M. Amelot de la procuration du roi d'Espagne et ensuite du contrat de mariage, l'un et l'autre dans le même acte. Ensuite, M. le cardinal de Rohan entra par la chambre du Roi (1); il étoit conduit par M. Desgranges, maître des cérémonies, précédé par M. le curé de Notre-Dame, devant lequel marchoient deux prêtres et devant eux M. l'abbé d'Oppède, aumônier du Roi, et un clerc de chapelle. M. le cardinal de Rohan fit les fiançailles, comme à l'ordinaire, après lesquelles le Roi et la Reine signèrent, ensuite M. le Dauphin, Madame Infante, Mesdames, M. le duc d'Orléans, tous les princes et princesses et légitimés, suivant leur rang (2). Les signatures faites, et après Mlle du Maine, M. de la Mina, accompagné de M. de Marsan, avança et signa. M. le Dauphin donna la main à Madame Infante, qui retourna chez la Reine et ensuite chez elle. Le Roi rentra dans son apparment, suivi des princes du sang. Le spectacle étoit fort beau par la magnificence des habits et le nombre des dames (3).

Le roi soupa au grand couvert, à l'ordinaire.

Du jeudi 27, Versailles. — Hier, l'heure étoit donnée pour le mariage à midi. Les princes s'assemblèrent chez le Roi. Les princesses et les grandes d'Espagne se rendi-

---

(1) Il avoit passé par la galerie, mais il n'entra dans le cabinet qu'après le contrat lu, et les signatures faites. (*Note du duc de Luynes.*)

(2) Mlle du Maine signa la dernière de toutes, quoique, suivant la prérogative attachée à la branche aînée, elle eût dû signer avant M. de Penthièvre.

On sait qu'il est fort question depuis longtemps d'accorder des honneurs encore plus grands aux légitimés et à leurs enfants. M. le Duc est aujourd'hui presque le seul prince qui s'y oppose. Il fait, à ce que j'ai appris, deux observations principales : l'une, que la branche aînée doit avoir le rang devant la cadette et par conséquent Mlle du Maine avant M. de Penthièvre; l'autre que dans l'acte qui seroit dressé, il y sera dit que les légitimés auront les mêmes honneurs et prérogatives que les princes du sang ont; il ne faut pas ajouter, et pourront avoir. Ce mot de pourront est celui qui lui déplait et auquel il ne veut point consentir. (*Note du duc de Luynes.*)

(3) On en compta cent quinze. (*Note du duc de Luynes.*)

rent chez Madame Infante, comme la veille, pour la suivre. M. le Dauphin alla la prendre chez elle, et la mena chez la Reine. La galerie et tous les appartements étoient extrêmement remplis ; mais il y avoit un si grand ordre que le passage étoit fort aisé (1). M. le duc d'Orléans étoit en manteau d'étoffe, mais c'étoit un manteau court, et Madame n'avoit point de mante. Le Roi descendit par le grand escalier de marbre, qui faisoit un spectacle admirable par la grande quantité de monde qui y étoit placé. L'on entroit dans la chapelle en haut et en bas avec la même facilité que l'on traversoit l'appartement. Jamais ordres n'ont été donnés avec plus de soins ni exécutés avec plus d'exactitude. La chapelle étoit garnie dans toutes les travées, en bas, de gradins, dont celui du milieu auprès de la chaire du prédicateur avoit été donné aux ambassadeurs. Ce gradin étoit celui de tous qui faisoit le plus bel effet à cause de la magnificence des habits. Les autres étoient bien remplis, mais pas assez décorés. Le prie-Dieu du Roi étoit beaucoup plus reculé qu'à l'ordinaire, ce qui laissoit un grand espace du côté de l'autel, lequel étoit rempli par plusieurs évêques et archevêques, en rochet et en camail, et par les aumôniers du Roi. M. le duc d'Orléans et Madame Infante étoient chacun sur un carreau sur la première marche du chœur. M. de la Mina étoit en bas, sans carreau, parce qu'il étoit devant le Roi. M. le Dauphin, Mme Henriette, qu'on appelle présentement Madame, et Mme Adélaïde étoient sur des carreaux sur le drap de pied, suivant la règle et suivant leur rang. Les princes et princesses à droite et à gauche, sur des carreaux au bord du drap de pied, suivant leur rang, M. le duc de

---

(1) On avoit cloué des banquettes depuis l'appartement de la Reine jusqu'au degré de marbre, des deux côtés, en laissant un passage dans le milieu, d'environ huit pieds, sans quoi il eut été impossible d'arrêter la foule quoiqu'on n'entrât dans l'appartement que par billets. Les gens de la Cour y entroient sans billets. (*Note du duc de Luynes.*)

Chartres à droite, Mme la Duchesse à gauche et ainsi de suite ; les quatre légitimés en seconde ligne. Suivant la règle, M. de Dombes devoit être à droite avec Mlle du Maine, et M. le comte d'Eu et M. de Penthièvre à gauche ; cependant c'étoit M. le comte d'Eu et Mlle du Maine qui étoient à gauche. Cela est peu important ; mais ce qui est à remarquer, c'est la seconde ligne, suivant l'étiquette de pareilles cérémonies. Les onze dames du palais (1) étoient toutes de suite du côté de la Reine depuis la première marche du chœur jusqu'à la chaire du prédicateur, et au-dessous de la dite chaire étoient deux ou trois dames d'honneur des princesses. Les autres dames d'honneur étoient du côté du Roi ; Mme de Luynes et Mme de Mazarin, à leurs places avec leurs carreaux derrière la Reine. Les dix-huit qui avoient suivi la Reine étoient à droite du côté du Roi. Au bout du carré, du côté de la porte à droite, MM. de Chalais, de Luxembourg, de Soubise et de Rohan étoient avec leurs carreaux. C'étoient les quatre qui avoient été nommés ; c'est-à-dire, M. de Noailles devoit être un des quatre ; mais M. de Chalais avoit représenté le droit des grands d'Espagne et avoit même engagé M. de la Mina à en parler à M. le Cardinal très-fortement. Cette affaire avoit été traitée devant le Roi, qui dit que pourvu qu'il n'y eût que quatre carreaux, outre le service, qu'il fermeroit les yeux. M. le maréchal de Noailles offrit lui-même sa place à M. de Chalais, et l'affaire fut terminée. Il y avoit deux échafauds dans la tribune du Roi à droite et à gauche. Aux travées d'en haut, toutes les dames qui y étoient étoient en grand habit ; les deux travées plus près de l'autel, à droite et à gauche, étoient données à Mme de la Mina et à Mme de Lichtenstein ; il y avoit

---

(1) La douzième est Mme de Gontaut qui ne s'y est point trouvée parce qu'elle est malade. Mmes de l'Hôpital et d'Andelot, attachées à Mesdames, étoient avec les dames du palais. (*Note du duc de Luynes.*)

un si grand ordre que l'on entroit avec la plus grande facilité en haut.

Il y eut une difficulté que j'appris hier au sujet de M. l'abbé de Franchini, qui depuis quinze ou seize ans est ici envoyé du grand duc ; on avoit donné un banc aux ambassadeurs et un aux envoyés ; il prétendoit être dans l'usage de se mettre toujours avec les ambassadeurs. M. de Sainctot prétendit la place, de préférence, comme introducteur des ambassadeurs. L'affaire fut traitée devant M. le Cardinal ; elle fut décidée en faveur de M. de Sainctot. L'abbé de Franchini s'en alla aussitôt à Paris.

Le poêle fut tenu par deux aumôniers du Roi, l'abbé d'Aydie et l'abbé de La Fare, et deux clercs de chapelle ; au reste, les cérémonies du mariage à l'ordinaire, une messe basse avec la musique. Après le mariage, on signa l'acte de célébration, dans la chapelle, sur le prie-Dieu du Roi : le Roi, la Reine, les Enfants de France, M. le duc d'Orléans, M. le duc de Chartres et Mme la Duchesse la mère seulement, et ensuite M. de la Mina. On revint dans le même ordre. La Reine étoit suivie immédiatement par Madame Infante, Madame, et ensuite les princesses ; immédiatement après elles, Mme de Luynes, Mme de Mazarin, et ensuite les dames du palais ; Mme de Tallard seule derrière Madame Infante, et les dames d'honneur des princesses marchoient les dernières de toutes.

On alla le même jour, depuis quatre jusqu'à six heures, faire des compliments à Madame Infante. Mesdames s'étant rendues chez Madame Infante à six heures, elles allèrent chez la Reine ; toutes les princesses y étoient, et les dames vêtues magnifiquement. On avoit ôté la séparation du salon de la Paix, et il étoit entièrement ouvert comme celui de la Guerre. Le Roi vint prendre la Reine dans son appartement ; ils entrèrent dans la galerie. Le Roi commença aussitôt le lansquenet, qui fut assez beau ; il y avoit quinze coupeurs. M. le Dauphin et

Mesdames jouèrent à cavagnole; et il y avoit une table du même jeu de l'autre côté. La Reine jouoit au lansquenet avec le Roi, et outre cela grand nombre de tables de quadrille et de brelan. A huit heures, on alluma. Le coup d'œil de la galerie étoit admirable à voir. On avoit commencé des sept heures à allumer la décoration ; les deux côtés étoient éclairés, les deux parterres à droite et à gauche et la terrasse. A neuf heures, le lansquenet fini, le Roi et la Reine se mirent à un balcon de la galerie; le Roi ayant donné lui-même le signal avec une lance à feu, on commença à tirer le feu; il dura un quart d'heure et demi; il fut parfaitement bien servi; il y eut cependant quelques moments un peu languissants. Le total de ce spectacle étoit d'une grande magnificence. Dès que le feu fut tiré, le Roi passa chez la Reine et fut suivi par Mesdames et par les princesses. M. le Dauphin alla souper chez lui. La table étoit mise dans l'antichambre de la Reine; elle étoit en fer à cheval. Madame Infante étoit à la droite du Roi, comme Madame étoit à la gauche de la Reine, l'une et l'autre à l'angle arrondi de la table, et par conséquent assez éloignées de LL. MM. Mme la Duchesse mère étoit à la droite de Madame Infante, mais entièrement sur le retour de la table, cependant plus près de Madame Infante que Madame Infante n'étoit du Roi; c'étoit la même chose de l'autre côté pour Mme la princesse de Conty. Du côté de Mme la Duchesse mère, à sa droite, étoient Mademoiselle, Mlle de Sens et Mlle du Maine; du côté de Mme la princesse de Conty, à sa gauche, Mlle de Clermont et Mlle de la Roche-sur-Yon. La table servie à l'ordinaire par les gentilshommes ordinaires du Roi. Après le souper, il n'y eut rien. Le Roi rentra chez la Reine, à l'ordinaire, et chacun se retira.

C'est aujourd'hui la fête de M. de la Mina. M. de la Mina a été lui-même chez les princesses du sang les prier à cette fête où Mesdames se trouveront; il avoit envoyé un gentilhomme chez les princes du sang; mais ils ont prétendu que M. de la Mina devoit y aller lui-même, et comme il a répondu que ce n'étoit que par galanterie qu'il avoit été chez les princesses du sang et qu'il ne devoit qu'envoyer chez les princes, ils ont pris le parti de n'y point aller et même d'engager les princesses à n'y point aller non plus, quoi qu'elles eussent promis.

Je viens d'apprendre aussi une autre difficulté. On avoit cru convenable que Madame Infante allât rendre visite à la reine d'Espagne (1), suivie par les gardes du Roi; nulle difficulté que les gardes du Roi doivent avoir la droite sur les gardes de la reine d'Espagne; mais la reine d'Espagne a représenté que c'étoit lorsqu'ils accompagnoient le Roi, mais que lorsqu'ils accompagnoient Madame Infante, ses gardes ne pouvoient leur céder la droite; ce qui fait croire qu'il n'y aura point de visites (2).

M. de Cambis part ces jours-ci pour retourner en Angleterre; il paroît que les esprits y sont toujours dans la même commotion; et il est difficile de croire qu'il n'y ait pas guerre bientôt entre l'Angleterre et l'Espagne. Par le traité fait en 1719 ou 20 il avoit été stipulé que les Anglois rendroient Gibraltar et Port-Mahon; ils ont toujours évité l'exécution de cette condition, disant que la nation s'y étoit opposée. Il avoit aussi été stipulé dans un autre traité que les Anglois auroient la liberté de faire le

---

(1) Louise-Élisabeth d'Orléans, fille du Régent, mariée en 1722 à Louis, prince des Asturies, depuis roi d'Espagne. Après son veuvage, elle revint en France, résida au palais du Luxembourg et y mourut en 1742.

(2) Il a été décidé qu'il n'y auroit point de visites. L'écuyer de quartier du Roi, qui suit Madame au voyage, fut chargé de la part de Madame Infante, dimanche 31, d'aller chez la reine d'Espagne, lui faire des compliments de la part de Madame Infante. Cet écuyer m'a dit que le compliment n'avoit pas été trop bien reçu et que la reine d'Espagne lui dit pour toute réponse : « Je lui suis bien obligée », et lui tourna le dos dans le moment. (*Addition du 2 septembre* 1739.)

commerce avec un vaisseau dans la Nouvelle-Espagne. Ils ont abusé et abusent tous les jours de cette permission, ce vaisseau étant devenu un magasin qui se remplit et se vide à tout moment ; ce qui fait un grand tort au commerce. Les Espagnols ont souffert pendant longtemps patiemment, quoiqu'en se plaignant. La contrebande ayant augmenté, les Espagnols ont pillé plusieurs vaisseaux anglois, et les Anglois se plaignent d'autant plus qu'il y en avoit plusieurs dans ce nombre qui n'étoient point chargés de contrebande. La flotte d'Espagne brûlée en Sicile par les Anglois, avec beaucoup de cruauté, étoit encore un sujet de plaintes bien graves de la part de l'Espagne. Est intervenu en dernier lieu le traité qu'on appelle Convention. J'ai expliqué ci-dessus les motifs de plaintes de part et d'autre sur le manque d'exécution de ce traité. Nous en avons aussi de personnels contre l'Angleterre, comme je l'ai marqué. Dans ces circonstances, M. de Cambis croit assez ne pas rester longtemps en Angleterre. Mais comme la Hollande, dont les affaires sont en assez mauvais état, ne se joindra sûrement pas à l'Angleterre, il y a lieu de croire que cette guerre ne sera pas favorable aux Anglois.

Du Vendredi 28, Versailles. — Hier, la fête de M. de la Mina. Mesdames y arrivèrent à six heures et demie. J'étois arrivé un moment auparavant, et je trouvai qu'il étoit question d'une proposition qu'avoit faite M. de la Mina, que les grands et grandes d'Espagne, suivant l'usage de cette cour, baisassent la main à Madame Infante à son arrivée. Ce fut à Mme la maréchale de Villars que la proposition fut adressée ; elle est grande d'Espagne. Elle dit qu'elle ne le pouvoit pas sans un ordre de M. le Cardinal ; elle pria M. de Maurepas de l'aller demander à M. le Cardinal, qui étoit chez M. de la Mina et qui ne vint point à l'arrivée de Mesdames. M. le Cardinal répondit que les grands d'Espagne feroient ce qu'ils voudroient par galanterie, mais que Mme la maréchale de

Villars avoit eu raison de refuser. M. de la Mina avoit été piqué des difficultés de Mme la maréchale de Villars et avoit marqué sa peine assez vivement ; il fut fort peiné de la décision, et dit que, cela étant, il valait mieux que ni grands ni grandes ne baisassent la main, et personne ne l'a baisée. M. de la Mina avoit fait percer une porte de communication avec la maison voisine, appartenant à M. Glucq, qui ne la lui avoit prêtée que parce que M. le Cardinal la lui avoit demandée. Dans le cabinet du bout de la maison de M. de la Mina il y avoit un balcon garni d'un tapis, et sur ledit tapis un carré un peu plus élevé que le reste, garni d'un drap de pied de velours avec un dais au-dessus ; c'étoit pour Mesdames, qui avoient chacune un fauteuil. A droite étoit un grand balcon en galerie, que l'on avoit fait exprès avec des arcades où étoient toutes les dames sur des chaises et des pliants, et les hommes sur des gradins. Il n'y avoit ni princes ni princesses. Il est certain, et je le sais de M. de la Mina, qu'il avoit été chez les princesses lui-même et qu'il n'avoit pas cru devoir aller chez les princes ; il dit qu'il avoit consulté ce qui avoit été fait par ses prédécesseurs, M. de Santa-Cruz et M. de Bernachea, à la fête qu'ils donnèrent sur le quai ; qu'il avoit trouvé qu'ils n'avoient point été chez les princes du sang ; qu'il avoit ordre de sa cour d'en user de même ; que cependant, si le Roi vouloit lui donner un ordre contraire, il l'exécuteroit. On dit que le dais pour Mesdames fut une des principales raisons qui déterminèrent les princesses à ne point s'y trouver et à prendre pour prétexte qu'elles prenoient fait et cause pour les princes. Cela et l'obligation d'être en grand habit, à cause de Mesdames, fit qu'il n'y eut pas autant de monde que l'ambassadeur comptoit. Je comptai quatre-vingt-quatre couverts en haut, et il y avoit beaucoup de tables en bas ; il y eut quatre tables qui ne furent point remplies. Il n'y avoit point de garde françoise ni suisse pour Mesdames ; M. le Cardinal l'avoit jugé inutile. Mesdames, un moment après leur arrivée et après avoir été sur leur balcon, revinrent dans la pièce d'auparavant où sont les portraits du Roi et de la Reine d'Espagne et des Infants; il y avoit une table de cavagnole, où elles jouèrent jusqu'à près de neuf heures; et, pendant le jeu, il y eut un grand cercle de dames assises, titrées et non titrées: Il n'y eut point d'autres tables de jeu avant souper; après souper on joua au pharaon. M. le Cardinal resta toujours dans une chambre, au bout de l'autre maison, et ne vint point du tout où étoient Mesdames. A neuf heures, Mesdames vinrent sur le balcon, et peu de moments après, sans attendre de signal, les artificiers commencèrent à tirer. Le feu dura un quart d'heure, et fut beau et bien servi; il fut aussi rempli que celui de Versailles, et même encore mieux tiré, mais la décoration vilaine; elle représentoit le chemin des Pyrénées, et des tours dans le milieu, mais nulle illumination. Je ne restai point au souper; on m'a dit qu'après souper on éclaira cette décoration et que l'illumination fut assez bien, quoique médiocre; on m'a dit aussi qu'il y avoit eu un bal comme de hasard après souper; il vint quelques violons, et l'on dansa.

Du samedi 29, *Versailles.* — Hier il n'y eut rien. Le Roi soupa dans ses cabinets avec des hommes seulement. Le Roi ne fut point du tout au feu de M. de la Mina. J'ai oublié de marquer que Mesdames partirent immédiatement après le feu. Avant leur départ, M. de la Mina leur présenta quelques corbeilles de fruits, à genoux, et Mme de la Mina donna la serviette à Madame Infante, aussi à genoux. M. de la Mina vouloit aussi présenter à genoux à Mme Henriette; mais Mme de Tallard lui dit que ce n'étoit point l'usage de France. En arrivant, M. de la Mina avoit baisé à genoux la main à Madame Infante, laquelle ne l'avoit point salué, et au haut de l'escalier Mme de la Mina avoit aussi baisé la main à Madame Infante, qui lui avoit fait l'honneur de la saluer. Mme de Tallard fit tout cet arrangement sur-le-champ en disant à Madame, en badinant, qu'elle arrivoit en terre espagnole, et que pour se conformer aux usages elle devoit donner sa main à baiser. A leur départ, Madame Infante salua et baisa Mme de la Mina, laquelle lui baisa la main, que Madame Infante laissa baiser. Mme Henriette salua aussi Mme de la Mina, qui voulut aussi lui baiser la main, mais Mme Henriette ne le voulut pas permettre. Ce qui avoit fait la difficulté, c'est que l'ambassadeur avoit proposé à M. le Cardinal ce cérémonial de baiser la main pour les grands d'Espagne, et que S. Ém. l'avoit agréé. Mme la maréchale de Villars avoit voulu avoir un ordre du Roi ou de M. le Cardinal, qui étoit dans la maison. C'est de Mme de Tallard même que je sais tout ce détail.

Du Dimanche 30, *Versailles.* —M. de la Mina devait venir ici ce matin en grande cérémonie prendre son audience de congé. Il part effectivement demain pour conduire Madame Infante jusqu'à Orléans ; mais le Roi a bien voulu lui éviter un cérémonial inutile, et même trouva bon qu'il quittât dès jeudi l'hôtel des ambassadeurs. Cela avoit donné occasion de tenir des discours dans Paris, parce que l'usage est contraire ; mais ici c'est un cas particulier. Un ambassadeur ordinaire à qui l'Espagne donne la qualité d'ambassadeur extraordinaire pour la demande, et qui d'ailleurs est militaire, ne fait cas du cérémonial que quand il est absolument nécessaire. Celui de l'hôtel des ambassadeurs est honorable, mais assez importun ; il faut y dîner et souper tous les jours ; il faut avoir attention d'y rassembler compagnie pour remplir la table ; cette table est aux ordres d'un maître d'hôtel du Roi, qui y mange avec l'ambassadeur, et compliments continuels à chaque service. Le maître d'hôtel ne veut point faire desservir sans un ordre de l'ambassadeur, et l'ambassadeur ne veut point donner cet ordre. Il y a un maître d'hôtel servant sur table, et ce sont tous officiers du Roi qui donnent à boire, et tous le chapeau sur la tête. Il y a trente-quatre des Cent-Suisses, trente pour le service de la table, et quatre pour la porte.

C'étoit hier le feu de la Ville. On s'étoit fait écrire, non chez M. le Premier, mais chez M. de Gesvres pour les carrosses du Roi, comme pour Rambouillet, la Meutte et la chasse à tirer. Le Roi avoit trois carrosses, savoir : une berline et deux grands carrosses. Il y avoit outre cela vingt-trois personnes à qui le Roi avoit bien voulu donner des places au Louvre dans le balcon qu'il avoit fait faire dans environ le quart de la terrasse du jardin de l'Infante. Le Roi monta à quatre heures et demie dans sa berline avec M. le comte de Clermont, à côté de lui, M. le prince de Dombes et M. le comte d'Eu sur le devant (1). Dans le second carrosse M. le prince Charles, M. le Premier, M. le duc de Villeroy, M. de Bouillon, M. de la Rochefoucauld, M. de Maillebois.

S. M. vit en passant dans l'avenue les équipages pour le départ de Madame Infante; il y a deux carrosses du corps, une gondole et plusieurs berlines, chaises et surtouts (2). Madame Infante part demain pour aller coucher à Châtres (3). Le Roi la conduisit jusqu'au Pont-Colbert, et dit en montant en carrosse : « à Madrid. » J'ai entendu dire au Roi et à M. de Dreux que cette étiquette n'étoit pas nécessaire, mais le Roi se souvient fort bien, au départ de Mme de Modène, d'avoir dit au cocher : « à Modène. »

---

(1) J'ai marqué ci-dessus la dispute non décidée entre le grand et le premier écuyer lorsqu'il reste une place dans le carrosse du Roi. Je ne sais si ce ne fut point pour l'éviter que le Roi fit l'arrangement que j'ai marqué.

Le second carrosse rempli par le service marchoit devant le Roi; nous étions six dans le troisième carrosse, y compris M. le duc d'Ayen; nous marchions derrière le Roi. (*Note du duc de Luynes.*)

(2) Il y a environ 900 chevaux, ou appartenant au Roi ou de louage pour le voyage de Madame. Il y a 50 gardes du corps et 12 des Cent-Suisses. (*Note du duc de Luynes.*)

(3) Châtres ou Arpajon, sur la route d'Orléans. — Voy. le tableau général des postes, dressé par ordre de M. Rigoley, baron d'Ogny, intendant général des postes et relais de France.

Le Roi entra dans Paris par la porte Saint-Honoré, fut presque toujours dans Paris au pas, et arriva au Louvre, par la rue du Chantre, un peu après six heures, dans le cabinet de l'Infante qui donne dans le jardin. On avait fait un balcon donnant sur la rivière soutenu par des colonnes entourées de girandoles. L'ouverture du milieu où étoit le drap de pied étoit garnie d'un rideau de damas cramoisi relevé en baldaquin (1). Le Roi, la Reine, M. le Dauphin, Mesdames étoient sur le drap de pied, sur des pliants à droite et à gauche, suivant le rang des deux fauteuils du Roi et de la Reine. Derrière la Reine, l'officier des gardes, la dame d'honneur et la dame d'atour. Derrière le Roi, M. de Villeroy, M. de Bouillon, M. de la Rochefoucauld. La Reine avoit mené dans son carrosse Mlle de Clermont, Mlle de la Roche-sur-Yon, Mlle de Sens, Mmes de Luynes et de Mazarin, et dans les deux autres, Mme de Fleuri et les onze dames du palais (car Mme la duchesse de Gontaut ou plûtôt de Biron n'en fait plus aucune fonction depuis longtemps par sa mauvaise santé). Les dames du palais étoient à droite et à gauche du balcon ; Mme de Mailly la première de toutes et la plus près du Roi, son pliant touchoit à celui de M. le Dauphin et de Mlle de Clermont. Toutes les femmes étoient assises sans distinction de titres. A gauche de ce balcon étoit celui destiné pour la suite du Roi. Il y avoit beaucoup de places qui ne furent point remplies. Lorsque le Roi arriva, il y avoit sur la rivière différents bateaux avec des matelots, vêtus de différentes façons, qui joûtoient. Il y avoit longtemps que ces joûtes étoient commencées ; elles durèrent jusqu'à près de huit heures. Pendant ce temps on commença l'illumination. Il y avoit dans le milieu de la rivière, vis-à-vis le balcon du Roi un bateau à pans, en forme d'île

---

(1) Voir le recueil des *Fêtes données par la ville de Paris à l'occasion du mariage de Louise-Élisabeth de France et de don Philippe, infant d'Espagne;* 14 planches gravées par J. F. Blondel.

ou de château, ou plutôt de tour, dans le milieu duquel étoit une nombreuse musique d'instruments seulement, violons, trompettes, cors de chasse, jouant et sonnant alternativement. Ce château fut long à éclairer; mais l'illumination en étoit fort agréable. Il étoit éclairé par derrière, ce qui le faisoit paroître transparent. La décoration qui étoit autour du cheval de bronze représentoit un château de pierre de taille soutenu par des colonnes ; ce château fut éclairé le dernier. De l'autre côté du Pont-Neuf, il parut de petits bateaux fort joliment éclairés de petites lanternes suspendues qui formoient différents dessins. Il y avoit soixante de ces petits bateaux qui sortoient des deux côtés de la décoration, par-dessous les arches du Pont-Neuf, et venoient se ranger au-dessus, au-dessous et à côté du château transparent. M. Turgot, ayant alors (il étoit huit heures) pris l'ordre du Roi, ordonna que l'on donnât le signal du feu. Ce signal fut un jet d'eau de feu dans la rivière. On tira d'abord les boîtes et ensuite le canon, l'un et l'autre mal servis ; ensuite il partit des deux côtés du Pont-Neuf une grande quantité de fusées et de pétards, pendant un petit demi-quart d'heure ; après quoi on ne tira plus que de grandes fusées l'une après l'autre pendant presque autant de temps, et l'on cessa ensuite entièrement de tirer. Le prévôt des marchands étoit dans une grande inquiétude du succès avant le commencement, d'autant plus que le Saxon (1), qui étoit un lieutenant-colonel des troupes de Saxe, et qui a dans ce pays-ci une principale inspection sur l'artillerie, avoit toujours dit, en se chargeant de faire faire une partie de l'artifice de la fête qu'il seroit mal servi par les artificiers françois par jalousie. M. le prévôt des marchands étoit furieux de voir la prédiction s'accomplir. Cependant après environ un quart d'heure de retardement, il partit du château du Pont-

---

(1) Voir plus loin, au 7 septembre, ce qu'était ce Saxon, nommé Olric.

Neuf une prodigieuse quantité d'artifices. Au haut du château il parut un rond de feu fort brillant et ensuite un grand et beau soleil, une girandole magnifique qui devoit être la fin, mais qui fut suivie d'un grand nombre de pétards et de fusées. Il y avoit eu aussi des jets de feu dans la rivière et des gerbes de feu tout le long du Pont-Neuf. Il y avoit sur la rivière deux bateaux de dragons transparents qui jetèrent des pétards ; de l'autre côté du château transparent on jetoit aussi des pétards et des fusées. Le tout auroit été fort beau, s'il avoit été tiré comme il devoit l'être. La mauvaise foi des artificiers fut cause du dérangement, et le prévôt des marchands ayant demandé au Roi permission de les punir en les faisant mettre au cachot et les privant de leur maîtrise, le Roi eut bien de la peine à dire oui. Cependant à la fin il le permit, et Madame Infante étant venue ensuite demander au Roi leur grâce, le Roi ne voulut jamais rien répondre. Lorsque cet artifice fut tiré, la nuit étant plus avancée, l'illumination du château du Pont-Neuf parut encore plus belle ; il y avoit sur la colonne du milieu en bas une couronne qui paroissoit de pierres précieuses et faisoit un très-bel effet. Les maisons de l'autre côté du quai assez bien illuminées et la façade du Louvre et des Tuileries. Le Roi resta jusqu'à près de neuf heures. Il y avoit eu une collation pour M. le Dauphin et Mesdames, et des rafraîchissements pour les dames. M. le Dauphin, qui alloit souper (1) et de là coucher à la Meutte, sortit un peu avant le Roi pour aller se mettre à table ; mais il ne sortit du Louvre qu'après le départ du Roi. Mesdames, après le souper, revinrent à Versailles. Le Roi, au sortir du Louvre, prit à droite dans la rue Saint-Honoré qui étoit éclairée par les corps des marchands et qui faisoit un bel effet. Le Roi alla jusqu'à la rue de la Féronnerie au bout de laquelle, tout au fond,

---

(1) Dans un appartement à côté, qui est celui de M. le cardinal de Rohan ; il n'y avoit à table que M. le Dauphin et Mesdames. (*Note du duc de Luynes.*)

étoit une espèce d'arc de triomphe fort éclairé. On a fait la remarque que le nom de cette rue étoit bien odieux à la nation et au sang de Bourbon pour y donner un spectacle de réjouissance (1). Le Roi tourna devant l'arc de triomphe, passa Paris au pas, et revint souper ici à son petit couvert en maigre. Il ne voulut pas attendre un quart d'heure pour manger gras. La Reine fit le même chemin, et arriva à la fin du souper du Roi. Mesdames arrivèrent à peu près en même temps que la Reine, et M. le Dauphin est revenu ce matin.

J'ai oublié de marquer que, jeudi dernier, le Roi soupa chez Mademoiselle, où il joua à cavagnole après souper (il n'y avoit que cinq dames : Mademoiselle, Mlle de Clermont, Mme de Mailly, Mlle de Nesle et Mme de Ségur; c'étoit un mystère que ce souper), et que le même jeudi matin M. le prévôt des marchands, avec les échevins en robes, vint ici apporter à Madame Infante le présent ordinaire de la Ville, qui est d'étiquette. C'est douze douzaines de flambeaux de poing que l'on dit être parfumés (ils ne le paroissent pas cependant lorsqu'ils ne sont pas allumés) et douze douzaines de boîtes de dragées dans des espèces de mannes peintes d'assez bon goût, garnies de toilettes de mousseline en dehors et en dedans, et le tout renoué d'une infinité de rubans bleus.

Du lundi 31, *Versailles.* — J'allai hier voir l'hôtel de ville sur les neuf heures du soir; le bal ne devoit commencer que sur les dix ou onze heures. Le coup d'œil de la salle est admirable ; j'en ai fait la description ci-dessus ; c'est la cour couverte et garnie de planches en bas, parfaitement bien éclairée. Le plafond peint et la muraille, et beaucoup d'ornements dorés. Toutes les fenêtres qui donnent sur la cour sont les fenêtres de plusieurs salles où l'on dansera; à chacune une pièce pour les rafraî-

---

(1) C'est dans cette rue que Henri IV avait été assassiné.

chissements et une autre pour des commodités pour les dames. D'autres pièces pour s'asseoir où l'on ne dansera point; une pièce réservée pour le Roi. Elle étoit fermée quand j'y fus, et on avoit envoyé la clef au Roi. Toutes ces pièces sont meublées de toiles de différentes couleurs avec des ornements de clinquant, d'or ou d'argent, mais qui font l'effet d'une broderie. Il y a effectivement dans la salle destinée pour le Roi des meubles différents, faits exprès pour lui avec goût et magnificence. Autour de la salle en bas, des loges en grand nombre qui paroissent garnies de damas cramoisi. Tout le monde croyoit hier que le Roi iroit au bal, et je crus même l'avoir rencontré dans Sèvres en revenant; cependant il n'y a point été, ni Mme de Mailly (1) qui étoit tout habillée et prête à partir. On ne dit point la raison de ce changement.

Ce matin Madame Infante a été chez le Roi et chez la Reine. La Reine a été une demi-heure enfermée avec elle, et il s'est répandu bien des larmes de part et d'autre. Le Roi est devenu pâle quand Madame Infante est entrée dans son cabinet; il y a eu encore beaucoup de pleurs. Les deux sœurs se sont embrassées en fondant en larmes et ne se pouvant quitter; elles disoient : « C'est pour jamais. »

---

(1) Mme de Mailly demanda ce même jour, le soir, à M. le duc de Villeroy si le Roi iroit au bal; M. de Villeroy lui promit dès qu'il auroit pris l'ordre du Roi, à onze heures du soir, qu'il viendroit lui dire chez elle. Elle l'avoit prié en même temps, supposé qu'il n'y allât point, de demander permission de lui donner pour elle et Mademoiselle la clef de l'appartement de l'hôtel de ville qui étoit destiné pour le Roi. C'est à M. le duc de Villeroy que l'on avoit remis cette clef. Mme de Mailly comptoit aller avec M. le comte de Noailles, entrer dans cet appartement par dehors, et faire dire à Mademoiselle, dans le bal, qu'elle étoit dans cet appartement. M. le duc de Villeroy vint à onze heures chez Mme de Mailly; elle n'étoit point encore rentrée; il revint une seconde fois; il la trouva toute masquée, aussi bien que le comte de Noailles, sa chaise prête et son relais à Sèvres. M. le duc de Villeroy lui dit que le Roi n'iroit point au bal, et qu'il lui avoit défendu de donner la clef. Mme de Mailly prit le parti de se démasquer, de renvoyer sa chaise et de se coucher. Voilà le détail qu'elle m'a conté elle-même. (*Note du duc de Luynes*).

M. le Dauphin a pleuré beaucoup, et surtout lorsqu'il l'a embrassée dans le moment qu'elle a monté en carrosse. Le Roi a descendu avec elle, le visage fort triste, et a monté dans le carrosse de Madame Infante, qui s'est mise à côté de lui, Mmes de Tallard, d'Antin, de Tessé et de Muys, celle-ci à une portière. Dans le second carrosse, il n'y aura pendant le voyage que l'écuyer de quartier et M. Desgranges, maître des cérémonies. Mais comme les calèches du Roi sont allées attendre S. M. au Plessis-Picquet, M. le duc de Villeroy, M. le prince Charles, M. de Bouillon, M. de Gesvres et M. de Maillebois ont monté dans le second carrosse avec M. Desgranges. L'écuyer de quartier a été jusqu'au Plessis-Picquet dans une autre voiture. M. de Bouillon s'étant trouvé seul dans le cabinet du Roi après son souper, le Roi lui dit : « Vous trouverez bon que M. Desgranges monte dans le carrosse avec vous (1). » M. de Bouillon ne répondit que par des respects. Au Plessis-Picquet, le Roi a descendu et Madame Infante aussi; il l'a embrassée deux fois mais sans pleurer. Madame Infante n'a pleuré qu'à la seconde fois; et dès que le Roi fut parti, elle fondit en larmes, ce qui dura fort longtemps (2). Le Roi est revenu dans une calèche à quatre en cinquième avec M. le prince Charles, M. de Bouillon, M. le duc de Villeroy et M. de Gesvres. M. de Maillebois étoit seul dans la seconde calèche.

Le Roi est arrivé ici à deux heures; il n'a point été chez la Reine en arrivant ni en partant pour Rambouillet. Le Roi voulut aller embrasser Mme Henriette avant que de partir; son dessein étoit d'aller chez elle;

---

(1) Cette marque de bonté du Roi étoit pour tous ceux qui devoient monter dans le carrosse, et le Roi adressa la parole à M. de Bouillon parce qu'il se trouva seul dans ce moment. (*Note du duc de Luynes.*)

(2) Lorsque Madame Infante est remontée dans le carrosse, le Roi a dit au cocher : « marchez » et n'a point dit : « à Madrid ». C'est M. de Bouillon qui à son retour m'a conté ce détail. (*Note du duc de Luynes.*)

on lui dit qu'elle étoit chez la Reine; il ne voulut point y aller, craignant apparemment que cette entrevue ne renouvelât la douleur de l'une et de l'autre, et qu'il ne s'attendrît lui-même. Il attendit quelque temps, et enfin il manda à Mme Henriette de le venir trouver dans son cabinet; il l'embrassa, et il partit à cinq heures dans sa gondole avec Mademoiselle, Mlle de Clermont, Mme de Mailly et Mme de Ségur et des hommes. Mlle de Nesle fut à Rambouillet, mais elle partit après le Roi. Il ne s'est point fait écrire d'autres dames pour ce voyage. Les dames se font écrire comme les hommes chez M. de Gesvres; c'est un usage nouveau. Du vivant de M. le comte de Toulouse, c'étoit Mme la comtesse de Toulouse qui les nommoit; mais depuis sa mort elle n'a plus voulu être chargée de choisir celles qui seroient plus agréables au Roi.

Mme la princesse de Léon demanda, il y a quelques jours, l'agrément du Roi pour le mariage de sa seconde fille avec M. Fernando Nunnès, Espagnol et général des galères d'Espagne; il est grand d'Espagne de la première classe; il paroît avoir soixante ans au moins; on dit cependant qu'il n'en a que cinquante-cinq.

M. l'archevêque de Toulouse (1) (Crillon) a remercié aujourd'hui le Roi; il est nommé à l'archevêché de Narbonne. Toulouse n'est pas encore donné.

Il y a quelques jours que M. l'abbé de Ventadour, étant venu comme recteur de l'université présenter un livre au Roi, étoit dans la chambre de S. M. auprès du balustre en dehors, attendant que M. le Cardinal, au sortir de la prière du Roi, le lui présentât. Je fus assez étonné de voir M. le Cardinal dire à M. l'abbé de Ventadour d'entrer dans le cabinet du Roi; ce fut là que le livre fut présenté.

---

(1) Jean-Louis de Bertons de Crillon.

Hier M. le Cardinal présenta au Roi, à la porte du cabinet en dehors, M. Lercari, qui prit congé; il étoit resté chargé des affaires de Rome depuis le départ de M. Delci; il va vice-légat à Avignon. J'entendis dire sur-le-champ à M. de Verneuil qu'il avoit fait des représentations à M. le Cardinal sans succès, sur cette manière de faire prendre congé. M. Lercari prit congé sans plus de cérémonie qu'un colonel qui va à son régiment.

SEPTEMBRE.

Conseils du Roi à Madame Infante. — Anecdotes sur Madame. — Mme de Mailly va voir à Paris la salle du bal. — La Ville présente au Roi le scrutin. — Le Roi fait donner 500 louis à la Reine; lésinerie du Cardinal. — Voyage du Roi à Rambouillet. — Mme de Fleury déclarée dame du palais surnuméraire. — Mariage de Mlle de Nesle avec M. du Luc. — Mort du marquis de Ménars. — Mort de la princesse de Soubise. — L'abbé de Chamron nommé trésorier de la sainte Chapelle. — Mort du duc d'Hostun. — Projet de marier Mlle de Nesle au comte de Noailles. — Voyages du Roi à Rambouillet et à la Meutte. — Le Roi achète Choisy. — Mariage de Mlle de Nesle; le Roi assiste à la toilette et au coucher de la mariée. — Audiences de MM. de Solar et Venier.

Du mercredi 2 septembre, Versailles. — La Reine fit hier souper Madame avec elle; les trois dames du palais de semaine (Mme de Gontaut ne servant point), les deux dames de Madame et Mme de la Tournelle eurent l'honneur de souper avec la Reine.

On m'a dit aujourd'hui que le Roi avoit parlé à merveille à Madame Infante pendant tout le chemin d'ici au Plessis-Picquet; qu'il lui avoit dit, qu'elle devoit regarder le roi d'Espagne comme son oncle et comme son père, qu'ayant l'humeur aussi douce qu'elle l'avoit, il avoit lieu d'espérer qu'elle plairoit au roi d'Espagne, et que, pour son propre bonheur, elle ne devoit avoir d'autre application et d'autres soins que de chercher à lui plaire. Il lui parla avec tant d'amitié et de tendresse que tout ce qui étoit dans le carrosse fondoit en larmes. Il ajouta qu'il lui ordonnoit expressément de ne demander au roi d'Espagne aucune grâce, quelque petite qu'elle puisse être, jusqu'à ce qu'elle ait vingt-cinq ans. Il lui dit aussi dans la conversation qu'elle tâchât de bien se souvenir de tout ce qu'elle avoit vu à Versailles, parce que le roi d'Espagne, qui connoissoit Versailles, lui feroit sûrement beaucoup de questions.

[Après le départ du Roi, lorsqu'il eut quitté Madame Infante, Mme de Tallard se mit à côté d'elle dans le fond, suivant le droit de la gouvernante; Mmes d'Antin et de Tessé dans le fond de devant et Mme de Muys à la portière du côté de Madame Infante. Cet arrangement ne dura pas longtemps; Madame Infante dit à Mme de Muys de passer à l'autre portière parce qu'elle l'incommodoit. C'est pourtant l'usage et la règle que le sous-gouverneur ou la sous-gouvernante soit à la portière du côté du prince ou princesse à qui il a l'honneur d'appartenir. M. de Polastron me disoit hier qu'il lui arrivoit souvent dans le carrosse de M. le Dauphin d'être à la portière du côté de M. le Dauphin, pendant que son fils étoit sur le devant. Le sous-gouverneur n'a pas le droit d'être assis, en l'absence du gouverneur, à côté de M. le Dauphin.

Ce que je viens de dire ici de Madame n'est pas le premier exemple qu'elle ait donné d'une volonté assez décidée. Elle n'a jamais aimé Mme de Tallard, et lorsque Mme de Tallard entroit par hasard chez elle à des heures extraordinaires, elle lui demandoit avec un air de surprise et de sécheresse quelle étoit donc la raison qui l'avoit engagée à venir chez elle? Madame Infante est extrêmement timide, mais elle paroît avoir de la noblesse et de la dignité. Ce qui a donné cette aversion pour Mme de Tallard à Madame Infante, c'est sa nourrice, qui est devenue, suivant la règle, sa première femme de chambre et qui l'a entretenue dans ces sentiments].
Addition du duc de Luynes, datée du 12 septembre 1739.

SEPTEMBRE 1739.

Du jeudi 3, *Versailles.* — Le Roi part aujourd'hui pour Marly pendant lequel il fera trois voyages à Rambouillet. J'ai déjà marqué que Mme de Mailly avoit en haut les deux logements du huitième et du neuvième numéro. Le dixième étoit vacant; le Roi a trouvé bon qu'elle le gardât pour Mlle de Nesle, qui viendroit y coucher les veilles de Rambouillet et le jour des retours du Roi, qui souperoit avec le Roi dans ses cabinets et verroit le coup d'œil du salon d'un des balcons d'en haut.

Du samedi 5, *Marly.* — Le Roi fut hier courre le daim à Saint-Germain. Mme de Mailly fut à cette chasse avec Mme la duchesse de Ruffec dans une calèche; elles menèrent M. de Luxembourg et M. de Tallard. Il n'y a point eu de lansquenet jusqu'à présent. Le Roi joue après souper au brelan et à l'hombre; il joua hier aux petits paquets. Mademoiselle joue à quadrille avec Mme de Mailly contre la porte du salon du billard; cette place n'est séparée que par la cheminée de celle où le Roi joue. C'est ici l'usage, comme j'ai déjà marqué, que les dames aillent au coucher de la Reine. Cet usage n'a pas été fort suivi jusqu'à présent; aucune des princesses n'y a été, et fort peu de dames.

Je vis avant-hier M. de Lujac, qui a été page du Roi, qui lui avoit donné, comme j'ai marqué ci-dessus, une lieutenance dans son régiment. J'ai appris hier que le Roi vient de lui donner une compagnie de dragons dans le régiment de la Suze; c'est dans l'intention de lui donner incessamment un bâton d'exempt des gardes du corps, parce qu'il faut avoir été dans les dragons ou la cavalerie, ou bien dans les gardes du corps, pour avoir un de ces bâtons.

Du lundi 7, *Marly.* — Mme de Mailly fut avant-hier à Paris exprès pour voir la salle du bal; elle n'étoit éclairée que par plusieurs flambeaux de poing. Mme de Mailly m'a dit qu'elle avoit vu les boîtes de quadrille et la bourse de jetons d'or qui étoient destinés pour le

Roi. Les boîtes de quadrille sont d'écaille incrustées d'or, et les fiches de même ; les jetons d'or sont remarquables par de fort jolies devises. Mme de Mailly ne voulut point demander à voir le cavagnole, ce qu'elle m'a dit, de peur d'accident ; il est vraisemblable qu'on auroit voulu lui en faire un présent. Elle ramena de Paris avec elle Mlle de Nesle, qui n'a point paru dans le salon, mais qui l'a vu d'un des balcons d'en haut.

La Ville en corps vint hier présenter au Roi le scrutin. C'est un usage qui se renouvelle à chaque élection des échevins. M. de Gesvres, qui a demandé congé pour le voyage de Marly, vint ici exprès en cérémonie. La Ville a coutume de choisir pour haranguer le Roi un magistrat ou un avocat au Châtelet ; ce fut M. Turgot, avocat au Châtelet et fils du prévôt des marchands, qui porta la parole ; il harangua le Roi et la Reine, à genoux, suivant la règle. Le prévôt des marchands y étoit aussi, et le Roi lui permit de ne se point mettre à genoux, à cause de ses incommodités de la goutte. M. Turgot présenta en même temps au Roi le sieur Olric, capitaine saxon, qui a travaillé au feu de la Ville, et est connu par sa grande habileté en feux d'artifice. On prétend qu'il emploie les trois quarts moins de poudre que les artificiers de Paris. Le Roi eut la bonté de lui dire qu'il savoit bien que ce n'étoit pas de sa faute si le feu n'avoit pas mieux réussi.

On apporta hier à la Reine 500 louis que le Roi lui a fait donner. Les gratifications que la Reine avoit été obligée de faire à Compiègne, tant à l'école d'artillerie qu'aux communautés, et à l'occasion de tous les petits présents qu'elle avoit reçus, faisoient qu'elle n'avoit plus d'argent ; et elle n'avoit même pu jouer qu'à quadrille depuis qu'on est à Marly. Mme de Luynes lui conseilla de parler de sa situation à M. le Cardinal ; mais la Reine eut beaucoup de peine à s'y résoudre. Mme de Luynes, sans avoir aucune mission de la Reine, en dit un mot à M. le Cardinal, et enfin la Reine lui en parla elle-même. Toute cette affaire duroit depuis la fin de Compiègne. M. le contrôleur général, à qui M. le Cardinal en avoit parlé (1), vint trouver la Reine lui demander ses ordres et ce qu'elle vouloit. La Reine lui répondit d'abord qu'elle n'avoit besoin de rien ; enfin M. le contrôleur général lui demanda si elle seroit contente de 12,000 livres, et la Reine lui dit qu'elle seroit fort contente de cette somme. Il y avoit déjà cinq ou six jours que l'ordre verbal du Roi étoit donné, mais l'ordonnance n'étoit point signée; elle le fut il y a trois ou quatre jours, et l'argent fut remis ici à la Reine. Elle joua hier dans le salon après souper à cavagnole.

M. le cardinal de Fleury fut un peu incommodé la nuit d'avant-hier à hier ; il est mieux et reste ici pendant l'absence du Roi.

Le Roi est parti ce matin pour Rambouillet où il va en chassant ; Mademoiselle et Mlle de Clermont sont de ce voyage ; mais elles ne sont point parties avec le Roi, parce qu'il étoit de trop bonne heure, et S. M. n'a emmené avec lui que Mme de Mailly, Mlle de Nesle, Mme la duchesse de Ruffec et des hommes. Mmes de Chalais et de Talleyrand y vont aussi et sont parties depuis le Roi.

Le logement de Mme de Mailly, ce voyage-ci, dans le château n'est pas le même que le dernier voyage ; c'est un logement joignant celui-là que le Roi s'étoit réservé au-dessus de ses cabinets.

Du vendredi 11, Marly. — Le Roi revint assez tard avant-hier de Rambouillet ; il y avoit sept dames à ce voyage : Mademoiselle, Mlle de Clermont, Mme de Mailly, Mlle de Nesle, Mme de Ruffec, Mme de Chalais, Mme de Talley-

---

(1) M. le Cardinal avoit d'abord proposé 100 louis, mais M. Orry lui représenta que cette somme n'étoit pas convenable. M. le Cardinal consentit à 250, et enfin M. le contrôleur général le détermina aux 500 louis. (*Note du duc de Luynes.*)

rand. Les deux princesses ne furent point à la chasse ; il n'y eut que Mme de Mailly, Mlle de Nesle et Mme de Ruffec qui y allèrent ; elles furent avec le Roi et coururent en calèche. Le mardi, jour de la fête, il y eut le déjeuner du Roi, qu'on appelle le petit pot-royal, qui ne dura pas longtemps. S. M. fut à vêpres et au salut à la paroisse ; après quoi il joua à cavagnole et à l'hombre après souper. Avant-hier, Mlle de Clermont, Mme de Mailly, Mlle de Nesle et Mme de Ruffec furent à la chasse, et revinrent avec S. M. Ces quatre dames soupèrent dans les cabinets avec Mademoiselle et des hommes. La table du Roi fut servie à l'ordinaire dans le salon qui sépare les deux appartements du Roi et de la Reine ; la Reine y soupa (1) avec le nombre accoutumé de dames ; il n'y avoit de princesses que Mlle de Sens. La Reine va toujours se coucher à minuit ou une heure. Le Roi vint à trois heures du matin dans le salon ; il envoya réveiller Courson, qui étoit allé se coucher, pour jouer aux petits paquets. Mme de Mailly tenoit aussi la main, et le Roi tenoit pour elle. Elle est allée encore aujourd'hui à la chasse du daim avec Mme de Ruffec, Mme de Chalais et Mme de Talleyrand. Hier elle joua aux petits paquets avec le Roi ; elle tenoit la main et le Roi tenoit pour elle.

Il paroît que les choses sont plus aigries que jamais entre l'Espagne et l'Angleterre. Les deux ambassadeurs de part et d'autre ont eu ordre de se retirer sans prendre congé. On prétend que les Anglois font tout ce qu'ils peuvent pour engager dans leurs intérêts le Portugal, la Hollande et même l'Empire.

L'on attend tous les jours la nouvelle de la prise de Belgrade, que les Turcs assiégent depuis le combat dont nous avons parlé.

---

(1) Le lundi 7, comme la Reine devoit faire ses dévotions le lendemain, elle ne fut dans le salon ni devant ni après souper ; elle soupa seule dans sa chambre servie par ses officiers, et il n'y eut point de souper dans le salon ce jour-là. (*Note du duc de Luynes.*)

J'ai oublié de marquer que quand le Roi arriva avant-hier, la Reine se mettoit à table ; le Roi n'alla pas la voir, et passa au travers du grand salon, et de là par le salon du côté de la chapelle.

Hier M. le Dauphin vint ici; il y étoit déjà venu dimanche et Mesdames aussi. C'est l'appartement de Mme la Duchesse que l'on a réservé pour M. le Dauphin, pour le temps qu'il demeure ici. Dimanche, comme M. le Dauphin arrivoit, Mme de Mailly étoit à la fenêtre en pet-en-l'air ; elle appela M. le Dauphin et ensuite Mesdames pour leur demander de leurs nouvelles.

Du samedi 12, *Marly*. — La nouvelle du jour est que Mme de Fleury a été déclarée dame du palais surnuméraire. La Reine l'a envoyé querir ce matin à neuf heures pour lui apprendre cette nouvelle. Tout le monde a été faire des compliments à M. le Cardinal.

Le Roi soupa hier dans le salon avec la Reine et les dames à l'ordinaire. Mme la princesse de Conty, Mlle de Clermont soupèrent avec le Roi. Mademoiselle étoit sur la liste, mais elle ne se trouva pas à l'heure du souper; elle devoit être à la gauche de la Reine comme Mme la princesse de Conty à la droite du Roi, et par conséquent la place de Mlle de Clermont étoit à la droite de Mme la princesse de Conty. Mlle de Clermont voyant que Mademoiselle n'arrivoit point, voulut passer à la gauche de la Reine; le Roi l'en empêcha, de sorte qu'à la droite du Roi étoit Mme la princesse de Conty et Mlle de Clermont, et à la gauche de la Reine Mme de Luynes et Mme de Mazarin. Après le souper, le Roi joua au brelan et ensuite aux petits paquets. Mme de Mailly étoit à côté du Roi, et tint la main.

Du dimanche 13, *Marly*. — Le Roi a accordé 12,000 livres d'augmentation sur les appointements du commandement de Languedoc ; ces 12,000 livres seront prises sur ce qui revient au Roi de ladite province. M. de la Fare avoit demandé seulement 10,000 livres et n'avoit pu les obtenir. Ce qui le détermina à quitter, comme il est dit ci-devant, fut non-seulement le refus de ces 10,000 livres, mais parcequ'on vouloit lui ôter, la dernière année, la paye de lieutenant général dont il avoit joui plusieurs années. Comme M. de Richelieu n'est que maréchal de camp, les 12,000 livres sont pour lui tenir lieu de la paye de lieutenant général.

Du mercredi 16, *Marly*. — On murmuroit dès avant-hier au soir du mariage de M{{lle}} de Nesle avec M. de Vintimille, fils de M. du Luc et petit-neveu de l'archevêque de Paris. M{{me}} de Mailly me dit le soir qu'elle comptoit la chose faite; elle nous dit même les conditions, mais cela n'étoit point public; ce soir-là même elle en dit un mot à la Reine, et lui demanda permission d'aller le lendemain à Paris. Hier, le mariage fut déclaré; le Roi donne 200,000 livres d'argent comptant, l'expectative d'une place de dame du palais de M{{me}} la Dauphine, et en attendant 6,000 livres de pension, et outre cela un logement dans Versailles qu'on croit qui sera celui de M. de Guise; c'est dans l'aile neuve auprès de M. de Chalais, au bout de ce que l'on appeloit autrefois la rue de Noailles. On compte que M{{lle}} de Nesle aura outre cela 100,000 livres de ses partages avec M{{lle}} de Durefort, que l'on travaille à faire incessamment.

Le Roi soupa hier dans ses cabinets en arrivant de Rambouillet; il n'y avoit de dames quand il se mit à table que M{{lle}} de Clermont et M{{me}} de Ruffec: mais une heure après arrivèrent Mademoiselle et M{{me}} de Mailly, qui s'y mirent. Mademoiselle étoit partie dès le matin de Rambouillet pour aller à Paris à l'occasion du mariage de M{{lle}} de Nesle, pour lequel elle s'est donné beaucoup de mouvement.

Le Roi s'étoit trouvé un peu mal avant-hier matin à la messe, à Rambouillet; il eut envie de vomir et quitta la messe même au moment de l'élévation; cela ne l'empêcha pas d'aller à la chasse et de souper comme à son ordinaire; il prend médecine demain.

Aujourd'hui, Mme de Mailly a été donner part du mariage à tous les princes et princesses qui sont ici. M. l'archevêque de Paris est venu aujourd'hui demander l'agrément du Roi avec M. du Luc, M. de Vintimille et M. de Nicolaï. M. le comte du Luc est malade à Savigny. Ce soir Mademoiselle a mené Mme de Mailly, Mme de Flavacourt et Mme de la Tournelle chez le Roi pour le remercier, et chez la Reine. Mme de Mailly paroît extrêmement touchée de l'amitié que Mademoiselle lui a marquée en cette occasion.

Du samedi 19, *Marly*. — Le Roi joua hier au brelan avant et après souper; il a joué de même tous les jours qu'il n'a point soupé dans ses cabinets, et les jours de travail avec M. le Cardinal, il n'a joué ordinairement qu'après souper, d'abord le brelan et ensuite les petits paquets. La Reine a toujours joué à cavagnole, hors les deux premiers jours. Mme de Mailly étoit hier avant le souper toute seule de femme assise auprès de la table du brelan ; toutes les autres dames jouoient avec la Reine ou étoient autour de la table.

J'ai oublié de marquer que Mme de Soubise accoucha le 12 ou le 13 d'un garçon; elle est sœur de M. le duc de Bouillon; ils ont déjà une fille. Ces enfants sont la cinquième génération que Mme de Ventadour voit : sa fille, Mme la princesse de Rohan ; son fils, feu M. le prince de Soubise ; M. de Soubise d'aujourd'hui, et ses deux enfants.

Le 13, mourut à Ménars, près de Blois, M. le marquis de Ménars; c'est celui qui étoit interdit et qui avoit épousé Mlle de la Rivière ; il avoit le gouvernement du château de Blois et la capitainerie des chasses. Le gouvernement vaut 900 livres et la capitainerie 1,500 livres; il y a des charges attachées à ces places qui se vendent et qui donnent des exemptions; c'est ce que l'on appelle des priviléges; il y en a huit pour le seul château et une vingtaine pour la capitainerie, concierges, portiers, gardes, etc. M. de Ménars avoit servi et étoit brigadier ; il étoit fils du président de Ménars; il avoit mal gouverné ses affaires et étoit interdit; il avoit épousé en secondes noces Mlle de la Rivière, dont il a plusieurs enfants. Mme de Ménars est venue elle-même ici solliciter pour son fils aîné, qui a quinze ou seize ans, le gouvernement et la capitainerie; il n'y a encore rien de décidé. Cette capitainerie n'a jamais eu une existence réelle. Blois étoit à Monsieur Gaston, qui y faisoit conserver la chasse pour lui. M. Charron de Ménars, dont la terre étoit voisine de Blois, s'étant attaché à Monsieur Gaston, fut chargé de veiller à la conservation de la chasse; depuis, ayant marié sa fille à M. Colbert, cette protection fit qu'en 1669 il y eut une déclaration en faveur de Blois pour l'excepter de la règle faite pour les autres capitaineries. En 1695, nouvel arrangement; il y eut quatre-vingt-douze capitaineries supprimées; Blois fut encore excepté par une déclaration; mais comme le Roi n'y a point d'habitation, il y a lieu de croire que S. M. profitera de cette occasion-ci pour supprimer la capitainerie, parce que c'est toujours une charge pour tous les seigneurs voisins; c'en seroit même une pour la terre de Ménars qui est dans la capitainerie si quelqu'autre l'obtenoit. On croit que le Roi laissera aux privilégiés qui ont acheté, l'exercice de leurs priviléges et la jouissance de leurs gages leur vie durant, et que les charges et les priviléges seront supprimés à mesure qu'ils vaqueront. La seule charge de grand veneur donnoit cent douze priviléges; à la mort de M. le comte de Toulouse, ils furent tous supprimés, quoique la charge fût donnée à M. le duc de Penthièvre. C'est de M. de Maurepas de qui je sais tout ce détail. M. de Ménars, qui vient de mourir, avoit vendu à M. Dodun la survivance du gouvernement et de la capitainerie avec l'agrément du Roi; la mort de M. Dodun, longtemps avant M. de Ménars, donne aujourd'hui toute liberté au Roi de faire cette suppression.

Le Roi se purgea avant-hier comme j'ai marqué; lorsqu'on lui proposa la purgation, il dit qu'il le vouloit bien à condition que cela pourroit s'accorder avec le maigre.

Le Roi est parti ce matin pour la chasse et Rambouillet. Mademoiselle et Mlle de Clermont ne sont point du voyage. Les dames sont Mmes de Ruffec (duchesse), de Sassenage, de Maillebois et de Mailly. Mais comme Mme de Mailly est de semaine, elle retourne à Versailles avec la Reine et partira ensuite pour Rambouillet.

Du dimanche 20, *Versailles.* — Mme la princesse de Soubise mourut hier à Paris, vers midi.

Du mercredi 23. — M. le Cardinal vient de mander à Mme de Luynes que le Roi avoit nommé son neveu, M. l'abbé de Chamron (1), à la trésorerie de la sainte chapelle; cette place donne un très-joli logement dans Paris et vaut 7 à 8,000 livres de rente; elle étoit vacante depuis longtemps comme j'ai marqué ci-dessus.

M. le duc d'Hostun est tombé malade d'une grande hémorragie à Poitiers en suivant Mme sa mère au voyage de Madame Infante; il est fort mal et l'on n'attend plus que la nouvelle de sa mort (2).

Le Roi est parti pour Rambouillet; je ne sais point encore les dames de ce voyage.

Le mariage de Mlle de Nesle se fera dimanche à l'archevêché, à midi. De là, les mariés iront coucher à Madrid chez Mademoiselle, et il paroît certain que le Roi ira ce jour coucher à la Meutte, et viendra à Madrid donner la chemise au marié, et Mademoiselle à la mariée.

Il avoit été question du mariage de Mlle de Nesle pour M. le comte de Noailles. MM. de Noailles le nient fortement; mais le fait qui paroît certain, c'est que l'on

---

(1) Il est fils de feu M. le marquis de Chamron et de la sœur de Mme de Luynes. M. l'abbé de Chamron a un frère aîné qu'on nomme M. le marquis de Vichy et deux sœurs : l'une, mariée à M. d'Aulan qui demeure à Avignon, et l'autre, à M. le marquis du Deffand (Lalande). (*Note du duc de Luynes.*)

(2) On a appris le 25 qu'il est mort le 19, le même jour que Mme de Soubise. (*Note du duc de Luynes.*)

avoit voulu engager le comte de Noailles à désirer ce mariage, et que l'on n'avoit pas consulté M. le maréchal de Noailles qui n'a point approuvé le projet et a été blessé qu'on ne se fût pas adressé à lui. Il y a lieu de croire aussi que M. le Cardinal a éloigné les idées de ce mariage, croyant apparemment que c'étoit mettre la faveur entre des mains trop avantageuses. Dans cette situation S. Ém. a donné avec plaisir son agrément au mariage avec M. de Vintimille.

Du dimanche 27, Versailles. — Le Roi revint vendredi de Rambouillet, où il étoit allé mercredi ; c'est son dernier voyage. Il y avoit à ce voyage Mme de Mailly, Mme la duchesse de Ruffec, Mme de Maillebois et Mme de Fervaques ; il n'y avoit que Mme de Mailly et Mme de Ruffec qui étoient parties avec le Roi. Mme de Montauban étoit aussi du voyage.

Il a été réglé, il y a trois ou quatre ans, que les capitaines-lieutenants des gendarmes et des chevau-légers, ainsi que le capitaine des Cent-Suisses et celui des gardes de la porte, et le grand prévôt, seroient regardés comme service à ces voyages et ne se feroient point écrire ; ils doivent avertir quand ils n'y vont point, à moins qu'ils n'aient demandé congé pour aller chez eux.

Le Roi va aujourd'hui à la Meutte après le salut ; le mariage de Mlle de Nesle a été fait ce matin à l'archevêché et le Roi doit donner la chemise ce soir au marié, comme il est marqué ci-dessus.

Le Roi vient de supprimer la capitainerie des chasses de Blois ; mais il a donné le gouvernement du château au fils de M. de Ménars, et pour lui tenir lieu des appointements de la capitainerie on a joint aux appointements dudit gouvernement 900 livres d'augmentation. On conserve aux officiers de la capitainerie leurs appointements leur vie durant. Cela fait 1,500 livres pour M. de Ménars de ces deux articles. Outre cela il avoit une charge de lieutenant de la capitainerie qui lui est conservée sa vie durant avec les appointements. En conséquence de l'arrangement général, cette capitainerie coûtoit 11 ou 12,000 livres au Roi, qui s'éteindront par la mort de ceux qui sont pourvus des différentes charges.

Le Roi part mercredi pour Villeroy. Il y a une liste pour ce voyage; on se fait écrire chez le premier gentilhomme de la chambre, et tout le monde sans distinction se fait écrire.

Du mardi 29, *Versailles.* — Le Roi part demain matin dans le carrosse de M. le Dauphin. M. le Dauphin va dîner à Ris, où S. M. prendra ses carrosses pour aller à Villeroy, et il en repartira vendredi pour aller chasser et coucher à Fontainebleau. La Reine part samedi. Il passe pour constant que le Roi a acheté Choisy-Mademoiselle qu'avoit feu Mme la princesse de Conty, première douairière, fille du Roi. S. M. achète 50,000 écus la maison, et 50,000 écus les meubles. Cette nouvelle n'est point encore publique, et l'on ne sait pas même si c'est au nom du Roi que cette acquisition doit être faite.

Tout s'est passé à la Meutte à peu près comme il est marqué ci-dessus. Après le mariage et le dîner à l'archevêché, la noce vint à Madrid. M. l'archevêque n'y étoit point; ils soupèrent chez Mademoiselle. Mlle de Clermont étoit venue de Paris à Madrid avec Mme la duchesse de Ruffec, Mmes de Chalais et de Talleyrand; elles allèrent toutes quatre souper à la Meutte avec le Roi. Immédiatement après le souper, S. M. monta dans une gondole avec ces quatre dames, et alla à Madrid chez Mademoiselle, où étoient plusieurs dames qui n'ont jamais été présentées au Roi, comme Mme du Luc, Mme de Nicolaï. Le Roi joua à cavagnole. Les mariés couchèrent chez Mademoiselle à Madrid, et le Roi fit l'honneur à M. de Vintimille de lui donner sa chemise. C'est la première fois que le Roi ait fait cet honneur à qui que ce soit. On dit qu'il y en a eu plusieurs exemples du temps de Louis XIV. Le Roi assista au coucher, et revint ensuite prendre ses voitures pour venir coucher à la Meutte. Mme la maréchale d'Estrées coucha à Bagatelle, maison qu'elle a au bout du jardin de Mademoiselle, et elle y donna une chambre à Mme la duchesse de Ruffec.

Hier matin, la toilette de la mariée se fit à Madrid. Le Roi y vint, y resta quelque temps et retourna dîner à la Meutte. Toute la noce et même M. l'archevêque de Paris avoient dîné à Madrid. Au sortir du dîner du Roi, Mademoiselle amena à la Meutte Mme de Vintimille et Mme de Mailly; elles étoient toutes trois en grand habit. Mademoiselle présenta Mme de Vintimille dans le cabinet du Roi ; M. l'archevêque étoit à cette présentation, M. le marquis du Luc, M. de Vintimille et plusieurs autres. Immédiatement après la présentation, le Roi changea d'habit et fut courre le daim dans le bois de Boulogne. Mme de Mailly et Mme de Vintimille partirent l'après-dînée pour aller à Savigny, d'où elles reviendront demain à Villeroy. M. l'archevêque s'en alla à Conflans. Le Roi soupa à la Meutte avec les quatre dames qui y avoient soupé la veille, et outre cela Mademoiselle et Mme la maréchale d'Estrées. Le Roi revint ici après le souper.

Aujourd'hui, il y a eu deux audiences ; une audience particulière de M. de Solar pour le Roi seulement; c'est pour présenter une lettre du roi et de la reine de Sardaigne en réponse de celles que le Roi leur a écrites pour leur faire part du mariage de Madame. Il y a eu audience publique de M. Venier ou Veniers, ambassadeur de Venise, qui a pris congé ; il est venu dans les carrosses du Roi conduit par M. le prince de Lambesc et par M. de Sainctot. Les gardes françoise et suisse ont pris les armes et ont rappelé. M. le duc d'Harcourt, capitaine des gardes, qui sert ces deux jours-ci pour M. le duc de Villeroy, a été le recevoir à la porte de la salle des gardes.

J'ai appris à cette occasion de M. de Sainctot, ce matin, une circonstance de ces réceptions. La règle est que le capitaine des gardes doit recevoir l'ambassadeur à la première sentinelle; mais comme la première sentinelle chez le Roi est à la première porte du côté de l'escalier de marbre et qu'entre ledit escalier et la salle il y a une petite pièce, on fait retirer la sentinelle à la porte de la salle des gardes, et lorsque l'ambassadeur est arrivé marchant entre le prince lorrain à sa droite et l'introducteur à sa gauche, le capitaine des gardes marche à côté de lui partageant la droite avec le prince Lorrain. M. Venier a harangué le Roi et la Reine en italien; mais il commence ces harangues par le mot : « Sire, » et à la Reine : « Madame. » L'audience chez la Reine a été dans le grand cabinet; un valet de chambre seul derrière le fauteuil de la Reine.

M. le prince de Nassau étoit ici ce matin; c'est Nassau-Weilbourg. C'est un homme âgé; il est cousin du petit prince de Nassau qui a eu le régiment de Quadt.

MM. les comtes de Stolberg ont été présentés au Roi aujourd'hui; ils sont parents des princes de Deux-Ponts, lesquels sont encore en Hollande, où ils sont depuis un an. Les princes de Stolberg comptent passer l'hiver à Paris; ce sont deux jeunes gens. Ils ont avec eux un chevalier de l'ordre Teutonique qui n'est guère plus âgé qu'eux.

OCTOBRE.

Voyage du Roi à Villeroy et à Fontainebleau. — Mme de Vintimille présentée à la Reine. — Mort de la maréchale de Noailles. — Régiments donnés. — Deuil du prince de Hesse-Darmstadt. — Audience du nonce Crescenzi. — Présentation des princes des Deux-Ponts. — Lettre de Mme des Deux-Ponts à Mme de Luynes. — Particularités sur le gouvernement de l'Espagne. — Mort du duc d'Ancenis. — Lettre du Roi à Mme de Ventadour. — Difficulté à la comédie. — Règlement des affaires du marquis de Nesle et son exil. — Régiment de M. d'Ancenis donné au marquis de Brancas; équité du Roi. — Changement dans les gendarmes de la garde. — Soumission de la Corse et description de cette île.

Du lundi 5 octobre, à Fontainebleau. — Le Roi partit le mercredi 30, comme il est dit ci-dessus, pour Villeroy.

M. le Dauphin mena le Roi jusqu'à Frémont qui est une maison auprès de Ris, où dîna M. le Dauphin. M. de Châtillon et M. d'Harcourt étoient chacun à une portière. Le Roi prit ses calèches et arriva de bonne heure à Villeroy. Il y avoit de dames : Mademoiselle, Mlle de Clermont, Mme de Mailly, Mme de Vintimille, Mme la maréchale d'Estrées, Mme de Ségur ; M. du Bordage et plusieurs autres hommes. Le Roi joua toute la journée et le lendemain, et ne sortit point de Villeroy. Le vendredi 2, S. M. partit de bonne heure et vint courre le sanglier ici dans la forêt. Mlle de Clermont retourna à Versailles pour partir le lendemain avec la Reine. Mademoiselle et les quatre autres dames vinrent de bonne heure ici. Le Roi a donné à Mme la maréchale d'Estrées l'appartement de M. le cardinal de Rohan, et à Mme de Vintimille les entre-sols qui sont au-dessus dudit appartement. Depuis, Mme de Mailly a demandé pour Mme de Vintimille à M. le duc de Picquigny, qui est parti, son logement ; c'est un des plus proches de Mme de Mailly.

J'appris hier que le Roi avoit donné l'appartement de M. et de Mme de Villars à M. et Mme de Vintimille pour ce voyage-ci. Mme de Villars ne vient point à cause de la petite vérole de Mme la maréchale de Noailles, sa mère.

Le Roi soupa vendredi dans ses cabinets en arrivant ; il n'y avoit que des hommes, à cause du maigre. Mme de Mailly et Mme de Vintimille, Mme la maréchale d'Estrées et plusieurs autres personnes soupèrent chez Mademoiselle ; il n'y avoit que du gras ; mais on envoya des cabinets du Roi un souper maigre. A l'entremets, Mme de Mailly sortit de table tout d'un coup ; on crut qu'elle se trouvoit mal ; Mme sa sœur même en fut inquiète et voulut se lever ; cependant Mademoiselle la rassura et lui dit de n'avoir point tant de curiosité. Mme de Mailly revint au bout d'un quart d'heure, et dit qu'elle venoit de voir l'appartement de Mme de Vintimille. Mme de Mailly étoit sortie par le jardin de Diane ; elle se remit à table. Après le souper on fit différentes parties de jeux, mais le Roi arriva un instant après; il joua à cavagnole; le jeu ne dura qu'environ une heure. Mme de Mailly étoit auprès du Roi. Le Roi alla se coucher de fort bonne heure.

Avant-hier samedi, S. M. fut à la chasse; il n'y avoit de dames que Mme de Mailly et Mme de Vintimille dans une des calèches du Roi.

La galerie d'Ulysse est entièrement abattue et le bâtiment que le Roi fait faire à la place est fait à moitié, et il n'y a plus que la charpente et la couverture à mettre sur cette moitié. Le vendredi au soir, les ouvriers donnèrent une petite illumination sur le haut de ce bâtiment et tirèrent des boîtes. Le samedi matin, ils se mirent tous en haie dans la galerie des Réformés lorsque le Roi alla à la messe et lui présentèrent un bouquet. Le Roi donna ce bouquet à Mme de Mailly. Je le vis à Mme de Mailly à la chasse, et elle me dit que c'étoit le Roi qui le lui avoit donné. Le Roi soupa dans ses cabinets comme il avoit fait la veille; il quitta seulement son souper pour venir voir la Reine dans le moment qu'elle fut arrivée.

J'ai oublié dans l'arrangement du voyage de mettre que M. le Premier et M. de Chalais étoient aussi dans le carrosse du Roi. Dans le second carrosse, il y avoit M. l'évêque de Mirepoix, M. de Polastron, M. de Muys, M. de Puyguion et M. le chevalier de Créquy et le petit d'Estaing. Ceux qui étoient à la suite du Roi pour le voyage de Villeroy, outre ceux déjà nommés, étoient dans le troisième carrosse.

Du jeudi 8, Fontainebleau. — Dimanche dernier se fit ici la présentation de Mme de Vintimille à la Reine, dans son cabinet, par Mademoiselle. Il y avoit d'un côté Mademoiselle et Mme de Mailly, et de l'autre Mme de Mazarin, Mme de Flavacourt et Mme de la Tournelle. La Reine les reçut d'abord assez bien, mais à la fin il parut du froid.

On apprit hier matin la mort de Mme la maréchale de Noailles; elle est morte à Paris de la petite vérole; elle étoit nièce de Mme de Maintenon. Elle a fait un testament dont je marquerai le détail quand je le saurai.

Le Roi vient d'accorder à M. de l'Hôpital la permission de céder son régiment de dragons à M. de Sainte-Mesme, son parent, qui sert dans [ce même régiment].

Le Roi a donné le régiment de feu M. le duc d'Hostun à M. de Monaco, lequel en payera le prix à M. de Tallard. Ce régiment est un des petits vieux.

Du lundi 12, *Fontainebleau.* — Aujourd'hui la Cour a pris le deuil pour jusqu'à jeudi, au sujet de la mort du prince de Hesse-Darmstadt.

Du mercredi 14, *Fontainebleau.* — On ne sait si le deuil finira jeudi ou vendredi. Il est de la règle que le premier gentilhomme de la chambre avertisse la dame d'honneur du jour et de la durée des deuils. Mme de Luynes n'en ayant pas été avertie, la Reine a pensé manquer de ce qui lui étoit nécessaire pour ce deuil. Mme de Luynes en a fait des reproches en plaisantant à Bachelier, premier valet de chambre en quartier, qui a dit pour s'excuser que, n'y ayant point de premier gentilhomme de la chambre, le Roi avoit donné l'ordre lui-même à la garde-robe, et qu'il n'en avoit rien su.

Du jeudi 15, *Fontainebleau.* — Mardi dernier, le nonce, évêque de Nazianze, nommé Crescenzi, eut audience particulière du Roi et de la Reine. Les tambours battirent.

Du lundi 19, *Fontainebleau.* — Je n'ai point écrit avec la même régularité depuis quinze jours, ayant toujours été malade depuis que je suis ici. Il ne s'est passé rien de fort considérable : les soupers dans les cabinets trois ou quatre fois la semaine; toujours après souper, le Roi va chez Mademoiselle jouer à cavagnole; les jours maigres il n'y a point de dames dans les cabinets, et le Roi passe de même chez Mademoiselle en sortant de table; Mme de Mailly et Mme de Vintimille y sont tous les soirs et M. de Vintimille est tous les jours à la chasse sur les chevaux du Roi, et presque de tous les soupers des cabinets; Mme la maréchale d'Estrées et Mme de Ségur y sont aussi presque tous les jours depuis le commencement du voyage.

On a présenté au Roi aujourd'hui les princes des Deux-Ponts. Ils sont fils du prince et de la princesse de Birkenfeld (1). Ce sont deux jeunes gens; l'aîné a environ dix-huit ou dix-neuf ans et le cadet quinze. Le cadet est colonel du régiment d'Alsace, et comme étant au service du Roi, il a été présenté à la porte du cabinet chez le Roi. Ce devoit être par le premier gentilhomme de la chambre, mais c'est M. le cardinal de Fleury qui l'a présenté, et chez la Reine par Mme de Luynes; mais l'aîné a été présenté dans le cabinet par M. de Sainctot, lequel l'a aussi présenté à la Reine. L'aîné s'appelle le Duc des Deux-Ponts; et comme il prétendoit en cette qualité de grands honneurs ici, que l'on ne voudroit pas lui accorder, il a pris le parti de l'incognito et s'appelle depuis sa présentation le comte de Sponern; ainsi il n'a nuls honneurs ici. Son carrosse même n'entre point dans la cour du Roi; mais S. M. a accordé au prince des Deux-Ponts, son frère, les mêmes honneurs qu'avoit eus le prince de Birkenfeld, leur père; ainsi le carrosse du cadet entre dans la cour du Louvre. M. le duc des Deux-Ponts a le rang, à la diète de l'Empire, immédiatement après les électeurs

---

(1) Mme de Birkenfeld, qui est Nassau-Sarrebruck, est une personne de beaucoup de mérite. Il me paroît que le gouvernement ici est fort content d'elle et l'on marque beaucoup de considération à ses enfants; elle n'a que trente-sept ans et s'est entièrement occupée de leur éducation. Elle a écrit ici à tous les gens qu'elle connoissoit et qui sont en place pour leur recommander ses enfants, et j'ai joint dans cet article la lettre qu'elle a écrite à Mme de Luynes. MM. les princes des Deux-Ponts ont ici deux gentilshommes avec eux, dont l'un est sur le pied de gouverneur, qui se nomme M. de Lantensthausen et l'autre M. Desbech; ces deux gentilshommes les suivent partout et mangent avec eux dans toutes les maisons.

Les comtes de Stolberg, qui sont ici, ont de même avec eux un gentilhomme qu'on nomme M. de Birkenfeld; il est gentilhomme, mais point de la maison de Birkenfeld. (*Note du duc de Luynes.*)

et passe avant les cinq maisons alternantes. Il n'y a entre lui et l'électeur palatin que le prince de Sulzbach; si celui-ci mouroit, M. le duc des Deux-Ponts succéderoit audit électeur palatin. Le duché des Deux-Ponts vaut au moins 5 ou 600,000 livres de rente.

A l'audience de M. le duc des Deux-Ponts dans le cabinet, il y a eu une difficulté. L'usage est qu'à ces audiences particulières dans le cabinet, tout le monde sort, hors le service immédiat de la chambre du Roi, comme le grand chambellan, le premier gentilhomme de la chambre, le grand maître de la garde-robe, etc. En conséquence de cet usage, tous les ministres sortirent; même M. le duc d'Orléans, qui a les entrées familières, se tint à la porte du cabinet en dehors. L'introducteur des ambassadeurs a droit d'être dans le cabinet; c'est lui qui est censé présenter. M. le duc d'Harcourt (1) se trouva dans le cabinet, incertain de savoir s'il devoit demeurer; il le demanda au Roi, le Roi le demanda à M. de Sainctot, qui lui répondit qu'il falloit qu'il consultât ses registres et qu'il ne le savoit pas (j'ai su depuis que M. de Sainctot ne croit pas que le capitaine des gardes doive rester); enfin M. d'Harcourt demeura dans le cabinet dans une croisée, non pas derrière le Roi, qui étoit debout. Je sais que M. le duc de Charost dit qu'étant de quartier et à une audience que le feu Roi donna à l'électeur de Bavière, le Roi lui dit qu'il vouloit qu'il y restât.

Copie de la lettre de Mme des Deux-Ponts écrite à Mme la duchesse de Luynes.

Madame,

Je me rappelle avec une douce satisfaction l'honneur que j'eus de profiter de votre connoissance pendant le séjour que je fis autrefois

---

(1) Capitaine des gardes du corps.

avec feu le prince mon époux à Paris ; permettez, Madame, qu'à la faveur de cet avantage j'ose prendre la liberté de recommander à vos bontés mes fils, qui auront l'honneur de vous faire leur cour et vous demander votre protection. Ils vous conserveront avec moi une très-parfaite reconnoissance des bontés que vous aurez pour eux, et je souhaiterois, Madame, que je fusse assez heureuse d'avoir les occasions de vous prouver mon dévouement zélé avec lequel j'ai l'honneur d'être,

Madame,

Votre très-humble et très-obéissante servante,
La princesse palatine duchesse douairière des Deux-Ponts.

Aux Deux-Ponts, le 7 septembre 1759.

J'ai parlé ci-dessus du prince de Nassau, qui a fait sa révérence au Roi à Versailles ; il est ici depuis plusieurs jours ; il est Nassau-Weilbourg, cousin du petit prince de Nassau-Sarrebrück qui a eu le régiment de M. de Quadt. Le prince de Nassau-Weilbourg a au moins 100,000 écus de rente.

Du mardi 20, Fontainebleau. — Le Roi a couru le cerf aujourd'hui et a mené dans sa gondole, Mmes de Mailly, de Vintimille, de Chalais et de Ségur. La Reine a été dans ses carrosses jusqu'à l'assemblée suivant le Roi. Mme de Luynes comptoit suivre la Reine, et la Reine avoit fait son arrangement pour n'avoir que deux princesses du sang. Mme la Duchesse la jeune, qu'elle envoya avertir hier pour la chasse, lui ayant mandé qu'elle avoit la fièvre, que cependant cela ne l'empêcheroit pas d'aller, la Reine lui manda qu'elle ne vouloit point qu'elle fût à la chasse, et envoya avertir Mme la princesse de Conty. Ce matin Mme la Duchesse, Mlle de Clermont et Mme la princesse de Conty se sont trouvées en habit de chasse chez la Reine. Comme par cet arrangement, la calèche de la Reine se trouvoit remplie, et que Mme de Luynes par cette raison auroit été obligée d'aller dans la seconde calèche, la Reine, quand elle a vu Mme de Luynes, lui a dit qu'elle étoit un peu embarrassée parce qu'elle avoit une dame de plus qu'elle n'avoit compté; elle a ajouté avec bonté que cela ne faisoit rien pour elle (Mme de Luynes), qui avoit toujours de préférence le droit de la suivre. Mme de Luynes a répondu à la Reine que, puisqu'elle lui étoit inutile, elle ne seroit point fâchée d'avoir occasion de me venir tenir compagnie, parce que j'étois encore incommodé. La Reine a paru le trouver bon, et Mme de Luynes n'a pas suivi. Il n'y avoit que trois dames dans la seconde calèche.

Quand je dis habit de chasse, ce n'est point l'habit d'amazone; c'est une robe abattue sans panier. Les dames qui sont jeunes mettent un chapeau; la Reine met une coiffe et toutes les autres de même. Ce soir, ma belle-fille ayant soupé chez Mme la Duchesse la jeune, elle l'a chargée de faire des excuses à Mme de Luynes de l'embarras dont elle avoit été cause.

Du mercredi 21, *Fontainebleau.* — La Reine a fait ce matin une espèce de remercîment à Mme de Luynes du parti qu'elle prit hier de ne point suivre S. M. à la chasse.

Le Roi a encore été aujourd'hui courre le cerf; après quoi, il a monté en calèche avec Mademoiselle, Mlle de Clermont, Mmes de Mailly, de Vintimille et de Chalais. S. M. est allée souper à la Rivière, où étoit déjà Mme la maréchale d'Estrées; c'est la seconde fois qu'il y va souper.

Du dimanche 25, *Fontainebleau.* — M. le marquis du Luc est ici depuis longtemps; il paroît que le Roi le traite fort bien. Comme il avoit peu habité la Cour, il n'avoit pas encore monté dans les carrosses du Roi. Il y a quelques jours que, donnant la main à une des dames qui alloient à la Rivière, ne comptant point se présenter, le Roi lui dit de monter dans la seconde calèche, et il alla souper à la Rivière. Il a été depuis à la chasse du Roi dans les calèches, avec Mmes de Mailly et de Vintimille, le Roi l'ayant mené dans sa gondole à l'assemblée, et il a soupé depuis dans les cabinets.

L'état de M. d'Ancenis, qui est à la dernière extrémité (1), et la douleur de M. de Béthune occupent ici généralement tout le monde; c'est le dernier de trois garçons qu'avoit M. le duc de Béthune, et toute l'espérance de la famille n'est fondée que sur un fils de M. d'Ancenis qui a environ quinze mois.

M. l'ambassadeur d'Espagne vint hier me voir et nous raisonnâmes sur quelques particularités du gouvernement de ce royaume. L'Espagne est composée comme l'on sait de plusieurs petits royaumes qui ne font aujourd'hui qu'une seule monarchie; cependant il reste encore quelques vestiges de ces royaumes, et l'on distingue le gouvernement d'Espagne en plusieurs couronnes, entre autres la couronne d'Aragon qui est séparée de Castille, et qui comprend la Catalogne, Valence et Mayorque. Les priviléges de l'Aragon et de la Catalogne ne subsistent plus; mais l'usage étoit que le Roi d'Espagne n'étoit point reconnu souverain de Catalogne, qu'il ne se fût présenté dans la ville de Barcelone devant les jurats de cette ville, lesquels étoient assis sous un dais; et là le roi d'Espagne prêtoit serment de conserver les priviléges de la province (ce serment a encore été prêté par le Roi d'aujourd'hui Philippe V); aussitôt que le Roi avoit prêté serment, les jurats se retiroient de dessous le dais, y conduisoient le Roi et lui prêtoient serment de fidélité au nom de la nation. L'usage de l'Aragon n'étoit pas moins singulier; il falloit que le Roi allât à Saragosse à l'assemblée des notables du royaume, et là on lui disoit : « Nous qui ne valons pas moins que vous, nous vous reconnoissons pour notre Roi. »

Du lundi 26, Fontainebleau. — M. le duc d'Ancenis est mort ce matin à quatre heures. Le Roi a paru fort touché de la situation de M. de Béthune, et quelqu'un de

---

(1) Voy. d'Argenson, t. II, p. 110.

bien instruit m'a dit que c'étoit par cette raison (1).

J'appris hier qu'il y avoit eu, il y a quelques jours, une difficulté à la comédie. Quoi que le Roi n'aille jamais en bas, son fauteuil y est toujours, et les officiers des gardes même se mettent derrière. A droite du fauteuil du Roi est un banc pour les princes du sang et un à gauche pour les ambassadeurs. Les ambassadeurs font usage de ce banc, mais les princes du sang n'en font aucun de leur banc. Les princes du sang prétendent être en droit de donner des places à qui ils jugent à propos sur ledit banc; il arrive souvent que ce banc se trouvant vide, l'officier des gardes qui place à la comédie donne des places sur le banc

---

(1) Le duc de Luynes rapporte à la fin de l'année 1739 une lettre du Roi à Mme de Ventadour que nous croyons devoir reproduire ici.

Copie d'une lettre du Roi écrite à Mme de Ventadour dans le temps de la mort de M. d'Ancenis.

A Fontainebleau, ce 28 octobre 1739.

Je suis très-aise de la bonne santé de mes filles et encore plus de ce que vous me mandez en être contente. Nous sommes ici dans l'affliction du pauvre M. d'Ancenis; tout le monde le regrette infiniment et admire au-dessus de tout le courage de son père. C'est ce qui s'appelle un honnête homme ; pour moi je le regrette plus qu'aucun autre ; j'avois fait connoissance avec lui dans son premier et dernier quartier, et je ne lui avois rien trouvé que de bon ; il est mort aussi avec beaucoup de courage et en vrai saint, ce qui fait que je ne doute pas qu'il ne soit beaucoup mieux que partout où il eût pu être en ce bas monde. Voilà une pauvre famille bien tourmentée et désolée. Il est venu des nouvelles d'Espagne qui disent qu'on attendoit ma fille à Alcala le 25. J'espère que mes parents en seront contents ; dans huit jours nous en saurons davantage. M. de Tallard sera ici à la fin de ce mois et Mme de Tallard vers la Saint-Martin. L'on ne peut être plus content d'eux que je suis et principalement de Mme de Tallard, ce qui ne me donne point de repentir sur le choix que j'ai fait d'elle; c'est vous, maman, qui me l'avez donnée, ainsi elle ne pourroit être guère autrement, à moins qu'elle ne se fût furieusement démentie, et de plus c'est votre même sang. A l'égard d'un moins important, qui est celui de filleul, je suis charmé d'avoir trouvé un pareil sujet dans une famille que vous protégez, par tout le bien qu'on m'en dit, ainsi que de sa femme, et par ce que j'en connois, j'espère que j'en serai content. Adieu, maman, ménagez-vous bien, car nous avons encore longtemps besoin de vous. Je vous embrasse de tout mon cœur.

des princes du sang, afin qu'il ne demeure pas inutile. Sur cela les ambassadeurs font une représentation, et disent qu'ils ne disputent point aux princes du sang le droit d'avoir leur banc à droite; mais que l'usage étant que les princes du sang ne s'en servent jamais, il n'est pas juste qu'ils aient le banc à gauche, et qu'il leur paroîtroit plus convenable et plus juste qu'on les fît passer au banc destiné pour les princes du sang, puisque c'est la place la plus honorable. Je ne crois pas que cette question ait été encore décidée.

Du mercredi 28, Fontainebleau. — Tout le monde sait que les affaires de M. le marquis de Nesle sont dans un grand dérangement depuis longtemps. Il a 170,000 livres de rente substituées et des dettes pour des sommes considérables. Le Roi a eu la bonté de nommer des commissaires pour régler ses affaires; on lui avoit donné, il y a déjà longtemps, 24,000 livres de pension alimentaire sur lesquelles il en a cédé 6,000 à ses filles et a toujours continué à faire de nouvelles dettes. Cependant les commissaires travailloient toujours et étoient près de finir. Il y a même 5 ou 600,000 livres des revenus de terres consignées pour les créanciers depuis longtemps dont il s'agit de faire la répartition. M. de Nesle a envoyé ces jours-ci un mémoire à chacun de ses juges signé de lui, dans lequel il expose qu'il a 200,000 livres de rente; qu'il y a treize ans qu'elles sont saisies pour ses créanciers, et que cependant il n'y en a encore aucun de payé; il joint, à ce que j'ai ouï dire, à ce détail des expressions offensantes contre M. Maboul, qui est son rapporteur. M. Maboul n'a pu s'empêcher de représenter qu'après cette espèce de récusation, il ne pouvoit plus continuer son travail; mais le Roi a voulu que le travail se continuât, et a envoyé M. de Nesle en exil à Lisieux.

Du vendredi 30, Fontainebleau. — Le Roi donna, il y a quelques jours, à M. le marquis de Brancas, le régiment de cavalerie qu'avoit M. d'Ancenis. S. M. donne à M. de

Béthune le prix du régiment, qui est de 22,500 livres. M. le Cardinal me disoit hier une remarque de justice et d'équité du Roi, lorsqu'il fut question de cette grâce. M. le Cardinal lui ayant proposé de l'accorder à M. de Béthune, le Roi lui dit qu'il sembloit que cela n'étoit pas absolument juste puisque le régiment avoit été acheté des deniers de M. d'Ancenis ; sur quoi S. Ém. lui répondit qu'il ne pouvoit y avoir d'injustice, puisque le régiment étant absolument perdu pour la famille, tout étoit de pure grâce. Ce régiment avoit été créé pour M. le chevalier de Grignan, après lequel il fut accordé à son neveu, le marquis de Grignan. Après lui, il fut donné à M. de Flèche, major dudit régiment, duquel je l'achetai et l'ai eu pendant quinze ans ; et après moi, mon fils qui l'avoit vendu à M. d'Ancenis.

M. le chevalier d'Apchier a demandé au Roi permission de se retirer ; sa charge de sous-lieutenant des gendarmes est de 200,000 livres ; c'est M. de Wargemont (1) qui est le premier à monter et qui paye pour cela 50,000 livres ; les autres 50,000 écus sont payés par proportion par les officiers qui montent, ou bien à leur refus par un étranger.

Du samedi 31, Fontainebleau. — M. le duc de Tallard est arrivé depuis deux jours de la conduite de Madame. J'ai marqué ci-dessus que le Roi avoit donné le régiment qu'avoit M. d'Hostun à M. le prince de Monaco. Le prix de ce régiment est de 55,000 livres. Le Roi en a donné 40,000 livres à M. le duc de Tallard pour payer les dettes de M. d'Hostun, et les 15,000 livres ont été données à des officiers.

C'est M. le chevalier de Marcieu qui achète la charge de premier enseigne des gendarmes et qui donne pour cela 50,000 écus ; l'enseigne donne 50,000 livres, ce qui fait

---

(1) Le duc de Luynes écrit comme on prononçait : Daché pour d'Apchier, Douargemont pour de Wargemont.

les 200,000 francs de M. d'Apchier, et le second sous-lieutenant devient le premier sans rien donner.

M. de Lussan arriva hier; il vient de Corse, où est son régiment; il apporte la nouvelle que l'île est entièrement soumise. Il est vrai que cette soumission n'est point pour les Génois, car ils y sont toujours extrêmement haïs; mais ils demandent que, s'ils rentrent sous la domination de Gênes, que ce soit sous la garantie de la France, et qu'il demeure des troupes françoises dans leur pays pour être à portée de les soutenir au cas qu'il y ait quelqu'infraction au traité; ils ajoutent que si les troupes françoises les abandonnent, ils chasseront dans le moment les Génois, ce qu'ils seront toujours en état de faire, quoiqu'ils aient remis leurs armes, parce qu'il ne leur faut que des pierres pour combattre contre cette nation. M. de Lussan dit que l'île est à peu près aussi grande que le Dauphiné; il y a cinq évêchés dont le revenu est assez considérable; l'évêché de Bastia, par exemple, est de 18,000 livres de rente. Cette île est divisée en différentes pièves, c'est-à-dire une distribution en petit comme nos généralités; une pièvre est composée de huit, dix, douze, jusqu'à vingt-deux paroisses; un curé d'une de ces paroisses a inspection sur toute la pièvre. Il y a beaucoup de gibier dans l'île; M. de Lussan dit que cela est aussi vif que la plaine de Saint-Denis, surtout une grande quantité de perdrix rouges, fort grosses, mais qui n'ont point de fumet; il y a aussi une grande quantité de sangliers; il n'y a point de chevreuils, mais un animal dont il m'a dit le nom et que j'ai oublié, qui est plus petit que le chevreuil, le pied fait comme une chèvre, les cornes recourbées de manière qu'ils ne peuvent faire de mal, et qui s'apprivoise fort aisément. M. de Lussan dit que cet animal est bon à manger, qu'il a la chair plus noire que le chevreuil et un goût différent. Les chevaux du pays sont petits et vilains, mais ils ont les jambes fort bonnes et fort sûres pour aller dans les montagnes. L'usage du pays est, lorsque les chevaux arrivent, de les envoyer sur-le-champ à la pâture, où l'on va les reprendre quand on en a besoin ; de sorte que les habitants ne songent point à avoir ni foin ni avoine pour les nourrir.

Le Roi soupa hier et avant-hier dans ses cabinets après la chasse. Mme la duchesse de Ruffec y soupa lundi ; il y avoit longtemps qu'elle n'y avoit soupé ; cependant elle est toujours comprise dans ce que le Roi appelle « la société » et à la santé de laquelle il boit et fait boire en détail quelquefois. Cette société est : Mademoiselle, Mlle de Clermont, Mme la duchesse de Ruffec, Mme la maréchale d'Estrées, Mmes de Mailly, de Chalais, de Talleyrand et de Ségur.

Le Roi a entendu les premières vêpres aujourd'hui, en bas, chantées par les chantres de la chapelle, suivant l'usage. C'est M. l'abbé d'Argentré, évêque de Tulle, qui a officié et qui officiera encore demain. C'est le P. Ponce, jésuite, prédicateur de l'Avent, qui prêchera demain devant le Roi. Le sermon de la Toussaint est toujours le premier sermon de l'Avent, et Noël le dernier.

NOVEMBRE.

Suite du séjour de la Cour à Fontainebleau. — Acquisition de Choisy pour le Roi. — Travaux à Fontainebleau. — Mort de Mme de Beuvron. — Prédiction de Mme de Noailles à sa fille. — Arrivée de Madame en Espagne et mariage. — Prétention du maréchal de Coigny pour entrer chez la Reine. — Présents donnés à Madame Infante. — Maladie de Mmes de Mailly et d'Antin. — Bénéfices donnés. — Le duc de Luynes ne marque pas dans son journal les événements publics que l'on apprend par la gazette ; nouvelles étrangères. — Voyage du Roi à Choisy. — Retour de la Cour à Versailles. — Détail sur la maison de Choisy. — Meuble neuf dans la nouvelle chambre du Roi ; richesse de l'étoffe. — Consommation du bois et du blé à Paris.

Du mardi 3 novembre, Fontainebleau. — J'ai parlé ci-dessus de l'acquisition que l'on disoit avoir été faite pour le Roi de la maison qu'avoit Mme la princesse de Conty à

Choisy et que l'on appelle Choisy-Mademoiselle; il y a déjà assez longtemps que l'on sait que cette acquisition est certaine et que le prix est 100,000 écus, dont la moitié pour les meubles. Le Roi vient de donner le gouvernement de cette maison à M. de Coigny le fils; on ne dit point encore s'il y a des appointements attachés. Il y a déjà quatre ou cinq ans que le Roi, en allant ou revenant à Fontainebleau, parla de la situation d'Ablon, qui est assez près de Choisy-Mademoiselle et du projet qu'il avoit quelque jour d'y bâtir une maison. Le Roi tenoit ce discours comme en plaisanterie ou au moins comme une vue très-éloignée. M. de Coigny le fils, pour qui le Roi a beaucoup de bonté, et qui étoit alors dans le carrosse de S. M., répondit aussi en badinant au Roi que, si ce projet s'exécutoit, il lui demandoit le gouvernement de ce château; et le Roi lui dit qu'il le vouloit bien. Toute cette conversation n'a point été oubliée; mais beaucoup de gens la regardoient comme une pure plaisanterie et croyoient que M. le duc de Villeroy avoit plus lieu d'espérer ce gouvernement que qui que ce soit, d'autant plus que le Roi l'a toujours extrêmement aimé, qu'il est capitaine des chasses de la capitainerie de Sénart, et que la forêt de Sénart, qui est belle et bien percée n'est qu'à un pas de Choisy et a été vraisemblablement un des principaux motifs qui a déterminé le Roi à désirer dans ce lieu un établissement. M. Gabriel, le fils, a déjà été par ordre du Roi voir les bâtiments qu'il seroit nécessaire d'ajouter pour les écuries.

Le lieu de l'exil de M. de Nesle est changé; ce n'est plus à Lisieux, c'est à Évreux qu'il va; le mémoire qu'il a donné au public n'est pas absolument rempli d'injures grossières contre M. Maboul, son rapporteur; mais il se plaint de la mauvaise administration de ses revenus et de la faveur et protection qu'il dit avoir été accordées par M. Maboul à quelques-uns de ceux qui sont chargés de cette administration. Au reste, le raisonnement de son mémoire est simple et séduisant, d'autant plus qu'il est écrit avec esprit.

Il paroît que les projets du Roi pour les bâtiments à faire à Choisy-Mademoiselle ne sont que pour une écurie de trente chevaux et point de logements. Tout le service est logé. Le Roi prend tout le bas de la maison, où il fera mettre un lit du garde-meuble, et outre cela il y a vingt-six logements à donner, dont quelques-uns même sont fort beaux. M. Gabriel y va demain pour plusieurs petites réparations qui seront faites dans quinze jours, afin que le Roi, qui en partant d'ici compte passer à Choisy, trouve tout cela fini.

Les appointements du gouverneur sont fixés à 3,000 livres; mais outre cela il y a grand nombre d'officiers payés par le Roi qui peuvent être d'un usage continuel pour le gouverneur, n'étant destinés au service du Roi que lorsqu'il habitera Choisy. On compte que tous ces différents gages extraordinaires, y compris les appointements du gouverneur, iront environ à 30,000 livres par an.

On continue les bâtiments de Fontainebleau; on fera le second tiers de la grande écurie et on finit les dedans de la moitié du bâtiment de la galerie d'Ulysse, et l'on fera le pavillon du milieu. M. le contrôleur général compte que la grande écurie coûtera en total environ 500,000 livres et la galerie d'Ulysse en total 600,000 livres.

Aujourdhui, grande chasse de cerf et grand souper dans les cabinets. Il y avoit quatre dames à la chasse qui ont été avec le Roi, et ont ensuite monté en calèche. Mademoiselle n'y a point été; c'étoient Mlle de Clermont, Mmes de Mailly, de Vintimille et de Ségur. Elles soupent toutes quatre dans les cabinets, et outre cela Mademoiselle, Mme de Tallard, Mme d'Antin et Mme de Saint-Germain; c'est la première fois que Mme de Tallard soupe dans les cabinets.

Le Roi a donné à Versailles le logement de Mme d'Alincourt à M. de Soubise; ce logement étoit vacant depuis longtemps. S. M. a donné à M. de Maillebois, le fils, le petit logement qu'avoit M. de Soubise et qui étoit auparavant à Mme de Conflans.

On vient d'apprendre la mort de Mme de Beuvron; elle est morte de la petite vérole aujourd'hui à sept heures du matin; elle étoit petite-fille du bonhomme Saint-Aulaire qui a quatre-vingt-seize ou quatre-vingt-dix-sept ans; elle étoit belle-sœur de M. le duc d'Harcourt. Elle craignoit beaucoup la petite vérole, et malgré cela avoit voulu demeurer auprès de son fils qui vient de l'avoir.

Mlle de Noailles est hors d'affaire de la même maladie, quoiqu'elle eût pu être frappée de la prédiction de Mme sa mère, la maréchale de Noailles, qui deux ou trois mois avant que d'avoir cette maladie, dont elle est morte, dit à sa fille : « J'aurai la petite vérole, j'en mourrai; vous l'aurez aussi et vous en mourrez. » On prétend cependant que cette prédiction n'est pas absolument vraie; mais on dit que les mêmes gens qui disent qu'elle n'est pas telle qu'on la redit présentement, convenoient, il y a huit jours, qu'elle étoit réelle.

Du jeudi 5, Fontainebleau. — On a reçu ces jours-ci des nouvelles de l'arrivée de Madame à Alcala où s'est fait le mariage. J'avois entendu dire que l'usage d'Espagne étoit dans les mariages faits par procureur de ne plus faire aucune cérémonie lorsque la mariée étoit arrivée; tout au plus un renouvellement d'affirmation qu'un tel prend une telle pour sa femme. M. l'ambassadeur d'Espagne le disoit de même. Le Roi disoit hier qu'il y avoit en outre de ce renouvellement d'affirmation la bénédiction donnée aux mariés par le patriarche des Indes. Il est vrai que l'on n'ajouta point à cette cérémonie celle de dire la messe, mais S. M. ajouta que cela s'étoit pratiqué de même ici au mariage de M. le Dauphin, feu Monseigneur, avec la princesse de Bavière; qu'il y avoit eu, en arrivant, renouvellement d'affirmation et bénédiction, et le lendemain seulement la messe pendant laquelle ils furent mis sous le poêle. Le roi d'Espagne paroît transporté de joie du mariage et en a écrit au Roi dans les termes les plus touchants. On dit que Madame Infante réussit fort bien dans ce pays, et que l'on est extrêmement content de son maintien et de sa figure. Je ne ferai point ici la relation du voyage; elle se trouvera partout. De toutes les fêtes qui ont été données à Madame Infante, celle de Bordeaux a été, à ce que l'on dit, la plus magnifique. Madame s'embarqua dans un assez grand bâtiment que l'on appelle Maison navale, que la ville de Bordeaux fait construire exprès pour ces occasions; cette maison étoit couverte et il y avoit une chambre pour Madame avec un dais, un fauteuil et un balustre. La Maison navale étoit remorquée par quatre autres bâtiments remplis de musique et autres amusements, et trouva en arrivant à Bordeaux deux lignes de vaisseaux dont l'artillerie fit plusieurs décharges. Le coup d'œil du port de Bordeaux, très-beau par lui-même, étoit encore enrichi par une quantité prodigieuse de peuple, et le lendemain on donna à Madame le spectacle de lancer devant elle un vaisseau à la mer.

Le lieu où Madame Infante fut remise entre les mains des Espagnols n'a point été l'Ile-des-Faisans, parce que le chemin du côté de l'Espagne n'est pas si beau que par Roncevaux; ce fut à trois ou quatre lieues de Saint-Jean-pied-de-Port, dans une plaine où l'on avoit construit une maison de bois composée d'un salon et de deux petits cabinets; le salon, tout au plus aussi grand qu'un des petits salons de Marly. Cette maison [a été] bâtie sur les confins des deux royaumes et aux dépens des deux rois. La construction de cette maison a coûté 14,000 livres; je ne suis pas sûr absolument de cette somme; car le Roi m'a dit 7,000 livres, mais je ne sais pas si c'est pour sa part, ou en total seulement.

Il devoit y avoir dans le salon un fauteuil, mais il y eut une dispute pour savoir s'il seroit du côté de la France ou du côté de l'Espagne, et pour obvier à toutes ces contestations il n'y eut ni fauteuil ni dais, et Madame resta toujours debout pendant trois quarts d'heure que dura la cérémonie. Elle commença par une harangue de M. de Tallard qui fut fort approuvée, à laquelle répondit en espagnol M. de Solfarino, majordome mayor de Madame Infante ; il parla fort bas, et il parut que son discours n'avoit pas eu la même approbation parmi les Espagnols. Madame embrassa ensuite Mme de Tallard avec de grandes marques d'amitié et salua Mmes d'Antin et de Tessé ; après quoi elle passa du côté des Espagnols, M. Descajeuls, chef de brigade, ayant remis la queue de sa robe entre les mains des Espagnols. Pendant ce temps, M. de Solfarino remit les présents du roi d'Espagne : à M. de Tallard, une épée enrichie de diamants ; à Mme de Tallard, un portrait du roi d'Espagne enrichi d'assez beaux diamants ; à Mmes d'Antin et de Tessé, deux tables de portraits aussi du roi d'Espagne avec beaucoup de diamants, mais d'un moindre prix que ceux de Mme de Tallard ; à M. Descajeuls, un diamant ; et aux deux autres deux diamants ; aux gardes du corps et à la maison du Roi, des présents en argent. On compte que chaque garde du corps peut avoir eu aux environs de 100 écus. Il n'y eut aucun présent de fait de la part de la France aux Espagnols ; ce n'est pas l'usage. On regarde le présent que nous faisons de la princesse comme devant tenir lieu de tout. Ce fut M. de Verneuil, comme secrétaire du cabinet, de notre part, et M. de Solfarino, de celle d'Espagne, qui signèrent l'acte de délivrance de Madame, et il ne fut signé que par eux. Madame, avant de partir de Roncevaux où elle avoit couché, étoit entrée dans un des cabinets du salon où elle fut déshabillée suivant l'usage. M. de Solfarino est celui qui étoit connu en France sous le nom d'abbé de Castiglione, qui étoit toujours avec Mme la duchesse d'Albe. La surveille de la remise de Madame, Mme de Leyde, sa camarera mayor, étoit venue à Saint-Jean-pied-de-Port faire sa révérence à Madame et lui présenter ses caméristes. Madame lui fit l'honneur de la saluer. Mme de Leyde est grande d'Epagne ; elle a tout au plus quarante ans ; elle n'est point jolie, mais rien de désagréable et un très-bon maintien.

M. le maréchal de Coigny, étant entré hier chez la Reine au moment du café, qui est un temps où il n'y a que les entrées de la chambre qui entrent, j'appris à cette occasion ce qui s'étoit passé au sujet de ladite entrée. M. le maréchal de Coigny prétendit il y a deux ans avoir parole de M. le Cardinal pour l'entrée du cabinet que l'on appelle l'entrée des quatorze. C'est l'entrée que donnent les charges, laquelle entre lorsque l'huissier est en dedans. M. de Gesvres représenta alors que le Roi pouvoit donner des entrées beaucoup plus considérables à M. le maréchal de Coigny, mais que l'entrée des quatorze étant de charges ne devoit appartenir qu'à ceux qui auroient lesdites charges. M. de Gesvres en parla au Roi, qui approuva cette représentation, et en conséquence donna à M. de Coigny seulement les entrées de la chambre. M. le maréchal de Coigny, peu content de cette grâce, a été longtemps sans en vouloir faire usage.

Du Vendredi 6, Fontainebleau. — Hier, le Roi, après la chasse, partit pour aller souper à la Rivière ; il y alla seul d'homme dans son carrosse avec cinq dames : c'étoient Mademoiselle, Mlle de Clermont, Mme de Mailly, Mmes de Vintimille et de Talleyrand. Mme la maréchale d'Estrées et Mme d'Antin devoient y aller, mais elles se trouvèrent toutes deux incommodées.

Du mardi 10, Fontainebleau. — J'ai oublié de marquer ci-dessus ce que c'étoit que les présents que Madame Infante a reçus sur la frontière ; ils étoient peu considérables ; c'est un nœud de diamants d'une grandeur prodigieuse où il y a de fort beaux diamants, deux petites attaches de diamants pour mettre sur ses manches, et un petit nœud pour mettre au cou ; mais en arrivant à Alcala elle a dû recevoir des présents très-considérables ; car, suivant l'usage, don Philippe a dû lui faire un présent le lendemain de son arrivée; le roi et la reine d'Espagne chacun un; et elle a dû en recevoir aussi de chacun des Infants.

On a appris ces jours-ci que le roi d'Espagne avoit fait trois grands : l'un est M. de Saint-Jean, gentilhomme de la chambre de S. M. C., qui lui est fort attaché depuis longtemps et qui est le seul qui le sert. C'est l'usage d'Espagne que ce soit toujours le même gentilhomme de la chambre qui serve le Roi, mais leur service est beaucoup plus étendu qu'en France. Les deux autres grands d'Espagne sont M. le prince de la Torella et M. le comte de la Marck.

Il n'y a point eu de dames à la chasse ces jours-ci, hors hier. Mme de Mailly ayant été malade d'un rhume, elle a été pendant deux jours dans son lit. Le jour que Mme de Tallard a séjourné ici, elle lui donna un grand souper, ou plutôt Mademoiselle y fit apporter son souper. Pendant le temps que Mme de Mailly a demeuré dans son lit, Mademoiselle y a passé les après-dînées, et il y a toujours eu beaucoup de monde. Hier, Mme de Mailly fut à la chasse en calèche avec Mme de Vintimille seulement. Le soir, il n'y eut point de grand couvert ni d'ordre pour les cabinets. Le souper étoit chez Mademoiselle, laquelle avoit fait fermer la porte dès quatre heures après midi.

Mme d'Antin, qui a été incommodée d'une fluxion ces jours-ci, ayant eu un accès de fièvre hier, a été saignée du pied; tout le monde jugea dès ce moment qu'elle alloit avoir la petite vérole; et, comme elle loge dans l'escalier au-dessus de Mademoiselle, on fit fermer toutes communications. M. le prince de Dombes envoya quérir M. d'Antin pour l'exhorter à presser Mme d'Antin de se faire transporter à la ville; et cette maladie, quoiqu'elle n'ait point eu de suite, faisoit hier une grande nouvelle ici.

Du vendredi 13, *Fontainebleau*. — Le Roi alla hier souper à la Rivière; il y fut en carrosse seul d'homme avec six dames, les quatre sœurs (c'est Mademoiselle, Mlle de Clermont, Mmes de Mailly et de Vintimille), Mme la maréchale d'Estrées et Mme la duchesse de Ruffec qui n'avoit point été de ces voyages depuis longtemps et qui n'avoit soupé avec le Roi qu'une fois depuis qu'elle est ici.

J'ai marqué ci-dessus que le Roi avoit donné 16,000 livres à Mmes d'Antin et de Tessé pour le voyage de la frontière d'Espagne avec Madame. J'ai appris aujourd'hui que S. M. avoit donné 75,000 livres à M. et à Mme de Tallard, et outre cela leurs carrosses et surtouts menés par le capitaine des chariots aux dépens du Roi.

La liste des bénéfices a paru ces jours-ci. Je vais en joindre ici la copie. L'archevêché de Toulouse n'est point encore donné, au moins on ne le dit pas. Le Roi paroît occupé de trouver quelqu'un qui soit à portée de remplir dignement la place que cet archevêché donne aux États et qui puisse être propre à devenir dans la suite archevêque de Narbonne.

M. l'abbé de la Bastie, grand vicaire de Chartres, nommé à l'évêché de Saint-Malo; l'abbé de Tavannes à l'abbaye de la Creste; l'abbé de Montesquiou, à l'abbaye de Saint-Martial; il est grand vicaire de Saintes; l'abbé Terrisse, l'abbaye de Saint-Victor-en-Caux; l'abbé de Fontanges, l'abbaye de Chalivoy; l'abbé Baudouin, l'abbaye de Mauzac; l'abbé de Gouyon de Vaudurant, l'abbaye de Fineterre; le P. Grisard, l'abbaye d'Abbecourt; l'abbé Houllier, aumônier des mousquetaires, le prieuré de Vausse.

Du mercredi 18, *Fontainebleau.* — Samedi dernier 14, le Roi fut courre le cerf; il n'y avoit de dames à cette chasse que Mmes de Mailly et de Vintimille, toutes deux dans une petite voiture fermée qui appartient à Mademoiselle, mais avec les chevaux du Roi. Il y avoit plusieurs jours que Mme de Mailly étoit enrhumée; elle avoit même gardé son lit pendant deux ou trois jours; elle a toujours vu pendant ce temps tout le monde, et Mademoiselle ne l'a point quittée; mais il n'a pas paru que le Roi ait été chez elle.

Dimanche, le Roi fut souper à la Rivière; les dames étoient les quatre sœurs, Mme de Talleyrand et Mme la duchesse de Ruffec.

Comme je ne mets guère ici les événements publics que l'on apprend par la gazette, je n'ai point marqué la déclaration de guerre de l'Angleterre à l'Espagne, ce qui fait pourtant beaucoup de bruit depuis huit ou dix jours. La paix (1) de la Porte avec la Russie et avec l'Empereur sont encore deux événements importants dans l'Europe. Il y a encore quelques difficultés du côté de la Russie, et on dit aussi quelques-unes de la part de l'Empereur; mais il y a lieu de croire qu'elles n'arrêteront point ces traités, surtout entre l'Empereur; parce que Belgrade est cédé aux Turcs, et les fortifications de cette place déjà presqu'entièrement démolies. Un événement qui a rempli aussi les gazettes, c'est le mécontentement de l'Empereur contre les généraux de Wallis et de Neuperg, ses plénipotentiaires pour la paix, et l'on a été assez surpris de voir ce prince faire publier un manifeste contre un de ses sujets.

Il y a eu quelque changement par rapport au départ du Roi et à son arrivée à Versailles. M. le Dauphin part toujours samedi, et la Reine lundi. Le Roi part mardi et va coucher à Choisy-Mademoiselle; et, au lieu de retourner jeudi à Versailles, comme c'étoit le premier projet, S. M. ira déjeuner et souper à Ivry chez M. le Premier; il reviendra coucher à Choisy et vendredi à Versailles.

Du samedi 21, Fontainebleau. — Le Roi a soupé hier et aujourd'hui dans ses cabinets au retour de la chasse; il n'y a point eu de dames.

---

(1) Signée à Belgrade.

Demain le Roi soupe au grand couvert avec la Reine; c'est le Roi qui donne à souper. Le Roi soupera lundi chez Mademoiselle; Mademoiselle a soupé chez elle presque tous les jours pendant le voyage et a eu toujours beaucoup de monde. Presque toutes les fois que le Roi a soupé dans ses cabinets, il est descendu après souper chez Mademoiselle, où il jouoit à cavagnole.

Les dames du voyage de Choisy-Mademoiselle sont les mêmes que celles qui ont été à Villeroy en venant: Mademoiselle, Mme de Mailly, Mme de Vintimille, Mme la maréchale d'Estrées, Mme de Ségur.

Du lundi 23, *Fontainebleau.* — Il y avoit hier grand souper chez Mademoiselle. Le Roi y joua l'après-dinée deux parties d'hombre avec M. le comte d'Estrées et M. de Soubise. Mme de Mailly, qui étoit fort ajustée, jouoit pendant ce temps-là à cavagnole avec Mademoiselle. Le Roi sortit à neuf heures pour aller souper au grand couvert et ne joua point après souper; il se retira de bonne heure. Mme de Mailly ne se mit point à table chez Mademoiselle; elle continua son cavagnole; elle quitta à dix heures, et ne reparut plus.

Du samedi 28, *Versailles.* — La Reine arriva ici le 23. Mlle de Clermont étoit avec S. M. et repartit mardi de bonne heure pour aller à Choisy-Mademoiselle où le Roi arrivoit le même jour. Les dames de ce voyage sont les mêmes qui étoient à Villeroy lorsque le Roi y passa en allant à Fontainebleau, comme il est marqué au 21 novembre.

Le Roi arriva de bonne heure le mardi à Choisy. Mademoiselle y arriva trois ou quatre heures après avec les dames. Le Roi leur montra la maison, ensuite on joua à cavagnole, et le Roi à l'hombre avec M. du Bordage et M. le comte d'Estrées. A souper, M. le comte de Coigny s'étant mis en devoir de servir le Roi comme M. le Premier fait à la Meutte, le Roi ne voulut pas absolument qu'il le servit, et le fit mettre à table. Le lendemain mercredi, le Roi se promena beaucoup dans le jardin et dans la maison; il fut rendre visite aux dames dans leurs appartements, comme auroit fait un seigneur de château. Le soir, jeu comme la veille. J'oubliois de marquer que le lundi le Roi trouva en arrivant un feu d'artifice, petit mais bien exécuté. Ce feu fut donné par les habitants de Choisy; il étoit de l'autre côté de la rivière, parce que M. le comte de Coigny (à qui ils avoient demandé la permission) jugea qu'en deçà de la rivière il n'y avoit point de place pour tirer le feu.

J'oubliois aussi de marquer qu'au défaut de M. de Coigny, ce fut le concierge qui servit le Roi à Choisy. C'est un appelé Filleul, qui étoit garçon de château à la Meutte.

Le Roi paroît fort content de sa nouvelle acquisition. Les meubles en sont fort honnêtes, à ce que j'ai ouï dire, la salle à manger fort jolie et la vue admirable.

Le jeudi, le Roi fut de bonne heure à Ivry avec les dames; il se promena beaucoup dans la maison, et voulut tout voir : cuisine, office, et trouva partout un ordre, un goût et une magnificence singulière; tous les meubles sont doubles dans la maison, meubles d'été, meubles d'hiver. Ceux-ci sont tous de velours à parterre ou de velours cramoisi, galonnés d'or, ou de damas aussi galonnés d'or. Le souper fut servi avec autant de délicatesse que de magnificence. M. le Premier avoit fait faire une douzaine d'assiettes, de vermeil doré, et de couverts, exprès pour le Roi. Il y a une quantité immense de porcelaine ancienne dans la maison et entre autres un service d'assiettes blanches de porcelaine de l'ancien (1); tout le

---

(1) Le conservateur du Musée céramique de Sèvres, M. Riocreux, auquel nous nous sommes adressés pour avoir l'explication de ces termes, a bien voulu nous répondre que la *porcelaine ancienne* devoit être de la porcelaine de Chine décorée et que la *porcelaine de l'ancien* étoit aussi une porcelaine de Chine, mais de la catégorie de celles dites *d'ancien blanc*, rares alors, comme elles le sont encore, et d'un très-haut prix.

fruit fut servi en porcelaine. Après souper, il y eut un cavagnole. M. le Premier avoit fait faire une table exprès de bois des Indes avec des ornements de bronze doré. M. le Premier ne donna ni feu ni illumination; mais il avoit fait éclairer, par des lampions, de distance de trois ou quatre pieds de l'un à l'autre, tout le chemin des deux côtés d'Ivry à Choisy. Le Roi revint ici hier de bonne heure; il ne fut point chez la Reine en arrivant; il n'y fut qu'à neuf heures, et il soupa dans sa chambre, au petit couvert.

Le Roi trouva ici en arrivant un meuble neuf dans sa nouvelle chambre. C'est une étoffe cramoisi et or, à laquelle on travaille à Lyon depuis cinq ou six ans; le goût, le dessin et la fabrique de cette étoffe sont admirables; elle coûte 400 livres l'aune. La tapisserie est de velours cramoisi avec une broderie d'or fort large, fort épaisse et d'un fort beau dessin, dans laquelle il y a des fleurs et des ornements d'or vert, comme dans l'orfévrerie. Mme de Mailly a trouvé en arrivant ici son appartement accommodé tout à neuf; elle y va faire mettre un meuble neuf.

J'ai vu ce matin chez elle M. Turgot, prévôt des marchands; il me disoit que la consommation de bois à Paris, qui ne montoit il y a cinquante ans qu'à 200,000 voies par an avoit monté l'année passée à 460,000; que la consommation de blé, en comptant le blé réduit en pain, alloit à environ 100,000 muids, et celle d'avoine à 20 ou 22,000.

Le Roi a été aujourd'hui tirer, mais le vilain temps l'a fait revenir de bonne heure. Il soupe à cinq heures dans les cabinets et recommence demain à dîner au grand couvert.

DÉCEMBRE.

Mme de Soubise n'arrivoit jamais qu'à la moitié du dîner du feu Roi ; observation à ce sujet. — La Reine prend le cavagnole en grande affection et pourquoi ; règles sur le jeu de la Reine. — Rappel de M. de la Mina. — Conduite remarquée de Mme de Mailly au jeu de la Reine. — Détail sur le rappel de M. de la Mina. — Affaire de M. le Duc au sujet du mariage de M. de la Guiche avec une bâtarde de M. le Duc. — Le Roi très-satisfait de l'acquisition de Choisy. — Commission de mestre de camp à M. de Pressure. — Présentation de l'abbé de Chamron. — Voyage du Roi à Choisy. — Titre que prennent les seigneurs d'Angleterre dans leurs adresses au Roi. — Audience du duc de Castropignano. — Légitimation de Mlle de Verneuil, bâtarde de M. le Duc. — La Tour fait le portrait de Mme de Mailly. — Mort de M. de Brossoré. — Dettes de l'Espagne envers la France. — Anecdote sur Marion Delorme. — Le Roi se trouve mal à la messe, quitte la chapelle et va à la chasse. — Le Roi va à la Meutte sans y conduire Mme de Mailly ; menaces de cette dame pour obliger le Roi à la mener à Choisy. — Histoire d'une fille sauvage. — Mort de M. de Harlay. — Étrennes de Mme de Mailly au Roi. — Mariage de Mlle de Guiche avec le comte de Brionne. — Lettre de Louis XV à Mme de Ventadour.

Du mardi 1er *décembre*, *Versailles*. — Dimanche 29, le Roi dîna au grand couvert ; il y eut musique au dîner, c'étoit les vingt-quatre violons. C'est l'usage, comme je l'ai déjà marqué, qu'ils donnent un concert au Roi lorsqu'il arrive de quelque voyage. Cette musique est fort bonne, mais comme elle est tout auprès de la table du côté du Roi, du côté de la Reine elle est fort incommode pour les dames assises de ce côté-là, et trop près même de la Reine pour être agréable à entendre.

Il y eut sermon l'après-dînée. C'est le P. Ponce, jésuite, le même qui a prêché la Chandeleur et la Toussaint ; on trouve qu'il prêche bien, mais que ses sermons sont un peu longs pour ce pays-ci. Il fut près d'une heure en chaire. Le lundi 30, le Roi dîna encore au grand couvert. Il y avoit du côté du Roi Mmes les duchesses de Duras et de Durfort assises. Comme le Roi arrive par l'appartement de la Reine, où les dames sont déjà à faire leur cour, elles entrent aussi par le même côté que le Roi pour se mettre à leurs places. Je crois que l'usage autrefois étoit de faire le tour par l'autre bout de la table. Comme on avoit déjà desservi le potage, Mme la maréchale de Biron arriva aussi par le côté du Roi, un peu embarrassée de venir si tard; cependant elle s'avança auprès de Mme de Duras, qui fut obligée de se reculer aussi bien que Mme de Durfort, pour céder le premier tabouret à Mme de Biron. Cela paroît contraire à la règle et au respect. M. de Gesvres qui étoit présent m'en parut étonné. M. le prince de Rohan, à qui j'en parlai le soir, me dit que c'étoit l'usage du temps du feu Roi; que les dames même assises arrivoient pendant tout le temps du dîner du Roi. Il me cita l'exemple de Mme sa mère, Mme de Soubise, et dit qu'elle n'arrivoit jamais qu'à la moitié du dîner du Roi. Cet exemple ne me prouveroit pas pour les autres; Mme de Soubise pouvoit avoir des permissions qui n'étoient pas données à tout le monde.

Dimanche et lundi, la Reine joua à cavagnole, qu'elle a pris en grande affection. Le dimanche, quand il fut question de donner les tableaux à tirer, M. le président de Guébriant étoit dans la chambre de la Reine. Il vient souvent ici; il a même une charge chez le Roi; je crois que c'est lecteur. Il joue aussi gros jeu que l'on veut et est dans l'usage de couper au lansquenet de la Reine. Il est homme de condition de Bretagne. Mais il y en a bien d'autres que lui qui ont l'honneur de couper au lansquenet de la Reine; M. Bernard, qui a une charge chez la Reine (1), M. Fournier (2) coupent tous les jours au lansquenet de la Reine. M. de Guébriant suivit la Reine dans le grand cabinet qui est au bout de la galerie. Mme de Luynes, ayant nommé à la Reine M. de Guébriant dans le nombre des joueurs, il lui parut que la Reine aimoit mieux qu'on ne lui présentât point de tableau, et il ne joua point. C'est un avantage même que la Reine paroît trouver dans le

---

(1) M. Bernard, maître des requêtes, était surintendant des finances, domaines et affaires de la Reine.

(2) M. Fournier était maître d'hôtel ordinaire de la Reine.

cavagnole de pouvoir choisir les personnes qui ont l'honneur de lui faire leur cour à ce jeu. M. de Guébriant parla le soir à Mme de Luynes et lui dit qu'il avoit appris qu'on avoit dit à Fontainebleau qu'il ne pouvoit pas avoir l'honneur de jouer avec la Reine, qu'il ne pouvoit croire que le manteau qu'il portoit l'exclût d'un honneur qu'il auroit sans cela. Il paroissoit même avoir envie d'avoir une explication et d'en faire parler à la Reine ou de lui en parler lui-même; mais Mme de Luynes lui conseilla de laisser tomber cette affaire, d'autant plus que je n'en ai pas entendu parler à Fontainebleau, et que d'ailleurs la Reine, nommant à cavagnole, comme au quadrille, ceux ou celles qu'elle veut qui aient l'honneur de jouer avec elle à chaque fois (au lieu qu'au lansquenet, il suffit d'y avoir joué une fois pour se présenter quand on le juge à propos), n'être pas nommé n'est pas être exclu. Mme de Luynes ne pouvoit répondre autrement; cependant il y a apparence que M. de Guébriant ne seroit pas plus nommé pour le quadrille que pour le cavagnole.

La Reine jouoit dans sa chambre au cavagnole les premiers jours qu'elle est venue ici. Lorsque la Reine joue à quadrille ou au piquet dans sa chambre, les dames n'ont pas droit d'être assises devant S. M. et ne s'assoient point. Un de ces premiers jours, Mlle de Clermont arriva, suivie de Mlle de Villeneuve (1), pendant que la Reine étoit au cavagnole. Mlle de Villeneuve s'assit tout d'un coup; cela fut remarqué. La règle est si incontestable sur cet article, que la Reine a même la bonté, ordinairement, de permettre, même d'ordonner que les femmes qui n'ont pas le droit d'être assises fassent une partie de piquet ou de quadrille pendant que S. M. joue au piquet ou à quadrille; et souvent, lorsqu'il y a des dames qui n'ont pas beaucoup d'argent, elles ne jouent point d'argent;

---

(1) Fille d'honneur de Mlle de Clermont. (*Note du duc de Luynes.*)

celle qui perd paye les cartes. Lorsque la surintendante, la dame d'honneur ou la dame d'atours sont dans la chambre, c'est à elles que les dames s'adressent pour demander à la Reine permission de jouer, ou elle a l'attention elle-même de proposer à la Reine de permettre aux dames de faire un jeu pour pouvoir être assises. Ces derniers jours-ci la Reine a pris le parti de jouer à cavagnole sur la table de lansquenet, dans le cabinet du bout de la galerie; alors toutes les dames sont assises indifféremment, comme au lansquenet.

On sait depuis deux jours que M. de la Mina est rappelé; on n'en dit pas la raison. Il donne, à ce que j'ai ouï dire, pour prétexte, que la guerre étant déclarée entre l'Espagne et l'Angleterre, il demande à servir, l'ayant toujours fait, qui est ce qu'il aime fort. Mais j'ai entendu dire qu'il n'étoit pas content d'être rappelé et que Mme de la Mina en est extrêmement affligée. On prétend qu'il a parlé ici trop fortement et que c'est M. le Cardinal qui a demandé son rappel; ce qui est certain c'est qu'il s'en va, et on croit même que ce sera bientôt.

On parle fort, et cela depuis longtemps, d'un arrangement dans les finances d'Espagne ou plutôt d'un projet d'arrangement par lequel le roi d'Espagne, sans rien rayer des pensions, gages et appointements de sa maison, de celle de la Reine ni de sa mère, a seulement déclaré qu'il ne payeroit point les années qui étoient dues.

Du jeudi 3, Versailles. — Le Roi alla hier à la Meutte et en est revenu aujourd'hui. Les dames de ce voyage sont les quatre sœurs, Mme de Chalais et Mme de Talleyrand.

Le Roi a donné des appointements, à ce que j'ai ouï dire, à M. le cardinal de Tencin; il me semble que c'est 12,000 écus; on ne dit pas cependant que M. de Saint-Aignan revienne.

Du mardi 8, Versailles. — Le Roi soupa hier dans ses cabinets au retour de la chasse Les dames étoient Mademoiselle, Mlle de Clermont, Mme de Vintimille, Mme de

Maurepas et Mme de Ségur. Mme de Mailly est de semaine; elle resta au souper de la Reine, après lequel elle alla chez le Roi. Il n'y a point eu de voyages cette semaine, et il n'y en aura point; il est aisé d'en voir la raison ; mais le Roi ira, à ce que l'on dit, dimanche ou lundi à Choisy. Il n'est plus question ici du tout de lansquenet. La Reine joue à cavagnole quand elle ne va point à la comédie ou qu'il n'y a point de musique, et c'est toujours dans le grand salon du bout de la galerie (1); et les jours même de comédie et de musique, S. M. y joue après l'une ou l'autre. La Reine y joue même souvent après souper avec les dames du palais qui reviennent à cette heure-là; le plus souvent, il n'y en a qu'une, et la Reine joue tête à tête. Avant-hier au soir, comme la Reine finissoit son jeu, le Roi arriva; il y avoit eu grand couvert à dîner et par conséquent point de souper pour le Roi. Mme de Mailly jouoit avec la Reine ; le Roi étoit entré par la porte de la galerie dans le salon. Tout le monde étoit debout en cercle ; Mme de Mailly fut la seule qui alla se placer près de la porte par où le Roi étoit entré et par où il devoit sortir ; elle y fut toujours à faire la conversation avec ceux qui étoient venus à la suite du Roi. J'entendis que le Roi en sortant lui dit quelque chose, mais il me parut que c'étoit chose très-indifférente. Mme de Luynes alla reconduire le Roi jusqu'à la porte de la galerie. Ce salon est le bout de l'appartement de la Reine, comme l'antichambre en est le commencement.

Ce même jour (avant-hier), il y avoit eu, comme je viens de dire, grand couvert suivant l'usage; il fut question de faire tirer un rideau parce que le soleil incommodoit le Roi. M. de Gesvres étoit debout, à côté du fauteuil du Roi et Mme de Luynes assise du côté de la Reine. Le Roi avoit dit d'abord qu'il falloit tirer le rideau; M. de Gesvres eut grand soin de dire : « Mais il faudroit dire à Mme de Luynes de faire tirer le rideau », et comme il y

---

(1) Le salon de la Paix.

eut plusieurs petits changements dans la façon de tirer ce rideau, M. de Gesvres, qui étoit plus à portée de la fenêtre, dit plusieurs fois : « Messieurs, Mme de Luynes dit qu'il faut faire telle chose » : tout ce détail n'est que pour prouver ce qui compose l'appartement de la Reine sans difficulté.

Hier, il n'y eut point de jeu, et la Reine ne vit personne qu'à l'entrée de son souper. Ce matin, la Reine a fait ses dévotions. C'est M. le cardinal de Fleury qui a dit la messe ; il n'est qu'une demi-heure à dire sa messe et il lit sans lunettes. Cette après-dînée, sermon. Il n'y en eut point pour cette raison dimanche dernier.

Comme le successeur de M. de la Mina n'est point encore nommé, quelques gens avoient cru qu'il pourroit y avoir du changement dans son rappel, mais cela ne paroît pas fondé. On m'a dit qu'il y avoit environ six mois que M. le Cardinal avoit demandé ce rappel. Je sais bien que S. Ém. étoit extrêmement fatiguée de la vivacité et de l'importunité de M. de la Mina ; peut-être s'est-il joint à cela quelque demande indiscrète. Je n'avois point vu M. de la Mina depuis cette nouvelle ; je le vis avant-hier ; il me parut affligé, regardant cependant cet événement avec philosophie, et disant que l'on doit s'attendre dans les cours à voir des changements et des façons de penser différentes. Il m'ajouta que ceci étoit affaire purement personnelle pour lui et qui ne regardoit nullement les intérêts de son maître. Effectivement on peut dire qu'il a bien servi la cour d'Espagne. Il y a lieu de croire qu'il n'a pas été content de voir M. de la Torella être fait grand d'Espagne et lui ne l'être pas ; cependant ce n'est sûrement pas son mécontentement personnel qui est la seule cause de cet événement-ci. Il est certain que M. le Cardinal et lui ne sont pas contents l'un de l'autre, et ils se voient peu présentement.

J'appris hier que M. le prince de Lichtenstein avoit été fait chevalier de la Toison d'or par l'empereur.

On a beaucoup parlé ces jours-ci de l'affaire de M. le Duc. Je ne crois point en avoir parlé ci-dessus; c'est au sujet du mariage de M. de la Guiche, neveu de M. de Lassay, avec une bâtarde de M. le Duc. Cette bâtarde est fille de Mme de Nesle, et M. le Duc vouloit la reconnoître et la faire légitimer, mais sans nommer la mère. Mme la Duchesse et M. de Lassay avoient cette affaire fort à cœur, mais il étoit question de la faire passer au Parlement. On avoit persuadé à M. le Duc qu'il en viendroit à bout; cependant on lui représenta à Compiègne que cette entreprise ne réussiroit pas et n'étoit convenable en aucune façon. J'ai ouï dire qu'il fut frappé des raisons qu'on lui donna, mais comme l'affaire étoit entreprise il a voulu la soutenir. Enfin, jeudi dernier, il alla lui-même chez M. le procureur général pour savoir quelles étoient ses conclusions; M. le procureur général les lui montra, et comme elles étoient contraires à ce qu'il désiroit et qu'il savoit d'ailleurs que le Parlement ne passeroit jamais cette affaire sans des lettres de jussion, M. le Duc a pris le parti de l'abandonner. On prétend qu'il avoit espéré que M. le Cardinal écriroit de la part du Roi à M. le procureur général d'une manière qui pût le déterminer; on dit même que M. le Cardinal le lui avoit promis; ce qui est certain c'est que la lettre de M. le Cardinal à M. le procureur général lui a laissé la liberté tout entière, et au Parlement, de faire ce qu'ils jugeroient à propos. On dit que M. de Lassay compte donner 50,000 écus à son neveu.

Du mercredi 9, Versailles. — Le Roi a déclaré qu'il iroit lundi à Choisy jusqu'à jeudi. Il paroît fort occupé et fort satisfait de cette nouvelle acquisition.

M. de Rocozel, frère de M. de Pérignan, aujourd'hui duc de Fleury, et par conséquent neveu de M. le Cardinal, qui commandoit en Roussillon, a demandé à se retirer; il étoit aussi lieutenant général de cette province et gouverneur de Mont-Louis; il remet la lieutenance générale; elle fut donnée hier au soir à M. de

Chastelus, gendre de M. le chancelier, avec le commandement dans la province. On dit que ces deux places valent environ 10,000 francs chacune.

Le Roi a donné à M. de Pressure, lieutenant-colonel du régiment de cavalerie (aujourd'hui Brancas) qui est celui que mon fils a eu et moi auparavant, 10,000 francs de gratification et la commission de mestre de camp. Ce régiment avoit été donné à M. d'Ancenis lorsque mon fils acheta la mestre de camp générale des dragons. A la mort de M. d'Ancenis, M. de Pressure vint ici pour demander le régiment ou tout au moins d'être traité comme M. le chevalier de Praigue, qui fut fait brigadier en pareil cas, comme j'ai marqué ci-dessus. De tous temps les lieutenants-colonels d'infanterie ont été brigadiers sans être mestres de camp; cet usage n'étoit pas de même dans l'infanterie; cependant il y en a quelques exemples depuis peu. M. de Pressure demandoit la même grâce que M. le chevalier de Praigue et auroit même été très-content d'être fait brigadier sans avoir les 22,500 francs pour le prix du régiment que M. de Praigue avoit eus, et que M. de Pressure ne pouvoit demander, puisqu'ils ont été donnés à M. de Béthune. Il y a plusieurs exemples de lieutenants-colonels qui ont eu les régiments à la mort des colonels. Il y a aussi trois ou quatre exemples de lieutenants-colonels qui, à la mort des colonels, n'ont eu ni le régiment ni aucune grâce, entre autre celui du régiment Royal-Pologne, à la mort du chevalier de Wils, qui fut donné à M. de Châtellerault, aujourd'hui prince de Talmond, et celui de...... à la mort du colonel lorsque le régiment fut donné à M. d'Andelot, gendre de M. de Polastron. M. de Pressure est homme de mérite; il a été bien recommandé; il a remercié aujourd'hui M. le Cardinal. Ce n'est pas l'usage en pareil cas qu'ils remercient le Roi.

M. l'abbé de Chamron, neveu de Mme de Luynes, a été aujourd'hui présenté au Roi par M. le Cardinal. Il y a une difficulté au sujet de cette place. Il dépend de la trésorerie une grande maison à Paris; il y a des réparations considérables à cette maison. Dans tous les bénéfices, c'est la succession du défunt qui est chargée des réparations; cependant on prétend que l'usage est que c'est au Roi à qui l'on s'adresse en pareil cas. Le trésorier de la sainte-Chapelle se prétend commensal de la maison du Roi et prend le titre d'archichapelain de S. M. M. le contrôleur général et M. de Maurepas ne me paroissent pas absolument persuadés que ces réparations soient à la charge du Roi, et ce n'est pas d'aujourd'hui que cette demande a souffert des difficultés.

Du lundi 14, Versailles. — Le Roi est parti ce matin pour Choisy, où il restera jusqu'à vendredi, pendant lequel temps il chassera à Verrières. Les dames qui vont à Choisy sont les quatre sœurs et Mme de Chalais, et Mme la maréchale d'Estrées y va de Paris. Le Roi a soupé deux ou trois fois dans ses cabinets pendant la semaine passée et n'a fait aucun voyage. S. M. a descendu plusieurs fois aussi chez Mme la comtesse de Toulouse, où même il a soupé deux fois les jours qu'il a dîné au grand couvert. Le Roi y descend seul et les dames qui sont chez Mme la comtesse de Toulouse sont : Mademoiselle, Mme de Mailly, Mme de Vintimille. Mme de Sourches, qui est fort amie de Mme la comtesse de Toulouse, s'y est trouvée une fois ou deux. Il paroît qu'il y a eu pendant quelques jours un peu de froid entre Mademoiselle et Mme de Mailly. Mme de Vintimille a travaillé au raccommodement, et aujourd'hui c'est Mademoiselle qui mène Mme de Mailly à Choisy.

Samedi, le Roi soupa dans ses cabinets, mais avec des hommes seulement; le souper dura fort longtemps; on joua à dame rose, et quelques-uns de ceux qui y étoient se sentoient un peu d'avoir joué malheureusement à ce jeu.

Il y a deux ou trois jours que je reçus des nouvelles de Londres qui me sont envoyées en droiture. Le titre que prennent les seigneurs dans leurs adresses au roi d'Angleterre m'a paru remarquable. En voici la copie.

TRÈS-GRACIEUX SOUVERAIN,

Nous, les très-humbles et très-fidèles sujets de V. M. les seigneurs *spirituels et temporels* assemblés en parlement, supplions V. M. de nous permettre de lui faire nos sincères et humbles remercîments de son très-gracieux discours émané du trône.

Du samedi 19, *Versailles.* — Le Roi revint hier de Choisy après y avoir dîné. Les dames dînèrent avec S. M., quoique ce fût maigre à cause des quatre temps et du vendredi. Les deux princesses n'y dînèrent cependant point. Elles soupèrent avec le Roi mercredi dernier, qui étoit aussi maigre. On ne sert jamais de gras les jours maigres à la table du Roi. S. M. paroît toujours fort contente de sa nouvelle acquisition; il fait arranger lui-même sa maison devant lui comme feroit un particulier, et va rendre visite à toutes les dames le matin à leur toilette. Il a fait deux chasses pendant ce séjour, l'une le lundi, en partant d'ici, et l'autre le mercredi à Verrières. J'allai à Choisy mardi dernier; le Roi me l'avoit permis; il étoit fort question de couper des bois pour donner plus de vue. Le Roi ne sortit point ce jour-là. M. le contrôleur général y vint de Paris; la question fut fort agitée et il me paroît que la décision est remise à cet été. Les jours que le Roi ne sort point il entend la messe à midi ou midi et demi, et lorsqu'il ne dîne pas il déjeune à une heure et demie; après quoi il va chez les dames, et commence à jouer, sur les trois heures, à l'hombre, au brelan ou au trictrac, pendant que les dames jouent à cavagnole. Le souper est sur les sept heures et demie ou huit heures. La maison de Choisy est belle et agréable. Le Roi a pris pour sa personne tout l'appartement à droite en bas, où il couche; tout le bas à gauche est pour se tenir toute la journée et pour jouer.

S. M. a fait ôter un lit jaune où couchoit Mme la princesse de Conty. La salle à manger est un bâtiment fait depuis peu par feu Mme la princesse de Conty; c'est une des pièces des plus agréables de la maison; au-dessus est un logement qu'occupe M. le marquis de Coigny; ce bâtiment est joint au corps du château, qui n'est pas fort large et que Mme la princesse de Conty fit bâtir en même temps.

Du dimanche 20, *Versailles.* — Le Roi a signé aujourd'hui le contrat de mariage de M. de Puyguion avec Mlle de la Bossière, dont le père a été fermier général. Il paroît que c'est le mauvais état des affaires de M. de Puyguion qui l'a déterminé à ce mariage. Cette fille a trois frères qui ne sont point mariés ou qui n'ont point d'enfants. Malgré cela M. de Puyguion dit qu'elle a au moins 100,000 écus qui ne peuvent lui manquer, et outre cela on lui donne dès à présent 16,500 livres de rente, et l'on donne à M. de Puyguion 10,000 écus pour les frais de noces qu'il ne sera pas obligé de rapporter, au cas qu'il devienne veuf. C'est un second mariage; j'ai marqué ci-dessus la mort de sa première femme.

M. le duc de Castropignano, ambassadeur du roi des Deux-Siciles, a eu aujourd'hui audience particulière du Roi et de la Reine. M. de la Mina vouloit l'amener chez la Reine sans aucun cérémonial; mais la Reine ne l'a pas voulu; elle s'est habillée pour lui donner audience.

On apprit hier que M. de Harlay, intendant de Paris, étoit tombé en apoplexie.

Du lundi 21, *Versailles.* — Hier, la Reine régla que Mesdames ne se feroient plus porter dans leurs chaises jusqu'au cabinet qui est avant sa chambre, comme elles ont toujours fait jusqu'à présent; mais qu'elles descendroient de leurs chaises à la porte de l'antichambre du côté dudit cabinet.

Du mardi 22, *Versailles.* — J'ai appris aujourd'hui que le Parlement avoit enregistré les lettres de légitimation de la fille bâtarde de M. le Duc, dont j'ai parlé ci-dessus ; elle s'appelle Mlle de Verneuil.

Du 23. — Hier après la chasse, le Roi soupa dans ses cabinets ; il n'y eut point de dames, quoique ce fût un jour gras. Le Roi vouloit se coucher de bonne heure pour courre aujourd'hui ; il joua après souper seulement une partie de reversi. Il soupe encore aujourd'hui dans ses cabinets ; il y a de dames ce soir : Mademoiselle, Mme de Mailly, Mme de Vintimille, Mme la maréchale d'Estrées, Mme de Chalais et Mme de Talleyrand.

L'on peint actuellement Mme de Mailly en pastel ; c'est un nommé la Tour. Mme de Mailly disoit ce matin que c'est le seizième peintre qui a fait son portrait.

J'ai appris aujourd'hui la mort de M. de Brossoré ; il étoit maître des requêtes et avoit été secrétaire des commandements de la Reine. Il étoit en grande réputation pour aimer la bonne chère et avoir le meilleur cuisinier de Paris.

Il paroît certain que le Roi ira dimanche à la Meutte pour jusqu'à mardi ou mercredi ; il n'y aura de voyage à Marly que le 6 février : deux voyages de Choisy dans le mois de janvier, et un, à ce que l'on dit, dans les jours gras.

Il paroît que l'on n'est pas content ici de l'Espagne, du moins à l'égard de plusieurs sommes considérables qu'elle doit à la France ; cela va à quatre-vingts millions ; cela est certain, et il n'est pas question jusqu'à présent d'entrer en payement.

Du jeudi 24, Versailles. — Il y a eu aujourd'hui des premières vêpres ; c'est M. l'abbé de Cosnac, évêque de Die, qui a officié. Le Roi et la Reine étoient en bas avec très-peu de courtisans. Le Roi est retourné chez lui après les vêpres, et la Reine est remontée dans sa tribune ; il y a eu salut, à cause que c'est jeudi, et le Roi qui n'y va point ordinairement le jeudi est revenu l'entendre.

La Reine a nommé ce soir la quêteuse ; c'est Mme de

Vintimille qui quêtera demain. C'est le jour de l'année le moins embarrassant pour une quêteuse, parce qu'il y a peu de monde à la grande messe et que les vêpres se disent à l'entrée de la nuit, à cause du sermon.

J'ai entendu dire aujourd'hui à M. l'évêque de Die (1) que, lorsqu'il fut nommé à cet évêché en 1734, il trouva chez M. l'archevêque de Paris M. le curé de Saint-Paul, qui est le même d'aujourd'hui, lequel contoit à M. l'Archevêque qu'il avoit été appelé il n'y avoit pas longtemps pour assister à la mort d'une vieille femme; qu'étant allé chez elle, cette vieille femme lui avoit dit qu'elle s'appeloit Marion de Lorme, qu'elle avoit été maîtresse de M. de Saint-Mars et de M. le cardinal de Richelieu; qu'elle avoit été sans être mariée jusqu'à trente-sept ou trente-huit ans; qu'ayant trouvé à cet âge un homme qui avoit du bien et qui étoit devenu amoureux d'elle, elle l'avoit épousé; qu'elle avoit vécu avec lui environ quarante ans; qu'il y avoit grand nombre d'années qu'il étoit mort (M. l'évêque de Die m'a dit quarante ans, cela paroît difficile à croire) et qu'elle avoit vécu depuis ce temps-là du bien que son mari lui avoit laissé. Cette Marion de Lorme racontoit à M. le curé de Saint-Paul, à ce que m'a dit M. l'évêque de Die, que dans le temps que le cardinal de Richelieu avoit de l'amitié et de l'attachement pour elle, elle avoit pris de son côté du goût pour un envoyé de Suède qui étoit fort bien fait; que dans ce temps-là le cardinal de Richelieu lui envoya pour ses étrennes de fort belles mules sur lesquelles, suivant l'usage du temps, il y avoit un nœud de ruban et au milieu de chaque nœud un gros diamant; que l'envoyé de Suède arriva chez elle dans le temps que ces mules étoient sur sa toilette; qu'ayant jugé d'où pouvoit venir ce présent, il lui avoit demandé en grâce de lui prêter pour vingt-quatre heures un de ces nœuds de

---

(1) Daniel-Joseph de Cosnac.

ruban, et que l'ayant mis à son chapeau il avoit été rendre visite au cardinal de Richelieu, lequel irrité d'un tel procédé, n'avoit songé qu'à faire rappeler cet envoyé au plus tôt; mais que les différentes plaintes qu'il en avoit faites à la cour de Suède n'ayant pas eu l'effet qu'il souhaitoit, avoit pris le parti d'envoyer à cette cour un homme capable d'y déplaire promptement au Roi et à ses ministres; il avoit choisi pour cela l'homme de ce pays-ci le moins susceptible de ces sortes de commissions, et que sur le prétexte de mécontentement de la cour de Suède, il lui avoit donné pour instruction secrète de ne ménager ni le Roi de Suède ni ses ministres; que l'envoyé ayant suivi exactement les intentions du cardinal, la cour de Suède avoit promptement demandé son rappel, mais que le cardinal n'avoit pas voulu l'accorder à moins que l'on ne fît le même traitement à l'envoyé de Suède par la raison que je viens d'expliquer.

Du dimanche 27, Versailles. — La Reine nomma le 24 au soir Mme de Vintimille pour quêter le lendemain. On ne quête point à la messe de minuit, parce que le Roi et la Reine sont toujours en haut à leur tribune.

Madame fut pour la première fois de sa vie à la messe de minuit; elle étoit sur le drap de pied. Le Roi et la Reine vont toujours à matines avant les trois messes et restent à laudes après. Le Roi, qui a coutume de se mettre toujours à genoux au commencement de chaque messe, s'assit dans son fauteuil à la troisième; il a avoué depuis qu'il s'étoit trouvé un peu mal.

Le Roi fut le matin du même jour à la grande messe en bas, suivant l'usage; l'après-dinée, S. M. fut au sermon. C'est le jour du compliment; le sermon et le compliment furent assez médiocres l'un et l'autre. M. le Dauphin étoit au sermon; il n'y avoit point de princesses, et à droite de M. le Dauphin étoit M. le duc de Chartres, M. le prince de Dombes et M. le duc de Penthièvre. Derrière le Roi étoient M. le duc d'Harcourt et M. le duc de

Bouillon ; à la droite de M. de Bouillon et immédiatement derrière M. le Dauphin, M. le duc de Châtillon, à la droite duquel étoit le chef de brigade qui est en quartier chez M. le Dauphin. Derrière la Reine, étoient son chef de brigade, M. de Nangis et Mme de Luynes. Comme il devoit y avoir des vêpres après le sermon, M. le duc d'Harcourt avoit fait porter son carreau, et, ne sachant où le mettre pendant le sermon, on l'avoit mis à côté de lui, non pas à plat, mais debout, cependant de façon qu'un des coins du carreau étoit appuyé contre le fauteuil du Roi. Le Roi le remarqua, et dit, avec quelque sorte de vivacité et même de peine, à M. d'Harcourt : « Otez donc votre carreau ; » ce discours n'a pas été remarqué, je le tiens de Mme de Luynes, qui étoit présente.

Hier 26, jour de Saint-Étienne, le Roi alla à la messe à la tribune; l'ordre étoit donné pour aller courre le cerf après la messe dans les bois de Fausse-Repose aux environs d'ici. M. le cardinal d'Auvergne étoit à la messe du Roi dans la tribune (M. le cardinal de Rohan n'est point encore revenu de Saverne); un moment après l'offertoire, dans le temps que le prêtre lavoit ses mains, le Roi commença à se trouver mal. On a cru depuis que c'étoit un besoin d'aller à la garde-robe qu'il avoit retenu ou qui l'avoit pressé, mais ni l'un ni l'autre ne sont vrais; ce fut une espèce de vapeur qui lui porta à la tête; il eut peur de se trouver mal (ce sont les termes de la Peyronie); il demanda assez promptement son chapeau au cardinal d'Auvergne, qui, ne pouvant juger par quelle raison, croyoit même avoir mal entendu; dans ce moment, le prêtre s'étant retourné pour l'*Orate fratres*, le cardinal d'Auvergne lui fit signe de suspendre la messe, la musique avoit déjà cessé. Le Roi étant sorti de la chapelle brusquement, alla chez lui et se mit sur sa chaise, mais sans aucun succès ; on lui proposa de prendre un remède et il ne le voulut pas. Le cardinal d'Auvergne, qui avoit suivi le Roi jusqu'à sa garde-robe, lui fit demander si l'on continueroit la messe, et le Roi lui fit dire qu'il falloit la continuer. Le cardinal d'Auvergne revint à la chapelle, et trouva la messe à l'élévation; il donna ordre aussitôt qu'il y eût un autre chapelain tout prêt en cas que le Roi voulût entendre la messe à la chapelle, et qu'en cas que S. M. l'entendît dans sa chambre, que l'autel portatif fût aussi en état. Le premier mouvement de M. le cardinal d'Auvergne fut d'être fort mécontent de ce que le chapelain avoit continué sans attendre son ordre; je le vis dans ce premier moment où il soutenoit qu'il n'avoit fait que ce qu'il avoit dû faire; il avoit pourtant trouvé grand nombre, pour ne pas dire tous, d'avis différent du sien. Le soir, il me parut avoir changé de sentiment; il convenoit du principe général qui est que dans des occasions essentielles et indispensables, on peut suspendre la messe lorsque le canon n'est point commencé; il n'est pas douteux que l'application ne fut pas faite exactement. Le Roi avoit encore d'autres chapelains; d'ailleurs la Reine n'avoit point encore entendu la messe, et outre cela il y avoit encore des messes à dire à la chapelle. Ainsi, supposant même que les priviléges que peut avoir la personne du Roi eussent justement autorisé à faire suspendre la messe, ce ne pouvoit être que pour le temps que le Roi restoit à la chapelle, et dans le moment que le Roi sortoit, il falloit faire continuer la messe. La nouvelle de ce qui étoit arrivé au Roi fit une grande rumeur dans le moment; il avoit demandé son dîner; la table étoit dans sa chambre; les chasseurs en uniformes attendoient une décision; ses carrosses étoient dans la cour; dans la chapelle un prêtre prêt à dire la messe, et les gardes qui y attendoient aussi. J'arrivai dans ce moment dans la chambre du Roi, et je fus témoin de l'ordre donné un instant après aux chasseurs de partir toujours; on leur dit que peut-être le Roi iroit à la chasse. On jugeoit bien que le dîner seroit renvoyé, et il le fut en effet ; mais on ne pouvoit imaginer que le Roi partît pour la chasse sans retourner à la messe ; cependant je n'eus que le temps d'aller de chez le Roi à la chapelle et d'y entendre la messe ; et aussitôt après, j'appris que le Roi étoit parti dans sa calèche seul avec M. d'Harcourt. M. le Dauphin fut aussi à cheval à cette chasse ; elle ne fut pas rude ; le Roi y courut à peu près comme à son ordinaire, mais il ne prit qu'un cerf. On doutoit fort si le projet de souper dans ses cabinets subsisteroit, mais il voulut absolument y souper ; il mangea peu ; il n'y avoit que cinq dames, trois des quatre sœurs parce que Mlle de Clermont est à Chantilly, et Mmes de Chalais et de Montmorin.

La nuit n'a pas été trop bonne ; le Roi n'a dormi que trois heures. Les médecins auroient fort désiré qu'il n'allât pas aujourd'hui à la Meutte, mais son arrangement étoit fait. Seulement, il s'est levé tard ; il a été entendre la messe à la chapelle, et a pris le parti de ne point aller au salut, dans la crainte apparemment de s'y trouver mal. On a été un peu étonné du voyage de la Meutte, parce que Mme de Mailly est de semaine ; et je crois qu'elle auroit fort désiré que le Roi ne sortît point d'ici, puisqu'elle ne peut en sortir elle-même.

Il y avoit eu déjà quelques petites difficultés à l'occasion du dernier voyage de Choisy. Le Roi avoit dessein d'y aller plus tôt, et dans la semaine même de Mme de Mailly, mais de n'y point mener de femmes, d'y aller seulement pour donner des ordres dans sa maison et son jardin et pour faire planter. Mme de Mailly dit que si le Roi ne vouloit pas la mener, elle demanderoit permission à la Reine et y arriveroit tout d'un coup ; cela fit retarder le voyage. Voilà ce que j'appris hier au soir ; apparemment que les mêmes moyens n'ont pu réussir pour ce voyage-ci ; mais le Roi revient après-demain.

J'oubliois de marquer que Mme la comtesse de Toulouse, qui étoit allée au Chenil pour jusqu'aujourd'hui, revint hier au soir au château, apparemment à l'occasion de l'incommodité du Roi, et le Roi descendit chez elle ; mais ce ne fut qu'une visite.

Je vis avant-hier M. du Châtelet, major de la gendarmerie, qui arrive de Châlons en Champagne ; il me parla beaucoup d'une fille sauvage qui fut prise dans une forêt auprès de Châlons vers la fin de 1735 ; elle est dans un couvent dans la ville de Châlons, où M. le duc d'Orléans paye sa pension. M. du Châtelet fut environ quatre heures avec elle. Mme l'Intendante y étoit et une religieuse ; cette fille est brune, les yeux vifs, le visage rond, petite, en tout sa figure n'est point désagréable ; elle commence à parler assez bien, cependant paroissant occupée à chercher les termes dont il faut qu'elle se serve et ignorant les noms de beaucoup de choses. Elle est d'une si grande vivacité qu'elle ne parle que debout ou en marchant, et pendant la conversation sautant de temps en temps sur une table et ayant toujours les pieds ou les mains en mouvement. Elle paroit avoir environ vingt-trois ans. Elle dit que l'idée la plus ancienne qui lui reste c'est de s'être trouvée avec une compagne qu'elle avoit dans une maison, elle ne sait où ni en quel temps ; que dans cette maison il y avoit une dame qui leur paroissoit la maîtresse de la maison, qui lui parut grande et qui avoit une espèce de coiffure ou linge blanc sur la tête assez long ; qu'on voulut lui apprendre dans cette maison à travailler et qu'on la battoit quand elle faisoit mal ; elle se souvient encore qu'après cela, elle se trouva dans une grande maison de bois (ce sont ses termes) ne voyant que le ciel et l'eau ; elle ne peut dire combien elle y fut de temps, mais elle ajoute qu'après un long espace s'étant trouvée à terre et ayant jugé par des signes, elle et sa compagne, qu'on vouloit encore les battre, elles s'étoient enfuies de toute leur vitesse et avoient gagné le premier bois qu'elles avoient trouvé ; que depuis ce temps elles avoient toujours vécu dans les bois où elles n'avoient cherché que de quoi manger pendant le jour et à se reposer pendant la nuit, se nourrissant de lièvres qu'elles attrapoient à la course, de lapins qu'elles prenoient, assez souvent de colimaçons et autres petits animaux, et d'herbes pendant l'hiver; c'étoit même le temps où elles se portoient mieux, à ce qu'elle dit. Lorsqu'elles apercevoient ou des hommes ou des animaux redoutables par leur taille, elles montoient sur des arbres avec une vitesse et une adresse inconcevables; c'étoit sur les arbres aussi qu'elles couchoient, et elle prétend encore que cette façon de dormir est incomparablement plus agréable que de dormir dans un lit, et qu'en tout cette manière de vie a bien des charmes, parce qu'on y jouit de la liberté; et il ne paroît pas qu'elle soit embarrassée, ni affligée à reprendre la même vie. Elle avoua à M. du Châtelet qu'elle avoit effectivement mangé de petits enfants, c'est-à-dire, que, les trouvant écartés auprès des maisons, elle les prenoit, leur suçoit une veine auprès du col pour se nourrir ; elle dit qu'elle ne savoit pas seulement s'ils en mouroient, mais qu'elle ne croyoit pas leur faire du mal. D'ailleurs nulle idée de religion, pas même d'un Être-Suprême; le tonnerre, les éclairs ne lui fournissoient point cette idée ; elle dit qu'elle n'avoit pas un moment à elle ; chercher à manger, à se cacher, à se reposer, les occupoient entièrement. Sa compagne et elle s'entendoient par des signes ou par des espèces de cris, mais pas assez pour faire aucune conversation, seulement pour se proposer d'aller en tel et tel endroit. Quelques gens de Châlons mal instruits prétendent qu'elle a sucé sa compagne, comme le enfants dont je viens de parler. Cette accusation ne paroît pas fondée, d'autant plus que, quand on la prit, elles étoient encore deux. Des paysans les virent dans la plaine et essayèrent de les joindre à la course. Dans la crainte d'être prises, elles montèrent promptement sur des arbres, d'où à coups de pierres on les obligea à descendre; il y en eut une qui se sauva, dont on n'a jamais eu nouvelles depuis. Celle-ci fut amenée à M. de Beaupré, intendant de Champagne;

elle n'avoit aucun langage, seulement des cris qui désignoient ce qui lui faisoit peine ou plaisir; elle a été deux ou trois ans sans pouvoir manger autre nourriture que de la viande crue, et elle trouve sa santé dérangée depuis qu'elle a quitté cette façon de vivre. Elle a conservé encore une adresse à accommoder avec ses doigts un lapin tout cru, et à n'en prendre que ce qui est bon à manger. Elle court avec une vitesse extraordinaire, et elle monte sur le haut des arbres tout le plus souvent qu'elle peut.

Du mardi 29, *Versailles.* — M. de Harlay mourut hier à onze heures du matin; il étoit intendant de Paris et conseiller d'État; il avoit plusieurs bureaux, et jouissoit d'environ 80,000 livres de rente de bienfaits du Roi. Il a longtemps porté le nom de Cély; et, comme il a été longtemps jeune, il est peut-être autant connu sous ce nom que sous celui de Harlay.

L'intendance de Paris est donnée à M. Hérault, qui étoit lieutenant de police.

Les dames de Madrid et par conséquent de la Meutte sont : Mademoiselle, Mmes de Vintimille, d'Antin, de Saint-Germain, de Talleyrand et la maréchale d'Estrées. Hier, la Reine, après avoir joué à cavagnole descendit à sept heures chez M. le Dauphin, où il y avoit bal; c'est le premier de cet hiver. Mme de Mailly, qui avoit joué à cavagnole, dès que la Reine fut descendue en bas, monta dans une chaise de poste du Roi, qui l'attendoit avec un relais, et alla souper à la Meutte, où le Roi fut fort gai. S. M. soupa à une petite table avec Mademoiselle, Mmes de Mailly et de Vintimille, M. le comte de Clermont et quelques courtisans. Les quatre autres dames soupèrent à la grande table.

On servit au Roi les étrennes qu'on lui a données, qui sont deux beaux pots à oille avec leurs plats et leurs couvercles, et une terrine de même, le tout de Saxe, fort beaux et singuliers (1). Personne ne sait de qui

---

(1) Les pots à oille avaient la forme de soupières d'une certaine capacité

vient ce présent ; mais je sais que c'est de Mme de Mailly.

Du jeudi 31, *Versailles.* — Avant-hier, M. l'abbé du Bellay, évêque de Fréjus, prêta serment ; ce qui fit que le Roi entendit la messe en haut dans la chapelle de la Vierge. Ce serment coûte 500 livres ; cela se partage entre les gardes de la manche, les chapelains et la musique ; l'enregistrement se fait à la chambre des comptes et coûte 1,200 livres.

Hier, M. le duc de Gramont demanda l'agrément du Roi pour le mariage de sa seconde et dernière fille, Mlle de Guiche, avec M. le comte de Brionne, fils de M. le prince de Lambesc. On donne à Mlle de Guiche 15,000 livres de rente, comme à sa sœur Mme de Lesparre, et on donne à M. de Brionne 20,000 livres de rente ; il a quatorze ans, et Mlle de Guiche quelques mois de plus. M. de Gramont les prend chez lui ; ils y seront logés et nourris.

J'ai appris hier que M. de Marville, gendre de M. Hérault, étoit nommé lieutenant de police.

---

dans lesquels on servait une sorte de macédoine de viandes et de légumes divers, assaisonnée d'aromates et d'épices et analogue à l'*olla-podrida* des Espagnols.

ANNÉE 1740.

JANVIER.

Réception de M. de la Mina. — Bourses de jetons présentées tous les ans au Roi et à la famille royale. — Messe des morts de l'ordre du Saint-Esprit. — Revenus de la famille de Gramont. — Étrennes du Roi à Mme de Vintimille. — Voyages de Choisy. — Révérences de MM. de Fénelon et de Brancas à la Reine. — Le marquis du Guesclin nommé gentilhomme de la chambre du duc d'Orléans. — Mariage de M. d'Agénois avec Mlle de Plélo. — Mariage de Mlle de Guise avec M. de Brionne. — Retraite de l'abbé de Broglie. — MM. de Beringhen; leur charge de premier écuyer. — Soupers chez la comtesse de Toulouse. — Milices de Bretagne. — Mot du Dauphin. — Soupers de la Reine. — Gouvernement de Maubeuge donné au chevalier de Givry. — Mort de Clairambault. — Promenades en traîneaux. — Rappel de M. de la Mina. — Audience de Mme de Castropignano. — Mort du prince de la Torella. — Maladie de M. le Duc. — M. de Fénelon reçu conseiller d'État d'épée. — Apostrophe du cardinal de Fleury à M. de Bissy. — Mort de M. le Duc. — Le duc de Penthièvre reçu chevalier de la Toison d'or.

Du vendredi 1, Versailles. — Il n'y a point eu aujourd'hui de nouveaux chevaliers nommés; M. de la Mina a été reçu. Les deux chevaliers qui l'accompagnoient (c'est ce que l'on appelle les parrains) étoient M. de Goësbriant et M. de Livry. M. de la Mina, après avoir été reçu, a pris sa place le dernier de tous.

La Reine avoit hier oublié de nommer une quêteuse; ce matin, à sa toilette, elle a proposé à Mme de Rottembourg de quêter; mais Mme de Rottembourg, n'ayant même jamais vu de quête, S. M. a accepté ses excuses. La Reine alloit à la chapelle sans qu'il y eût de quêteuse nommée, comptant nommer la première dame qui se trouveroit habillée. Effectivement Mme de Châtillon, s'étant trouvée à la travée la plus près de la tribune de la Reine, la Reine lui a mandé de quêter.

LL. MM. ont dîné au grand couvert; il y a eu musique

des vingt-quatre violons pendant le dîner. Le Roi a été à vêpres cette après-dînée avec la Reine.

Du dimanche 3, *Versailles.* — On apporte tous les ans au Roi du trésor royal une bourse d'or et deux bourses d'argent; c'est le garde du trésor royal en exercice qui les presente à S. M.; il en présente autant à la Reine, à M. le Dauphin et à M. le Cardinal, comme premier ministre; il n'y a que les enfants de France auxquels on présente des bourses d'or. Les bourses sont de cent jetons, et les jetons valent un peu plus d'un louis, de sorte que chaque bourse vaut environ 1,000 écus. Le Roi, outre cette bourse d'or, en reçoit encore deux tous les ans : l'une des parties casuelles et l'autre de l'extraordinaire des guerres.

Le garde du trésor royal porte des bourses d'argent, non-seulement à tous les princes du sang, mais encore à tous les grands officiers de la maison. Lorsque M. le Dauphin fut mis entre les mains des hommes, il n'y avoit que le gouverneur à qui il fut d'usage de porter une bourse d'argent du trésor royal. M. Gaudion, de qui je tiens ce détail, demanda que l'on en mît dans l'état une pour le précepteur, une pour chacun des sous-gouverneurs, une pour le sous-précepteur et une pour le lecteur; ce qui s'est toujours fait depuis. Tous les gardes du trésor royal ont chacun deux bourses d'argent de droit ; et celui qui est en exercice, dans son année, a quatorze bourses d'argent en tout.

Hier il y eut à l'ordinaire la messe pour les morts de l'Ordre. C'est un usage établi depuis 1733. M. l'abbé de Pomponne me dit hier que c'est sur les représentations qu'il avoit faites, que dans toutes les confréries il y avoit un service pour les morts, et qu'il étoit indécent que dans l'ordre du Saint-Esprit il n'y en eût point.

On attend l'agrément de M. duc de Lorraine pour faire signer le contrat de mariage de Mlle de Guiche avec M. le comte de Brionne. M. le comte de Gramont me dit hier que Mme de Lesparre et Mlle de Guiche avoient à elles deux 1,393,000 livres de bien substitué, et que M. son frère avoit encore outre cela des biens libres, et qu'il doit épargner environ 80,000 livres par an sur son revenu. Il m'ajouta que M. le duc de Gramont jouissoit entre autres biens de trois articles qui font chacun un objet considérable : le régiment des gardes qui monte aux environs de 68,000 livres, la coutume de Bayonne qui en vaut 80 et le gouvernement de Béarn qui en vaut 94,000.

Le Roi devoit aller hier à la chasse; la gelée l'en ayant empêché, il ne soupa pas moins dans ses cabinets. Les dames étoient : les quatre sœurs, Mme la maréchale d'Estrées et Mme d'Antin. Ce sont les mêmes qui vont demain à Choisy. S. M. va demain courre le cerf à Saint-Germain, où il doit faire chasser ses deux meuttes pour le cerf en même temps; de là il va à Choisy d'où il reviendra ici jeudi.

Du lundi 4, Versailles. — Mme de Vintimille nous montra hier une botte d'or incrustée que le Roi lui a donnée pour ses étrennes; ce fut le jeudi veille du jour de l'an. Le Roi lui fit beaucoup de questions; si on ne lui avoit jamais donné d'étrennes, si elle vouloit qu'il lui en donnât; après quoi on se mit à table, et le Roi pendant le souper donna à M. le duc de Villeroy la tabatière qu'il remit sur le champ à Mme de Vintimille. Elle est la seule à qui le Roi a donné des étrennes (1). Il ne paroît pas même que S. M. en ait donné à Mme de Mailly; cependant il y a des bras de porcelaine chez elle qu'on lui a donnés; et elle ne dit point qui lui a fait ce présent.

La Reine, après la musique, a joué aujourd'hui à cavagnole dans sa chambre; il y avoit plusieurs dames non titrées; Mme de Mazarin a demandé à la Reine si

---

(1) Mlle de Nesle paraît être devenue la maîtresse de Louis XV dès le mois de juin 1739, avant son mariage avec M. de Vintimille.

elle ne trouvoit pas bon qu'elles s'asseoient; S. M. a dit que oui.

Du jeudi 7, Versailles. — Dans le détail que je marquai sur le nombre des bourses du trésor royal, j'oubliai d'ajouter ce que me dit M. Gaudion dans le même temps, qui est que le Roi n'a pris l'année passée que 55,000 livres d'extraordinaire; ce qu'il prend pour sa cassette, c'est 50,000 livres par mois. M. le Dauphin n'a toujours que 500 livres par mois.

Le Roi devoit revenir aujourd'hui de Choisy, après y avoir dîné, et M. le Cardinal devoit revenir ce matin d'Issy. Comme S. M. avoit compté de courre demain et après demain et que la gelée a dérangé ce projet, il a remis son retour de Choisy à demain après dîner. Il paroît qu'il continue à s'amuser fort dans cette maison. Les jours qu'il ne va point à la chasse, il s'y promène ordinairement après la messe dans son jardin et dans la maison, dans laquelle il a fait plusieurs projets de bâtiments, dont une partie va s'exécuter cette année. On a même suspendu pour cela l'exécution d'autres projets, soit à Fontainebleau ou à Compiègne. Ensuite S. M. va rendre visite aux dames. Mardi dernier, étant chez Mme d'Antin et son déjeûner lui ayant été apporté, il voulut qu'elle déjeunât devant lui; l'après-dînée, il joua à l'hombre et au brelan et les dames à cavagnole.

J'ai appris qu'on avoit fait un arrangement différent à Choisy de celui de la Meutte. Comme il y a des dames à ces voyages et qu'il n'y en a point à la Meutte, il y a une table pour les femmes de chambre des dames, à laquelle mangent aussi les valets de chambre qui servent à table; car le Roi a permis à quelques valets de chambre de ceux qui ont l'honneur de le suivre de servir à table; mais le Roi nomme ceux qui doivent servir.

Du samedi 9, Versailles. — Hier la Reine joua à cavagnole; et, pendant qu'elle étoit au jeu, M. de Fénelon, qui arrive de Hollande, et M. de Brancas, qui arrive de

Bretagne, vinrent faire leur révérence à S. M.; ils firent prier M®™ de Luynes de demander permission à la Reine.

J'ai appris aujourd'hui que M. le marquis du Guesclin avoit été nommé premier gentilhomme de la chambre de M. le duc d'Orléans, à la place du vieux M. de Clermont, dont le frère avoit été évêque de Laon.

Le gouvernement de Maubeuge est vacant depuis quelques jours par la mort du chevalier de Damas, lieutenant général, frère de M. de Ruffey, sous-gouverneur du Roi.

- M. de Maurepas et M. de Saint-Florentin sont venus aujourd'hui avec M. d'Aiguillon demander l'agrément du Roi pour le mariage de M. d'Agénois (à qui M. son père cède son duché) avec Mlle de Plélo, qui est la seule qui reste de feu M. de Plélo, qui a été ambassadeur en Danemarck et tué, comme il a été dit en son temps, au siége de Dantzick.

Le Roi arriva hier ici sur les six heures; il avoit dîné à Choisy. Il alla chez la Reine un moment après qu'il fut arrivé; il ne soupa point, et a dîné ce matin à son petit couvert. Son projet étoit d'aller tirer; le grand froid l'en a empêché; il n'a point sorti, et soupa dans ses cabinets seulement avec des hommes.

Du mercredi 13, *Versailles.* — C'est Mme la duchesse de Duras qui a fait le mariage de Mlle de Guise avec M. de Brionne; rien n'a été plus facile de part et d'autre. M. de Brionne est entré dans le régiment des gardes françoises en qualité de gentilhomme à drapeau; il est un des vingt-sept que le Roi vient de créer. Il y avoit trente-trois gentilshommes à drapeau; comme ces places étoient fort recherchées et que les autres emplois du régiment des gardes étoient souvent donnés à ses pages, sans qu'ils fussent obligés de passer par le grade de gentilhomme à drapeau; comme d'ailleurs ces emplois ne coûtent rien au Roi, parce qu'ils n'ont aucun appointement, M. de Gramont a jugé à propos de demander une augmentation de vingt-sept de ces emplois, et, pour donner l'exemple, y a mis un prince lorrain, son gendre futur. Il a été réglé à cette occasion que nul ne pourroit obtenir d'être officier dans les gardes qu'il n'eût passé par le grade de gentilhomme à drapeau.

J'ai marqué ci-dessus le mariage de M. d'Agénois avec Mlle de Plélo. La démission que fait M. d'Aiguillon de son duché a été une grâce très-difficile à obtenir. Dès le temps du mariage de M. de Beauvilliers, fils de M. de Saint-Aignan avec Mlle de Creil, le Roi vouloit faire la règle que les démissions des duchés ne seroient plus permises. M. de Saint-Aignan représenta qu'il seroit bien dur pour lui que l'instant qu'il demandoit une grâce, qui avoit toujours été d'usage, fût celui où l'on fît la règle contraire, et cela passa alors; mais dans la circonstance présente, M. d'Aiguillon a eu une peine extrême d'obtenir ce qu'il demandoit.

La retraite de M. l'abbé de Broglie a fait ici beaucoup de bruit. Il y a huit ou dix jours qu'il partit tout d'un coup pour aller à son abbaye des Vaux-de-Cernay; il prit la résolution de vendre ses chevaux; il fit ôter les meubles qu'il avoit à Versailles, et il est actuellement dans la maison abbatiale, allant à l'office avec beaucoup de régularité. On a cru que cette retraite étoit un effet des conseils de Mme la comtesse de Toulouse. Il me parut hier que M. l'abbé de Broglie n'est pas trop content des raisonnements qu'on a faits sur son départ, mais il est bien aise que l'on dise qu'il est allé passer un an chez lui pour payer ses dettes.

On parle depuis plusieurs jours du dessein qu'a M. le le Premier de se retirer et de donner sa charge, avec l'agrément du Roi, à un de ses neveux; on assure même que la seule chose qui arrête présentement, c'est le choix de l'aîné ou du cadet. M. le Premier voudroit que ce fût l'aîné, qu'on appelle marquis de Vassé; lui et le vidame, son frère, font tous les deux leur cour au Roi, mais le vidame y est

JANVIER 1740.

plus souvent. Mademoiselle paroît le protéger beaucoup ; Mme de Mailly s'y intéresse aussi. Cette nouvelle cependant demande encore confirmation ; mais ce qui peut la rendre vraisemblable, c'est que M. le Premier est ici le moins qu'il peut, qu'il aime beaucoup sa maison d'Ivry, et qu'il est dans la grande dévotion. On ne peut parler de cette charge sans se souvenir par quel événement singulier elle est tombée à M. le Premier. M. son père l'avoit eue, et après sa mort son frère, lequel avoit épousé une Beaumanoir, sœur de Mme de Chaulnes. M. le Premier étoit le chevalier de Beringhen (1), fort aimable et fort aimé ; il étoit amoureux alors de Mme de Parabère, et M. le duc d'Orléans, qui aimoit aussi Mme de Parabère, par principe de jalousie, exila M. le chevalier de Beringhen. Son frère étant venu à mourir à peu près dans ce temps-là, beaucoup de gens considérables s'empressèrent à demander cette charge ; plusieurs croyoient se flatter de l'obtenir et même d'en

---

(1) MM. de Beringhen tirent leur origine de Pierre de Beringhen qui étoit du duché de Clèves. Son petit-fils, Pierre de Beringhen, fut grand bailli et gouverneur d'Étaples ; Henri, son fils, fut chevalier des ordres du Roi, premier écuyer et gouverneur des citadelles de Marseille. Il étoit né au commencement du dix-septième siècle. Louis XIII l'aimoit beaucoup ; étant tombé dangereusement malade, il lui confia un secret qu'il ne devoit révéler qu'après sa mort. Le cardinal de Richelieu voulut savoir ce secret ; Beringhen refusa de lui en faire part ; le Cardinal en fut piqué, et après la guérison du roi fit chasser Beringhen, lequel passa au service de Gustave-Adolphe, roi de Suède, et se trouva à la bataille de Lutzen, en 1632. Beringhen fut depuis capitaine des cuirassiers du prince Maurice de Nassau. Après la mort du cardinal de Richelieu, en 1642, il fut rappelé par Louis XIII et fait alors premier écuyer de la petite écurie ; il mourut le 30 avril 1692, âgé de quatre-vingt-douze ans ; il s'étoit retiré de la Cour. Il avoit épousé Anne du Blé, fille de Jacques du Blé, marquis d'Huxelles, et de Claude Phélypeaux de la Vrillière, dont il eut plusieurs enfants, entre autres Jacques Louis, qui eut toutes les charges de son père et mourut le 1er mai 1723, âgé de soixante-onze ans. Jacques-Louis avoit épousé Marie-Élisabeth Fare d'Aumont, fille de Louis duc d'Aumont, pair de France, et de Madeleine Fare Le Tellier. Il en eut deux garçons et plusieurs filles. L'aîné avoit épousé Mlle de Beaumanoir, et mourut peu de mois après son père. Celui-ci s'appelle Henri-Camille. Une de ses sœurs est veuve du marquis de Vassé ; une autre qui est morte avoit épousé M. de Vieupont. (*Moréri*). — (*Note du duc de Luynes.*)

avoir parole. Dans ces circonstances, M. le duc d'Orléans vint à mourir, M. le chevalier de Beringhen eut permission de revenir ; il demanda la charge et l'eut.

Lundi 11 de ce mois, le Roi, qui avoit dîné au grand couvert, descendit à dix heures chez Mme la comtesse de Toulouse. Je m'y trouvai dans ce moment. Mme de Mailly venoit d'y arriver et on alloit servir un petit souper pour cinq ou six personnes. Le Roi arriva par un petit escalier de communication, dont le feu Roi se servoit pour descendre chez Mme de Montespan (1). Le Roi avoit son manchon et son épée ; pour son épée, il ne la quitte jamais, pas même dans sa chambre, mais il n'avoit pas de chapeau. Il se mit à table, Mme de Mailly auprès de lui, Mme la comtesse de Gramont, Mme de Sourches, M. le prince de Dombes et M. de Meuse. Mme la comtesse de Toulouse, qui ne soupe point, servoit le Roi, mais elle étoit assise et se levoit seulement pour lui donner à boire. M. le marquis d'Antin étoit derrière le Roi qui donnoit les assiettes à Mme la comtesse de Toulouse pour les présenter à S. M. Le souper ne fut pas fort long, mais le Roi m'y parût fort à son aise. Ce fut pendant le souper qu'il me dit qu'il venoit de donner l'archevêché de Toulouse à M. l'abbé de la Roche-Aymon, évêque de Tarbes. Après le souper, le Roi nous fit tous asseoir ; on proposa de jouer à cavagnole. Mme de Mailly ne voulut point y jouer et l'on ne joua point. Le Roi ne paroissoit point cependant avoir envie de

---

(1) Mme de Montespan occupait à Versailles, au rez-de-chaussée, un appartement qui se nommait d'abord *appartement des bains*. Dangeau dit, à la date du 5 décembre 1684, que le Roi donna à Mme de Montespan l'appartement des bains, dont on ôta beaucoup de marbre, et qu'on le parqueta pour le rendre logeable en hiver. Le comte de Toulouse, fils de Louis XIV et de Mme de Montespan, avait occupé cet appartement après la retraite de sa mère, et la comtesse de Toulouse sa veuve avait continué d'y demeurer. L'escalier par lequel on y descendait est probablement un petit escalier circulaire qui existe encore. Les pièces de cet appartement forment aujourd'hui les 8e, 9e, 10e et 11e salles des maréchaux de France.

se coucher; il se retira à minuit et demi. Il étoit venu sans capitaine des gardes.

Le lendemain S. M. retourna encore chez Mme la comtesse de Toulouse, le soir, et y soupa. Après le souper, il alla chez Mademoiselle, qui étoit incommodée depuis quelques jours et gardoit sa chambre; et on avoit observé que le Roi n'y avoit point encore été. Mme de Mailly y étoit, et il y avoit des joueurs de cavagnole; comme Mme de Mailly a déclaré qu'elle ne vouloit point jouer à ce jeu avec le Roi, elle demeura auprès de la cheminée, et le Roi prit le parti de faire jouer tout le monde et de ne point jouer. Il fut pendant le temps du jeu à causer avec Mme de Mailly.

L'on me contoit ces jours-ci un petit événement des soupers des petits cabinets, peu considérable, mais assez singulier. Mme la comtesse de Toulouse a été deux ou trois jours à Saint-Germain chez M. le maréchal de Noailles, les derniers jours de l'année passée; Mme la marquise d'Antin y étoit. Le Roi étant allé à la chasse à Saint-Germain alla voir Mme la comtesse de Toulouse; il y vit pour la première fois Mme la marquise d'Antin, qui est jolie; il parut qu'il la trouvoit telle et qu'il en étoit assez frappé, car il en parla à M. le Cardinal, qui a dit à Mme de Luynes que le Roi l'avoit trouvée fort jolie. Le jour même ou quelques jours après, à un souper des cabinets, Mme de Mailly, qui savoit que le Roi avoit vu Mme la marquise d'Antin et l'avoit trouvée jolie, adressa la parole au Roi à table et lui dit : « Sire, on dit que vous avez vu Mme la marquise d'Antin et que vous l'avez trouvée charmante. » Le Roi répondit : « point du tout : » ou bien : « tout au contraire. » C'est l'un des deux termes dont il se servit. C'est Mme la duchesse d'Antin, qui étoit à table, à qui je l'ai entendu conter. Le Roi s'étant tourné ensuite du côté de Mme d'Antin lui dit : « votre belle-sœur avoit une coiffure de telle façon qui lui seyoit bien mal. »

Le Roi partit avant-hier pour la Meutte. On avoit d'abord dit qu'il n'y auroit point de dames à ce voyage, mais

Mademoiselle, quoiqu'elle eût été incommodée pendant quelques jours, partit cependant le même jour pour aller à Madrid. Les dames sont : les quatre sœurs, Mme de Chalais et Mme de Ségur.

M. le marquis de Brancas me contoit il y a quelques jours que les milices de Bretagne sont au nombre de cent mille hommes, dont il y en a toujours vingt-mille prêts à servir et armés ; ces vingt-mille hommes sont assemblés tous les dimanches en différents lieux, et ces troupes sont en très-bon état.

Je me fais toujours plaisir d'écrire ce que j'apprends de traits d'esprit et de vérité de M. le Dauphin. On me contoit, il y a quelques jours, que M. le Dauphin, ayant lu, il y a un an ou deux, le voyage de Siam de M. l'abbé de Choisy, le hasard fit que le lendemain M. le prince de Lichtenstein vint faire sa cour à M. le Dauphin ; M. de Gencienne y étoit aussi ; c'est un capitaine de vaisseau qui étoit à ce voyage et dont il est parlé dans ce livre. M. le Dauphin parloit beaucoup avec M. de Gencienne sur le voyage de Siam et raisonnoit avec lui d'une façon à surprendre tous ceux qui étoient présents. M. le Dauphin, ayant remarqué l'étonnement de M. de Lichtenstein, lui dit : « Ne soyez pas si surpris, monsieur, je l'ai lu hier. »

La Reine a soupé presque tous les jours de cette semaine-ci avec des dames, c'est-à-dire avec Mmes d'Antin et de Montauban, qui sont de semaine ; c'est sa même table et son même souper que l'on passe seulement dans son cabinet qui est avant sa chambre ; et après souper elle joue à cavagnole avec ces deux dames seulement. Hier S. M. soupa seule ; elle dit à ces dames qu'elle avoit des affaires. C'étoit parce que Mme de Villars (1) devoit venir causer avec S. M. Ces jours-là la conversation est préférée au jeu.

---

(1) Voy. l'introduction, t. I, p. 33 et 34.

Du samedi 16, *Versailles*. — Le Roi donna hier le gouvernement de Maubeuge à M. le chevalier de Givry, frère de M. de Leuville et ancien lieutenant-général qui n'avoit aucune grâce du Roi. Ce choix paroît fort approuvé; cependant l'on croyoit que ce seroit M. le marquis du Luc, d'autant plus que le Roi paroissoit le désirer et que Mademoiselle en avoit parlé très-fortement à M. le Cardinal; on prétend même qu'elle lui avoit dit comme un conseil d'amie, qu'il feroit plaisir au Roi de lui proposer M. du Luc et que M. le Cardinal avoit toujours répondu qu'il n'étoit pas assez ancien lieutenant-général, et qu'il ne le proposeroit pas; que cependant après une conversation de deux ou trois heures que Mademoiselle a eue depuis quelques jours avec M. le Cardinal, elle avoit paru sortir fort contente. Ce qui est certain, c'est que Mademoiselle s'intéressoit fortement pour M. du Luc, et que M. le Cardinal dit qu'il n'a nulle part à ce choix et que c'est le Roi seul qui l'a fait. On m'a dit ce soir que, dès que M. le Cardinal avoit représenté au Roi les services et la situation de M. le chevalier de Givry, S. M. n'avoit pas balancé un moment.

La Reine soupe ce soir avec Mmes d'Antin, de Montauban, de Saint-Florentin et de Matignon.

M. de Verneuil doit présenter demain matin au Roi trois Napolitains qui sont venus avec M. de Castropignano; l'un est son frère, l'abbé Dévoli, l'autre est un de ses parents nommé le duc de Monténégro, et le troisième est un M. de Fardella, capitaine dans le régiment de dragons de la Reine.

M. de Clairambault, fameux généalogiste, mourut avant-hier âgé de quatre-vingt-neuf ans; il avoit dans sa bibliothèque dix-sept cents volumes manuscrits. Il finit, il y a un an ou deux, une table contenant cent cinquante volumes qu'il avoit commencée à quatre-vingts ans. Cette table contient tous les noms dont il est parlé en particulier dans chacun de ses livres ou manuscrits ou imprimés, et désigne le livre et la page. Il appeloit cela son testament (1). Il laisse un neveu qui prend son nom et qui avoit depuis plusieurs années la survivance de sa charge de généalogiste des ordres du Roi. Cette charge ne vaut que 2,700 livres d'appointement; mais le bonhomme de Clairambault avoit d'autres bienfaits du Roi, comme une pension de 1,000 livres, 5,000 livres pour le dépôt de la marine, une charge dans les galères, etc.; en tout il avoit 14,000 livres de rente de bienfaits du Roi et 6,000 livres de rente. Le neveu n'a eu jusqu'à cette heure que 600 livres de pension du Roi. M. de Clairambault avoit été commis de M. Colbert; il est mort avec une grande tranquillité d'esprit et beaucoup de religion.

Le Roi n'a point dîné aujourd'hui et n'a pû aller à la chasse à cause de la gelée et de la neige; il a été en traîneaux. S. M. menoit Mademoiselle; M. le comte de Coigny, Mlle de Clermont; le vidame de Vassé, Mme de Mailly. Mme de Vintimille étoit dans un autre traîneau, et Mme de Ségur aussi dans un traîneau. J'oubliois Mme la marquise de Ruffec et Mme de Montmorin, qui ont aussi été en traîneau avec le Roi. Il y a souper dans les cabinets; toutes ces dames en seront, hors Mme la marquise de Ruffec.

Demain sera l'audience de Mme Castropignano chez la Reine; je la marquerai; tout doit s'y passer comme à celle de Mme de la Mina; elle dînera ensuite ici.

M. de la Mina étoit ici ce matin; il me paroît qu'il compte toujours partir; il n'y a point encore cependant d'ambassadeur nommé pour le remplacer. Il paroît fort mécontent de sa Cour et piqué de ce que M. le comte de la Marck, arrivé à Madrid après que M. de la Mina avoit ici fait tout l'ouvrage, a été fait grand d'Espagne et M. de la Torella aussi. M. de la Mina dit que la grandesse qu'il doit avoir par Mme de la Mina n'est point une raison et n'em-

---

(1) Voir l'*Essai historique sur la Bibliothèque du Roi* par Leprince, nouvelle édition donnée par M. Louis Paris.

pêchoit pas une grâce personnelle qu'il croit avoir méritée. A l'égard de la Toison, il dit qu'il étoit nommé avant que de venir ici. La cause de son rappel paroît certaine; on ne doute pas que ce soit parce qu'à un débotter du Roi il s'avisa de parler directement au Roi au sujet d'un traité de commerce que l'on demande depuis longtemps à l'Espagne et qu'elle ne veut point finir; il dit au Roi que l'on vouloit faire dépendre l'amitié du Roi, son maître, de la fin de ce traité de commerce ; qu'il supplioit S. M. de donner ses ordres pour que l'on ne pressât pas aussi vivement sur cet article. Le Roi ne lui répondit autre chose sinon d'en parler à M. le Cardinal.

Du mardi 19, *Versailles.* — Avant-hier matin Mme l'ambassadrice des Deux-Siciles, la duchesse de Castropignano, eut son audience ; elle vint dans son carrosse. J'ai déjà marqué que ce n'étoit point l'usage que ce fût dans les carrosses du Roi. Elle vint descendre chez Mme de Luynes, qui n'étoit point encore allée chez la Reine et qui eut le temps de la voir un moment. M. de Castropignano étoit arrivé dans cet appartement-ci environ une demi-heure avant elle. Mme de Castropignano fut ici quelque temps, après quoi M. de Verneuil la mena chez M. le Cardinal; cette visite ne fut pas longue et M. de Verneuil la ramena ici sur-le-champ ; elle y resta jusques après la messe de la Reine. Elle avoit avec elle les trois étrangers dont j'ai parlé ci-dessus : M. l'abbé Dévoli, M. le duc de Monténégro et M. de Fardella ; ils avoient fort envie d'être présentés à la Reine ; mais ils n'avoient point encore vu le Roi, parce qu'ils avoient manqué le moment que M. de Verneuil leur avoit donné après la messe de S. M. Pendant l'audience de Mme l'ambassadrice, M. le duc de Castropignano demanda à M. le duc de la Trémoille s'il ne pourroit pas les présenter au Roi, au retour de S. M. dans son appartement. M. de la Trémoille lui dit que cela étoit extrêmement facile, et M. de Verneuil s'y opposa. Je marquerai la suite de cette affaire,

M. de Verneuil revint dans cet appartement, à midi et demi, avertir Mme de Castropignano pour l'audience de la Reine et lui donna la main (1) jusques dans le cabinet avant la chambre de la Reine; il resta toujours avec elle, et un garçon de la chambre avertit Mme de Luynes que l'ambassadrice étoit là. La Reine étoit dans son fauteuil, le dos tourné à la cheminée; et les dames assises des deux côtés. Les dames debout étoient dans le haut de la chambre, des deux côtés de la Reine. Mme de Luynes se leva; elle fit la révérence à la Reine et alla à la porte de la chambre en dehors au-devant de l'ambassadrice; elle l'a salua, la baisa; elle rentra la première; ensuite M. de Verneuil, qui donnoit la main à Mme de Castropignano, laquelle, après les trois révérences et avoir ôté son gant, ce qui fut assez long, s'avança auprès de la Reine et baisa le bas de la robe. Ensuite on apporta un pliant à Mme de Castropignano, vis-à-vis la Reine, et un à gauche de Mme l'ambassadrice. Le Roi étoit au conseil et avoit dit à M. de Verneuil qu'il pouvoit l'avertir au conseil même. M. de Verneuil avoit averti M. de la Trémoille de l'ordre qu'il avoit reçu du Roi. S. M. ayant été avertie par M. de Verneuil sortit du conseil et vint par la galerie et le salon dans la chambre de la Reine. Tout le monde se leva, et Mme l'ambassadrice s'avança vers le Roi qui la salua et baisa. Elle parut croire que l'usage étoit de baiser des deux côtés, mais le Roi ne la baisa que d'un côté. La conversation ne fut pas vive; car elle ne sait presque pas un seul mot françois. Elle paroissoit assez embarrassée, et elle fit même deux ou trois éclats de rire qui surprirent beaucoup, et qui étoient un effet de son embarras. Lorsque le Roi s'en alla, Mme de Luynes

---

(1) MM. les ambassadeurs d'Espagne et des Deux-Siciles prétendent qu'en qualité d'ambassadeurs de famille ils ne doivent point être conduits par l'introducteur. M. de la Mina avoit soutenu vivement cette prétention. Cependant on voit ici que c'est M. de Verneuil qui a donné la main à Mme de Castropignano. (*Note du duc de Luynes.*)

ne le suivit point comme à son ordinaire. J'ai déjà marqué qu'en pareil cas la dame d'honneur ne quitte point l'ambassadrice. La Reine se rassit, Mme l'ambassadrice, Mme de Luynes et toutes les dames comme auparavant. Pendant ce temps-là, M. de Verneuil alla avertir M. le Dauphin, lequel arriva par l'antichambre et le grand cabinet de la Reine. M. le Dauphin, entrant dans la chambre de la Reine, alla d'abord saluer l'ambassadrice (la Reine s'étoit levée), ensuite il alla embrasser la Reine. Cette visite ne fut pas longue; M. le Dauphin étant sorti, Mme de Luynes ne le reconduisit point, par la même raison que je viens de marquer par rapport au Roi. La Reine ne se rassit point, et Mme l'ambassadrice ayant fait ses trois révérences, comme en entrant, elle se retira; Mme de Luynes la reconduisit jusqu'à l'endroit où elle l'avoit reçue.

J'étois présent à toute cette cérémonie, et j'allai ensuite avec Mme de Castropignano et M. de Verneuil chez Mesdames. Mme de Tallard vint la recevoir à la porte de la chambre, en dehors; mais elle ne sortit pas cependant tout à fait. Mesdames étoient assises chacune dans un fauteuil, Madame (1) à la droite. Mme de Castropignano, ayant fait les révérences comme chez la Reine, elle s'approcha, baisa le bas de la robe et Madame ne la salua point; elle s'approcha ensuite de Madame Adélaïde, baisa le bas de sa robe, mais elle ne la salua pas non plus. On apporta un pliant à Mme l'ambassadrice vis-à-vis Madame, et Mme de Tallard s'assit vis-à-vis Madame Adélaïde, par conséquent à la droite de Mme l'ambassadrice. Tout cela ne dura pas longtemps. Mme l'ambassadrice sortit avec les révérences ordinaires; Mme de Tallard la reconduisit jusqu'à la porte de la chambre. Je revins ensuite avec elle et M. de Verneuil chez Mme de Luynes. Un moment après qu'elle y fut arrivée, elle alla chez Mme Amelot. Pen-

---

(1) Madame Henriette.

dant ce temps, M. le Cardinal vint ici, où il l'attendit un instant; elle revint recevoir la visite de S. Ém.; ensuite elle dîna ici avec M. de Castropignano, Mme de la Mina, les trois Napolitains que j'ai marqués ci-dessus, M. et Mme Amelot, M. de Verneuil et plusieurs autres personnes; elle s'en retourna après-dîner à Paris.

Comme l'on avoit dit ici que Mme de Castropignano étoit prodigieusement laide, et plus laide que Mme de la Mina, ces discours ont réussi à son avantage; elle n'a pas été trouvée aussi mal; elle paroît vive, mais on peut croire qu'elle a peu été dans le grand monde, et surtout peu habité la Cour. Comme elle ne parle qu'italien, il est difficile de juger de son esprit lorsqu'on n'entend point cette langue. M. de Castropignano est d'une belle figure; il ressemble beaucoup à feu M. d'Arpajon; il est seulement un peu moins gros et le visage moins plein; il paroît homme sage, sensé et fort poli.

Après le dîner, M. de Verneuil me parla beaucoup de ce que M. de Castropignano s'étoit adressé à M. de la Trémoille pour la présentation des trois Napolitains. M. de Verneuil prétend que l'introducteur des ambassadeurs n'a nul besoin du premier gentilhomme de la chambre chez le Roi, ni de la dame d'honneur chez la Reine pour présenter les étrangers; il prétend qu'il n'y a pas même d'obligation qu'il les avertisse. Cette dispute s'est renouvelée aujourd'hui chez la Reine, à l'occasion de deux étrangers que M. de Verneuil a voulu présenter. M. de Sainctot, dans son semestre, a toujours attention d'amener les étrangers à Mme de Luynes ou au moins de les lui nommer. M. de Verneuil a présenté ceux d'aujourd'hui; elle lui en a parlé et lui a représenté qu'il lui paroissoit indispensable que la dame d'honneur connût les étrangers, afin que, lorsqu'ils viennent faire leur cour à la Reine, elle fût en état de faire souvenir la Reine de leur nom, en cas qu'elle l'eût oublié, et de faire avoir pour eux dans la chambre de S. M. les égards et attentions qui conviennent. M. de Verneuil a toujours soutenu que l'introducteur n'étoit point dans cette obligation, et que même il n'avertissoit la dame d'honneur pour les audiences que pour qu'elle donnât ses ordres pour que le cabinet et la chambre fussent en état. Mme de Luynes a parlé sur-le-champ à M. le Cardinal; et S. Ém. lui a répondu qu'il étoit sans difficulté que la dame d'honneur connût les étrangers; il en a parlé aussi à M. de Verneuil, mais il ne l'a point persuadé, et M. de Verneuil a dit qu'il alloit faire un mémoire.

J'ai oublié de dire que M. de Fardella, qui est, comme je l'ai marqué, capitaine de dragons de la Reine de Naples, étoit habillé de l'uniforme de ce régiment, qui est jaune; c'est l'usage dans presque tous les pays étrangers que tous les militaires mettent les jours de cérémonie leurs uniformes.

J'oublie encore par rapport à la prétention de M. de Verneuil que, le jour du bal pour le mariage de Madame Infante, il étoit en qualité d'introducteur sur le banc des ambassadeurs, et que le Roi, ayant voulu faire danser M. le comte de Bévéren, M. le duc d'Urs et encore un troisième qu'il m'a nommé, S. M. ne s'adressa pas pour cela à M. de la Trémoille, qui servoit pour M. de Gesvres, il appella M. de Verneuil, lequel vint prendre les ordres de S. M. et avertit ensuite ces messieurs. M. de Verneuil m'ajouta que le Roi lui avoit dit de dire à M. de la Mina et à M. de Lichtenstein qu'il ne leur proposoit pas de danser, parce qu'il croyoit que cela ne leur conviendroit pas, et que même l'ambassadeur de Venise avoit été assez fâché que le Roi ne lui ait pas fait dire la même chose.

On a appris ces jours-ci la mort de M. le prince de la Torella à Naples; c'est celui qui étoit ici ambassadeur; il est mort d'une fluxion de poitrine.

M. le Duc est fort malade depuis quelques jours d'une dyssenterie. Mmes les duchesses sont parties pour Chantilly, sur la nouvelle de son état; Mlle de Clermont y est aussi, Mme la princesse de Conty et Mlle de Sens. Comme les nouvelles étoient assez mauvaises hier, on croyoit que Mademoiselle iroit aujourd'hui. Quoi qu'ils ne soient pas brouillés ensemble, M. son frère et Mme sa mère, cependant elle vit très-froidement avec eux; mais elle ne joua pas hier; elle dit qu'elle ne partoit point, ne sachant pas si ce n'étoit pas plutôt les importuner que leur faire plaisir, si elle y alloit dans les circonstances présentes. Cependant, on croit que M. le Cardinal lui dit hier au soir qu'elle feroit bien d'y aller. Elle est partie aujourd'hui pour Paris, où elle attendra que M. le Duc paroisse désirer de la voir.

La maladie de M. le Duc ne paroît pas donner dans ce pays-ci beaucoup d'inquiétude; et l'absence de Mademoiselle et de Mlle de Clermont ne dérange rien aux promenades de traîneaux. Le Roi y fut avant-hier; et ce fut lui qui mena Mme de Vintimille. Cela ne dérange rien non plus aux soupers des cabinets; le Roi y soupe aujourd'hui, et a été en traîneau. Il paroît aussi que l'absence des deux princesses ne changera rien au projet du voyage de Choisy.

Du jeudi 21, Versailles. — Le Roi fut avant-hier en traîneau et mena Mme de Mailly, qui eut même grande peur et pensa se trouver mal de la vitesse dont le Roi alloit. S. M. arrêta et eut la complaisance d'aller plus doucement. S. M. soupa ce jour-là dans ses cabinets; les dames étoient : Mmes de Mailly et de Vintimille, de Ségur, de Montmorin, et Mme la maréchale d'Estrées; il joua au papillon après souper avec des hommes et Mme de Mailly, seule de femme. Mademoiselle alla hier à Chantilly, d'où elle devoit revenir le soir même.

M. de Fénelon fut reçu il y a trois ou quatre jours conseiller d'État d'épée. C'est la place de M. de Bonac, comme je l'ai dit ci-dessus. M. de Fénelon paroît très-content des grâces qu'il a reçues, ayant été fait lieutenant général, chevalier de l'Ordre et conseiller d'État en bien peu de temps. Il me disoit qu'il ne s'attendoit pas à cette dernière grâce, et avoit été très-content des deux premières. C'est une preuve que l'on est extrêmement satisfait de la conduite qu'il tient en Hollande.

Le Roi descend presque tous les soirs chez Mme la comtesse de Toulouse, et y soupe presque toujours, hors les jours qu'il soupe dans ses cabinets; il y soupa hier mercredi, et il y soupoit encore lundi. Mme la comtesse de Gramont, Mmes de Sourches, de Mailly et de Vintimille sont les seules dames admises à ces soupers; et en hommes : le comte de Gramont, qui ne se met point à table, MM. d'Ayen et de Noailles, M. de Meuse et M. le marquis d'Antin, quelquefois M. le prince de Dombes. J'y entrai lundi comme le Roi étoit à table. Mme de Mailly étoit auprès du Roi, c'est l'usage; le souper me parut assez sérieux; à la fin pourtant Mme de Mailly badina beaucoup avec un étui à cure-dents d'ivoire que le Roi a fait et qu'il lui a donné. Après le souper, une demi-heure de conversation; le Roi fait asseoir tout le monde et on ne joue point.

Du dimanche 24, Versailles. — Le Roi partit hier pour Choisy, et donna un de ses carrosses pour mener les dames, qui sont : Mmes de Mailly et de Vintimille, Mme la maréchale d'Estrées, Mme de Talleyrand et Mme de Ségur. On croit que Mademoiselle y sera, et qu'elle a demandé permission au Roi d'y aller de Paris. Elle fut il y a deux ou trois jours à Chantilly avec M. le comte de Clermont; elle n'y resta que deux heures. M. le comte de Charolois y fut de son côté, et y resta aussi à peu près le même temps. M. le prince de Conty n'y avoit point encore été avant-hier. Cependant l'état de M. le Duc est regardé comme très-dangereux; c'est une dyssenterie qui a été négligée par M. le Duc les premiers jours et qui est la suite d'un estomac dérangé depuis assez longtemps et dans un tempérament fort usé. Il paroît que l'on craint la gangrène dans les entrailles. Madame la Duchesse, sa femme, lui marque beaucoup de soins et d'attentions; M°¹e la princesse de Conty et M™° d'Egmont ne le quittent point; toute sa famille, hors ce que j'ai marqué, est rassemblée auprès de lui, et tous ceux qui sont dans l'habitude de le voir y arrivent tous les jours.

J'appris hier en arrivant de Chantilly ce qui s'étoit passé le matin du jour que je partis pour y aller. M. de Bissy le père étoit allé chez M. le Cardinal, et l'attendoit dans la pièce qui précède son cabinet. M. le Cardinal étant sorti pour aller chez le Roi, M. de Bissy se rangea pour laisser passer M. le Cardinal; mais S. Ém., au lieu de passer comme à l'ordinaire, s'arrêta et s'approcha de M. de Bissy, et le regardant lui dit : « Monsieur, vous voyez que je me porte bien; cependant je ne mets point de rouge pour me donner bon visage. » Ce discours fut tenu devant vingt ou trente personnes et surprit beaucoup M. de Bissy, lequel alla sur-le-champ conter son aventure à M™° la maréchale d'Estrées. M™° la maréchale d'Estrées le mena l'après-dînée chez M. le Cardinal. M. de Bissy dit à S. Ém. que ce qu'il lui avoit dit ne pouvoit qu'être l'effet de quelque faux rapport, et qu'il osoit l'assurer que personne ne pourroit lui soutenir avoir entendu aucun discours de sa part qui pût avoir donné occasion à ce que S. Ém. lui avoit dit. M. le Cardinal lui répondit qu'il ne savoit ce que c'étoit que de commettre les personnes par qui il avoit été instruit, qu'il étoit certain de la vérité, mais que cela n'empêchoit pas qu'il ne profitât avec plaisir des occasions de lui rendre service. On m'a dit que M. de Bissy étoit fort occupé à chercher tous les moyens de se justifier par écrit.

Du mercredi 27, Versailles. — J'allai avant-hier à Choisy; je n'y trouvai que les cinq dames nommées et dix-huit ou vingt hommes, entre lesquels étoit M. le prince de Conty, qui partit de bonne heure après-dîner pour aller à Chantilly, dont les nouvelles étoient dès ce jour-là fort mauvaises. Mademoiselle n'a point été à Choisy, et elle partit avant-hier pour Chantilly. M. d'Anlezy, qui est attaché à

M. le Duc, je crois en qualité de capitaine des gardes, étoit arrivé le même jour, avant-hier, au lever du Roi à Choisy, avec deux lettres, une de Mme la Duchesse mère et une de M. le Duc pour le Roi. Le Roi étoit encore dans son lit, et fit entrer M. d'Anlezy. Le Roi n'écrivit point, mais répondit verbalement. Je n'ai vu personne qui m'ait dit positivement cette réponse ; mais Mme de Mailly m'en parla, et me dit que le Roi avoit répondu à M. d'Anlezy qu'il assurât M. le Duc de son amitié et de l'intérêt qu'il prenoit à son état, qu'il n'avoit point oublié les services qu'il lui avoit rendus, et qu'il auroit soin de M. le prince de Condé. La nuit d'avant-hier à hier, M. le Duc reçut tous ses sacrements ; et par les nouvelles d'aujourd'hui on n'attend que le moment de sa mort. On n'a pas même voulu donner de bulletin au page de la Reine. On a été un peu étonné qu'il ait autant différé à se confesser, ayant autant de religion qu'il en marque depuis plusieurs années ; mais il avoit demandé, avant que de tomber malade, qu'on l'avertît lorsqu'il seroit en danger ; tout le monde connoissoit ce danger, et personne n'osoit lui en parler ; on croyoit n'en pas trouver le moment. Silva ne l'a pas quitté pendant sa maladie, et Dumoulin a été appelé deux fois en consultation ; mais, pendant tout le cours de cette maladie, il étoit presqu'impossible d'en savoir des nouvelles, pas même ceux qui demeuroient à Chantilly. Il sembloit qu'il y avoit deux partis, les uns qui voyoient tout en noir, et les autres qui se flattoient toujours, sans compter un troisième qui est celui des médecins, lesquels ne cherchoient qu'à parler obscurément et ambigument sur l'état du malade. D'ailleurs, le zèle, la vivacité et l'amitié faisoient que les personnes qui approchoient de plus près M. le Duc vouloient toutes se mêler de médecine et de raisonner sur les remèdes qu'on lui ordonnoit, surtout Mme la princesse de Conty et Mme d'Egmont, qui étoient l'une ou l'autre toujours au chevet de son lit. Mme la princesse de Conty aimoit M. le Duc de tous les temps ; il y a eu quelques années où ils n'ont pas pensé de même, mais ils s'étoient raccommodés depuis deux ou trois ans. Mme d'Egmont est dans la douleur la plus profonde et telle que l'on peut juger d'une personne qui a toujours eu une véritable et tendre amitié pour M. le Duc, et qui n'a consulté que son inclination dans la manière dont elle a agi, sans se mettre assez en peine des discours du public (1). Mme la Duchesse mère a toujours ordonné que l'on exécutât à la lettre tout ce qu'ordonneroit Silva ; mais elle n'a pas toujours été écoutée ; elle est dans une douleur véritable et aussi grande que son caractère peut le permettre. Pour Mlle de Clermont, elle conserve dans cette occasion le même sang-froid, pour ne pas dire la même insensibilité, qu'elle montre dans toutes les autres. A l'égard de Mlle de Sens, il ne paroît point que cet événement-ci dérange rien de sa gaîté naturelle. Mme la Duchesse jeune est continuellement dans la chambre de M. le Duc ou à portée d'en savoir des nouvelles, et sans paroître être dans un désespoir qui passeroit peut-être pour affectation, remplit son devoir d'une manière très-convenable. Voilà ce que je remarquai dans le voyage que j'y fis du vendredi à samedi dernier. Je n'y vis point, comme je l'ai déjà dit, Mademoiselle, M. le comte de Charolois, ni M. le prince de Conty ; ainsi, je ne puis rien dire sur eux. On peut juger que Mademoiselle ne sera pas fort touchée de cette perte, s'étant aussi éloignée de M. le Duc qu'elle l'a fait depuis plusieurs années. C'est cependant un grand malheur que cette mort pour toute la maison de Condé, sans en excepter même ceux qui n'en sont pas touchés. M. le Duc a toujours eu le caractère vrai et a cherché le bien autant que ses lumières pouvoient le lui permettre ; il est vrai que ses lumières étoient extrêmement courtes, qu'il a souvent été trompé, et qu'il étoit aussi opiniâtre

---

(1) Mme d'Egmont était la maîtresse de M. le Duc et publiquement reconnue pour telle.

dans la prévention que ferme quand il avoit rencontré juste. En conséquence il faisoit comme les gens de peu d'esprit, il craignoit toujours d'être trompé et donnoit difficilement sa confiance; mais aussi lorsqu'il croyoit avoir reconnu de la probité et de la droiture, il se livroit sans réserve. Comme il comprenoit difficilement par lui-même, il ne voyoit presque jamais que par les yeux d'autrui ; cette raison jointe à l'aveuglement de la passion, l'avoit livré à Mme de Prie, dont l'ambition et les conseils pernicieux lui avoient fait faire de grandes fautes dans le ministère et furent la cause de l'ordre qu'il eut de se retirer, ordre qu'il pouvoit prévoir et qu'il ne voulut jamais croire. D'ailleurs le caractère de M. le Duc étoit d'être bon ami, mais dur, extrêmement poli, mais fort sec. La conduite qu'il a eue en dernier lieu par rapport à Mme la Duchesse sa femme a bien montré combien il étoit susceptible aux mouvements de la jalousie, et que n'ayant pas voulu apparemment demander de conseil, ou n'ayant pas voulu en suivre, il n'avoit écouté que la dureté de son caractère, sans faire assez d'attention aux mesures que la prudence auroit pu lui dicter. Au reste, M. le Duc a toujours conservé une très-grande considération et un grand nombre d'amis. C'étoit le seul prince du sang qui eût une représentation digne de son rang. Il jouit au moins de 1,500,000 livres de rente ; je crois même que cela va à deux millions, en comptant le gouvernement de Bourgogne et la charge de grand maître.

J'oubliois de marquer que c'est M. le curé de Saint-Sulpice qui l'a confessé, et qu'il a fait son testament quelques heures avant de recevoir ses sacrements. Depuis le testament, M. Huart, mon avocat et qui est du conseil de M. le Duc, a été mandé à Chantilly et en revint hier au soir.

Le Roi vient d'arriver de Choisy. M. le prince de Conty y revint hier de Chantilly. S. M. a été, en arrivant, chez la Reine, qui lui a parlé de l'état de M. le Duc ; il ne m'a point paru que le Roi fût fort affligé. Il est revenu dans son carrosse avec les cinq dames que j'ai nommées ci-dessus.

Hier mardi, il n'y eut point de comédie, parce que la Reine avoit pris médecine. Aujourd'hui, jour de Comédie italienne, la Reine a dit après son dîner qu'elle n'iroit point, et que les comédiens jouassent puisqu'ils étoient arrivés. Ainsi il y a eu comédie quoique le Roi, la Reine, M. le Dauphin, ni Mesdames, ni princes ni princesses du sang y aient été.

Du jeudi 28, Versailles. — M. le Duc mourut hier entre onze heures et midi. M. le comte de Charolois étoit parti dans le moment de Chantilly, et croyant le Roi encore à Choisy, il y étoit venu d'abord; ayant trouvé le Roi parti, il revint tout droit ici, où il n'arriva que sur les neuf heures du soir; ce fut par lui que l'on apprit la première nouvelle de la mort de M. le Duc. M. de Charolois alla d'abord chez le Roi ; et, comme on lui dit que S. M. n'étoit point dans son appartement et qu'il étoit ou sorti ou dans ses cabinets en haut, M. le comte de Charolois, au lieu d'attendre, prit le parti de descendre chez Mme la comtesse de Toulouse, où il resta quelque temps enfermé avec elle; ce fut là qu'il vit le Roi. Il n'alla chez la Reine que fort tard. M. de Charolois dit au Roi qu'il ne savoit encore rien du testament, sinon que M. le Duc lui avoit dit lui-même qu'il comptoit qu'il voudroit bien être tuteur de M. le prince de Condé.

Il y a eu ce matin conseil d'État après la messe, et au sortir du conseil le Roi a dîné dans sa chambre. On ne savoit encore rien par rapport à la charge ni au gouvernment (1), lorsque le Roi s'est mis à table. J'étois au dîner. Le Roi s'est tourné du côté de M. de Livry et lui a dit qu'il venoit de donner la charge de grand maître (2) à M. le

---

(1) M. le Cardinal au sortir du conseil alla dîner chez lui; il ne dit pas un mot, devant ni pendant son dîner, de l'arrangement marqué dans cet article. (*Note du duc de Luynes.*)

(2) Cette charge n'a sur l'état de la maison du Roi que 1,200 écus d'appoin-

prince de Condé, et quelque temps après il m'a fait l'honneur de me dire qu'il venoit de donner le gouvernement de Bourgogne (1) à M. de Saint-Aignan pour le rendre à M. le prince de Condé lorsqu'il aura dix-huit ans. Le Roi a beaucoup parlé sur l'état des affaires de M. le Duc, et nous a dit qu'il jouissoit de 260,000 livres de pension (2). Le Roi me paroît croire, comme je l'ai marqué ci-dessus, que M. le Duc avoit environ deux millions (3) de revenus, c'est-à-dire quelque chose de moins que M. le duc d'Orléans, lequel effectivement jouit de deux millions de rentes. On ne dit point qu'il y ait encore aucun arrangement de fait par rapport à Mme la Duchesse jeune. Je croyois qu'elle avoit 40,000 livres de douaire, mais

---

tements, de même que celle de grand chambellan et celle de grand écuyer; mais il y a des casuels très-considérables à celle-ci, et il m'a paru que le Roi ne savoit pas trop à quoi montoient les dits casuels. (*Note du duc de Luynes.*)

(1) J'ai demandé au Roi combien valoit ce gouvernement; sa réponse m'a paru prouver qu'il croyoit que cela étoit considérable, mais qu'il y avoit bien des années qu'on ne savoit à combien cela montoit. C'est peut-être une des raisons qui ont engagé de le donner à M. de Saint-Aignan pour plusieurs années, pour être à portée d'en savoir la juste valeur. D'ailleurs M. de Saint-Aignan ne fait plus rien à Rome depuis l'arrivée du cardinal Tencin, comme j'ai marqué ci-dessus. Cependant comme ses affaires ne sont pas en trop bon état, il demandoit depuis longtemps quelques marques de la bonté du Roi. Dans la maison de M. le Duc, on ne parloit du gouvernement que comme d'un objet de 80 ou 90,000 livres, et on parloit de même aussi à peu près pour le revenu de la charge de grand maître. (*Note du duc de Luynes.*)

(2) M. le Duc avoit eu en naissant 100,000 livres de pension dont il a toujours joui et qui faisoient partie des 260,000 livres ci-dessus marquées; mais M. de Lezonnet, qui est depuis plusieurs années à la tête des affaires de M. le Duc et qu'il vient de faire son exécuteur testamentaire avec une gratification de 50,000 livres, m'a dit que les deux parties principales de cette pension étoient : 50,000 écus comme chef du conseil de régence, et les 100,000 francs que le Roi lui avoit accordés en venant au monde; à l'égard de 10,000 livres, je ne sais si cela ne fait pas partie de la charge de grand maître. (*Note du duc de Luynes.*)

(3) M. de Lezonnet (que je cite toujours comme étant instruit des affaires de M. le Duc), n'estime le revenu en terres qu'un peu plus de 1,200,000 livres; le surplus en bienfaits du Roi; il compte qu'il y a pour cinq à six millions de dettes, sur lesquelles il y en a beaucoup de viagères. (*Note du duc de Luynes.*)

le Roi m'a dit que M. le comte de Charolois croyoit qu'elle n'en avoit que 34,000; apparemment qu'elle aura une pension de 50,000 livres, dont il y a plusieurs exemples pour les princesses du sang; mais le Roi n'en a pas parlé; il a seulement dit qu'elle auroit apparemment une pension sur les biens de M. le prince de Condé. La charge de grand maître sera exercée par M. le comte de Charolois. Le Roi nous a encore dit qu'il avoit fait cet arrangement de concert avec Mme la Duchesse mère. Mme la Duchesse jeune a eu par son contrat de mariage le choix de son habitation dans telle maison ou château de M. le le Duc qu'elle voudra choisir, excepté Chantilly.

J'ai marqué ci-dessus que M. Huart, avocat, avoit été mandé depuis que le testament avoit été fait; cette circonstance n'est pas exacte; ce fut Roger, notaire, qui demanda à M. le Duc de faire venir M. Huart pour que les choses fussent plus en règle.

M. le duc de Penthièvre fut reçu avant-hier chevalier de la Toison d'or par M. de la Mina, à Paris, dans la maison de cet ambassadeur. Il y avoit treize chevaliers de la Toison à cette cérémonie, en comptant M. de la Mina, qui étoit dans un fauteuil sous un dais. Les difficultés que j'ai marquées ci-dessus ont été absolument levées par ordre exprès du Roi d'Espagne (1). C'est de M. de la Mina même que je le sais. M. de Penthièvre, après sa réception, prit séance le premier à droite au-dessus de M. le maréchal de Noailles, qui se trouvoit dans cette cérémonie le doyen des chevaliers. Les chevaliers étoient assis sur deux banquettes à droite et à gauche du fauteuil; la cérémonie ne dura pas plus d'un bon quart-d'heure parce que M. de Penthièvre,

---

(1) Cet ordre fut lu devant tous les chevaliers avant la cérémonie. Il passe pour constant que c'est une règle établie dans l'ordre de la Toison que les chevaliers, quels qu'ils soient, ne prennent rang que du jour de leur réception; cependant M. le duc de Villars m'a dit que lorsqu'il avoit été reçu chevalier de la Toison, il se souvenoit parfaitement que l'Infant don Philippe et l'Infant cardinal étaient à la tête de tous les chevaliers. (*Note du duc de Luynes.*)

ayant la croix de Saint-Louis, avoit déjà été armé chevalier.

Le Roi a été aujourd'hui monter ses chevaux de chasse dans le manége couvert, à la grande écurie, pour faire de l'exercice.

FÉVRIER.

Testament de M. le Duc. — Sermon du P. Neuville. — Nouveaux maréchaux de camp et brigadiers. — Voyage de la Meutte. — Souper dans les cabinets. — Mort de Mme de Rhodes. — Bals. — Promenades en traîneaux ; Mme de Mailly et de Mme de Vintimille. — Jeu de la Reine. — Eau bénite de M. le Duc. — Mort du prince de Chimay, gendre du duc de Saint-Simon. — Mort de la duchesse de Châtillon. — Régiments de M. le Duc. — Mariage du duc de Biron avec Mlle de Roye. — Incendie du salon de Marly. — Parodie de chasse par les valets de chiens. — Mort du pape Clément XII. — Lettre de Silva à Mme de Vintimille. — Mort de M. d'Angervilliers ; M. de Breteuil le remplace. — Appartements de Mme de Mailly à Marly et à Versailles. — Pillage du bois des Célestins. — Bal de M. de Lichtenstein. — Serment du comte de Charolois pour la charge de grand maître de la Maison du Roi.

Du lundi 1er, Versailles. — Par le testament de M. le Duc, Mme la Duchesse jeune est nommée tutrice avec M. le comte de Charolois. Il laisse 100,000 livres aux pauvres, rien à ses principaux officiers, mais le pouvoir aux tuteurs de faire un arrangement pour les officiers inférieurs et ses domestiques, disant qu'il lègue par le dit testament tout ce qui sera arrangé par les dits tuteurs. Il défend qu'on vende rien des meubles de Chantilly et de l'hôtel de Condé. Il paroît que l'on est fort content de l'ordre que M. de Charolois veut mettre dans les affaires de son neveu et de l'affection qu'il montre pour lui ; il agit en tout extrêmement de concert avec Mme sa belle-sœur.

La liste de Marly parut avant-hier ; toutes les princesses y vont hors Mmes les Duchesses et Mlle de Sens, qui reste auprès de Mme sa mère.

Quoique le mariage de Mlle de Guiche ne se soit fait

qu'avant-hier avec M. le comte de Brionne, elle étoit sur la liste de Marly sous le nom de comtesse de Brionne plusieurs jours auparavant.

Du mardi 2, *Versailles.* — On fera la grande cérémonie pour l'enterrement de M. le Duc ; il sera exposé à l'hôtel de Condé, et doit être porté à Enghien. M. le Duc fit l'observation, en faisant son testament, qu'il ne parloit point de son enterrement ; mais comme on cherchoit à le flatter sur son état, au mot d'enterrement on lui répondit qu'on espéroit faire bientôt des feux de joie pour son rétablissement, et depuis il ne parla plus de cet article. On l'a ouvert et on a trouvé la gangrène dans les intestins ; on a trouvé aussi dans l'œil qu'il avoit eu crevé encore un grain de plomb. La sépulture des princes de la maison de Condé étoit depuis 1588 à Valery (1) ; mais dans les partages qui furent faits, il n'y a pas longtemps, de la succession de feu M. le Duc, cette terre fut donnée à Mlle de Sens, et M. le Duc n'a pas voulu la reprendre. Mlle de Sens l'a vendue depuis peu à M. Bosnier. J'ai ouï dire qu'on avoit ôté et vendu les marbres des tombeaux. La terre de Valery vient à la maison de Condé de la maréchale de Saint-André, M. le prince de Condé (*M. le Prince*) père du grand Condé, étoit amoureux de la maréchale de Saint-André, et vouloit l'épouser ; une maladie considérable qu'eut M. le Prince le fit changer de sentiment ; il prit d'autres engagements. La maréchale de Saint-André, piquée de ce changement, voulut s'en venger, mais d'une façon particulière ; elle dit que puisqu'elle n'avoit pû avoir M. le prince vivant, au moins l'auroit-elle mort ; et en conséquence lui fit une donation de la terre de Valery pour lui et ses successeurs, à condition que ce seroit dorénavant la sépulture de la maison de Condé.

---

(1) Valery ou Vallory, château dans le Gatinais, à cinq lieues au sud de Montereau.

Le Roi a fait ce matin la cérémonie des chevaliers où M. de Fénelon a été reçu, et M. le duc de Chartres nommé pour être reçu à la Pentecôte.

M. le prince de Lichtenstein est venu prendre aujourd'hui congé du Roi; il part pour aller à Bruxelles recevoir l'ordre de la Toison.

Le Roi a entendu aujourd'hui le sermon du P. Neuville, jésuite; c'est un fameux prédicateur et qui excelle surtout dans les portraits; mais la volubilité avec laquelle il parle et la monotonie diminuent beaucoup du plaisir de l'entendre et font même perdre une partie de ce qu'il dit. Son compliment a été fort simple mais fort bon. C'est aujourd'hui le premier sermon du prédicateur du carême.

Mme la comtesse de Brionne a été présentée aujourd'hui, et a pris son tabouret.

Le Roi vient de faire trois maréchaux de camp qui servent actuellement en Corse, et les régiments sont donnés. Les maréchaux de camp sont : MM. de Villemur, de Contades et de Montmorency. Les régiments qui ont été donnés sont : Vermandois, Bassigny et Montmorency. M. de Contades avoit le régiment d'Auvergne, mais on fait passer M. de Clermont au régiment d'Auvergne; et Vermandois, qu'avoit M. de Clermont, a été donné à M. le chevalier de Tessé; Bassigny, que commandoit M. de Villemur, a été donné à M. le chevalier de Pons; et Montmorency devient Listenois, ayant été donné à M. de Listenois, second fils de M. de Bauffremont. On a fait aussi trois brigadiers : M. de Lussan, M. d'Avaray et M. de Pons-Chavigny, qui ont servi tous trois en Corse.

La Reine n'avoit point joué depuis la mort de M. le Duc; elle a joué aujourd'hui pour la première fois. Elle soupa hier dans son grand cabinet avec Mmes de Montauban et de Fleury, et elle y soupe encore aujourd'hui. Mme d'Antin soupe aussi avec la Reine.

Le Roi après le salut est parti pour la Meutte, d'où il reviendra jeudi tenir le conseil d'État à Marly. Les dames de ce voyage sont : Mmes de Mailly, de Vintimille, de Chalais et la maréchale d'Estrées ; et ce qui est à remarquer, c'est que ces quatre dames couchent à la Meutte, et on a envoyé les hommes coucher à Madrid. Mademoiselle n'est point de ce voyage, ni Mlle de Clermont, à cause de la mort de M. le Duc. On dit cependant que Mademoiselle avoit grande envie d'aller à Madrid ; elle étoit pour ainsi dire brouillée avec M. le Duc, comme j'ai marqué ci-dessus ; ainsi elle ne se pique point d'être affligée et a trouvé assez mauvais que la convenance de douleur fût une exclusion de ce voyage.

Dimanche dernier, le Roi dit à M. d'Ayen qu'il avertît M. le comte de Noailles et M. de Meuse de se trouver à l'appartement de quartier à huit heures. Mme la comtesse de Toulouse étoit au chenil ce jour-là ; c'est le lieu où elle a coutume de se retirer quand elle ne veut voir personne. M. d'Ayen exécuta les ordres du Roi, et monta chez S. M. à huit heures ; il avoit laissé dans l'appartement de quartier Mme de Mailly et Mme de Vintimille, avec qui l'arrangement étoit fait de souper chez M. le duc d'Ayen. M. le prince de Dombes, qui se mêle quelquefois de faire la cuisine, devoit faire le souper, que l'on comptoit qui seroit fort gai. M. d'Ayen, étant arrivé chez le Roi, trouva tout cet arrangement changé ; Mademoiselle étoit arrivée de Paris, et sachant Mme la comtesse de Toulouse au chenil avoit envoyé savoir ce que faisoit le Roi. Le Roi lui avoit mandé qu'il n'y avoit point de souper. Mademoiselle renvoya une seconde fois et même une troisième, demandant que le Roi voulût bien lui envoyer un morceau à manger parce qu'elle étoit fort embarrassée de son souper ; à la troisième ambassade, le Roi lui manda qu'elle vînt donc puisqu'elle vouloit souper, et le souper fut dans les cabinets du Roi. La compagnie qui étoit en bas monta ; Mademoiselle fit ce qu'elle put pendant le souper pour y mettre de la gaieté ; mais elle n'y réussit pas ; tout se passa fort sérieusement pendant et après le souper, lequel fut suivi d'une conversation qui ne fut pas longue. Ce détail est certain.

Le Roi a pris le deuil samedi, pour douze jours, de M. le Duc.

Du mercredi 3, Versailles. — On apprit hier la mort de Mme de Rhodes, morte ce même jour; elle étoit grand'-mère de feu Mme la princesse de Soubise, morte il y a quelques mois.

Du jeudi 4, Versailles. — La mort de M. le Duc n'a point empêché qu'il n'y eût, dimanche dernier, bal chez M. le Dauphin, comme à l'ordinaire. Hier mercredi, il y eut bal en masque chez Mesdames. M. le Dauphin y vint masqué; toute sa suite étoit aussi masquée, hors M. de Châtillon seul; car l'officier des gardes étoit masqué. M. de Polastron et les gentilshommes de la manche, le gouverneur de M. le duc de Chartres étoient aussi masqués; Mme de Tallard n'étoit point masquée, ni Mme de Muys. Il y avoit aussi Mme la duchesse de Duras avec sa belle-fille, Mme de Durfort, qui n'étoient point masquées. M. le Dauphin resta au bal jusqu'à près de deux heures, et Mme Adélaïde jusqu'à plus de deux heures.

La Reine soupa encore hier avec deux ou trois de ses dames.

Du vendredi 5, Marly. — Le Roi arriva hier sur les cinq heures, et tint conseil d'État aussitôt. Les princesses ne doivent y venir que lundi. J'ai marqué ci-dessus que Mlle de Sens ne devoit point être du voyage; elle a pourtant été écrite, et n'a même mandé qu'elle ne viendroit point que la veille ou la surveille du départ; de sorte qu'il a fallu l'effacer de dessus la liste, ce qui me paroit n'avoir pas plu ici.

Le Roi et la Reine soupèrent hier avec des dames; mais c'est tout ce qu'on put faire que d'en rassembler dix pour le souper. Il y eut hier fort peu de monde au salon; à minuit et demi, il n'y avoit plus qu'une seule table de jeu, et tout le monde se retira à une heure.

9.

Aujourd'hui le Roi a été en traîneau. C'est Mme de Mailly que le Roi avoit chargée d'envoyer avertir de la part de S. M. les dames pour les traîneaux, et c'est un valet de chambre de Mme de Mailly qui a été leur dire de la part du Roi. Cela s'étoit passé de même au dernier voyage de la Meutte ou de Choisy. Aujourd'hui la plupart de celles qui ont été priées ont refusé. Il n'y avoit que Mme de Mailly, Mme de Vintimille, Mme de Sassenage et Mme la princesse de Rohan. Tous les autres traîneaux étoient menés par des hommes. M. d'Ayen marchoit en traîneau derrière le Roi, et M. le Premier dans un autre devant S. M. Le Roi a dit aux officiers de ses gardes qu'il ne sortiroit point de ses jardins et qu'ils n'avoient qu'à se promener à pied. C'est le Roi qui a mené Mme la princesse de Rohan; M. duc de Villeroy Mme de Vintimille, et M. le comte de Gramont Mme de Mailly. Elle n'avoit pas trop d'envie d'aller dans les traîneaux, quoi qu'elle fût tout habillée pour la promenade et descendue dans les jardins ; elle a même proposé au duc d'Ayen de rester avec elle, mais le Roi lui a dit qu'il avoit affaire de son capitaine des gardes. Mme de Mailly lui a représenté qu'il avoit M. le duc de Villeroy, et le Roi lui a répondu que cela ne faisoit rien, M. le duc de Villeroy n'ayant pas le bâton. Le traîneau de Mme de Mailly a toujours été derrière tous les autres.

M. le Duc sera enterré samedi. C'est aujourd'hui que M. le prince de Conty est allé lui jeter de l'eau bénite de la part du Roi ; je ne sais point encore le détail. Je sais seulement qu'il y a douze gardes nommés pour accompagner M. le prince de Conty, et que, comme ces détachements sont regardés comme honorables, c'est le premier lieutenant du corps qui a droit de les commander; et par cette raison, c'est M. de Chazeron qui marche. On m'a dit que M. de Châtellerault avoit été nommé pour accompagner M. le prince de Conty, et que n'ayant pu y aller, c'étoit M. d'Estissac.

La promotion de Corse donne ici occasion à beaucoup

de plaintes; entre autres MM. d'Hautefort, de Fimarcon et de Boufflers sont fort mécontents. Les deux derniers ont servi en Italie et y ont été blessés; M. de Boufflers a servi en Allemagne, et outre cela il commande en Flandre et y tient un grand état. Ils sont tous trois plus anciens colonels que ceux qui viennent d'être faits maréchaux de camp en Corse.

Du samedi 6, Marly. — Le Roi a été ce matin à Versailles courre au manége et est revenu à trois heures. S. M. avoit demandé à dîner pour cette heure. M. de Bouillon et M. de la Trémoille ne se sont point trouvés pour son dîner. C'est M. de Maillebois qui a servi S. M. Pendant que le Roi étoit à table, M. le duc de Rochechouart, premier gentilhomme de la chambre, est arrivé; il ne vouloit point avancer, voyant que c'étoit M. de Maillebois qui servoit, mais M. de Maillebois, qui avoit envie d'aller dîner, a mandé à M. de Rochechouart qu'il lui feroit grand plaisir de venir prendre la serviette, ce que M. de Rochechouart a fait et a achevé de servir le dîner.

Le Roi ne fait point de voyage la semaine prochaine (c'est la semaine de Mme de Mailly). S. M. va de demain en huit à la Meutte pour jusqu'à mardi; il restera ensuite ici pour jusqu'au samedi que la Cour retourne à Versailles. Le lundi suivant, le Roi va à Choisy jusqu'au vendredi; il reviendra à Versailles et n'y restera que jusqu'au dimanche gras. Ce jour, il va à la Meutte et en revient le mardi gras souper dans ses cabinets et ne compte point sortir de Versailles pendant le carême.

Du dimanche 7, Marly. — Hier, la Reine soupa avec les dames. Le Roi ne soupa point; il a fait médianoche. Les dames étoient Mmes de Mailly, de Vintimille et de Chalais. Mademoiselle y étoit aussi; elle arriva hier au soir et ne parut point dans le salon. Le Roi y étoit entré à neuf heures, un moment avant que la Reine se mît à table, et joua à l'hombre avec M. le comte d'Estrées et

M. de Courson jusqu'à onze heures et demie ; Mmes de Mailly et de Vintimille restèrent toujours dans le salon. Pendant que le Roi jouoit, elles jouèrent à quadrille, à une table la plus près qu'il soit possible de celle du Roi ; et après que Mme de Mailly eut fini sa partie, elle resta presque toujours debout, auprès de la cheminée, regardant la partie d'hombre du Roi. Mme de Vintimille jouoit encore pendant ce temps-là. Avant-hier, lorsque la Reine entra dans le salon, et que M. le comte de Noailles, après avoir présenté un tableau de cavagnole à S. M., en présentoit aux dames et hommes que la Reine nommoit, Mme de Mailly étoit à regarder le Roi jouer à l'hombre.

Hier après le souper, la Reine joua encore à cavagnole, comme elle a accoutumé ici. Les deux ambassadeurs d'Espagne et de Sicile, qui y arrivèrent hier et qui sont du voyage, eurent aussi l'honneur de jouer avec S. M. M. le cardinal d'Auvergne avoit un tableau ; après avoir joué quelque temps, il le donna à M. de Bouillon et par conséquent il resta debout. Il vint me proposer de parier contre moi d'un tableau à l'autre, et un moment après me demanda s'il ne pouvoit pas s'asseoir, puisqu'il parioit ; je lui dis de s'adresser à Mme de Luynes. Mme de Luynes, à qui il en parla, le demanda à la Reine ; la Reine me parut un peu embarrassée, et dit pourtant qu'elle croyoit que oui. Mme de Luynes dit à M. le cardinal d'Auvergne que puisqu'il parioit, la Reine trouvoit bon qu'il s'assît. Il ne fut assis qu'un moment, car il reprit un autre tableau. Je crois que pour que les choses eussent été en règle, il auroit fallu que M. le cardinal d'Auvergne eût au moins demandé permission à la Reine de parier. Le dernier voyage de Marly ou celui d'auparavant, pareille chose m'arriva ; tous les tableaux étant remplis, Mme la princesse de Conty trouva bon que je pariasse de son tableau contre tout le monde au jeu de la Reine, à qui j'en avois demandé permission ; et un moment après, Mme la princesse de Conty la demanda à la

Reine pour que je fusse assis puisque je pariois, et S. M. le trouva bon. Mme de Luynes, qui jouait avec la Reine et qui en étoit séparée par les deux ambassadeurs, fut un peu embarrassée elle-même pour demander à la Reine la permission que M. le cardinal d'Auvergne désiroit; elle prit le parti de se lever et d'aller parler à l'oreille à la Reine.

J'appris hier que M. de Châtellerault avoit été d'abord nommé pour accompagner M. le prince de Conty, et que s'étant trouvé incommodé, M. d'Estissac avoit été nommé pour aller à sa place; et cet avertissement s'est fait par une lettre de M. de Brezé, fils de M. de Dreux, de la part du Roi. M. le cardinal de Rohan reçut aussi il y a quelques jours (à ce qu'il me dit hier) une lettre de M. de Brezé contenant le modèle de l'ordre qu'il devoit donner comme grand aumônier pour la cérémonie de l'eau bénite, et pour qu'il nommât un aumônier du Roi et un sommier de chapelle; le sommier est chargé de faire porter un prie-Dieu, couvert d'un tapis, et un carreau de velours cramoisi qui doit être dressé dans la chambre même où est le corps pour le prince du sang au moment qu'il arrive, afin qu'il s'y mette à genoux. L'aumônier du Roi (c'étoit l'abbé de la Fare) se met à genoux devant le prie-Dieu comme devant celui du Roi, reçoit le goupillon des mains du Roi d'armes, le présente au prince du sang, le reçoit de sa main et le rend au Roi d'armes. Le prince du sang étant parti, le sommier de chapelle enlève le prie-Dieu.

Du mercredi 10, *Marly*. — J'avois oublié de marquer que le dernier jour que le Roi fut au manége à Versailles monter à cheval, S. M. alla ensuite faire une visite à Mme la comtesse de Toulouse, qui ne fut pas longue, et après laquelle il monta dans ses carrosses pour revenir ici.

Samedi dernier, 6 de ce mois, il y eut ici des traîneaux de la même manière que je l'ai marqué ci-dessus. C'étoit le Roi qui menoit Mme de Mailly. Il y en eut encore lundi;

Mademoiselle n'y fut point; elle ne paroît même dans le salon que pour l'heure du souper.

Je vis il y a deux ou trois jours M. le duc d'Estissac; il me conta ce qui s'étoit passé à l'eau bénite de M. le Duc. Il y a eu une petite difficulté, et tout s'est passé de la même façon que j'ai déjà marqué ci-dessus, sur ce que m'en avoit dit M. le duc de Gesvres. M. d'Estissac avoit été averti de la part du Roi par une lettre de M. de Dreux; je l'ai déjà marqué. Il se rendit aux Tuileries; M. le prince de Conty s'y rendit de son côté. M. le prince de Conty monta dans le carrosse du Roi le premier, et se mit à droite dans le fond; M. d'Estissac dans le fond aussi, à la gauche. M. de Choiseul, nommé par le Roi pour porter la queue du manteau de M. le prince de Conty, monta sur le devant, vis-à-vis M. le prince de Conty, et M. de Brezé, comme grand maître des cérémonies, sur le devant, vis-à-vis M. le duc d'Estissac. Ils allèrent aussi accompagnés des gardes du corps descendre à l'hôtel de Condé, où M. le prince de Conty fut reçu, à la descente du carrosse, par M. le comte de Charolois, M. le comte de Clermont, qui étoient accompagnés de M. le prince Charles, de M. le prince de Pons et de plusieurs autres. M. le prince de Conty entra dans une chambre pour s'habiller; M. le duc d'Estissac s'habilla dans la même chambre; je crois pourtant que suivant la règle il auroit dû s'habiller dans une autre chambre; ils marchèrent ensemble, M. le duc d'Estissac à côté de M. le prince de Conty, l'épaule seulement en arrière; la queue du manteau de M. d'Estissac portée à côté de celle du manteau de M. le prince de Conty et laissée seulement au milieu de la pièce qui précédoit celle du corps, au lieu que celle du manteau de M. le prince de Conty fut portée jusqu'à la porte même de la pièce où étoit le corps. J'ai marqué plus haut le prie-Dieu, l'eau bénite; je ne le répète point ici. M. le prince de Conty se mit à genoux sur le carreau; il n'y eut que lui de tous ceux qui étoient là qui se mît à genoux. Au retour, les choses se passèrent de la même manière ; M. le prince de Conty fut reconduit jusqu'aux carrosses du Roi, et retourna aux Tuileries avec M. d'Estissac accompagné des gardes ; ils s'y déshabillèrent, et reprirent leurs carrosses.

On apprit, il y a trois ou quatre jours, la mort de M. le prince de Chimay, à Bruxelles. Il avoit épousé la fille de M. le duc de Saint-Simon. Ce mariage est trop singulier pour n'en pas mettre un mot ici. Mlle de Saint-Simon est si petite, si contrefaite et si affreuse que M. et Mme de Saint-Simon, bien loin de songer à la marier, ne cherchoient qu'à la cacher aux yeux du public. M. de Saint-Simon étoit en grande faveur auprès de feu M. le duc d'Orléans ; cette raison détermina apparemment M. de Chimay a lui demander sa fille en mariage. M. de Saint-Simon, qui est extrêmement énergique dans ses expressions, répondit à M. de Chimay par une description très-détaillée et même outrée, s'il est possible, de toutes les imperfections de sa fille (1), lui ajoutant que si c'étoit par rapport au crédit qu'il pouvoit avoir sur M. le duc d'Orléans, qu'il ne vouloit pas le tromper davantage sur cet article que sur les autres, et qu'il ne ne se mêleroit en aucune manière des affaires qui pourroient le regarder. M. de Chimay persista dans son projet (2) ; il vécut quelques années à Paris, voyant de temps en temps sa femme, qui est toujours restée à l'hôtel de Saint-Simon. Il étoit depuis plusieurs années à Bruxelles.

On apprit hier la mort de Mme la duchesse de Châtillon ; elle étoit veuve de M. Bouchu, dont elle avoit eu feu Mme de Tessé, femme du premier écuyer de la

---

(1) Saint-Simon est moins outré à ce sujet dans ses *Mémoires*. « Il y a, dit-il en parlant de sa fille, des personnes faites de manière qu'elles sont plus heureuses de demeurer filles avec le revenu de la dot qu'on leur donneroit. »

(2) Le mariage eut lieu le 16 juin 1722.

Reine et mère de M. de Tessé qui a aujourd'hui cette charge, lequel a épousé une des filles de M. le duc de Béthune. Les enfants de Mme de Tessé sont : M. le marquis de Tessé et le chevalier de Tessé, qui vient d'avoir un régiment, et une sœur mariée à M. de Chavagnac, capitaine de vaisseau. M. de Châtillon étoit un fils de M. le maréchal de Luxembourg et père de M. de Boutteville, qu'il avoit eu de sa première femme, Mlle de Royan, fille de François, marquis de Royan, et d'Yolande-Lucie de la Trémoille. Mme de Châtillon avoit ou soixante-treize ou soixante-quatorze ans et s'étoit mariée pour avoir un tabouret. Elle déshérite par son testament son petit-fils l'aîné et fait le chevalier son légataire universel.

Je n'ai rien marqué ci-dessus au sujet des régiments qu'avoit M. le Duc. Le Roi laisse à M. le prince de Condé le régiment de cavalerie et celui d'infanterie; il n'y a encore rien de décidé sur celui de dragons. C'est M. d'Argence, gentilhomme de Bourgogne, dont le grand-père avoit commandé un des régiments de feu M. le Prince et dont la famille a toujours été attachée à la maison de Condé, qui commande ce régiment. Ce régiment étoit Goësbriant. M. de Goësbriant le vendit 40,000 écus à M. le Duc, et en demeura colonel. Lorsqu'il fut fait maréchal de camp, M. le Duc nomma M. d'Argence auquel, en conséquence, il fut expédié une commission du Roi. Je me souviens bien que dans le temps ce choix ne fut point approuvé, et c'est ce qui fait croire que dans cette occasion-ci M. d'Argence n'aura pas ledit régiment. Il paroît que l'intention du Roi est que les princes du sang n'aient que deux régiments. A la mort de feu M. le prince de Conty, le régiment de cavalerie de Conty que commandoit M. du Chayla redevint régiment de gentilhomme sous le nom de du Chayla. M. d'Argence cite aujourd'hui cet exemple; on ne croit pas cependant qu'il soit suivi.

M. l'archevêque de Bourges et M. le duc de Biron sont venus aujourd'hui pour demander l'agrément du Roi pour le mariage de M. le duc de Biron avec Mlle de Roye, nièce de M. l'archevêque de Bourges et sœur de Mme d'Ancenis; son bien est égal à celui de Mme d'Ancenis; je l'ai déjà marqué ci-dessus.

Le Roi soupa hier dans ses cabinets sans avoir été à la chasse ni en traîneau. Les dames étoient Mademoiselle, Mmes de Mailly, de Vintimille et d'Antin.

Hier pendant le conseil, le feu prit à une des cheminées du salon (1), celle du côté de l'appartement de M. le Cardinal; cela fit un grand mouvement. Le Roi y vint, mais le secours fut si prompt qu'il n'y eut que la glace d'en bas cassée et une partie du parquet de derrière brûlé; on mit un morceau de tapisserie à la place des glaces, et le soir on y fit du feu.

Mme de Luynes me dit avant-hier une observation qu'elle avoit faite au souper du Roi. L'usage étoit, les autres voyages, que le Roi fût servi en vaisselle de vermeil, les princesses avec des assiettes d'une forme différente, et les dames avec des assiettes plates, qui étoient l'ancienne vaisselle du Roi. Ce voyage-ci, le Roi et la Reine sont servis en vaisselle d'or, les princesses avec des assiettes de vermeil contournées qui paroissent même plus magnifiques, et les dames avec des assiettes de vermeil ovées.

Du vendredi 12, *Marly.* — Le Roi quitta hier le deuil de M. le Duc. Mme la princesse de Conty et Mlle de la Roche-sur-Yon parurent hier dans le salon et soupèrent avec la Reine, car le Roi soupoit dans ses cabinets. Il y avoit dans les cabinets les mêmes dames qui y étoient la dernière fois. Le Roi avoit été le matin courre dans le manége à Versailles.

Quoiqu'on ait quitté le deuil, cependant la mort de Mme de Châtillon et de M. de Chimay fait que plusieurs per-

---

(1) De Marly.

sonnes sont encore en noir, et outre cela les parents de M. le Duc le portent quelques jours de plus.

Mme de Mailly et Mme sa sœur seroient dans le cas de porter le deuil encore, et effectivement Mme de la Tournelle et Mme de Flavacourt sont actuellement en deuil; mais Mme de Mailly a déclaré qu'elle ne le porteroit point actuellement, qu'elle ne le prendroit qu'après Marly. Elle a fait faire pour 5 ou 6,000 livres d'habits dont elle veut faire usage ici; elle ne prendra le deuil qu'après le voyage. Elle a payé argent comptant tous ces habits, et même une partie d'un qu'elle a donné à Mme de Vintimille, sa sœur. Elle ne quitte point le deuil non plus.

Il devoit y avoir des traîneaux aujourd'hui; ils sont remis à demain. Les dernières fois qu'on y a été, ce n'est pas le Roi qui a nommé tous les hommes qui devoient aller en traîneaux, et chacun a été assez le maître d'en prendre.

Le voyage de la Meutte de dimanche est changé; le Roi restera ici sans en sortir jusqu'à de demain en huit.

Les gardes du corps ayant fait ces jours-ci une chasse entre eux dans les jardins, les valets de chiens du Roi, qui se reposent depuis longtemps, se sont piqués d'honneur; ils ont pris leurs surtouts bleus sur lesquels ils ont attaché du papier blanc et doré, de manière qu'ils paroissoient de véritables habits uniformes de la vénerie; ils ont loué des chevaux et même jusqu'à des armes, ont mis sur le corps d'un petit garçon une nappe et une tête de cerf, ont pris d'autres petits garçons pour faire les chiens, et ont fait dans le jardin une chasse avec grand bruit de leurs trompes.

Du dimanche 14. — Hier le Roi alla encore en traîneaux, et Mademoiselle y fut; c'étoit le Roi qui la menoit.

La Reine jouoit à cavagnole à l'ordinaire, pendant que le Roi jouoit à l'hombre. Mme de Mailly ne jouoit point; elle fut longtemps assise au bout de la table d'hombre, vis-à-vis le Roi. M. de Soubise, quoiqu'en pleureuse, a été ces jours-ci en traîneaux, et M. de Boutteville, qui est en pleureuse aussi, à cause de la mort de Mme de Châtillon, jouoit hier à quadrille dans le salon.

Du lundi 15, *Marly.* — On apprit hier la mort du pape Clément XII, âgé de quatre-vingt-huit ans. MM. les cardinaux de Rohan et d'Auvergne se préparent à partir incessamment pour le conclave. Le Roi leur donne à chacun 50,000 livres pour les frais du voyage. Il reste ici M. le cardinal de Polignac, qui a déclaré qu'il n'iroit point à cause de son âge, M. le cardinal de Fleury à qui son âge et ses occupations ne permettent pas un aussi pénible et long voyage, et M. le cardinal de Gesvres, âgé de quatre-vingt-quatre ans, qui n'a jamais été à Rome depuis qu'il est cardinal.

Du mercredi 17, *Marly.* — La maladie de M. le Duc avoit donné beaucoup de prévention contre Silva, son médecin. La difficulté, dans le temps de cette maladie, d'en avoir des nouvelles certaines, même par les billets que l'on distribuoit chaque jour, avoit donné occasion à plusieurs raisonnements. Silva, craignant que ces préventions ne fussent passées dans l'esprit du Roi, prit le parti d'écrire ici à Mme de Vintimille pour se justifier. Cette lettre qui étoit fort détaillée a eu l'effet qu'il désiroit. Mme de Vintimille et Mme de Mailly ont pris le fait et cause de Silva; la lettre a été montrée au Roi, qui a paru n'avoir aucune prévention contre Silva et en a parlé avec beaucoup d'estime.

M. d'Angervilliers mourut avant-hier, à sept heures du soir. Il y avoit douze ans qu'il étoit secrétaire d'État de la guerre, depuis la mort de M. le Blanc. Il s'étoit fait aimer et estimer dans cette place. Il y avoit déjà plusieurs années que sa santé étoit mauvaise, et surtout sa poitrine attaquée. Cependant il est mort d'une indigestion; sans avoir l'air d'aimer à manger, il étoit extrêmement déraisonnable sur les attentions nécessaires pour sa santé. Il s'étoit donné une indigestion le lundi d'auparavant; il s'en redonna une seconde le jeudi; comme il s'y joignit un crachement de sang, cet accident détermina à faire plusieurs saignées. Dimanche, on le croyoit hors d'affaires; mais la nuit d'après fut si mauvaise que Silva, que l'on avoit envoyé chercher, dit le matin qu'il falloit le faire confesser. On envoya querir son confesseur l'après-dînée, mais il fut averti trop tard, et ce fut M. l'évêque de Metz, qui étoit venu ici pour le voir, qui le confessa et lui fit apporter Notre-Seigneur et l'extrême-onction. Il est mort avec toute sa connoissance et sans aucune agonie. Il y a apparence que le Roi donnera quelque marque de bonté à sa famille, car Mme d'Angervilliers reste avec 4,000 livres de douaire pour tout bien. Pour M. d'Angervilliers, il y a trois ou quatre ans qu'il devoit 100,000 écus; il a eu depuis une gratification du Roi de 100,000 livres, mais ses affaires ne doivent pas être en bon état. Il donnoit beaucoup à manger et faisoit même la meilleure chère de ce pays-ci.

Il y a eu depuis sa mort grand mouvement pour savoir qui lui succéderoit. Alexandre, un des premiers commis des bureaux de la guerre, fut hier trois quarts d'heure avec M. le Cardinal, et ce matin M. de Breteuil a été déclaré secrétaire d'État de la guerre. Il paroît que ce choix est fort approuvé. M. de Breteuil avoit déjà eu cette place du temps de M. le cardinal Dubois; elle ne lui fut ôtée que pour la rendre à M. le Blanc. Quoiqu'un pareil événement pût avoir mis de la prévention dans le public contre M. de Breteuil, il paroît qu'il y étoit fort désiré, et ce qui est entièrement à son honneur, c'est que dans les bureaux de la guerre, c'étoit le seul que l'on souhaitât d'avoir. Il étoit déjà chancelier de la maison de la Reine et grand maître des cérémonies de l'ordre du Saint-Esprit; il conserve ces deux charges.

Du vendredi 19. — Lundi 15 de ce mois, le Roi, au retour du manége, dîna dans ses cabinets à quatre heures.

Il y avoit fort peu d'hommes et il n'y avoit de dames que Mme de Mailly et Mme de Vintimille; quoique Mademoiselle et Mlle de Clermont fussent ici ; elles n'étoient pas de ce dîner.

On sut dès avant-hier que le Roi avoit accordé à Mme d'Angervilliers 20,000 livres de pension. L'état des affaires de M. d'Angervilliers n'est pas si mauvais qu'on le croyoit d'abord ; il ne doit que 50,000 écus, dont la plus grande partie sera payée par ses meubles et effets ; à l'égard du brevet de retenue sur la charge, qu'il devoit, c'est M. de Breteuil qui le paye. On loue fort ici la façon dont M. de Breteuil en a usé, ayant offert que l'on mît sur la charge telle pension que l'on voudroit pour Mme d'Angervilliers. Les 20,000 livres sont sur le trésor royal. Le logement de M. d'Angervilliers, à Versailles, a été donné à M. de Maurepas ; c'est celui où il est né ; M. le chancelier de Pontchartrain et M. de Pontchartrain occupoient le même logement.

On apprit hier la mort de M. de Cambis à Londres, et on a appris aujourd'hui la mort de Mme de Courteil en Suisse ; c'est la femme de notre ambassadeur.

Le Roi fut encore hier au manége. Au retour, il soupa dans ses cabinets avec Mademoiselle, Mlle de Clermont, Mme de Mailly, Mme de Vintimille et Mme de Chalais.

Le Roi n'a joué qu'à l'hombre pendant tout le voyage et quelquefois aux petits paquets. Mademoiselle n'a presque jamais approché de la table du Roi, et Mlle de Clermont point du tout ; mais Mmes de Mailly et de Vintimille ont été presque toujours assises auprès du Roi ou vis-à-vis S. M.

Du mercredi 24, *Paris.* — Le samedi 20 de ce mois, le Roi, avant que de partir de Marly, y dîna dans ses cabinets ; il n'y avoit point de princesses. Mademoiselle étoit partie la veille pour revenir à Versailles et Mlle de Clermont revint avec la Reine. Il n'y eut de femmes au dîner du Roi que Mme de Chalais, Mme de Mailly et Mme de Vintimille ; elles revinrent avec le Roi à Versailles ; elles avoient été toutes trois avec S. M. au voyage de la Meutte, auquel les deux princesses n'étoient point, à cause de la mort de M. le Duc. Mme de Mailly a toujours logé dans son appartement à Marly, lequel contient deux appartements. L'usage à Marly est que le Roi fournisse de bois à toutes les personnes qui logent dans le corps du château; autrefois même il fournissoit de bougie, mais cela est supprimé. Cependant Mme de Mailly est exceptée de la règle générale; elle est fournie de bougie et de bois; c'est d'elle-même que je le sais. En arrivant à Versailles samedi, elle trouva une augmentation à son appartement, le Roi ayant ordonné que l'on fermât le bout du corridor dont on lui a fait une antichambre, et une aussi pour M. l'abbé de Pomponne, dont l'appartement est vis-à-vis celui de Mme de Mailly. Elle trouva aussi un meuble nouveau qu'elle a acheté. Le lendemain dimanche, à neuf heures du soir, le Roi vint voir l'appartement. S. M. continue à aller presque tous les jours passer la soirée chez Mme la comtesse de Toulouse; il y soupe, mais en particulier avec cinq ou six personnes.

Le Roi partit lundi pour Choisy. Les dames de ce voyage sont: les deux princesses, Mme de Mailly, Mme de Vintimille, Mme la maréchale d'Estrées et Mme de Ségur. Mme de Mailly a fait faire pour le Roi un service d'assiettes et de plats creux, de métal, pour mettre de l'eau chaude, qui lui coûte 50 à 60 louis. Un crocheteur lui apporta hier matin une robe garnie de plumes de toutes couleurs avec tout l'assortiment, que je vis hier à Choisy. Toutes les dames qui sont à ce voyage jouent. Il n'y a que Mme de Mailly qui ne joue à aucun jeu.

Du jeudi 25, à Paris. — Mme la duchesse de Rochechouart, femme du premier gentilhomme de la chambre, accoucha hier d'un garçon; c'est son premier enfant.

Cette semaine est celle de Mmes d'Antin et de Montauban. La Reine fait souper presque tous les jours ces dames avec elle.

Du samedi 27, Versailles. — On ne peut se dispenser de mettre un mot de ce qui s'est passé ici pendant le voyage de Marly, au sujet des bois des Célestins. Ces bois sont situés à une demi-lieué de Versailles, entre le chemin de Meudon et celui du Plessis-Piquet. Le prétexte et la facilité de ramasser du bois mort à plusieurs habitants d'ici excita bientôt le désir de couper ce bois, et en peu de jours trois à quatre mille personnes de toute espèce, même de gens de la livrée du Roi, ont ruiné presque entièrement cette partie de bois, coupant non-seulement les taillis, mais les baliveaux; et ce qu'il y a eu de plus singulier, c'est que l'on vendoit publiquement le bois de chauffage et le bois de charpente. La maréchaussée ayant été mandée n'osa en approcher; cependant ce désordre a été arrêté un jour ou deux avant que le bois fût entièrement coupé. On a fait des recherches ici chez les particuliers; on a mis sept ou huit des coupables en prison. Ce bois se vendoit dans Versailles à 3 livres la corde (1).

Avant-hier, qui étoit le jeudi gras, M. de Lichtenstein donna un bal à Paris, comme il avoit fait l'année passée. On ne pouvoit rien voir de plus magnifique, ni de mieux arrangé. La politesse et la dignité avec lesquelles M. et Mme de Lichtenstein font les honneurs de chez eux prouve l'habitude où ils sont de donner de pareilles fêtes et leur tranquillité sur le succès. On dansa avant et après souper. Le bal étoit dans la grande salle en haut, et en bas il y avoit quatre grandes tables et deux petites, ce qui faisoit en tout plus de cent personnes à table. Chacune de ces tables fut servie avec le même ordre, avec la même promptitude et la même délicatesse que s'il n'y en avoit eu qu'une à servir. Le souper ne dura pas deux heures.

Il devoit y avoir aujourd'hui un ballet ici; mais la

---

(1) Voir sur ce pillage les détails donnés par M. Le Roi dans son *Histoire des rues de Versailles.* — 1857, in-8°, tome II, pages 325 à 330.

maladie d'un comédien, nommé La Torillière, a empêché l'exécution. Ce même ballet a déjà été retardé il y a deux ans, à Fontainebleau, par la mort de M. le comte de Toulouse et depuis peu par celle de M. le Duc.

Du dimanche 28. — Madame la comtesse de Saint-Pierre mourut hier; c'étoit la femme du premier écuyer de Mme la duchesse d'Orléans, lequel est encore vivant et a quatre-vingt-un ans.

On apprit aussi hier la mort de M. de Baussan, intendant d'Orléans, lequel est fort regretté.

M. le comte de Charolois a prêté serment ce matin entre les mains du Roi pour l'exercice de la charge de grand maître. Il a payé pour cela 10,000 livres, de même que M. le prince de Dombes lorsqu'il a prêté serment pour celle de grand veneur. J'ai appris à cette occasion que les droits que l'on paye pour la charge même, c'est-à-dire que payera M. le prince de Condé, sont de 30,000 livres. M. le comte de Charolois étoit à genoux sur un carreau, suivant l'usage. J'ai appris aussi que le Roi lui avoit accordé pour lui 40,000 livres sur la charge, dont il jouira pendant son exercice. Les serments ordinaires les plus considérables, ne sont que de 2,000 écus, tout au plus 7,000 livres. M. le duc de Châtillon m'a dit n'avoir payé que 2,000 écus pour le sien.

Le Roi part aujourd'hui pour la Meutte, d'où il reviendra mardi souper dans ses cabinets, suivant l'arrangement que j'ai marqué ci-dessus. Les dames de ce voyage sont : les deux princesses, Mme de Vintimille, Mme la maréchale d'Estrées, Mme d'Antin et Mme de Ségur. Mme de Mailly est de semaine.

Il n'y a encore rien de décidé pour la promotion; mais les commissions de maréchaux de camp et de brigadiers accordées aux officiers qui ont servi en Corse ne sont point expédiées; on a suspendu cette expédition apparemment dans le dessein de dater du même jour les nouvelles commissions que le Roi accordera, car la disposition des trois régiments, que j'ai marquée ci-dessus, n'a souffert aucun changement, et cet article est entièrement fini.

MARS.

Bal en masque chez le Dauphin. — Le chevalier de Mailly obtient le régiment de dragons-Condé. — Mort de l'archevêque de Lyon. — Mme la Duchesse la jeune reçoit la visite du Roi. — Usage du chapitre de Notre-Dame pour les services de deuil. — Ballet de *Basile et Quitterie*. — Le Roi et Mme de Mailly. — Pension à Mlle de Bouillon. — Mort de M. de Saujon. — Promotion d'officiers généraux. — Audience de congé de Mme de la Mina. — Travaux de Choisy. — Comédie-ballet du *Roi de Cocagne*. — Rentrée de Mlle Lemaure à l'Opéra. — Mort de la duchesse de Lesdiguières. — Suite de la promotion. — Incendie au Louvre. — Vers sur Mlle Lemaure. — Présentation de la duchesse de Biron.

Du mercredi 2 mars, Versailles. — Mme de Mailly a été souper à la Meutte le lundi. Elle suivit la Reine au salut ce jour-là, et partit ensuite; elle revint à cinq heures du matin.

Le Roi revint hier de la Meutte, et soupa dans ses cabinets avec les mêmes dames qui avoient été du voyage, excepté Mme de Ségur, qui retourna à Paris.

Il y eut hier un bal en masque chez M. le Dauphin, qui commença à sept heures. On dansa dans le cabinet de M. le Dauphin jusqu'à ce qu'il se couchât; à dix heures et demie il s'en alla, et l'on dansa dans le cabinet d'étude et dans le cabinet de glaces. Le buffet pour la collation étoit dans la salle à manger de M. de Châtillon. On n'entroit à ce bal qu'en domino et un masque sur le visage ou à la main. Tout le monde se démasquoit à la porte pour qu'il n'y eut que gens de la Cour. Les dames dont les filles étoient au bal avoient permission d'y entrer sans être masquées. Madame resta au bal jusqu'à deux ou trois heures. Le Roi, après son souper, descendit au bal avec son habillement ordinaire, suivi des dames qui avoient soupé avec lui; elles n'étoient pas non plus masquées.

Du samedi 5, Versailles. — Il n'y avoit encore eu rien de décidé jusques avant-hier sur le régiment de dragons de Condé que commandoit M. d'Argence, dont j'ai parlé ci-dessus. Avant-hier au soir, chez Mme la comtesse de Toulouse, où le Roi va presque tous les soirs faire la conversation jusqu'à près de minuit, les jours qu'il ne soupe point dans ses cabinets, et où Mmes de Mailly et de Vintimille se trouvent aussi, le roi dit à Mme de Mailly : « Madame la Comtesse, vous me devez un remerciment. » Hier matin, l'on sut que le Roi avoit donné ce régiment à M. le chevalier de Mailly. C'est le beau-frère de Mme de Mailly, frère de M. de Mailly et de Mme de Mazarin. Je ne sais pas précisément son âge, mais son père est mort en 1700 (1). M. le chevalier de Mailly étoit capitaine de dragons dans le régiment de Vibraye, qui étoit ci-devant Bonnelles et auparavant Albert (M. le chevalier d'Albert, mon oncle, a été tué à la tête de ce régiment). On laisse à M. d'Argence la commission de mestre de camp et on lui donne la compagnie qu'avoit M. de Mailly. Il y avoit trois ans que M. le chevalier de Mailly n'avoit vu Mme sa belle-sœur. M. de Saint-Florentin, à l'occasion dudit régiment, l'amena à Mme de Mailly, qui a été elle-même demander ce régiment à M. le Cardinal avec beaucoup de vivacité. Elle fut hier remercier S. Ém., qui lui dit que c'étoit à elle à qui M. le chevalier de Mailly en avoit l'obligation.

Du lundi 7, Versailles. — Mme de Mailly, pendant sa semaine, a joué presque tous les jours au cavagnole de la Reine. A neuf heures, le Roi arrive chez la Reine tous les jours lui faire une visite d'un demi-quart d'heure,

---

(1) François de Mailly, chevalier de l'ordre de Saint-Jean de Jérusalem ou de Malte, troisième fils de Louis, comte de Mailly, seigneur de Rubempré. Son père était mort non en 1700, mais le 5 avril 1699 (*Journal de Dangeau*, tome VII, page 59). Le chevalier de Mailly mourut à Paris le 5 mai 1757, âgé de cinquante-huit ans ; il avait donc environ quarante et un ans en 1740.

lorsqu'il ne soupe point dans ses cabinets. Immédiatement après que le Roi est sorti, Mᵐᵉ de Mailly demande permission à la Reine de quitter, et donne son tableau à quelqu'un de ceux qui jouent.

J'ai oublié de marquer une circonstance à l'occasion du bal en masque du mardi gras chez M. le Dauphin. Mesdames vinrent chez la Reine avec leurs habits de masque; Mᵐᵉ de Tallard n'étoit point masquée. Mais toutes les dames de Mesdames étoient en habit de masque. La Reine jouoit dans le salon, à côté de son appartement et au bout de la galerie. Mᵐᵉˢ de l'Hôpital, d'Andelot et les sous-gouvernantes s'assirent quoiqu'en domino.

Je n'ai point encore marqué la mort de M. l'archevêque de Lyon (M. de Roche-Bonne, ci-devant évêque de Noyon). Le Roi disoit hier qu'il lui avoit laissé par son testament ses dettes à payer. S. M. expliqua en même temps que M. l'archevêque de Lyon prioit le Roi par son testament de vouloir bien être quelque temps sans nommer à ses bénéfices, afin que les revenus puissent servir à payer ses dettes. C'est l'évêque d'Autun (1) qui jouit de la juridiction spirituelle de l'archevêché de Lyon et qui en a tout le revenu pendant la vacance. Ainsi cette demande

---

(1) Guillaume Paradin dans ses Mémoires de l'histoire de Lyon, page 207, ch. 77, édition de 1573, dit que « les régales des églises de Lyon et d'Autun « souloient être réciproques : et vacante l'une, le prélat de l'autre en avoit le « régime. Toutefois, par l'accord fait entre le roi Philippe le Long, à Paris en « 1320, et Pierre de Savoie, archevêque de Lyon.......... moyennant la récom- « pense que le Roi donna à l'archevêque, le Roi retient l'administration du « temporel d'Autun, vacant le siége; et quant à l'administration du spirituel, « elle demeure à l'archevêque de Lyon; mais l'administration de l'église de « Lyon, étant le siége vacant, est autre : car l'évêque d'Autun en a entière- « ment l'administration. »

Le même roi Philippe le Long, par l'accord dont nous venons de parler, avoit donné à Pierre de Savoie, archevêque de Lyon, la juridiction temporelle de la ville de Lyon, sous la réserve du ressort et de la souveraineté. C'est en compensation d'une si grande grâce que l'archevêque de Lyon cède au Roi les droits de régale sur l'évêché d'Autun, pour le temporel pendant la vacance. (*Note du duc de Luynes.*)

ne peut regarder que les abbayes dont il jouissoit. L'archevêché de Lyon vaut environ 45,000 livres de rente.

Hier, Mme la Duchesse la jeune vint ici. On savoit dès avant-hier qu'elle viendroit recevoir la visite du Roi ; mais on ne savoit point encore si elle verroit toute la Cour en manteaux et mantes ; on ne le sut qu'hier après midi, de sorte que ceux qui n'avoient point d'habit noir ici prirent des manteaux noirs (qu'on donnoit à la porte de Mme la Duchesse) par-dessus leurs habits galonnés ou brodés. A l'égard des dames, plusieurs ne purent pas y aller. Mme la Duchesse reçut la visite du Roi dans son lit (1). Le Roi y fut après le salut ; ensuite la Reine, M. le Dauphin, Mesdames, les princes du sang ; après cela tout ce qui étoit ici, de la façon dont je viens de l'expliquer. Il fut décidé hier que le Roi lui donnoit 60,000 livres de pension ; outre cela S. M. fait revivre en sa faveur 25,000 livres de rente viagère faisant partie de celle qu'avoit M. le Duc son mari. Son douaire et son bien peuvent aller en tout à 35,000 livres de rente, et l'on compte qu'elle aura outre cela une pension que l'on estime devoir monter à 100,000 livres pour la nourriture et entretien de M. le prince de Condé.

Je mettrai à cette occasion une circonstance que j'ai

---

(1) Mme la Duchesse la mère reçut en pareille occasion la visite du feu Roi et de Mme la duchesse de Bourgogne et de toute la Cour ; elle étoit sur son lit, les rideaux tout ouverts, et tout habillée. Mme de Mazarin, qui s'en souvient, m'a dit que Mme la Duchesse étoit coiffée d'un bandeau blanc et habillée d'hermines. Hier, Mme la Duchesse étoit dans son lit et seulement un rideau ouvert. Mme la princesse de Conty, Mademoiselle, Mlle de Clermont et Mlle de Sens étoient dans sa chambre et y restèrent pendant les visites du Roi, de la Reine, de M. le Dauphin et de Mesdames ; mais elles n'avoient point de mantes, ni Mme la princesse de Conty de voile. M. le comte de Charolois y étoit aussi ; M. le comte de Clermont n'a point paru dans cette occasion-ci. La différence de cette cérémonie vient du temps du deuil. Mme la Duchesse mère reçût la visite du Roi trois jours après la mort de M. le Duc ; et dans cette occasion-ci, il y avoit plus de trois semaines et même près de six. Les princesses ses belles-sœurs n'étoient point en mantes, comme il est dit ci-dessus, et après que les visites furent faites elles allèrent prendre leurs mantes pour revenir chez Mme la Duchesse jeune. (*Note du duc de Luynes.*)

apprise aujourd'hui par rapport au chapitre de Notre-Dame. On n'y a point fait de service pour M. le Duc. L'usage du chapitre est de n'en faire que pour le Roi, la Reine, les fils de France et le premier prince du sang, et le premier ministre ayant le titre de cette charge ; ils n'en font point pour les petits-fils de France, parce que leur rang est beaucoup plus nouveau que l'établissement du chapitre. La question fut agitée à la mort de M. le duc d'Orléans qui étoit premier ministre ; il fut décidé qu'étant plus illustre par sa naissance que par le titre de premier ministre, ils ne feroient point de service. C'est M. l'abbé d'Agon, chanoine de Notre-Dame, qui a appris ce détail à Mme de Luynes.

Il n'est question ici depuis quelques jours que de la promotion ; on croit qu'elle est faite et qu'elle paroîtra demain ; elle étoit déjà prête à être finie à la mort de M. d'Angervilliers. Mon fils demande, comme premier brigadier des dragons par sa charge et commandant tous les autres brigadiers de ce corps, à être fait maréchal de camp. M. de Bissy, comme commissaire de la cavalerie, demande la même chose. Ils représentent tous deux que si l'on fait MM. d'Ayen, de Soubise et de Picquigny brigadiers à raison de leurs charges de capitaines des gardes du corps, des chevau-légers et des gendarmes, leurs charges doivent leur donner le même droit pour être maréchaux de camp, d'autant plus que le prix en est assez considérable pour mériter quelque grâce. Il paroît qu'il y a des exemples pour et contre. M. le Cardinal, importuné apparemment par toutes les différentes représentations et par rapport aux régiments et compagnies qui seront à donner, dit à tous ceux qui lui en parlent qu'il ne s'en mêle point. Mme de Luynes lui dit hier que vraisemblablement au moins le Roi lui demandoit ses conseils, et il lui répondit que le Roi les lui avoit demandés, mais qu'il avoit prié S. M. de trouver bon qu'il ne lui en donnât point.

Mme de Luynes arrêta avant-hier avec Mlle de Clermont les comptes de la dépense extraordinaire de la maison de la Reine. L'usage est que l'on apporte les comptes à voir à la dame d'honneur, qui prend un jour avec la surintendante. Il n'y a point d'autre cérémonial, sinon qu'on donne un fauteuil à la dame d'honneur à côté de celui de Mlle de Clermont, chez laquelle les comptes sont arrêtés.

Mme la Duchesse a été cette après-dînée chez le Roi, chez la Reine, chez M. le Dauphin et chez Mesdames; elles étoient en grand manteau de deuil noir avec un bandeau de la même couleur. Mme la princesse de Conty, Mlle de Clermont et Mlle de Sens étoient avec elle.

On exécute enfin aujourd'hui le ballet dont il est parlé ci-dessus; il est intitulé *Bazile et Quitterie ;* ce sont les noces de Gamache. Les paroles sont de M. Greffec et la musique de M. de Blamont.

Mme la duchesse de la Trémoille, sœur de M. le duc de Bouillon, accoucha avant-hier d'une fille. Mme de Tillière, fille de M. de Jonsac et belle-sœur de Mme la duchesse de Châtillon, étoit accouchée la veille d'un garçon.

Du mercredi 9, Versailles. — Le Roi fut, il y a trois ou quatre jours, courre le daim à Boulogne; mais S. M. ne recommencera à courre le cerf que demain à Saint-Germain. Les équipages du Roi n'ont point couru depuis le 4 janvier, à cause de la grande gelée, qui n'a pas été aussi forte ici qu'en 1709, mais il y a eu des provinces où le froid a été plus considérable que celui du grand hiver.

On sut enfin hier qu'il y avoit un ambassadeur d'Espagne de nommé pour remplacer ici M. de la Mina; c'est M. de Campoflorido (1). M. et Mme de la Mina partent dans un mois.

---

(1) Il est actuellement ambassadeur à Venise. (*Note du duc de Luynes.*)

La prétention de M. de Verneuil de présenter sans avertir le premier gentilhomme de la chambre, ni la dame d'honneur, n'est point encore réglée; il présenta encore hier des étrangers à la Reine en présence de Mᵐᵉ de Luynes.

Du jeudi 10, Versailles. — Hier le Roi fut au sermon du P. Neuville, et en sortant, au lieu de remonter par l'escalier de marbre par où il étoit descendu, S. M. remonta par le petit escalier. Mᵐᵉ de Mailly, qui étoit dans la chapelle en haut, étant sortie en même temps, rencontra le Roi qui lui demanda si elle iroit à la comédie (c'étoit hier comédie italienne). Mᵐᵉ de Mailly lui répondit que si il y alloit, elle iroit; le Roi lui dit qu'il n'iroit point; à quoi elle répondit qu'elle n'iroit pas non plus. « Mais cela est-il bien sûr, lui ajouta-t-elle ? » « Vous le verrez, dit le Roi, vous n'avez qu'à aller ailleurs. » Cependant tout le monde croyoit que le Roi iroit à la comédie, parce qu'il avoit fait avertir pour le conseil immédiatement après le sermon, et qu'il avoit donné l'ordre pour six heures et demie à M. d'Ayen. Le conseil ayant fini à sept heures, le Roi (1) descendit chez Mᵐᵉ la comtesse de Toulouse, qui étoit sortie, mais Mᵐᵉ de Mailly y étoit; et ayant su que Mᵐᵉ la comtesse de Toulouse étoit chez Mademoiselle, il dit à Mᵐᵉ de Mailly qu'il alloit la lui ramener. Le Roi fut sur-le-champ chez Mademoiselle par les cours, et après avoir prié Mᵐᵉ la comtesse de Toulouse de revenir chez elle, S. M. revint par la salle des gardes, passa au travers de son appartement et redescendit chez Mᵐᵉ la comtesse de Toulouse, où il joua à quadrille avec elle, Mᵐᵉ de Mailly et M. le duc d'Ayen. Le soir, ayant oublié de proposer à Mᵐᵉ de Mailly d'aller aujourd'hui à la chasse, il envoya M. le duc d'Ayen la chercher partout pour lui demander si elle vouloit une calèche. Mᵐᵉˢ de

---

(1) Le Roi entra un moment à la comédie en bas; il regarda qui y étoit, sans se montrer, et ressortit aussitôt. (*Note du duc de Luynes.*)

Mailly et de Vintimille ont été courre le cerf à Saint-Germain ; c'est le Roi qui les a menées à l'assemblée (1).

On sut avant-hier que les partages de Mmes de Mailly, de Vintimille et de Flavacourt et de Mlle de Montcavrel étoient réglés. C'est Mme de Duras pour Mlle de Durfort, sa petite-fille, qui a fait cet arrangement. Mme de la Tournelle, la cinquième sœur, n'entre point dans ce partage, par des arrangements faits dans le temps de son mariage. Mme de Mazarin, grand'-mère de Mlle de Durfort, aura 35,000 livres de rente et cède à Mlle de Durfort la jouissance qu'elle avoit d'abord prise de la terre de Chilly. Les quatre sœurs ont chacune 7,500 livres de rente ou environ, savoir : d'une part, 100,000 écus à rente constituée au denier vingt, 200,000 livres sur la Ville, qui sont je crois au denier quarante et 200,000 francs d'argent comptant. Outre cela, Mme de Mailly, à qui M. de Nesle avoit promis 8,000 livres de rente en la mariant, et qui n'en avoit jamais rien touché, sera payée des quatorze ou quinze années d'arrérages qui lui en sont dus.

Aujourd'hui on a fait un service aux Invalides, pour M. d'Angervilliers, où il y a eu beaucoup de monde, mais point de dames; il n'y en a eu que deux qui y sont venues, et qui s'y étant trouvées seules n'y ont pas resté longtemps. M. de Breteuil y a été depuis le commencement jusqu'à la fin.

M. le Cardinal, qui est d'hier à Issy, a été aujourd'hui dîner en Sorbonne chez M. l'abbé de Vaubrun, et de là à la thèse de M. l'abbé de Fleury, son petit-neveu, où il y avoit un monde prodigieux. C'étoit M. l'archevêque de Tours qui y présidoit et qui a fait les deux ou trois premiers arguments suivant l'usage.

---

(1) Ce jour-là elles soupèrent elles seules de dames dans les cabinets. C'est la première fois qu'il y ait souper des dames depuis le carême. Mademoiselle et Mlle de Clermont étoient toutes deux ici, et partirent ce même jour pour Paris. (*Note du duc de Luynes.*)

Du dimanche 13. — Vendredi dernier étoit jour de sermon, et le Roi devoit y aller; mais à son lever, le beau temps le tenta de sortir; il appela lui-même M. le duc d'Ayen et dit qu'il vouloit aller courre le daim. Il partit effectivement après la messe, et fit dire à la Reine que s'il n'étoit pas revenu à quatre heures, qu'elle ne l'attendît point. A quatre heures, le Roi n'étant point rentré, la Reine alla au sermon. Le fauteuil du Roi étoit resté à sa place ordinaire; la Reine se mit dans celui où elle se met ordinairement. M. le duc d'Orléans et M. le duc de Chartres étoient à droite du fauteuil du Roi; Mme la princesse de Conty à gauche de celui de la Reine. On croyoit que le prédicateur feroit peut-être un compliment à la Reine, parce que c'est la première fois qu'elle a été seule au sermon; mais comme il ne s'y attendoit pas, il n'y eut point de compliment.

Du lundi 14, *Versailles*. — Le Roi donna, il y a deux ou trois jours, une pension de 12,000 livres à Mlle de Bouillon, fille de M. le duc de Bouillon, grand chambellan. Il y avoit anciennement des plantations de tabac dans la vicomté de Turenne qui faisoient un profit considérable pour le pays plutôt que pour le seigneur; mais, comme en même temps elles faisoient tort aux fermes du Roi, S. M. voulut s'en rendre maître; et pour donner un dédommagement à feu M. de Bouillon, père de celui-ci, S. M. lui donna une pension de 12,000 livres. M. le duc de Bouillon d'aujourd'hui a joui de cette pension jusqu'à l'échange de la vicomté de Turenne. La pension alors fut supprimée; mais M. de Bouillon ayant représenté depuis qu'il y avoit plusieurs parties des revenus réels de la vicomté qui n'avoient pas été estimées, a aussi représenté au Roi qu'il attendoit de sa bonté une espèce de dédommagement. Voilà quel a été le motif des 12,000 livres de pension, et M. de Bouillon a mieux aimé qu'elles fussent données à Mlle sa fille, qui n'est point à portée d'avoir rien à présent de Mme de Bouillon, d'autant plus qu'elle est en quelque manière brouillée avec elle depuis son départ, et que la nature des biens de M. de Bouillon ne lui permet pas de doner présentement autant qu'il désireroit à M{{lle}} sa fille. M. Trudaine, à qui je parlois tout à l'heure de l'acquisition faite par le Roi de la vicomté de Turenne, convient que si elle est avantageuse à M. de Bouillon, qui a tiré 4,200,000 livres de principal, dont le Roi lui paye l'intérêt au denier vingt jusqu'au remboursement, pour une terre qui ne lui valoit pas 50 à 60,000 livres de rente, cette acquisition n'est point onéreuse au Roi, d'autant que S. M. en tire bien le denier vingt.

On a eu ces jours-ci nouvelles de Rome que le cardinal Ottoboni, doyen du sacré Collége, y étoit mort depuis l'ouverture du conclave.

Du samedi 19, Versailles. — J'ai oublié de marquer la mort de M. de Saujon, arrivée il y a environ un mois; il avoit été exempt des gardes du corps; il étoit gouverneur du Pont-de-l'Arche. Ce gouvernement est dans le département de M. Amelot, comme secrétaire d'État de la province.

Le 15, la promotion dont on a parlé ci-dessus fut enfin terminée dans le travail de M. de Breteuil avec le Roi. L'affluence prodigieuse de militaires qui étoient dans l'antichambre du Roi faisoit un spectacle honorable pour la nation; et après le travail, le Roi fit passer M. de Breteuil par son cabinet pour le délivrer de la foule de ceux qui l'auroient suivi. On sut dès le soir même une partie de ce qu'elle contenoit. Je joins à la fin de cet article la liste de la promotion et des régiments. M. de Breteuil n'avoit point oublié les justes représentations de mon fils et de M. de Bissy sur leurs charges; comme il s'est trouvé des exemples contraires, et même dans la personne de M. de Belle-Isle, on n'a point eu d'égards aux représentations; et cependant MM. d'Ayen, de Soubise et de Picquigny n'ont été faits brigadiers qu'à titre de leurs charges. Cette promotion donne occasion à beaucoup de plaintes. On avoit cru que la petite promotion faite en Corse avoit été la seule occasion de celle-ci pour satisfaire ceux qui étoient mécontents ; il faut qu'il y ait eu d'autres motifs, puisqu'on en a laissé un grand nombre entre ceux-ci et ceux de Corse, et il auroit fallu effectivement tout avancer, si on avoit voulu aller jusqu'à eux, parce qu'ils sont presque les derniers. Les brevets de ceux de Corse ne seront expédiés qu'en même temps de ceux de cette promotion-ci. M. de Pons-Chavigny, gendre de M. de la Fare, qui est en Corse, n'est point du nombre des brigadiers, comme on l'avoit annoncé d'abord. Le mercredi 16 au matin la promotion fut publique.

Le Roi alla à la chasse du daim, et y mena Mme la maréchale d'Estrées, Mmes de Mailly et de Vintimille; elles allèrent encore le jeudi à la chasse du cerf et soupèrent ces deux jours dans les cabinets. Mademoiselle est à Paris depuis plusieurs jours; on ne sait point quand elle reviendra. Le Roi revint le mercredi à quatre heures comme la Reine sortoit pour aller au sermon. La Reine même fit attendre quelques moments le prédicateur dans l'incertitude si le Roi ne viendroit point; mais M. de la Billarderie étant venu lui parler à l'oreille, elle fit commencer le sermon, et le Roi n'y vint point; mais le fauteuil du Roi resta à sa place, comme j'ai déjà marqué ci-dessus. MM. de Bouillon et de la Trémoille même étoient derrière.

PROMOTION DU 15 MARS 1740.

Maréchaux de camp.

MM. de Cilly, lieutenant-colonel du Colonel-Général des Dragons.
    Zurlauben, capitaine aux gardes Suisses.
    Valcourt, commandant une brigade de carabiniers.
    Chiffreville, premier sous-lieutenant de la 2e compagnie des mousquetaires.
    Brizay-Dénonville, premier cornette des chevau-légers.
    Mérinville, lieutenant-capitaine des gendarmes de la Reine.

MM. Digoine, lieutenant de la compagnie d'Harcourt.
D'Anjony, enseigne de la compagnie de Charost.
Chabannes, lieutenant de la compagnie de Noailles.
Montgibault, enseigne de la compagnie d'Harcourt.
Saint-Jal, lieutenant de la compagnie de Villeroy.
Martel, sous-lieutenant des chevau-légers de Bretagne.
Maupeou, colonel du régiment de Bigorre.
Fimarcon, colonel du régiment de Bourbon.
Pontchartrain, capitaine-lieutenant des gendarmes anglois.
Rambures, colonel de Navarre.
Maulevrier, colonel de Piémont.
Croissy, colonel du régiment Royal-Infanterie.
Jumilhac, capitaine-lieutenant de la 1re compagnie des mousquetaires.
La Marck, colonel d'un régiment d'infanterie allemande.
D'Hautefort, colonel de Condé.
Marquis de l'Hôpital, mestre de camp de dragons.
Monnin, colonel du régiment suisse.
Gouffier, mestre de camp du régiment de Condé-Cavalerie.
Courtaumer, capitaine aux gardes françoises.
D'Ancezune, mestre de camp d'un régiment de cavalerie.
Duc de Randan.
Champigny, capitaine aux gardes.
Sainte-Maure, mestre de camp du régiment Royal-Étranger.
Le comte de Tresmes.
Le duc de Boufflers, colonel de Bourbonnois.
Le comte de Montmorency, colonel d'infanterie.
Contades, colonel d'Auvergne.
Villemur, colonel de Bassigny.

BRIGADIERS.

Vigier, capitaine aux gardes suisses.
Sabran, mestre de camp de cavalerie.
Courtebourne, sous-lieutenant des gendarmes de la Reine.
Marivaux, capitaine-lieutenant des gendarmes de Bretagne.
Le chevalier de Beaumont, exempt de la compagnie de Charost.

MM. Vandeuil, exempt de la compagnie d'Harcourt.
Saumery, exempt de la compagnie de Villeroy.
Champeron, aide-major des quatre compagnies.
Razilly, capitaine aux gardes françoises.
Bernage de Chaumont, capitaine lieutenant des chevau-légers de Berry.
De Relingue, enseigne des gendarmes anglois.
Saint-André, sous-lieutenant des chevau-légers Dauphins.
Tillières, capitaine-lieutenant des gendarmes Dauphins.
Chevalier d'Aguesseau, capitaine-lieutenant des gendarmes de Flandre.
Le vicomte de Pons, mestre de camp d'un régiment de cavalerie.
De Fiennes, mestre de camp de cavalerie.
Fougères, mestre de camp de cavalerie.
De Loigny-Montmorency, mestre de camp de cavalerie.
Flavacourt, mestre de camp de cavalerie.
Suzy, enseigne de la compagnie de Noailles.
Chevalier d'Harcourt, mestre de camp d'un régiment de dragons.
Comte de Donges, colonel de Soissonnois.
Marquis de Créquy, commandant une brigade de carabiniers.
Comte de Bonneval, colonel du régiment de Poitou.
D'Anlezy, colonel du régiment de Nice.
Pont-Saint-Pierre, mestre de camp du régiment des Cravates.
De Guer, capitaine aux gardes françoises.
Fieubet, enseigne des gendarmes.
Comte de Laigle, colonel du régiment d'Enghien.
La Motte-Guérin, capitaine aux gardes.
Travers, colonel d'un régiment de Grisons.
Lévis, mestre de camp d'un régiment de cavalerie.
Frémur, mestre de camp de dragons.
Le duc de la Vallière, colonel d'infanterie.
Comte de Cossé, mestre de camp de Royal-Piémont.
D'Armenonville, mestre de camp de dragons.
Chépy, mestre de camp de cavalerie.
Duc d'Aumont, mestre de camp de cavalerie.

MM. D'Avarey, colonel du régiment de Nivernois.
Rozen, mestre de camp de cavalerie allemande.
Comte de Fitz-James, colonel de Berwick.
Vidame de Vassé, mestre de camp de cavalerie.
Le duc d'Ayen.
Dillon, colonel irlandois.
Legendre, mestre de camp du Colonel.
Crussol de Salles, mestre de camp de cavalerie.
Bauffremont, mestre de camp de dragons.
Saulx-Tavannes, colonel de Quercy.
Prince de Tingry, colonel du régiment de Touraine.
Comte de la Suze, mestre de camp de dragons.
Nestier, enseigne de la compagnie de Villeroy.
Chevalier de Nicolaï, mestre de camp de dragons.
Comte de Malause, colonel d'Agénois.
Marquis de Tessé, colonel d'infanterie.
Duc de Rochechouart, colonel d'infanterie.
Duc de Fleury, mestre de camp de dragons.
Prince de Soubise.
D'Escayeul.
Duc de Picquigny.
Lussan, colonel du régiment de la Sarre.
Terme-du Saux, lieutenant du régiment de l'Ile-de-France.
Morangiés, guidon des gendarmes.

RÉGIMENTS.

Infanterie.

Navarre,	Marquis de Mortemart.
Piémont,	Comte de Lamassais.
Bourbonnois,	Duc de Lesparre.
Royal-Infanterie,	Courtenvaux.
Bigorre,	Chevalier de Maupeou.
Dauphiné,	De Vaubécourt.

Cavalerie.

Royal-Étranger,	D'Auneuil de Charleval.
Ancezune,	Du Rumain.

MM. Gesvres. Clermont-Tonnerre.
Randan. Bouchefolière.

Guidons.

Le marquis de Fénelon.
Le marquis de Beauvau.
Le chevalier de Lussan.

Compagnies de cavalerie.

Le chevalier de Polastron.
Le marquis de Turbilly.
Le sieur Florian.
Le comte de Saint-Avent.
Le comte de Breteuil.

Du dimanche 20, *Versailles.* — Mme de la Mina a pris aujourd'hui son audience de congé. M. de Verneuil vint en avertir hier Mme de Luynes. Mme de la Mina est venue attendre chez Mme de Luynes le moment que la Reine seroit revenue de la messe. Au retour de la messe, M. de Verneuil est venu ici avertir Mme de la Mina, et lui a donné la main jusque chez la Reine. La Reine étoit dans sa chambre, dans son fauteuil, le dos tourné à sa cheminée ; Mme de Luynes et Mme de Mazarin assises derrière la Reine, Mme de Luynes à droite, Mme de Mazarin à gauche ; M. de Nangis derrière le fauteuil de la Reine. Tout s'est passé de la même façon qu'à son audience pour l'arrivée, excepté que Mme de Luynes n'est point venue prendre Mme de la Mina dans le cabinet avant la chambre. Après les trois révérences on a apporté deux pliants ; Mme de la Mina s'est assise vis-à-vis la Reine, et Mme de Luynes à gauche de Mme de la Mina. M. de Verneuil, qui étoit entré dans la chambre de la Reine avec Mme de la Mina, en marchant devant elle, après avoir resté quelque temps, a pris l'ordre de la Reine et a été avertir le Roi, qui étoit au conseil. Le Roi est venu par la galerie et le cabinet de la Reine (1). Il y a eu un moment de conversation à l'ordinaire. Le Roi avoit salué Mme de la Mina en entrant, et, lorsque S. M. fut partie, on se rassit encore un moment. M. de Verneuil reprit de nouveau les ordres de la Reine, et alla avertir M. le Dauphin, qui vint par la porte ordinaire de la chambre de la Reine, et, après avoir fait la révérence à Mme de la Mina, alla embrasser la Reine; et ce ne fut qu'un moment avant de s'en aller qu'il la salua et baisa. On se rassit encore un moment après le départ de M. le Dauphin. La Reine s'étant levée quelque temps après, Mme de la Mina s'approcha de S. M. et baisa le bas de sa robe; elle s'est retirée ensuite avec les trois révérences ordinaires sans que Mme de Luynes sortît de sa place. J'oubliois de marquer que Mme de Luynes, n'étant point chargée de reconduire Mme de la Mina en cette occasion, elle reconduisit le Roi et M. le Dauphin.

M. le comte de Gramont remercia hier le Roi pour la compagnie aux gardes donnée à son fils cadet qu'avoit M. le duc de Lesparre.

Du jeudi 24, Versailles. — J'ai marqué ci-dessus la mort de Mme la comtesse de Saint-Pierre, femme du premier écuyer de Mme la duchesse d'Orléans; elle jouissoit de plusieurs petits domaines du Roi à vie. Un de ces petits domaines, valant 10 à 12,000 livres de rente, a été donné à M. le duc de Fleury. Quelqu'un d'instruit disoit, il y a quelques jours, à cette occasion, à Mme de Luynes que ce n'étoit pas la première grâce de cette espèce qu'avoit obtenue M. le duc de Fleury, et qu'en comptant le bien de Mme de Fleury il avoit plus de 150,000 livres de rente, indépendamment du gouvernement de Lorraine; on m'a même dit 170 ou 180,000.

C'est à la prière de M. le duc de Fleury, ou de Mme de Fleury, qu'il a été accordé depuis peu à M. Briçonnet, parent de Mme de Fleury, l'intendance de Montauban,

---

(1) Le salon de la Paix.

vacante par le changement de M. Pajol qui a eu cell d'Orléans de feu M. de Baussan.

Avant-hier mardi 22, le Roi fut coucher à Choisy sans y mener de dames; il fit planter dans son jardin un jeu d'oie, sur le modèle de celui de Chantilly, et un labyrinthe à côté. Le Roi travailla lui-même et tous ceux qui avoient l'honneur de le suivre. Il alla voir aussi ses bâtiments auxquels on commence à travailler. Ce sont des cuisines et quelques logements que l'on compte qui seront faits au mois de septembre. On continue toujours aussi les bâtiments de Fontainebleau et de Compiègne. Il ne me parut rien à remarquer à Choisy. M. de Coigny ne servit point le Roi, et eût l'honneur de souper avec lui. Le Roi revint hier ici à deux heures et demie; il fut au sermon du P. Neuville; il paroît que l'on est fort content de ce prédicateur. Ce qui prouve le plus la beauté de ses discours, c'est que, malgré une monotonie continuelle et une rapidité d'élocution très-fatigante pour l'auditeur, on l'écoute avec grand plaisir. Il faut convenir cependant que ses sermons sont peu touchants; son talent principal est celui des portraits.

M. de la Trémoille me dit à Choisy qu'il n'y avoit encore rien de décidé au sujet de la dispute faite par M. de Verneuil, dont j'ai parlé ci-dessus; mais que M. de Verneuil ayant eu un envoyé de Suède ou de Danemark, il y a quelques jours, qui va, je crois, en Espagne, M. de Verneuil alla l'en avertir chez lui.

L'on continue toujours à faire des représentations au sujet de la promotion, et en particulier sur le nombre des brigadiers que l'on a faits dans les dragons pour pouvoir aller jusqu'à M. de Fleury. M. le Cardinal répond qu'il ne s'en est point mêlé et qu'il n'y a qu'à en parler au Roi; mais personne n'ose prendre sur soi de faire cette démarche. M. de la Trémoille, qui désiroit être maréchal de camp, parla au Roi immédiatement après la promotion, mais le Roi ne lui répondit rien.

Hier il y eut ici un ballet; la pièce étoit *le Roi de Cocagne* (1); il me paroît que le ballet a été trouvé fort joli. La Barbarine, fameuse danseuse, arrivée depuis peu, y dansoit. Comme le Roi avoit dîné après le sermon, et qu'il n'avoit point dit qu'il n'iroit point au ballet, M. de la Trémoille ne le fit commencer qu'à sept heures, dans l'espérance que le Roi pourroit y aller; mais cette espérance fut vaine. Il y eut travail avec M. le Cardinal et M. de Breteuil, et le Roi ne sortit point de chez lui.

La grande nouvelle de Paris est la rentrée de Mlle Lemaure à l'Opéra; elle est autant connue par la beauté de sa voix que par son avarice et ses fantaisies; il y a quelques années qu'elle avoit quitté l'Opéra par esprit de régularité, et M. le duc d'Orléans lui faisoit une pension. Les directeurs de l'Opéra l'ont engagée à y rentrer.

Ce fut dans le travail de M. Breteuil d'hier au soir que fut décidé l'arrangement pour les régiments de M. le prince de Condé. Celui de cavalerie, vacant par la promotion de M. de Couffier, a été donné à M. de la Guiche, parent de M. de Lassay; et celui d'infanterie, qu'avoit M. d'Hautefort, a été donné à M. de la Tournelle, beaufrère de Mme de Mailly. Mme de Mailly disoit, il y a quelques jours, que si elle n'avoit pas demandé ce régiment à M. le comte de Clermont avec autant d'instance, M. de la Tournelle ne l'auroit pas eu. Par l'arrangement fait entre M. de Charolois et M. le comte de Clermont, c'est M. de Charolois qui, gouvernant toutes les terres de M. de Condé, nomme aussi en son nom aux bénéfices qui dépendent de lui; et c'est M. de Clermont qui se mêle du détail des régiments. Il y a quelques jours qu'il travailla avec M. de

---

(1) « La comédie du *Roi de Cocagne* est du feu sieur Legrand, comédien du Théâtre-François, ornée de trois intermèdes de chants et de danses, dont la musique est du sieur Quinault l'aîné, retiré du théâtre depuis 1734. » (*Mercure de Mars*, page 569.)

Breteuil pour l'arrangement des deux régiments dont je viens de parler.

M. d'Aster a remercié le Roi aujourd'hui pour la compagnie aux gardes dont j'ai parlé ci-dessus ; c'est le second fils de M. le comte de Gramont ; il n'a que quatorze ans.

Mme la duchesse de Lesdiguières est morte cette nuit ; elle étoit âgée de soixante-huit ans ; elle s'appeloit Gabrielle-Victoire de Rochechouart, et étoit fille de Louis, duc de Vivonne et de Mortemart, pair et maréchal de France, et d'Antoinette de Mesmes ; elle étoit sœur de feu M. le duc de Mortemart qui avoit épousé Mlle Colbert. Elle avoit pour sœurs : deux religieuses de Fontevrault, dont l'une en fut abbesse et l'autre le fut de Beaumont-lès-Tours, Mme la duchesse d'Elbeuf, Mme la marquise de Castries, première femme de feu M. de Castries et belle-sœur de l'archevêque d'Alby d'aujourd'hui, laquelle n'eut qu'un garçon, lequel épousa Mlle d'Olinville ; il mourut sans enfants. M. de Castries épousa en secondes noces Mlle de Lévis, dont il eut trois enfants ; il y a encore deux garçons présentement. Mme de Lesdiguières épousa, le 12 septembre 1702, Alphonse de Créquy, comte de Canaples, mort sans enfants, le 5 août 1716, âgé de quatre-vingt-cinq ans. Alphonse de Créquy devint duc de Lesdiguières et pair de France par l'extinction des branches aînées de sa maison ; c'étoit le troisième fils de Charles, second du nom, sire de Créquy et de Canaples, mort au siège de Chambéry, en 1630, lequel avoit épousé Anne du Roure, fille de Claude, seigneur de Bonneval et de Comballet et de Marie d'Albert-Luynes, sœur du connétable. M. le duc de Villeroy hérite environ de 18,000 livres de rente à la mort de Mme de Lesdiguières.

Du samedi 26, Versailles. — Le Roi travailla hier avec M. le Cardinal et M. de Breteuil, et l'on sut après le travail qu'il y avoit une augmentation de faite à la promotion ; j'en joins ici l'état.

SUITE DE LA PROMOTION DU 15 MARS 1740.

Maréchaux de camp.

MM. de Volvire, commandant en Bretagne.
De Jaunay, lieutenant général d'artillerie.
Le Brun, employé en Languedoc.
Quenaut de Clermont, ingénieur.
Marignane, sous-lieutenant des chevau-légers.
Des Bournais, commandant à Bitche.
Menou, enseigne de la compagnie de Villeroy.
La Rivière, sous-lieutenant de la 2ᵉ compagnie des mousquetaires.

Brigadiers.

D'Erlach, capitaine aux gardes suisses.
Nugent, mestre de camp lieutenant-colonel du régiment de Fitz-James.
Calvières, exempt aide-major de la compagnie de Villeroy.
D'Orival, capitaine aux gardes françoises.
De Tilly, maréchal des logis de la cavalerie.
Feedorf, colonel suisse.
Choiseul-Beaupré, capitaine-lieutenant des chevau-légers de Bretagne.
Marquis de Mézières, sous-lieutenant des gendarmes de Berry.
Comte de Tressan, enseigne de la compagnie de Noailles.
Balincourt, enseigne de la compagnie de Noailles.
Chevalier d'Artagnan, sous-lieutenant de la 1ʳᵉ compagnie des mousquetaires.
Chevalier de Gramont, enseigne de la compagnie de Charost.
Marquis du Muy, capitaine des chevau-légers-Dauphins.
De Manerbe, aide-major des quatre compagnies des gardes.
La Varenne,
Pinon,
Montaigu, } capitaines aux gardes françoises.

MM. Perussis, enseigne de la première compagnie des mousquetaires.

Wargemont, sous-lieutenant des gendarmes du Roi.

Sourches.

Canillac, enseigne de la 2ᵉ compagnie des mousquetaires.

Chevalier d'Aydie, lieutenant des gardes.

Coëtlogon, enseigne de la 2ᶜ compagnie des mousquetaires.

Duc de Fitz-James, mestre de camp d'un régiment de cavalerie irlandois.

Chevalier de Beauvais, mestre de camp lieutenant-colonel d'une brigade de carabiniers.

Schmidberg, lieutenant-colonel du régiment d'Alsace.

Hennesy, lieutenant-colonel du régiment de Butkeley.

La Clavière, lieutenant-colonel d'Enghien.

De Valenceau, lieutenant-colonel commandant un bataillon de Royal-artillerie.

Comte de Borstel, artillerie.

Thiboutot,
Des Mazis,
De Meslay,
D'Abouville, } artillerie.

Lamotte-Thibergeau,
Perdriguier,
Raseaud, } ingénieurs.

M. du Roure, gendre de M. le maréchal de Biron et officier des mousquetaires, et M. de Sassenage, sont les deux seuls brigadiers de cavalerie qui aient fait des représentations. Il me paroît qu'il y a encore bien d'autres mécontents.

M. de Schmerling, qui est ici depuis longtemps chargé des affaires de la cour de Vienne, sans caractère, prit congé hier pour retourner à Vienne.

Du mardi 29, *Versailles.* — Jeudi 24 de ce mois, le feu prit au vieux Louvre, dans la partie qui regarde la rivière, dans le logement de Mᵐᵉ de Villefort, au-dessus de celui qu'occupoit M. de Tessé ; le dommage a été assez considérable. Cet événement et la rentrée de Mlle Lemaure à l'Opéra ont donné lieu aux six vers suivants :

> Les dieux annoncent aux humains,
> Les grands événements par des signes certains ;
> Le jour qu'on vit naître Alexandre
> Le temple d'Éphèse brûla ;
> Le Louvre fut réduit en cendre
> Le jour qu'on vit rentrer Lemaure à l'Opéra.

Le Roi a aussi jugé à propos, pour éviter que pareil malheur n'arrivât à sa Bibliothèque à Paris, d'ordonner qu'il ne logeroit plus personne ni au-dessus ni au-dessous de la dite bibliothèque. S. M. a donné à M. de Tessé, en attendant, la maison qu'occupoit feu Mme de Lesdiguières, laquelle maison étoit au Roi.

Avant-hier, le Roi, après avoir été chez Mme la comtesse de Toulouse jusqu'à près de minuit, alla chez Mademoiselle lui faire une visite d'un quart d'heure, pendant qu'elle jouoit. Mme de Mailly et Mme de Vintimille étoient chez Mme la comtesse de Toulouse ; Mme de Mailly ne vint point chez Mademoiselle, et se retira de bonne heure chez elle, et Mme de Vintimille y vint un moment après le Roi. Hier, le Roi alla encore chez Mademoiselle et y fut une heure et demie à faire la conversation ; Mmes de Mailly et de Vintimille y étoient.

Il est question depuis plusieurs jours d'un voyage que le Roi veut faire à Choisy pour voir ses plans, et le jour n'étoit point décidé. Le Roi envoya dire hier au prédicateur qu'au lieu de demain qu'il devoit prêcher, qu'il désiroit qu'il prêchât aujourd'hui, et S. M. a donné ce matin l'ordre à M. de Coigny ; il lui a dit qu'il iroit jeudi et qu'il reviendroit vendredi. Cet ordre subsistoit encore aujourd'hui à six heures. Cependant Mme de Mailly m'avoit dit ce matin qu'elle ne savoit pas encore si le Roi ne mèneroit point de dames, et s'il n'y resteroit pas plus longtemps que ce que l'on disoit. Elle a été aujourd'hui au sermon en haut à la tribune, comme elle y va toujours quand elle n'est pas de semaine ; et au sortir du sermon, le Roi étant monté par le petit escalier, elle est sortie en même temps que lui et l'a rencontré en haut dudit escalier. Le Roi s'est arrêté, s'est avancé à elle, et lui a parlé pendant quelques moments; elle a été de là chez Mademoiselle; on y a parlé du voyage de Choisy; M. de Coigny y étoit qui ne savoit rien ; elle lui a dit qu'elle avoit ordre du Roi de proposer à ces princesses d'être de ce voyage.

Mme la duchesse de Biron fut hier présentée au Roi; elle ressemble beaucoup à Mme d'Ancenis et a l'air aussi timide et aussi embarrassée qu'elle ; il me paroît que l'on trouve la figure de Mme d'Ancenis mieux que celle de Mme de Biron; Mme de Biron cependant a de plus beaux yeux.

Mme la maréchale de Biron a encore présenté sa petite-fille, Mme de Bonac (Mlle de la Grandville) ; elle est petite, assez bien; mais, comme on l'avoit annoncée pour fort jolie, on ne l'a pas trouvée telle.

AVRIL.

Voyage de Choisy. — Mort de M$_{me}$ la duchesse de Brissac. — M. de Vigny, écuyer de quartier. — Mort de M. de la Briffe. — Cérémonies de la semaine sainte. — Révérence de Mme de Fénelon. — Audience des États de Bourgogne. — Mouvement dans les intendances. — Nouvelles du royaume de Naples. — Mort de M. de Vaubourg. — Revue des gardes françoises et suisses.

Du dimanche 3. — Le Roi partit jeudi pour Choisy, et vit en passant une remonte d'environ trente chevaux anglois qu'on a amenés pour la petite écurie. Après qu'on les eut tous fait passer devant S. M., M. le Premier, qui étoit dans son carrosse, demanda au Roi s'il vouloit bien accorder au nommé Gagnier, qui les a amenés, la gratification ordinaire de 1,000 livres, et le Roi dit qu'il le vouloit bien.

En arrivant à Choisy, S. M. fut voir d'abord ses plans,

qui sont presque finis, et ensuite, ses bâtiments, qui vont fort vite, mais qui ne seront pourtant finis entièrement que dans trois ans; l'on compte, quand tout sera fait, que le Roi aura trente-deux logements à donner, outre son service. Comme le Roi revenoit de ses bâtiments, les dames arrivèrent et le Roi alla à la descente de leur carrosse; c'étoit les quatre sœurs et Mme la maréchale d'Estrées. Le Roi, occupé de faire les honneurs de sa maison presque comme un particulier, les mena à ses plans et à ses bâtiments; on soupa de bonne heure, après quoi il joua à l'hombre et au trictrac.

Le lendemain après la messe, le Roi retourna dans son jardin et à ses bâtiments. M{mc} de Mailly, toute coiffée (elle couche toujours ainsi), dans sa robe à peigner et sans panier, et Mme de Vintimille, qui avoit un panier et étoit habillée, allèrent se promener de bonne heure, et ayant su que le Roi étoit aux bâtiments, elles revinrent; le Roi rentroit. Mme de Mailly dit qu'elle n'osoit pas paroître devant le Roi, mais S. M. la fit entrer et la fit même asseoir pendant qu'il jouoit à l'hombre. Mme de Vintimille resta aussi à la partie d'hombre, après laquelle le Roi retourna dans le jardin, et ces deux dames l'y suivirent et travaillèrent l'une et l'autre aux plans. Les princesses ne parurent qu'à quatre ou cinq heures; elles allèrent trouver le Roi dans le jardin. Mme la maréchale d'Estrées ne descendit que quand le Roi fut rentré. Le Roi ne joua qu'à l'hombre et au trictrac et un moment au passe-dix; il y eut cavagnole et quadrille en même temps.

Le lendemain, qui étoit samedi, le Roi, après avoir été seulement voir ses bâtiments, à quoi il paroît s'amuser beaucoup, partit pour la chasse et permit à M. de Luxembourg, qui étoit venu dans le carrosse du Roi, de s'en aller de Choisy à Paris, et à moi, qui y étois aussi, de m'en revenir du rendez-vous à Versailles. Il y eut souper dans les cabinets, mais point de dames.

Quoique le Roi ne fût point ici (1) vendredi, il y eut sermon, qui fut même trouvé fort beau ; et comme le prédicateur étoit instruit que la Reine seroit seule, il lui fit un compliment suivant l'usage.

Les deux places de conseillers d'État vacantes, l'une depuis quelque temps par la mort de M. de Harlay et l'autre depuis peu par la mort de M. le Guerchois, ont été données, l'une à M. Gilbert de Voisins, ci-devant avocat général, et l'autre à M. de Villeneuve, notre ambassadeur à Constantinople.

Mme la duchesse de Brissac, première douairière, mourut avant-hier matin. Elle étoit grand'mère de Mme la duchesse d'Ayen d'aujourd'hui. Son nom étoit Bechameil, fille de M. de Nointel, surintendant des maisons et finances de Philippe de France, duc d'Orléans, et de Marie Colbert. Son mari étoit fils de Timoléon, comte de Cossé, lequel étoit second fils de François de Cossé, duc de Brissac, pair et grand pannetier de France, mort en 1651 ; il fut duc de Brissac, en 1698, par la mort de son cousin germain, arrivée le 29 décembre ; il ne fut reçu au Parlement que le 6 mai 1700. Timoléon, comte de Cossé, étoit fils de Charles de Cossé, second du nom, premier duc de Brissac, pair et maréchal de France, et de Judith d'Acigné. Charles de Cossé, second du nom, étoit fils de Charles de Cossé, premier du nom, qui mourut en 1653, lequel étoit petit-fils de Thibault de Cossé, qui est le premier de cette famille que l'on trouve dans Moréri, lequel étoit gouverneur du comté et château de Beaufort-en-Vallée pour Jeanne de Laval, veuve de René, roi de Jérusalem et de Sicile, et duc d'Anjou, laquelle, pour récompense de ses services, lui donna la terre de Beaulieu. Il y a un auteur qui fait descendre M. de Cossé de Coccius Nerva, d'autres des Cossa de Naples. Moréri dit que, quoiqu'apparemment que cette famille vienne de Naples, elle tire son nom de

---

(1) A Versailles.

la terre de Cossé dans le pays du Maine. Mme la duchesse d'Ayen est fille unique de feu M. de Brissac et de Mme la duchesse de Brissac d'aujourd'hui, mariée en novembre 1720, laquelle est fille unique de Claude Pecoil, maître des requêtes.

Du vendredi 8, Versailles. — Avant-hier le Roi fut à la chasse et soupa dans ses cabinets avec des hommes seulement; après le souper il descendit chez Mademoiselle, qui est incommodée, et y joua à l'hombre avec M. d'Ayen et M. de Soubise, pendant que Mademoiselle jouoit à cavagnole avec Mme de Mailly et Mme de Vintimille. Le Roi a été presque tous les jours chez Mademoiselle. Mme la comtesse de Toulouse n'est point ici; elle est dans la très-grande dévotion; elle s'est retirée dans sa maison de la ville pour jusqu'après Pâques, où elle ne verra personne. Il y eut hier sermon. Le prédicateur a demandé au Roi de ne prêcher qu'une fois cette semaine.

La Reine fut hier après son jeu voir Mme de Chalais, qui est malade depuis longtemps. C'est une marque de bonté qu'elle a coutume de donner à ses dames du palais; elle y fut sans aucune cérémonie, avec une de ses dames seulement.

Le Roi vient d'accorder une pension de 1,200 livres à M. de Vigny, écuyer de quartier, fils de M. de Vigny, lieutenant général de bombardiers, à qui l'on doit l'invention des carcasses (1). M. de Vigny est écuyer du Roi depuis environ trente ans. C'est lui qui a fait le voyage avec Madame jusqu'à la frontière d'Espagne. C'est l'usage en pareil cas, que l'écuyer de quartier commande toute l'écurie du Roi qui sert à ce voyage. Ordinairement, les plus anciens demandent ces commissions, parce que, quand on est content de leurs soins, c'est un moyen pour obtenir une pension. Ces pensions étoient de 1,500 livres

---

(1) Espèce de bombe, de forme oblongue et chargée de mitraille.

ordinairement; j'ai ouï dire même qu'elles étoient de 2,000 livres. Ces charges ne rapportent pas 100 écus de revenu et se vendent 30 ou 40,000 livres; ils ont bouche en cour pendant leur quartier. M. de Vigny m'a dit que M. le Cardinal avoit fait avec soin l'observation que ce n'étoit point à cause du voyage que ladite pension étoit accordée, mais en considération de l'ancienneté des services, afin que ceci ne servît point d'exemple pour prétendre à pareille grâce à cause des voyages.

Du dimanche 10, *Versailles.* — M. le duc de Gramont remercia le Roi vendredi dernier, 8 de ce mois, au sujet de la grâce qu'il vient d'accorder à son gendre M. le comte de Brionne. M. de Lambesc, son père, s'est démis en sa faveur du gouvernement d'Anjou, qui vaut 60,000 livres de rente. M. de Lambesc se réserve les appointements. C'est une grande grâce pour un enfant de quinze ans.

Le gouvernement du Pont-de-l'Arche, vacant par la mort de M. de Saujon, n'est pas encore donné. Nous n'avons pas encore vu beaucoup d'exemples que l'on se soit adressé directement au Roi pour demander des grâces. Comme celle-ci est peu considérable, le gouvernement ne valant que 3 à 4,000 livres de rente, M. le marquis de Meuse, que le Roi traite avec bonté, parla hier au Roi au sujet de ce gouvernement, comme S. M. sortoit du grand couvert et rentroit chez la Reine. Le Roi s'arrêta un moment; sans rien répondre de précis; il parut recevoir bien cette demande. M. de Meuse avoit pris la précaution de prudence et de sagesse qu'il convenoit avant de faire cette démarche.

Il y a eu aujourd'hui grande messe que le Roi et la Reine ont entendue en bas, ainsi que le sermon, les vêpres et le salut. C'est Mme de l'Hôpital qui a quêté à la grande messe et à vêpres. M. le Dauphin étoit au sermon, en bas, son pliant un peu plus près du fauteuil du Roi que le pliant de M. le duc de Chartres ne l'étoit de celui de M. le Dauphin. M. de Tessé, le père, qui a cédé sa charge de premier écuyer de la Reine à son fils il y a longtemps, et qui depuis ce temps est retiré dans la province du Maine, est venu ici faire sa cour à la Reine et a fait aujourd'hui les fonctions de cette charge; il a donné la main à la Reine pour descendre au sermon.

On apprit hier la nouvelle de la mort de M. de la Briffe, intendant de Bourgogne depuis longtemps et conseiller d'État; c'est une perte. M. de Baudry, qui vient d'avoir une expectative pour la première place vacante de conseiller d'État, n'a pas attendu longtemps pour être en charge.

Du jeudi 14, Versailles. — Le gouvernement du Pont-de-l'Arche fut donné, il y a trois ou quatre jours, au fils de M. de Saujon, lequel a treize ans et est dans le régiment du Roi. Ce gouvernement valoit environ 9,000 livres à M. de Saujon, parce qu'il y avoit fait joindre sa pension de retraite des gardes du corps; on le remet sur l'ancien état, et il ne vaut pas 1,000 écus.

M. d'Ormesson, intendant des finances, vint, il y a quelques jours, remercier ici de la grâce qu'il a obtenue pour son fils; c'est son second fils qui présentement est l'aîné. C'est celui qui a pensé mourir et a eu un œil crevé d'un accident arrivé dans son carrosse, dans Paris, par une glace cassée. On lui donne la charge d'intendant des finances que le père cependant exercera tant qu'il voudra. Il y a déjà quelque temps que le fils en fait les fonctions et a même travaillé avec M. le contrôleur général en l'absence de son père; il n'aura point de quelque temps la séance de conseiller d'État que donne cette charge. C'est une espèce de survivance pour le père, mais qui n'en a pas le nom.

Du vendredi 15, Versailles. — Il n'y a eu rien de nouveau cette année à la cène du Roi et de la Reine. Mme de Mailly étoit à la cène du Roi, ce qui a pu être remarqué.

A la cène de la Reine, Madame (1) étant incommodée,

---

(1) Madame Henriette.

c'est Madame Adélaïde qui portoit le pain, Mlle de Clermont le vin, ensuite Mmes les duchesses de Boufflers, de Villars, d'Antin et de Fleury, et après elles Mmes de Rupelmonde, de Matignon, de l'Hôpital, Amelot, de Chalmazel, Mme de la Tournelle et ses trois sœurs, qui sont : Mmes de Vintimille, de Flavacourt et de Mailly; Mme de Mailly marchoit la dernière de toutes.

Hier la Reine fut adorer le Saint-Sacrement dans le reposoir; elle étoit en bas dans la niche qu'on a faite depuis un an, dans la chapelle de Saint-Louis, pour mettre la châsse de saint Onésime. S. M. y resta une heure; et lorsqu'elle fut rentrée chez elle, le Roi alla la voir suivant l'usage ordinaire, de là repassa chez lui, et fut ensuite adorer le Saint-Sacrement dans la tribune en haut, qui est vis-à-vis la chapelle Saint-Louis, où on avoit mis un drap de pied. Aujourd'hui le P. Neuville a prêché la Passion à dix heures; ensuite s'est fait le service à l'ordinaire. M. le Dauphin étoit au sermon, et a resté au service; il a été plusieurs fois au sermon ce carême. A l'adoration de la croix, après le célébrant, le diacre et le sous-diacre; les deux aumôniers de la Reine de quartier et ordinaire y ont été, l'aumônier ordinaire le premier; ensuite le P. de Linières; les deux aumôniers de quartier du Roi, immédiatement après M. le cardinal de Fleury, qui a fort bien fait ses génuflexions sans que personne lui donnât la main; immédiatement après, le Roi suivi de M. le duc d'Ayen, qui sert actuellement pour M. le duc de Béthune. M. de Béthune ne doit venir que demain, et sa santé même ne lui permet pas de suivre le Roi ni en carrosse ni à cheval. M. le Dauphin suivoit aussi le Roi à l'adoration de la croix, et c'est lui qui a donné à S. M. l'argent que le Roi met dans le bassin. C'est un aumônier qui tient ledit bassin. La Reine a été ensuite à l'adoration, suivie de Mlle de Clermont, qui lui a remis l'argent. M. le Dauphin a été ensuite adorer la croix, suivi de M. de Châtillon seulement. M. de

Tressan, chef de brigade de service auprès de lui, a voulu le suivre; le Roi lui a fait signe de rester. Après M. le Dauphin, M. le duc de Chartres; ensuite Mlle de Clermont, M. le prince de Dombes, M. le comte d'Eu, M. de Penthièvre; après quoi on a ôté la croix de dessus le carreau.

Du samedi 16, *Versailles.* — Le Roi n'a point été aujourd'hui à la paroisse et n'a point touché. S. M. a été ce matin à la tribune au commencement du service, qui a duré jusqu'à midi un quart. Ce soir il a retourné à complies, à la fin desquelles il y a eu le chant d'*O Filii et Filiæ* à l'ordinaire.

Les tambours des Cent-Suisses battirent jeudi quand le Roi entra dans la chapelle et ne battirent point lorsque S. M. sortit; aujourd'hui ils ont battu lorsque le Roi est sorti de la chapelle. L'usage de cette compagnie est que les tambours cessent de battre et recommencent en même temps que les cloches.

La Reine n'a vu personne, les après-dînées, toute cette semaine, que les entrées, et S. M. n'a point joué.

Du dimanche 17. — Le Roi a été aujourd'hui à la grande messe, en bas, suivant l'usage. C'est M. l'évêque de Meaux, frère de M. de Rambures, qui a officié. C'est Mme de la Vauguyon qui a quêté. Vendredi dernier ce fut Mme de l'Hôpital, femme de notre ambassadeur à Naples. Ce fut M. de Meaux qui officia à la cène de la Reine. C'est aujourd'hui le dernier sermon. Le P. Neuville a fait un compliment au Roi qui m'a paru être approuvé. Mesdames sont venues à vêpres dans la tribune en haut, dans les niches à gauche. Madame n'a pas encore été à aucun sermon.

Hier, pendant que le Roi et la Reine étoient à la tribune à l'office, Madame, qui venoit de faire ses pâques à la paroisse, entra et se mit dans la tribune à droite en entrant. Elle entendit une messe à l'autel qui joint cette tribune. L'aumônier salua Madame; on alluma un flambeau et l'on observa les mêmes cérémonies qu'à la messe de la Reine.

Du samedi 23, *Versailles.* — Pendant toute la semaine sainte, le Roi a été à la chasse les deux premiers jours et a dîné tous les autres au grand couvert. S. M. a été à tous les offices à la chapelle, et de même le dimanche de Pâques, le lundi et le mardi. Ces trois derniers jours, comme Mme la comtesse de Toulouse, qui a passé la semaine sainte à sa maison de la ville, étoit revenue dans son appartement, le Roi a été passer chez elle les soirées de ces trois jours. Mercredi, jeudi et hier vendredi, chasse et souper dans les cabinets. Hier c'étoit la chasse du vol; Mmes de Mailly et de Vintimille étoient en calèche avec le Roi et M. d'Ayen. Ces deux dames soupèrent dans les cabinets; ils n'étoient que six en tout, quatre hommes en comptant le Roi.

Le Roi devoit aller lundi à Choisy; le voyage est avancé, il part demain. S. M. revient jeudi de Choisy à la Meutte, d'où il va faire vendredi la revue des gardes françoises et suisses dans la plaine des Sablons, et revient ensuite à Versailles.

M. d'Ecquevilly fait prendre actuellement avec des toiles, par ordre du Roi, dans la forêt de Marly, des cerfs pour mettre dans Saint-Germain et des sangliers pour envoyer à Sénart. Lorsque quelques particuliers demandent dans ces occasions quelqu'un des animaux qui sont renfermés dans les toiles, ce n'est point au capitaine des lieux qu'il faut s'adresser, c'est au capitaine du vautrait.

Le Roi donna il y a deux ou trois jours à M. et à Mme la marquise de Ruffec l'appartement qu'avoit M. de Breteuil; c'est au-dessous de M. le maréchal de Noailles, à côté de la chapelle.

Du dimanche 24, *Versailles.* — Mme de Fénélon fit hier sa révérence au Roi et à la Reine; ce fut Mme de Luynes qui la mena chez la Reine. Mme de Fénélon arrive de Hollande; il y avoit neuf ans qu'elle n'étoit venue ici.

Aujourd'hui les États de Bourgogne ont harangué le Roi ; c'est M. de Roussillon qui est député de la noblesse, lequel a épousé une bâtarde de M. le Duc qui est auprès de Mme la Duchesse jeune. Celui qui portoit la parole est M. l'abbé de Grosbois, doyen de la sainte chapelle de Dijon. L'usage de Bourgogne est qu'alternativement un évêque, un abbé et un doyen porte la parole dans ces harangues.

Le Roi soupa hier dans ses cabinets avec des hommes seulement. Mademoiselle, qui a toujours été à Paris ou à Madrid pendant la quinzaine, revint ici hier au soir. Mme de Mailly, Mme de Vintimille passèrent hier la soirée chez Mademoiselle ; le Roi y vint après souper, et y joua à l'hombre. Mme la maréchale d'Estrées y avoit aussi passé la soirée et s'étoit allée coucher. A trois heures du matin, le Roi, suivi de toute la jeunesse qui avoit soupé dans les cabinets, alla chez la maréchale d'Estrées, où tout étoit fermé, et fit tant de bruit à la porte qu'à la fin elle fut ouverte. Le Roi entra en criant au feu ; Mme la maréchale d'Estrées, s'étant réveillée, le Roi fit la conversation quelque moment et alla ensuite se coucher. Il n'y a point eu aujourd'hui de grand couvert ; le Roi a dîné dans sa chambre. S. M. va à vêpres, et ne part pour Choisy qu'après le salut.

Du mardi 26, *Versailles.* — Il y a deux jours que l'intendance de Dijon, vacante par la mort de M. de la Briffe, a été donnée à M. de Saint-Contest, qui avoit été nommé depuis peu à celle de Caen, et celle-ci a été donnée à M. de la Briffe, fils du feu intendant de Dijon.

Du vendredi 29, *Versailles.* — Le Roi vint hier de Choisy courre à Verrières et coucher à la Meutte pour faire aujourd'hui la revue des gardes françoises. C'est la seconde fois que le Roi ait couru pendant le voyage de Choisy ; le lundi et le mardi il n'y eut point de chasse ; et le Roi se promena presque tout le lundi avec les dames. Le mercredi, S. M. sortit encore plusieurs fois dans la journée malgré le froid. Le Roi a joué à l'hombre et au trictrac le reste du temps. Mme de Mailly n'a joué à rien.

On parle beaucoup de ce qui s'est passé depuis peu dans le royaume de Naples. Le roi des Deux-Siciles a permis aux juifs de venir s'établir dans ses États, et pour cela il vient de donner un édit qui a été trouvé fort singulier ; il accorde une abolition générale de toutes sortes de crimes pour le passé à ceux d'entre les juifs qui viendront s'établir dans ses États. Il n'y en avoit point eu depuis qu'ils furent chassés par Charles-Quint. Cet édit a été l'occasion à des affiches scandaleuses pour la religion et pour le Roi. On a trouvé pendant la semaine sainte dans des affiches : *Carolus Rex Judeorum*, et au bas : *Crucifige, crucifige* ; il a été fait des informations pour tâcher de découvrir les auteurs de ces écrits ; elles n'ont produit d'autres effets que de retrouver les mêmes affiches avec ces mots ajoutés : *Quod scripsi, scripsi.*

M. de Vaubourg mourut il y a quelques jours ; il étoit frère de M. Desmarestz, et sa femme sœur de M. le chancelier Voisin et de Mme d'Angennes(1). Mme d'Angennes a un garçon, conseiller au Parlement, contrefait, cousin de feu Mme de Chevreuse et oncle de M. de Châtillon, gouverneur de M. le Dauphin, par sa première femme, de laquelle il a eu Mme la duchesse de Rohan.

Du samedi 30, Versailles. — Le Roi fit hier la revue des gardes françoises et suisses. Les six dames que j'ai marquées ci-dessus étoient venues de Choisy à la Meutte et y avoient couché. Lorsque le Roi partit pour la revue, Mademoiselle, Mlle de Clermont et Mme de Ségur s'en allèrent à Madrid. Mme la maréchale d'Estrées alla à la revue avec Mme de Vintimille, et Mme de Mailly avec Mme la duchesse de Gramont. Au sortir de la revue, Mme de Mailly monta dans le carrosse de

---

(1) Mme d'Angennes étoit fille de M. de Vaubourg qui avoit pour frère M. de Vaubourg qui est contrefait. (*Note du duc de Luynes.*)

Mme la maréchale d'Estrées à la porte Maillot, où le Roi envoya proposer à ces trois dames d'aller souper avec lui; il n'y eut qu'elles trois qui allèrent souper à la Meutte. Le Roi sortit de table à huit heures, et revint tout droit ici. Pendant la revue, il s'approcha du carrosse de la Reine; la conversation ne fut ni bien vive, ni bien longue. M. le Dauphin, qui avoit été à la revue une demi-heure avant que le Roi partît, suivit le Roi à cheval à la revue. Madame y étoit dans les calèches du Roi, et comme la calèche où étoit Madame vouloit s'avancer pour se mettre immédiatement derrière le carrosse où étoit la Reine, le cocher du second carrosse du corps donna un coup de fouet pour joindre le premier carrosse et passa fort près de la calèche où étoit Madame; on dit même qu'elle pensa l'accrocher.

Demain le Roi recommence à souper au grand couvert avec la Reine.

MAI.

Mariage de Mlle d'Harcourt avec M. de Guerchy. — Retraite du chevalier d'Aydie; détail sur les majors des gardes du corps. — M. de la Grandville, nommé conseiller d'État. — Les frimassons salonistes-polissons. — Conversation à Choisy. — L'abbé Néel nommé évêque de Séez. — Porcelaine de Réaumur. — Nouvelle cuisine du Roi. — Le duc de Chartres à Marly pour la première fois. — Relations de la Reine avec le Roi. — Mort de M. Briçonnet. — Rhume du Roi. — Douceur du Roi pour ceux qui le servent. — Mort de la duchesse de Lauzun. — Naissance du comte de Dunois. — Bénéfices de l'accoucheur de la Reine. — Forme des jugements en Angleterre. — Mort du chevalier Crozat.

Du dimanche 1er. — Le Roi a signé aujourd'hui le contrat de mariage de Mlle de Messé, troisième fille de M. le duc d'Harcourt, laquelle épouse M. de Guerchy, fils du lieutenant général. Ce mariage devoit se faire avec l'aînée, qui a épousé depuis M. d'Hautefort. J'ai ouï dire que cette aînée et la seconde aimoient mieux que ce fût la troisième qui épousât M. de Guerchy.

Du mercredi 4. — La liste de Marly parut lundi au soir. Le Roi y va toujours jeudi jusqu'à la veille de l'Ascension.

M. le chevalier d'Aydie, chef de brigade, quitte les gardes du corps et se retire; le Roi lui donne 6,000 livres de pension; c'est la retraite ordinaire des lieutenants des gardes du corps (1), de même que celle des exempts est de 1,500 livres. Les trois premiers chefs de brigade ont le grade de lieutenants des gardes du corps, et ce grade donne 17 ou 1,800 livres de plus que les chefs de brigade. Ce sont MM. les capitaines qui proposent au Roi des sujets pour remplacer. On croit que ce sera M. du Fretoy, capitaine dans le régiment de Toulouse qui aura la brigade du chevalier d'Aydie; il est parent de M. le duc d'Harcourt. Ce qui fait que cela n'est pas encore déterminé, c'est que le Roi a déclaré que, suivant l'usage qui se pratiquoit du temps du feu Roi, il vouloit qu'on lui présentât trois sujets. Sous Louis XIV, les majors des gardes du corps avoient un si grand crédit que rien ne se faisoit dans les corps sans eux; les capitaines même étoient obligés d'avoir recours à eux, et lorsqu'ils proposoient quelque chose au Roi, le Roi leur répondoit : « Parlez au major. » MM. de Brissac et d'Avignon avoient cette autorité et on prétend que quand le Roi lisoit les noms des trois sujets qui lui étoient présentés, c'étoit en présence du major, qui donnoit des éloges à chaque sujet, mais qui savoit marquer par quelques signes ou par ses réponses au Roi celui qui lui plaisoit davantage, et c'étoit toujours celui-là qui étoit nommé. A la mort du feu Roi, M. d'Avignon se retira et M. de Bruzac fut nommé à sa place; celui-ci est encore vivant et retiré à Paris depuis plusieurs années. Lorsqu'il se retira, M. le maréchal de Noailles voulut mettre à sa place M. de Druys, chef de

---

(1) Cependant j'ai ouï dire qu'elle n'avoit pas été accordée dans tou les cas. (*Note du duc de Luynes*.)

brigade; M. de Druys le remercia et lui dit qu'il n'avoit pas les qualités convenables pour remplir cet emploi; M. le maréchal de Noailles le pressa extrêmement et lui dit qu'il le prioit de prendre trois jours pour y réfléchir; M. de Druys lui répondit que les trois jours lui étoient inutiles; cependant il différa pour plaire à M. le maréchal de Noailles, et au bout de trois jours il lui rendit la même réponse. M. de Noailles le pressa de nouveau pour savoir la raison de son refus; M. de Druys, cédant enfin à des instances si réitérées, lui dit : « Monsieur, je vous ai trop d'obligation pour être votre maître, et je ne pourrois me résoudre à être votre valet. » En conséquence de ce refus, M. de la Billarderie fut nommé major et l'est encore aujourd'hui.

La place de conseiller d'État, vacante par la mort de M. de Vaubourg, fut donnée hier à M. de la Grandville, intendant de Lille. MM. de Lesseville et de Creil étoient ses anciens, et vraisemblablement ne seront pas contents. M. de la Grandville est fort estimé.

Le jour que le Roi arriva à Choisy, Mmes de Mailly, de Vintimille et de Ségur descendirent comme le Roi étoit déjà à table, Mme de Mailly d'assez mauvaise humeur de ce qu'elle n'avoit pas été avertie. Le Roi proposa à ces dames de se mettre à table, et Mme de Ségur s'y mit. Mme de Mailly ne voulut point s'y mettre, et demanda une petite table dans la galerie qui joint la salle à manger. On lui donna cette table; elle y soupa avec Mme de Vintimille et deux ou trois hommes. Il parut que ce moment d'humeur déplut au Roi, et il ne lui fit rien dire pendant tout le souper, et ne porta point sa santé, comme c'est l'usage à Choisy de porter la santé de toutes les dames à la grande et à la petite table.

Mme d'Argence vint ici hier et me conta plus en détail ce qui s'est passé par rapport à son fils. On lui a donné une lettre de passe où on a marqué que le régiment de Condé étant vacant par la mort de M. le Duc, et le Roi l'ayant donné à M. le chevalier de Mailly, S. M. nommoit M. d'Argence à la compagnie de dragons, dans le régiment de Vibraye, qui se trouve vacante par l'avancement du capitaine qui monte à la majorité du chevalier de Mailly. Ce qui est à remarquer, c'est qu'il y a dans cette même lettre de passe que le Roi dispense M. d'Argence de servir à ladite compagnie, à moins qu'il n'y ait quelqu'occasion importante pour le service de S. M. Ce sont à peu près les termes. C'est une marque de bonté du Roi; mais cela paroît une grâce nouvelle. Outre cela S. M. conserve à M. d'Argence son rang de colonel et lui donne la pension de colonel réformé de dragons, qui est d'environ 2,500 livres.

Du jeudi 5, Marly. — On parle beaucoup ici de nouvelles assemblées de frimassons (1) qui ont fort déplu au Roi. On m'a dit qu'on en avoit mis sept ou huit à la Bastille; mais ce sont des gens peu connus. Il y a ici beaucoup de jeunes gens de nom qui étoient de ces assemblées ou qui ont été accusés d'y avoir été; chacun a cherché à se justifier, et il y en a même deux ou trois qui ont demandé que le Roi leur permît d'aller à Marly lui faire leur cour; c'est ce qu'on appelle saloniste-polisson (2), et je les ai vus sur la liste. Il paroît que M. de Mailly est fort mêlé dans toute cette affaire.

On avoit répandu le bruit qu'il s'étoit trouvé à l'arrivée du Roi, à Choisy, une affiche hardie et scandaleuse; ce bruit paroît sans fondement; il paroît même que cela auroit été difficile à exécuter. Il y a déjà quelque temps qu'il y eut ici une conversation de jeunes gens (tous gens de nom et connus), dans un appartement qui est au haut du château. On prétend que cette conversation est vraie. On y parla fort mal de Mme de Mailly, et on dit en même temps que cela ne pouvoit pas durer. On ajoute que ces jeunes

---

(1) Voir au 9 mars 1737.
(2) Voir au 6 mai 1741.

gens crurent entendre une voix qui venoit de dessus le toit par le tuyau de la cheminée, qui disoit : « Cela durera longtemps et très-longtemps. » L'histoire de la voix paroît bien peu vraisemblable; mais il se peut faire que les discours aient été entendus.

Le Roi nomma hier M. l'abbé Néel, conseiller au parlement de Rouen et grand vicaire de Bayeux, à l'évêché de Séez.

On parle d'un secret nouveau pour faire de la porcelaine, trouvé par M. de Réaumur (1); c'est avec un verre que l'on enduit d'une espèce de plâtre et que l'on remet dans le fourneau. Le plâtre pénètre si véritablement le verre que l'on ne trouve plus que de la véritable porcelaine.

Du vendredi 6, Marly. — Le Roi soupa lundi et mercredi dans ses cabinets avec des dames; il n'y en avoit que cinq à chacun de ces soupers. Toujours les quatre sœurs; au premier Mme de Ségur, au second Mme la maréchale d'Estrées.

---

(1) Nous devons à l'obligeance de M. Riocreux, conservateur du Musée céramique de la manufacture impériale de porcelaine, à Sèvres, la note suivante sur la porcelaine de Réaumur.

A l'époque où florissait ce grand physicien, l'art de la porcelaine en France était encore un secret que gardaient soigneusement les maîtres des manufactures qui le possédaient, et dont le mystère donna matière aux plus ridicules assertions, que tenta de dissiper notre illustre savant en se livrant à de laborieuses recherches. S'il n'est point parvenu à des conclusions tout à fait pratiques, du moins éclaira-t-il la question, de manière à rendre la solution plus facile pour ceux qui y travaillèrent après lui.

Quant à la porcelaine qui porte son nom, ce n'est pas à proprement parler une porcelaine; mais bien un verre dévitrifié. Voici sommairement le moyen qu'il indique pour y arriver.

Prenant un vase de verre quelconque, *mais de préférence* fait de *verre brun dit à bouteille*, il le faut emplir d'un mélange, fait en parties égales, de gypse calciné et de sable blanc d'Étampes, puis le placer dans un étui ou cazette de terre qu'on achève d'emplir du même mélange et qu'on ferme ensuite hermétiquement avec un rondeau luté, pour l'exposer, cela fait, au plus fort feu du four à faïencier. Par suite de cette opération, le verre perd assez de son alcali et de ses principes colorants, pour prendre l'aspect de la porcelaine.

Pour plus de détails, voir *l'Art de fabriquer la porcelaine*, par le comte de *Milly*, in-folio, 1771, page 17 et suivantes.

Le Roi a fait faire une de ces nouvelles cuisines dont j'ai déjà parlé ci-devant; hier il voulut déjeuner de cette nouvelle cuisine. Mme de Mailly, qui est de semaine, devoit aller voir, à déjeuner; mais lorsqu'elle fut dans les cabinets, le Roi la fit rester et envoya chercher Mme de Vintimille pour qu'elle ne restât pas seule de femme; elles y dînèrent toutes deux, et le Roi fut de fort bonne humeur. S. M. joua à l'hombre hier, avant et après souper. Mme de Mailly fut très-longtemps assise auprès de la table d'hombre, seule de femme, et même comme il y avoit peu de monde dans le salon, elle étoit vue fort aisément de la Reine, qui jouoit à cavagnole.

Il y a quelques hommes ce voyage-ci qui n'étoient pas encore venus à Marly : M. de Sade, M. de Caylus, M. le chevalier de Polignac; M. de Fénelon est aussi du voyage.

J'ai appris aujourd'hui que M. le comte d'Estrées avoit obtenu une espèce d'inspection ; c'est-à-dire, quoiqu'il ne soit pas nommé inspecteur, il a une commission particulière du Roi pour aller passer en revue vingt-deux ou vingt-trois escadrons en Bretagne.

Du dimanche 8, Marly. — M. le duc de Chartres, qui est du voyage de Marly pour la première fois (1), est logé au premier pavillon, où étoit M. le Duc ; il donne à souper ici tous les soirs ; il donne aussi à manger tous les jours à Versailles. M. le duc d'Orléans souhaite qu'il ait une représentation convenable à son état, pour qu'il soit à portée de jouer au jeu de la Reine. Il lui fait donner 50 louis par mois pour ses menus plaisirs.

Les deux premiers jours, la Reine, après le souper, revint au salon déshabillée. Hier, elle soupa avec des dames. Le Roi soupoit dans ses cabinets avec des hommes. La Reine revint au salon habillée, quoique le Roi n'y fût

---

(1) Louis-Philippe d'Orléans, duc de Chartres, né en 1725, avait alors quinze ans. Il devint duc d'Orléans après la mort de son père en 1752, et fut le grand-père du roi Louis-Philippe.

pas. Je crois être sûr que le Roi n'a pas approuvé qu'elle revienne au salon sans être habillée, ni qu'elle ait été à la revue des gardes françoises sans être en grand habit.

A la messe du Roi ici les dimanches, on bénit du pain et on le donne à S. M., comme à Versailles et à Fontainebleau, lorsqu'il entend la messe en bas.

Du mardi 10, *Marly.* — J'appris hier que M. du Fretoy étoit nommé à la charge de M. le chevalier d'Aydie. M. d'Harcourt a persisté à ne vouloir pas présenter d'autres sujets, et cela a passé.

Le Roi soupa hier dans ses cabinets; les dames étoient les quatre sœurs et Mme d'Antin.

Du dimanche 15, *Marly.* — Le Roi devoit souper hier au grand couvert avec la Reine, mais comme il est un peu enrhumé, il prit le parti de ne se point mettre à table. Mademoiselle, qui devoit aussi souper avec le Roi et qui étoit prête à se mettre à table, ayant su que le Roi ne soupoit point, se détermina à ne point souper avec la Reine. Pour Mlle de Clermont, elle soupa avec la Reine. Mademoiselle mangea, dans le salon, auprès de M. le Cardinal, un morceau gras; et Mme de Vintimille soupa auprès d'elle en maigre. Il y avoit aussi un homme ou deux, et le Roi recommanda que l'on prît garde à ne point faire de bruit à M. le Cardinal. Mme de Mailly resta auprès de la table d'hombre du Roi.

Le rhume du Roi ayant continué, il est resté dans son lit et y a entendu la messe, aujourd'hui dimanche; et le voyage de la Meutte, qui devoit être mardi pour quelques jours, est changé.

La Reine continue à aller ici, comme à Versailles, tous les jours chez le Roi dès qu'il est éveillé; et, quoiqu'elle soit obligée de passer par son antichambre, elle y va toujours seule. Hier, elle s'approcha deux fois de la table d'hombre du Roi, auprès de laquelle étoient assises Mmes de Mailly et de Vintimille, qui se levèrent, et la conversation fut des moins vives; mais ces deux visites ne furent pas longues. Aujourd'hui, la Reine a été deux ou trois fois chez le Roi ; Mme de Luynes l'a suivie une fois ; mais à deux heures après midi, comme il y avoit beaucoup de monde avec lesquels le Roi faisoit la conversation, la Reine y est entrée toute seule et s'est assise auprès du lit du Roi. Il ne m'a pas paru que cela changeât rien à la conversation.

M. Briçonnet vient de mourir d'apoplexie ; c'est celui pour lequel Mme de Fleury venoit d'obtenir l'intendance de Montauban.

Du mercredi 18, *Marly*. — J'ai déjà parlé d'une nouvelle invention d'une cuisine portative que l'on croit pouvoir être utile, surtout pour les vaisseaux, parce qu'elle consume fort peu de bois. Le Roi en a fait faire une depuis peu que l'on m'a dit peser 2,500 ; elle est dans ses petits appartements à Versailles ; elle a environ quatre pieds de haut, sans compter les chapiteaux, un peu plus de deux pieds de large, non compris les tambours des broches, trois pieds de long et quelque chose de plus. Il y a de quoi faire sept entrées et le reste à proportion.

Du vendredi 20, *Marly*. — Quoique le Roi ait entendu tous ces jours-ci la messe de son lit, il s'est pourtant toujours levé les après-dînées. Hier, il fut saigné parce qu'il s'étoit trouvé incommodé la nuit, ce qui l'obligea même de se lever se sentant étouffer ; il avoit mis dans sa bouche, en se couchant, un grain de cachou, à quoi on attribue cet étouffement. Tous ces jours-ci la Reine a été plusieurs fois dans la journée chez le Roi et y a même resté pendant que le Roi jouoit au piquet, ayant attention de se faire informer des heures qu'elle pouvoit voir le Roi, et quittant son jeu, devant et après souper, pour y aller. Hier au soir, le Roi se retira à neuf heures, mais ce fut pour monter dans ses cabinets où il avoit dit à M. de Soubise et à M. le comte d'Estrées de se trouver pour jouer à l'hombre. Aujourd'hui, il a passé une partie de l'après-dînée dans ses cabinets, et il y étoit encore ce soir, après avoir travaillé avec M. le Cardinal. Pendant cette petite incommodité, le Roi, les premiers jours, jouoit dans son cabinet en bas ; et comme il prenoit du bouillon, il y a eu une difficulté entre MM. de la bouche, le premier maître d'hôtel et le premier gentilhomme de la chambre. On a prétendu que le service du cabinet étoit comme celui de la chambre, et MM. de la bouche au contraire prétendoient qu'il devoit être regardé comme extérieur. Pour empêcher cette contestation, le Roi avoit la complaisance de revenir dans sa chambre pour prendre son bouillon. Cette douceur du Roi pour ceux qui le servent mérite d'être remarquée. Il y a huit ou dix jours qu'étant ici à table, à son petit couvert et au fruit, et ayant voulu mettre du sucre dans de la crème, il se trouva qu'il n'y en avoit point dans le sucrier ; il ne marqua pas la moindre impatience et dit même en badinant : « On voit bien qu'il y en avoit hier », et il attendit qu'on lui en eût apporté. Il y a trois jours que s'étant couché de meilleure heure qu'à l'ordinaire et étant déshabillé pour prendre sa chemise, il se trouva qu'il n'y en avoit point ; il dit : « Ah ! la chemise n'est point encore arrivée », et cela sans la moindre émotion ; il s'approcha du feu, prit sa robe de chambre et attendit. J'étois présent à l'un et à l'autre. J'ai ouï conter qu'il y a quelque temps, étant à la chasse, étant prêt à monter à cheval, on lui avoit apporté deux bottes d'un même pied ; il s'assit et attendit en disant : « Celui qui les a oubliées est plus fâché que moi. »

Mme la duchesse de Lauzun mourut hier matin ; elle étoit âgée d'environ soixante ans, sœur cadette de Mme de Saint-Simon et fille de M. le maréchal de Lorges. Elle avoit acheté de M. d'Ecquevilly, à vie, la terre d'Olainville près Châtres, après avoir vendu à Mme de Saissac une maison qu'elle avoit fait bâtir à Passy ; cette maison revient à M. d'Ecquevilly. Elle n'avoit jamais eu d'enfants ; ses héritiers sont : M. le duc de Randan, son neveu, fils de M. le duc de Lorges, auquel elle donne 60,000 livres outre 20,000 livres de rente qu'elle lui avoit déjà données en le mariant avec Mlle de Poitiers. Elle donne aussi tous ses meubles à M. le comte de Lorges, frère de M. de Randan, et encore 8 ou 10,000 livres de rente; il est aussi marié. Elle laisse 100,000 livres à Mme de Saint-Simon sa sœur. M. le maréchal de Biron hérite de 14,000 livres de rente qu'il payoit à Mme la duchesse de Lauzun pour son douaire et autres droits.

Du jeudi 26, *Paris.* — Je n'ai point écrit depuis quelques jours ce qui s'est passé à la Cour, ayant été obligé d'en partir lundi pour venir ici. Ma belle-fille accoucha ce jour-là d'un garçon qu'on appelle le comte de Dunois.

Le retour de Marly à Versailles paroissoit incertain à cause de la maladie du Roi; mais comme il a commencé à se promener, on croit qu'il reviendra samedi, suivant le premier projet, et qu'il ira lundi à Choisy.

On avoit eu des nouvelles d'Espagne d'un combat naval où l'on disoit que les Espagnols avoient eu un avantage considérable; mais ces nouvelles ne paroissent pas se confirmer jusqu'à présent. On est fort étonné de ce que le roi d'Angleterre, dans la situation présente des affaires, prend le parti d'aller à Hanovre.

L'ambassadeur du roi des Deux-Siciles a demandé ici, au nom du roi d'Espagne et du roi son maître, que Peyrard, fameux accoucheur, allât à Naples pour la reine de Sicile, qui est grosse de six mois. M. le Cardinal a dit à l'ambassadeur que le Roi y consentoit, mais pour cette fois-ci seulement. Peyrard m'a dit, à cette occasion, que le voyage qu'il fit en Espagne, il y a quelques années, lui avoit valu plus de 20,000 écus. Ses appointements ici en qualité d'accoucheur de la Reine ne sont que de 1,200 livres; outre cela, à chaque accouchement, il a 12,000 livres, fils ou filles; il n'y a que pour M. le Dauphin seul qu'il a eu 15,000 livres.

On doit juger ces jours-ci le procès contre deux capucins d'Auxerre accusés d'avoir contribué à la mort d'un de leurs confrères. J'ai appris à cette occasion la forme du jugement qu'on observe en Angleterre pour la punition des coupables. Lorsqu'un homme est accusé, douze hommes de même état que l'accusé s'assemblent; c'est ce qu'on appelle ses pairs; et sur les informations et preuves qui sont rapportées, ils jugent s'il est coupable ou non; mais pour qu'il soit jugé coupable, il faut que tous douze soient d'un même avis; si un seul étoit d'une opinion différente, il n'y auroit point de jugement; et ils doivent demeurer tous douze enfermés, sans boire ni manger, jusqu'à ce qu'ils se soient entièrement réunis. Dans ce jugement ils ne prononcent pas sur l'espèce de peine; c'est le livre même de la loi qui en décide, et on le consulte dans chaque occasion.

Mme la duchesse d'Estissac accoucha dimanche d'une fille.

Du samedi 28, *Paris*. — M. le chevalier Crozat mourut il y a trois ou quatre jours; c'est celui qu'on appeloit Crozat le pauvre. Il fait son légataire universel M. le marquis du Châtel, son neveu, fils de feu M. Crozat, lequel a épousé Mlle de Gouffier. Les deux autres frères de M. du Châtel ont épousé: l'un une Laval, l'autre une Amelot. M. le chevalier Crozat laisse beaucoup aux pauvres, auxquels il avoit donné beaucoup pendant sa vie. Il laisse un recueil d'estampes et de pierres gravées que les curieux estiment beaucoup et que l'on dit valoir 7 à 800,000 livres.

Le Roi est retourné aujourd'hui à Versailles. Le roi et la reine de Pologne arrivent demain et demeureront à Trianon.

JUIN.

Mort de la duchesse de Bouillon; de l'évêque d'Agde. — Le duc de Chartres reçu chevalier de l'ordre du Saint-Esprit. — Mort du comte de Charny. —

Audience de l'assemblée du clergé. — Mort du roi de Prusse. — Remarque sur les voyages de Rambouillet. — Ouverture de l'assemblée du clergé. — L'abbé de Charleval nommé à l'évêché d'Agde. — Séjour du roi et de la reine de Pologne à Trianon. — Manière dont sont reçus les conseillers d'État à l'assemblée du clergé. — Mariage du prince Yachi avec Mlle de la Châtre. — Régiment de la Reine-dragons donné à M. du Terrail. — M. de Castellane nommé à l'ambassade de Constantinople. — Mort de la marquise de la Vieuville. — Le Roi ne veut plus admettre d'ordres étrangers en France. — Comédie et ballet. — Charge de colonel-général de la cavalerie donnée à M. de Turenne. — Détails sur deux opérations singulières.

Du vendredi 3 juin, Paris. — On apprit, il y a quelques jours, la mort de Mme la duchesse de Bouillon ; elle étoit fille du prince Jacques Sobieski et avoit hérité depuis peu d'années, par la mort de son père, du duché d'Olaw en Silésie, où elle est morte. Elle paroissoit avoir pris le parti de ne plus revenir dans ce pays-ci. M. de Bouillon n'étoit pas content d'elle depuis longtemps.

Le Roi revient aujourd'hui de Choisy, où il est depuis lundi. Les dames de ce voyage sont : les quatre sœurs, Mme la maréchale d'Estrées et Mme d'Antin. Le Roi n'a chassé que lundi en allant à Choisy et aujourd'hui en s'en retournant; les autres jours il s'est beaucoup promené et à joué à l'hombre et au piquet; il paroît s'amuser toujours beaucoup à ses jardins et à ses bâtiments, lesquels avancent extrêmement.

On apprit il y a trois jours la mort de M. l'évêque d'Agde; il étoit frère de M. le marquis de la Châtre, qui fut tué en Italie pendant la dernière guerre. M. de la Châtre avoit épousé Mlle de Nicolaï; il reste de ce mariage un garçon et une ou deux filles. L'aînée des filles épouse le fils de M. de Campo-Florido; elle sera mariée ici par procureur et partira ensuite pour Naples. C'est M. le marquis de Clermont d'Amboise qui est chargé de la procuration de M. de Campo-Florido, parce que ce mariage devoit se faire avec une fille de M. de Clermont d'Amboise, et que ce mariage ne s'est rompu que parce que la fille s'est faite religieuse. C'est ce qui a donné occasion à la connoissance de M. de Campo-Florido avec M. de Clermont d'Amboise. M. de la Châtre et M. l'évêque d'Agde étoient tous deux fils d'une Lavardin. M. de Lavardin, ambassadeur à Rome, avoit épousé une sœur de M. le duc de Chevreuse, mon grand-père.

Du lundi de la Pentecôte 6, Versailles. — Avant-hier le Roi fut aux premières vêpres chantées par sa chapelle. S. M. étoit en haut.

Le Roi a dîné tous ces jours-ci au grand couvert; il [y] a toujours dîné aussi à Choisy; il prend du lait, le soir, depuis qu'il a été enrhumé. Hier, jour de la Pentecôte, M. le duc de Chartres fut reçu chevalier; il n'y a point ici de prélat de l'Ordre, c'est ce qui fit que le Roi ne descendit point avant-hier pour les vêpres; mais hier LL. MM. devoient descendre au bas pour le sermon, suivant l'usage. Le sermon de la Pentecôte est un sermon détaché pour lequel les prédicateurs sont nommés par M. le cardinal de Rohan, deux ou trois ans d'avance. C'étoit un M. l'abbé Dessecorre qui devoit prêcher; MM. les aumôniers de quartier n'en étoient cependant point instruits et comptoient que M. de Cezille, trésorier des aumônes, savoit le nom du prédicateur et l'auroit fait avertir. Le Roi, à trois heures, au sortir de son dîner, demanda s'il y auroit sermon. On lui dit que le prédicateur n'étoit point arrivé; il n'arriva point en effet (1), et le Roi entendit les vêpres, en haut, chantées par sa chapelle.

M. de Castropignano nous dit avant-hier la mort de M. le comte de Charny, commandant général des troupes dans les royaumes des Deux-Siciles, et nous dit que le roi des Deux-Siciles venoit de lui donner cette charge,

---

(1) Ce qu'il y a de singulier et qu'on a su depuis, c'est que ce M. l'abbé Dessecorre est actuellement en Suisse. Il me paroît que l'on n'est pas trop content de lui; il étoit sur la liste des prédicateurs depuis plusieurs années, comme c'est l'usage. M. le cardinal de Rohan a un livret où les prédicateurs de l'Avent, du Carême et de la Pentecôte sont marqués trois ou quatre années en avance. (*Note du duc de Luynes.*)

ce qui l'oblige à s'en retourner. Il compte pourtant que ce ne sera que dans quatre ou cinq mois, le roi des Deux-Siciles voulant auparavant envoyer un successeur. M. de Castropignano sera regretté. Il paroît que c'est un homme sage, d'un esprit doux, et fort instruit de ce qui regarde le militaire. Il étoit déjà capitaine-général, ce qui répond à la qualité de maréchal de France; lorsqu'il est parvenu à cette dignité, il a conservé les appointements de lieutenant-général employé, qui sont environ 22,000 livres de notre monnoie. Ceux de capitaine-général non employé ne sont pas si considérables. La dignité de commandant-général n'augmente point les appointements, mais donne plus de détail; tout est cependant renvoyé au ministre de la guerre pour en rendre compte au Roi; mais on demande l'avis du commandant-général.

Du mardi 7, Versailles. — Le clergé est venu aujourd'hui haranguer le Roi; c'est l'usage avant l'ouverture de l'assemblée du clergé; il devoit y avoir trente-deux députés, un évêque et un du second ordre de chaque province. M. l'archevêque de Paris n'y étoit point, à cause de la maladie (1) de M. le comte du Luc, son frère, qui est très-mal. C'étoit M. l'archevêque de Paris qui devoit porter la parole, et à sa place ce fut M. de la Roche-Aymon qui étoit évêque de Tarbes, présentement archevêque de Toulouse, dont il n'a pas encore ses bulles. Il me paroît que l'on a été fort content de ses harangues. Le Roi donne audience dans sa chambre, S. M. dans son fauteuil, le dos tourné à la cheminée. On ouvrit les deux battants.

Du vendredi 10, Versailles. — Mardi dernier, le Roi, après avoir entendu les vêpres, partit pour Rambouillet. Les dames de ce voyage sont : Mademoiselle, Mmes de Mailly, de Vintimille et de Ségur; il ne s'en étoit pas

---

(1) Cette maladie n'a pas eu de suite. (*Note du duc de Luynes*, datée du 11 juin.)

présenté davantage, Mme de Vintimille même n'y arriva que fort tard, ayant été obligée de partir lundi pour Savigny, à cause de la maladie de M. le comte du Luc, d'où elle partit pour Rambouillet. Il n'y a point eu d'autre amusement à Rambouillet que des parties d'hombre et de quadrille ; le Roi y a couru le cerf deux fois. S. M. a trouvé à ce voyage-ci plusieurs changements à son appartement, non-seulement un nouveau vernis, d'une couleur plus claire et plus agréable que l'ancien, qui donne plus de gaieté à cet appartement, mais outre cela un cabinet nouveau dans une tour où étoit anciennement la chaise percée du Roi, et l'entresol que l'on fit l'année passée accommodé avec beaucoup de goût et de magnificence ; au-dessous de cela une garde-robe de commodité extrêmement jolie.

Le Roi ne devoit revenir que samedi ; mais avant-hier au soir, il reçut une lettre de M. le Cardinal ; il dit aussitôt après à ceux qui étoient avec lui à Rambouillet qu'on lui mandoit la mort du roi de Prusse (1), arrivée le 29 du mois dernier. Il y avoit longtemps qu'il étoit malade ; malgré cela, il voulut encore aller voir monter la parade à sa garde (ses deux passions dominantes étant l'argent et la beauté de ses troupes) ; il mourut ayant encore l'épée au côté (2). Les portes de Berlin furent fermées pendant deux ou trois jours, ce qui retarda le départ du courrier. Le Roi s'enferma pendant une heure ou une heure et demie dans son cabinet pour répondre à la lettre de M. le Cardinal, et donna l'ordre pour son retour à

---

(1) Frédéric-Guillaume Ier, né en 1688, roi en 1713.

(2) Il est mort d'hydropisie. Quoique ce prince aimât l'argent, il paroît cependant que dans de certaines occasions il montroit de la générosité. Le Roi avoit ordonné qu'on lui envoyât un remède pour l'hydropisie, dont M. Hérault, ci-devant lieutenant de police, aujourd'hui intendant de Paris, s'est fort bien trouvé ; la Peyronie fut chargé d'écrire la recette de ce remède ; le roi de Prusse a fait donner à la Peyronie deux médailles d'or parfaitement belles qui pèsent environ 1,000 écus. (*Note du duc de Luynes.*)

JUIN 1740. 195

Versailles aujourd'hui. La mort du roi de Prusse paroît un événement important dans les circonstances présentes, d'autant plus que son fils (1), à ce que l'on dit, a de grandes liaisons avec l'Angleterre.

Avant-hier et aujourd'hui jour de jeûne, comme le Roi fait gras, il a mangé seul. Je vis hier l'arrangement du souper à Rambouillet; Mademoiselle étoit à sa droite et Mme de Mailly à sa gauche.

Il y a une remarque à faire sur les voyages de Rambouillet. L'usage est de tous les temps que les dames ne paroissent devant le Roi à ces voyages qu'habillées en manteau et jupes, comme à Marly, et ne sont assises devant le Roi que sur des tabourets ou pliants. Cependant à souper, non-seulement les dames mais même les hommes, qui ont l'honneur de souper avec le Roi, sont tous indistinctement assis sur des chaises à dos; les princesses même n'ont aucune distinction sur cela. A la Meutte et à Choisy, les hommes et femmes sont assis également à table sur des chaises à dos pendant le repas, comme à Rambouillet; mais les dames y sont en robe de chambre, et à l'égard des sièges sur lesquels on se tient dans la journée à Choisy, c'est indifféremment des tabourets ou petits fauteuils. Les hommes ne s'asseoient point cependant devant le Roi, à moins qu'ils ne jouent ou que le Roi ne l'ordonne, et ce n'est ordinairement qu'à

---

(1) Le roi de Prusse traitoit fort durement son fils. Cette conduite détermina le jeune prince, il y a quelques années, de prendre le parti de s'enfuir en Angleterre, ayant dès lors des liaisons avec les Anglois. Il confia ses desseins à un seul de ses courtisans qui devoit l'accompagner dans sa retraite; le jour étoit pris et les arrangements faits. Un des domestiques dont on avoit eu besoin pour l'exécution du projet en donna avis au roi de Prusse, lequel fit arrêter le prince royal et le favori. Celui-ci eut la tête coupée et le roi de Prusse voulut que son fils assistât à l'exécution, et lui parla en cette occasion dans les termes les plus durs. De ce moment-là, ce jeune prince, pour ne point donner de jalousie au Roi son père, prit le parti de s'appliquer aux sciences et aux belles-lettres; il étoit ici en commerce de lettres avec M. Rollin, fameux par son Histoire ancienne, et avec Voltaire. (*Note du duc de Luynes.*)

13.

Choisy qu'il donne cette permission. On sait qu'à Marly toutes les dames sont assises sur des tabourets en soupant avec le Roi ; il est vrai que la Reine y est. Ici, à Versailles, au jeu de la Reine, toutes les dames indifféremment, à commencer par Mesdames, ont des pliants, et les hommes des tabourets.

Du mercredi 15, *Versailles.* — Le Roi partit avant-hier pour Rambouillet. Mme de Mailly n'a point été de ce voyage, elle est de semaine. Elle fut hier à Paris voir M. Desforts, qui est son ami depuis longtemps, et auquel elle a toujours marqué des attentions ; il est actuellement dans un état digne de compassion et hors d'espérance, d'un abcès au derrière pour lequel on ne peut pas faire d'opération. Mademoiselle est incommodée ; ainsi il n'y a eu que Mlle de Clermont et Mme de Vintimille ; celle-ci même est la seule qui se soit fait écrire ; car on n'écrit pas les princesses. Il n'y a de femmes à Rambouillet que Mme de Sourches, qui est toujours avec Mme la comtesse de Toulouse, et Mme de Grasse, sa dame d'honneur.

L'ouverture de l'assemblée du Clergé se fit il y a quelques jours. C'est M. l'archevêque de Paris qui y préside. Le Clergé avoit prié M. le Cardinal d'accepter cette place de président, mais il l'a refusée. L'usage est qu'à l'ouverture de l'assemblée, il y a une députation de six conseillers d'État, desquels sont : M. de Maurepas, comme secrétaire d'État chargé du détail de Paris ; les deux conseillers du conseil royal, qui sont M. Fagon et M. de Courson ; M. d'Ormesson, comme ayant le Clergé dans son département, et M. le contrôleur général. C'est M. Fagon qui porte la parole comme le plus ancien ; ils sont reçus par une députation du Clergé. Je marquerai plus en détail la forme de cette réception. Cette première fois n'est que pour faire un compliment au Clergé ; mais, quelques jours après, ils y retournent avec le même cérémonial et représentent le besoin que le Roi a d'argent ; après quoi ils se retirent dans une chambre pour attendre la délibération du Clergé. Là ils reçoivent une députation pour les instruire du secours que le Clergé a jugé à propos d'accorder au Roi. Cette cérémonie est accompagnée de quelques droits qui sont réglés ; M. Fagon, par exemple, et M. de Courson ont chacun 2,000 écus que le Clergé leur donne.

Le Roi donna il y a trois jours l'évêché d'Agde à M. l'abbé de Charleval ; c'est un Provençal qui étoit grand vicaire de M. l'archevêque d'Aix.

Le roi et la reine de Pologne vinrent ici hier voir la Reine, qui avoit pris médecine ; ils furent aussi voir danser Mesdames. Leur garde à Trianon (1) est composée de vingt-quatre gardes commandés par un chef de brigade et un exempt. L'exempt reste auprès de la reine de Pologne. Ces deux officiers sont nourris aux dépens de la reine de Pologne, qui a amené ici sa maison. Le roi de Pologne a déjà été deux fois dîner à Paris chez Mme la princesse de Talmond et chez Mme de Bezenval. Il va demain dîner chez Mme la duchesse de Fleury pour voir la procession du Saint-Sacrement de Saint-Sulpice. Dans ces occasions, le chef de brigade, qui le suit, a l'honneur de manger avec lui. La garde à cheval du roi de Pologne, à Lunéville, est composée de cent cinquante gardes commandés par M. le marquis de Lamberty. Les gardes sont divisés en deux brigades de soixante et quinze chacune, commandées par deux chefs de brigade qui ont le titre de capitaine-lieutenant ; ils ont chacun 100 écus d'appointements et trois places de fourrages.

Du jeudi 16, jour du Saint-Sacrement, Versailles. — Le Roi a été à la procession aujourd'hui, à l'ordinaire. M. le Dauphin y a été pour la première fois ; il étoit dans le carrosse du Roi. M. de Châtillon et M. d'Harcourt étoient

---

(1) Le roi et la reine de Pologne étaient arrivés à Trianon le 29 mai.

dans le carrosse de S. M. Le Roi avoit deux carrosses et M. le Dauphin un, dans lequel étoient : M. de Mirepoix ; le sous-gouverneur de semaine et les gentilshommes de la manche. Les carrosses tous à deux chevaux. Derrière celui où étoit le Roi, et devant, il y avoit une grande quantité de pages ; ils ne devoient cependant être que douze, car on a réglé qu'il n'y en auroit que ce nombre. Les princes du sang marchoient à la procession suivant l'usage ordinaire ; M. le prince de Dombes et M. le comte d'Eu les plus près du dais, et M. le Dauphin le plus près du Roi.

M. le comte de la Marche, fils de M. le prince de Conty, est venu ici aujourd'hui faire sa cour au Roi ; je crois que c'est la première fois ; il n'a pas encore six ans.

J'ai demandé hier à un aumônier du Roi, qui a été agent du Clergé, quelque détail sur la manière dont sont reçus MM. les conseillers d'État qui vont complimenter le Clergé de la part du Roi. Le Clergé envoie une députation au-devant d'eux, laquelle les rencontre auprès de l'image de la Vierge qui est à quelque distance de la salle où se tient l'assemblée. Cette députation est de quatre évêques et de quatre abbés, aux grandes assemblées, et de la moitié aux petites, comme est celle-ci. Après un premier compliment fort court, les députés vont à l'assemblée, les évêques marchant devant eux, et ceux du second ordre derrière. Les députés, ayant à leur tête M. Fagon, s'asseyent sur un banc, sur lequel sont le promoteur et les deux agents, et vis-à-vis le président. Toute l'assemblée alors, ainsi que les députés, se couvre. Le plus ancien, qui est actuellement M. Fagon, comme je l'ai dit, prononce une harangue, le papier à la main et demeurant couvert. Cette première députation n'est que pour assurer l'assemblée de la protection du Roi. Après le compliment, les députés se retirent dans le même ordre, et sont reconduits jusqu'au même endroit.

Le contrôleur général y est dans son habillement ordinaire. A la seconde députation des mêmes six conseillers d'État, ils sont reçus de même comme à la première; le plus ancien prononce ou plutôt lit un discours pour demander l'argent dont le Roi a besoin; après quoi, les députés se retirent dans une chambre où ils sont conduits comme à leur arrivée. Aussitôt qu'ils sont partis, le promoteur requiert que l'assemblée délibère sur la demande faite de la part du Roi. Cette délibération ordinairement n'est pas longue, et, aussitôt qu'elle est faite, on fait une députation pareille aux autres pour aller prendre les députés dans la chambre où ils s'étoient retirés et les prier de se rendre à l'assemblée. Ils y retournent avec le même cérémonial et le président de l'assemblée leur fait un discours pour les instruire de la résolution qui vient d'être prise. Après quoi, ils se retirent dans le même ordre et sont reconduits de même. Le trésorier du clergé leur remet à chacun une bourse où il y a 2,000 écus en or; mais le plus ancien et M. de Maurepas ont chacun 15,000 livres.

Il y a quelques jours que le Roi signa au contrat de mariage de M. le prince Yachi, fils de M. de Campo-Florido, avec Mlle de la Châtre. Cette signature fut faite dans le cabinet du Roi; ce fut M. Amelot qui présenta la plume à S. M. et qui fut ensuite chez M. le Dauphin et chez Mesdames. Les deux ambassadeurs d'Espagne et de Naples y étoient. Ce même jour, M. de Verneuil, avant la signature, entra dans le cabinet du Roi pour avertir S. M. que M. de Cogorani vouloit avoir l'honneur de lui faire la révérence. Le Roi sortit à la porte de son cabinet; M. de Cogorani salua le Roi, et lui parla même assez longtemps. Il est maître d'hôtel de semaine du roi d'Espagne, à ce que m'a dit M. de la Mina; mais cette charge est plus considérable que ne l'est ici celle de maître d'hôtel ordinaire. Il va en Danemark en qualité d'envoyé extraordinaire. M. de Verneuil le mena ensuite chez la Reine et le lui présenta ; Mme de Luynes n'y étoit pas ; Mme de Mazarin y étoit.

Il y a déjà quelques jours que M. de la Mina a pris congé du Roi. S. M. lui a fait présent d'un Saint-Esprit de diamant, fort beau et qui peut bien valoir au moins 50,000 livres. Quoique M. de la Mina ait pris congé, cependant il a demandé permission de faire sa cour au Roi, et il étoit encore ici ce matin.

M. le marquis de Clermont d'Amboise épousa hier, au nom de M. le prince Yachi, Mlle de la Châtre. La noce se fit chez M. de Nicolaï.

Du vendredi 17, Versailles. — M. du Terrail remercia hier le Roi ; il vient d'obtenir le régiment de la Reine-dragons. M. du Terrail est le fils de M. de Sauroy, trésorier de l'extraordinaire des guerres. Sa mère est effectivement du Terrail-Saillant, et je crois qu'ils ont acheté la terre. C'étoit M. de Chabannes qui avoit le régiment de dragons de la Reine, et M. du Terrail étoit cornette des mousquetaires noirs. M. de Chabannes désiroit depuis longtemps, pour l'arrangement de ses affaires, d'être à portée de pouvoir vendre ce régiment, qui est un objet de 120,000 livres, n'ayant point été fait maréchal de camp à la dernière promotion ; il sollicitoit depuis longtemps la permission de vendre sans quitter le service ; M. le Cardinal n'a jamais voulu y consentir ; enfin, M. de Chabannes s'est déterminé à faire un arrangement avec M. de Sauroy ; la cornette des mousquetaires noirs passe au fils de M. de Chabannes ; c'est un effet de 70,000 livres ; M. du Terrail paye le régiment 40,000 écus, et fait outre cela 6,000 livres de pension viagère à M. de Chabannes, le père. On dit qu'il y a outre cela un pot-de-vin de 40,000 livres, mais cela n'est point du tout certain. M. du Terrail dit hier à Mme de Luynes qu'il espéroit que la Reine voudroit bien qu'il jouît des prérogatives dont avoient coutume de jouir ceux qui avoient l'honneur de commander ses régiments, qui sont les entrées de la chambre.

Mme de Luynes en parla sur-le-champ à la Reine, qui lui répondit qu'il n'y avoit que les capitaines-lieutenants de ses gendarmes et chevau-légers qui eussent ces entrées, et que le commandement des régiments ne donnoit pas ces prérogatives; que chez le Roi il n'y avoit que le régiment du Roi-infanterie qui les donnât. Cette affaire n'est point encore décidée.

J'ai oublié de marquer il y a environ un mois le mariage du prince Louis, fils de M. le prince de Carignan, avec la princesse de Hesse-Rhinfels, sœur de la feue reine de Sardaigne et de Mme la Duchesse, seconde douairière.

Du dimanche 19, Versailles. — J'ai marqué ci-dessus que le roi et la reine de Pologne sont venus ici voir la Reine; j'y étois présent. La Reine baise toujours la main de la Reine sa mère; elle sortit de sa chambre et fit entrer la reine de Pologne devant elle.

Le roi et la reine de Pologne vinrent encore ici hier; la reine de Pologne pour voir le Roi, qu'elle n'avoit point encore vu chez lui. Je ne mettrai point le détail de cette visite, car je n'y étois pas. Je suivis le roi de Pologne chez Mesdames et chez M. le Dauphin. Mesdames ne baisent point la main au roi de Pologne, ni M. le Dauphin. Chez M. le Dauphin, M. de Châtillon vint dans l'antichambre au-devant du roi de Pologne. M. le Dauphin ne vint que jusqu'à la porte du cabinet. Ce que je remarquai, c'est que M. de Montgibault, chef de brigade qui suit le roi de Pologne, s'étant présenté pour entrer chez M. le Dauphin, l'huissier ne voulut pas le laisser entrer, et il demeura dans la chambre.

Le Roi a donné l'appartement de feu Mme la duchesse de Lauzun à M. le duc de Tallard, lequel avoit toujours conservé celui de M. le maréchal de Tallard, dans l'aile neuve, tout en haut, de sorte que Mme de Tallard et lui étoient aux deux bouts du château. Celui de Mme de Lauzun est dans la surintendance.

On sut hier que M. de Castellane étoit nommé à l'ambassade de Constantinople, M. de Villeneuve, qui y est depuis dix ou onze ans, ayant demandé à revenir. Cette ambassade passe pour être bonne et utile à cause du commerce sur lequel les ambassadeurs ont des droits. M. de Castellane est depuis peu cornette des mousquetaires gris, parent par sa femme de M. le duc de Fleury.

Le Roi soupa avant-hier dans ses cabinets lui huitième, tous hommes, et mangea maigre; hier il fit gras et dîna tout seul.

Du lundi 20, *Versailles.* — Le Roi partit hier pour Rambouillet, d'où il doit revenir demain au soir. Mademoiselle continue à faire des remèdes et n'est point de ce voyage. Les dames sont Mlle de Clermont, Mmes de Mailly, de Vintimille, de Montauban et d'Antin. La Reine continue à dîner et souper presque tous les jours à Trianon; ses dames la suivent jusques-là; elle les renvoie et elles vont la reprendre.

M. de Verneuil continue à présenter toujours les étrangers en présence du premier gentilhomme de la chambre et de la dame d'honneur, sans que ni l'un ni l'autre soient instruits ni du nom ni des qualités desdits étrangers. Mme de Luynes en parla encore hier à M. le Cardinal; mais c'étoit dans un moment où il n'eut pas le temps d'examiner cette affaire. Mlle de Clermont prétend que les introducteurs des ambassadeurs n'ont nullement ce droit et qu'ils n'en ont jamais usé devant elle. Cependant ce n'est point la qualité de princesse du sang qui donne à Mlle de Clermont le droit de présenter; ce n'est que celle de surintendante, et la dame d'honneur la remplace en son abscence dans toutes ses fonctions. Il me paroît que ce que le premier gentilhomme de la chambre demande, et Mme de Luynes aujourd'hui, n'est pas de disputer le droit, mais de désirer de connoître les étrangers, non-seulement leur nom et leur figure, mais même leurs qualités, pour leur faire rendre à chacun dans la chambre du Roi et de la Reine ce qui leur est dû suivant leur rang, ou pour faire souvenir le Roi et la Reine de leur nom dans l'occasion, ou bien même pour prévenir les inconvénients qui pourroient arriver si quelqu'un, avec mauvaise intention, venoit ici prenant le nom de quelqu'un de ces étrangers présentés par M. de Verneuil, inconvénient auquel le premier gentilhomme de la chambre et la dame d'honneur ne pourroient remédier n'étant point instruits ni des noms ni de la figure des dits étrangers.

Je demandai hier à M. de Châtillon quelle étoit la raison pour laquelle on avoit refusé l'entrée dans le cabinet de M. le Dauphin à M. de Montgibault, exempt des gardes du corps suivant le roi de Pologne; il me dit que comme tout se devoit passer chez M. le Dauphin de même que chez le Roi pour les entrées, et que les officiers des gardes qui suivent le Roi restent même à la porte de la chambre, que l'officier des gardes suivant le roi de Pologne n'étoit point entré chez le Roi, que l'huissier de M. le Dauphin avoit suivi le même usage.

Il y eut, il y a quelques jours, une petite difficulté chez la Reine. Mesdames y étoient; toutes les fois qu'elles sortent, l'huissier du Roi qui est de quartier chez elles a toujours l'honneur de les suivre; cet huissier étant entré dans la chambre de la Reine, et Mesdames ayant voulu s'asseoir, ledit huissier approcha des pliants. Les valets de chambre de la Reine se plaignirent à la Reine de ce que l'huissier avoit fait une fonction qui leur appartenoit. Mme de Luynes en parla hier à Mme de Tallard, qui lui dit que cela n'étoit pas soutenable et qu'elle le diroit à l'huissier.

Du mardi 21, *Versailles.* — On apprit hier la mort de Mme la marquise de la Vieuville, troisième femme du marquis de la Vieuville, qui étoit chevalier d'honneur de la Reine en survivance de son père et qui mourut en 1719; elle s'appeloit Marie-Thérèse de Froulay; elle avoit épousé en premières noces (1) Claude le Tonnelier-Breteuil, baron d'Escouché, conseiller de la grande chambre. Elle ne laisse point d'enfants de ce dernier mariage. La première femme de ce M. de la Vieuville étoit une fille de M. de la Mothe-Houdancourt, gouverneur de Corbie, et de Catherine de Beaujeu, dont il eut Louis de la Vieuville, mort il y a quelques années sans enfants de deux mariages, l'un avec une Toustain de Carency, le second avec Madelaine Fouquet, fille de Louis, marquis de Belle-Isle et de Catherine Agnès de Lévis. Il eut aussi de ce premier mariage une fille, mariée, en 1709, à Jean-Henri du Fay, marquis de Ma uboug. Le second mariage étoit avec Marie Louise de la Chaussée-d'Eu, laquelle nous avons vue dame d'atours de Mme la duchesse de Berry; elle étoit fille de Jérôme, comte d'Arest, et de Françoise de Sarnoise. De ce second mariage il eut Marie Madelaine de la Vieuville, mariée, le 8 juin 1711, à M. de Parabère, brigadier des armées du Roi. Cette Mme de Parabère est la nièce de Mme de Rottenbourg.

Du mercredi 22, Versailles. — M. de Puysieux écrivit il y a quelques jours à M. le Cardinal pour savoir si le Roi trouveroit bon qu'il acceptât l'ordre de Saint-Janvier du roi de Naples, en cas que ce prince voulût l'honorer de cet ordre, comme il avoit apparemment lieu de l'espérer. M. de Puysieux, qui est parent de Mme de Luynes, l'avoit priée de demander à M. le Cardinal de vouloir bien lui faire réponse sur cette proposition. Mme de Luynes y fut hier, et M. le Cardinal lui dit que ce ne seroit pas plaire au Roi que d'accepter cet ordre; que le Roi avoit été blessé des difficultés faites par M. de la Mina au sujet de l'ordre de Saint-Janvier. M. de la Mina avoit paru faire tant de cas de cet ordre, qu'il avoit voulu mettre le cordon rouge par-dessus, et celui du Saint-Esprit par-dessous; que le

---

(1) Le 10 septembre 1686.

Roi en avoit été choqué et ne vouloit plus admettre d'ordres étrangers en France.

Mme de Richelieu est à l'extrémité; elle meurt de la poitrine.

Du jeudi 23, *Versailles.* — Il y eut hier ici un ballet dont il me paroît qu'on a été extrêmement content. Mlle Lemaure y chanta et a été fort applaudie. Ce ballet étoit composé de la comédie du *Magnifique*; la petite pièce étoit l'*Oracle*; après quoi l'on représenta le dernier acte de l'opéra des *Sens*, qui est l'acte de la vue. Ce ballet étoit à l'occasion du séjour du roi de Pologne ici (1). On avoit donné au roi de Pologne la loge qui est au-dessous de celle du Roi, qu'on appelle la loge de M. Gabriel. C'est M. de la Trémoille, qui est en année, qui avoit ordonné tout pour l'exécution de ce ballet. M. le duc de Béthune, comme capitaine des gardes, étoit chargé de l'arrangement de la salle, ce qui étoit d'autant plus difficile que la salle est fort petite et qu'il y avoit beaucoup de monde; cependant tout se passa avec beaucoup d'ordre. Le coup d'œil de la salle étoit admirable. Les danses, la musique et toute l'exécution en général ont été fort approuvées. Ce qui parut le plus froid, à ce qu'il me semble, fut la pièce du *Magnifique*, quoiqu'elle fût très-bien jouée. On auroit fort désiré que le Roi y fût; mais pendant ce temps-là, il travailla avec M. le Cardinal; il n'est nullement curieux de ces sortes de divertissements.

Aujourd'hui le Roi a été à la procession du Saint-Sacrement, à l'ordinaire. Deux carrosses à deux chevaux, c'est l'étiquette. Cette après-dînée S. M. a été à vêpres et complies, et est revenue au salut.

Au lever du Roi, M. de Bouillon et M. le prince de Turenne, son fils, ont remercié S. M., avec M. le comte d'Évreux, lequel a donné sa démission de la charge de

---

(1) Voir les détails de ce ballet dans le *Mercure* de juillet, pages 1628 à 1633.

colonel général de la cavalerie, et le Roi l'a donnée à M. de Turenne. M. le comte d'Évreux avoit un brevet de retenue de 550,000 livres. Le Roi donne le même brevet à M. de Turenne. M. le comte d'Évreux conserve pendant dix ans l'exercice de la charge et les appointements ; s'il venoit à mourir dans l'espace de ces dix années, M. de Turenne auroit actuellement l'exercice. Je crois qu'il n'a que onze ou douze ans au plus. Je crois qu'il est dit aussi qu'au cas que M. de Turenne vint à mourir, la charge retourneroit à M. le comte d'Évreux. M. de Bouillon ne convient pas de cet article ; mais il en parle de façon à faire croire que ce que j'en marque est vrai.

Du samedi 25, *Versailles*. — Ce que j'ai marqué ci-dessus de la charge de colonel-général de la cavalerie s'est passé avec toute la grâce et l'amitié possible de part et d'autre. M. de Bouillon et M. le comte d'Évreux étoient brouillés depuis très-longtemps ; la vente de la vicomté de Turenne avoit fait beaucoup de peine à M. le comte d'Évreux ; il avoit fait tout ce qui avoit dépendu de lui pour s'y opposer. Je ne sais pas précisément ce qui l'a engagé dans cette occasion-ci à donner sa démission. J'ai ouï dire, et je le crois assez, que dans le temps que le marché que j'avois fait avec lui fut rompu, comme je l'ai expliqué plus haut, M. le comte d'Évreux et M. de Bouillon avoient obtenu l'agrément du Roi, je ne sais même si ce n'est pas par écrit, pour que cette démission eût lieu pour M. de Turenne lorsqu'il auroit douze ans ; ce qui est certain et que je sais de M. de Bouillon, c'est qu'il fut chez M. le comte d'Évreux. Il lui dit qu'il avoit pour 500,000 écus de biens libres, et qu'il lui apportoit son blanc seing, qu'il rempliroit de la somme qu'il jugeroit à propos. M. le comte d'Évreux lui répondit qu'il avoit 550,000 livres de brevet de retenue sur cette charge, qu'il rempliroit ce blanc seing de cette somme pour toute chose, et ce d'autant plus volontiers que le Roi vouloit bien accorder à M. de Turenne la même somme de brevet de retenue.

Le roi de Pologne part demain de Trianon, va dîner chez M. le chevalier de Belle-Isle à Paris et coucher chez M. de Berchiny vers Meaux pour continuer sa route vers Lunéville ; c'est la quatrième fois qu'il aura été dîner à Paris pendant son voyage. Mesdames furent hier à Trianon, et M. le Dauphin y est allé aujourd'hui faire ses adieux au roi et à la reine de Pologne. Le roi de Pologne vint ici avant-hier prendre congé du Roi, qui l'embrassa.

Du dimanche 26, Dampierre. — Quoique ce qui regarde des opérations ne soit pas trop un article à mettre dans des mémoires, cependant les choses singulières méritent toujours d'être remarquées. Il y en a eu deux de cette espèce depuis environ deux mois, l'une à un commis de M. d'Angervilliers que l'on appelle Noisette ; M. de la Peyronie qui a fait l'opération me l'a contée lui-même. Le Sr Noisette étoit malade depuis plusieurs mois sans qu'aucun remède ni purgation pût le soulager ; il avoit la fièvre, il maigrissoit et ne souffroit cependant dans aucune partie de son corps. M. de la Peyronie jugea que ce pouvoit être un abcès, et à force de le toucher extérieurement il trouva un endroit où il lui fit mal ; il jugea aussi du lieu où étoit l'abcès ; et ayant eu une indication par un peu de pus que rendoit ledit Sr Noisette par le derrière, il résolut de lui faire l'opération, mais d'une façon fort singulière, car ce fut sans instrument, ne pouvant point en faire usage ; ce fut donc avec son doigt qu'il enfonça avec force dans le derrière, et ayant touché l'endroit de l'abcès, il déchira le boyau pour donner jour audit abcès. Ce qu'il y eut d'extraordinaire, c'est qu'il se trouva dans des matières que rendit ledit Sr Noisette un gros ver qui étoit encore vivant et qui avoit à peu près la forme d'un lézard. Je n'en mets point ici la description. M. de la Peyronie doit la faire à l'Académie des sciences et le faire graver.

L'autre opération extraordinaire, c'est l'opération césarienne ; que l'on fit il y a quelque temps, à Paris, à la femme d'un ouvrier qui est contrefaite et qui étant prête d'accoucher et n'ayant nulle espérance que l'enfant pût venir à bien, demanda d'elle-même qu'on lui fît l'opération; on tira l'enfant, qui se porte bien ainsi que la mère; ce n'est pas une chose nouvelle que cette opération, mais il est rare que la mère ou l'enfant n'en meurent pas.

Du mercredi 29, *Dampierre.* — Le Roi revint hier à Versailles; il étoit à Rambouillet depuis samedi. Les dames de ce voyage étoient : Mme d'Antin, qui y étoit restée, Mmes de Mailly, de Vintimille et de Ségur. Mme de Sourches y a toujours été depuis que Mme la comtesse de Toulouse y est. Pendant ce dernier voyage, Mme de Sourches est tombée malade, d'autant plus dangereusement qu'elle étoit grosse de sept mois, et le dimanche au soir on lui fit recevoir ses sacrements. C'étoit l'heure du souper du Roi, et cette circonstance retarda le souper d'une demi-heure. Le Roi fut à la paroisse chercher le Saint-Sacrement, le suivit jusqu'à la chambre de Mme de Sourches, resta dans l'antichambre et reconduisit le Saint-Sacrement jusqu'à la paroisse, où il reçut la bénédiction et revint ensuite se mettre à table.

JUILLET.

Le Roi à Saint-Léger. — Mort de Mme de Sourches. — Esprit du Dauphin. — Départ du roi et de la reine de Pologne. — Mondonville, maître de musique de la chapelle. — Opéra composé par le duc de la Trémoille. — Mme de Mailly demande un congé à la Reine qui ne lui répond rien. — Mort de M. de Senozan. — Le Roi vient à Paris voir un nouvel égout. — Mort de M. le Pelletier Desforts. — La Cour à Compiègne. — Audience de M. de Camas, envoyé extraordinaire du roi de Prusse. — M. et Mme de Lichtenstein. — Mort du comte du Luc et de Mme de Chabot. — Conseillers d'État d'épée et ecclésiastiques. — Pension à Mme Desforts. — Mort du marquis de Bezons. — Détail sur les entrées. — La princesse de Lichtenstein va à la toilette de la Reine; conduite d'un huissier de l'antichambre. — Mouvement entre les princes du sang et les légitimés; plaintes des princes contre les Ducs. — Mort de la reine douairière d'Espagne.

JUILLET 1740.

Du samedi 2, Dampierre. — Le Roi devoit retourner hier à Rambouillet; mais la maladie de Mme de Sourches ayant fort augmenté, cet arrangement a été changé, et le Roi a pris le parti d'aller à Saint-Léger (1); il n'y a été qu'aujourd'hui après la chasse, et doit en revenir lundi. Je ne sais pas encore quelles sont les dames de ce voyage. J'ai appris aujourd'hui que Mme de Sourches étoit morte à Rambouillet (2); elle étoit fille de M. le maréchal de Biron; elle ne laisse que des filles; elle n'avoit eu d'autre garçon que celui dont elle est accouchée dans cette dernière maladie-ci, et qui est mort en venant au monde; elle n'étoit grosse que de sept mois; elle avoit beaucoup de vertu et de piété.

Je continue toujours à marquer les réponses de M. le Dauphin où il paroît le plus d'esprit. Il y a quelques jours qu'étant dans le cabinet du Roi, M. le Cardinal de Fleury y vint pour travailler avec le Roi. S. M. étoit encore dans ses cabinets. M. le Dauphin lui fit beaucoup d'amitié et M. le Cardinal badina avec lui comme à l'ordinaire, et en badinant il lui disoit : « Mais peut-on compter sur l'amitié « que vous marquez présentement; vous n'y songerez « plus lorsque vous serez grand; on ne songera plus « qu'à approcher de vous avec respect; les amitiés des prin- « ces ne sont pas toujours de longue durée. — Cependant, dit M. le Dauphin, vous avez conservé une assez « bonne fenêtre dans le cœur du Roi. » Cette expression de fenêtre est la suite d'une plaisanterie qu'on faisoit à M. le Dauphin dans tous les commencements, M. l'évêque de Mirepoix et MM. les sous-précepteurs lui disant qu'ils avoient une petite fenêtre pour voir ce qui se passoit au

---

(1) Saint-Léger, château, village et forêt du duché de Rambouillet, dans la forêt de Rambouillet, à trois lieues de cette ville. Le Roi y avait un haras.

(2) On l'avoit crue morte, mais elle a vécu encore jusqu'au 6 de ce mois à sept heures du soir. (*Note du duc de Luynes.*)

dedans de lui-même; mais l'application est juste et montre de l'esprit et de la réflexion.

Il y a quelque temps aussi qu'étant chez la Reine, elle lui dit en badinant et en l'embrassant : « Méchant enfant, « vous me donnerez bien de la peine. — Cependant, ma- « man, dit le petit Dauphin, vous seriez bien fâchée de « ne me pas avoir. » Dans un âge plus avancé cette parole signifieroit beaucoup. Mme de Mailly, qui y étoit présente et qui nous l'a redit, le conta au Roi, qui lui dit : « Croyez-« vous qu'il y entende finesse ? »

Du lundi 4, Dampierre. — J'avois oublié de marquer que le roi de Pologne partit dimanche 26 juin pour retourner en Lorraine, et la reine de Pologne le lundi. Ils ont fait des présents aux officiers des gardes du corps qui les ont gardés chacun huit jours pendant leur séjour, savoir à chaque chef de brigade une tabatière d'or avec un portrait, et à chaque exempt une boîte d'or sans portrait. Ils ont aussi fait des présents à Trianon.

Du vendredi 8, Versailles. — M. de la Mina est parti ces jours-ci, fort fâché de s'en aller, à ce que j'ai ouï dire, car il avoit grande attention à dissimuler ses véritables sentiments sur son départ. M. de Campo-Florido vint hier faire sa première révérence au Roi. C'est un homme de soixante-huit ou soixante-dix ans, qui n'est pas d'une belle figure, mais qui paroît avoir de l'esprit.

J'ai oublié de marquer que le Sr de Mondonville, qui n'a que vingt-cinq ans et qui fut reçu en qualité de violon à la chapelle et à la chambre l'année passée, vient d'avoir depuis dix ou douze jours une place de maître de musique à la chapelle, qui est la survivance du Sr Campra. Il est singulier, à l'âge dudit Sr de Mondonville d'avoir acquis autant de supériorité de talent pour le violon et pour la composition; il a déjà fait plusieurs motets qui sont fort estimés.

M. le duc de la Trémoille, premier gentilhomme de la chambre, a fait un opéra dont il n'y a encore que le prologue et les deux premiers actes d'achevés; le sujet est *l'Empire de l'Amour dans tout l'univers*. Il a composé les paroles et la musique ; il y a beaucoup d'airs agréables et de chants gracieux. Comme il ne sait point la composition, c'est le petit Bury, organiste, qui est attaché à M. de la Trémoille, qui a fait les basses, seconds dessus et toutes les parties de remplissage.

J'ai parlé ci-dessus du voyage de Saint-Léger; il n'y avoit de dames à ce voyage que Mme de Mailly et Mme de Vintimille.

Le Roi ne devoit aller à Choisy qu'aujourd'hui ; il prit tout d'un coup le parti hier de s'en aller après la chasse. Mme de Mailly, qui étoit de semaine, ne put partir en même temps. Il n'y eut point de dames hier. Mademoiselle et Mlle de Clermont doivent s'y rendre aujourd'hui de Paris, et Mme d'Antin. Mme de Vintimille étoit allée hier à Paris voir M. l'Archevêque. La maladie de M. le comte du Luc continuant toujours à Savigny, Mme de Mailly a demandé ce matin son congé à la Reine, non-seulement pour aller à Choisy, mais même pour ne la pas suivre à Compiègne, et la Reine ne lui a rien répondu. Elle part cette après-dînée avec Mme de Vintimille pour Choisy, et compte aller, avec Mademoiselle et Mlle de Clermont, de Choisy à Compiègne. Mlle de Clermont a demandé aussi permission à la Reine de ne la pas suivre.

La Reine, qui continue à aller tous les matins chez le Roi, étoit encore hier à onze heures et demie du matin chez lui. Le Roi partit à une heure et demie pour la chasse, d'où l'on savoit bien qu'il partoit tout droit pour aller à Choisy; il ne vint point rendre visite à la Reine avant que de partir, comme c'est l'usage, et la Reine ne savoit rien du tout de son départ.

Il y a trois ou quatre jours que M. de Senozan est mort ; il étoit receveur général du clergé et fort riche; il avoit donné à Mme la princesse de Tingry, sa fille, en la mariant, environ 37 ou 38,000 livres de rente ; il lui donne le surplus pour faire 40,000 livres de rente, et outre cela quelques sommes qu'il avoit prêtées en différents temps à M. de Tingry.

Mme de Flavacourt, qui a été longtemps à Paris, à cause de Mme de la Tournelle, sa sœur, vint hier chez la Reine. C'étoit l'après-dînée, avant que la Reine fût à son jeu ; il n'y avoit que deux dames du palais, Mme de Fleury et Mme de Rupelmonde, et Mme de Mazarin. La Reine demanda à Mme de Flavacourt si elle avoit des nœuds, et Mme de Fleury lui prêta les siens afin qu'elle pût être assise. C'est l'usage, à l'heure où il n'y a que les entrées qui voient la Reine (c'est-à-dire depuis cinq jusqu'à six) que la Reine fasse asseoir les dames qui ne sont point titrées, lorsqu'elles travaillent.

Du mardi 12, Versailles. — Je fus hier à Choisy ; il n'y a de dames que les quatre sœurs et Mme d'Antin, et dix-huit ou vingt hommes. Le Roi est parti aujourd'hui en gondole ; il va à Paris voir le nouvel égout du pont au Chou, où on doit mettre de l'eau pour la première fois. Cet ouvrage coûtera environ un million à la Ville, à ce que me dit hier M. Gabriel. Il me dit aussi que l'ouvrage que l'on fait ici pour la conduite des eaux, qui sera fini l'année prochaine, coûteroit 800,000 livres. Le Roi montera dans ses carrosses à Paris pour aller à Compiègne.

M. le Pelletier Desforts, ci-devant contrôleur général, mourut hier ; il ne laisse que deux petits enfants, un garçon et une fille.

Mme la comtesse de Croissy accoucha hier de deux garçons jumeaux.

Du samedi 16, Compiègne. — Le Roi arriva ici mardi. Les dames n'ont point été avec lui ni sur la rivière, à Paris, ni dans ses carrosses de Paris ici. S. M. soupa en arrivant dans ses cabinets avec des hommes seulement. Les quatre sœurs arrivèrent le même jour, un peu avant le Roi.

La Reine arriva le jeudi et M. le Dauphin vient d'arriver. On croyoit qu'il y auroit quelque changement à cet

JUILLET 1740.

arrangement par rapport à lui, à cause de la petite vérole, dont il y a eu beaucoup ici et qu'il y a même encore. La faculté avoit pris le parti d'envoyer un courrier à M. le Cardinal, qui arriva hier matin, et le premier arrangement a subsisté.

Le Roi soupa hier au grand couvert avec la Reine. Quoiqu'il n'y ait rien de décidé absolument pour les bâtiments, il paroît qu'il y a un projet, qui doit être fini en 1745, par lequel l'appartement de la Reine d'à présent doit être abattu, et on lui en construira un autre qui s'étendra par delà le fossé.

Du mardi 19, *Compiègne.* — M. de Camas, envoyé extraordinaire du roi de Prusse, arriva ici avant-hier; il est venu aujourd'hui donner part de la mort du roi, son maître. J'ai déjà marqué le cérémonial l'année passée. Le carrosse de l'introducteur des ambassadeurs, qui est M. de Sainctot, marchoit le premier; ensuite le carrosse du Roi dans lequel étoit M. de Camas et M. de Sainctot; après, marchoit le carrosse de la Reine, tous à deux chevaux, ainsi que deux berlines drapées et sans armes à l'envoyé. Ces cinq carrosses sont entrés dans la cour et y sont restés. M. de Camas est descendu à la salle des ambassadeurs, où M. de Sainctot l'a été avertir pour l'audience du Roi, qui s'est faite dans le cabinet. De là il est revenu dans la même salle pour attendre le moment de l'audience de la Reine. Cette audience étoit dans le grand cabinet avant la chambre de S. M. Le fauteuil de la Reine vis-à-vis la cheminée. M. de Camas est fort gros, et d'une belle figure. Il a un régiment dans les troupes de Prusse. Il a un bras de moins; je crois que c'est au siége de Lille qu'il a été blessé. Il paroît âgé d'environ cinquante ans (1). Je n'ai entendu

---

(1) Paul-Henri Télio de Camas, d'une famille de réfugiés français, né à Wesel en 1688, avait perdu au siége de Pizzighetone le bras gauche, qui fut remplacé par un bras artificiel dont il se servait très-adroitement. Frédéric II l'ayant envoyé en France pour annoncer son avénement au trône, il passa par Bruxelles, où se trouvait alors Voltaire. « Il commença, dit Voltaire dans

que son discours à la Reine qui n'a pas été extrêmement long et en fort bons termes ; celui qu'il a fait au Roi m'a paru être approuvé ; il parle avec esprit et en homme très-instruit. Il nous a dit que les grands hommes dont le feu roi de Prusse avoit fait un régiment étoient au nombre de 2,750, et que les sommes considérables que ce prince avoit employées pour les engagements montoient à plus de trois millions. Le roi de Prusse d'aujourd'hui a supprimé cet établissement et a pris seulement les plus grands et les mieux faits pour mettre au nombre de ses heiduques.

Du samedi 23, Compiègne. — M. de Camas ne dîna point ici au château (1) à la table du Roi ; il donna un grand dîner dans une maison qu'il a louée à la ville. Tous les ministres étrangers sont ici logés dans la ville à leurs dépens, hors les ambassadeurs d'Espagne et de Naples, qui sont logés dans des maisons louées aux dépens du Roi, comme ambassadeurs de famille.

M. le prince de Lichtenstein, qui y est aussi depuis quelques jours, compte partir incessamment pour aller à

---

ses *Mémoires*, par envoyer en France, en ambassade extraordinaire, un manchot, nommé Camas, ci-devant Français réfugié, et alors officier dans ses troupes. Il disait qu'il y avait un ministre de France à Berlin à qui il manquait une main (le marquis de Valori, qui avait eu deux doigts de la main gauche emportés au siége de Douai en 1710), et que pour s'acquitter de tout ce qu'il devait au roi de France, il lui envoyait un ambassadeur qui n'avait qu'un bras. » Camas mourut à Breslau en 1741. Voir sur ce personnage les *Œuvres de Voltaire*, édition Beuchot, tomes XL, page 51, et LIV, pages 118, 152, 169.

(1) Je demandai il y a quelques jours à M. de Sainctot quelle étoit la raison pour laquelle un envoyé extraordinaire ne dinoit point ici à la table du Roi dans la salle des ambassadeurs, comme cela se pratique à Versailles. Il me dit que c'étoit l'usage à Versailles seulement ; qu'autrefois les ambassadeurs étoient logés à la craie dans les villages voisins de Compiègne et Fontainebleau, et que ce n'étoit que pour leur plus grande commodité qu'ils avoient mieux aimé louer des maisons à leurs dépens dans les lieux mêmes de Compiègne et de Fontainebleau ; que pendant les voyages de Fontainebleau, c'étoit ordinairement à Moret, et qu'ils avoient eu un village marqué pendant le camp de Compiègne. Il m'ajouta que c'étoit depuis le ministère de M. le cardinal Dubois qu'on avoit donné le *pour*, à la craie, aux ambassadeurs. (*Addition du duc de Luynes, datée du* 26 *juillet* 1740.)

Vienne, et de là à Milan, l'empereur l'ayant nommé pour succéder à M. le comte de Traun dans la place de gouverneur général du Milanois, Mantouan, Parme et Parmesan. Je demandois il y a quelques jours à M. de Lichtenstein combien valoit ce gouvernement; il me dit 100,000 écus; c'est une place des plus considérables que l'empereur puisse donner. M. et Mme de Lichtenstein seront regrettés dans ce pays-ci, y ayant toujours tenu un grand état avec dignité et politesse. Mme de Lichtenstein y a fort bien réussi, et nous n'avons point vu d'ambassadrice qui ait eu un meilleur maintien qu'elle et qui se soit plus fait considérer. Il paroît que le projet de la cour de Vienne n'est point de renvoyer ici un autre ambassadeur.

On apprit mercredi la mort de M. le comte du Luc, frère de M. l'archevêque de Paris. Le lendemain jeudi, jour de chasse du Roi, il n'y eut que Mademoiselle, Mme de Mailly et Mme de Montmorin qui allèrent avec le Roi; Mlle de Clermont avoit suivi la Reine à la chasse, mais elle soupa dans les cabinets avec les trois autres.

Il y a déjà quelques jours que Mme de Chabot mourut. M. de Chabot est frère de feu M. le prince de Léon.

La Reine a soupé presque tous les jours de cette semaine-ci avec Mmes d'Antin, de Montauban et de Matignon. Il n'y a presque que dans cette semaine qu'elle soupe avec des dames [*sic*].

Du mardi 26, Compiègne. — M. le comte du Luc avoit une des trois places de conseiller d'État d'épée; elle fut donnée avant-hier à M. de Muy, sous-gouverneur de M. le Dauphin. Il y a trois conseillers d'État d'épée et trois ecclésiastiques; les trois d'épée sont présentement : M. de Céreste, frère de M. de Brancas, M. de Fénélon et M. de Muy; les trois ecclésiastiques sont : MM. l'abbé Bignon, l'abbé de Pomponne et l'abbé de Ravannes.

Il y a quelques jours que le Roi accorda une pension de 8,000 livres à Mme Desforts. Mme de Mailly, qui a été de tous les temps fort amie de M. et de Mme Desforts, et qui leur a toujours donné à l'un et à l'autre dans toutes les occasions des marques d'attention et d'amitié, fut exprès chez M. le Cardinal pour solliciter cette grâce. M. Desforts avoit conservé la pension de ministre de 20,000 livres.

M. le marquis de Bezons mourut il y a trois ou quatre jours; c'étoit le fils aîné de M. le maréchal de Bezons. Il avoit eu le gouvernement de Cambray (1) après la mort de M. son père; mais il en avoit déjà la survivance. M. le marquis de Bezons avoit épousé Mlle de Maisons, héritière de Normandie, dont j'ai marqué la mort ci-dessus. Il laisse cinq enfants, et du côté de leur mère ils n'ont actuellement que 12,000 livres de rente à partager entre eux cinq. M. de Bezons avoit deux frères, dont l'un est évêque de Carcassonne et l'autre le chevalier de Bezons. Feu M. le marquis de Bezons avoit outre cela trois sœurs dont une avoit épousé M. le marquis de Saint-Jal; elle est morte et n'a laissé que des filles. L'autre est Mme de la Feuillade d'aujourd'hui, restée veuve avec un ou deux garçons. Son mari étoit l'héritier de la maison de la Feuillade; il étoit colonel du régiment Royal-Piémont. Il y a encore une autre fille qui est dans un couvent.

Du vendredi 29, *Compiègne.* — J'ai appris ces jours-ci que ce qui fut décidé l'année passée par rapport à M. de Gramont a été confirmé cette année. Le Roi se poudre ici, comme je l'ai marqué déjà, dans le cabinet qui est après sa chambre, au lieu qu'à Versailles il se poudre dans ce qu'on appelle le cabinet des perruques; mais ici le débotter se fait dans la chambre, au lieu qu'à Versailles c'est dans le cabinet de glaces. M. de Gramont, qui a l'entrée des quatorze (2), entre dans le cabinet de glaces et n'entre

---

(1) Ce gouvernement vaut environ 28,000 livres de rente. (*Note du duc de Luynes.*)

(2) Le duc de Luynes dit à la date du 6 janvier 1741 que les entrées des quatorze sont à proprement parler les entrées du cabinet. Personne n'avait

point dans le cabinet des perruques ; de même ici il entre dans la chambre et n'entre point à la poudre du Roi, qui est dans le cabinet après la chambre. Cependant quand ce n'est point le moment où le Roi se poudre, l'entrée des quatorze entre dans ce cabinet comme dans le cabinet de glaces à Versailles. Mais, dans le fond, tout cela revient au même ; le Roi faisant ici son débotter dans la chambre, les courtisans qui n'ont point d'entrées restent dans l'antichambre ; au lieu qu'à Versailles, ils restent dans la chambre, et lorsque le Roi est dans son cabinet et que les entrées des quatorze y entrent, les courtisans restent dans la chambre ici comme à Versailles.

Du samedi 30, *Compiègne*. — Avant-hier Mme la princesse de Lichtenstein fut à la toilette de la Reine ; elle monta le grand escalier, suivie par un page qui portoit sa robe et traversa la salle des gardes. Étant arrivée dans la pièce où le Roi et la Reine soupent, et qui communique d'un côté à l'antichambre du Roi et de l'autre à l'antichambre de la Reine, et le page continuant de porter la robe dans cette pièce, le Sr Pernault, huissier de l'antichambre, lui dit qu'il ne devoit point y porter la robe de Mme l'ambassadrice. On prétend qu'il y eut une répartie vive de la part du page ; mais, ce qui est certain, c'est que le Sr Pernault fit tomber la robe de ses mains. M. le prince de Lichtenstein, instruit de ce qui venoit de se passer, alla sur-le-champ en parler à M. le Cardinal. Il fut arrêté que l'huissier seroit interdit, ce qui fut exécuté. M. de la Trémoille m'a dit que M. le Cardinal lui avoit ajouté que sans doute Mme de Lichtenstein demanderoit le rétablissement de cet huissier ; mais que si par hasard elle ne le demandoit pas, il faudroit tout de même le rétablir. Mme de Lichtenstein l'a demandé, et il a été remis dans l'exercice de ses fonctions. L'huis-

---

droit à ces entrées ni par naissance, ni par charge ; le Roi les accordait à ceux à qui il donnait les entrées familières.

sier avoit grand tort dans la forme; il devoit seulement avertir le page, et sur son refus en rendre compte à M. de la Trémoille, qui est en année. Quant au fond, il sembleroit que cette pièce, étant gardée par un huissier de l'antichambre et étant immédiatement avant celle qui précède la chambre du Roi, doit être réputée comme l'antichambre du Roi à Versailles, où les dames n'ont point le droit de se faire porter la robe. Cependant quelques circonstances paroissent rendre cette pièce différente de celle de Versailles, si elle n'est réputée qu'antichambre du Roi; le Roi, quand il soupe au grand couvert avec la Reine, mange toujours dans l'antichambre de la Reine, et ici c'est toujours dans cette pièce qu'il mange, et jamais la Reine ne mange dans l'antichambre du Roi. D'ailleurs, il y a une porte qui donne dans cette pièce qui est précisément au coin, près de l'antichambre de la Reine et qui dégage à un petit escalier, lequel descend dans la cour et monte dans les corridors. C'est par cet escalier qu'arrive Mme de Mazarin, Mme de Gramont, Mme d'Hunières et Mme de Luynes, et par conséquent les laquais attendent presque toujours dans cette pièce, hors ceux de la dame d'honneur et de la dame d'atour qui entrent dans l'antichambre de la Reine. Ainsi, quoique cette pièce soit gardée par un huissier de l'antichambre, il n'a pas été décidé positivement si l'on y devoit porter la robe ou non. L'usage est contraire jusqu'à présent, et plusieurs dames y ont passé ayant leur robe portée par leur laquais. Il y a quelques jours qu'un page de Mme de Castropignano porta sa robe jusque dans cette antichambre de la Reine; l'huissier avertit l'écuyer que cela étoit contre la règle, et l'écuyer fit quitter la robe au page.

Il y a un grand mouvement ici entre les princes du sang et les légitimés, au sujet du rang que ceux-ci demandent pour les enfants qui viendront. L'occasion de ces mouvements est un mariage projeté pour M. le duc de Penthièvre. Il avoit été question d'abord de Mlle de Conty; Mme la princesse de Conty y consentoit pourvu que les enfants eussent un rang. Les idées paroissent avoir changé sur le mariage, et je crois qu'il est question aujourd'hui d'une princesse de Modène ; mais l'affaire subsiste en elle-même et est suivie avec la plus grande vivacité. M. le duc d'Orléans a pris parti pour les bâtards et a déclaré en termes formels qu'il n'étoit point étonné que les autres princes du sang pensasent différemment; mais que pour lui, élevé par une mère bâtarde et qui aimoit les bâtards, il avoit appris d'elle les mêmes sentiments et qu'il seroit bien aise de tout ce que l'on feroit pour eux. M. le comte de Charolois est aussi dans les intérêts des légitimés. Mademoiselle, Mlle de Clermont, Mlle de Sens, M. le comte de Clermont, M. le prince de Conty sont très-vivement opposés à leurs prétentions. Les princes du sang ont fait faire un mémoire très-détaillé et rempli de dates exactes qui remontent fort haut. M. le comte de Clermont a donné ces jours passés à M. le Cardinal un mémoire qui n'est point signé, et M. le prince de Conty, qui ne veut point avoir affaire à M. le Cardinal et qui ne va jamais chez lui, le donna directement au Roi, qui lui dit qu'il y feroit attention. Il y a aussi un mémoire des légitimés. Mademoiselle demanda il y a quelques jours ce mémoire à Mme la comtesse de Toulouse pour le communiquer. Ce mémoire contient plusieurs propositions d'accommodement, desquelles les princes du sang paroissent jusqu'à présent extrêmement éloignés. Je n'ai point vu ce mémoire, mais j'ai parlé à quelqu'un qui en est fort instruit. Les propositions des légitimés sont pour mettre de la différence dans le rang et les honneurs entre leurs enfants et les princes du sang. Dans la pratique ces différences pourroient n'être pas extrêmement sensibles. Ils proposent, par exemple, que lorsque leurs enfants passeront dans la salle des gardes, il n'y ait que la moitié de la salle qui prenne les armes, au lieu que toute la salle les prend pour les princes du sang; que lorsqu'ils présenteront le service au dîner ou au souper du Roi, au lieu que c'est le chef de gobelet qui présente la serviette aux princes du sang, ce ne sera qu'un aide qui la présentera aux enfants; de même pour la chemise au lever et au coucher du Roi, que ce soit un garçon de garde-robe au lieu du premier valet de garde-robe; qu'aux grandes messes au lieu que c'est un aumônier qui présente le pain bénit aux princes du sang, que ce ne soit qu'un clerc de chapelle ; à la communion du Roi, lorsqu'il y aura deux princes du sang, ils tiendront la nappe de préférence; lorsqu'il n'y aura qu'un prince du sang, un légitimé ou le fils d'un légitimé, il tiendra le côté gauche de la nappe; quand il n'y aura point de prince du sang, deux légitimés ou fils de légitimés tiendront les deux côtés de la nappe; quand il n'y aura qu'un fils de légitimé, il tiendra le côté droit et un duc le côté gauche. Il est aisé de voir que par l'événement ce dernier cas ne se rencontreroit jamais. D'ailleurs ils demandent tous les mêmes honneurs que les princes du sang dans leurs gouvernements; et dans les provinces et places dont ils ne seront point gouverneurs, des honneurs au-dessous de ceux des princes du sang, mais au-dessus des autres; et tels qu'il plaira au Roi de les régler. Ils demandent aussi le *Monseigneur* de tout le monde, et l'*Altesse Sérénissime* même des ducs. Les princes paroissent bien éloignés d'accepter aucune de ces propositions et sont déterminés de protester hautement contre tout ce qui pourroit être décidé en faveur des légitimés, aimant mieux même courir le risque d'être exilés que de ne pas agir au plus fortement contre un projet qu'ils regardent comme insoutenable. M. le comte de Clermont, qui est fort lié d'amitié avec Mmes de Mailly et de Vintimille, dîna il y a deux ou trois jours avec ces deux dames chez Mme de Mailly. Mme de Vintimille, qui paroît prendre vivement les intérêts des légitimés, et qui est fort vive et parle plus ouvertement et plus librement que Mme de Mailly sur ce qu'elle pense, tâcha de persuader à M. le comte de Clermont que le projet des légitimés ne faisoit aucun tort aux princes du sang; la conversation se passa avec politesse et amitié de part et d'autre; mais M. le comte de Clermont en sortit fort mécontent de Mme de Vintimille et sans être persuadé. Cette conversation avoit duré environ trois heures.

Les princes du sang paroissent chercher présentement à se réunir avec les ducs (il n'est pas vraisemblable que ces sentiments durent longtemps); ils se plaignent qu'en toutes occasions les ducs cherchent à s'éloigner d'eux; ils disent qu'en dernier lieu, à l'enterrement de M. le Duc, quoiqu'il y ait beaucoup de ducs parents de la maison de Condé, ils n'ont pas pu en trouver un seul qui voulût les accompagner à la cérémonie qui s'est faite à Enghien ou Montmorency; qu'ils y prièrent tous les Montmorency, qui n'étoient point ducs, et les princes de la maison de Lorraine qui n'ont fait nulle difficulté sur le traitement. Les princes du sang ajoutent qu'ils ne disputent point aux ducs les honneurs dont ils ont joui en plusieurs occasions, lorsque le Roi nomme un prince du sang pour aller jeter de l'eau bénite (j'ai mis ci-dessus le détail de ce traitement : de marcher à côté du prince du sang, l'épaule seulement en arrière, la queue du manteau portée par un gentilhomme et laissée au milieu de la pièce qui précède celle du corps, le manteau repris dans le même endroit, etc.); qu'à l'égard des cérémonies qu'il y a eu pour feu M. le Duc, qu'ils ne refusent pas de traiter les ducs comme ils ont traité les princes lorrains, qui en sont contents et qui ne refusent en aucune occasion d'aller avec eux. Ce traitement au service de M. le duc, à Montmorency ou Enghien, fut que le prince du sang étoit sur un prie-Dieu avec un carreau et un drap de pied, et le prince lorrain sur un carreau à côté du prie-Dieu, cependant un peu en arrière et hors du drap de pied, assez près pourtant pour pouvoir s'appuyer sur ledit prie-Dieu. En général, il ne paroît pas trop soutenable que les ducs prétendent un rang plus grand que ceux des princes lorrains.

M. le prince de Campo-Florido m'a dit aujourd'hui qu'il avoit nouvelles de la mort de la reine douairière d'Espagne, qui a été plusieurs années à Bayonne et qui étoit repassée à Guadalaxara, en 1738, où elle est morte. Elle se nommoit Marie-Anne de Neubourg et avoit environ soixante-treize ans. Cette princesse étoit fille de Philippe-Guillaume, né en 1615, lequel fut duc de Neubourg en 1653 et électeur palatin en 1685, le 26 mai, par l'extinction de la branche électorale de Simmern, et mourut à Vienne en 1690, le 2 septembre. Ce fut après la mort de sa première femme, Marie-Louise d'Orléans, en février 1689, que Charles II, roi d'Espagne, fit faire la demande en mariage de la princesse de Neubourg, que le comte de Mansfeld, ambassadeur d'Espagne, épousa au nom du roi, son maître, le 28 août 1689. Les noces se firent à Valladolid, le 4 mai 1690. M. de Campo-Florido a une de ses filles mariée à M. de Castel-dos-Rios, fils de celui qui apporta en France le testament de Charles II.

M. de Campo-Florido paroît peu content jusqu'à présent du traitement que veut lui faire le roi d'Espagne. J'ai marqué ci-dessus que M. de la Mina avoit 1,000 pistoles par mois, la pistole valant 16 livres de notre monnoie, ce qui fait 12,000 pistoles par an. Le roi d'Espagne ne veut donner que 8,000 pistoles par an à M. de Campo-Florido. Il en avoit 7,000 à Venise, et la pistole d'Espagne vaut dans cette république 20 livres de notre monnoie.

AOUT.

Deuils de Cour. — Traitements des ambassadeurs. — Morts de Mme de Richelieu, de M. Hérault, de M. Dubois, frère du cardinal. — Comédiens établis dans les fossés de Compiègne. — Différences des usages de Compiègne et de Versailles. — Nominations diverses. — Présentation de la princesse de Campo-Florido. — Audience des États de Languedoc. — Frédéric II et Voltaire ; Épître de Voltaire au roi de Prusse. — Réponse de J.-B. Rousseau à des vers attribués à Voltaire. — Affaire des principautés de Neufchâtel et de Valengin. — Présentation de Mlle de Campo-Florido. — Harangue des États de Languedoc. — Tabatière et reliquaire donnés à la Reine et à Mme de Luynes. — Portraits de centenaires. — Audience de la ville de Paris; harangue de M. d'Aligre. — Harangue du clergé. — Détail sur la compagnie des chevau-légers. — États de l'appartement du Dauphin à Versailles. — Sédition à Versailles. — Élection du pape Benoît XIV. — Mort de la duchesse de Gontaut.

Du mardi 2 août, Compiègne. — Le Roi décida hier que les grands d'Espagne draperoient pour la feue reine d'Espagne; ils n'avoient point drapé à la mort de Don Louis (1) ; il n'y eut que le maréchal de Villars qui s'avisa de draper; il se trouva seul, et par cette raison fut obligé de ne point faire usage de ses carrosses et de sa livrée. Au bout de trois semaines que finira le deuil du roi de Prusse, on quittera le deuil, et trois jours après on le prendra pendant trois semaines pour la reine douairière d'Espagne. Elle a laissé pour plus de deux millions de dettes à Bayonne; mais il lui étoit dû beaucoup plus que cela par le roi d'Espagne.

J'ai marqué ci-dessus ce que la cour d'Espagne donnoit à ses ambassadeurs de Venise et de France. Je demandai hier à l'ambassadeur de Venise quel étoit le traitement que lui faisoit sa cour ; il est bien différent; il me dit que cela n'alloit qu'à 100 louis par mois et qu'il avoit reçu 18,000 livres pour son établissement. M. de Castropignano me dit aussi hier que ce qu'il avoit de la cour de Naples montoit à 100,000 francs par an.

Pendant la semaine dernière, Mme de Mailly n'a point

---

(1) Louis, prince des Asturies, fils aîné de Philippe V. Il fut proclamé roi d'Espagne après l'abdication de son père, le 19 janvier 1724, et mourut le 31 août de la même année.

été à la chasse parce qu'elle étoit de semaine, et même mercredi ou jeudi, quoique ce fût un jour gras, le Roi soupa dans ses cabinets sans qu'il y eût de dames. Mme de Mailly étoit ce jour-là chez moi le soir; je lui demandai s'il n'y avoit point de dames en haut. Elle me dit : « Comment pouvez-vous me faire cette question, puisque je n'y suis pas? » Mme de Vintimille est revenue ces jours-ci de Paris et fut à la chasse dès le lendemain de son arrivée; Mme de Mailly n'y étoit point; il y avoit Mlle de Clermont, Mme de Ségur, Mme de Montmorin. Mmes de Mailly et de Vintimille furent hier avec le Roi. Mlle de Clermont étoit à la chasse avec la Reine, et Mademoiselle un peu malade. On mit deux hommes dans la calèche, qui étoient M. de Luxembourg et M. de la Fare. Les quatre sœurs et Mme de Ségur soupèrent dans les cabinets.

Du mercredi 3, Compiègne. — On a appris aujourd'hui la mort de Mme de Richelieu; elle étoit depuis longtemps malade de la poitrine; le voyage de Montpellier, où elle étoit accouchée d'une fille, a été le commencement de sa maladie ou au moins l'avoit fort augmentée. Elle avoit eu deux garçons et une fille; il y en a un de mort et l'autre est fort délicat. Elle étoit fille de M. le prince de Guise et sœur de feu Mme de Bouillon, la belle-mère de M. de Bouillon d'aujourd'hui. Elle étoit d'un caractère fort aimable et d'une figure qui plaisoit; elle avoit toujours eu la plus tendre amitié pour M. de Richelieu, et dans sa dernière maladie elle lui en donna encore une preuve. S'étant confessée au P. Ségaud, jésuite, fameux prédicateur, M. de Richelieu lui demanda si elle en avoit été contente; elle lui dit en lui serrant la main : « Assurément, car il ne m'a pas défendu de vous aimer. » Le jour qu'elle mourut, se sentant à la dernière extrémité, à cinq heures du matin, elle demanda M. de Richelieu, qui dans ce moment étoit chez lui, et lui dit que tout son désir avoit été de mourir entre ses bras;

en disant ces mots, elle fit un dernier effort pour l'embrasser et expira.

On a appris aussi aujourd'hui la mort de M. Hérault, ci-devant lieutenant général de police et depuis intendant de Paris. Il est mort hydropique. C'est une perte; il étoit fort estimé. L'on parle de deux personnes pour remplir cette place : M. Turgot, prévôt des marchands, qui quitte cette place parce que son temps est fini, et M. d'Argenson le cadet, chancelier de M. le duc d'Orléans. M. Turgot paroît fort désiré, et même Mme de Mailly s'y intéresse vivement; cependant elle croit qu'il n'aura point cette place; M. d'Argenson est fort ami de M. le Cardinal.

On a aussi appris la mort de M. Dubois; il avoit quatre-vingt-dix ou onze ans; c'étoit le frère aîné de feu M. le cardinal Dubois. Il avoit été directeur général des ponts et chaussées et secrétaire du cabinet. C'est M. de Verneuil, introducteur des ambassadeurs, qui a depuis plusieurs années cette place de secrétaire du cabinet, dont M. Dubois s'étoit réservé les appointements, lesquels sont de 8,000 livres.

Il y a ici une troupe de comédiens qui y sont établis dès l'année passée dans les fossés; ce ne sont point les comédiens du Roi : ils ne viennent point ici. Mme de Mailly y va aujourd'hui; elle avoit chez elle, à sa toilette, ce matin, non-seulement beaucoup de gens de ce pays-ci, mais même les ambassadeurs de Russie, de Venise et de Sardaigne.

Les usages de Compiègne sont si différents de ceux de Versailles que je ne puis m'empêcher d'en marquer un mot. Il n'entre dans la cour de Compiègne ainsi qu'à Versailles que les carrosses des gens titrés; cependant celui de M. le comte de Tessin y entre quoiqu'il ne soit ni titré ni ambassadeur. Les carrosses n'entrent plus à Versailles dans la cour quand le Roi est couché, et on fait même sortir ceux qui s'y trouvent. Ici, l'on ferme à la vérité la porte de la cour quand le Roi ou la Reine sont couchés; mais on ne fait point sortir les carrosses qui sont dans la cour, quoique l'appartement de la Reine donne précisément sur la cour.

J'ai marqué aussi ci-dessus la différence qu'il y a ici lorsque le Roi mange au grand couvert, et [que la salle où il mange] étant après la salle des gardes ne peut être réputée qu'antichambre, et même antichambre du Roi, puisqu'elle est gardée par un huissier de l'antichambre, et cependant l'on y porte la robe aux dames. C'est où arriva, il y a quelques jours, l'aventure de Mme de Lichtenstein.

J'ai marqué aussi la différence de la chambre du Roi où se fait le botter et le débotter du Roi, au lieu qu'il se fait à Versailles dans le cabinet de glaces; par conséquent tous ceux qui n'ont point d'entrées attendent dans l'antichambre; cependant dans cette saison où les fenêtres sont presque toujours ouvertes, en passant sur la terrasse l'on est presque comme si l'on étoit dans la chambre du Roi, parce que la grille est posée de façon qu'elle n'enferme point la chambre du Roi, et même le garde du corps qui est en sentinelle auprès de cette grille, a la vue de tout ce qui se passe dans la chambre du Roi.

Du vendredi 5, Compiègne. — On nomma avant-hier M. d'Argenson intendant de Paris; c'est le cadet, lequel étoit chancelier de M. le duc d'Orléans.

La place de conseiller d'État de M. Hérault a été donnée à M. de Fontanieu, et M. de la Houssaye a eu parole pour la première place vacante.

Le gouvernement de Cambrai, vacant par la mort de M. le marquis de Bezons, vient d'être donné à M. le comte de la Marck, notre ambassadeur en Espagne, et le gouvernement de Landrecies (1), qu'avoit M. de la Marck, a

---

(1) Ce gouvernement est sur l'état du Roi à 11,250 livres et vaut 12 à 13,000 livres. (*Note du duc de Luynes.*)

AOUT 1740.

été donné à M. le duc de Biron. On ne sait point encore si l'on a fait quelque chose pour MM. de Bezons.

Il y eut hier chasse. Le Roi y mena cinq dames : les quatre sœurs et Mme Amelot; elles soupèrent toutes cinq dans les cabinets; elles étoient dans deux calèches à la chasse, et il y avoit d'hommes : MM. de Luxembourg, de la Fare et du Bordage.

M. de Campo-Florido présenta hier ses deux enfants cadets, dont l'un est abbé et l'autre chevalier de Malte; il s'appelle Reggio en son nom.

M. de Lomellini, envoyé de Gênes, a présenté aussi ces jours-ci son frère, que l'on appelle le chevalier de Lomellini, et son cousin qu'on nomme le chevalier ou le baron Balbi. Ce M. Balbi est frère de la belle Mme Brignole, Génoise.

Mme la princesse de Campo-Florido arriva ici avant-hier; elle a été présentée aujourd'hui. C'est une femme de soixante ans qui a l'air assez noble; elle est petite, assez grosse et fort laide. Son nom est Gravina, famille considérable en Espagne. La présentation s'est faite à l'ordinaire. Mme de Campo-Florido descendit dans l'appartement de Mme de Luynes, avec M. de Sainctot, lequel monta chez la Reine, et au sortir de la messe revint l'avertir. Elle monta par le petit escalier qui donne à la porte de l'antichambre de la Reine. La Reine étoit dans la grande pièce où elle mange, qui est avant sa chambre (car à Compiègne elle ne mange point dans sa chambre, ni le matin ni le soir); le fauteuil de la Reine dans le fond de cette pièce, le dos tourné à la cheminée. M. de Sainctot vint avertir Mme de Luynes qui sortit dans l'antichambre pour recevoir l'ambassadrice et rentra avec elle ayant la droite sur l'ambassadrice. Les trois révérences faites, Mme l'ambassadrice baisa le bas de la robe; on apporta deux pliants; alors Mme de Luynes passa à la gauche et elles s'assirent toutes deux vis-à-vis la Reine. Il y avoit grand nombre de dames assises et quelques-unes debout. Celles qui sont debout

15.

désireroient qu'il y eût un espace entre la Reine et les dames assises, derrière lesquelles elles ne veulent point demeurer ; ce qui n'est pas souvent aisé à observer, à cause du peu de place. M. de Sainctot alla avertir le Roi, qui vint par l'antichambre de la Reine, salua et baisa Mme l'ambassadrice, et sortit fort peu de temps après. Mme de Luynes s'avança pour reconduire le Roi, qui lui fit signe de rester. Après que le Roi fut retiré, M. de Sainctot alla avertir M. le Dauphin, qui vint aussi par l'antichambre de la Reine, salua et baisa Mme de Campo-Florido, et baisa ensuite la Reine. Après que M. le Dauphin fut retiré, la Reine se rassit encore et toutes les dames titrées; mais elle se leva peu après, et l'ambassadrice se retira avec les révérences accoutumées, et descendit chez Mme de Luynes en attendant le dîner. L'usage est, comme je dois l'avoir marqué ci-dessus, que les ambassadrices étrangères, le jour de leur audience, dînent à la table de la Reine, c'est-à-dire à la table de son premier maître d'hôtel, que la dame d'honneur est censée tenir ce jour-là, et les ambassadrices de famille dînent chez la dame d'honneur. Cela s'est pratiqué de même à l'égard de Mme de la Mina et de Mme de Castropignano, depuis que Mme de Luynes est en place, et celle-ci est le troisième exemple. Lorsque les ambassadrices étrangères restent le lendemain de leur audience, elles dînent ordinairement chez la dame d'honneur. Nous l'avons pratiqué de même à l'égard de Mme de Lichtenstein, de Mme Zéno. Le logement de Mme de Luynes ici étant trop petit pour un repas de cérémonie, elle avoit prié M. le cardinal de Fleury de trouver bon qu'elle empruntât la salle du conseil ; elle la demanda à M. le chancelier; elle est de plain-pied à la cour, et n'est séparée du logement de Mme de Luynes que par celui de M. de Gramont. Il y avoit à ce dîner les ambassadeurs et ambassadrices des Deux-Siciles et d'Espagne, les deux enfants de M. de Campo-Florido, l'abbé Dévoli, frère de M. de Castropignano, M. le duc de Montanègre, M. et Mme d'Humières, M. et Mme de

Fleury, M. et Mme de Tessé, M. de Chalais, M. le marquis de Ruffec, M. de Sainctot; M. et Mme Amelot devoient y être et en étoient priés, mais ils se trouvèrent engagés ce jour-là; M. le duc de Gesvres en étoit prié, mais il ne vint qu'après dîner, à cause qu'il n'y avoit que du maigre. C'est Mlle de Clermont qui a fait avertir les dames pour l'audience; il y en avoit fort peu, et il y avoit un intervalle entre le fauteuil de la Reine et les dames assises. M. de Brézé auroit dû avertir Mmes de Luynes et de Mazarin pour l'audience; il l'a oublié et elles s'en sont plaintes.

Il y eut hier chasse; les dames qui allèrent avec le Roi étoient : Mlle de Clermont, les deux sœurs et Mme de Montmorin. Il n'y eut que des hommes à souper dans les cabinets. Les jours que le Roi ne soupe point avec des dames dans les cabinets, il y a souper chez Mlle de Clermont; Mademoiselle y soupe, mais jamais chez elle.

M. le prince de Rohan remit hier, avec l'agrément du Roi, le détail et le commandement des gendarmes du Roi à M. le prince de Soubise, son petit-fils. Dans l'arrangement fait lorsque M. le prince de Soubise eut la charge, M. le prince de Rohan devoit garder le détail et le commandement un certain temps, et ce temps est fini; je crois que c'est six ans.

Du jeudi 11, *Compiègne.* — L'on quitte demain le deuil du roi de Prusse pour prendre celui de la reine d'Espagne. Les hommes prendront des bas noirs et des épées noires; voilà la seule différence qu'il y a. Les femmes reprendront le grand deuil. M. de Campo-Florido donna part, il y a cinq ou six jours, de la mort de la reine douairière d'Espagne et prit ce même jour des pleureuses. Mme de Luynes s'est plainte aujourd'hui à M. de Gesvres de n'avoir pas entendu parler du deuil. L'usage est que le premier gentilhomme de la chambre en année avertit la dame d'honneur du jour que le Roi prend et quitte le deuil; M. de Gesvres lui a dit que c'étoit de la faute de M. de la Trémoille, et qu'il lui en parleroit.

Les États de Languedoc ont eu aujourd'hui audience : c'est M. de Narbonne (1) qui a harangué, et qui a parlé à merveille. Le tiers état à genoux à l'ordinaire. Je n'ai entendu que la harangue de la Reine, dont on m'a paru fort content, et on m'a dit que celle au Roi étoit tout au mieux ; la Reine a attendu quelques moments pour l'audience. M. le prince de Dombes, qui est venu avec M. de Saint-Florentin un moment avant M. de Narbonne pour prendre les ordres de la Reine, lui a dit que la cause du retardement avoit été le temps qu'il avoit fallu pour prendre les ordres du Roi pour la tenue des États. M. le prince de Dombes marchoit à la droite et M. de Saint-Florentin à la gauche de M. de Narbonne, et M. de Brézé, comme grand maître des cérémonies, à la droite de M. le prince de Dombes.

M. de Beauvau, inspecteur de cavalerie, a été nommé pour aller en Prusse faire compliment au roi et à la reine de Prusse sur la mort du feu Roi. Il aura la qualité d'envoyé extraordinaire.

Le roi de Prusse d'aujourd'hui (2) étoit fort dans le goût des sciences depuis plusieurs années et en grande liaison avec Voltaire, à qui il a fait l'honneur d'écrire depuis son avénement à la couronne. Voltaire lui a fait la réponse ci-jointe ; il me paroît qu'elle n'est pas trop approuvée ni digne de l'être, et que la critique aussi forte sur la conduite du feu roi de Prusse ne peut plaire à son fils. Outre cela les louanges qu'il donne à ce prince sont accompagnées de tant de mépris pour les autres rois qu'un pareil ouvrage ne peut jamais réussir. Je joins aussi une réponse en vers que l'on prétend être de Rousseau sur la lettre écrite par Voltaire au roi de Prusse. Pour entendre ces vers il faut savoir qu'il y a eu une pièce appelée le Che-

---

(1) Jean-Louis de Bertons de Crillon, archevêque de Narbonne.
(2) Frédéric II, surnommé *le Grand*, né en 1712, mort en 1786.

valier des loups (1) fort injurieuse au feu roi de Prusse et dont on ne connoît point l'auteur. Rousseau attribue cette pièce à Voltaire. Les vers qui sont écrits immédiatement après la lettre et qui commencent ainsi : *Un philosophe règne,* ne sont pas aussi sûrement de Voltaire que la lettre, au moins il paroît que l'on en doute.

ÉPITRE DE VOLTAIRE AU ROI DE PRUSSE (2).

Quoi! vous êtes monarque, et vous m'aimez encore!
Quoi! le premier moment de cette heureuse aurore
Qui promet à la terre un jour si lumineux,
Marqué par vos bontés, met le comble à mes vœux!
O cœur toujours sensible! âme toujours égale!
Vos mains du trône à moi remplissent l'intervalle.
Un philosophe est roi, méprisant sa grandeur.
Vous m'écrivez en homme et parlez à mon cœur.
Vous savez qu'Apollon, ce dieu de la lumière,
N'a pas toujours du ciel éclairé la carrière;
Dans un champêtre asile il passa d'heureux jours;
Les arts qu'il y fit naître y firent ses amours;
Il chanta la vertu; sa divine harmonie
Polit des Phrygiens le sauvage génie.
Solide en ses discours, sublime en ses chansons,
Du grand art de parler il donna des leçons.
Ce fut le siècle d'or, car, malgré l'ignorance,
L'âge d'or en effet est le siècle où l'on pense.
Un pasteur étranger, attiré vers ces bords,
Du dieu de l'harmonie entendit les accords;
A ces sons enchanteurs il accorda sa lyre;
Le dieu qui l'approuva prit le soin de l'instruire,
Mais le dieu se cachoit, et le simple étranger
Ne connut, n'admira, n'aima que le berger.

---

(1) On trouve dans les *Œuvres de Voltaire* une pièce de vers qui a pour titre *le Loup moraliste*. Voltaire désavoue cette pièce dans son *Commentaire historique.* (Voir tomes XIV, page 310, et XLVIII, page 400 de l'édition Beuchot.)

(2) Cette épître est imprimée dans les *Œuvres de Voltaire* publiées par M. Beuchot, tome XII, page 138, 1833, in-8°. Nous la reproduisons parce qu'elle offre quelques variantes avec les deux textes donnés par M. Beuchot.

Je suis cet étranger, ce pasteur solitaire ;
Mais quel est l'Apollon qui m'échauffe et m'éclaire ?
C'est à vous de le dire, à vous qui l'admirez,
Peuples qu'il rend heureux, sujets qui l'adorez.
A l'Europe étonnée annoncez votre maître.
Les vertus, les talents, les plaisirs vont renaître.
Les sages de la terre appelés à sa voix,
Accourent pour l'entendre et recevoir ses lois.
Et toi dont la vertu brilla persécutée,
Toi qui prouvas un Dieu, et qu'on nommoit athée,
Martyr de la raison, que l'Envie en fureur,
Chassa de son pays par les mains de l'Erreur,
Reviens, il n'est plus temps qu'un philosophe craigne ;
Socrate est sur le trône et la vérité règne.
Cet or qu'on entassoit, ce pur sang des États
Qui leur donne la mort en ne circulant pas,
Répandu dans ses mains au gré de sa prudence,
Va ranimer leur vie et porter l'abondance.
La sanglante injustice expire sous ses pieds :
Déjà les rois voisins sont tous ses alliés ;
Ses sujets sont ses fils, l'honnête homme est son frère ;
Ses mains portent l'olive, et s'arment pour la guerre.
Il ne cherchera point ces énormes soldats,
Ce superbe appareil, inutile aux combats,
Fardeaux embarrassants, colosses de la guerre,
Enlevés à prix d'or aux deux bouts de la terre ;
Il veut dans ses guerriers le zèle et la valeur,
Et, sans les mesurer, juge d'eux par le cœur.
Il est héros en tout puisqu'en tout il est juste.
Il sait qu'aux yeux du sage on a ce titre auguste.
Par des soins bienfaisants, plus que par des exploits,
Trajan, non loin du Gange, enchaîna trente rois.
A peine eut-il un nom fameux par la victoire :
Connu par ses bienfaits, sa bonté fut sa gloire.
Jérusalem conquise et ses murs abattus
N'ont point solennisé le grand nom de Titus ;
Il fut aimé : voilà sa grandeur véritable.
O vous qui l'imitez, vous son rival aimable,
Effacez le héros dont vous suivez les pas.
Titus perdit un jour, et vous n'en perdrez pas.

Un philosophe règne, ah ! le siècle où nous sommes
Le désiroit sans doute et n'osoit l'espérer.

Mon prince a mérité de gouverner les hommes,
  Il les sait éclairer.
Laissons tant d'autres rois croupir dans l'ignorance,
Idoles sans vertus, sans oreilles, sans yeux ;
Que sur l'autel du vice, un flatteur les encense,
  Images des faux dieux.
Quelle est du Dieu vivant la véritable image?
Vous, des talents, des arts, et des vertus l'appui ;
Vous, Salomon du Nord, plus savant et plus sage
  Et moins foible que lui (1).

RÉPONSE DE ROUSSEAU.

Voltaire, qui jamais ne connut son talent,
En dépit d'Apollon tranchant de l'agréable,
Caresse son héros comme fit au vieux temps
  Le baudet de la fable.
Mais tu connois, grand Roi, l'écrivain travesti
Du Chevalier des loups. En ta juste colère,
Imitant Salomon, de ce faux Seméi
  Tu vengeras ton père.

Je n'ai point mis jusqu'à présent ce qui s'est fait à l'occasion de la mort du roi de Prusse, c'est le lieu d'en dire un mot.

Mme de Nemours, comme on le sait, a été paisible souveraine jusqu'à sa mort des principautés de Neufchâtel et de Valengin, en Suisse, par les droits de la maison de Longueville justement acquis sur ces deux souverainetés. Mme de Nemours avoit fait donation de ces deux souverainetés à M. de Neufchâtel, mon beau-père, ne s'en réservant que l'usufruit. M. de Neufchâtel est mort en 1703, Mme de Nemours en 1707. Dans cette année 1707, plusieurs prétendants se transportèrent à Neufchâtel pour y faire valoir leurs prétentions, M. le prince de Conty, MM. de Nesle, de Villeroy, de Matignon, etc., et le roi de Prusse y envoya M. de Metternich pour de-

---

(1) Ces vers ne se trouvent pas dans les *Œuvres de Voltaire*.

mander en son nom l'investiture de ces deux souverainetés comme y ayant droit par la maison de Chalon. M*me* de Neufchâtel y fut aussi avec feu M*me* de Luynes, ma première femme, qui n'étoit pas encore mariée. Quoiqu'il ne fut point question de rien changer au libre exercice de la religion, que les droits de M*me* de Nemours, de M. de Neufchâtel, et par conséquent ceux de M*lle* sa fille, dussent exclure toutes autres prétentions, et que M*me* de Nemours eût conservé un parti (1) considérable dans le pays, où sa mémoire est encore honorée, quoiqu'enfin les droits du roi de Prusse fussent les moins fondés, pour ne pas dire même qu'ils étoient sans fondement, les sollicitations, l'argent, la conformité de religion, firent que ces deux souverainetés se donnèrent à lui. On peut voir dans les mémoires qui furent faits alors le peu de solidité des moyens sur lesquels il se fondoit et l'irrégularité de la forme qu'il y a eu dans les États qui lui ont adjugés lesdites souverainetés. La France ayant reconnu depuis cette souveraineté, il ne pouvoit être question de troubler en aucune manière le nouveau souverain. Cependant les lois du pays exigeant que tous prétendants se présentent dans les quarante jours après la mort du dernier souverain pour demander l'investiture, sans quoi il est déchu de ses droits, je crus qu'il étoit convenable de faire quelques démarches. J'en parlai à M. Amelot et à M. le Cardinal qui trouvèrent qu'il n'y avoit point d'inconvénient, mais que le Roi ne pouvoit être censé instruit de ce que je ferois et qu'il vouloit bien l'ignorer. Je priai en conséquence M. Estevon, receveur des bois et domaines de Franche-Comté, qui a été lieutenant général du comte de Montfort et qui demeure à Dôle, de se charger de la procuration de mon fils. On lui en remit d'abord une où

---

(1) La famille de MM. Chambrier, considérable à Neufchâtel, étoit la plus attachée à M*me* de Nemours. C'est un de cette famille qui est ici chargé des affaires du roi de Prusse. (*Note du duc de Luynes.*)

mon fils prenoit, comme dans tous les autres actes, la qualité de prince souverain des principautés de Neufchâtel et de Valengin; mais de peur que ce titre ne fît quelques difficultés dans la circonstance dont il s'agissoit, je lui en envoyai une autre où cette qualité n'étoit point mise. M. Estevon arriva avant la fin des quarante jours à Neufchâtel, et malheureusement pour lui, ce même jour, arriva un avocat chargé de la procuration de M. de Nesle pour le même sujet. M. Estevon alla trouver le gouverneur, qui étoit alors avec sept ou huit des principaux membres du conseil d'État; il lui demanda une audience particulière que le gouverneur lui accorda sur-le-champ; il lui lut sa procuration, lui expliqua les droits de mon fils; le gouverneur l'écouta avec patience, et lui dit qu'il étoit bien aise d'en conférer avec trois de ces messieurs, qu'il fit appeler sur-le-champ. M. Estevon relut de nouveau sa procuration et leur expliqua encore ce qu'il venoit de dire au gouverneur. Le résultat fut qu'on lui rendroit réponse le lendemain à huit heures du matin. M. d'Estevon s'étant retiré, l'avocat de M. de Nesle vint faire les mêmes représentations. Il y a grande apparence qu'elles furent accompagnées de trop de vivacité, car à huit heures du soir, le même jour, le gouverneur envoya signifier à ces messieurs de partir sur-le-champ, avec ordre d'être dans douze heures hors des États de Neufchâtel; il fallut une grande négociation pour obtenir deux heures de plus. Ils partirent sur le champ, et on a su depuis que tout le pays avoit été en rumeur à cette occasion. M. Estevon a dressé un procès-verbal très-détaillé dont j'ai copie et qu'il a déposé chez un notaire à Pontarlier.

Du samedi 13, *Compiègne.* — Mme de Campo-Florido présenta hier Mlle sa fille, qui est fort petite et paroît n'avoir guère que quinze ans; elle n'est point jolie mais elle est bien faite; et elle l'amena d'abord chez Mme de Luynes, qui lui dit que Mlle de Clermont devant aller chez la Reine, il étoit nécessaire qu'elle fût prévenue. M. de Campo-Florido, qui n'avoit point encore été chez cette princesse, alla sur-le-champ lui demander son agrément; il fut aussi chez Mademoiselle, qu'il n'avoit point encore vue; il paroît ne faire aucune difficulté sur le cérémonial jusqu'à présent. Il me disoit il y a quelques jours que si Mme de la Châtre jugeoit à propos de présenter la princesse de Yachi, sa belle-fille, quoique l'usage fût en Espagne que les fils de grands eussent les mêmes honneurs que les grands, cependant il ne feroit point de difficulté qu'elle demeurât debout, parce qu'il falloit se conformer aux usages du pays où on étoit.

Mme de Campo-Florido monta avec Mme de Luynes chez la Reine un moment avant le jeu; sa fille baisa le bas de la robe, et demeura ensuite au jeu. La question étoit de la présenter au Roi. L'usage n'est point que l'on présente au Roi les filles dans son appartement; on ne les lui présente que chez la Reine. Mmes de Flavacourt et de la Tournelle ont été présentées le même jour, l'une mariée et l'autre fille; Mme de la Tournelle fut présentée dans le cabinet du Roi, et le Roi la salua; Mme de Flavacourt, alors Mlle de Mailly, fut présentée chez la Reine, et le Roi ne la salua point; ce n'est pas l'usage lorsque le Roi y vient un moment auparavant de se mettre au grand couvert. M. de Campo-Florido fut donc chez M. de Gesvres, M. de la Trémoille n'étant point ici, pour le prier de demander l'agrément du Roi. S. M. ayant passé chez la Reine à neuf heures, Mlle de Clermont présenta Mlle de Campo-Florido, qui s'étant avancée pour faire la révérence au Roi, le Roi se recula et ne la baisa pas. Le feu Roi, à ce que j'ai ouï dire, ne baisoit plus aucune femme dans les dernières années de sa vie; il me semble même que les présentations se faisoient à la porte du cabinet; ce qui est certain et dont je me souviens parfaitement, à la mort de M. de Chevreuse, mon grand-père, en 1712, Mmes de Lévis et de Chaulnes firent à Versailles leurs révérences au Roi dans sa chambre, à la porte de son cabinet; il leur parla même avec beaucoup de bonté. J'y étois. Présentement, toutes les révérences des dames et toutes les présentations se font dans le cabinet; les tabourets même des duchesses se prennent dans le cabinet, et du temps du feu Roi ils se prenoient à son souper, et le Roi disoit : « Madame, asseyez-vous. »

Le Roi fut hier à la comédie avec les quatre sœurs, Mmes de Gramont, de Lesparre et de Brionne; il y fut à onze heures du soir. La garde monta sur la place un moment auparavant, et il y avoit outre cela un détachement à la comédie; il revint à une heure après minuit. Ces princesses et Mme de Mailly vinrent chez Mme de Luynes pour jouer à cavagnole, mais comme Mme de Mazarin y étoit, il n'y eut que Mme de Vintimille qui entra un moment, et elles allèrent jouer chez Mme d'Humières. Il n'y a aujourd'hui que les quatre sœurs à la chasse.

Ce même jour fut la harangue des États de Languedoc; ils étoient conduits par M. le prince de Dombes et M. de Brézé. Non-seulement M. l'archevêque de Narbonne harangua le Roi, la Reine, M. le Dauphin, M. le prince de Dombes, mais il harangua même M. le duc de Charost comme chef du conseil de finances; c'est l'usage.

Du mardi 16, *Compiègne.* — Mme de Campo-Florido fit présent il y a quelques jours à la Reine d'une tabatière de jaspe de Sicile avec un milieu gravé en relief, qui est belle et singulière. Elle avoit donné quelques jours auparavant à Mme de Luynes une espèce de reliquaire dans un cadre d'argent des Indes (1).

M. le prince de Lichtenstein fit voir à la Reine il y a quelques jours deux portraits de vieillards, qui paroissent fort naturels. L'un est un homme seul peint les yeux fer-

---

(1) Ce reliquaire appartient actuellement à l'église de Dampierre, à laquelle il a été donné par M. le duc de Chevreuse, père de M. le duc de Luynes d'aujourd'hui.

més, qui avoit alors cent quatre-vingt-cinq ans. L'autre un homme et sa femme ; le mari avoit, dit-on, cent soixante-douze ans et la femme cent soixante-quatre. Ils étoient mariés depuis cent quarante-sept ans, M. de Lichtenstein prétend que c'est une chose fort avérée ; il y a moins de dix ans que ces gens vivoient ; c'étoient des paysans de Hongrie, du Banat de Temeswar. Beaucoup de gens doutent de la certitude de ces faits. M. de Lichtenstein a pris aujourd'hui son audience de congé ; c'est une audience particulière. Il a fait un compliment court et en françois. Il a reparu malgré cela ce soir et joué même avec la Reine ; il compte aller encore à Fontainebleau avant que de partir.

Du samedi 20, Compiègne. — Hier la ville de Paris eut audience du Roi et de la Reine. M. Turgot, prévôt des marchands, dont le temps est fini, étoit en robe rouge ; M. de Vatan, qui prend la place, avoit une robe noire. M. d'Aligre, conseiller au Parlement, harangua le Roi ; celui qui est chargé de cette commission s'appelle scrutateur. Ils se mirent tous trois à genoux devant S. M. et M. d'Aligre, et y restèrent pendant la harangue ; ce n'est qu'un genou à terre. M. de Maurepas lut le serment que M. de Vatan prêta ; après quoi s'étant retiré, M. Turgot alla quitter sa robe rouge et M. de Vatan prendre la sienne. Comme je n'étois pas présent à la harangue, je l'ai demandée à M. de Gesvres, qui me l'a envoyée, et je la joins ici quoiqu'elle ne soit pas trop bonne.

COPIE DE LA HARANGUE DE LA VILLE.

Sire,

Votre bonne ville de Paris regardera toujours comme un hommage précieux le serment de fidélité et d'obéissance qu'elle vient renouveler en ce jour à V. M. Avec quelle satisfaction se livre-t-elle, au pied de votre trône, aux sentiments que votre bonté lui inspire et dont votre goût pour la vraie et solide grandeur est flattée ; toutes vos actions, Sire, ont pour objet l'avantage de vos sujets, et vous ne voulez arriver à l'immortalité que par la félicité de vos peuples ; si vous faites la guerre, c'est pour leur procurer une paix solide et honorable; si vos armées victorieuses vous assurent une ample moisson de conquêtes et de lauriers, vous sacrifiez tous ces avantages à notre repos et à notre tranquillité; la victoire précédée de troubles et d'alarmes, toujours teinte de sang et suivie de sanglots et de gémissements, est souvent conduite par la fortune, et vous n'êtes touché que de cette gloire qui vous est propre, qui prend sa source dans les grandes qualités de votre esprit et de votre cœur. Arbitre des plus puissants princes, vous n'oubliez jamais que vous êtes notre père. Les plus grands intérêts ne vous empêchent point de veiller aux nôtres. Votre générosité prévient tous nos besoins et nous rend ce que la rigueur des saisons nous avoit enlevé (1). D'un Roi si accompli le ministre ne pourroit être moins parfait : sous les grands rois, sont les grands hommes. Votre règne nous en fournit plus d'un exemple : quel magistrat plus capable que celui qui fait l'objet de nos regrets ! quel chef plus désirable que celui que nous avons l'honneur de vous présenter ! Tout contribue, Sire, à vous rendre le plus grand des monarques. Vous régnez sur un peuple qui n'imagine rien de plus noble que de vous consacrer sa vie et ses biens, et qui ne désire d'autre récompense de ses services, sinon d'être à portée de vous en rendre de nouveaux. Le nombre et la beauté des monuments publics dont votre bonne ville vient d'être ornée font admirer la magnificence de votre règne, mais les douceurs et les charmes dont nous jouissons font envier aux peuples les plus heureux l'avantage de vivre sous votre domination.

M. de Vatan alla ensuite à l'audience de la Reine conduit de même par M. de Gesvres et par M. de Maurepas. M. Turgot et M. d'Aligre n'y vinrent point. M. de Vatan harangua seul et un genou à terre. Tous les échevins sont aussi à genoux comme chez le Roi. La harangue fut très-courte, et la réponse de la Reine fut presque aussi courte ; ils allèrent ensuite chez M. le Dauphin que M. de Vatan harangua, mais sans se mettre à genoux. Ils ne rendent ce respect qu'au Roi et à la Reine. M. de Gesvres et M. de Maurepas présentèrent aussi M. de Vatan chez M. le Dauphin. On ne peut assez donner de louanges à l'administration de M. Turgot dans la place de prévôt

---

(1) Allusion aux mesures prises par le gouvernement pour faire diminuer le pain à Paris. (Voir *Barbier*, t. III, année 1740).

des marchands; il paroît que ce que peut désirer son successeur c'est de la remplir aussi dignement.

Jeudi 18, fut la harangue du Clergé dans la chambre du Roi, le fauteuil tourné le dos à la cheminée. Le Roi, qui alloit à la chasse ce jour-là, étoit habillé en violet avec sa culotte de chasse. On ouvrit les deux battants. Le Clergé étoit présenté par M. de Maurepas et M. de Brézé; les agents à la tête, ensuite M. l'archevêque de Paris, MM. les Archevêques et Évêques, puis le second ordre. Ce fut l'évêque de Lescar qui porta la parole, il s'appelle de Châlons (1). Son discours fut très-long et ne parut pas fort approuvé. Il finit par demander au Roi l'assemblée des conciles provinciaux; c'est l'usage de faire toujours cette demande. Ils n'allèrent point chez la Reine; ils ne haranguent que le Roi. C'est à l'occasion de la fin de l'assemblée. Pendant les trois jours qu'ils ont été ici, il y a eu deux bureaux ou assemblées chez M. le chancelier; c'est aussi l'usage du Clergé de faire des représentations tant sur les charges imposées sur le Clergé que sur ce qui regarde la discipline. M. le contrôleur général répond aux premières, et M. le chancelier aux secondes.

M. le Dauphin partit hier d'ici; la Reine part demain; et le Roi, qui a été jusqu'à présent sans vouloir dire précisément son départ, l'a enfin déterminé hier pour mardi l'après-dînée. Il va à la Meutte où il courra le daim et tirera; il arrivera vendredi à Versailles après souper; il y restera jusqu'au mardi ou mercredi qu'il ira courre à Senars et coucher à Choisy; il revient à Versailles le samedi ou le dimanche, donne audience à l'ambassadeur de Venise le mardi d'ensuite, qui est le 6 septembre; il part le 15 de Versailles pour Choisy, va le 22 à Villeroy et arrive le 23 à Fontainebleau.

M. le comte de Clermont et M. le prince de Conty partirent il y a quelques jours; leur affaire n'est point déci-

---

(1) Hardouin de Châlons.

dée, et on croit que cela se terminera dans le moment présent par dire que le Roi veut laisser les choses comme elles sont; ce n'est pas ce que désirent les princes du sang; ils voudroient une décision formelle. On prétend que M. le comte de Charolois ne paroît pas si vif présentement pour les intérêts des légitimés; cependant il est venu coucher ici une nuit et n'a point vu Mademoiselle.

Du lundi 22, Compiègne. — Il y eut encore hier grand couvert, où la Reine fut servie par ses officiers. Ordinairement c'est le maître d'hôtel de quartier qui vient avertir la Reine qu'elle est servie; tout cela se fait de même chez le Roi. Hier, comme le maître d'hôtel de quartier n'y étoit pas, ce fut le gentilhomme servant qui vint avertir la Reine; il avoit une serviette à la main et c'est la règle. La Reine nous dit que la règle étoit aussi qu'il devoit avoir la serviette sur l'épaule; à l'égard de cet avertissement, qu'il lui étoit arrivé d'avoir son souper servi, il y avoit quelque temps, sans être avertie, parce qu'il y avoit dispute entre le contrôleur et le gentilhomme servant. Cette dispute a été réglée en faveur du gentilhomme servant, puisque c'est lui qui vient avertir la Reine.

M. le duc de Chaulnes travailla vendredi dernier pour le détail de la compagnie des chevau-légers avec le Roi, en présence de M. le Cardinal, suivant l'usage ordinaire. Dans ce travail, il demanda permission au Roi de remettre le détail de la compagnie à M. le duc de Picquigny, son fils, qui est titulaire de la charge; il avoit conservé l'exercice pendant six ans; il le remet avant la fin de la sixième année. Il traita dans ce travail une question qui paroît être refusée; c'est au sujet de M. de Fontaine, maréchal des logis de la compagnie et second aide-major, qui est brigadier. Dans la dernière promotion, M. de Fontaine n'a point été fait maréchal de camp, quoiqu'il l'eut dû être par son ancienneté; mais on prétend que MM. les maréchaux des logis ne doivent point être faits officiers généraux. M. de Fortisson, premier aide-major, est cependant maréchal de camp. L'usage de ces compagnies est que les maréchaux des logis ne montent point au grade de cornette; ils comptoient en être dédommagés par l'espérance de parvenir aux grades militaires suivant leur rang. M. de Chaulnes en parla dans cette occasion-ci, d'abord à M. le Cardinal qui lui dit qu'il pouvoit la demander au Roi, mais qu'il ne croyoit pas qu'il l'obtînt; et en effet cette demande n'a pas réussi.

Du mercredi 24, *Paris.* — Lundi, le Roi courut le cerf à Compiègne, et soupa dans ses cabinets. Mlle de Clermont, Mmes de Mailly et de Vintimille furent à la chasse, et soupèrent avec le Roi. Mademoiselle, qui étoit demeurée à Compiègne, ne fut ni à la chasse ni du souper; quelques gens ont cru qu'il y avoit autant de mauvaise humeur que de mauvaise santé (1). Il y avoit eu, à ce que j'ai ouï dire, une petite différence de sentiments; il avoit été réglé que ces quatre dames partiroient le lendemain en habit de chasse. Mademoiselle avoit représenté que le Roi voyageant escorté par les troupes de sa maison, l'habit de chasse n'étoit guère convenable. Je ne sais pas si cette difficulté a été réellement faite; mais ce qui est de certain c'est que les quatre sœurs sont venues en habit de chasse avec le Roi, et que Mademoiselle, en arrivant à la Meutte, s'est mise dans son lit et n'a point soupé avec S. M.

M. le Dauphin, en arrivant à Versailles, a trouvé quarante-deux poteaux dans son appartement. La Reine, en partant pour Compiègne, avoit demandé à M. Gabriel de faire visiter le plancher de sa chambre, où il y avoit quelques endroits qui avoient baissé; quoiqu'on l'eût assuré qu'il n'y avoit rien à craindre, elle a voulu que cette visite fût faite; on a trouvé toutes les poutres de la chambre et du cabinet pourries, et, comme on n'avoit pas

---

(1) Suivant d'Argenson, Mademoiselle, dès le mois de mars 1740, étoit en pleine disgrâce. Voy. t. II, p. 150 à 153.

le temps de faire la réparation en entier et qu'il n'y avoit pas même à Versailles dans ce moment de poutres pour y remettre, on a mis des poteaux, en attendant, pour la soutenir.

Il y eut lundi à Versailles une sédition ; elle venoit de finir quand la Reine arriva. Les boulangers de Paris sont dans l'usage de venir acheter des farines à Versailles ; ayant fait charger plusieurs charrettes pour les amener à Paris, le peuple s'attroupa au nombre d'environ deux mille, repoussa les boulangers à coups de pierre jusqu'à Viroflay, et enleva les sacs de deux charettes. Les Suisses des douze (1), chargés de la police à Versailles, prirent les armes, et écartèrent bientôt cette populace ; il y a eu un de ces Suisses de blessé ; dix ou douze boulangers ont aussi été blessés dans l'émeute. L'occasion de cette sédition avoit été de ce que le samedi d'auparavant le pain, qui étoit le matin à 36 sols les douze livres, se trouva le soir à 40. Les boulangers étant venus, suivant leur usage ordinaire, enlever des farines, le peuple crut que le pain alloit encore renchérir, et se souleva. M. le maréchal de Noailles, jugeant que ce qui venoit d'arriver le lundi pouvoit être plus considérable le premier jour de marché, alla sur-le-champ à la Meutte en rendre compte au Roi, et lui demanda un ordre pour avoir des troupes de la garde de Versailles. Il est vraisemblable que comme M. le Cardinal étoit à Issy, M. de Noailles alla le voir ou lui écrivit ; c'est ce que je n'ai pu savoir sûrement ; mais de quoi je suis certain, c'est que le Roi écrivit sur-le-champ un ordre tout entier de sa main, conçu à peu près dans ces termes (je sais quelqu'un qui a lu cet ordre entre les mains de M. le comte de Noailles) : « Le commandant de ma garde à Versailles donnera à M. de Noailles les troupes nécessaires pour empêcher les émeu-

---

(1) Voir au 25 septembre 1740, quelques détails sur cette garde de police composée de trente-six hommes.

tes et maintenir l'ordre et la police. » Le maréchal revint à Paris, et envoya son fils à Versailles avec cet ordre, lui disant de concerter avec le commandant de la garde les troupes qui seroient nécessaires et de faire tirer s'il étoit à propos. Le comte de Noailles confia tout cet arrangement à un de ses amis, qui lui conseilla d'aller avec moins de vivacité et de se contenter de faire faire des patrouilles aux environs du marché. Le comte de Noailles envoya querir le commandant de la garde, et lui montra l'ordre écrit de la main du Roi ; le commandant approuva l'arrangement des patrouilles qui a été exécuté, et tout s'est passé aujourd'hui sans bruit. Je crois que M. le maréchal de Noailles auroit bien voulu que l'ordre du Roi n'eût pas été montré ; il a même paru désapprouver que son fils eût été aussi vite.

Du vendredi 26, Paris. — On eut hier des nouvelles de l'élection du Pape ; il y avoit plus de six ou sept mois que le conclave duroit. Le cardinal Aldovrandi avoit été mis sur les rangs et avoit eu jusqu'à 31 et 32 voix. On sait qu'il faut les deux tiers et même je crois une ou deux par delà ; mais le cardinal Aldovrandi, voyant que les esprits ne se réunissoient point, avoit sollicité lui-même le sacré collége de jeter les yeux sur un autre ; enfin le cardinal Lambertini a été élu et prend le nom de Benoît XIV ; il étoit de la création de Benoît XIII. Je demandai hier à M. de Lomellini, envoyé de Gênes, quel étoit le caractère d'esprit de ce pape ; il me dit qu'il l'avoit beaucoup connu parce qu'il a été archevêque de Bologne pendant huit ou dix ans ; que c'étoit un prélat de beaucoup d'esprit et extrêmement savant, de mœurs irréprochables ; quoiqu'il soit né gentilhomme, c'est pourtant par sa science qu'il est parvenu à la qualité de cardinal. Il passoit à Bologne pour être fort sévère et, par cette raison, n'y étoit pas fort aimé ; il n'est pas riche, et y faisoit peu de dépense. Il est aimable dans la conversation, il passoit même alors pour un peu caustique (1). Dans le temps qu'il étoit à Bologne, il avoit contracté une habitude dont il se sera apparemment corrigé, qui étoit de mêler dans la conversation beaucoup de mots et expressions malhonnêtes, quoique cependant sa conduite fût des plus régulières. C'est l'intime ami du cardinal Tencin. M. le cardinal de Fleury est plus satisfait qu'un autre de cette élection, le cardinal Lambertini ayant toujours déclaré que son désir étoit que l'on déférât la tiare à notre premier ministre et qu'il lui donnoit sa voix avec grand plaisir. Le Pape n'a que soixante-cinq ans. Il me paroît que l'on convient après tout que c'est le plus digne choix que l'on pût faire pour le bien de l'Église.

Mme la duchesse de Gontaut mourut hier à quatre heures du matin; elle étoit dame du palais. Cette place se trouve naturellement remplie par Mme de Fleury, qui étoit surnuméraire. Mme de Gontaut n'avoit que quarante ans; elle est morte de la poitrine; elle étoit fille de Mme la maréchale de Gramont et petite-fille de Mme la maréchale de Noailles, qui sont toutes deux vivantes; elle avoit épousé le fils aîné de M. le maréchal de Biron, mort depuis plusieurs années; elle étoit sœur de M. le duc et de M. le comte de Gramont. Elle avait eu un garçon et une fille; le garçon étoit le petit duc de Lauzun, mort depuis quinze ou dix-huit mois sans avoir été marié; la fille avoit épousé M. de Montmirel, aujourd'hui Courtenvaux. Elle mourut aussi il y a deux ou trois ans, laissant un garçon et une fille.

C'étoit hier la fête Saint-Louis. Le Roi qui étoit à la Meutte ne chassa point; il fut à vêpres et au salut aux Bons-Hommes.

---

(1) Il disoit pendant le conclave: « S'ils veulent pour pape un grand saint, ils éliront le cardinal Gotti; s'ils désirent un grand politique, ce sera le cardinal Aldovrandi, et s'ils veulent un grand polisson, ce sera moi qu'ils feront. » Cela est dans son caractère. Le cardinal Lambertini est Bolonois ainsi que les cardinaux Gotti et Aldovrandi. (*Note du duc de Luynes.*)

SEPTEMBRE.

Audience de congé de M. de Nassau. — Nouveaux détails sur l'élection du Pape. — La Reine va à Bagnolet. — Le roi de Prusse à Strasbourg. — Gondole donnée au Roi par la ville de Paris. — Audience de l'ambassadeur de Venise. — Droit de la dame d'honneur de nommer le garçon chargé de faire du feu dans l'appartement de la Reine. — Lettre de l'évêque de Bayeux sur un armateur espagnol. — Trait du Dauphin. — Bénéfices donnés. — Visite du Roi au cardinal de Fleury. — Séditions causées par la cherté des blés. — Translation de la châsse de saint Onésime à la chapelle de Versailles. — Voyage de Fontainebleau.

Du jeudi 1ᵉʳ, *Versailles*. — M. de Nassau eut avant-hier audience de congé. J'ai marqué plus haut que ce M. de Nassau est Weilbourg; il a beaucoup joué dans ce pays-ci et chacun cherchoit à le gagner; je crois qu'on n'y a pas réussi. Il n'eut qu'une audience particulière. J'étois à celle qu'il eut chez la Reine. Il y fut conduit par M. de Sainctot, introducteur, et M. de la Tournelle, sous-introducteur des ambassadeurs. La Reine étoit debout auprès de sa table.

Ce même jour, le nonce eut aussi audience particulière du Roi pour lui faire part de l'élection du Pape, qui fut faite le 17 de ce mois. Il apporta au Roi une lettre de Sa Sainteté; ce n'est point un bref; les brefs sont signés à la daterie et non du Pape, et celle-ci est datée de la main du Pape. Le Roi nous parut fort content de cette lettre. M. le Cardinal, qui étoit à l'audience de M. de Nassau chez la Reine, croyoit que le nonce y viendroit aussi, mais il n'en fut pas question.

J'ai déjà marqué ci-dessus que le cardinal Aldovrandi avoit eu pendant longtemps trente-deux ou trente-trois voix sur cinquante, et il n'en faut que les deux tiers et une par delà; ainsi on ne peut en avoir approché davantage. Voici ce que j'ai appris sur cette affaire. Comme la faction du cardinal Albani, qui est camerlingue, étoit toujours opposée à celle du cardinal Aldovrandi, et que cependant il paroissoit que celle-ci devoit à la fin l'emporter, puisque dans deux scrutins et deux accessit qu'il y a par jour elle se soutenoit depuis deux mois, un cordelier (1), connu du cardinal Aldovrandi, lui écrivit et lui proposa de lui permettre de faire quelques démarches auprès de la famille du cardinal camerlingue. Aldovrandi eut la faiblesse d'y consentir et de faire une réponse par écrit au cordelier; il lui manda : « Vous êtes maître en Israël, et vous pouvez faire ce que vous jugerez à propos, pourvu qu'il n'intéresse ni mon honneur ni ma conscience. » Sur cette réponse, le cordelier ayant agi auprès de la famille du camerlingue, obtint des lettres qui furent écrites à ce cardinal par ses parents et parentes pour le prier de ne plus s'opposer à l'élection d'Aldovrandi, qui paroissoit être désiré presque d'un commun consentement. Albani, surpris de ces recommandations non attendues, chercha à en pénétrer le motif, et sachant la confiance qu'avoit Aldovrandi en ce cordelier, envoya chercher ce religieux, et l'entretint dans une espèce de parloir, comme il y en a au conclave. Il le tourna de tant de façons que le cordelier avoua la lettre d'Aldovrandi, la montra et la remit même au cardinal Albani. Albani fit sur-le-champ usage de cette lettre pour faire voir aux cardinaux qu'il y avoit de la simonie dans cette élection. Les partisans d'Aldovrandi se rassemblèrent alors pour jeter les yeux sur un autre sujet, et tout se tourna du côté du cardinal Lambertini. On prétend que la réponse d'Aldovrandi avoit été écrite à la marge sur la lettre même du cordelier, et que lorsque cette réponse fut remise à Albani, la lettre du cordelier se trouva effacée avec de l'eau-forte ou coupée, mais qu'enfin il ne parut que l'écriture d'Aldovrandi. On prétend aussi que le cordelier avoit la confiance d'Albani

---

(1) Ce n'est pas un cordelier, c'est un augustin. (*Note du duc de Luynes.*)

et que c'étoit lui qui l'avoit fait agir. Ce qui paroît le plus certain, c'est la réponse ou lettre d'Aldovrandi au cordelier.

La Reine fut hier à Bagnolet (1) ; elle partit d'ici à trois heures ; elle avoit trois carrosses sans compter celui des écuyers. Elle avoit quatorze dames avec elle, Mme de Luynes et Mme de Mazarin dans son carrosse suivant l'usage. Il n'y eut point de fête à Bagnolet ; Mme de Luynes présenta la serviette à Mme d'Orléans pour la présenter à la Reine. D'abord ce fut une promenade dans le jardin et dans les différents cabinets. Dans le premier de ces cabinets l'on apporta des glaces, la Reine en prit ; on remarqua qu'elle n'avoit point proposé à Mme la duchesse d'Orléans d'en prendre avec elle. Il y eut un grand souper et ensuite un grand cavagnole à vingt tableaux, qui dura jusqu'à deux heures et demie que la Reine est partie. Elle est arrivée ici à cinq heures.

Je fus hier à Choisy. Le Roi étoit à la chasse ; Mlle de Clermont, Mmes de Mailly, de Vintimille et de Ségur y étoient en calèche. Mme la maréchale d'Estrées étoit demeurée à Choisy, et Mademoiselle y arriva à huit heures du soir. Pendant le souper le Roi lut tout bas une lettre fort longue, qui est du maréchal de Broglie ou de M. de Breteuil, par laquelle on lui rendoit compte de l'arrivée du roi de Prusse à Strasbourg. Il y arriva, lui quatrième, il y a cinq ou six jours ; il avoit avec lui le prince Guillaume-Auguste, son frère. Le roi de Prusse, en passant à Kehl, s'étoit annoncé sous le nom d'un comte prussien nommé le comte Dufour ; il alla loger à l'auberge ; mais comme il avoit curiosité de raisonner avec quelques-uns de nos officiers sur le détail des troupes, il en pria quelques-uns à dîner. Ces officiers ayant quelque soupçon que ce pouvoit être le roi de Prusse, vinrent le dire à M. le maréchal de Broglie, qui se servit de quelques Prussiens

---

(1) Maison appartenant à la duchesse d'Orléans.

de la garnison de Strasbourg pour s'assurer de la vérité. Le prétendu comte Dufour vint voir M. le maréchal de Broglie, qui lui demanda, en l'appelant cependant Sire et Votre Majesté, s'il vouloit être traité en roi ou en comte Dufour. Le roi de Prusse lui ayant répondu qu'il vouloit être traité en comte Dufour, M. de Broglie ne se servit plus des mêmes termes, mais lui parloit toujours à la tierce personne. Il lui donna un ingénieur pour lui faire voir les fortifications; il vit monter aussi la parade et fut fort content de la garnison. Ayant eu envie d'aller à la comédie, M. le maréchal de Broglie y fit mettre un fauteuil et un tapis de pied, ce qui détermina le roi de Prusse à n'y point aller et même à partir, d'autant plus qu'il étoit tellement reconnu qu'on le suivoit dans les rues. Il partit donc sur les six heures du soir, le lendemain de son arrivée, sans retourner chez M. le maréchal de Broglie, à qui il écrivit pour lui en faire des excuses. J'oubliois une circonstance, c'est que dans le premier moment, M. de Broglie, dans l'incertitude si le roi de Prusse étoit du nombre de ces quatre étrangers, leur proposa d'entendre la messe; c'étoit apparemment un dimanche; il n'y en eut qu'un des quatre, lequel est catholique, qui fut à la messe; les autres dirent qu'ils ne l'entendoient point, ou qu'ils aimoient mieux aller se promener, ce qui confirma encore davantage M. de Broglie dans le soupçon qu'il avoit.

Du dimanche 4, Versailles. — Le Roi alla lundi dernier tirer dans le petit parc; M. le Dauphin suivit S. M. et ne tira point.

Les vingt-quatre violons, qui ont coutume de jouer au dîner du Roi, au retour des voyages de Compiègne et de Fontainebleau et le jour de Saint-Louis, ne firent ce concert que dimanche dernier, lequel a été pour le retour et pour la fête de Saint-Louis. Le Roi étoit à la Meutte le jour Saint-Louis, et les vingt-quatre n'y jouèrent point. S. M. y étoit restée jusqu'au 26 ou 27.

J'ai, je crois, marqué, il y a environ quinze jours, la mort de M. de la Fare-Tournac ; il étoit gouverneur de Villefranche en Roussillon ; ce gouvernement vient d'être donné à M. le marquis de Montal, lieutenant général, qui avoit épousé la sœur de M. de Villacerf.

Du mardi 6, *Versailles.* — Le Roi est revenu cette nuit de Choisy. Hier, au retour de la chasse à Sénart, il monta dans ses gondoles, qu'il avoit fait avancer jusqu'à la hauteur de Soizy-sous-Étioles, vis-à-vis Petit-Bourg ; il y avoit la grande gondole de la ville et une autre plus petite, qui vient aussi de la ville, et plusieurs chaloupes. Le Roi se déshabilla dans un de ces bâtiments. Les deux princesses et les dames qui avoient été à la chasse s'embarquèrent avec le Roi ; on se mit à table avant sept heures, toutes les chaloupes et gondoles fort éclairées, ce qui faisoit un beau spectacle. On descendit la rivière au courant de l'eau, et le Roi fit jeter l'ancre à une demi-lieue de Choisy, jusqu'à ce que son souper fût fini. Mme de Mailly, qui est de semaine, avoit demandé permission jusques aujourd'hui. Le Roi retourne vendredi matin à Choisy, mais les dames n'iront que le samedi.

Aujourd'hui étoit l'audience de l'ambassadeur de Venise ; il fit son entrée dimanche à Paris, partant de Picpus à l'ordinaire, conduit par M. le maréchal d'Asfeldt. J'ai déjà sûrement marqué que c'est l'usage que les ambassadeurs soient conduits par un maréchal de France à leur entrée à Paris et par un prince lorrain à Versailles. C'est M. de Brionne qui conduisoit aujourd'hui l'ambassadeur et qui marchoit à sa droite, et M. de Sainctot à sa gauche. Il n'y a rien de particulier à cette entrée ; l'ambassadeur a eu l'honneur des armes ; le capitaine des gardes l'a reçu à l'entrée de la salle des gardes chez le Roi, et le chef de brigade chez la Reine ; le fauteuil du Roi étoit dans le balustre. On a ouvert les deux battants chez la Reine ; son fauteuil étoit dans le grand cabinet avant sa chambre, un valet de chambre seul derrière le fauteuil. L'ambassadeur étoit habillé à la mode vénitienne ; c'est un manteau noir plissé, à peu près comme celui des maîtres des requêtes, mais renoué avec des rubans noirs. Les carrosses de l'ambassadeur ont été trouvés fort beaux; il y en a quatre.

La maladie du nommé Brunet, lequel est chargé de faire du feu dans tous les appartements et les cabinets de la Reine, me donne occasion de parler d'un des droits de la dame d'honneur. Cette place vaut, à ce que l'on dit, 8 ou 900 francs; l'habillement en est assez beau, car c'est un habit rouge, galonné d'argent sur toutes les coutures. Brunet avoit été mis dans cette place par Mme la maréchale de Boufflers, au mariage de la Reine. Comme il est dans un état où l'on n'attend que le moment de sa mort, un des gens de Mme de Luynes lui avoit demandé cette place ; et comme elle n'a point été vacante depuis le mariage de la Reine, Mme de Luynes avoit quelque incertitude sur le droit qu'elle avoit d'y nommer. La Reine, à qui on en avoit proposé un qu'elle désiroit de faire succéder à Brunet, demanda il y a quelques jours à M. de Maurepas, qui me l'a conté aujourd'hui, ce qu'elle devoit faire par rapport à Mme de Luynes. M. de Maurepas lui conseilla de lui en parler; en conséquence, la Reine dit hier à Mme de Luynes qu'elle avoit une affaire à elle et lui parla de celui qu'elle désiroit mettre à la place de Brunet, lui demandant en quelque manière son agrément. On sait que de pareilles démarches sont des ordres. M. de Maurepas m'a dit que le droit de nomination à cette place appartenoit sûrement ou à la surintendante ou à la dame d'honneur, qu'il ne pouvoit y avoir de difficulté sur cela qu'entre ces deux charges.

Extrait d'une lettre de M. l'évêque de Bayeux (1), *du 11 septembre 1740, datée de Sommervieux.*

Nous avons ici sur notre côte un armateur espagnol qui donne la chasse aux vaisseaux anglois et gêne beaucoup leur commerce dans la

---

(1) Paul d'Albert de Luynes.

Manche; il a déjà pris quatre de leurs vaisseaux marchands. Son bâtiment est une demi-galère à seize rames, huit de chaque côté; il n'y a qu'un pont; il ne prend que quatre pieds d'eau; il a trois voiles, huit pièces de canon et quarante hommes d'équipage; chaque homme a cinq coups à tirer, un sabre, une hache, et une espèce de massue, formée par deux balles ramées, de la pesauteur de six livres. Il est très-bien fourni de toutes sortes de munitions; les hommes de cet équipage sont de toutes nations, jeunes, déterminés, dispos. Dès qu'un vaisseau paroît, ils vont le reconnoître; leur bâtiment vole; quand il y a du vent il fait sept lieues par heure; dans la bonace ils voguent avec les rames; si le bâtiment qu'ils reconnoissent est anglois et n'est point très-fort, ils vont d'abord à l'abordage, se battent comme des lions, grimpent comme des chats et l'affaire est bientôt décidée. Si le vaisseau est trop fort, ils le laissent passer; et lorsqu'on vont leur donner la chasse, ils s'éloignent comme un trait et trouvent toujours une retraite assurée dans le voisinage de la terre, qu'ils ne craignent point, attendu le peu d'eau que prend leur bâtiment. On arme deux bâtiments en Angleterre pour lui donner la chasse, mais il paroît ne s'en pas beaucoup embarrasser. Il est venu il y a huit jours pour faire de l'eau à Courseules, à une lieue d'ici. C'est par là que je sais tous ces détails, et il y avoit longtemps que l'on parloit des prises qu'il faisoit.

Jeudi 15, *Dampierre.* — Il y a quatre ou cinq jours que Mme de Lichtenstein prit congé du Roi et de la Reine, mais sans aucune cérémonie; elle fut seulement au souper.

Le Roi alla à Choisy vendredi dernier. Il partit le matin pour aller courre à Sénart, d'où il revint coucher à Choisy. Il n'y avoit point de dames; Mme de Mailly, qui étoit de semaine, n'y alla que le samedi; Mme de Vintimille partit le samedi matin pour aller avec Mme sa sœur à Choisy; outre ces deux dames, il y avoit Mlle de Clermont, Mme la maréchale d'Estrées et Mme de Talleyrand. Le Roi est revenu cette nuit; il courut hier à Sénart et vint monter dans sa gondole de la ville, comme le dernier voyage, à Soizy. Il soupa dans cette gondole (la table étoit de 24 couverts), et revint à Choisy en se laissant aller au cours de la rivière. Il retourne dimanche prochain à Choisy; mais il ira auparavant souper chez M. le Premier à Ivry, et lundi à la petite maison de M. le prince de Dombes à Laqueue. Il va toujours jeudi souper à Villeroy, et arrive vendredi à Fontainebleau.

Du lundi 19, *Dampierre.* — M. l'abbé de Guistel nous apporta hier ici la liste des bénéfices, que M. Gérard lui avoit donnée. Personne n'en savoit encore rien à Versailles, pas même l'abbé de Sainte-Hermine, aumônier de la Reine. La Reine n'en savoit rien non plus. Avant-hier j'étois à Versailles et je causois tête à tête avec M. l'evêque de Mirepoix, qui me dit que l'on avoit parlé de donner les bénéfices, mais qu'apparemment cela étoit remis. Cela prouve combien les secrets de M. le Cardinal sont difficiles à pénétrer.

Dans cette même conversation, M. de Mirepoix me racontoit un trait d'esprit et d'amitié de M. le Dauphin, qui mérite d'être rapporté. M. de Mirepoix a eu pendant quelques jours son valet de chambre, nommé Paumier, malade dangereusement; il l'aime fort, il en étoit inquiet. Les enfants en général, et les Bourbons en particulier, retiennent fort bien les noms des domestiques. M. le Dauphin savoit le nom de Paumier, et en demandoit des nouvelles souvent avec vivacité et amitié. Il proposa à M. de Mirepoix de s'aller promener avec lui à Trianon; et après deux heures de promenade il s'approcha de lui en revenant, et lui dit: « Vous étiez inquiet de Paumier, j'ai été bien aise de vous faire passer deux heures de bon temps. »

M. le Dauphin part demain et va dîner à Choisy avec le Roi. Comme Mme de Châtillon part le même jour, le Roi lui a fait dire par M. de Châtillon d'aller aussi dîner à Choisy.

LISTE DES BÉNÉFICES DONNÉS AU MOIS DE SEPTEMBRE 1740.

Lyon, à M. le cardinal de Tencin.
Embrun; abbé Fouquet, ancien agent général du Clergé.
Nevers; Hugues, vicaire général d'Embrun.

Tarbes; de Beaupoil de Saint-Aulaire, vicaire général de Périgueux.

Abbaye de Bolbonne, à l'évêque de Montpellier.

De Relecq, à l'abbé de Lansac, ancien agent général du Clergé.

De Saint-Sauveur-le-Vicomte; abbé de Léon.

D'Essey; abbé d'Espalunque, vicaire général de Lescar.

De Hambies; abbé de Pontac, aumônier de la Reine.

De Chaage; abbé de Polastron..

De Tréport; abbé de Saint-Pierre, archidiacre de Rouen.

Des Échalis; abbé de Coriolis.

De Saint-Martin des Airs; abbé de Macheco de Prémeaux.

De Saint-Polycarpe, commandataire; abbé du Prat, vicaire général de Montpellier.

De Saint-Hilaire de la Celle, à M. l'abbé d'Arimont de Bonlieu.

D'Aubepierre; abbé de Saint-Sauveur.

De Saint-Genou de l'Étrée; abbé de Grosbois.

De Saint-Thibery; abbé de Crillon.

De Pontifroy; abbé de Gouyon de Launay-Commats.

De l'Étoile, régulière; Dom de Tilly.

Prieuré de Monnais; abbé de Chérité de la Verderie.

Celui de la Bloutière; abbé de Voisenon, doyen de Boulogne.

Celui de Fougères; abbé d'Estrées.

Celui de Montjean; abbé Lerouge, chapelain de la Reine.

Du dimanche 25, Fontainebleau.—J'ai marqué ci-dessus que le Roi devoit aller le dimanche 18 souper à Ivry (1). S. M. partit effectivement ce jour-là dans sa gondole avec Mme de Mailly, Mme de Vintimille et plusieurs hommes, et alla d'abord à Issy au séminaire; il descendit à la porte; M. le Cardinal vint le recevoir. Les dames ne descendirent point, mais seulement les hommes. Le Roi monta chez M. le Cardinal; ils entrèrent dans la chambre, et y restèrent. Le Roi entra dans le cabinet avec M. le Cardinal; la porte demeura ouverte et le supérieur du séminaire fut toujours en tiers. Le Roi ne fut pas un demi-quart d'heure dans le cabinet et à peu près autant dans

---

(1) Maison du premier écuyer.

la chambre, après quoi il remonta dans sa voiture et passa au travers de Paris. Il n'y eut pas beaucoup de cris de joie à ce passage, cependant il n'y eut point de plaintes. Pendant le souper à Ivry, Mme de Mailly, qui est toujours à côté du Roi, à moins qu'il n'y ait des princesses du sang (car alors elle est toujours à la seconde place à droite), dit au Roi : « Mais, Sire, vous aviez donc quelque chose à dire à M. le Cardinal? » Le Roi lui répondit que non ; Mme de Mailly répliqua : « Il doit donc être bien touché de cette visite! » Ce voyage d'Issy avoit donné occasion à beaucoup de raisonnements dont on voit le peu de fondement. Je n'étois point à ce voyage, mais je sais ce détail de quelqu'un de sensé qui y étoit.

La cherté des blés donne occasion à beaucoup de murmures; le pain vaut jusqu'à 4 sols 6 deniers et 5 sols la livre à Paris, à Versailles et ici; il y a même des lieux où il est plus cher ; cependant il y a des provinces où il ne vaut que 18 deniers, comme par exemple dans le pays du Maine et dans les Trois-Évêchés. Il est vrai que dans les Trois-Évêchés on doit l'abondance aux soins et à l'exactitude de M. de Belle-Isle qui a empêché qu'il ne sortît aucuns blés, ce qui a été exécuté très-régulièrement. Il y a eu de petites séditions, non-seulement à Versailles, comme j'ai marqué ci-dessus, mais à Bicêtre, où on a été obligé d'y faire venir la maréchaussée et le guet; il y a eu quinze ou vingt personnes tuées ou blessées. Il y en a eu aussi à Besançon, où cinq ou six cents femmes s'étoient assemblées et vouloient piller la maison de l'intendant.

M. le prince de Dombes m'a dit aujourd'hui qu'il feroit ses représentations au sujet des gardes suisses, à qui l'on veut vendre dans les villages où ils sont en quartier, ici autour, 4 sols 6 deniers la livre de pain et 9 sols celle de viande. Le Parlement vient de rendre un arrêt pour défendre aux boulangers de faire plus de deux sortes de pain, le pain blanc et le pain-bis-blanc; ils avoient coutume d'en faire de quatre sortes. On dit qu'on attend une grande quantité de blé acheté en Sicile, à fort bon marché, et une moindre provision achetée en Hollande, qui coûte plus cher.

Il paroît que l'on craint beaucoup que la vendange ne soit mauvaise. M. le Cardinal disoit hier au Roi qu'en 1536 il avoit fait si chaud dans l'automne et à l'entrée de l'hiver, que l'on portoit des habits d'été à Noël. Pareil événement seroit à désirer pour le moment présent pour la récolte du vin.

Comme il ne reste personne à Versailles, Mesdames étant ici, ce qui ne s'est point vu depuis nombre d'années, on a fait venir une compagnie d'invalides avec deux lieutenants pour garder le château; on ne fait point venir de capitaine par attention pour le sieur Forestier, ci-devant sergent aux gardes, à qui l'on a donné un brevet de capitaine et qui commande ce qu'on appelle les Suisses des douze, lesquels sont au nombre de 36, chargés de la police de Versailles et de la garde du château, sous les ordres du gouverneur.

M. le Dauphin fut le mardi 20 à Choisy; il vit le Roi à son lever, après quoi le Roi alla à la chasse. M. le Dauphin dîna dans l'appartement du Roi seul. Il y eut une table pour M. et Mme de Châtillon, M. de Mirepoix, les sous-gouverneurs et les gentilshommes de la manche.

On n'a point discontinué les bâtiments de Choisy, comme on l'avoit dit; mais au lieu de trois cent cinquante ouvriers il n'y en a plus que cent cinquante. Mademoiselle n'arriva que mercredi à Choisy; elle n'a été ni à Ivry ni à Laqueue.

Jeudi, nous eûmes à Versailles la translation de la châsse de saint Onésime de la paroisse à la chapelle. J'ai parlé ci-devant de cette relique, qui a été envoyée de Rome à la Reine. On doute beaucoup si ce saint Onésime est le disciple de saint Paul, parce que celui qui est à Versailles a été martyrisé à Rome. On peut voir dans Moréri que le disciple de saint Paul fut à Rome et qu'il y fut martyrisé. La paroisse Saint-Louis et les Récollets allèrent prendre la châsse à Notre-Dame, les Récollets marchant devant, ensuite la paroisse Saint-Louis et celle de Notre-Dame, et environ deux cents petites filles de Versailles habillées de blanc. La procession traversa la cour des ministres et la cour royale, passa par-dessous la voûte et entra dans la chapelle par le vestibule. La châsse fut mise sur une petite banquette au bas de la première marche du sanctuaire, et après les psaumes et oraisons, le curé de Notre-Dame et ensuite celui de Saint-Louis baisèrent la châsse, après eux les prêtres officiants; ensuite la Reine, accompagnée de M. de Tessé et de Mme de Luynes, se leva de son prie-Dieu et alla baiser la châsse. Après la Reine, tout le clergé fit la même cérémonie, après quoi ils retournèrent en procession à la paroisse. Le salut se dit à l'ordinaire; la Reine l'entendit d'en bas.

Du lundi 26, Fontainebleau. — J'appris il y a trois ou quatre jours, que tous les princes et princesses avoient signé la requête ou mémoire contre la prétention des légitimés. J'ai déjà marqué que ceux-ci avoient dans leur parti M. le duc d'Orléans, lequel comprend M. le duc de Chartres et M. le comte de Charolois, qui est le plus vif pour leurs intérêts. Comme M. le comte de Charolois est aujourd'hui à la tête de la maison de Condé, qu'il a de très-bons procédés pour Mme sa belle-sœur, par considération pour lui elle n'a pas voulu signer la requête.

Le Roi arriva ici vendredi, après avoir couché à Villeroy, et soupa dans ses cabinets. Le lendemain, M. de Castropignano vint au lever du Roi avec son habit uniforme de capitaine général; c'est leur habit de cérémonie, ce qu'ils appellent habit de gala. Je lui demandai des nouvelles de la reine des Deux-Siciles avant qu'il fût entré chez le Roi; il me dit : « Je ne puis encore rien dire, mais vous voyez mon habillement. » Il me dit ensuite à l'oreille qu'elle étoit accouchée d'une princesse. M. de Castropignano avoit une lettre à remettre au Roi ; M. le Cardinal n'étant pas encore arrivé, il étoit un peu embarrassé. Il entra au lever et s'approcha du Roi, à qui il dit la nouvelle dont il étoit chargé de lui faire part ; il dit aussi au Roi qu'il avoit une lettre à lui remettre, mais le Roi ne la lui ayant point demandée, il jugea à propos d'attendre l'arrivée de M. le Cardinal, lequel le mena le soir au retour de la chasse chez le Roi ; M. Amelot y étoit, et M. de Castropignano remit au Roi la lettre du roi des Deux-Siciles, après quoi il attendit l'arrivée de la Reine pour lui faire part de la même nouvelle ; il ne doit pas donner de fête, mais seulement une illumination à Paris, et un dîner ou souper ici.

Samedi étant jour de jeûne et la Reine ayant dîné en chemin, le Roi soupa dans ses cabinets et la vint voir seulement un moment avant de se mettre à table. Le vendredi j'étois chez Mademoiselle ; il n'y avoit que Mmes de Mailly, de Vintimille, la maréchale d'Estrées et de Montmorin. Le Roi y envoya à souper en maigre et n'y vint point après souper ; il se coucha de bonne heure, et Mme de Mailly, qui jouoit, quitta le jeu un moment après que le Roi se fut retiré ; mais le samedi, après son souper, le Roi alla jouer chez Mademoiselle.

Du vendredi 30, Fontainebleau. — Le Roi fut souper avant-hier à la Rivière ; il mena avec lui les quatre sœurs et Mme la maréchale d'Estrées, et il y avoit à la Rivière Mme de Rupelmonde, sa belle-fille. Il y a apparence que, dans la situation où sont les esprits à présent entre Mademoiselle et Mme la comtesse de Toulouse, au sujet de l'affaire des princes légitimés, dont j'ai parlé ci-dessus, Mademoiselle n'auroit pas été à la Rivière sans le Roi. J'ai marqué que dans le dernier voyage de Choisy, le Roi fut le mardi à Laqueue souper chez M. le prince de Dombes. Mme la comtesse de Toulouse y étoit venue exprès, mais Mademoiselle, ni Mlle de Clermont n'y étoient pas. Pour Mademoiselle, elle ne vint que le mercredi à Choisy ; je l'ai aussi marqué ci-dessus; mais à l'égard de Mlle de Clermont, elle étoit à Choisy ; elle prit le prétexte de sa santé pour ne pas faire ce petit voyage, et elle fut ce même jour souper à Atis chez Mme la maréchale de Villars. Je sais sûrement que Mme la comtesse de Toulouse se plaint beaucoup de Mademoiselle, et que Mademoiselle, de son côté, prétend n'avoir aucun tort. Le mémoire des princes du sang ne paroît point encore ; on m'a dit, comme je l'ai déjà marqué ci-dessus, que les entreprises des bâtards y étoient fort détaillées, et surtout leurs progrès depuis 1694 jusqu'en 1711.

Il y eut encore souper hier dans les cabinets avec les mêmes dames ; Mme de Mailly, quoique de semaine, alla avant-hier à la Rivière avec le Roi ; elle s'est mise sur le pied de ne retourner jamais le soir chez la Reine.

OCTOBRE.

Arrestation du Sr Pecquet. — Émeute à Besançon. — Détails du séjour de Fontainebleau. — M. de Camas. — Les géants. — Affaire du cardinal Aldovrandi. — Pénitence du Dauphin.

Du samedi 1er, Fontainebleau. — J'appris hier au soir, et cette nouvelle s'est confirmée ce matin, que le Sr Pecquet, premier commis des affaires étrangères, fut arrêté à sa maison de campagne et a été conduit à Vincennes ; on n'en dit point encore le sujet. On l'a mené auparavant à Versailles pour mettre devant lui le scellé à son cabinet.

Du mardi 4, Fontainebleau. — Le Roi fut hier à six heures et demie du matin dans un canton de la forêt que l'on appelle la Haute-Plaine, pour voir le rut ; il mena avec lui Mme de Mailly et Mme de Vintimille, qui coururent ensuite dans une calèche où furent aussi MM. de Bouillon et de Luxembourg.

A neuf heures, le Roi déjeuna dans la forêt et commença à courre à dix heures et demie. S. M. ne revint que sur les sept heures du soir, et soupa dans ses cabinets; il y avoit les quatre sœurs, Mme la maréchale d'Estrées et Mme de Maurepas. Le Roi, après le souper, joua dans ses petits appartements en bas au piquet, et les dames à cavagnole.

M. le prince de Dombes a obtenu pour les gardes suisses qu'ils ne demeureroient plus en quartier, pour ce voyage-ci seulement, dans les villages qui sont ici aux environs. La garde relevante viendra la veille coucher à Corbeil, comme la garde françoise vient à Melun. Cela se pratique de même pendant les voyages de Compiègne ; outre cela, en considération de la cherté, le Roi a accordé aux soldats des gardes françoises et suisses 2 sols d'augmentation, et aux sergents 4 sols ; il est dit que ce n'est que pour le mois d'octobre.

Il y eut le mois passé une assez grande émeute à Besançon au sujet du blé; cependant ce jour même le pain bis ne valoit que 18 deniers; il ne peut jamais être cher à Besançon, parce qu'il y a toujours un grenier rempli d'environ 4,000 mesures de blé. Effectivement, trois heures après l'émeute, on apporta au marché du blé du grenier, et il diminua sur-le-champ. Cette émeute n'étoit composée que de femmes, au nombre de deux cents environ, qui avoient allumé des brandons de paille pour aller brûler la maison de l'intendant. Il y avoit eu quelques jours auparavant une requête signée d'environ cent cinquante habitants des principaux, présentée au procureur général; il me paroît que l'on est mécontent de ce dernier de ce qu'il a reçu cette requête, et que l'on trouve que le lieutenant de Roi, qui commande en l'absence de M. de Duras, qui est ici, et le Parlement, se sont conduits trop mollement dans cette occasion.

Du lundi 10, Fontainebleau. — M. de Castellane n'est point encore parti pour son ambassade de Constantinople. Il me dit l'autre jour que les appointements du Roi sont 36,000 livres, mais à cause du change on lui donne 54,000 livres de notre monnoie, sur quoi on lui a payé un quartier d'avance. Il ne sait pas encore de quel temps courront ses appointements. Il a touché outre cela 24,000 francs pour ses frais de voyage et son établissement, et 15,000 livres de gratification. J'ai marqué ci-dessus qu'il avoit vendu sa charge de cornette des mousquetaires; il l'a vendue 100,000 francs, et il a acheté une compagnie de dragons à la suite du régiment d'Orléans, au moyen de quoi il conserve le rang de colonel.

Le Roi soupe trois ou quatre fois la semaine dans ses cabinets. Mme la princesse de Conty est arrivée depuis deux ou trois jours; Mlle de Sens arriva hier.

La Reine est allée aujourd'hui souper à la Rivière.

Du jeudi 13, Fontainebleau. — Lundi, souper dans les cabinets au retour de la chasse; il n'y avoit point de dames; les deux sœurs, Mmes de Mailly et de Vintimille, soupèrent chez Mademoiselle; le Roi y vint après le souper et y joua. Mardi, encore souper dans les cabinets, après la chasse du cerf. Mmes de Mailly et de Vintimille étoient à cette chasse en calèche avec M. de Luxembourg, lequel ne monte plus à cheval, comme je l'ai dit plus haut. M. de Luxembourg soupa dans les cabinets; il y avoit les quatre sœurs, Mme de Chalais et Mme la maréchale d'Estrées; le duc de Villars y soupa aussi et M. de Maurepas, qui avoit été à la chasse à cheval. Le duc de Villars soupe rarement dans les cabinets, et ce fut une espèce de nouvelle; il est fort bien avec Mme de Mailly; on prétend qu'il lui prête de l'argent; on prétend aussi que M. de Luxembourg lui en prête; ce qui est certain c'est qu'il n'aime point la chasse, et qu'il n'y va que par complaisance et pour faire sa cour.

Du jeudi 20, Fontainebleau. — Il y eut lundi et mardi souper dans les cabinets. Lundi étoit chasse du cerf; il n'y avoit point de dames à la chasse, parce que Mme de

Mailly est de semaine. Il n'y eut au souper que cinq dames, Mlle de Clermont, Mmes de Mailly, de Vintimille, de Saint-Germain, et la maréchale d'Estrées. Mademoiselle est incommodée; le Roi vint chez elle après le souper; il y joua à quadrille et il y eut deux tables de cavagnole. Le lendemain mardi, jour de chasse du sanglier, il n'y eut à souper que les deux sœurs et Mme la maréchale d'Estrées.

Hier c'étoit une fête de ce diocèse-ci; le Roi fut au salut et il n'y eut point de chasse. Quoique les choses soient toujours du même état entre les princes du sang et les légitimés, cependant Mademoiselle et Mme la comtesse de Toulouse ne sont pas brouillées ensemble comme on l'avoit cru; Mme la comtesse de Toulouse a envoyé savoir des nouvelles de Mademoiselle plusieurs fois tous ces jours-ci; elle fut même chez elle il y a quelques jours. On prétendoit que Mademoiselle avoit fait dire qu'elle étoit sortie, mais cela n'est pas vrai; elle étoit réellement allée faire une visite.

M. de Camas est encore ici et ne doit s'en retourner que dans un mois; il tient une fort bonne maison, il donne à dîner très-souvent et fait grande et bonne chère; il paroît avoir de l'esprit et de la politesse; il parle bien françois; son père avoit servi longtemps dans les troupes du grand-père du Roi d'aujourd'hui. M. de Camas étoit fort bien avec le feu roi de Prusse. C'est au siége d'Aire, en 1710, qu'il a eu le bras gauche emporté. Lorsqu'il eut sa première audience du Roi il dit que c'étoit au siége de Lille; c'étoit en effet l'embarras de cette cérémonie, car il avoit dit auparavant à M. le Cardinal que c'étoit au siége d'Aire. M. Chambrier, ministre ici du roi de Prusse, m'a dit que toute la dépense que M. de Camas faisoit ici étoit aux dépens du Roi son maître, lequel lui donne une somme d'argent assez considérable pour qu'il ne lui en coûte rien. M. de Camas a 8,000 livres de pension du roi de Prusse, un gouvernement assez considérable pour l'étendue, mais qui ne vaut pourtant que 5 à 6,000 livres. Le roi de Prusse d'aujourd'hui vient de lui donner un régiment ; et un régiment dans ce pays-là vaut 24,000 livres de rente. Ce régiment est un des huit nouveaux que le Roi de Prusse vient de faire, au lieu et place des grands hommes ou géants que le feu roi de Prusse entretenoit avec si grand soin et qui lui coûtoient plus de 2,800,000 livres par an. Quelques jours avant que de mourir, il fit venir le prince royal et lui dit qu'il reconnoissoit qu'il avoit fait une folie et dépensé un argent prodigieux pour l'engagement et entretien de ces géants ; qu'il lui conseilloit aussitôt après sa mort de se défaire de ces troupes qui étoient trop à charge à l'État. Effectivement, les huit régiments que le roi de Prusse vient de lever coûteront 100,000 écus de moins que les grands hommes ; il y avoit tels de ces grands hommes qui coûtoient 10,000 écus d'engagement.

M. le cardinal de Rohan est parti de Rome au commencement de ce mois ; il ne reviendra à la Cour qu'au commencement de l'année, ou tout au plus tôt à la fin de celle-ci. On m'a dit aujourd'hui que le cardinal Lambertini, qui est le Pape, avoit fait un écrit pour justifier la conduite du cardinal Aldovrandi, et que depuis son élection il avoit dit qu'il falloit que sa cause fût bien bonne puisque Dieu avoit ainsi béni son avocat. J'ai parlé ci-dessus de l'affaire du cardinal Aldovrandi, d'une lettre qui lui fut écrite par un religieux de ses amis, j'ai mis que c'étoit un Cordelier, et c'est un Augustin. Le cardinal Aldovrandi avoit fait réponse au dos de la lettre et avoit marqué : « Vous êtes maître en Israël, vous pouvez faire ce que vous jugerez à propos ; ce qui est certain, c'est que je ne garde point de rancune et que je ne manque point de reconnoissance. » Cette réponse a paru ; et on prétend que la lettre de l'Augustin a été tellement effacée qu'il n'en est pas resté le moindre vestige. Une circonstance que j'ai apprise encore, c'est que le cardinal Albani, qui est le cardinal camerlingue, lequel soutenoit, comme je l'ai dit, contre la puissante faction du cardinal Aldovrandi, alla le jour même de l'élection du Pape chez le cardinal Macei, à minuit, pour essayer encore de le détacher de cette faction, et qu'il fut bien surpris lorsque le cardinal Macei lui dit que le Pape étoit fait, que même les chefs d'ordre avoient déjà été chez lui. Enfin le cardinal Albani prit lui-même le parti d'aller sur-le-champ rendre visite au Pape. On dit que ce cardinal est à la campagne depuis l'exaltation du Pape; on peut juger qu'il n'a pas lieu d'être content.

Du samedi 29, *Paris.* — Quoique Mme de Mailly n'ait point été à la chasse pendant sa semaine, cependant Mme de Vintimille y fut le jeudi avec Mme de Saint-Germain et M. de Luxembourg. Le lundi de la semaine suivante, qui étoit le 24, le Roi alla souper à la Rivière (1); il y mena les quatre sœurs, Mme la maréchale d'Estrées et Mme la duchesse de Ruffec. Le mercredi, il y eut souper dans les cabinets; il y eut vingt personnes à la grande table et huit à la petite. Les dames étoient les quatre sœurs, Mme de Chalais et Mme d'Antin. Avant-hier jeudi 27, étoit chasse du sanglier. Ordinairement Mme de Mailly ne va point à cette chasse; cependant elle y fut avec Mme de Vintimille, M. de Luxembourg et M. du Bordage. On prétend que ce fut pour faire voir à M. du Bordage un sanglier en vie; il disoit qu'il n'avoit jamais vu que du boudin de sanglier.

Il y a déjà quelques jours que M. le Dauphin fut mis en pénitence pour deux ou trois jours, c'est-à-dire, il y

---

(1) Ce même jour, le Roi avoit couru le cerf. Mmes de Mailly et de Vintimille étoient à cette chasse avec M. de Luxembourg en calèche. Elles pensèrent périr dans un passage du Long Rocher; une roche arrêta la roue de la calèche et un des chevaux ne fut soutenu que par son trait, ce qui leur donna le temps de descendre, et le cheval tomba dans un trou assez profond parce qu'on coupa les traits. (*Note du duc de Luynes.*)

avoit ordre de ne laisser entrer chez lui que les entrées. Le sujet étoit un petit moment de vivacité qu'il eut pendant l'étude contre M. l'abbé de Marbeuf, son lecteur; comme M. le Dauphin badinoit et ne vouloit point écouter, M. de Marbeuf demanda à M. de Mirepoix s'il vouloit qu'il allât avertir M. de Châtillon; sur cela M. le Dauphin, fort en colère, vint à l'abbé de Marbeuf et lui donna quelques coups de pied; on dit même un soufflet.

NOVEMBRE.

Mort de l'empereur Charles VI. — L'*Anti-Machiavel* du roi de Prusse. — Départ de Fontainebleau. — Audience du prince de Lichtenstein. — Mort de la czarine Anne Ivanovna. — Testament de Ferdinand Ier, frère de Charles-Quint. — Mme de Mailly impose silence à la maréchale d'Estrées; son caractère. — Plaisanterie du Dauphin. — Mariage de Mlle de Verneuil avec M. de la Guiche. — Audience de congé de M. de Camas. — Mort de M. de la Tournelle. — Mme de Talleyrand déclarée dame du palais de la Reine. — Mort de M. de Saint-Hilaire.

Du samedi 5, Fontainebleau. — Samedi 29 octobre, j'étois à Paris; j'ai appris qu'il étoit arrivé à Fontainebleau un courrier qui apportoit la nouvelle de la mort de l'empereur (1); ce n'étoit encore que la nouvelle de la dernière extrémité, car il n'est mort que le 20, à minuit, des suites d'une indigestion. C'est le dernier de la maison d'Autriche. Il a fait un testament par lequel il institue l'archiduchesse (2), femme du grand duc (3), héritière de tous ses États héréditaires (4). C'est le plus grand événement qui soit ar-

---

(1) Charles VI, né le 1er octobre 1685, élu empereur le 12 octobre 1711. (*Note du duc de Luynes.*)

(2) Marie-Thérèse, née le 13 mai 1717.

(3) François de Lorraine, né le 8 décembre 1708, d'abord duc de Lorraine, puis grand-duc de Toscane après la paix de Vienne, marié le 12 février 1736.

(4) Les États héréditaires de la maison d'Autriche comprenaient à peu près l'Empire d'Autriche actuel.

rivé depuis longtemps en Europe. Le Roi ne parla ici de la mort de l'empereur que lundi 31, et dit en même temps qu'il ne vouloit pas, dans cette circonstance-ci, se mêler de rien, qu'il demeureroit les mains dans ses poches (c'est son expression), à moins que l'on ne voulût élire un protestant. Il est vraisemblable que la maison de Bavière (1), qui a de grandes prétentions, en vertu d'un acte passé entre la maison d'Autriche et elle, portant réversion réciproque de leurs États à défaut d'hoirs mâles, fera valoir ce droit encore plus que celui que pourroit prétendre l'électrice, qui est archiduchesse fille de l'empereur Joseph, mais qui n'est que cadette de l'électrice de Saxe, reine de Pologne (2).

Le jour de la Saint-Hubert, avant-hier, le Roi soupa dans ses cabinets; il y avoit de dames : Mademoiselle, Mmes de Mailly, de Vintimille, d'Antin, et........; Mlle de Clermont n'y étoit point, parce qu'elle est incommodée.

Du dimanche 6, Fontainebleau. — M. le prince de Lichtenstein est arrivé ici avant-hier au soir; il vit hier matin M. le Cardinal, et fut enfermé longtemps avec lui; il est dans une grande affliction. Il n'y a encore rien de décidé pour le deuil. A la mort de Louis XIV, l'empereur drapa; on croit cependant que celui-ci ne sera que de trois semaines.

Il paroît depuis quelques jours un livre intitulé : *Anti-Machiavel*, ou Essai critique sur Machiavel; il est dit que ce livre est publié par M. de Voltaire; il y a une préface où Voltaire dit que le manuscrit lui en ayant été donné il en a fait présent au libraire; que c'est l'ouvrage d'un jeune étranger auquel il donne beaucoup de louanges. Le texte de Machiavel est imprimé à mi-marge. Les

---

(1) La maison de Bavière avait alors pour chef Charles-Albert, né en 1697, électeur de Bavière en 1726, marié en 1722 à Marie-Amélie, fille puînée de l'empereur Joseph Ier, frère aîné de l'empereur Charles VI, née en 1701.

(2) Marie-Josèphe, fille aînée de l'empereur Joseph Ier, née en 1699.

réflexions sont sages et les principes dignes d'admiration, surtout dans la bouche d'un prince, car il paroît constant que c'est l'ouvrage du roi de Prusse. Le style est vif et concis; il y a quelques expressions qui ne sont pas d'un françois correct, mais en tout le livre est bien écrit, et les sentiments qu'il contient dignes de servir d'instruction aux princes. Quelques gens veulent douter que ce soit l'ouvrage du roi de Prusse et prétendent que ce prince a une très-grande difficulté à écrire; cependant je sais d'autres personnes dignes de foi, qui ont vu un grand nombre de ses lettres écrites de sa main, dont le style et les sentiments prouvent la vérité de l'*Anti-Machiavel*. On pourroit plutôt dire que *Machiavel* est un livre si décrié, que ce n'est plus un ennemi à combattre, que d'ailleurs un prince qui établit publiquement et presque sous son nom des principes de gouvernement aussi sages, mais si rares à pratiquer exactement, prend en quelque manière avec le public des engagements bien difficiles à remplir dans toute leur étendue. Il y a déjà deux éditions de ce livre, l'une telle qu'elle est sortie vraisemblablement des mains du roi de Prusse, et l'autre corrigée par Voltaire. Les mêmes pensées y sont, mais les expressions sont adoucies; il y a quelques endroits sur Louis XIV un peu hasardés et une digression sur la chasse dont les principes paroissent peut-être trop sévères.

Ce prince joue actuellement un grand personnage, étant de tous les électeurs celui qui a le plus de troupes et d'argent. Il a trouvé dans le trésor du roi son père au moins 140 millions qui avoient été amassés peu à peu depuis plusieurs années par les épargnes de ce prince. Le roi de Prusse a cent dix mille hommes sur pied. M. Chambrier m'a dit que son revenu étoit de 56 millions par an. On prétend que le duc de Lorraine (1) est comme

---

(1) François de Lorraine, duc de Toscane, gendre de Charles VI.

assuré, dans l'élection d'un empereur, de la voix des électeurs de Mayence et de Trèves. L'électeur de Bavière, de son côté, a pour lui l'électeur de Cologne, son frère, et l'électeur palatin, qui n'est pas en âge de prétendre rien pour lui-même, et qui est de même maison que l'électeur de Bavière; restent trois électeurs : Saxe, Brandebourg et Hanovre, dont il y en a deux protestants; on pourroit même dire tous trois, mais l'électeur de Saxe a fait abjuration avant même que d'être roi de Pologne. Cependant il est toujours chef de la ligue protestante, et son électorat n'a point changé de religion.

Du lundi 7, Fontainebleau. — Mardi 1er novembre, il y eut sermon à l'ordinaire; c'est le P. Renauld, dominicain, qui prêcha. J'étois à Paris; mais l'on m'a dit que son compliment avoit été assez bien, et qu'à l'occasion de la nouvelle de l'empereur, que le Roi avoit déclarée la veille, il avoit ajouté un mot que quelques personnes ont voulu critiquer sans sujet, d'autant plus que ce mot étoit fort court et ne signifioit que le bonheur qu'auroient les sujets de l'empire d'avoir le Roi pour maître.

Ce même jour, Madame soupa pour la première fois au grand couvert avec le Roi et la Reine.

M. l'ambassadeur d'Espagne sort d'ici où il m'a montré des lettres de Madame Infante pour le Roi, la Reine et Madame. Voici quelles sont les suscriptions : *au Roi, Monseigneur et père, à la Reine, Madame et mère,* et pour Madame, *Madame, ma sœur.*

Du mardi 8, Fontainebleau. — Le Roi soupa hier dans ses cabinets; il y avoit environ vingt-cinq couverts, sur quoi six dames, savoir : Mademoiselle et Mmes les comtesses de Mailly et de Vintimille (Mlle de Clermont est toujours incommodée), Mme la maréchale d'Estrées, Mme la duchesse de Ruffec et Mme la duchesse d'Antin.

Du mercredi 9, Fontainebleau. — M. le duc de Charost est malade depuis plusieurs jours; la Reine le vint voir il y a quelques jours. Le Roi y vint aussi hier sur les trois heures après midi. Mme de Mailly, qui est depuis longtemps fort amie de M. le duc de Charost, étoit venue un peu auparavant et y resta pendant et après la visite du Roi. Cette visite dura près d'un quart d'heure, le Roi toujours debout. Toute la famille de M. de Charost y étoit. Il est parti aujourd'hui dans la gondole que la Ville a donnée au Roi et dont j'ai parlé ci-dessus. Cette gondole, qui ne fait qu'un grand salon lorsque le Roi y soupe, se partage, par des cloisons, en antichambre, chambre et cabinet, et il y a un lit. Il va coucher à Choisy, et demain à Versailles dans une voiture de Mme de Mazarin où il y a un lit.

Le Roi part mardi 15 d'ici ; il va coucher à Choisy, d'où il reviendra le 18 à Versailles ; la Reine part le lundi 14 ; Mesdames demain 10, et M. le Dauphin le samedi 12.

Du vendredi 11, Fontainebleau. — M. le prince de Lichtenstein eut hier audience particulière du Roi dans le cabinet, sans aucune cérémonie ; il n'a plus de caractère et a pris congé il y a longtemps, comme j'ai marqué ci-dessus. La grande-duchesse, qui se fait ici appeler présentement la reine de Bohême et de Hongrie, lui avoit envoyé une lettre pour le Roi ; mais cette lettre n'a pas été jugée d'un style à être présentée à S. M. Ainsi M. de Lichtenstein a seulement dit au Roi que la reine de Bohême et de Hongrie l'avoit chargé de rendre compte à S. M. de la perte qu'elle avoit faite ; il ajouta aussi un mot sur la protection ou secours qu'elle espéroit du Roi. Je ne sais point les termes, je n'y étois pas ; et l'on ne m'a pu dire exactement les expressions ; mais le Roi lui répondit à peu près en ces termes : « Vous assurerez la grande-duchesse, Monsieur, de la part que je prends à sa douleur et de l'affliction que je ressens moi-même de la perte qu'elle a faite, et vous lui manderez que je ne manquerai en rien à mes engagements. »

Nous avons garanti la pragmatique. L'électeur de Bavière prétend, à ce qu'il me paroît, que cette pragmatique doit être regardée comme nulle, la maison d'Autriche ayant avec celle de Bavière des engagements antérieurs et entièrement opposés à ce qui est réglé par la dite pragmatique. J'ai appris aujourd'hui que la Hollande et l'Angleterre paroissent fort déterminées à soutenir les intérêts du grand-duc en tout. On ne dit point encore quel parti nous prendrons.

Le Roi avoit annoncé hier qu'il pourroit bien aller à la chasse aujourd'hui ; il ne put y aller hier ni avant-hier, à cause de la gelée. Ce matin tout étoit prêt. Au lever, M. le comte d'Estrées (Courtenvaux) a dit au Roi qu'il avoit eu quelque moment d'inquiétude en apprenant que l'ordre pour la chasse étoit changé, mais qu'il avoit été rassuré bientôt après, ayant su que c'étoit par rapport au terrain qui s'étoit trouvé mauvais à courre. Soit que le Roi ait cru que l'on avoit soupçonné qu'il auroit pu se trouver incommodé ou autrement, il a répondu assez sèchement que ce n'étoit point par rapport au terrain, mais que c'étoit fête aujourd'hui ; qu'il ne l'avoit appris que ce matin. (Il y a plusieurs fêtes dans ce diocèse qui ne sont point fêtées partout, et saint Martin l'est.) Le Roi a été au salut. S. M. a dit ce soir à souper que la czarine (1) étoit à l'extrémité.

Du lundi 14, Fontainebleau. — M. de Castropignano a toujours resté ici, logé aux dépens du Roi dans une maison louée en ville, suivant l'usage ; il a donné un grand dîner le 6 de ce mois ; il avoit emprunté pour cet effet ce qu'on appelle le Gouvernement ; il y avoit quatre ou cinq tables et cinquante ou soixante personnes. Lorsqu'il rendit compte de cet arrangement à M. le Cardinal, S. Ém. lui conseilla de ne point faire tant de dépense ; il répondit qu'il avoit ordre de faire plus que le jour des naissances, et que ces jours de naissance du Roi ou de la

---

(1) Anne Ivanovna, née en 1693.

reine des Deux-Siciles, il avoit ordre de donner à dîner à trente ou quarante personnes; M. le Cardinal n'eut rien à répondre; mais il parut à M. de Castropignano, à ce qu'il m'a dit, que cette fête n'étoit pas trop de son goût. La circonstance de la mort de l'Empereur n'a rien changé à cet arrangement parce qu'il étoit tout préparé, mais M. de Castropignano m'a dit que sans cela il auroit différé la fête d'un mois ou deux.

Du samedi 19, *Versailles.* — Il y a déjà quatre ou cinq jours que l'on sait la mort de la czarine; on a dit qu'elle étoit morte d'une goutte remontée; on soupçonne cependant que cette mort pourroit bien n'être pas naturelle. Elle avoit fait faire depuis environ un an plusieurs exécutions de gens considérables, comme complices de conspirations faites contre elle. Elle a fait un arrangement pour la succession à l'empire de Russie, que l'on peut voir dans la Gazette. Cet arrangement a été suivi jusqu'à présent, et c'est un enfant de trois mois qui lui a succédé; il s'appelle Ivan et est fils du duc Ulrich de Brunswick et de la princesse Anne, petite-fille de Jean, lequel étoit frère du czar Pierre Ier, celui qui vint en France en 1717 et qui fit mourir à son retour son fils. La czarine avoit quarante-sept ans. C'est le duc de Courlande (1) qui est administrateur de Russie par l'arrangement qu'elle a fait. Cette mort peut faire un grand changement par rapport aux intérêts du grand-duc, qui croyoit avoir lieu de compter beaucoup sur la czarine.

M. de Lichtenstein est venu ici aujourd'hui, et a apporté à M. le Cardinal un extrait du testament de Ferdinand Ier, frère de Charles-Quint. J'ai vu quelqu'un très-digne de foi à qui M. de Wassenaer a montré ledit extrait; il porte que Ferdinand Ier veut et entend que les royaumes de Hon-

---

(1) Ernest-Jean comte de Biren, amant de la czarine et son premier ministre. Pendant son gouvernement, Biren fit supplicier 12,000 personnes et exiler 20,000 autres.

grie et de Bohême passent à la fille aînée, au défaut d'hoirs mâles, du dernier empereur de la maison d'Autriche. L'électeur de Bavière, au contraire, prétend que les royaumes de Hongrie et de Bohême, donnés par le testament de Ferdinand Ier, à défaut d'hoirs mâles, à Anne, fille de Ferdinand, laquelle avoit épousé Albert, duc de Bavière......
Il est à observer premièrement que Ferdinand avoit épousé Anne, fille de Ladislas, roi de Hongrie et de Bohême, dont il eut entre autres enfants la duchesse de Bavière ; secondement que la duchesse de Bavière avoit à la vérité une sœur aînée, nommée Élisabeth, qui épousa, en 1543, Sigismond-Auguste, roi de Pologne, mais qu'elle mourut en 1545, et que la duchesse de Bavière ne fut mariée qu'en 1546. M. de Lichtenstein a ajouté que le ministre de Bavière avoit produit la copie que l'électeur avoit du testament de Ferdinand Ier, et que cette copie s'étoit trouvée n'être pas conforme à l'original gardé à Vienne, que l'on avoit fait assembler les ministres étrangers, que la confrontation avoit été faite de la copie et de l'original, et que le ministre de Bavière avoit été obligé d'en convenir.

Le Roi soupa le lundi 14 dans ses cabinets ; il n'y avoit de dames que Mademoiselle, Mmes de Mailly et de Vintimille et Mme la maréchale d'Estrées. Melle de Clermont étoit partie avec la Reine. Mme de Montmorin étoit à Fontainebleau, et on lui proposa de souper avec le Roi ; elle refusa et dit qu'elle étoit incommodée. Comme c'étoit la première fois de tout le voyage qu'on lui avoit proposé de souper dans les cabinets, on a jugé qu'elle avoit bien pu chercher une excuse. Le Roi joua après souper dans un salon qui est de plain-pied à celui où il mange ; il y avoit une table de quadrille pour S. M., une pour Mme la maréchale d'Estrées et une de cavagnole, où jouoit Mme de Mailly. Comme la pièce n'est pas fort grande et que Mme la maréchale d'Estrées parloit assez haut, on avoit de la peine à s'entendre au cavagnole. Mme de Mailly, qui étoit à l'autre bout de la table, éleva la voix et lui dit : « Madame la maréchale, taisez-vous, vous faites trop de bruit; » elle fut obéie sur-le-champ. Ce fait est certain, car j'y étois.

Le samedi d'auparavant, le Roi, ayant soupé dans ses cabinets, passa chez Mademoiselle; on proposa un cavagnole; Mme de Mailly n'y voulut point jouer; elle alla se placer auprès du Roi qui jouoit au piquet; et, comme elle étoit fort près du Roi, elle marquoit son jeu. Le Roi paroissoit fort content qu'elle fût auprès de lui; et même, pendant la partie, il prit en badinant un jeu de cartes qu'il mit sur la tête de Mme de Mailly.

Le mardi 15, le Roi partit de Fontainebleau dans sa calèche, M. d'Harcourt à côté de lui, et sur le devant M. le Premier et M. de Chalais. Ceux qui étoient venus avec le Roi suivoient dans une gondole. S. M. trouva en arrivant à Choisy ses bâtiments finis; et l'on travailla ce même jour dans la cuisine nouvelle. Il y a actuellement de quoi loger quatre-vingt-dix chevaux dans l'écurie. Mademoiselle arriva ce même jour à Choisy avec Mme de Vintimille, Mme de Mailly et Mme la maréchale d'Estrées; Melle de Clermont y arriva aussi de Versailles, et Mme d'Antin de Paris. Il y eut un cavagnole devant et après souper. Mademoiselle et Mme de Mailly y jouèrent l'une et l'autre, mais non sans humeur de la part de Mme de Mailly, qui se plaignoit du malheur dont elle jouoit et de la fortune de Mademoiselle; cette humeur avoit commencé dès le samedi à Fontainebleau. Mme de Mailly avoit pris la résolution de jouer le lendemain chez elle, et elle avoit même averti des joueurs; cependant le lendemain, ayant dîné chez la maréchale d'Estrées, où elle dîne tous les jours, elle y joua à cavagnole, et pendant le jeu elle reçut une lettre, que lui apporta sa femme de chambre, à laquelle elle fit réponse sur-le-champ sur la table même du jeu. Je ne sais ce que contenoit ce billet; mais, ce qui est certain, c'est que Mme de Mailly quitta le jeu à cinq heures trois quarts, descendit chez Mademoiselle, où le Roi arriva le moment d'après. Il y eut un cavagnole et Mme de Mailly y joua ; mais cette même humeur se renouvela le mercredi à Choisy. Mme de Mailly resta dans sa chambre ; Mademoiselle envoya avertir des joueurs, et entre autres le vidame de Vassé, qui étoit dans ce moment chez Mme de Mailly ; elle descendit fort peu de temps après, de fort mauvaise humeur de ce qu'on ne lui avoit rien dit, et trouva le jeu commencé. De ce moment elle prit la résolution d'envoyer sur-le-champ chercher un cavagnole à Paris pour pouvoir y jouer de son côté ; elle y envoya effectivement ; et, après le souper, elle dit à quelqu'un, qui me l'a conté, que son cavagnole étoit arrivé. Cet homme, qui est de ses amis et fort sensé, sentit que cette démarche alloit faire une scène, et conseilla à Mme de Mailly de ne pas faire usage du cavagnole : elle suivit ce conseil et le cavagnole est demeuré enfermé pendant tout le voyage ; et pendant tout ce temps elle a joué avec Mademoiselle.

Le Roi revint ici vendredi avec les dames.

Dimanche dernier, après le salut, la Reine alla voir M. le duc de Charost, qui est toujours malade ; elle avoit déjà été le voir à Fontainebleau, comme je crois l'avoir marqué.

La Reine est partie le lundi 14. Il y avoit dans son carrosse Mlle de Clermont à côté de S. M., Mme de Luynes et Mme de Montauban sur le devant, Mmes de Villars et de Bouzols aux portières. Dans le second carrosse, Mmes de Tessé et d'Ancenis. Dans le carrosse des écuyers, M. de Nangis, l'écuyer de quartier et M. l'abbé d'Alègre, aumônier de la Reine, à qui M. de Tessé a bien voulu donner une place. L'écuyer cavalcadour est malade. En venant ici, M. Helvétius, premier médecin, étoit dans le carrosse des écuyers. M. de Tessé m'a dit qu'il avoit droit d'être dans ce carrosse. Comme M. Helvétius est parti avec M. le duc de Charost, M. de la Vigne, médecin ordinaire, a fait demander s'il pourroit avoir dans ce carrosse la place qu'avoit occupée M. Helvétius, et on lui dit que cela ne se pouvoit pas.

Du mardi 22, *Versailles.* — On a beaucoup parlé ici d'une plaisanterie que M. le Dauphin fit il y a quelques jours. M. de Châtillon étoit à Paris ; M. le Dauphin, qui lui fait beaucoup d'amitié et qui l'aime réellement, imagina de lui écrire. M. de Châtillon lui fit réponse sur-le-champ. Lorsque M. le Dauphin reçut cette réponse, il étoit seul dans son cabinet avec M. de Muy, lequel lisoit. Il voulut montrer à M. de Muy la lettre de M. de Châtillon, mais M. de Muy ne voulut pas la voir. M. le Dauphin demanda une plume et du papier et dit qu'il vouloit écrire ; il écrivit effectivement quatre pages de papier d'une écriture un peu différente de son écriture ordinaire ; il les plia ensuite et les mit dans la lettre de M. de Châtillon ; puis il demanda à M. de Muy s'il vouloit lire des nouvelles qui étoient dans cette lettre. M. de Muy, qui ne se doutoit de rien, pria M. le Dauphin de vouloir bien les lui lire lui-même ; M. le Dauphin les lut et M. de Muy crut que c'étoit effectivement un gazetin que M. de Châtillon lui avoit envoyé. Il y étoit parlé de la mort de la czarine, des raisons qu'on avoit de croire qu'elle pouvoit bien avoir été empoisonnée, des différents seigneurs moscovites qui pourroient disputer la couronne au czar Ivan ; M. le Dauphin avoit composé des noms qui paroissoient vraisemblables. Il étoit encore parlé des intérêts que la Suède avoit à exercer dans ces conjonctures par rapport au pays qu'elle avoit été obligée de céder à la Russie et qu'elle chercheroit vraisemblablement à recouvrer. Ces nouvelles furent ensuite données dans le caveau (1) de M. le Dauphin, où l'on s'entretient quelquefois de politique, et y furent lues comme véritables ; et ce ne fut qu'au retour de M. de Châtillon que l'on sut qu'il n'avoit point envoyé de nouvelles à M. le Dauphin, et que c'étoit lui-même qui les avoit

---

(1) Petite pièce de l'appartement du grand Dauphin, fils de Louis XIV, souvent citée par Dangeau et Saint-Simon.

composées. Ce gazetin a été montré au Roi et à la Reine ; mais on n'a pas voulu qu'il courût ; M. de Châtillon a dit qu'il étoit brûlé ; et c'est M. de Muy qui m'a dit à peu près ce que je viens de marquer.

Mercredi dernier fut fait à Paris chez Mme la Duchesse mère le mariage de Mlle de Verneuil avec M. de la Guiche. M. de la Guiche est homme de condition, je crois, de Bourgogne, et neveu à la mode de Bretagne de Mme de Lassay. M. de Lassay, qui n'a point d'enfants, le regarde presque comme son fils. M. de la Guiche est colonel d'un des régiments de M. le prince de Conty. Il a actuellement 25,000 livres de rente. Mlle de Verneuil a été élevée chez Martin, apothicaire de M. le Duc, comme nièce du dit Martin ; elle est bâtarde de M. le Duc, qui l'a reconnue quelque temps avant que de mourir et lui a laissé par son testament 15,000 livres de rente. Mme la Duchesse mère outre cela lui a assuré 9,000 livres de rente. Bien des gens croient qu'il auroit été plus convenable de marier Mlle de Verneuil en province que dans ce pays-ci, d'autant plus que sa mère, qui est morte, quoiqu'elle ne soit point nommée, étoit fort connue et considérable dans ce pays-ci et tient à beaucoup de gens. Mme la Duchesse et M. de Lassay ont voulu absolument ce mariage et l'ont fait, quoique le Roi ait refusé de signer au contrat, comme je l'ai marqué plus haut. Mme la Duchesse donna un grand souper le mercredi ; il y avoit quatre tables de quinze ou seize couverts chacune. Aujourd'hui elle a présenté Mme de la Guiche au Roi et à la Reine. La présentation s'est faite à l'ordinaire ; Mme la Duchesse n'avoit avec elle que ses deux dames ; Mme de la Guiche n'a pas encore quinze ans ; elle est bien faite et assez jolie.

M. de Camas a eu aujourd'hui son audience de congé. Il est venu dans les carrosses du Roi, à l'ordinaire, et a fait un compliment fort court au Roi et à la Reine. L'audience du Roi étoit dans le cabinet, et celle de la Reine dans le cabinet avant sa chambre ; M. de Nangis seul derrière le fauteuil de la Reine. M. le cardinal de Fleury y étoit et a toujours resté debout même pendant que les dames étoient assises. M. de Camas a dîné dans la salle des ambassadeurs, suivant l'usage.

Je me suis informé aujourd'hui plus particulièrement de ce qui s'est passé à Vienne au sujet de l'électeur de Bavière; il est certain que le 5 de ce mois, sur la demande faite par M. de la Pérouse, ministre de Bavière à Vienne, le testament de Ferdinand Ier a été montré et confronté avec la copie envoyée de Munich. Il y avoit dans la copie que les royaumes de Bohême et de Hongrie passeroient à l'électeur de Bavière à défaut d'hoirs mâles. Le mot allemand est : *Mannliche Erben*, héritiers mâles, et on a trouvé dans l'original du testament ces mots: *Eheliche Erben*, héritiers légitimes. M. de Grimberghen, à qui j'en ai parlé, ne sait pas encore quels ordres il recevra à ce sujet de la cour de Munich; mais il prétend que la copie dont est question a, dit-on, été donnée depuis peu d'années à l'électeur d'aujourd'hui, et qu'il a connoissance qu'il y a plus de vingt ans que le feu électeur regardoit son droit sur la Bohême comme incontestable ; qu'il y a plusieurs années qu'il demandoit que l'on montrât le testament de Ferdinand sans pouvoir l'obtenir ; que l'on avoit insisté à Vienne pour qu'ils remissent la copie qu'ils avoient de ce testament, et qu'enfin on n'avoit pu voir l'original que dans l'occasion présente. On soupçonne qu'il ne seroit pas impossible que ce titre, quoiqu'ancien, eût été falsifié, d'autant plus que le changement du mot essentiel n'est pas difficile comme il vient d'être expliqué. Il y a même déjà un exemple dans la maison d'Autriche. L'an 1547, Granvelle, ministre de l'empereur Charles V, au lieu d'avoir mis dans la convention faite pour la liberté du landgrave de Hesse, ces mots : *Ohne Einiges Gefangniss* (1), y substitua *Ohne Ewiges Gefangniss* (2).

---

(1) Sans aucune prison.
(2) Sans prison perpétuelle.

Du mercredi 23, Versailles. — Depuis que M. le duc de Charost est arrivé ici, la Reine a été lui rendre visite. Le Roi y fut aussi hier à trois heures après midi. Mme de Mailly n'étoit point ici ; elle étoit allée à l'Opéra avec des chevaux de la Reine que M. de Tessé lui avoit prêtés ; elle avoit mené avec elle Mme de Vintimille et M. d'Ayen ; elle revint le soir.

Du dimanche 27, Versailles. — M. de la Tournelle mourut mercredi dernier, 23 de ce mois, de la petite vérole ; il avoit épousé la sœur de Mme de Flavacourt et de Mmes de Mailly et de Vintimille et de Mlle de Montcavrel. Mme de la Tournelle, qui est une des plus belles femmes de ce pays-ci, reste avec environ 16,000 de rente ; elle a eu 9,000 livres en se mariant, en 60 actions, et a renoncé à tous droits de succession. On lui a donné 5,000 livres de douaire, 2,000 livres d'habitation et 20,000 livres de préciput. M de la Tournelle n'a été presque connu que depuis sa mort ; il étoit extrêmement jeune et vivoit peu dans ce pays-ci ; il étoit dans la grande piété, et faisoit prodigieusement d'aumônes. Son bien consistoit en une terre aux environs d'Autun, valant 52,000 livres de rente. Il a sa mère et une sœur qui se meurt, lesquelles vivoient sur cette terre, de sorte qu'il ne lui restoit pas 30,000 livres de rente. Cette terre, dont le revenu est principalement en bois, ne valoit que 4 à 5,000 livres de rente : elle s'appelle la Tournelle. M. le maréchal de Vauban, ami du grand-père ou du bisaïeul de M. de la Tournelle, étant allé le voir dans cette terre, lui dit qu'il étoit bien singulier qu'avec une aussi prodigieuse quantité de bois, il eût aussi peu de revenus ; il voulut aller lui-même examiner s'il ne pouvoit point y avoir de débouchés à ces bois, et après avoir pris une exacte connoissance du terrain, il trouva que l'on pouvoit, sans beaucoup de frais, faire un petit canal qui conduiroit à une petite rivière assez forte pour que l'on y pût jeter le bois, ce que l'on appelle à bois perdu. Cette proposition bien examinée fut trouvée fort aisée à exécuter. M. de la Tournelle demanda à M. de Vauban de vouloir bien lui garder le secret sur cette idée, et en conséquence il chercha à acheter tout le plus qu'il lui fut possible des bois circonvoisins; après quoi il fit faire le canal, et cette terre est aujourd'hui affermée 52,000 livres. Si la sœur de M. de la Tournelle meurt, tous ces biens passent aux enfants de son oncle.

Le Roi alla à la Meutte mercredi dernier, et en revint hier. Il y avoit à ce voyage les quatre sœurs, Mmes de Chalais et de Talleyrand.

M. de Chambonas, fils unique de la dame d'honneur de Mme la duchesse du Maine, épouse Mlle du Roure, dont la mère est fille de M. le maréchal de Biron.

M. de Castellane, ambassadeur du Roi à Constantinople, part dans huit ou dix jours; il s'embarque à Toulon. Le Roi lui donne deux vaisseaux de guerre, commandés par un chef d'escadre qui est M. de Gabaret; il compte qu'il lui faut cinq semaines pour faire son voyage de Toulon à Constantinople. On compte trois cents lieues seulement de Toulon à Malte. Cette distance est remarquable par deux événements singuliers et qui passent pour constants et bien prouvés; l'un, d'un marchand de Malte qui, ayant un procès à Aix, partit un dimanche après avoir entendu la messe, arriva à Marseille, alla à Aix, distant de cinq lieues de cette ville, fit juger son procès, leva l'arrêt, se rembarqua, et arriva à Malte assez à temps pour y entendre la messe le dimanche suivant. L'autre fait est d'un oiseau de proie, un faucon de la fauconnerie, lequel, sous Louis XIV, volant une bécasse s'en alla, et fut perdu; on remarqua l'heure et le moment, vingt-quatre ou vingt-sept heures après, le même faucon et la bécasse arrivèrent à Malte dans la place. On reconnut que le faucon appartenoit au Roi, et il lui fut renvoyé. Ces deux faits m'ont été contés par M. le bailli de Conflans et M. le bailli de Froulay.

Du mardi 29, *Versailles*. — Dimanche au soir 27 de ce mois, Mme de Talleyrand fut déclarée dame du palais de la Reine à la place de Mme de Chalais, sa mère, qui se retire; elle ne prendra pas la même semaine qu'avoit Mme de Chalais, mais elle sera de semaine avec Mmes de Boufflers et de Villars; et Mme de Fleury, qui étoit dans la semaine de ces dames à la place de Mme de Gontaut, passe dans la semaine où étoit Mme de Chalais. L'on observe autant qu'il est possible qu'il y ait moitié de femmes titrées, à cause des dîners et soupers de la Reine.

Au mariage de la Reine, les douze dames du palais furent Mmes d'Egmont, de Tallard, de Mérode et de Matignon pour une semaine; pour une autre, Mmes de Chalais, de Béthune, de Nesle et de Rupelmonde; pour la troisième semaine, Mmes la maréchale de Villars et duchesse d'Antin, Mmes de Prie et de Gontaut. On sait que Mme de Gontaut a été longtemps sans être titrée. Mme d'Egmont s'étant retirée, Mme la marquise de Resnel, depuis Clermont-d'Amboise, fut mise à sa place; elle se retira aussi quelque temps avant sa mort, et sa place fut donnée à Mme sa sœur, Mme de Bouzols. Mme de Tallard ayant été faite gouvernante des enfants de France, Mme la princesse de Montauban eut sa place. Après la mort de Mme de Béthune, Mme d'Ancenis, sa belle-fille, a été faite dame du palais, de même que Mme de Mailly après la mort de Mme de Nesle, sa mère. Mme la maréchale de Villars céda sa place à Mme la duchesse de Villars, sa belle-fille. Mme de Prie étant morte, Mme d'Alincourt, fille de Mme la maréchale de Boufflers, fut mise à sa place, et depuis s'étant retirée elle fut remplacée par Mme la duchesse de Boufflers. Mme la duchesse de Fleury, laquelle comme j'ai marqué ci-dessus avoit été nommée treizième dame du palais, a eu une place à la mort de Mme de Gontaut. Ainsi, depuis quinze ans il est mort six dames du palais, savoir : Mmes de Nesle, de Prie, d'Alincourt, de Béthune, de Resnel et de Gontaut, sans compter la dame d'honneur, Mme la maréchale de Boufflers, et la dame d'atours, Mme de Mailly ; elles s'étoient retirées toutes deux. Mme de Luynes a eu la place de Mme de Boufflers, et Mme de Mazarin celle de Mme de Mailly, sa mère. Il ne reste plus actuellement de dames du palais de la création, que quatre : Mmes d'Antin, de Rupelmonde, de Mérodes et de Matignon. Mme de Chalais demanda le dimanche à la Reine la permission de lui amener Mme de Talleyrand ; mais la Reine lui répondit qu'il falloit que cela passât par Mme de Luynes ; et effectivement Mme de Chalais s'étant trouvée incommodée hier, ce fut Mme de Luynes seule qui mena Mme de Talleyrand, d'abord chez M. le Cardinal, ensuite chez le Roi, chez la Reine, chez M. le Dauphin et chez Mesdames.

M. de Saint-Hilaire mourut il y a quelques jours ; il étoit lieutenant général d'artillerie et avoit quatre-vingt-huit ou quatre-vingt-neuf ans au moins. Tout le monde sait ce qui se passa à la mort de M. de Turenne, en 1675. M. de Saint-Hilaire, père de celui-ci, eut le bras emporté du même boulet de canon qui tua M. de Turenne. M. de Saint-Hilaire, qui vient de mourir, vint à lui fondant en larmes ; mais le père avec une fermeté héroïque, lui montrant M. de Turenne, lui dit : « Ce n'est point sur moi qu'il faut pleurer, mon fils, c'est la mort de ce grand homme. »

M. de Cantimir a donné part aujourd'hui de la mort de la czarine ; il est venu en pleureuse chez le Roi conduit par M. de Sainctot ; il est entré dans le cabinet, M. de Sainctot est sorti et on a fermé la porte ; c'est l'usage. M. de Cantimir a remis une lettre au Roi ; il n'a point donné part à la Reine, n'ayant point de lettre à lui remettre ; il a été seulement à la toilette, et la Reine même ne lui a rien dit. On prendra le deuil jeudi pour trois semaines.

DÉCEMBRE.

Tapisseries des Gobelins. — Affaire du régiment de Condé. — Prétentions de l'électeur de Bavière. — Révérence de M. de Rottenbourg au Roi et à la Reine. — Arrestation du duc de Courlande. — M. de Belle-Isle nommé ambassadeur à Francfort. — Visites du Roi au duc de Charost ; détails donnés par ce duc au duc de Luynes. — Mme de Cheyreuse prend congé du Roi et de la Reine. — Présentation de la marquise de Castel dos Rios, du marquis de Staffort et de M. de Busset. — Débordement de la rivière. — Mort du comte de Montmorency.

Du samedi 3, Versailles. — Le Roi a été encore aujourd'hui voir M. le duc de Charost ; c'est la troisième visite depuis qu'il est malade, et d'autant plus remarquable que ce n'est point que le mal de M. de Charost soit plus considérable, au contraire, il est mieux. Mmes de Mailly et de Vintimille y étoient et la famille de M. de Charost. Le Roi y a resté près d'un quart d'heure, debout.

On a tendu, depuis le retour de Fontainebleau, dans l'appartement du Roi, des tapisseries nouvellement faites aux Gobelins sur les dessins de Jules Romain ; entre autres il y en a une qui représente le temple de Jérusalem ; l'on est assez étonné de voir le Pape dans cette tapisserie. Le Roi disoit aujourd'hui l'origine de cette singularité ; c'est que Jules Romain, ayant peint le temple de Jérusalem, le Pape eut la curiosité d'aller voir cet ouvrage, et le peintre, ayant trouvé une place vacante dans son tableau, crut devoir y mettre le Pape pour marquer l'honneur qu'il recevoit.

Du mercredi 7, Versailles. — Il y a déjà quelques jours que la grande croix de Saint-Louis vacante par la mort de M. de Saint-Hilaire fut donnée à M. d'Erlach, cordon rouge, commandant des Suisses. Les cordons rouges valent ou 3 ou 4,000 livres ; il y en a de deux espèces. La grande croix vaut 6,000 livres.

Le régiment de Condé, vacant par la mort de M. de la Tournelle, n'est pas encore donné. C'est M. le comte de Clermont qui, comme je l'ai déjà marqué, se mêle du détail des régiments de M. le prince de Condé. On disoit que ce régiment seroit donné à M. de Coëtlogon, premier écuyer de M. le comte de Clermont, dont la femme est dame d'honneur de Mme la Duchesse mère, non pas pour lui, car il n'a jamais servi et a été ecclésiastique et même je crois sous-diacre ou diacre; mais il a deux filles, et l'on comptoit qu'il auroit la permission d'en disposer en faveur de celui qui épouseroit sa fille aînée; ce discours n'étoit pas sans quelque fondement. M. de Sabran, fils de Mme de Sabran (Foix), devoit épouser Mlle de Montcavrel, qu'on appelle présentement Mailly, sœur de Mme de Mailly. Mme de Flavacourt, aussi une de ses sœurs, avoit prié Mme de Mailly de demander à M. le comte de Clermont l'agrément du régiment pour M. de Sabran, en considération du mariage. Mme de Mailly lui répondit que M. le comte de Clermont, ayant déjà manqué à un engagement pour ce même régiment à sa prière, pour le donner à M. de la Tournelle, elle ne vouloit ni ne pouvoit plus lui faire une nouvelle prière. Mme de Mailly a appris depuis (c'est elle qui me l'a dit) que l'on sollicitoit auprès de M. le comte de Clermont le régiment pour M. de Sabran, qui devoit épouser Mlle de Coëtlogon, et que le mariage avec Mlle de Mailly étoit rompu. Mme de Mailly a été très-piquée. Elle a commencé par aller chez M. de Breteuil lui demander nommément l'exclusion pour M. de Sabran; elle n'en est pas demeurée là; elle parla hier ou avant-hier tout haut au Roi, chez Mme la comtesse de Toulouse, et lui demanda la même chose; et elle a fait dire à M. le Cardinal qu'elle avoit demandé au Roi cette exclusion. En conséquence elle a écrit à M. le comte de Clermont pour qu'il n'apprît point par d'autres ce qu'elle a fait, et elle montra le même soir sa lettre au Roi.

M. le procureur général a obtenu pour son fils, qui est avocat général et a au plus trente ans, la survivance de sa charge de procureur général du Parlement; il remercia hier le Roi.

Je crois avoir oublié de marquer que, lorsque Mme la princesse Esterhazy vit, il y a quelques jours, la Reine en particulier dans ses cabinets, sans être en habit de cour, elle lui fut menée par Mme de Luynes et baisa le bas de la robe de la Reine comme à une présentation ordinaire.

Vendredi 9, Versailles. — Le gouvernement de Belle-Isle vacant par la mort de M. Saint-Hilaire n'est pas encore donné; il demande résidence. M. de Saint-Hilaire, à cause de son grand âge, n'y résidoit plus; on a déclaré qu'il ne seroit donné qu'à la condition de résidence.

M. l'évêque de Rennes (Vauréal), revint ici, il y a quelques jours; il étoit à Rennes d'où on lui avoit mandé de revenir. Il fut déclaré hier qu'il alloit en Espagne en qualité d'ambassadeur. M. le comte de la Marck est fort incommodé et revient. On n'a point encore nommé celui qui ira à la diète de Francfort.

M. le marquis de Grave, veuf depuis deux ou trois ans d'une sœur de M. de Matignon, vint hier demander l'agrément du Roi pour se marier; il a cinquante-cinq ou cinquante-six ans; il épouse une fille de quinze ou seize ans; c'est Mlle de Laval-Montmorency, que l'on appelle la Mentonnière. Le fils de ce M. de Laval épouse la seconde fille de M. le marquis de Fervaques; l'aînée, c'est Mme la duchesse d'Olonne. M. de Laval a épousé Mme le Bayer. M. le Bayer étoit la Rochefaucauld. Pour elle, elle est, je crois, sœur ou belle-sœur de Mme Huguet, grande mère de Mme la duchesse d'Ancenis.

L'électeur de Bavière paroît n'avoir point abandonné ses prétentions sur les pays héréditaires; il prétend que le mot *Eheliche Erben* est suffisant pour constater son droit; cette prétention n'est point encore éclaircie. On dit que la grande-duchesse, aujourd'hui reine de Hongrie et de Bohême, a toute la hauteur de la maison d'Autriche et qu'elle est cependant fort aimable et séduisante. On me contoit que, lorsquelle vit Mme la duchesse de Lorraine, sa belle-mère (je crois à Inspruck), elle se jeta à genoux devant elle, et lui fit mille amitiés ; que pendant huit ou neuf jours qu'elles furent ensemble, elle ne manqua pas un seul jour d'aller à la toilette de Mme sa belle-mère et de lui donner sa chemise ; qu'elle avoit eu l'attention de se faire instruire des noms, qualités et naissance de tous les Lorrains qui accompagnoient Mme de Lorraine, et des détails sur chacun d'eux, de sorte que, dès le jour même de l'arrivée, elle parla à chacun d'eux comme si elle les avoit tous connus. Dès ce même jour elle donna les entrées chez elle aux Lorrains qui étoient avec Mme sa belle-mère, et dit aux Allemands qui étoient avec elle : « Messieurs, ne soyez point étonnés de ce que je fais pour MM. les Lorrains ; je leur ai enlevé leur maître, leur souverain, leur pays ; il est juste que je cherche à les en dédommager. »

Le Roi part dimanche pour Choisy pour jusqu'à jeudi ou vendredi.

Le procès de M. l'évêque de Metz contre les abbesses des deux chapitres de Metz, Saint-Pierre et Sainte-Marie, n'est pas encore jugé ; il prétend les soumettre à sa juridiction, quoiqu'elles soutiennent n'être dépendantes que du Saint-Siége ; il prétend aussi prouver que leurs maisons ne sont que des communautés religieuses et non des abbayes, et qu'elles doivent faire des vœux. Cette affaire fait ici beaucoup de bruit. La noblesse du pays Messin paroît fort désapprouver l'entreprise de M. de Metz, et dit que ses prédécesseurs, M. d'Aubusson et M. de Coislin, avoient eu le même projet et l'avoient abandonné.

Du dimanche 11, Versailles. — Le régiment de Condé a été donné à M. de Sabran, qui épouse Mlle de Coëtlogon. On pourroit être surpris de cet arrangement après ce que j'ai marqué ci-dessus ; mais Mme de Sabran est venue ici et a eu un grand éclaircissement avec Mme de Mailly, dans lequel elle lui a fait voir clairement qu'elle n'avoit point du tout les procédés qu'on lui avoit imputés et qu'elle n'étoit coupable en rien. Mme de Mailly en a été si convaincue, qu'elle a écrit très-fortement à M. le comte de

Clermont en faveur de M. de Sabran, et c'est ce qui a fait décider pour le régiment.

M. de Rottembourg, héritier de feu M. le comte de Rottembourg, fit hier sa révérence au Roi et à la Reine; il arrive de Prusse; son père et son frère sont dans les États du roi de Prusse. Ce prince lui a donné une promesse par écrit, que j'ai lue, dans laquelle il s'engage de lui donner à son retour un régiment de dragons; de laisser à lui, à sa femme et à toute leur famille le libre exercice de la religion catholique, et en cas qu'il vînt à mourir à son service, de donner une pension de 2,000 écus à sa femme. M. de Rottembourg a épousé Mlle de Parabère, laquelle n'est pas encore décidée à s'aller établir en Prusse; pour lui, il est venu ici demander l'agrément du Roi, et compte partir au mois de février; il m'a dit que le régiment de dragons que lui donnoit le roi de Prusse porteroit son nom et lui vaudroit 32,000 livres de rente. La succession qu'avoit recueillie M. de Rottembourg est fort considérable, mais il avoit beaucoup perdu au jeu. M. de Rottembourg fit sa révérence à la Reine, comme on a coutume de faire dans les présentations, ou en partant, ou en arrivant; il la fit même plus respectueusement que beaucoup d'autres n'ont coutume de faire. On sait que la révérence respectueuse est de s'incliner profondément et de porter la main presque jusqu'à terre. M. de Nangis prétend qu'on devroit baiser le bas de la robe de la Reine. Cette question fut agitée devant la Reine même, qui pense de la même façon; ce qui est certain, c'est que cela ne se pratique pas depuis bien longtemps; il n'y a que les dames, lesquelles aux présentations baisent le bas de la robe.

Le Roi apprit avant-hier au soir par un courrier que M. le duc de Courlande avoit été arrêté. J'ai marqué ci-dessus que, par les dispositions de la czarine, il avoit été nommé régent pendant la minorité du czar Jean. Le général Munich avoit paru fort occupé de lui faire rendre tout ce qui lui étoit dû, ayant même fait punir de mort quatre officiers qui avoient manqué de respect au duc. Ce n'étoit que pour mieux cacher son dessein ; car ayant pris son habit uniforme, il alla chez le duc de Courlande, fit venir l'officier commandant la garde de ce duc et lui demanda s'il connoissoit sa personne et son habit et s'il se souvenoit du serment qu'il avoit prêté de lui obéir ; en conséquence, il lui ordonna d'arrêter le duc de Courlande, qui étoit dans son lit, lequel a été conduit en prison.

Du vendredi 16, *Versailles.*—Le Roi partit dimanche dernier, 11 de ce mois, sur les quatre heures, pour aller à Choisy. La Reine fut seule au sermon ; et, comme c'est l'usage que le prédicateur lui fasse un compliment le premier jour qu'il a l'honneur de prêcher devant elle en l'absence du Roi, le prédicateur lui adressa la parole, à peu près au milieu de son second point ; le compliment fut assez court, et le sermon assez médiocre, surtout le second point.

Les dames du voyage de Choisy étoient les quatre sœurs et Mme la maréchale d'Estrées. Le Roi, pendant ce voyage, a couru le cerf à Verrières, et les autres jours s'est promené et a joué à l'hombre avec M. du Bordage et M. le comte d'Estrées. Tous les jardins bas de Choisy sont inondés ; et il y a dans le pavillon qui est au bout de la terrasse plus de trois pieds d'eau. L'inondation de 1711 étoit encore plus considérable ; on en voit la marque à ce même pavillon. Le Roi revint hier jeudi, après la chasse, avant cinq heures ; il n'alla point chez la Reine ; il descendit à sept heures chez Mme la comtesse de Toulouse ; il y avoit Mmes de Mailly et de Vintimille, M. le comte de Noailles et M. le comte d'Estrées. Il descend seul par le petit escalier, par où descendoit le feu Roi en allant chez Mme de Montespan ; il n'est suivi que par son premier valet de chambre ; il y vient sans chapeau et sans y être attendu. Nous venions d'entrer chez Mme la comtesse de Toulouse, M. le comte d'Estrées et moi, quand le Roi y arriva ; il y resta un bon quart d'heure, faisant la conversation fort gaiement.

Ce matin, le Roi a nommé M. de Belle-Isle son ambassadeur à Francfort (1); M. de Belle-Isle a été suivant l'usage faire sa révérence et son remercîment à la Reine; il a été aussi chez M. le Dauphin et chez Mesdames.

Mme la maréchale d'Harcourt est ici, et présente cette après-midi Mme de Guerchy, la troisième fille de M. le duc d'Harcourt, qui ressemble beaucoup à son père; elle a aussi amené avec elle la seconde Mlle d'Harcourt, qui est beaucoup mieux que les deux autres, ressemblant un peu à feu Mme d'Harcourt.

Le Roi a été aujourd'hui chez M. le duc de Charost; c'est la troisième visite qu'il lui fait; Mmes de Mailly et de Vintimille y étoient.

Mardi 20, *Versailles.* — Hier, la Reine fut chez M. le duc de Charost; il est entièrement hors d'affaire; il me contoit aujourd'hui quelques faits qui méritent de n'être point oubliés. Premièrement, au sujet du caractère du roi d'Espagne, il me disoit que l'année du départ de ce prince, qui étoit alors duc d'Anjou, feu M. de Beauvilliers lui avoit dit : « C'est un prince naturellement vertueux; j'ai été obligé de le reprendre plusieurs fois, mais jamais deux fois sur une même chose. M. le duc de Bourgogne, qui est d'un caractère impétueux et violent, n'aime point naturellement M. le duc de Berry, son frère. C'est M. le duc d'Anjou qui, avec cette gravité que vous lui connoissez, est toujours le pacificateur entre les deux frères. »

M. de Charost me parloit aussi de la peine qu'il avoit eue à faire entrer dans le service M. de Belle-Isle d'aujourd'hui, à cause de la prévention que l'on avoit sur le nom de Fouquet. Il m'a ajouté que cependant le feu Roi, un an ou deux avant sa mort, avoit remarqué avec plaisir la grande volonté de M. de Belle-Isle, qui avoit demandé

---

(1) Voy. l'article du 15 janvier 1741.

avec empressement à servir et étoit parti pour aller servir en Espagne pour une expédition où il fallut envoyer promptement quelques troupes. Il m'a ajouté enfin que M. de Beauvilliers lui avoit dit, en 1713, que le Roi lui déclara qu'il comptoit qu'il se chargeroit de l'éducation du Dauphin. M. de Beauvilliers lui répondit qu'il seroit toujours prêt à exécuter ses ordres ; mais que son âge et sa santé ne lui permettoient plus de remplir les devoirs de cet emploi avec la même exactitude, et qu'il lui demandoit pour adjoint M. le duc de Charost. Le Roi y consentit, et en conséquence MM. de Beauvilliers et de Charost eurent plusieurs conférences pour leurs arrangements. M. de Beauvilliers mourut en 1714 ; et Mme de Maintenon, qui aimoit M. le maréchal de Villeroy, détermina le Roi en sa faveur.

Dans les provisions qui furent données à M. le duc de Charost, lorsqu'il fut fait gouverneur du Roi, il est dit (c'est le Roi qui parle) : « Qu'il s'est déterminé à ce choix avec d'autant plus de plaisir qu'il savoit que c'avoit été l'intention de feu M. le duc de Bourgogne. » M. le duc d'Orléans avoit recommandé à M. le comte de Maurepas d'y ajouter cette expression.

Dimanche dernier, Madame mena chez le Roi Melle de Montauban, seconde fille de M. le prince de Montauban ; elle n'a que sept ans ; elle prit son tabouret chez le Roi et chez la Reine.

Le Roi signa ce même jour le contrat de mariage de M. le marquis de Crussol, fils de M. de Crussol et de Mlle de Villacerf, avec Mlle de Morville, seconde fille de feu M. de Morville, qui avoit été secrétaire d'État des affaires étrangères, et sœur de Mme de Surgères. Mme de Morville, sa mère, est fille de feu M. de Vienne, conseiller de grande chambre.

Du jeudi 22, *Versailles.* — Hier et avant-hier, le Roi dîna au grand couvert ; ce sont les deux premières fois qu'il ait recommencé à dîner avec la Reine. Avant-hier le Roi soupa chez Mme la comtesse de Toulouse où étoient Mmes les comtesses de Mailly et de Vintimille ; il étoit venu à neuf heures chez la Reine faire une visite d'un moment, comme à l'ordinaire. Hier, il vint de même chez la Reine. Mme de Mailly avoit joué à cavagnole et avoit quitté ; avant-hier, elle y avoit aussi joué, et elle ne quitta point avant l'arrivée du Roi. C'est toujours à neuf heures que le Roi va chez la Reine. Hier Mme de Mailly me dit qu'elle vouloit quitter un peu avant neuf heures, et effectivement elle donna son tableau et se tint derrière jusqu'à l'arrivée du Roi. Dans l'instant que le Roi fut sorti de chez la Reine, elle sortit par la galerie. Mme la comtesse de Toulouse s'étoit trouvée incommodée, et personne ne savoit hier ce que le Roi avoit fait. Ordinairement il ne soupe dans ses cabinets qu'après avoir été à la chasse ; cependant j'ai appris qu'il y soupa hier avec Mmes de Mailly, de Vintimille et d'Antin, lesquelles furent ensuite jouer au cavagnole chez Mademoiselle, parce que le Roi se coucha de bonne heure, à cause de la chasse d'aujourd'hui.

L'inondation de la rivière augmente toujours ; elle est presque au pavé de Meudon, à Issy.

Mon fils et ma belle-fille partent ces jours-ci pour aller à Toulouse solliciter un procès. Mme de Luynes mena hier Mme de Chevreuse au dîner du Roi ; après le dîner, elles entrèrent dans la chambre de la Reine, où le Roi reste toujours un moment ; et, lorsque le Roi s'en alla, Mme de Luynes et Mme de Chevreuse le suivirent, et Mme de Luynes lui dit que Mme de Chevreuse avoit l'honneur de prendre congé de S. M. ; après quoi, Mme de Chevreuse rentra chez la Reine, et Mme de Luynes conduisit le Roi jusqu'à la porte de la galerie. Mme de Chevreuse arriva pour le dîner, lorsque le Roi étoit déjà à table ; en ce cas, il seroit contre le respect d'aller se mettre en place ; Mme de Luynes fit demander au Roi par M. de la Trémoille s'il trouvoit bon qu'elles arrivassent toutes les deux, et elles n'arrivèrent qu'avec la permission du Roi.

Du vendredi 23, Versailles. — M. de Ségur remercia hier le Roi et la Reine ; il commandoit à Nancy, sous les ordres de M. de Belle-Isle. Pendant l'absence de M. de Belle-Isle, il va s'établir à Metz, où il commandera en chef.

Mme la marquise de Castel-dos-Rios, grande d'Espagne, vint ici il y a deux jours ; elle est fille de M. le prince de Campo-Florido, ambassadeur d'Espagne ; elle désire d'être présentée. On étoit hier incertain si elle seroit présentée au Roi chez lui ou chez la Reine, parce que Mme sa mère, suivant l'usage des ambassadrices, n'a fait sa révérence au Roi que chez la Reine. M. de la Trémoille prit hier l'ordre du Roi. Ce sera dans le cabinet du Roi que Mme de Castel-dos-Rios sera présentée demain, et c'est Mme de Luynes qui la présente.

Du samedi 24, Versailles. — Mme de Luynes a présenté aujourd'hui au Roi dans son cabinet Mme la marquise de Castel-dos-Rios. Mme de Campo-Florido, sa mère, ne s'est point trouvée à cette présentation, soit que, comme ambassadrice, elle n'a jamais vu le Roi que chez la Reine, soit parce que Mme de Luynes en présentant auroit, suivant l'usage, passé la première ; et que, comme la présentée marche toujours la seconde, Mme de Campo-Florido n'auroit pu entrer que comme à la suite de sa fille. Mme de Castel-dos-Rios a pris son tabouret chez le Roi, comme grande d'Espagne. De chez le Roi, Mme de Luynes l'a menée chez la Reine. Tout cela s'est fait immédiatement après les premières vêpres. Mme de Campo-Florido étoit déjà entrée chez la Reine ; et c'est Mme de Luynes qui a présenté à la Reine Mme de Castel-dos-Rios, laquelle a baisé la robe de la Reine. Ordinairement la Reine ne reçoit point de présentation la veille de Noël ; mais le Roi fut à la chasse hier et avant-hier, et avoit remis la présentation à aujourd'hui ; et la Reine a trouvé bon qu'elle se fît tout de suite chez elle. Mme de Luynes a mené ensuite Mme de Castel-dos-Rios chez M. le Dauphin et chez Mesdames ; mais Mme de Campo-Florido n'y a point été.

Le Roi a signé aujourd'hui les deux contrats de mariage de M. de Laval avec Mlle de Fervaques, et de M. de Grave avec Mlle de Laval.

Milord Staffort a été présenté au Roi ces jours-ci et M. de Busset. C'est M. de Boufflers qui a présenté milord Staffort, avec qui il avoit fait connoissance à Lille. Les Staffort ont une alliance avec les Gramont. Antoine de Gramont, second du nom, trisaïeul de M. le duc de Gramont d'aujourd'hui, qui avoit servi sous Louis XIII et qui fut fait duc par Louis XIV, en 1643, avoit été marié deux fois, premièrement avec la fille de M. le maréchal de Roquelaure, et en secondes noces avec une Montmorency, fille de M. de Bouteville. M. le duc de Gramont d'aujourd'hui est sorti du premier lit. Du second lit vinrent Henri de Gramont, comte de Toulongeon, qui mourut en 1679 et laissa son bien à son frère du même lit, Philibert, comte de Gramont. Ce Philibert avoit épousé Élisabeth Hamilton, dame du palais de la reine mère, fille du comte d'Hamilton et de Marie Butler. Philibert eut de ce mariage une fille qui épousa en 1694 milord Staffort; mais elle mourut sans enfants.

M. de Busset est bâtard de la maison de Bourbon. On sait que l'on commence à compter cette maison de Bourbon branche de la maison royale de Bourbon, depuis Robert de France, sixième fils du roi saint Louis, mort en 1317. Le fils de celui-ci fut Louis Ier mort en 1341, dont le troisième fils, Jacques, fut la tige des comtes de la Marche. Le fils de Louis Ier fut Pierre Ier, tué à la bataille de Poitiers en 1356, dont une fille, nommée Jeanne, épousa Charles V, dit le Sage; une autre, nommée Blanche, épousa Pierre le Cruel, roi de Castille; une autre le comte de Savoie, etc. Louis Ier eut aussi un bâtard, connu sous le nom de Jean, bâtard de Bourbon, seigneur de Rochefort. Pierre Ier eut un fils aîné légitime, Louis II, qui continua la branche; il mourut en 1410, laissant pour fils Jean Ier.

Jean Ier fut pris à la bataille d'Azincourt et mené en

Angleterre, où il mourut en 1433; il eut trois enfants légitimes, dont le troisième, Louis, fit la branche des comtes de Montpensier. Le fils aîné de Jean Ier fut Charles Ier, qui épousa Anne de Bourgogne, dont il eut onze enfants. Le premier, Jean II, qui continua la branche; le cinquième fut Louis, évêque de Liége, tué l'an 1482 par Guillaume de la Marck, seigneur de Lumain, surnommé le *sanglier d'Ardennes*. Ce Louis, évêque de Liége, laissa trois enfants bâtards, dont le premier fut Pierre, tige des comtes de Busset. Ce Pierre fut nommé le Bâtard de Liége. On prétend que Louis, son père, avoit épousé une princesse de la maison de Gueldres avant d'être évêque; que le mariage fut cassé, mais que Pierre étoit né dans la bonne foi du mariage. Ce Pierre épousa la fille de Bertram d'Alègre, seigneur de Busset en Auvergne, d'où descend M. de Busset dont c'est ici l'article.

Du dimanche 25, Versailles. — Le débordement de la rivière est plus haut de deux pouces que celui de 1711.

Du vendredi 30. — Dimanche 25 de ce mois, le Roi fut à tout l'office. Ce fut Mme la duchesse de Rohan, fille de M. le duc de Châtillon, qui quêta. Le compliment du prédicateur fut assez médiocre, à ce que j'ai ouï dire. J'étois allé à Paris voir M. et Mme de Chevreuse, qui partoient le lendemain pour Toulouse avec mon frère.

Lundi, le Roi devoit aller à la chasse; le mauvais temps l'en empêcha; il soupa dans ses cabinets en bas, où étoient Mmes de Mailly, de Vintimille et d'Antin; il avoit chargé Mme de Mailly de prier Mademoiselle pour le lendemain à souper.

Le mardi, le Roi fut à la chasse et soupa dans ses cabinets avec Mademoiselle et les trois mêmes dames que je viens de nommer. Hier et avant-hier il n'y eut point de chassé, et le Roi soupa cependant dans ses cabinets en bas; les mêmes trois dames y étoient.

Le dimanche, le Roi soupa chez Mme la comtesse de Toulouse; Mmes de Mailly, de Vintimille et d'Antin y soupèrent aussi. On peut juger que Mademoiselle n'y étoit pas ; depuis le mardi elle a toujours été incommodée; M{{lle}} de Clermont a été à Paris tous ces jours-ci.

M. de Livry, fils du premier maître d'hôtel du Roi, remercia hier le Roi et la Reine pour la survivance de cette charge ; il a aussi la survivance de la capitainerie de Livry; on dit qu'il doit épouser incessamment M{{lle}} de Maniban, fille du premier président de Toulouse et sœur de M{{me}} de Malause; mais cela n'est point encore public.

Le Roi n'a point été à la messe aujourd'hui ; il a depuis quelques jours un petit bouton sur l'œil; il a dîné dans sa chambre et doit faire médianoche.

M{{me}} de Luynes parla hier à M. de Maurepas au sujet de ce qui arrive tous les jours lorsque la Reine sort et qu'elle est suivie par M. le Dauphin ou par Mesdames. Lorsque la Reine est seule, entre sa personne et sa dame d'honneur il n'y a que celui qui porte sa robe et l'officier des gardes; mais, lorsque M. le Dauphin suit la Reine, les deux gentilshommes de la manche, M. de Châtillon et même quelquefois M. l'évêque de Mirepoix et le chef de brigade qui suit M. le Dauphin passent tous, de manière que la surintendante, si elle y est, sinon la dame d'honneur ou la dame d'atours, se trouve extrêmement éloignée de la Reine. Il se joint même encore souvent d'autres gens sans aucune apparence de droit; de sorte que, si la Reine avoit par hasard besoin de quelque service, elle n'auroit pas une dame auprès d'elle. Lorsque Mesdames suivent la Reine, c'est l'écuyer de Madame, celui qui porte la robe, et M{{me}} de Tallard. M{{me}} de Luynes avoit représenté plusieurs fois que cet arrangement paroissoit peu convenable; M. de Maurepas lui dit hier que cela avoit été réglé par le Roi ; que, lorsque M. le Dauphin est avec la Reine, il doit marcher devant elle, de même qu'il marche devant le Roi; qu'à l'égard de Madame, elle doit, à la vérité, suivre la Reine; mais que la surintendante, la dame d'honneur, ou dame d'atours doit marcher immédiatement après

Madame. M. de Maurepas lui ajouta que le Roi avoit aussi réglé que, lorsqu'il est à vêpres, et par conséquent au sermon avec la Reine, il ne devoit point y avoir de chef de brigade derrière la Reine; mais que ces règlements ne s'exécutoient point, parce que l'ordre n'étoit que verbal et que personne ne vouloit se charger de le communiquer.

L'inondation de la rivière continue toujours. M. Turgot a dit au Roi que la rivière avoit monté de 24 pieds 3 pouces plus haut que le niveau des basses eaux. C'est la sixième inondation (1) depuis environ un siècle. M. l'archevêque de Cambrai (Saint-Albin) m'a dit aujourd'hui qu'un ecclésiastique de son prieuré de Saint-Martin, qui a environ quatre-vingt-dix-huit ans et qui se porte bien, lui avoit dit qu'il se souvenoit qu'en 1658 (2) il avoit été en bateau de Sainte-Opportune au Pont-Neuf (3), qui étoit bâti depuis peu d'années; qu'il avoit passé le Pont-Neuf à pied et immédiatement au bout du pont avoit remonté dans un bateau qui l'avoit conduit jusqu'à la cinquième maison par delà les Carmes. La seconde inondation dont il se souvient est en 1669, mais moins forte; la troisième en 1696; la quatrième en 1711 qui fut très-grande, et la cinquième en 1728.

Du samedi 31, *Versailles*. — Il y a déjà quelques jours que l'on apprit que M. le comte de Montmorency, maréchal de camp, étoit mort à Toulon, le 14 de ce mois; il étoit fils de feu M. le duc de Luxembourg et frère de M. de Luxembourg d'aujourd'hui, de Mme la duchesse de Villeroy et de Mme la duchesse d'Antin. Il jouissoit de plus de 30,000 livres de rente, dont 24 ou 25 en fonds de

---

(1) Ou plutôt la septième, car il y en eut une en 1658, mais moins considérable que celle de 1651. (*Note du duc de Luynes.*)

(2) On m'a dit depuis en 1651. (*Note du duc de Luynes.*)

(3) Il faut que ce soit en 1651; car c'est l'inondation la plus grande; et ce qui la rendit plus considérable, c'est que le pont Marie tomba, ce qui fit refluer l'eau dans Paris. (*Note du duc de Luynes.*)

terre; il a fait un testament quelques heures avant que de mourir qu'il n'a pas même pu signer. Il donne par ce testament tout son bien à M. de Montmorency, son neveu, fils de M. de Luxembourg, mais l'on croit que ce testament sera cassé. M. le comte de Montmorency avoit trente-quatre ou trente-cinq ans; il avoit de l'esprit, et même dans sa jeunesse paroissoit avoir un tour d'esprit assez plaisant; mais depuis plusieurs années on ne le voyoit plus du tout. Il y avoit douze ou treize ans qu'il n'avoit fait sa cour au Roi, quoique dans l'enfance du Roi il fût un des plus assidus courtisans. Il buvoit beaucoup et s'enivroit fort aisément; il passoit sa vie presque toujours à table. Il avoit servi en Corse et étoit revenu à Toulon où il avoit loué une maison pour plusieurs années. Il est mort hydropique.

Hier, le Roi ne fut point fort longtemps à table et alla se coucher à deux heures et demie. Les dames du médianoche étoient Mme la maréchale d'Estrées, Mmes de Mailly, de Vintimille et d'Antin. Mme de Mailly lui demanda la permission de rester dans le cabinet qui est au bout du cabinet ovale, où elle a joué jusqu'à six heures du matin à cavagnole avec Mme d'Antin. Les hommes du souper étoient MM. de Bouillon, de Luxembourg, de Meuse, vidame de Vassé et de Coigny, le fils.

ANNÉE 1741.

JANVIER.

Cérémonie des chevaliers du Saint-Esprit; messe de *Requiem* pour les chevaliers morts. — Mme de Mailly veut voir le Roi en perruque naturelle. — Difficultés sur la présentation de M. de Saint-Micault. — Renouvellement du linge et des dentelles chez la Reine. — Détail sur les entrées. — Soirée chez le Dauphin. — Lettre sur les droits de l'électeur de Bavière. — M. de Poniatowski. — M. de Jablonowski. — Présentation du prince de Hesse-Darmstadt; détails sur la maison de Hesse. — Souper du Roi chez Mme de Mailly. — M. de Belle-Isle. — Le Roi travaille en tapisserie. — Présentations. — Circonstances de l'ambassade de Naples. — Grandesse du comte de Noailles. — Le prince de Schwartzbourg. — Procès de l'évêque de Metz. — Mariage de M. de Monaco avec Mlle de Bouillon. — Loterie pour les pauvres. — Le comte de Montijo, ambassadeur d'Espagne à Francfort.

Du lundi 2, *Versailles.* — Hier, premier jour de l'an, la cérémonie des chevaliers, comme à l'ordinaire. Il y en avoit trente-deux, sans compter les quatre officiers (1). Mme de Luynes, qui y étoit, remarqua une chose dont je ne sais pas la raison. Le Roi va toujours à l'offrande ces jours-là; il est suivi par son capitaine des gardes, lequel n'est point dans le rang des chevaliers, mais toujours derrière le Roi (c'étoit encore M. le duc d'Harcourt, le quartier ne relevant qu'après la messe). Le premier prince du sang, M. le Dauphin s'il y étoit, suit toujours le Roi à l'offrande. C'étoit hier M. le duc de Chartres, et c'est lui qui donne au Roi l'offrande. M. le prince Charles et M. le Premier étoient présents; cependant ils ne quittèrent point leurs places, et ce fut un écuyer de quartier qui

---

(1) L'abbé de Pomponne, chancelier et surintendant des finances de l'Ordre; le marquis de Breteuil, prévôt, maître des cérémonies; le comte de Maurepas, grand trésorier; le comte de Saint-Florentin, secrétaire.

donna la main au Roi de son prie-Dieu à l'autel et pour revenir. Il n'y avoit point de prélat de l'Ordre ; c'étoit un chapelain de l'Ordre qui officioit.

Aujourd'hui il y a eu, suivant l'usage, la messe de *Requiem* pour les chevaliers morts dans le courant de l'année. Le Roi, pour ces cérémonies, met une perruque naturelle. Une heure et demie après, le Roi étant déjà hors de table, Mme de Mailly et Mme de Vintimille ont passé dans la galerie venant de chez elles avec trois ou quatre hommes qui les suivoient ; Mme de Mailly s'est arrêtée à la porte de glaces qui donne chez le Roi, et s'y est assise. Quelqu'un qui étoit présent a cru qu'elle se trouvoit mal ; elle lui a dit que non, mais qu'elle étoit au désespoir, qu'elle craignoit d'être arrivée trop tard, que le Roi lui avoit donné rendez-vous pour qu'elle pût le voir en perruque. Sur ce, un des hommes a fait le tour et a averti M. le duc de Rochechouart, lequel est venu aussitôt à la porte de glaces et a dit à Mme de Mailly qu'il étoit bien tard, mais qu'il alloit le dire au Roi. Mme de Mailly a attendu encore un moment ; le Roi est venu à la porte de glaces, mais avec ses cheveux, sans perruque ; après avoir paru et parlé un moment, il est rentré disant qu'il alloit revenir ; il avoit donné ordre que sa perruque fût toute prête, car dans l'instant même il est ressorti avec sa perruque sur la tête.

Le Roi envoya hier par M. de Villeroy à Mme d'Antin une fort belle boîte d'or, où il y a dedans un petit dessin représentant d'un côté une table de cavagnole où plusieurs personnes jouent, et de l'autre une table de quinquenove. Ce sont les deux jeux que Mme d'Antin aime le mieux.

Du mercredi 4, Versailles. — Le Roi va demain à Choisy pour jusqu'à dimanche ou lundi. La semaine prochaine est la semaine de Mme de Mailly.

M. de Bauffremont est venu ici ces jours-ci voulant absolument présenter M. de Saint-Micault (1), lequel est

---

(1) Le père de M. de Saint-Micault étoit colonel du régiment de Condé que

homme de condition de Bourgogne. M. de Bauffremont a prié M. le duc de Rochechouart, qui est en année, de faire cette présentation ; M. de Rochechouart a dit qu'il ne pouvoit sans savoir la volonté de M. le Cardinal. S. Ém. ne connoissant point M. de Saint-Micault n'a pas consenti qu'il fût présenté. Pendant ce temps, M. de Bauffremont pria Mme de Luynes de présenter M. de Saint-Micault à la Reine ; Mme de Luynes lui dit qu'il falloit qu'il eût été auparavant présenté au Roi. Le lendemain, M. de Bauffremont, croyant apparemment être sûr de la présentation et la regardant déjà comme faite, dit à Mme de Luynes qu'il avoit été présenté au Roi ; en conséquence elle le présenta à la Reine ; mais ayant su depuis que la présentation au Roi n'avoit pas été faite, elle dit à M. de Bauffremont de vouloir bien dire à M. de Saint-Micault de ne point entrer chez la Reine jusqu'à ce qu'il eût été présenté au Roi, sans quoi elle seroit obligée de le faire consigner aux huissiers. Cette affaire est enfin terminée aujourd'hui. M. de Breteuil (1) dit à M. de Rochechouart, de la part de M. le Cardinal, qu'il pouvoit présenter M. de Saint-Micault, et M. de Rochechouart l'a présenté ce matin.

La conversation dont j'ai parlé ci-devant (2) de Mme de Luynes avec M. de Maurepas n'a eu d'autre effet sinon que

---

M. le Prince lui avoit donné ; il est mort lieutenant-général des armées du Roi ; sa mère est Mirabeau. Pour lui il n'est que lieutenant d'infanterie. (*Note du duc de Luynes.*)

François-Emmanuel de Royer de Saint-Micault était non pas lieutenant général, comme le dit le duc de Luynes, mais brigadier des armées du Roi. Il avait épousé en 1711 Catherine-Edmée de Riqueti-Mirabeau, et il mourut le 20 octobre 1728, au château de Saint-Micault, près de Chalon-sur-Saône.

(1) M. de Breteuil, sur les instances de M. de Bauffremont, eut ordre de M. le Cardinal de le présenter comme ministre de la guerre. M. de Breteuil dit à M. de Bauffremont que cela ne pouvoit point le regarder. Il fut chez M. le Cardinal et lui représenta qu'il ne pouvoit présenter au Roi un militaire que dans le cas qu'il vînt de l'armée apporter quelques nouvelles. M. le Cardinal lui dit sur cela qu'il dise à M. de Rochechouart de le présenter. (*Note du duc de Luynes.*)

(2) Le 30 décembre 1740.

la Reine, le lendemain au retour de sa messe, devant vingt personnes qui étoient dans sa chambre, eut une conférence particulière fort longue avec M. de Maurepas et M. de Nangis sur cette affaire. Mme de Luynes et Mme de Mazarin étoient à la suite de la Reine; mais elle ne jugea pas à propos de les admettre à cette conférence. M. de Maurepas répéta à la Reine ce qu'il avoit dit à Mme de Luynes, l'arrangement fait verbalement par le Roi. La Reine soutint toujours que Mme de Tallard devoit marcher immédiatement après Mesdames, n'étant point là pour le service mais comme gouvernante. Le lendemain, la Reine reparla à Mme de Luynes de cette même affaire; mais ce fut encore dans sa chambre, en présence de trente ou quarante personnes, dont il y avoit entre autres quatre princesses du sang. Mme de Luynes rompit la conversation tout le plus tôt qu'il lui fut possible, et les choses en sont demeurées là.

Le Roi a encore donné 100 louis à M. le Dauphin cette année pour ses étrennes, comme l'année passée.

Du jeudi 5, Versailles. — C'est cette année que l'on fait chez la Reine le renouvellement du linge et dentelles, dont est chargée la dame d'honneur, et celui qui est fait par les tapissiers. Ces deux renouvellements se font tous les trois ans. Ce qui est fourni par les tapissiers revient à la dame d'honneur; le linge et dentelles qu'elle choisit elle-même et qu'elle fait fournir lui est aussi rapporté au renouvellement. J'ai déjà marqué que la dame d'honneur ne fait fournir que ce qui regarde le lit (1). Sur ces renouvellements, l'usage est que la dame d'honneur laisse beaucoup de choses à la nourrice du Roi, qui est première femme de chambre de la Reine.

Du vendredi 6, Versailles. — Le Roi alla hier courre à

---

(1) On conserve encore au château de Dampierre quinze paires de draps, en belle toile de Hollande, provenant de Marie Leczinska et appelés les draps de la Reine.

Saint-Germain ; de là il revint au chenil prendre les dames pour les mener à Choisy. Il a dit qu'il y resteroit au moins jusqu'à dimanche, et l'on croit qu'il ne reviendra que lundi. Les dames sont Mademoiselle, Mmes de Mailly et de Vintimille, Mme de Talleyrand et Mme la maréchale d'Estrées.

La contestation dont j'ai parlé ci-dessus entre M. de la Trémoille et M. le comte de Noailles a été décidée, à ce que j'appris hier. Il a été décidé que M. le comte de Noailles n'auroit pas les entrées de la chambre, mais qu'il garderoit le passe-partout, dont cependant il ne pourroit se servir que pour traverser d'un côté le cabinet des perruques et le cabinet de glaces, lorsqu'il viendroit par la porte qui donne dans la galerie ; et de l'autre, la première antichambre, le cabinet ovale, la chambre à coucher du Roi et le cabinet de glaces ; mais sans pouvoir s'y arrêter. Cet arrangement est constaté par un bon du Roi. M. le maréchal de Noailles avoit ce passe-partout, mais par tolérance ; et même quoiqu'il entre dans le cabinet des perruques, le Roi y étant (droit que ne donnent point les entrées de la chambre, ni même celles des quatorze, qui sont à proprement parler les entrées du cabinet), il est toujours convenu que c'étoit sans droit. Par cet arrangement-ci, M. de la Trémoille, à ce que l'on m'a dit, prétend avoir gagné son procès à cause de la réduction aux entrées de la chambre ; mais un passe-partout, ci-devant toléré et présentement confirmé par un bon, paroît une prérogative bien grande, d'autant plus qu'en passant si près du lieu où le Roi est (S. M. se tenant presque toujours dans le cabinet qui est au bout du cabinet ovale), il est aisé d'être souvent arrêté par le Roi même, comme cela est déjà arrivé depuis. Lorsque le Roi est dans ce cabinet, les premiers gentilshommes de la chambre, à ce qu'on m'a assuré, n'y entrent point ; mais pour avertir S. M., ils appellent le premier valet de chambre lorsqu'il y a quelque occasion.

Du mardi 10, *Versailles.* — Le premier jour de l'an, Mme Helvétius étoit à la toilette de la Reine en grand habit; c'est un droit, à ce que l'on m'a dit, de la femme du premier médecin; c'est seulement pour la toilette, car elle ne suit point la Reine à la messe, ni elle ne va point chez la Reine aux autres heures de cour.

Dimanche 8, la Reine revint du salut avec M. le Dauphin, qui marchoit à côté d'elle; non-seulement M. de Châtillon étoit derrière M. le Dauphin, mais M. de Mirepoix, le sous-gouverneur de semaine, l'officier des gardes; il y avoit même jusqu'aux pages et les valets de pied; de sorte que Mme de Luynes et les dames du palais, pendant tout l'appartement, furent toujours extrêmement loin de la Reine.

La Reine, après avoir donné l'ordre à l'officier des gardes et à M. de Tessé et dit qu'elle ne sortiroit point, descendit chez M. le Dauphin par le petit escalier dérobé, qui est entre sa chambre et l'antichambre du Roi. Il n'y avoit dans ce moment que deux dames du palais dans sa chambre, qu'elle fit appeler et qui la suivirent. Mme de Luynes vint un moment après et descendit par le même escalier. La Reine resta jusqu'à neuf heures chez M. le Dauphin et y dansa; ce n'étoit point un bal; on a cru plus convenable, à cause de la misère présente, qu'il n'y eut point de bal chez M. le Dauphin. Il n'y a pour toute musique que deux violons, dont l'un est celui qui le fait danser ordinairement et l'autre un violon de la ville; il y a environ une douzaine de danseurs ou danseuses et on ne laisse point entrer de spectateurs, hors les grandes entrées. Le cabinet n'est éclairé que comme il l'est tous les jours; il n'y a point de collation en forme, on met seulement dans le caveau quelques plats de pâtisserie, et de quoi boire pour les danseurs et danseuses. La Reine voulut manger un petit chou; on apporta une serviette, et ce fut M. le duc de Châtillon qui la lui présenta; mais la Reine ne la prit point, et elle dit hier à Mme de Luynes qu'elle avoit été étonnée de ce qu'avoit fait M. de Châtillon ; qu'il est vrai que dans les maisons des particuliers l'usage étoit, quand elle y mangeoit, que ce fussent le maître ou la maîtresse de la maison qui lui présentassent la serviette et la servissent ; mais que quand elle étoit chez M. le Dauphin c'étoit comme chez elle ; par cette raison la serviette auroit dû être présentée à Mme de Luynes qui l'auroit présentée à M. le Dauphin pour la donner à la Reine.

On prend jeudi le deuil de l'empereur pour trois semaines. M. de Wassenaer, chargé des affaires de la reine de Hongrie, a fait part aujourd'hui de la mort au nom de la reine de Hongrie et de Bohême.

Il paroît depuis quelques jours une lettre imprimée adressée à un jurisconsulte ; elle est fort bien écrite et traite en détail des droits de l'électeur de Bavière sur les pays héréditaires en vertu du testament et du codicille de Ferdinand Ier et du contrat de mariage de la princesse Anne, fille de Ferdinand, avec Albert fils de Guillaume, duc de Bavière, et encore des clauses de la renonciation faite par la princesse Anne. Cette lettre, que l'on donne pour venir de Hollande et qui cependant a été faite par M. le prince de Grimberghen, donne une idée bien favorable des droits de l'électeur et en annonce une seconde sur les droits plus anciens que l'électeur prétend encore avoir.

M. de Poniatowski est arrivé ces jours-ci chargé de négociations importantes de la part du roi de Pologne, électeur de Saxe. Il a avec lui un autre homme de confiance de la même Cour que l'on nomme, je crois, M. Freisch. On dit que M. de Poniatowski ne fait que passer ici pour aller aux eaux de Baréges ; mais il y a lieu de croire qu'il est chargé d'affaires importantes.

M. de Jablonowski, frère de Mme la duchesse Ossolinska et de Mme la princesse de Talmond, fut présenté hier à la Reine et l'a été aujourd'hui au Roi. M. le Cardinal devoit

le présenter hier au Roi. S. Ém. avoit dit à M. de Jablo--
nowski qu'il le présenteroit après l'audience de M. de
Wassenaer. Effectivement, immédiatement après cette audience, M. Amelot, qui étoit dans le cabinet, alla chercher M. de Jablonowski. M. le Cardinal s'avança aussi à
la porte du cabinet; mais pendant ce court intervalle le
Roi, qui étoit tout habillé, partit pour la chasse, de sorte
qu'il fallut remettre la présentation, et M. le Cardinal
manda à la Reine par M. de Maurepas que M. de Jablonowski pourroit lui être présenté si elle le trouvoit bon,
quoiqu'il ne l'eût point été au Roi. M. de Jablonowski vient
ici recevoir l'ordre de la Toison d'or; M. de Bauffremont
a la procuration du roi d'Espagne pour faire cette cérémonie. C'est M. le duc de Sully (ci-devant marquis de Béthune
et premier gentilhomme de la chambre de M. le duc de
Berry) qui doit être son parrain. La cérémonie devoit
se faire à Lunéville; M. de Sully s'étant trouvé incommodé, il a été arrangé qu'elle se feroit ici. M. de Sully a
su le traitement qui a été fait à Mme de Beauvilliers à
Lunéville, où Mme la duchesse Ossolinska et Mme de Talmond sont traitées comme princesses du sang, ayant des
chaises à dos, pendant qu'on donne des pliants aux
dames titrées; ce qui détermina même M. de Beauvilliers,
comme je crois l'avoir déjà marqué, à prétexter une
incommodité de Mme de Beauvilliers, pour éviter le désagrément de cette différence à un dîner avec le roi de Pologne
auquel elle étoit priée et auquel M. de Beauvilliers lui-
même avoit observé l'arrangement des siéges. M. de Sully
sachant d'ailleurs combien M. de Bauffremont est jaloux
de tous les honneurs rendus aux ducs, a jugé qu'il pourroit
s'exposer à quelque désagrément dans le voyage de Lunéville; il parla ici au ministre du roi Stanislas pour savoir
seulement quel traitement on lui feroit; la réponse que ce
ministre fit, fut que M. de Sully et M. de Bauffremont
seroient traités avec tous les égards possibles. Cet éclaircissement a fait juger à M. de Sully qu'il étoit plus pru-

dent de profiter d'une saignée et d'une purgation de précaution pour éviter le voyage.

M. le prince de Hesse-Darmstadt a été présenté au Roi aujourd'hui dans le cabinet par M. de Verneuil, introducteur des ambassadeurs. On a vu ci-dessus que M. le duc des Deux-Ponts fut présenté de même, à Fontainebleau, et que son frère, M. le prince des Deux-Ponts, qui est au service de France, fut présenté à la porte du cabinet dans la chambre. M. le prince de Nassau-Weilbourg a été présenté de même aussi dans le cabinet. M. le prince de Darmstadt a été présenté à la Reine, au retour de la messe; on avoit averti des dames comme pour une audience. Mlle de Clermont et Mme de Luynes étant à Paris, c'est Mme de Mazarin qui avoit fait avertir. Après la messe, lorsque la Reine est rentrée dans sa chambre, M. de Verneuil lui a demandé ses ordres pour la présentation) il étoit venu hier pour avertir Mme de Luynes de cette présentation); après l'ordre de la Reine, M. de Verneuil a été chercher M. le prince de Hesse et l'a mené dans la chambre de la Reine; la Reine étoit debout auprès de la table qui est vis-à-vis de son lit. M. le prince de Hesse a fait un compliment fort court à la Reine, en françois, et s'est retiré un moment après (1). Mme de Luynes et Mme de Mazarin étoient présentes. Cette après-dînée, M. de Verneuil, est venu présenter à Mme de Luynes M. le prince de Hesse chez elle (2). M. le prince de Hesse est venu pour peu de temps en France avec ses deux frères, qui doivent être présentés dimanche; ils ont auprès d'eux un homme de confiance que l'on dit homme de beaucoup de mérite, et que l'on appelle le baron de Planta. M. le prince de

---

(1) Il n'a point baisé le bas de la robe. Les hommes ne la baisent point, ni François, ni étrangers. (*Note du duc de Luynes.*)

(2) M. de Verneuil m'a dit que M. de Hesse amèneroit dimanche MM. ses frères à Mme de Luynes. (*Note du duc de Luynes.*)

Hesse, immédiatement après sa présentation, a quitté son nom, à cause du cérémonial ; on ne l'appellera plus que le comte de Nida. Son second frère s'appellera aussi le comte de Nida, et le troisième le chevalier de Nida (1). M. le prince de Hesse a été traité comme l'on voit en prince souverain, mais il n'est cependant que prince héréditaire, M. son père étant vivant ; mais les princes héréditaires ont le même traitement. M. le prince de Hesse-Darmstadt est par sa mère petit-fils de M. le comte de Hanau. M. le prince de Hesse a eu de la succession de son beau-père (2) environ 6 ou 700,000 livres de rente en France ; ses États, outre cela, sont assez considérables. Outre sa garde, il a deux ou trois régiments à sa solde, et il seroit en état de fournir dans l'occasion cinq ou six mille hommes de troupes. La maison de Hesse-Darmstadt est la même que celle de Hesse-Cassel, dont est le roi de Suède ; c'est une même maison divisée depuis longtemps en plusieurs branches. Hesse-Rhinfels, dont est Mme la Duchesse, seconde douairière, est encore une branche de

---

(1) On les distingue par leur nom de baptême ; l'aîné s'appelle Louis, le second George, et le troisième Frédéric. (*Note du duc de Luynes.*)

(2) M. le prince de Hesse, père de ces trois princes, vint ici en 1735, à l'occasion de la mort de M. le comte de Hanau arrivée cette même année ou à la fin de 1734. Il venoit pour remercier le Roi, qui lui avoit donné l'investiture de tous les fiefs que M. le comte de Hanau avoit en France. C'est cette investiture qui donna en partie occasion au procès que M. l'évêque de Metz (Saint-Simon) a contre la succession de M. le comte de Hanau, prétendant que le Roi a bien pu donner l'investiture des fiefs qui relevoient de S. M., mais non pas de ceux qui relèvent de l'évêché de Metz. M. le prince de Hesse, qui a été présenté aujourd'hui, a fort assuré le Roi de son inviolable attachement et de sa reconnoissance ; il paroit avoir effectivement un grand attachement pour la France. Dans le temps de la guerre de 1744, M. le prince de Hesse envoya ses trois enfants à Strasbourg ; sans ces précautions ses États auroient pu courre risque. Lorsque M. le prince de Hesse, le père, vint en France, en 1735, il fut présenté dans le cabinet ; il avoit avec lui le même baron de Planta ; il changea de nom aussitôt après la présentation et s'appela le comte de Lichtenberg. (*Note du duc de Luynes.*)

cette maison; il y en a encore deux autres branches, Hesse-Hombourg et Hesse-Philipsthal (1).

Du jeudi 12, *Versailles.* — M. de Maniban, premier président du parlement de Toulouse, vint hier demander l'agrément du Roi pour le mariage de sa fille avec le fils de M. de Livry. Ce fut M. le Cardinal qui le mena chez le Roi et qui le présenta dans le cabinet.

Il y eut hier grand couvert. M. de Livry le fils y fit pour la première fois les fonctions de la charge de premier maître d'hôtel, dont il a la survivance; il avoit le bâton.

M. le marquis de Mirepoix a été hier présenté au Roi et a fait aujourd'hui sa révérence à la Reine; il porte le cordon bleu ici, quoiqu'il n'ait point encore été reçu; il le sera à la Chandeleur. Il dit qu'il est inconcevable combien la mort de l'empereur fit peu d'émotion dans Vienne le jour même qu'elle arriva.

Du dimanche 15, *Versailles.* — Depuis le voyage de Choisy, Mademoiselle étoit à Paris; Mme de Mailly lui envoya un courrier, et Mademoiselle revint sur-le-champ. Mlle de Clermont étoit ici depuis deux jours. Le Roi fut à huit heures chez Mme de Mailly. Les quatre sœurs y étoient et Mme la maréchale d'Estrées; outre cela, six ou sept hommes, entre autres MM. d'Ayen, comte de Noailles, vidame de Vassé, Meuse et de Luxembourg. Les deux princesses furent fort sérieuses pendant le souper; Mme de Mailly de très-bonne humeur. Le Roi fut aussi fort gai. Le souper avoit été fait par les officiers de Mme la maréchale d'Estrées, et n'étoit pas aussi bon qu'on le désiroit. Après le souper on passa chez Mme la maréchale d'Estreées, où le Roi joua à quadrille et les dames à cavagnole.

Mme la duchesse de Lorges présente aujourd'hui Mlle de Durfort, qui a été élevée à Saint-Cyr; elle est de la maison de Durfort-Duras, mais d'une branche éloi-

---

(1) Le duc de Luynes oublie la branche de Hesse-Wanfried, sortie de la branche de Hesse-Rhinfels.

gnée ; elle entre chez la reine d'Espagne (Orléans) en qualité de fille d'honneur. Le Roi avoit donné heure à cinq heures pour cette présentation, mais on lui a représenté que l'usage étoit que les filles lui fussent présentées chez la Reine ; ainsi Mlle de Durfort sera présentée chez la Reine un moment avant le grand couvert.

M. de Belle-Isle part à la fin du mois et doit se rendre dans plusieurs cours des Électeurs avant que de se rendre à Francfort. Il a donné à M. le Cardinal un état de l'équipage qu'il comptoit avoir et une estimation de chaque partie de dépense, afin que S. Ém. pût retrancher ce qu'elle jugeroit à propos. M. le Cardinal a retranché peu de chose, voulant que tout soit au plus magnifique ; l'estimation de cette dépense va en total à un million, sur quoi il y a eu beaucoup de diminution parce que le Roi fournit des tapisseries, et que les amis de M. de Belle-Isle lui prêtent le surplus de vaisselle dont il aura besoin et qu'il auroit été obligé d'acheter ; cependant l'estimation va encore à près de 600,000 livres. Il n'est pas décidé jusqu'à présent si elle se fera aux frais du Roi en total ou en partie. M. de Belle-Isle a fait ses représentations ; il paroît qu'elles ont été bien reçues. M. de Belle-Isle compte faire son entrée à cheval à Francfort, et avoir seulement trois ou quatre carrosses de suite. La dépense auroit été encore beaucoup plus considérable s'il avoit été nécessaire de faire cette entrée en carrosse.

Hier, à trois heures après midi, M. le Cardinal ne savoit pas encore le souper du Roi chez Mme de Mailly ; ce fut M. de Belle-Isle que le lui apprit.

Du jeudi 19, Versailles. — Le Roi revint hier de la Meutte, où il avoit fait un dîner, à trois heures après midi ; les dames de ce voyage étoient les quatre sœurs, Mme la maréchale d'Estrées et Mme d'Antin. Le Roi n'y arriva que lundi, après avoir couru le cerf à Saint-Germain. Le lendemain, il courut le daim dans Boulogne. Le Roi y a joué quelques parties d'hombre, mais il y a encore plus travaillé en tapisserie. Ce fut le dernier voyage de Choisy qu'il commença à se mettre à cet ouvrage; on envoya querir deux métiers à Paris(1). Ce voyage-ci de la Meutte, il y avoit sept ou huit métiers. Le Roi fut chez la Reine en arrivant et descendit ensuite chez Mme la comtesse de Toulouse.

Aujourd'hui chasse encore à Saint-Germain, et souper dans les cabinets; mais il n'y a point de dames; Mme de Mailly est un peu enrhumée.

Du vendredi 20. — M. le Cardinal vint hier après diner chez la Reine lui rendre compte de l'agrément que le Roi venoit de donner à M. le duc de Fitz-James, fils de M. le maréchal de Berwick, pour son mariage avec Mlle de Matignon, et pour la démission que Mme de Matignon faisoit de sa place de dame du palais en faveur de sa fille. M. de Matignon et M. de Fitz-James vinrent ensuite pendant le jeu de la Reine faire leur remercîment. Ce n'est pas l'usage de faire ces remercîments pendant le jeu, mais la Reine ordonna qu'on les fît entrer.

Mme de Sassenage a présenté aujourd'hui au Roi, dans le cabinet, Mme la marquise de la Blache, qui est parente de Mme de Sassenage, et le Roi l'a saluée; c'est une jeune personne d'environ vingt ou vingt-deux ans qui est assez bien.

Du lundi 23, *Versailles.* — Mmes de Sabran et d'Opter furent présentées hier. Mme la Duchesse mère présenta Mme de Sabran; c'est la fille de Mme de Coëtlogon, sa dame d'honneur; elle est petite et assez jolie. Ce fut Mme la duchesse de Châtillon qui présenta Mme d'Opter; elle est fille de M. de Jonsac et de Mlle Haynault. La sœur de Mme d'Opter a épousé M. de Tillières, frère de Mme de Châtillon. Il y a déjà quelques jours que Mme d'Opter est mariée; mais des voyages et ses incommodités l'ont empêchée d'être

---

(1) Voy. aussi les *Mémoires du marquis d'Argenson*, t. II, p. 203, 206, 207.

présentée. Son mari est l'aîné de la maison d'Opter, dont les Jonsac ne sont que les cadets. Sa mère étoit dame d'honneur de Mme la Duchesse mère.

M. le baron d'OEls fut présenté hier ; il est chanoine de Metz et propre cousin germain de l'électeur de Mayence. Il vint le matin chez Mme de Luynes, sans y être annoncé par personne, et ce fut Mme de Luynes qui le présenta à la Reine.

MM. les princes cadets de Hesse-Darmstadt ont été présentés tous deux, il y a huit jours, par M. de Verneuil, dans le cabinet du Roi ; leur frère aîné étoit resté à Paris.

M. de Lichtenstein, qui attendoit des nouvelles de sa cour pour partir, les a apparemment reçues ; il part ces jours-ci ; il a pris congé aujourd'hui, mais comme particulier, ayant pris son audience de congé dès Compiègne. Aujourd'hui, c'est Mme de Luynes qui l'a présenté à la Reine.

On croyoit que le Roi iroit cette semaine à Choisy ou à la Meutte, mais il paroît certain qu'il ne sortira point d'ici ; on ne sait si c'est par rapport aux circonstances présentes des affaires, qui peuvent demander des ordres prompts. Ce qui est certain, c'est que Mme de Mailly est incommodée, a été saignée et ne sort pas même de sa chambre ou de chez Mme la maréchale d'Estrées, qui loge auprès d'elle. Elle ne fut pas même hier chez Mme la comtesse de Toulouse, où le Roi (qui avoit dîné au grand couvert) descendit à neuf heures et soupa. Aujourd'hui, le Roi a été deux heures dehors dans son parc, où il a tué une cinquantaine de pièces de gibier ; il avoit dîné dans sa chambre. Il soupe à neuf heures ce soir, encore chez Mme la comtesse de Toulouse.

M. de Puysieux me contoit aujourd'hui quelques circonstances de son ambassade à Naples, l'embarras où il avoit été dans le temps du mariage du roi des Deux-Siciles. Lorsqu'il sut que le prince électoral de Saxe venoit à Naples, il demanda ici des ordres sur la manière dont il devoit agir avec lui pour le cérémonial, parce qu'il comptoit que l'ambassadeur d'Espagne vraisemblablement auroit ordre de le traiter comme le prince des Asturies. On lui manda de ne point compromettre son caractère ; mais que s'il se relâchoit en quelque chose en faveur de ce prince, que la Cour ne lui en sauroit pas mauvais gré, et qu'il fît sentir au roi des Deux-Siciles que cette complaisance étoit par égards particuliers que le Roi vouloit lui marquer dans la personne de son beau-frère. Il fut arrangé à l'arrivée du prince électoral, que l'on appeloit le prince royal de Pologne, qu'il mangeroit avec le roi et la reine des Deux-Siciles, ayant un fauteuil égal à ceux de LL. MM. Cet arrangement fut extrêmement secret. M. de Puysieux, qui avoit ordre d'aller tous les jours au dîner du roi des Deux-Siciles et qui n'y manquoit jamais, d'autant plus que c'est presque le seul temps où il voit les ambassadeurs, vit tout d'un coup mettre un troisième couvert et apporter un fauteuil pareil aux deux autres ; le prince royal se mit à table ; M. de Puysieux, fondé sur la seule instruction qu'il avoit eue par rapport à ce prince, crut que ce seroit une chose trop marquée de s'en aller ; il resta pendant le dîner.

Il est à observer que l'on avoit été d'ici fort longtemps sans lui donner d'instruction par rapport au prince royal, et qu'on lui avoit mandé que l'exemple de l'ambassadeur d'Espagne ne devoit pas être une règle pour lui ; qu'à l'égard du nonce, il étoit fâcheux qu'il eût ordre (comme M. de Puysieux l'avoit mandé) de suivre ce que feroit l'ambassadeur de France. M. de Puysieux rendit compte ici de ce qu'il avoit fait ; on lui écrivit une lettre de réprimande, toute des plus fortes, sur ce qu'il étoit resté au dîner du roi des Deux-Siciles. De ce moment il cessa d'aller au dîner de ce prince. Le nonce, qui ne fit son entrée que dix jours après, y fut à l'exemple de l'ambassadeur de France, et voyant que M. de Puysieux ne s'y trouvoit plus, il lui en demanda la raison. Puysieux prétexta quelque incommodité et rendit compte ici de ce qui s'étoit passé. L'ambassadeur de Venise assistoit aussi toujours au dîner. On n'envoya point de nouveaux ordres et les choses restèrent ainsi.

Il eut aussi quelqu'embarras par rapport à l'ambassadeur d'Espagne, M. de Fuenelorra. On sait l'insulte faite à notre ambassadeur, à Londres, au sujet de la préséance, à une entrée dans laquelle notre ambassadeur eut les traits de ses chevaux coupés, dans le temps que l'ambassadeur d'Espagne ne put être traité de même et prit le pas, ayant fait mettre du fer aux traits de ses chevaux. Louis XIV demanda une satisfaction éclatante; le roi d'Espagne envoya ici un ambassadeur qui déclara dans une audience publique : « Que le Roi son maître donneroit dorénavant ordre à ses ambassadeurs de n'entrer jamais en concurrence avec ceux du Roi. » A cette audience étoient tous les ministres étrangers que le Roi y avoit fait inviter, et le Roi prenant la parole dit tout haut : « Messieurs, vous voyez que le roi d'Espagne convient que ses ambassadeurs ne disputeront jamais la préséance aux miens. » Quoique ces termes soient très-différents, l'ambassadeur d'Espagne n'osa répliquer par respect. Cependant l'acte ne porte que le mot de concurrence. Depuis ce temps les ambassadeurs d'Espagne ont toujours ordre de ne se point trouver dans toutes les occasions où le rang et la préséance sont marqués, à Vienne par exemple, à Venise, à la cérémonie où le Doge épouse la Mer. Il y eut plusieurs bals au palais, à Naples, pendant le séjour du prince royal. M. de Puysieux y arriva avant le Roi et la Reine; l'ambassadeur d'Espagne y arriva un moment après LL. MM.; M. de Puysieux remarqua qu'on avançoit un pliant que l'on plaçoit à côté, un peu seulement en arrière, du comte de San-Estevan, lequel comme grand maître est assis à côté du Roi, un peu seulement en arrière. M. de Puysieux quitta le banc où il étoit, où il occupoit la première place, et sur lequel devoit se mettre le grand écuyer et les premiers gentilshommes de la chambre; il passa dans le carré où étoient les grands d'Espagne, et, ayant vu un pliant qui n'étoit point rempli, il s'y mit. Le Roi et la Reine ouvrirent le bal; ensuite il y eut une contredanse de huit personnes. M. de Puysieux, craignant que la Reine n'allât prendre l'ambassadeur d'Espagne avant lui (ce qui n'arriva point cependant), sortit du bal; il rendit compte de ce qu'il avoit fait et fut approuvé. Aux autres bals, de peur que son expédient ne réussît pas si bien, il feignit d'être malade, se fit saigner et reçut des visites dans son lit. La circonstance d'être ambassadeur du père du roi des Deux-Siciles rendoit la circonstance plus embarrassante.

Du mardi 24, Versailles. — M. le comte de Noailles a remercié aujourd'hui pour la cession de la grandesse que M. le maréchal de Noailles a faite en sa faveur, du consentement du Roi et du roi d'Espagne. Ce n'est point une nouvelle grâce de la part de l'Espagne, car la grandesse de M. le maréchal de Noailles est de telle nature dans son institution qu'il pouvoit la céder à qui il jugeoit à propos, même à un étranger. C'est de Mme la comtesse de Toulouse que je sais ce détail.

M. le duc de la Force vint ici hier demander pour M. le duc de Caumont, son fils (qui a épousé une fille de M. le maréchal de Noailles), que le Roi voulût bien accepter la démission du régiment de M. de Caumont, dont les affaires étoient tellement dérangées qu'il étoit obligé de prendre ce parti. Le Roi a bien voulu accepter cette démission et donner le régiment au second fils de M. de la Force.

M. de la Force envoie M. de Caumont dans une de ses terres avec 2,000 écus de pension, et a même dit que s'il ne vouloit pas y rester il demanderoit une lettre de cachet pour l'y faire rester. M. de Caumont a été jusqu'à présent fort jeune et n'a pas vu très-bonne compagnie. On prétend que sa femme lui disoit il y a quelque temps, lorsqu'il alloit dans une des terres de M. son père : « Adieu, Monsieur, mûrissez ou pourrissez. »

M. de Pons Saint-Pierre a donné aussi la démission de son régiment Royal-cravate (1). Il a été donné à M. . . . .

MM. les princes de Hesse-Darmstadt, ou comtes de Nida comme on les appelle actuellement, font ici leur cour. Outre M. le baron de Planta, qui est chargé ici de leur conduite et de leur dépense, ils ont deux gentilshommes de la manche du prince leur père, qui s'appellent le baron de Ridels et le baron de Gueling. La dépense de leur voyage ne coûte rien au prince leur père; ce sont ses États qui ont donné 100,000 écus pour les frais dudit voyage. Le prince de Hesse, quand il vint en France, ne s'appeloit point le comte de Nida, il s'appeloit le comte de Lichtenberg.

M. de Verneuil a présenté aujourd'hui le prince de Schwartzbourg qui est de la race de Gunther, élu empereur du temps de Charles IV et qui fut empoisonné. Il a auprès de lui un gouverneur qu'on appelle le baron de Hertenberg.

Il me paroît que M. de Verneuil ne fait plus de difficulté d'amener chez Mme de Luynes les étrangers, lorsqu'il n'y a personne pour les lui présenter.

Du mercredi 25, Versailles. — Il y a déjà quelques jours que M. de Sade a été nommé envoyé du Roi près de l'électeur de Cologne.

J'ai marqué que M. de Lichtenstein avoit pris congé il y a quelques jours; ce fût M. le duc de Rochechouart qui le fit prendre congé à la porte du cabinet; M. de Lichtenstein vouloit que ce fût dans le cabinet. Il avoit une raison; il y avoit entré à Fontainebleau, s'étant présenté devant le Roi, lorsqu'il sut la mort de l'empereur, au moment que le Roi après son lever passoit dans son

---

(1) Cela n'est pas encore certain. (*Addition du duc de Luynes*, datée du 26 janvier 1741.)

cabinet; le Roi ordonna qu'on le fît entrer, et ce fut dans cette occasion qu'il lui dit, comme je l'ai marqué : « Vous manderez à la grande-duchesse la part que je prends à la perte qu'elle a faite, et vous pouvez l'assurer que je ne manquerai en rien à mes engagements. » M. de Lichtenstein croyoit que cette grâce d'être entré dans le cabinet formoit un droit; mais on lui a fait sentir que ce droit, s'il avoit existé, auroit appartenu à son neveu, qui est l'aîné de sa maison (c'est ce neveu qui vient de prêter 1,250,000 livres à la reine de Hongrie), et que cependant ce neveu n'avoit été présenté qu'à la porte du cabinet.

Il faut d'ailleurs être prince souverain et être admis dans le collége des princes; par exemple le comte de Schwartzbourg, qui vient d'être présenté, a été fait prince par l'empereur Léopold; il a même une principauté que ses auteurs acquirent alors pour pouvoir jouir des droits des princes; mais cette affaire n'a pu être terminée; l'électeur de Saxe s'y est opposé, disant que cette principauté relève de lui et n'est pas immédiate de l'Empire.

Le procès de M. l'évêque de Metz contre un grand nombre de gens de condition qu'il prétend relevant de son évêché fut rapporté hier au conseil des finances par M. Orry, qui y rapporte toujours seul. Il n'y avoit que cinq conseillers et le Roi; M. le Cardinal n'y va jamais, et M. le duc d'Orléans a demandé permission au Roi de n'y plus aller; il n'ira plus qu'au conseil d'État, et encore même s'y trouve-t-il rarement. Au sortir du conseil on ne sut rien du jugement; M. le Chancelier dit qu'il ne pouvoit rien dire. Le Roi dit que l'affaire étoit jugée, qu'on pouvoit dire aussi qu'elle ne l'étoit pas. On ne sait pas encore précisément ce jugement. Il paroît cependant que M. de Metz a perdu, et que les vassaux qu'il auroit voulu mouvant de lui ne seront mouvant que de la couronne. En conséquence de sa prétention, il avoit donné à son frère (qui est mort depuis), celui qui s'étoit marié en Italie avec Mme Botta, à M. le duc de Saint-Simon et à M. le duc de Fleury, à chacun un des fiefs de la succession de M. le comte de Hanau comme mouvants de l'évêché de Metz. J'ai déjà marqué que le landgrave étoit venu ici après la mort de son beau-père le comte de Hanau, demander au Roi l'investiture des fiefs relevant de S. M. et qu'il l'avoit obtenue. M. de Metz prétendoit que quelques-uns de ces fiefs relevoient de son évêché.

Mme de Mailly est toujours incommodée. Le Roi n'ira nulle part, ni cette semaine, ni l'autre, qui est la semaine de Mme de Mailly.

Mme de Châtillon a présenté aujourd'hui Mme de Puiguyon; c'est la femme de M. de Puiguyon, gentilhomme de la manche de M. le Dauphin; elle est fille de M. de la Boëssière.

Du jeudi 26, Versailles. — Le mariage de M. de Monaco avec Mlle de Bouillon est déclaré. Mlle de Bouillon a actuellement quinze ans et quelques mois. Le mariage ne se fera cependant qu'au mois de mai ou juin, parce que l'hôtel de Bouillon, où ils doivent loger, n'est pas encore en état; M. de Bouillon y fait beaucoup travailler. Mlle de Bouillon a actuellement 22,000 livres de rente; elle aura outre cela 200,000 livres, sans compter les droits qui lui reviennent par feu Mme de Bouillon sa mère sur le duché d'Olaw en Silésie; l'on compte que ces droits pourroient aller à 40 ou 50,000 livres de rente, mais on espère qu'au moins elle en tirera huit ou dix. M. de Valentinois n'avoit pas voulu jusqu'à présent céder son duché, espérant que son fils, comme prince de Monaco, pourroit avoir un rang; mais il n'a pu l'obtenir; il s'est déterminé enfin à se démettre de son duché. Mlle de Bouillon sera présentée avant son mariage pour prendre le tabouret. Elle sera aussi vraisemblablement mariée dans le cabinet du Roi. M. de Valentinois a quatre garçons; le second s'appelle le comte de Matignon, le troisième le chevalier, et le quatrième est abbé. M. de Valentinois donne aujourd'hui à son fils 72,000 livres de rente ; c'est ce que vaut la principauté de Monaco ; et dans cette somme même, on ne compte que pour 12,000 francs un droit sur les sels qui en valoit 40,000 avant que le roi de Sardaigne y eût mis des obstacles; outre cela, le duché de Valentinois, qui revient à l'aîné presqu'en entier, vaut 88,000 livres de rente ; la terre de Thorigny qui en vaut 70,000, et le duché d'Estouteville 35,000 d'affermés. Les cadets ont peu de chose à prétendre sur ces deux terres. Il revient encore à M. de Monaco l'hôtel de Valentinois ; c'est une grande et belle maison que M. de Valentinois acheta vers 1722 ou 23 de M. le prince de Tingry (aujourd'hui maréchal de Montmorency) qui avoit commencé à la faire bâtir et que M. de Valentinois a fort augmentée. M. de Valentinois a encore d'autre biens et pour environ un million d'effets. M. de Bouillon n'est point venu ici demander l'agrément, ni faire part ; mais on m'a dit qu'il l'avoit fait demander au Roi par M le duc de la Trémoille.

Le mariage de Mlle de Bouillon (Guise) avec M. de Guise, son oncle, est aussi déclaré ; on attend qu'elle ait quatorze ans ; et elle en a treize passés.

A l'imitation de la loterie de Commercy, le Roi vient d'en faire publier une de douze millions dont les billets seront de 200 livres payables en plusieurs termes ; les billets gagnants rentreront dans la roue, et peuvent par conséquent gagner plusieurs fois. Les lots sont depuis 1,000 francs jusqu'à 100,000 écus ; le Roi retient douze pour cent sur les lots (1).

Du dimanche 29, *Versailles.* — Le Roi n'a point été à la chasse la semaine dernière, à cause de la gelée ; il a soupé tous les soirs, ou chez Mme la comtesse de Toulouse, ou dans ses cabinets ; il n'y a eu de dames que les deux sœurs et Mme la maréchale d'Estrées pendant qu'elle a été ici ; de-

---

(1) Cette loterie était faite pour venir en aide aux pauvres de Paris. (Voy. *Barbier*, t. III, p. 256.)

puis son départ il n'y a eu que les deux sœurs. Mademoiselle est malade, Mlle de Clermont n'y a point soupé et Mme d'Antin est de semaine. Car dans cette semaine, c'est un établissement que la Reine soupe tous les jours avec les dames, qui sont Mmes d'Antin, de Montauban et de Matignon. Mme de Mérode, qui est la quatrième, est absente depuis près de deux ans pour ses affaires en Flandre.

Mme de Mailly a été presque toujours malade pendant cette semaine ; cependant elle a été plusieurs fois passer la soirée chez Mme la comtesse de Toulouse, et hier elle soupa dans les cabinets avec Mme sa sœur. Elles dînent tous les jours chez Mme la maréchale d'Estrées, à cause de la proximité. Depuis le départ de Mme la maréchale d'Estrées pour Paris, le Roi a envoyé à dîner à Mme de Mailly. Je la trouvai avant-hier chez Mme la comtesse de Toulouse entre sept et huit heures du soir ; elles me parurent être tête à tête ; Mme de Mailly étoit debout et cachoit avec son panier le Roi qui étoit assis ; cela fit le sujet d'un moment de plaisanterie.

Mme de Cambis n'avoit point paru ici depuis la mort de son mari ; elle y vint hier et doit faire aujourd'hui ses révérences sans mante ; elle verra le Roi dans son cabinet ; c'est Mme de Luynes qui la mène.

Du lundi 30, Versailles. — Nous avons ici depuis quelques jours un ambassadeur d'Espagne qui va à Francfort ; il s'appelle le comte de Montijo ; il est de la maison d'Acuna-Pacheco ; il est grand d'Espagne, et a même plusieurs grandesses. On dit qu'il ne dégénère en rien de la fierté naturelle aux Espagnols. Il paroît ici vouloir se concilier en tout avec M. de Belle-Isle, mais M. de Belle-Isle a prévu les difficultés qui pourroient se rencontrer par rapport à l'ancienne question de préséance, qui a cependant été réglée, comme il est dit ci-dessus, à l'occasion de M. d'Estrades. M. de Belle-Isle a reçu ordre de ne point céder ladite préséance.

L'arrangement pour la dépense de M. de Belle-Isle à

Francfort est fait en quelque manière ; il a été décidé qu'il compteroit de clerc à maître. Il est vrai qu'il avoit offert d'abord d'y dépenser 100,000 écus de son bien, disant en même temps qu'il ne pouvoit pas aller plus loin sans se ruiner ; reste à savoir si lesdits 100,000 écus seront diminués sur le compte qu'il rendra de sa dépense.

Mme de Cambis fit hier ses révérences sans mante, en ayant demandé la permission.

Le Roi a été à la chasse aujourd'hui ; il ne soupe point dans ses cabinets, mais chez Mme la comtesse de Toulouse.

FÉVRIER.

Audience de M. de Montijo. — Mort du bailli de Mesmes. — Le cardinal de Rohan blessé à l'œil par une fusée. — Procès de l'évêque de Metz. — Prophétie trouvée à Kaiserslautern. — Effets du tonnerre dans l'église de Montigné. — Fête donnée par M. de Campo-Florido. — Mort du marquis de Vérac. — Promotion de maréchaux de France ; mot de Mme de Mailly au Roi sur sa discrétion. — Mort du grand maître de Malte. — Nouveaux détails sur l'élection du Pape. — Audience de congé des princes de Hesse. — Confirmation du Dauphin.

Du mercredi 1er, Versailles. — Hier M. de Montijo eut une audience particulière du Roi et de la Reine ; il remit une lettre de Madame Infante à S. M., qui étoit debout contre la table de marbre, vis-à-vis de son lit, suivant l'usage ; il fut conduit par M. de Verneuil, et les dames avoient été averties pour cette audience.

Du jeudi 2. — Le Roi soupa hier dans ses cabinets après la chasse ; Mademoiselle n'y étoit point, parce qu'elle est malade ; il y avoit Mlle de Clermont, Mme de Mailly, Mme de Vintimille et Mme d'Antin.

Hier la Reine fit ses dévotions ; et comme la veille des jours qu'elle communie, elle ne joue point et ne voit personne, hors les dames du palais et les entrées, par la même raison il n'y eut point de comédie, quoique ce fût le mardi. Les princesses qui sont ici en furent assez fâchées. Il n'y eut pas de comédie non plus hier, qui étoit le jour des Italiens.

Il n'y a pas eu de chapitre (1) aujourd'hui. M. le marquis de Mirepoix a seulement été reçu. On croit toujours que M. le Dauphin sera reçu au premier jour de l'an 1742, et que ce jour il y aura une des plus grandes cérémonies qu'il y ait encore eu. C'est Mme de Flavacourt qui a quêté.

Il y a aujourd'hui grand couvert et Madame y dîne.

Du samedi 4, Versailles. — On apprit hier la mort de M. le bailli de Mesmes ; il étoit ambassadeur de Malte et frère de feu M. le premier président. La maison de Mesmes est originaire de Guyenne. Le premier de cette maison dont on ait connoissance est Amanieu, seigneur de Mesmes, qui dans un acte de l'an 1219 est qualifié chevalier. Son second fils Guillaume fut premier chapelain du roi saint Louis. M. le bailli de Mesmes étoit né en 1675 et avoit été reçu chevalier de Malte l'année d'après ; il étoit ambassadeur de la Religion depuis 1715. M. le comte d'Avaux, qui fut ambassadeur extraordinaire de France à Venise, en 1671, plénipotentiaire à Nimègue, en 1675, ambassadeur en Espagne vers 1684, en Angleterre auprès du roi Jacques II en 1689, en Suède en 1692, et qui fut outre cela deux fois en Hollande, et mourut en 1709, étoit le propre oncle de M. le bailli de Mesmes. M. le bailli de Mesmes a une sœur qui est Mme de Fontenille, mère de M. le marquis de Rambures. M. le premier président n'a eu que deux filles, dont l'une est Mme la duchesse de Lorges et l'autre Mme de Lautrec, qui s'appela depuis Mme d'Ambres. L'ambassade de Malte est la commission la plus honorable dont puisse être décoré un chevalier françois de cet ordre ; il n'y a que 2,000 écus d'appointements attachés à cette place ; mais outre cela l'ambassadeur obtient toujours une commanderie, et le

---

(1) De l'ordre du Saint-Esprit.

grand maître a toujours attention de lui en donner une bonne. C'est le grand maître qui nomme l'ambassadeur, mais toujours du consentement du Roi et cherchant celui qui est le plus agréable à S. M. On croit assez que le choix tombera sur M. le bailli de Froulay.

Avant-hier, M. le marquis de Vérac se trouva mal à la cérémonie des chevaliers; on s'en aperçut à la chapelle même, où l'on eut bien de la peine à le faire lever aux révérences de M. le marquis de Mirepoix; il revint cependant avec la procession, et fut pour dîner chez M. le Cardinal, où il étoit prié; mais il étoit pour lors presque sans connoissance; c'est une apoplexie; on l'emmena à Paris, et il est fort mal.

M. le cardinal de Rohan fit hier sa révérence au Roi. Il partit l'année passée le 6 février pour aller à Rome. Il est fort marqué de sa blessure; je crois avoir oublié d'en parler; c'est en revenant de Rome, en passant à la Charité, abbaye appartenant à M. l'évêque de Verdun, qu'il fut blessé à l'œil par une fusée. M. de Verdun voulut lui donner un feu d'artifice le premier jour; le mauvais temps fit qu'on remit au lendemain ce qui restoit à tirer de ce feu, et comme il y avoit des feux sur l'eau, on descendit dans le jardin où l'on avoit rangé des chaises pour la compagnie. M. le cardinal de Rohan voulut se mettre sur la première chaise qu'il trouva; on l'obligea de s'avancer à la première place; ce fut là qu'une fusée tirée maladroitement le frappa à l'œil et au front, et de là voulant s'élever emporta son chapeau à trente pas. Dans le moment, il eut l'œil tout en sang; on ne remarqua pas dans le premier moment qu'il eût été blessé; Mme de Dromesnil, nièce de M. l'évêque de Verdun, qui étoit assise auprès de lui, ne s'en aperçut point d'abord, non plus qu'un des valets de chambre de M. le cardinal de Rohan, qui étoit derrière son fauteuil; heureusement l'œil est conservé.

M. le comte de Clermont, capitaine des gardes de M. le duc d'Orléans et chevalier de l'Ordre, est fort mal.

Ce que j'ai marqué ci-dessus du procès de M. de Metz étoit ce que l'on disoit le jour même ; aujourd'hui quoique l'arrêt ne paroisse pas encore, l'on en sait le contenu, et M. de Metz dit qu'il a gagné puisqu'il ne demandoit point les mouvances appartenantes au Roi comme souverain, mais seulement celles appartenantes à l'évêché de Metz, dont il a porté la foi et hommage au Roi. Par conséquent les fiefs mouvants de l'évêché de Metz sont des arrière-fiefs de la Couronne. MM. les princes de Hesse disent que ce jugement ne fait rien à leur affaire, parce que les fiefs dont ils jouissent sont incontestablement mouvants de la Couronne et non de l'évêché de Metz. Il y a une seconde question par rapport à eux, c'est de savoir si les fiefs dont il s'agit sont masculins ou féminins ; s'ils sont féminins, ils ont pu passer à la fille de M. le comte de Hanau, mère de MM. de Hesse ; s'ils sont masculins, ils sont revenus au seigneur suzerain au défaut d'hoirs mâles, et par conséquent il a pu en disposer. Quant à l'investiture donnée par le Roi à M. le prince de Hesse, elle ne fait point un titre, puisque c'est sauf le droit d'autrui.

Avant-hier, le Roi ne vint chez la Reine qu'un moment après que le jeu fut fini. La Reine étoit dans sa chambre debout en attendant son souper et l'on entroit la table ; MM. les princes de Hesse avoient joué avec la Reine. Le cadet de tous, que l'on appelle le chevalier de Nida ou le comte Frédéric, étoit resté dans la chambre de la Reine avec le baron de Planta ; l'usage est qu'il n'y a que les entrées qui restent au souper de la Reine ; mais on ne compte le moment que lorsqu'on présente à la Reine la serviette pour se laver les mains avant que de se mettre à table. L'huissier de la chambre de la Reine dit à M. le chevalier de Nida et à M. le baron de Planta de sortir, et leur répéta deux ou trois fois ; ils sortirent à la fin. M. le baron de Planta fut piqué des instances qu'avoit faites l'huissier, surtout dans un temps où la Reine ne se mettoit point à table, puisque le Roi étoit encore chez elle; il vint faire ses plaintes à Mme de Luynes; elle envoya querir l'huissier, lequel chercha à se justifier disant qu'il n'avoit fait que ce qu'il devoit; Mme de Luynes lui dit qu'elle lui conseilloit cependant de faire des excuses à M. le chevalier de Nida et à M. le baron de Planta, qui étoient alors chez elle. L'huissier refusa de suivre ce conseil; Mme de Luynes alla hier chez M. le Cardinal pour lui en parler; il étoit chez la Reine; Mme de Luynes y entra et trouva la Reine tête à tête avec lui; elle lui parla de ce qui s'étoit passé la veille; la Reine chercha à justifier l'huissier et dit que la première fois qu'elle verroit M. le baron de Planta elle lui feroit elle-même une honnêteté. Mme de Luynes ressortit un moment et la laissa tête à tête avec M. le Cardinal. Alors M. le Cardinal dit à la Reine qu'il étoit peu convenable que ce fût elle qui fît les excuses, et qu'il falloit envoyer l'huissier les faire; c'est S. Ém. qui le conta l'après-dînée à Mme de Luynes. Mme de Luynes étant rentrée, la Reine lui dit d'ordonner à l'huissier d'aller faire des excuses; cet ordre fut donné aussitôt; l'huissier croyoit l'avoir exécuté en allant chercher M. le chevalier de Nida à Versailles; Mme de Luynes lui a ordonné de les aller chercher à Paris.

On prétend qu'on a trouvé à Kaiserslautern une prophétie gravée sur du cuivre, faite l'an 1012 par un moine, nommé Sinibalde, et que l'on a porté cette plaque de cuivre à Francfort. Cette prophétie annonce des événements déjà arrivés dans l'empire, et désigne pour l'année 1740 la mort de l'empereur qui sera, dit-elle, suivie de beaucoup de troubles et de confusion, et que l'on verra paroître le lion rouge, le singe blanc, et un troisième prétendant qu'elle annonce de même par ses armes; mais qu'un jeune prince venu du Nord feroit de grandes conquêtes.

Le Roi soupa hier dans ses cabinets; il n'y avoit point de dames; après le souper il fut chez Mme de Mailly avec trois ou quatre personnes; il envoya tout de suite avertir tous ceux qui avoient soupé dans les cabinets, et il joua chez Mme de Mailly. Il va lundi à Choisy pour jusqu'à jeudi; ce voyage avoit toujours été fort incertain; on croit que c'est à cause de la santé de Mme de Mailly.

Du lundi 6, Versailles. — Samedi dernier, le Roi soupa dans ses cabinets; il n'y avoit point de dames. Avant le souper il avoit été chez Mme la comtesse de Toulouse; après souper il alla avec deux ou trois personnes chez Mme de Mailly; elle n'étoit pas chez elle; elle avoit resté chez Mme la comtesse de Toulouse jusqu'à près de minuit et étoit venue ensuite voir Mme de Luynes. Le Roi retourna chez Mme la comtesse de Toulouse, et comme il la trouva retirée il alla chez Mademoiselle où il n'y avoit que deux ou trois personnes; il y fit une visite d'un quart d'heure, n'ayant trouvé Mme de Mailly nulle part, et alla se coucher. Aujourd'hui il est allé à la chasse à Saint-Germain et de là va à Choisy pour jusqu'à jeudi. Les dames sont les quatre sœurs, Mme la maréchale d'Estrées et Mme d'Antin. Mme de Mailly ne fut chez la Reine que samedi de sa semaine, à cause qu'elle a été malade.

M. de l'Hôpital demanda hier l'agrément pour se marier; il épouse la fille (1) de M. Eynard, grand maître des eaux et forêts de Touraine; il est de même maison que notre ambassadeur à Naples et prétendoit même être l'aîné(2); on dit cependant qu'il n'est que le cadet.

M. le duc d'Harcourt demanda hier l'agrément du Roi pour le mariage de sa seconde et dernière fille avec M. le prince de Croy, lequel a, à ce que l'on dit, 50,000 écus de rente. Mlle d'Harcourt, qui se marie, est sœur ca-

---

(1) On donne à Mlle Eynard 20,000 livres de rente; elle a encore quelques espérances; outre cela logés et nourris tant qu'ils voudront. (*Note du duc de Luynes.*)

(2) C'est-à-dire de la branche aînée.

dette de Mme d'Hautefort et aînée de Mme de Guerchy ; elle est mieux que les deux autres et ressemble assez à Mme sa mère.

Du jeudi 9, Versailles. — Le Roi revient de Choisy aujourd'hui après dîner. J'y fus mardi ; je n'y vis point de métiers ; il n'en a pas été question ce voyage-ci.

L'accident arrivé le 11 décembre dans le diocèse de la Rochelle est si singulier que j'ai cru en devoir joindre ici la relation écrite par le curé du lieu.

Relation exacte d'un accident tragique causé par le tonnerre en l'église de Montigné, diocèse de la Rochelle, généralité de Tours.

Le 11 décembre 1740, sur les onze heures du matin, heure de la grande messe, comme j'étois dans la chaire faisant le prône, le tonnerre tomba dans le clocher, qui fut transporté avec la cloche, sans dommage, avec un gros monceau de pierres, par-dessus la cure dans un jardin voisin, laquelle église a été entièrement ruinée et les murailles si fort ébranlées qu'on n'y célèbre les saints mystères qu'avec grand danger. Le feu m'a passé devant le visage ; au même instant je me suis senti frappé à la jambe droite du coup de tonnerre qui m'a fait deux trous fort considérables, dont l'un, percé de part en part entre l'os et le gras de la jambe, m'a tourné devant derrière, a emporté trois degrés et le siége de ma chaire ; à un pied au-dessus du niveau de ma tête, il y a un placard de sang dont je ne sais d'où il vient ; m'a renversé par terre et a étouffé deux personnes qui touchoient à mon vicaire qui n'a reçu aucun mal, quoique renversé par terre du coup ; trois qui se sont trouvés ensevelis sous les ruines du clocher et quatre qui ont été tués par le feu du tonnerre ; plus de cent cinquante blessés dangereusement par les pierres qu'il lançoit avec impétuosité dans l'église ; a ruiné entièrement l'autel de saint Sébastien, a emporté le dessus de la tête de la statue de la sainte Vierge, a passé au grand autel, a renversé les deux statues dudit autel, a plié le calice comme une S, sans renverser une goutte de vin, a brisé entièrement les vitres de l'église, s'est promené dans tout le bas de l'église sur les femmes qui étoient renversées par terre, lesquelles ont toutes senti son effet ; les unes étoient brûlées aux épaules, les autres aux jambes et aux cuisses, sans avoir endommagé en rien leurs vêtements ; une autre a été brûlée et consommée en cendres depuis le haut de la tête jusqu'à la ceinture, le reste du corps palpable comme si elle n'étoit pas morte ; une autre dont le crâne lui a été enlevé et une partie de la cervelle dispersée. De plus au dehors, proche de l'église, le tonnerre transporta sains et saufs deux petits enfants, qui étoient avec mon valet, loin de dix à quinze pas de là. Ceux et celles qui avoient des chapelets enchaînés, ce feu leur a enlevé les grains et ne leur a laissé que la chaîne en main. Enfin dans l'église, qui étoit pleine et qui contient environ cinq cents personnes, il n'y en a eu que trois qui ne se sont pas sentis des funestes effets de ce coup de foudre dont le détail paroîtra fabuleux dans les siècles à venir. Ce qu'il y a de cruel c'est que la majeure partie de ceux qui ont été frappés sont restés fous ou comme imbéciles; on espère que les jeunes gens pourront se rétablir avec le temps, mais on ne peut l'espérer de ceux qui ont atteint un certain âge, qui se trouvent chefs de familles, ce qui redouble notre consternation.

Mon vicaire et moi avons confessé plus de trois cents personnes avant que de sortir de l'église, ou pour mieux dire avons donné l'absolution à tous ceux qui crioient : « Je me meurs! » le visage contre terre, ne pouvant s'aider les uns les autres à se relever. Non, personne ne se représentera jamais ce funeste spectacle.

Nous sommes entourés de gens à qui Dieu n'a pas encore fait la grâce d'embrasser la saine doctrine, et qui regardent comme une punition divine ce qui nous est arrivé; nous le prenons bien pour nos péchés, mais nous espérons que la divine Providence leur prouvera par les secours qu'elle nous accordera qu'elle ne nous a pas entièrement abandonnés.

Lundi dernier, 6 de ce mois, M. de Campo-Florido donna une fête à Paris, à l'occasion de la naissance de la princesse royale des Deux-Siciles. Il avoit apparemment attendu des ordres pour donner cette fête; car il est étonnant qu'elle ait été autant retardée, celle de M. de Castro-Pignano ayant été donnée à Fontainebleau. Elle ne consista qu'en un dîner, comme j'ai marqué ci-devant. Celle-ci a été beaucoup plus considérable; elle s'est donnée dans la maison où logeoit feu M. d'Angervilliers, rue de l'Université, dans laquelle loge M. de Campo-Florido. Il y eut un bal qui commença à sept heures; ensuite il vint une si prodigieuse quantité de monde qu'on ne put danser; il y avoit dans une chambre une musique, dans l'autre un cavagnole; dans la grande pièce, où l'on avoit dansé d'abord, il y avoit beaucoup de tables de jeux; on y dansa après souper; il y avoit un pharaon dans une autre pièce. L'appartement étoit fort bien éclairé; il y a de beaux meubles et surtout des chandeliers de cristal fort singuliers. Il y avoit quatre tables en bas, de vingt-deux couverts chacune.

Du lundi 13, *Versailles.* — M. le marquis de Vérac mourut avant-hier. Ce même jour le Roi fit sept maréchaux de France : M. de Brancas, M. de Chaulnes, M. de Nangis, M. d'Isenghien, M. de Duras, M. de Maillebois et M. de Belle-Isle. On savoit depuis plusieurs jours que M. de Belle-Isle seroit fait maréchal de France ; d'abord on avoit cru qu'il pourroit être fait seul ; on avoit su depuis qu'il y en avoit d'autres avec lui, et on nommoit même ceux qui viennent d'être déclarés. Il y a quinze jours que j'entendis chez Mme de Mailly un discours qui pouvoit faire croire que M. de Belle-Isle ne seroit pas le seul ; comme on raisonnoit sur les bruits qui couroient déjà, elle prit la parole; elle dit : « Mais pourquoi le Roi donneroit-il des désagréments à ceux qui l'ont bien servi? » Le jour de cette promotion, le Roi avoit été à la chasse et travailla au retour avec M. de Breteuil (1). M. d'Isenghien étoit dans la chambre du Roi, attendant la fin du travail ; le Roi sortit pour aller chez la Reine; M. le Cardinal passa aussi ; et, soit qu'ils n'eussent vu M. d'Isenghien ni l'un ni l'autre, ils ne lui dirent mot. La Reine jouoit; M. de Nangis étoit derrière son fauteuil; le Roi s'approcha de lui et lui dit : « M. le Maréchal, je vous fais mon compliment. » Ce discours fut reçu avec grande reconnoissance de M. de Nangis, mais en même temps avec transport de joie de la part de la Reine. Le Roi n'en déclara point d'autres dans le moment. L'instant d'après, on sut qu'il y en avoit cinq, mais on ne nommoit point M. de Chaulnes et M. d'Isenghien. Enfin, à force de recherches, on sut par

---

(1) Il est inutile d'ajouter que M. le Cardinal y étoit, parce qu'il y est toujours. (*Note du duc de Luynes.*)

M. le contrôleur général, qui sortoit du coucher de M. le Cardinal, que S. Ém. avoit dit sans aucun mystère que M. de Chaulnes et M. d'Isenghien l'étoient aussi. Mme de Luynes, pour plus grande sûreté, alla chez M. le Cardinal et lui fit demander, pour pouvoir dépêcher un courrier à M. de Chaulnes sur-le-champ. Mais M. d'Isenghien étoit toujours dans l'inquiétude; il étoit même allé s'enfermer dans sa chambre voyant qu'on ne lui avoit rien dit; sur la nouvelle de M. le contrôleur général, il lui revint quelqu'espérance, mais nulle certitude; il alla se coucher dans cet état. Le Roi soupa dans ses cabinets avec des hommes seulement, et après le souper alla chez Mme de Mailly, où il fit la conversation, longtemps, sans jouer. Mme de Vintimille y étoit et plusieurs autres; Mme de Mailly poussa le Roi de questions sur les maréchaux de France; le Roi n'en disoit toujours que cinq; elle lui nomma M. de Chaulnes et M. d'Isenghien, et le Roi lui dit : « Puisque vous le savez, cela est vrai. » Ce fut sur cela qu'elle lui répondit avec vivacité : « Si une femme étoit aussi longtemps à accoucher, elle mourroit en travail. » Le vidame de Vassé, qui étoit présent, demanda au Roi permission d'aller le dire à M. d'Isenghien, qui est son oncle, et le Roi lui dit : « Allez. » M. le Cardinal, qui partoit le lendemain dès la pointe du jour pour aller à Issy, vouloit apparemment n'être pas tourmenté par des représentations et comptoit que ce seroit le Roi qui déclareroit la promotion. M. de Breteuil ne nommoit que les cinq que le Roi avoit déclarés et ne voulut jamais parler des deux autres.

Le Roi signa hier le contrat de mariage de M. de Croy avec Mlle d'Harcourt, et celui de M. de l'Hôpital avec Mlle Eynard. Immédiatement après, et tout le monde étant encore dans le cabinet, M. de Belle-Isle prêta le serment de maréchal de France. Pour ces serments, le Roi est dans son fauteuil, un carreau à ses pieds, sur lequel le maréchal de France se met à genoux. Le secrétaire d'État lit le serment; le Roi prend ensuite une canne, qui est ordinairement celle de maréchal de France, qu'il lui remet entre les mains.

M. l'abbé de Ventadour fit il y a quelques jours un discours latin en Sorbonne (c'est ce qu'on appelle la clôture sorbonique) qui fut extrêmement applaudi.

Du samedi 18, *Versailles.* — Mardi dernier, jour de mardi gras, la Reine fut à la paroisse entendre le sermon de M. l'abbé Duvaux, qui fut fort bon, et son compliment très-convenable. Il y eut aussi un salut, et la Reine revint de là pour la comédie ; elle soupa avec ses dames du palais, comme à l'ordinaire. Il n'y eut point de véritable bal chez M. le Dauphin, seulement l'assemblée comme il y en a eu tout l'hiver.

Le mercredi 15, qui est le jour de la naissance du Roi, il y eut suivant l'usage un *Te Deum* à la paroisse. Mme de Mailly devoit y aller et Mme de Vintimille ; mais elle avoit commencé à jouer chez M. le cardinal de Rohan, et elle prit le parti d'y rester. Mme de Vintimille alla toute seule au *Te Deum.*

Ce même jour, mercredi, le Roi dîna à quatre heures dans sa chambre en maigre ; il compte faire le carême. Mme de Luynes, qui a les entrées chez le Roi, ainsi que je l'ai marqué ci-devant, fut au dîner de S. M.

Mmes les maréchales de Duras, de Nangis et de Maillebois vinrent ici faire leurs révérences et remercîments ; il n'y a encore eu de serments de prêtés que celui de M. de Belle-Isle. Mme de Duras me disoit il y a quelques jours que feu M. le maréchal de Duras, père de celui-ci, qui étoit capitaine des gardes, gouverneur de province et maréchal de France, et qui avoit par conséquent prêté trois serments, n'avoit jamais rien payé, disant qu'il étoit indigne que l'on donnât de l'argent chez le Roi pour prêter serment à S. M.

M. le duc de Durfort, fils de M. le maréchal de Duras, prend le nom de duc de Duras.

Du lundi 20, *Versailles.* — M. de Lussebourg épouse

Mlle Borio dont le père est résident du duc de Guastalla. Mlle Borio a présentement 240,000 livres dont 200,000 livres données par M. Bellanger, notaire, et outre cela on lui assure 10,000 livres de rente après la mort de père et de mère.

Le mariage de M. le prince de Croy avec Mlle d'Harcourt se fit vendredi dernier dans la maison de M. de Belle-Isle qu'ils avoient empruntée.

MM. de Vérac vinrent ici il y a trois jours avec M. de Rambures faire leurs révérences; ils n'avoient point de grands manteaux; ils sont deux; le roi a donné à l'aîné la lieutenance générale de Poitou, qui est depuis plusieurs années dans leur famille; ils disent qu'elle ne vaut que 5 ou 6,000 livres. M. de Rambures est gendre de feu M. de Vérac; c'est un second mariage.

On apprit vendredi dernier la mort du grand maître de Malte et en même temps l'élection de son successeur, qui est un Portugais nommé Pinto. L'élection du grand maître ne dure jamais que trois jours et on n'apprend point sa mort sans apprendre qui est son successeur. Le nouveau grand maître a droit de nommer à une commanderie dans chaque langue à mesure qu'elles viennent à vaquer. Le Roi n'a point eu de courrier; la nouvelle est venue par l'ordinaire, et le Roi l'apprit vendredi en sortant de table, ce qui faisoit même qu'on en doutoit; mais cela s'est confirmé depuis.

M. le cardinal de Rohan me confirma, il y a quelques jours, ce que j'ai marqué ci-dessus par rapport à l'élection du pape, que cette élection avoit été faite sans que le cardinal Albani en sût rien. Ce fut le cardinal Macei qui lui apprit lorsque ledit cardinal Albani faisoit une nouvelle tentative auprès du cardinal Macei pour le détacher du parti du cardinal Aldovrandi. M. le cardinal de Rohan m'ajouta qu'il n'avoit manqué qu'une voix au cardinal Aldovrandi pour être élu pape. On sait toujours dans le conclave le nom des cardinaux qui sont pour un tel ou un tel. Il y a eu une voix pour le cardinal Aldovrandi qui étoit réellement comptée ; on n'a jamais su qui c'étoit; on a même supposé que ce pouvoit être un tour d'adresse du cardinal Albani pour faire manquer l'élection.

Pour se former quelque idée du conclave, voici une partie de ce que m'en a dit M. le cardinal de Rohan. Ce qu'on appelle conclave, c'est le premier étage du palais du Vatican. Immédiatement après la mort du Pape, on fait murer toutes les issues de cet étage, hors une seule porte, laquelle ne s'ouvre qu'en vertu d'une délibération du conclave. L'on fait dans ce premier étage plusieurs séparations par des cloisons légères pour former autant de logements comme il y a de cardinaux; même les cardinaux absents ont une cellule qui sert aux cardinaux de leur nation. M. le cardinal de Rohan par exemple faisoit usage de celle de M. le cardinal de Gesvres. Tout ce qui est nécessaire pour le conclave y est renfermé et n'en sort point : un archevêque qui y dit la messe tous les jours, des évêques, des prêtres, des médecins, chirurgiens, et les domestiques nécessaires aux cardinaux, en petit nombre, par exemple deux ou trois chacun. Il y a outre cela des domestiques communs pour servir tout le monde, qu'on appelle faquins. Il y a deux chapelles dans le conclave où l'on dit la messe tous les jours et où l'on demeure ensuite assemblés pour le scrutin, et une autre pour les messes et dévotions particulières où est exposé le Saint-Sacrement. L'on s'assemble deux fois par jour dans la première de ces chapelles, le matin et le soir ; l'assemblée du matin dure deux heures un quart ou deux heures et demie, à cause de la messe; celle de l'après-dînée une heure trois quarts ou environ. Dans la première de ces assemblées, après avoir chanté le *Veni Creator,* on dit la messe, ensuite on fait au sort l'élection de neuf des cardinaux, trois scrutateurs, trois réviseurs et trois infirmiers. Les scrutateurs sont ceux qui lisent les billets de chaque cardinal contenant son suffrage ; les réviseurs relisent de nouveau lesdits billets, les écrivent et les annoncent ; les infirmiers ne sont chargés que d'aller chez les cardinaux malades pour apporter leurs billets. Ces billets sont cachetés par en haut et par en bas. En haut, est le nom du cardinal, *Ego cardinalis*, etc. Ce que l'on voit est après le nom et contient ces mots : *Eligo summum pontificem cardinalem*, etc. En bas, est une sentence latine roulée et cachetée que chacun choisit comme il le juge à propos. Ces deux parties du billet, le haut et le bas, ne servent que supposé qu'il soit nécessaire de vérifier les suffrages ; alors on examineroit s'il n'y auroit pas deux billets extrêmement pareils tant pour le nom que pour la sentence et pour le cachet ; car il faut observer qu'il y a quatre cachets dans le conclave dont chaque cardinal choisit celui qui lui convient davantage. Les billets sont mis par chaque cardinal sur une table au milieu du conclave ; ensuite un des cardinaux scrutateurs les prend et les porte à l'autel, sur lequel est un calice couvert d'une patène ; il laisse tomber le billet sur la patène, et renverse ensuite la patène dans le calice. Lorsque tous les billets sont donnés, alors on les ouvre ; tous les noms des cardinaux sont marqués dessus ; et à mesure qu'on lit un billet, on met à côté du nom du cardinal élu une barre pour marquer qu'il a une voix. Chacun des cardinaux présents à l'assemblée a une liste des cardinaux, et met à mesure une barre à côté du nom, de sorte que chaque cardinal sait toujours à chaque moment combien il y a de cardinaux proposés pour pape, et combien chacun a de voix. Mais ce n'est que par les conversations particulières qu'ils découvrent le nom de ceux qui sont pour un tel, ou un tel parti. Dans la première assemblée, chaque cardinal met, comme je l'ai dit, dans son billet, *eligo*, pour désigner celui en faveur duquel il se détermine ; mais ce n'est que dans celle-là seulement ; dans toutes les autres il ne met plus que *accedo*. Lorsqu'il persiste dans le choix qu'il a fait d'abord, il met *accedo nemini*, je n'accorde à personne, c'est-à-dire je ne change point de sentiment. Lorsqu'il voit au contraire quelque raison qui le détermine à choisir un autre que celui qu'il avoit élu d'abord, il met : *ad eligendum summum pontificem*, un tel. Il n'est pas permis de donner son *accedo* pour celui pour lequel on a donné son *eligo*; car sans cela il se trouveroit plusieurs suffrages en faveur d'un cardinal lorsqu'il ne devroit y en avoir de réel que celui de l'*eligo*. Ces séances durent jusqu'à ce que le plus grand nombre des suffrages étant réunis, ils fassent au moins les deux tiers; alors l'élection est faite. Le cardinal Lambertini, aujourd'hui Pape, a été élu tout d'une voix.

Je fus hier au dîner de M. le Dauphin. M. l'abbé Duguesclin, aumônier en quartier auprès du Roi, y étoit; il y avoit aussi un chapelain du Roi, qui est de quartier auprès de M. le Dauphin. Jusqu'à présent il n'y a eu que les chapelains du Roi qui aient fait les fonctions d'aumônier chez M. le Dauphin. M. l'abbé Duguesclin s'en alla un peu avant la fin du dîner; je lui en demandai quelque temps après la raison; il me dit que les chapelains vouloient prétendre que, comme attachés au service de M. le Dauphin, ils devoient faire les fonctions d'aumônier de M. le Dauphin, même en présence des aumôniers du Roi; que cette prétention n'étoit point fondée; que les aumôniers du Roi en quartier ou non en quartier chez le Roi étoient en droit de faire les fonctions d'aumônier chez M. le Dauphin en présence et à l'exclusion des chapelains, et que même pour conserver ce droit ils en usoient toujours dans chaque quartier. On compte que M. le Dauphin fera sa première communion à Pâques prochain, et qu'alors un aumônier sortant de quartier chez le Roi entrera de quartier chez M. le Dauphin. Il doit être confirmé dimanche prochain à la chapelle par M. le cardinal de Rohan.

Depuis le commencement du carême, le Roi n'a

point soupé avec des dames; mais les jours de chasse il a soupé dans ses cabinets avec des hommes seulement.

Il va tous les soirs chez Mme la comtesse de Toulouse avant et après souper, et les jours des cabinets il va au sortir de chez Mme la comtesse de Toulouse chez Mme de Mailly, où il joue quelquefois.

Du mercredi 22, Versailles. — MM. les maréchaux de Chaulnes, d'Isenghien et de Nangis prêtèrent serment dimanche dernier.

Le Roi fut encore hier, après avoir soupé dans ses cabinets, chez Mme de Mailly; il y joua au piquet, ensuite il fut réveiller plusieurs officiers des gardes qui logent auprès de l'appartement de Mme de Mailly.

C'est le P. d'Héricourt, théatin, qui prêche ici le carême; il paroît qu'on en est fort content; il n'a point l'éloquence du P. Neuville, mais ses sermons sont plus touchants. Son compliment du jour de la Chandeleur étoit plutôt une instruction qu'un compliment et fut approuvé; il fit dimanche un sermon sur la pénitence, très-fort et très-capable de faire impression. Mme de Mailly, qui est de semaine, étoit au sermon et le trouva fort bon; elle dit qu'elle aime beaucoup le P. d'Héricourt, qui est élève du P. Boursault; elle lui a même envoyé quelques bouteilles de vin de liqueur.

Le Roi ne sort point d'ici toute cette semaine; il va lundi à Choisy pour jusqu'à jeudi.

MM. les comtes de Nida ont eu aujourd'hui audience de congé; ils partent incessamment; il paroît que c'est avec beaucoup de regret de quitter la France. Mme de Luynes avoit fait avertir quelques dames. Au retour de la messe de la Reine, M. de Verneuil est venu prendre l'ordre, suivant l'usage; il a été ensuite prendre le prince héréditaire, qui est venu accompagné de M. de Verneuil et de M. de la Tournelle, sous-introducteur. Après un compliment fort court, le prince héréditaire s'est retiré, et M. de Verneuil a amené ses deux frères qui étoient aussi accompagnés de M. de la Tournelle. Ils ont fait leurs révérences sans aucun compliment.

Du samedi 25, *Versailles.* — Des trois directions générales de l'infanterie, il n'en reste plus que deux; celle de M. de Nangis vient d'être supprimée à l'occasion de sa nouvelle dignité de maréchal de France. Les deux directeurs généraux d'infanterie qui restent sont MM. les comtes de Gramont et d'Aubigné.

Du lundi 27, *Versailles.* — Vendredi dernier, M. le prince de Rohan tomba malade; cette maladie commença par un grand frisson qui fut suivi d'une fièvre violente avec des redoublements, de sorte que le samedi au soir il étoit à l'extrémité. Le Roi, par bonté pour M. le cardinal de Rohan, lui fit dire par M. de Châtillon qu'il consentoit à remettre la cérémonie de la confirmation de M. le Dauphin à un autre jour; mais M. le cardinal de Rohan pria S. M. qu'il n'y ait rien de changé. On porta Notre-Seigneur hier à M. le prince de Rohan, et dans le même temps M. le cardinal de Rohan donna la confirmation à M. le Dauphin, à la chapelle. Le Roi et la Reine étoient en bas. LL. MM. s'avancèrent aux premières marches du chœur, sur lesquelles étoient M. le cardinal de Rohan en habits pontificaux, LL. MM. debout, et M. le Dauphin entre le Roi et la Reine, mais un peu devant. M. le cardinal de Rohan commença par un discours à M. le Dauphin qui dura environ un petit quart d'heure, qui fut fort approuvé et fort bien prononcé, malgré son extrême douleur; la cérémonie ensuite; c'étoit avant la messe du Roi. M. le Dauphin fut l'après-dînée au sermon, qui fut beau. Mme de Mailly y étoit, dans la travée derrière le Roi, et elle parut fort contente du sermon.

Du mardi 28, *Versailles.* — Le Roi partit hier pour Choisy, et revient jeudi; il n'y a que cinq dames à ce voyage, les quatre sœurs et Mme d'Antin; Mme la maréchale d'Estrées devoit en être; mais elle manda samedi à Mademoiselle qu'elle la prioit de faire ses excuses à cause de l'état de M. de Rohan. On sait que c'est Mademoiselle qui avertit les dames pour les voyages.

Mme de Saujon vint ici il y a trois jours; elle est veuve depuis dix-huit mois; son mari étoit chef de brigade des gardes du corps; elle désiroit aller faire sa révérence au Roi dans le cabinet; elle avoit même prié Mme de Luynes de l'y mener. Mme de Luynes lui représenta que cette révérence ou cérémonie, après dix-huit mois, n'étoit guère convenable; indépendamment même du temps, elle n'étoit peut-être pas trop à sa place. Il est vrai que Mme de Cambis a fait sa révérence dans le cabinet et que son mari avoit été officier des gardes du corps, mais il avoit été depuis ambassadeur et mort en ambassade. Mme de Luynes conseilla à Mme de Saujon de demander l'avis de M. le Cardinal. S. Ém. dit à Mme de Saujon qu'elle feroit mieux d'aller faire sa cour comme auparavant. Il n'est point d'usage que les femmes des officiers des gardes du corps viennent à la Cour. Mme de Saint-Chamant, dont le fils est dans les gendarmes[1], est peut-être le premier exemple; mais il y avoit une circonstance particulière. La Reine avoit passé à Villenauxe, qui est une terre à Mme de Saint-Chamant, et Mme de Saint-Chamant vint remercier la Reine de l'honneur qu'elle lui avoit fait. Je ne sais pas même si elle y est revenue depuis, mais je n'ai pas d'idée de l'y avoir vue. Sur cet exemple, Mme de Saujon désiroit, il y a quelques années, d'être présentée et elle le fut; mais il n'y en a point d'autres qui y viennent.

Il y eut hier une petite difficulté chez la Reine. Dans le passage particulier du Roi chez la Reine est la chambre où se tient pendant le jour le premier valet de chambre du Roi. Cette chambre tient à la garde-robe de commodité de la Reine. Bontemps, premier valet de chambre, étoit hier dans cette chambre avec sa femme et quelqu'un de ses amis; c'est un de ceux qui y étoient qui m'a conté le fait. La Reine appela une de ses femmes;

Bontemps, entendant que personne ne répondoit, ouvrit la porte; la Reine entra même un moment dans la chambre où étoit Bontemps et sa compagnie. Mme Mercier, première femme de la Reine, trouva mauvais que cette porte ne fût pas fermée en dedans du côté de la Reine; la Reine décida qu'elle vouloit que Bontemps pût ouvrir la dite porte.

MARS.

M. de Breteuil déclaré ministre. — Contestation entre M. de Châtillon et Mme de Tallard. — Audience de congé de M. de Montijo. — Affaire de Mlle de Nogent. — Mort de Mme d'Angervilliers. — Plantations de Choisy. — Lettre du roi de Pologne à la reine de Hongrie. — Confession de foi du roi de Prusse. — Nominations diverses. — Présentations. — Rupture du mariage de M. de Monaco avec Mlle de Bouillon; anecdote sur la duchesse de Luynes. — Mort de la comtesse d'Uzès. — Voyage de Choisy. — Accident sur la route de Paris à Versailles. — Accouchement de la reine de Hongrie. — Mort de M. de Riom. — Affaires des princes du sang et des légitimés.

Du samedi 4, Versailles. — M. de Breteuil, secrétaire d'État de la guerre depuis la mort de M. d'Angervilliers, fut hier déclaré ministre.

Du mercredi 8, Versailles. — Dimanche dernier, le Roi ne fut point au sermon; il avoit un petit commencement de rhume; il dîna cependant au grand couvert. La Reine fut seule au sermon. M. le Dauphin y étoit, et derrière lui M. de Châtillon et le chef de brigade, qui est en quartier chez M. le Dauphin.

L'on me conta hier qu'il y avoit eu ces jours-ci un petit sujet de contestation entre M. de Châtillon et Mme la duchesse de Tallard. Les dimanches et fêtes, Mesdames descendent ordinairement chez M. le Dauphin et jouent avec lui dans son cabinet. L'officier des gardes qui suit Mesdames ayant été refusé à la porte du cabinet, s'en plaignit à Mme de Tallard lorsqu'elle sortit; Mme de Tallard dit qu'elle en parleroit à M. de Châtillon, et lui en parla effectivement quelques jours après; elle lui dit qu'il lui paroissoit que puisque l'officier des gardes de M. le Dauphin entroit chez Mesdames, celui de Mesdames devoit entrer chez M. le Dauphin, et lui ajouta que s'il croyoit que cela ne dût pas être égal, elle donneroit ordre chez Mesdames qu'on ne laissât point entrer l'officier des gardes de M. le Dauphin. C'est ce qui arriva effectivement la première fois que M. le Dauphin vint chez Mesdames. Le chef de brigade qui suivoit resta à la porte, l'huissier ne voulut jamais lui permettre d'entrer; il s'en plaignit à M. de Châtillon qui en parla à Mme de Tallard ; mais Mme de Tallard lui répondit qu'elle l'en avoit averti, et qu'il n'entreroit point que lorsque les choses seroient égales chez M. le Dauphin (1). Cette affaire n'est point encore décidée.

M. de Montijo a pris aujourd'hui audience de congé; l'on comptoit que ce seroit ce matin au retour de la messe;

---

(1) J'ai voulu savoir de M. de Châtillon même le détail de cette affaire; il me l'a contée beaucoup plus simplement que ce qui est ici à côté, qui m'avoit été raconté par un officier des gardes du corps. M. de Châtillon m'a dit que, depuis qu'il est auprès de M. le Dauphin, il s'est toujours réglé pour l'ordre chez M. le Dauphin sur ce qui se passe chez le Roi. En conséquence, les officiers des gardes n'entrent jamais chez M. le Dauphin. Effectivement les officiers des gardes chez le Roi, en suivant S. M., restent toujours à la porte de la chambre du Roi, en dehors, et de même lorsqu'ils conduisent le Roi chez la Reine, par la galerie et le salon, ils restent dans ledit salon à la porte de la chambre de la Reine sans y entrer; ainsi chez M. le Dauphin, jamais les officiers des gardes n'y ont entré, pas même ceux qui sont auprès de sa personne; ils entrent seulement le matin à l'heure de la messe, lorsque M. le Dauphin l'entend dans son cabinet, et l'après-dînée lorsque M. le Dauphin va promener à pied dans le jardin. Le chef de brigade et l'exempt traversent la chambre et le cabinet pour le suivre dans le jardin. Chez Mesdames, il n'y avoit rien de réglé, la bonté de Mme de Ventadour et l'âge de Mesdames avoient empêché que l'on ne fît des règlements bien exacts. Mme de Tallard défendit effectivement à l'huissier de laisser entrer chez Mesdames les deux officiers des gardes qui suivent M. le Dauphin. Le chef de brigade s'en plaignit à M. de Châtillon qui en parla à Mme de Tallard; Mme de Tallard lui expliqua ce que je viens de marquer, et les choses en sont demeurées là ; les officiers des gardes n'entrent de part ni d'autre. Voilà ce que M. de Châtillon m'a conté. Il est certain qu'il ne m'a point paru être brouillé avec Mme de Tallard. (*Addition du duc de Luynes*, datée du 25 mars 1741.)

la Reine même envoya hier au soir fort tard dire à Mme de Luynes de faire avertir des dames. Comme il n'y avoit plus dans ce moment-là de valet de chambre chez la Reine, Mme de Luynes le dit aux dames qu'elle trouva. Les ambassadeurs d'Espagne et de Naples étoient ici pour cette audience, et M. de Montijo est arrivé trop tard, de sorte que, pendant le dîner au grand couvert, M. de Verneuil est venu prendre l'ordre de la Reine pour cette audience, qui n'a été qu'après le sermon (M. de Montijo avoit eu audience du Roi après le conseil immédiatement avant le dîner). Après l'audience, M. de Campo-Florido a présenté à la Reine un seigneur portugais, frère de M. le duc d'Abrantès et héritier de cette maison; il se nomme Caracaral, lequel est venu avec M. de Montijo et va avec lui à Francfort; il n'avoit point encore été présenté et l'a été pour l'audience de congé.

Du jeudi 9, Versailles. — Le Roi part aujourd'hui pour Choisy au retour de la chasse et reviendra samedi en chassant. On s'est fait écrire pour ce voyage chez M. de Rochechouart, comme à l'ordinaire. Les dames ne se font point écrire; c'est Mademoiselle qui les envoie avertir, ou Mlle de Clermont; mais ce voyage-ci il n'y en a eu aucune d'avertie. Les princesses n'y vont point non plus. Le Roi dit à Mme de Mailly que ce voyage étoit trop court et qu'il ne vouloit pas donner la peine à Mme de Vintimille d'y venir, à cause de sa grossesse. Malgré cela, Mme de Mailly a pris le parti d'y aller avec Mme de Vintimille; elle a demandé le petit carrosse du Roi et un relais à la petite écurie. Elle a dit en badinant au Roi qu'il ne pouvoit pas être défendu de lui aller faire sa cour, qu'elle iroit loger dans le village de Choisy chez M. Triplet, qui est un des principaux habitants, et qu'elle pourroit au moins voir le Roi dans la journée. Les deux sœurs sont parties de bonne heure pour arriver avant le Roi.

L'affaire de Mlle de Nogent fait toujours ici beaucoup de bruit; elle a répandu dans le public un mémoire imprimé, qui paroît même avoir été composé par elle, où elle raconte fort pathétiquement son histoire. Ce mémoire est accompagné de plusieurs lettres. Voici le fait en peu de mots. Feu M. de Nogent, son père, étoit frère de Mme la maréchale de Biron; Mme de Nogent, mère de M. de Nogent, avoit chez elle une Turquesse que M. de Nogent trouvoit fort à son gré; on prétend qu'il la voyoit souvent du vivant même de Mme sa mère. Après sa mort, il l'emmena chez lui, et ils vivoient ensemble. On fit des reproches à M. de Nogent d'une conduite qui paroissoit scandaleuse; il montra un contract de mariage. Mlle de Nogent, sa fille, étoit déjà née. Cela donna occasion, après la mort de M. de Nogent, à un grand procès où l'on disputa à Mlle de Nogent d'être née en légitime mariage. Elle a gagné ce procès, et son état a été constaté; elle a hérité des biens de M. de Nogent, et jouit d'environ 26 ou 27,000 livres de rente, sur quoi il y a quelques charges; elle a actuellement trente-trois ans; elle demeure à Paris, et y vit seule avec un certain nombre de domestiques. Il y a environ dix mois qu'elle fut arrêtée chez elle par lettres de cachet et conduite par le sieur Duval et douze archers dans un couvent; elle prétend que sa mère, qui vit encore et qui ne peut la souffrir, a sollicité cette lettre de cachet et que c'est une persécution de sa famille; qu'on l'avoit accusée d'avoir voulu épouser un musicien qu'elle avoit pris chez elle pour la perfectionner dans le clavecin, lequel lui avoit été donné par le curé de Saint-Laurent, son confesseur depuis quinze ans. Elle rapporte un certificat de sa bonne conduite du dit sieur curé, et une lettre qu'il a écrite à M. le Cardinal. Mme de Mailly, sur la lecture du mémoire de Mlle de Nogent, imagina il y a quelques jours, que, si on pouvoit la déterminer à se marier, ce pourroit être un parti avantageux pour le chevalier de Choiseul, fils de M. de Meuse, qui n'est pas riche étant cadet; sur cette idée elle partit tout d'un coup d'ici, alla à Paris dîner chez Mme la maréchale de Biron, à qui elle communiqua son projet, et de là chez Mme la duchesse d'Estrées pour le même sujet ; elle fut ensuite chez Mlle de Nogent à son couvent ; elle fut très-contente de sa politesse et de son esprit. Sur la proposition de mariage, Mlle de Nogent lui répondit que le nom l'honoroit fort, mais qu'elle n'avoit jamais eu dessein de se marier, et que, quand même elle y pourroit songer, ce ne seroit pas pendant qu'elle étoit en captivité ; qu'elle ne pouvoit être occupée d'autres affaires que de celle d'obtenir sa liberté ; que l'on avoit mis le scellé sur tous ses meubles et même sur son linge et ses habits ; que ses terres et ses affaires dépérissoient et qu'elle prioit Mme de Mailly de vouloir bien solliciter sa délivrance (1).

Du samedi 11, *Versailles.* — Mme d'Angervilliers est enfin morte la nuit du mercredi au jeudi, après avoir beaucoup souffert ; elle avoit été empoisonnée, il y a environ vingt ou vingt-cinq ans pendant qu'elle étoit intendante en Dauphiné, par les remèdes d'un empirique dont elle et sa sœur avoient pris, pendant l'absence de M. d'Angervilliers et contre son avis. Sa sœur en mourut ; pour elle, elle en revint avec une mauvaise santé, et pendant tout le temps du ministère de M. d'Angervilliers, quoiqu'il donnât à manger presque tous les jours et qu'il fît très-bonne chère, elle mangeoit toujours seule dans sa chambre.

Le Roi arrive de Choisy ; il y a beaucoup planté (2) ; il est occupé de sa maison et de son jardin comme un particulier l'est de sa maison de campagne. Je vis hier

---

(1) Huit ou dix jours après cette visite de Mme de Mailly, Mlle de Nogent obtint la permission de sortir de son couvent ; elle vint ici voir M. le Cardinal et Mme de Mailly, qui la mena chez M. de Maurepas. (*Addition du duc de Luynes*, datée du 25 mars 1741.)

(2) M. Gabriel me disoit hier qu'il y avoit eu 700 milliers de plants employés à Choisy tant cette année que la précédente ; il n'y a cependant que deux bosquets plantés entièrement à neuf ; l'un un jeu d'oie, l'autre un labyrinthe. Il est vrai qu'ils l'ont été deux fois, parce que le plant fut fait trop tard l'année passée et qu'il a fallu le refaire entièrement. (*Addition du duc de Luynes*, datée du 25 mars 1741.)

M. le maréchal de Noailles, qui y étoit venu dîner de Paris. Le Roi, quoiqu'il ne mangeât point, eut la complaisance de rester à table jusqu'à ce que M. de Noailles eût dîné; ensuite il lui montra tous les appartements de sa maison.

Du mercredi 15, *Versailles.* — Il paroît ici depuis quelques jours deux écrits ; l'un est une lettre du roi de Pologne en réponse à la reine de Hongrie et de Bohême, comme grand maréchal de l'Empire, au sujet des ambassadeurs qu'elle compte envoyer à Francfort. L'autre écrit est une confession de foi que l'on dit être du roi de Prusse. Le Roi a eu la curiosité de la lire et a dit qu'il ne croyoit pas qu'elle fût du roi de Prusse. C'est l'observation la plus juste que l'on puisse faire ; je fais copier ici ces deux écrits.

*Réponse du roi de Pologne à la reine de Hongrie et de Bohême,
du* 6 *février* 1741.

Nous avons su par la lettre de V. M. du 30 janvier que, l'électeur de Mayence l'ayant invitée à l'élection d'un nouvel empereur, elle se disposoit à envoyer des ambassadeurs à Francfort pour y assister, conformément au droit attaché à la dignité de reine de Bohême, et qu'elle nous requéroit en vertu de la charge de grand maréchal de l'Empire de faire les dispositions nécessaires tant pour l'entretien de ses ambassadeurs que pour leurs logements, de la façon pratiquée en 1711 à l'égard de l'ambassade de Bohême ; mais comme V. M. n'ignore pas les difficultés qu'elle rencontre elle-même touchant l'administration de la dignité électorale de Bohême, selon ce qui est ordonné par la bulle d'or et les constitutions de l'Empire, et que ces difficultés, bien loin d'être levées, ont été, au contraire, augmentées par l'administration de cet électorat, conféré par V. M. à son époux le duc de Lorraine, ce qui est diamétralement opposé à la sanction pragmatique même, nous laissons ainsi à la pénétration de V. M. à juger s'il ne seroit pas plus convenable de différer l'envoi des ambassadeurs de Bohême pour la future élection de l'Empereur jusqu'à ce que le collège électoral ait délibéré et prononcé sur la question de l'exercice actuel du suffrage de Bohême, d'autant plus qu'il est aisé de juger qu'avant la décision de cette affaire, les électeurs n'admettront point les ambassadeurs en cette qualité, ni ne voudront traiter avec eux. C'est par cette raison même qu'il nous paroît qu'il est trop prématuré d'assigner le logement qu'on nous demande et d'expédier les ordres en conséquence, étant plutôt nécessaire, eu égard à l'importance des circonstances présentes, d'en conférer préalablement et avant toutes choses avec les électeurs nos collègues. V. M. voudra bien ne pas trouver mauvais que, quant à présent, nous ne nous expliquions pas plus positivement là-dessus. Étant, etc.

La confession de foi articulée et dernièrement imprimée de S. M. Prussienne, laquelle elle a fait insinuer à tous les ministres protestants à Ratisbonne.

1° Je ne crois rien de ce que le Pape ordonne, ni dans tous les points ce que Luther, Bèze et Calvin ont écrit ; mais je crois en un Dieu en trois personnes, et mets sa sainte parole pour le fondement infaillible de ma foi, et ce qui n'y est pas conforme ne doit jamais être cru, quand même un ange du Ciel l'auroit écrit.

2° Je crois aussi que moi et tous les dévots chrétiens peuvent et doivent être sauvés par le sang, la mort, les plaies et les salutaires mérites de J.-C.

3° Ainsi, comme il n'y a point de salut ou béatitude à trouver en quelqu'autre nom qu'en ce seul nom de J.-C. qui sauve, je ne me nommerai ni luthérien ni papiste, mais je suis et me nomme un chrétien.

4° Touchant la gracieuse élection éternelle et la prédestination, c'est ma simple créance que Dieu, plein de miséricorde, a fait appeler tous les hommes à la béatitude ; mais si tous ne se sauvent pas, cela ne provient pas faute d'y être appelés, mais de l'obstination et de la malice des hommes, qui repoussent comme avec les pieds la grâce divine offerte. C'est pourquoi ils sont damnés avec la malice de leur cœur et leurs péchés par la justice divine.

5° Des bonnes œuvres, je suis du sentiment que où il y a une sincère et véritable foi, il faut qu'il y ait aussi des bonnes œuvres ; car la foi et les bonnes œuvres peuvent être aussi séparées que la clarté du soleil et la chaleur du feu ; mais qu'on puisse gagner le Ciel avec les bonnes œuvres, c'est une pauvre opinion, vu que nous sommes uniquement sauvés par la grâce, moyennant une véritable foi. A quoi nous serviroient les mérites de J.-C., si nous nous pouvions sauver par le mérite de nos propres œuvres ?

6° Du baptême et de la sainte Eucharistie, ma simple créance est que, comme au baptême je ne suis pas lavé des péchés par la simple eau seule, mais par le vrai sang de J.-C., et reçu dans l'alliance éternelle des grâces auprès de Dieu le Père, le Fils et le Saint

Esprit, je ne suis nourri à la table de grâce de J.-C. avec du pain et du vin seul, mais avec les vrais corps et sang de J.-C., et que par leur vertu je participerai à tous les bienfaits que J.-C. a acquis avec sa sainte passion et mort, et que, par conséquent, je suis un héritier de la vie éternelle ; je conclus donc ainsi : « qui croit en Dieu et cherche son salut dans le sang et la mort de J.-C., et vit chrétiennement là-dessus, peut-être sauvé. »

7° Après quoi je laisserai à un chacun la liberté de sa foi, et j'atteste ici, à la face de Dieu, que je veux vivre et mourir sur cette simple confession de foi, et qu'on ne me fera pas ni froid, ni chaud, ni tiède. Je mets donc tout cela au jugement de tout le monde consciencieux.

8° Je ne me fais pas aussi participant du mérite des âmes ni du mérite des gens d'Église, d'autant que j'ai pû remarquer par l'expérience que toutes leurs propositions ne tendent pas tant à la gloire de Dieu et l'avénement du salut, qu'uniquement à l'honneur propre et au respect humain.

9° Que je me doive nommer papiste, luthérien ou calviniste, c'est dont j'ai une juste peine. Cependant, comme par une pure coutume et opinion du monde, l'on n'est pas content de se donner le simple nom de chrétien, qu'il faut se tenir à une église et à la confession, et s'en confesser, et que la vraie pure religion s'y accorde, je puis bien me faire nommer *per mundi errorem*, réformé, quoique je ne voie en quoi ma susdite confession de foi doive combattre avec la vraie pure doctrine de Luther. Je ne veux pas pourtant qu'on compare mon nom de réformé avec celui de calviniste, mais je demeure un chrétien réformé, et c'est celui-ci qui est demeuré, je crois, exempt de toute erreur de doctrine, comme je l'ai démontré ci-dessus ; mais un calviniste est celui qui fait de la doctrine de Calvin une règle de foi.

10° Et, puisque Calvin a été un homme et que tout homme peut faillir, il a pu faillir aussi ; autrement je tiens Luther, Calvin et d'autres pour des instruments choisis de Dieu, qui, par la vertu du Saint-Esprit, sont sortis des ténèbres de la papauté et ont montré le véritable chemin à la vie éternelle ; mais ayant été hommes tous les deux, l'un aussi bien que l'autre a pu errer.

C'est pourquoi je ne crois plus en aucune doctrine qu'en autant qu'elle est conforme à la parole de Dieu.

Le commandement de la Franche-Comté a été donné hier à M. le duc de Randan ; il est lieutenant général de la province ; et il ne sera pas payé comme commandant. M. le Cardinal a été bien aise d'épargner ce qu'il en auroit coûté pour renvoyer M. le maréchal de Duras à son commandement; un maréchal de France employé a 8,000 livres par mois, indépendamment de beaucoup de fourrages et sans compter les 12,000 livres qu'il a dans tous les temps, paix ou guerre. M. de Duras paroît un peu affligé de n'avoir plus ce commandement, d'autant plus que c'étoit une occupation et un amusement pour lui qui lui valoit 37,000 livres de rente, dont il perd 25,000 livres; c'est lui qui me l'a dit.

M. de Bissy vient d'avoir un guidon de gendarmerie. M. le cardinal de Bissy avoit deux frères dont il y en a encore un vivant; l'aîné des deux a eu un fils, qui est M. le marquis de Bissy d'aujourd'hui, lequel a épousé Mlle Chauvelin, sœur du ci-devant garde des sceaux, dont il a eu un fils et une fille. La fille avoit épousé M. de Barbançon, et elle est morte; le fils est commissaire de la cavalerie. L'autre frère de M. le cardinal de Bissy a eu un fils qu'on appeloit le collatéral, qui est mort, lequel avoit épousé Mlle de Langeron; il en a eu deux garçons. C'est l'aîné de ces deux garçons qui vient d'acheter le guidon de gendarmerie.

M. de Brézé, fils de M. de Dreux et maréchal de camp, vient d'avoir une inspection d'infanterie; cette inspection est pour remplacer la direction de M. de Nangis qui a été supprimée. L'autorité des directeurs et des inspecteurs est à présent égale, et les fonctions les mêmes; mais les directeurs ont 16,000 livres d'appointements et les inspecteurs n'en ont que huit.

Milord Exlfort [Melfort] fut présenté hier par M. de Verneuil; c'est un jeune seigneur anglois qui voyage; il vient actuellement d'Italie; il a la vue fort basse et paroît extrêmement froid. M. de Verneuil l'amena l'après-dînée chez Mme de Luynes.

Mme de Rupelmonde sollicite beaucoup, à ce qu'il paroît, pour remettre sa place de dame du palais à sa belle-fille, fille de M. le comte de Gramont. Mme de Mailly s'est mêlée de cette affaire auprès de la Reine, et Mme de

Rupelmonde a déjà remplacé Mme sa belle-mère, laquelle ne compte plus être obligée de suivre la Reine à la comédie ; ce sera toujours sa belle-fille qui ira.

Le Roi ne fait aucun voyage cette semaine ; c'est la semaine de Mme de Mailly. C'étoit aujourd'hui jour de sermon. Le Roi a été à la chasse et a dit qu'il iroit au sermon s'il étoit revenu assez tôt ; mais il n'est point revenu, et la Reine y a été seule.

Du lundi 20, *Versailles.* — Avant-hier, M. de la Trémoille vint ici pour prier Mme de Luynes de vouloir bien le présenter à la Reine pour qu'il fît son remerciement. Le Roi lui a accordé, sur la démission de M. le comte d'Évreux, le gouvernement de l'Ile-de-France, qui vaut 26 ou 27,000 livres de rente. M. le comte d'Évreux avoit un brevet de retenue de 200,000 livres ; le Roi a donné le même brevet à M. de la Trémoille ; et, comme M. le comte d'Évreux avoit assuré à Mme de la Trémoille, sa nièce, par son contrat de mariage, 200,000 livres, cette assurance se trouve remplie par cet arrangement, sans qu'il en coûte rien à M. de la Trémoille.

Hier, M. de la Trémoille et M. de Valentinois vinrent ici ; ils dirent au Roi qu'ils avoient été obligés de rompre le mariage de M. de Monaco avec Mlle de Bouillon. M. de Valentinois en est au désespoir ; mais M. son fils a un attachement si violent (1) qu'il n'avoit signé les articles

---

(1) C'est pour une veuve, âgée de vingt-six ou vingt-sept ans, fort petite, mais assez jolie. M. de Dromesnil, neveu de M. l'évêque de Verdun, avoit eu aussi un grand attachement pour elle ; mais l'événement en fut différent, car elle obligea M. de Dromesnil de se marier, et l'on dit qu'encore actuellement, quoiqu'il ne la voie point, et qu'il vive fort bien avec sa femme, il a conservé un grand goût pour elle. Pour ce mariage-ci, on prétend qu'elle s'étoit vantée de le faire rompre. Il y a eu une lettre anonyme écrite à Mlle de Bouillon, à son couvent, que l'on dit être de sa composition. Enfin, le lendemain de la rupture de ce mariage, elle vint ici pour tâcher de voir M. le Cardinal ; elle avoit apparemment entendu parler de lettres de cachet ; elle demandoit que, s'il y en avoit une, ce fut [pour] elle. Barjac, à qui elle parla et qui avoit déjà averti M. le Cardinal, ne voulut jamais la laisser entrer ; elle trouva M. de Bouillon en revenant de Versailles ; elle l'arrêta et chercha fort à se disculper

qu'avec la douleur la plus amère. Rien dans ce moment-ci n'ayant été capable de surmonter cette passion, M. de Bouillon a pris le parti de rompre. Cette aventure est précisément la même que celle qui arriva à M. le maréchal de Chaulnes d'aujourd'hui; il avoit une inclination violente, et M. et Mme de Chevreuse, ses père et mère, désiroient fort le marier; son mariage fut conclu et arrêté, les articles signés avec Mlle Brûlart, depuis marquise de Charost, et aujourd'hui Mme de Luynes. M. de Chaulnes, au désespoir, alla trouver le curé de la paroisse de Mlle Brûlart pour le prier d'avertir Mme la duchesse de Choiseul, sa mère, de l'extrême affliction où il étoit. Mme de Choiseul ne balança pas sur cette nouvelle à rompre le mariage. Mlle Brûlart épousa peu de temps après le fils aîné de M. le duc de Charost.

Je crois avoir oublié de marquer ci-dessus la mort de Mme la comtesse d'Uzès; elle mourut à Paris à l'hôtel d'Uzès, il y a environ un mois. M. le comte d'Uzès, son mari, étoit frère de feu M. le duc d'Uzès et de Mme la duchesse d'Antin douairière. M. le duc d'Uzès, avoit épousé Mlle de Bullion, sœur de MM. de Fervaques, de Bonnel et d'Esclimont; c'est Mme la duchesse d'Uzès, douairière d'aujourd'hui, qui est retirée au couvent du Cherche-Midi, à Paris. De ce mariage il reste trois enfants; l'aîné est M. le duc d'Uzès d'aujourd'hui, qui a épousé Mlle de la Rochefoucauld, sœur de M. le duc de la Rochefoucauld; un autre garçon, qu'on appelle M. le comte d'Uzès, qui est dans la marine; et une fille, qui est Mme la duchesse de

---

de la rupture du mariage. On a donné effectivement depuis quelques jours une lettre de cachet à M. de Monaco; et un officier de la connétablie l'a conduit à la citadelle d'Arras. Ce n'est pas parce qu'il n'a pas voulu se marier, mais parce que, n'écoutant que la violence de sa passion et parlant comme un homme ivre ou qui a le transport au cerveau, il a été inflexible aux larmes et aux prières de M. de Valentinois et lui a dit même des choses extrêmement dures. (*Addition du duc de Luynes,* datée du 25 mars 1741.)

Vaujour. M. le comte d'Uzès avoit épousé Mme Amelin (1), qu'il avoit aimée pendant longtemps, et en secondes noces Mme le Bailleul; c'est elle qui vient de mourir.

Mme de Fervaques a présenté ces jours-ci Mme de Laval, sa seconde fille, mariée depuis deux ou trois mois. Mme de Fervaques est Bellefonds et belle-sœur de Mme la duchesse d'Uzès, douairière; sa fille aînée est Mme la duchesse d'Olonne.

Mme de L'Hôpital fut présentée hier; ce fut Mme de Luynes qui fut chargée de faire cette présentation. Elle est un peu parente de MM. de L'Hôpital. Mme de L'Hôpital, qui est attachée à Mesdames et femme de notre ambassadeur à Naples, étoit aussi à cette présentation. La nouvelle mariée est, comme je l'ai dit ci-dessus, fille de M. Eynard, grand maître des eaux et forêts de Touraine.

Le Roi est parti ce matin pour Choisy où il restera jusqu'à vendredi. Il y a à ce voyage beaucoup d'hommes, et entr'autres trois ou quatre qui n'y avoient jamais été, M. de Marsan, M. de Lesparre, M. de Montmorin et M. de Flamarens; le Roi a permis aussi à M. le comte de Gramont d'y aller; il lui a même dit qu'il lui feroit donner à manger en gras dans sa chambre. Les dames sont les quatre sœurs, Mme la maréchale d'Estrées et Mme d'Antin.

Le Roi me dit hier, en sortant de son dîner, avec beaucoup de bonté, que je proposasse à Mme de Luynes de l'y mener avec moi passer une journée et souper; il veut bien me permettre de lui aller faire ma cour de cette façon tous les voyages de Choisy. Mme de Luynes a cru devoir en rendre compte sur-le-champ à la Reine, qui a paru le trouver fort bon (2).

---

(1) C'est la même pour qui M. de Chaulnes avoit une si forte inclination et qui fit manquer son mariage avec Mlle Brûlart; elle eut de son mariage avec M. le comte d'Uzès quatre garçons. (*Note du duc de Luynes.*)

(2) Nous y fûmes jeudi dernier. Le Roi chargea M. de Coigny de lui fair

Du mardi 21, *Versailles*. — Les comédies sont ici finies; la dernière fut jeudi de la semaine passée; elles ne recommenceront plus qu'à Fontainebleau ou dans le lieu où la Cour sera au mois de septembre ou octobre; car le voyage de Fontainebleau paroît un peu incertain; le Roi même a dit que, s'il y alloit, il y seroit peu de temps.

Il y a déjà quinze jours ou trois semaines que M. de Lujac, venant de Paris à Versailles avec milord Melfort, sur les cinq ou six heures du matin, trouva, entre Billancourt et le pont de Sèvres, sur le grand chemin, un homme qui avoit la cuisse cassée et trois coups d'épée dans le corps; ils avertirent à Sèvres qu'on allât prendre cet homme; on l'apporta à Sèvres, où il est mort deux jours après. Cette même nuit, M. de Belzunce, venant de Paris à Versailles et dormant dans son carrosse à quatre chevaux, trouva, à ce qu'ont rapporté ses gens, un homme qui se jeta aux chevaux du postillon, et, ne pouvant les arrêter, voulut arrêter ceux du timon, ce qui ne lui réussit pas mieux. On juge que c'est le même homme à qui le carrosse avoit cassé la cuisse. Le blessé a dit que c'étoit en voulant monter derrière un carrosse que cela lui étoit arrivé et que c'étoit trois soldats aux gardes qui lui avoient donné les coups d'épée. On a jugé que les trois soldats aux gardes étoient des voleurs, et que le blessé étoit de leur compagnie; les soldats se sont enfuis. M. de Lujac a été officier au régiment du Roi et est présentement capitaine de dragons dans le régiment de la Suze. J'en ai déjà parlé plus haut (c'est le 5 septembre 1740); il a été

---

voir toute la maison, et il la mena ensuite lui-même dans tout le jardin. Lorsqu'il entre ou qu'il sort du cabinet où se tient la compagnie, il ne veut pas absolument que les dames se lèvent, et même lorsque les hommes jouent et qu'ils veulent se lever, il leur ordonne de rester assis; il paroît qu'il désire que tout le monde y soit à son aise et s'y amuse. Si quelqu'une des princesses veut faire gras dans sa chambre, on lui en donne, mais pour elle, et le matin seulement; car à la table du Roi, et le soir et le matin, on n'y sert que du maigre. (*Addition du duc de Luynes*, datée du 25 mars 1741.)

depuis à Berlin avec M. de Beauvau. Le Roi continue à avoir beaucoup de bontés pour lui. M. de Belzunce est Castelmoron; il est grand louvetier par son mariage avec M{ll}{e} d'Heudicourt.

Du samedi 25, *Versailles.* — MM. les maréchaux de France allèrent jeudi dernier à la connétablie. C'est une juridiction au Palais où ils ont droit de siéger et où il y avoit longtemps qu'ils n'avoient été ; ils étoient dix, et c'est tout, car il y en a quatre d'absents.

Jeudi, pendant que j'étois à Choisy, M. de Duras, qui étoit allé à Paris le matin pour la connétablie, revint à Choisy et dit que M. le duc de Gramont, revenant de voir sa maison qu'il fait bâtir près de Monceaux, avoit trouvé à Meaux un courrier envoyé à Mme la duchesse d'Orléans par Mme la duchesse de Lorraine pour lui porter la nouvelle que la reine de Hongrie étoit accouchée d'un garçon. Cette nouvelle se disoit dès la veille à Paris. Le Roi nous dit qu'il n'en savoit encore rien. Un moment après, il reçut un billet fort court de M. le Cardinal, qui lui mandoit la même nouvelle, mais qu'il ne savoit encore que par le même courrier dont je viens de parler. Cet enfant s'appelle Charles-Louis-Joseph. On lui a donné la Toison d'or en venant au monde. C'est un grand événement qui ne rend pas le droit de la reine de Hongrie meilleur, mais qui le rend plus favorable.

Du mercredi 29, *Versailles.* — M. de Riom mourut il y a quelques jours ; il avoit été attaché à feu Mme la duchesse de Berry ; et l'on sait même que cette princesse avoit de très-grandes bontés pour lui. C'étoit un homme aimable, qui vivoit depuis longtemps avec un certain nombre d'amis, aimant fort son plaisir et la bonne chère ; il ne venoit point ici ; il jouissoit d'environ 40,000 livres de rente, sur quoi il y avoit beaucoup de viager. Il avoit le gouvernement de Cognac, qu'il avoit vendu à M. de Richelieu et depuis racheté. Ce gouvernement lui valoit environ 12,000 livres de rente par les augmentations qu'on y avoit mises pendant la Régence. On croit qu'on le supprimera ou qu'on le remettra sur l'ancien pied, qui est 4,000 livres. Il n'y a encore rien de décidé.

Le Roi fut au sermon dimanche dernier. M%%me%% de Mailly et M%%me%% de Vintimille étoient en haut. Le Roi remonte par le petit escalier, et elles se trouvent toujours à son passage.

La Reine n'a point joué ces trois jours-ci, et ne jouera point d'ici à Pâques; elle travaille avec ses dames et ne voit que les entrées.

On ne parle plus de l'affaire des princes du sang et des légitimés; il paroît cependant que les choses sont toujours au même point. Mademoiselle vint ici il y a deux jours et y resta cinq heures de suite, entre M%%me%% de Luynes et moi ; elle nous parla toujours de cette affaire et surtout de la peine où elle étoit que M%%me%% la comtesse de Toulouse eût pu croire qu'elle eût eu de mauvais procédés pour elle dans cette occasion. Elle prétend qu'ayant toujours été fort amie de M. le comte et de M%%me%% la comtesse de Toulouse, et en particulier de M%%me%% la comtesse de Toulouse avant son mariage, elle les avoit déjà entendu raisonner l'un et l'autre (à la vérité d'une façon éloignée) sur cette affaire, et qu'elle leur avoit toujours parlé même sur les difficultés qu'ils y rencontreroient. Elle ajoute que M. le comte de Toulouse, dans le temps de son mariage, lui avoit dit qu'une des choses qui lui faisoit plaisir, c'est qu'il ne comptoit point avoir d'enfants; et que depuis la naissance de M. de Penthièvre, il lui avoit dit qu'il désiroit de garder celui-là, puisque Dieu le lui avoit donné, mais qu'il ne souhaitoit point en avoir d'autres; que M%%me%% la comtesse de Toulouse, dès les premiers temps qu'elle songea à demander un rang pour les enfants de son fils, lui en avoit parlé, et qu'elle lui avoit toujours répondu que le meilleur moyen d'entamer cette affaire étoit d'agir de concert avec les princes du sang; que M%%me%% la comtesse de Toulouse lui avoit dit sur cela qu'elle en avoit déjà parlé à M. le comte de Charolois, qui lui avoit conseillé de faire faire un mémoire à deux colonnes ; dans l'une, de mettre les honneurs et les prérogatives dont jouissent les princes du sang, et dans l'autre tout ce qu'elle (Mme la comtesse de Toulouse) imagineroit pouvoir demander, parce qu'après cela l'on verroit quelle seroit la façon de penser des princes du sang, et qu'en conséquence on pourroit retrancher ce que l'on jugeroit à propos ; que M. le comte de Charolois avoit dit à Mme la comtesse de Toulouse qu'il ne croyoit pas que cette entreprise fût fort difficile, que M. le duc d'Orléans n'y mettroit point d'obstacle et qu'il ne croyoit pas que l'on en trouvât de la part de M. le comte de Clermont. Mademoiselle ajouta encore qu'elle avoit demandé avec instance à voir le mémoire et qu'après l'avoir attendu plusieurs jours, enfin M. de Lalau (1) (qu'elle croit avoir été le principal conseil de Mme la comtesse de Toulouse dans cette affaire) lui avoit apporté ledit mémoire ; qu'elle lui avoit fait plusieurs observations sur des demandes qui ne paroissoient pas raisonnables, mais qu'elle avoit demandé à le garder pour le montrer à M. le comte de Clermont et pouvoir s'instruire davantage ; que M. de Lalau n'avoit jamais voulu laisser le mémoire, disant qu'il y falloit faire quelque changement et qu'il lui en donneroit une copie ; que depuis ce temps elle n'avoit jamais pu le ravoir ; que Mme la comtesse de Toulouse, avec qui elle en avoit raisonné, l'avoit priée d'en parler toujours à M. le comte de Clermont. Quoique Mademoiselle sentît que cela étoit inutile sans le mémoire, elle s'y étoit enfin déterminée, et que M. le comte de Clermont lui avoit répondu qu'on ne pouvoit rien dire de précis sans voir les demandes ; qu'il se prêteroit volontiers à ce qui ne préjudicieroit point aux princes du sang,

---

(1) Qui est attaché à M. le duc de Penthièvre ; je crois qu'il est secrétaire des commandements. (*Note du duc de Luynes.*)

mais qu'il falloit qu'il consultât et s'instruisît lui-même. Mademoiselle dit qu'elle rendit cette réponse à Mme la comtesse de Toulouse, et qu'elle lui fit en même temps observer les changements qu'elle croyoit nécessaire de faire au mémoire, sur ce qu'elle se souvenoit d'en avoir entendu lire; que Mme la comtesse de Toulouse lui avoit répondu qu'elle ne pouvoit y rien changer, parce qu'elle l'avoit communiqué à Mme la duchesse d'Orléans et à Mme la duchesse du Maine, qui en étoient contentes. Dans la suite de cette affaire, M. le comte de Charolois, étant venu voir Mademoiselle, elle lui fit quelques reproches des conseils qu'il avoit donnés à Mme la comtesse de Toulouse, et lui fit sentir que plusieurs des demandes contenues dans le mémoire étoient insoutenables. Sur cela, M. le comte de Charolois lui dit qu'il ne vouloit se brouiller ni avec les princes du sang ni avec les légitimés; que comme on lui avoit dit que ce mémoire devoit être communiqué aux princes du sang, il n'avoit point fait de difficulté de conseiller que l'on y mît tout ce qui viendroit dans l'esprit, parce que les princes du sang en jugeroient, et que pour lui il n'avoit que sa voix comme les autres. Sur cela, Mademoiselle lui dit qu'il falloit donc qu'il s'expliquât plus naturellement avec Mme la comtesse de Toulouse. M. de Charolois suivit exactement ce conseil, et alla parler à Mme la Comtesse. Quelques jours après, M. de Lalau vint voir Mademoiselle, et lui raconta presque mot à mot la conversation de M. le comte de Charolois avec Mme la Comtesse, où il avoit dit les mêmes choses que Mademoiselle lui avoit conseillé de dire. Mademoiselle continuoit à parler à M. le comte de Clermont, lequel plus instruit lui dit que les demandes des légitimés étoient trop préjudiciables aux princes du sang pour qu'ils ne s'y opposassent pas de tout leur pouvoir. Mademoiselle rendit cette réponse à Mme la comtesse de Toulouse, qui en fut extrêmement affligée. Continuant cependant à raisonner avec Mademoiselle sur ce qu'elle pourroit demander, elle lui dit entre autres choses qu'elle ne croyoit pas que l'on refusât aux enfants de M. le duc de Penthièvre d'assister au banquet royal, puisque Mme de Verneuil y avoit assisté. Mademoiselle, peu instruite et du banquet royal et de Mme de Verneuil, demanda à Mme la Comtesse qui étoit Mme de Verneuil, et ayant su qu'elle étoit belle-fille de Henri IV, elle lui dit que ce seroit tout au plus elle (Mme la Comtesse) qui pourroit demander le banquet royal comme étant belle-fille de Louis XIV. Depuis, Mademoiselle s'informa du fait plus exactement, et sut que M. de Verneuil, fils légitimé de Henri IV, n'avoit jamais eu aucuns honneurs, que par conséquent Mme de Verneuil (1), sa veuve, n'en pouvoit prétendre aucun; mais qu'au mariage de Mlle de Blois, qui est Mme la duchesse d'Orléans d'aujourd'hui, le Roi ayant voulu faire une grande cérémonie et n'y ayant personne pour porter la mante de Mlle de Blois, parce que les princesses ni les duchesses ne pouvoient s'y résoudre, et que n'y ayant plus de ses sœurs qui ne fût mariée (Mme la princesse de Conty et Mme la Duchesse première douairière l'étoient); on avoit proposé au Roi Mme de Verneuil, disant qu'elle seroit très-flattée de cet honneur s'il vouloit bien l'admettre au banquet royal; ce qui avoit été exécuté. Mademoiselle dit que Mme la comtesse de Toulouse, avertie par elle de toutes les difficultés, avoit toujours persisté dans son sentiment, et que les princes du sang, voyant qu'on ne leur communiquoit point les demandes et ayant su même qu'on vouloit prendre le parti d'obtenir directement du

---

(1) Elle s'appeloit Charlotte Séguier; elle étoit veuve de François de Béthune, troisième du nom, duc de Sully, et fille de Pierre Séguier, chancelier de France. Le duc de Verneuil, qui étoit né en 1601, avoit été d'abord abbé de Saint-Germain des Prés et de plusieurs autres abbayes. Il fut fait chevalier de l'Ordre en 1662 et pair de France en 1663. Il fut ambassadeur en Angleterre en 1665, et mourut en 1682, sans enfants. Il se maria en 1668, et sa veuve mourut en 1704. M. de Verneuil, avant son mariage, avoit porté aussi le titre d'évêque de Metz. (*Note du duc de Luynes.*)

Roi ce qu'on désiroit, s'étoient enfin déterminés à donner deux mémoires, l'un au Roi, l'autre à M. le Cardinal. Ce fut M. le prince de Conty qui donna le mémoire directement au Roi ; je l'ai marqué ci-devant ; ce mémoire n'est pas signé. Pour celui que M. le comte de Clermont a donné à M. le Cardinal, il est signé de Mme la Duchesse, de M. le comte de Clermont, de Mme la princesse de Conty, de Mademoiselle, de Mlle de Clermont, de M. le prince de Conty et de Mlle de la Roche-sur-Yon. Mais M. le comte de Clermont montra le mémoire avec les signatures à M. le Cardinal, et ne lui en laissa qu'une copie. Mademoiselle dit qu'il lui paroît que les griefs de Mme la comtesse de Toulouse contre elle sont de l'avoir engagée dans cette affaire, d'avoir fait changer de langage à M. le comte de Charolois, d'avoir excité M. le comte de Clermont, par de longues et fréquentes conversations, à se déclarer fortement contre elle, et enfin d'avoir pris le parti elle-même contre M. le duc de Penthièvre. Mme la comtesse de Toulouse ajoute qu'elle a cette affaire à cœur, principalement parce que c'étoit tout le désir de M. le comte de Toulouse, qu'il lui avoit même recommandé en mourant, et qu'il en étoit si fort occupé que lorsqu'un gentilhomme ordinaire du Roi vint de sa part savoir de ses nouvelles, il le pria de demander à M. le Cardinal de vouloir bien se souvenir de cette affaire ; et que lorsque le Roi vint lui-même de Fontainebleau à Rambouillet, il lui auroit parlé de cette affaire si M. le Cardinal ne l'en eût empêché. Mademoiselle répond, ou que M. le comte de Toulouse n'auroit pas entrepris cette affaire, ou ne l'auroit pas conduite comme elle l'a été, qu'elle en pouvoit juger par les fréquentes conversations qu'elle avoit eues avec lui ; que le gentilhomme ordinaire ne fut chargé de dire autre chose à M. le Cardinal, sinon que M. le Comte le prioit de se souvenir de ce qu'il savoit bien, et que lorsque le Roi vint à Rambouillet, M. le Comte demanda à M. le Cardinal s'il parleroit au Roi, lui disant qu'il craignoit de s'attendrir, et que M. le Cardinal lui avoit dit qu'ils s'attendriroient tous deux; mais qu'il n'avoit été question d'aucun détail. Qu'à l'égard d'entreprendre l'affaire, que Mme la comtesse de Toulouse lui avoit communiqué ses idées et qu'elle lui avoit conseillé de consulter les princes du sang, et qu'elle avoit voulu se charger de leur montrer le mémoire ; qu'au lieu de cela, on n'avoit jamais voulu lui remettre le dit mémoire, et qu'on l'avoit communiqué pendant ce temps-là à Mme la duchesse d'Orléans et à Mme la duchesse du Maine, et que le résultat avoit été de dire qu'on ne pouvoit rien changer. Qu'à l'égard de M. de Charolois, voyant qu'il lui parloit d'une façon différente de celle qu'il avoit parlé à Mme la Comtesse, et que cela ne servoit qu'à les tromper toutes deux, elle lui avoit conseillé de lui parler vrai et naturellement ; que pour M. le comte de Clermont, il est vrai qu'elle l'avoit vu très-souvent, mais qu'elle avoit toujours tâché de le porter aux expédients de conciliation, et qu'elle l'avoit même empêché longtemps de donner son mémoire ; que pour la signature de ce mémoire, elle ne l'avoit faite qu'après en avoir écrit à Mme la Comtesse, et qu'elle ne croyoit pas que Mme la Comtesse eût pu le désapprouver après ce qui s'étoit passé au sujet des lettres patentes pour la tutelle de M. le duc de Penthièvre; que les princes du sang faisant de grandes oppositions aux dites lettres patentes, Mme la comtesse de Toulouse lui avoit dit à elle-même qu'elle la prioit de ne rien faire dans cette occasion qui pût la brouiller avec sa famille, et que si elle ne pouvoit pas demeurer neutre, elle ne seroit point peinée si elle se joignoit aux autres contre elle. Enfin Mademoiselle ajoute qu'elle a toujours parlé de la même façon et avec la même vérité à Mme la Comtesse dans toute cette affaire.

Mademoiselle nous dit plusieurs autres circonstances du vivant de M. le Duc, son frère, sur cette affaire, entre autres que quoiqu'elle fût médiocrement bien avec lui, parce qu'il la regardoit comme fort attachée aux intérêts des légitimés, elle s'étoit chargée cependant de savoir de M. le Duc ce qu'il pensoit que les légitimés pouvoient demander pour leurs enfants ; mais que M. le Duc lui avoit toujours répondu qu'il se garderoit bien de leur donner cet avantage, qu'ils en profiteroient pour demander encore beaucoup plus.

Mademoiselle nous ajouta encore qu'elle savoit positivement qu'en 1727, pendant l'exil de M. le Duc à Chantilly, les légitimés, qui regardoient ce temps comme favorable, avoient formé les mêmes demandes, et que M. le Cardinal, ayant voulu s'instruire à fond sur cette affaire, avoit consulté sept ou huit hommes de loi, et que tous leurs avis avoient été contre les légitimés ; que M. le Cardinal en avoit rendu comte au Roi dans ce temps-là. Elle dit que c'est M. le Cardinal qui lui a conté ce détail.

Mademoiselle nous dit encore qu'elle avoit renvoyé depuis peu de jours à Mme la comtesse de Toulouse des diamants qu'elle avoit à elle depuis longtemps, et dont elle ne faisoit point d'usage ; que cela avoit fait une nouvelle fort mal à propos ; qu'elle avoit été la veille chez Mme la comtesse de Toulouse pour lui en parler et que, n'ayant pu la voir, elle l'avoit fait prier de lui envoyer une de ses femmes pour lui remettre ses diamants ; que le lendemain Mme la Comtesse étoit venue chez elle pour lui en parler, et qu'elle lui avoit répondu qu'ayant été douze ou quinze jours malade, pendant lequel temps elle s'étoit contentée d'envoyer savoir de ses nouvelles sans la venir voir, quoiqu'elle fût venue à sa porte chez Mme de Villars (1), elle avoit cru ne devoir pas garder plus longtemps les diamants.

---

(1) Voy. l'art. du 26 septembre 1740. (*Note du duc de Luynes.*)

AVRIL.

Gouvernement de Cognac donné au chevalier d'Allemans. — La semaine sainte. — Bruits sur le roi de Prusse. — Mort du prince de Carignan et de Mme de Chalais. — Maisons de jeux du prince de Carignan et du duc de Gesvres. — Opinion du cardinal de Fleury sur l'alliance avec l'Espagne ; proposition faite à Louis XIV au sujet de la couronne d'Espagne. — Première communion du Dauphin. — Équipages de M. de Belle-Isle brûlés à Francfort ; prudence de ses domestiques. — Mort de M. de Vassé et du chevalier de Gesvres. — M. de Castro-Pignano. — M. de Bombarde. — Présent fait à Mme de Mailly. — Audience du bailly de Froulay. — Régiments donnés. — M. de Chauvelin. — Le jubilé non publié en France. — Girandole de cristal achetée par le Roi. — Les jeux interdits, même dans les Maisons royales. — Combat de quatre vaisseaux français contre six anglais. — Mort de Mme de Bonneval et de Mme de Courtenvaux. — Bataille de Molwitz. — Mort de M. de Camas.

Du samedi 1er, Versailles. — Le gouvernement de Cognac a été donné avant-hier à M. le chevalier d'Allemans, lieutenant-colonel du régiment du Roi. M. d'Allemans est homme de beaucoup de mérite, qui sert depuis longtemps et fort estimé. Il a reçu en Italie une blessure considérable à la tête, et il demandoit à se retirer. Il alla trouver M. de Maurepas lorsqu'il sut le gouvernement de Cognac vacant. Dans quelque département que ce soit, lorsqu'il y a une garnison, quand même elle ne seroit que d'invalides, c'est le secrétaire d'État de la guerre qui s'en mêle ; mais lorsqu'il n'y a point de garnison, il faut s'adresser au secrétaire d'État dans le département duquel est le gouvernement ; et comme l'Angoumois est du département de M. de Maurepas, M. d'Allemans alla le trouver et lui dit qu'il comprenoit bien que l'on regarderoit ce gouvernement comme trop considérable pour lui, mais qu'il étoit aisé de le diminuer ; qu'il ne savoit point quelle étoit l'intention de M. le Cardinal par rapport à lui, ni ce qu'on vouloit lui donner pour sa retraite ; qu'il seroit content des arrangements qu'on jugeroit à propos de faire. M. de Maurepas lui dit que cette façon de penser étoit très-raisonnable, qu'il lui conseilloit d'aller sur-le-champ parler à M. le Cardinal. M. d'Allemans suivit ce conseil, et fut fort bien reçu de M. le Cardinal, qui lui dit de donner un mémoire à M. de Maurepas sur ce qu'il proposoit. Le soir M. de Maurepas travailla avec le Roi, en présence de M. le Cardinal, comme c'est l'usage, et l'affaire fut décidée. On a réduit le gouvernement à 6,000 livres (1). J'avois ouï dire que ce gouvernement valoit 12,000 livres à M. de Riom ; mais on m'a assuré qu'il n'étoit que de 8,000 livres et 1,900 livres d'émoluments. Ce gouvernement n'a jamais été augmenté ; c'est ce qui rend ce retranchement-ci plus digne de remarque.

Le Roi dit hier au petit Froulay, fils de l'ambassadeur à Venise et neveu du bailli, que le grand maître avoit nommé le bailli de Froulay son ambassadeur en France. J'ai déjà marqué ci-dessus que cette ambassade ne vaut que 2,000 écus d'appointements ; mais le grand maître y joint toujours une bonne commanderie.

Il n'y a eu rien de particulier à la cène, jeudi. Ce fut le P. Imbert, théatin, qui prêcha à celle du Roi ; on fut très-content de son sermon. A la cène de la Reine, il y avoit Mesdames, Mlle de Clermont, Mmes les duchesses d'Ancenis, de Boufflers, de Villars, d'Antin, de Tessé et de Châtillon ; les dames non titrées étoient Mmes de........... M. le duc de Charost avoit eu quelque embarras par rapport au rang où devoit marcher Mme de Tessé, parce que les grandes

---

(1) J'ai appris aujourd'hui que ce gouvernement n'avoit point été diminué ; il est vrai que le chevalier d'Allemans l'avoit demandé en se soumettant à telle condition que M. le Cardinal jugeroit à propos ; mais on s'est contenté de lui retrancher 2,200 livres de pension qu'il avoit, et on a laissé subsister le gouvernement tel qu'il a toujours été. Le chevalier d'Allemans m'a dit que les appointements étoient de 8,000 livres, mais qu'ils n'en valoient réellement que 7,000, à cause de ce que l'on retient ; mais que les émoluments, qui n'étoient estimés que 1,900 livres, valoient réellement 3,000 livres. Les 10,000 livres de Cognac, joints à 1,000 écus qu'il a du cordon rouge et 600 livres sur la cassette, font 13,600 livres de bienfaits du Roi. (*Addition du duc de Luynes*, datée du 9 avril 1741.)

d'Espagne marchent avec les duchesses, suivant la date de leur réception; cela ne fut pas observé exactement; elles marchèrent dans le rang que j'ai marqué. Mme de Montauban et Mme de Rupelmonde n'y étoient point; la première ne veut jamais s'y trouver, et la seconde le moins qu'elle peut.

Il n'y eut point de grand couvert ce jour-là, à cause de la cène de la Reine.

Vendredi saint, le service comme à l'ordinaire et l'adoration de la croix. M. le Dauphin y étoit; ce fut lui qui donna l'offrande au Roi. Il y avoit M. le duc de Chartres, M. le prince de Dombes, M. le comte d'Eu et M. le duc de Penthièvre. Mesdames n'y étoient point, ni aucune princesse. Ce fut Mme de Luynes qui donna l'offrande à la Reine. C'est le clerc de chapelle qui vient apporter l'offrande de la Reine à celle qui doit la lui remettre. La Reine donne 30 livres; mais cependant elle met deux louis dans le plat, apparemment pour éviter que la Reine mette un écu. Le clerc de chapelle reprend les deux louis et met 30 livres, et ces 30 livres, dont il fait l'avance, lui sont remboursées par la première femme de chambre de la Reine. Hier, le clerc de chapelle se trompa et remit trois louis au lieu de deux; Mme de Luynes les donna à la Reine; mais cela revient au même. Il y eut hier aussi grand couvert, sans aucun poisson, une prodigieuse quantité de plats de toutes sortes de racines accommodées en forme de poisson et que l'on sert entourés de fleurs. La Reine voulut qu'on lui servît tout à l'huile.

Aujourd'hui, le Roi a été à la chapelle, à neuf heures, où il a entendu tout l'office de sa tribune sans descendre en bas. L'office fini à midi, le Roi a monté dans sa chaise de poste et est allé à la chasse. M. le duc de Béthune, qui entre de quartier, a pris le bâton au sortir de la messe. Comme ses incommodités ne lui permettent pas de monter à cheval, de ses trois mois, M. de Villeroy fera le premier, M. d'Harcourt le second, M. d'Ayen le troisième.

M. de Villeroy a suivi la chaise de poste dans une des calèches du Roi. S. M. est revenue d'assez bonne heure pour aller à complies; la musique a chanté le *Regina cœli* et l'*O Filii* à l'ordinaire. Mmes de Mailly et de Vintimille ont toujours été aux ténèbres ces jours-ci. Aujourd'hui, au sortir de complies, elles se sont arrêtées dans l'appartement; le Roi les a rencontrées; il s'est arrêté, et a demandé à Mme de Mailly ce qu'elle faisoit là; elle lui a dit qu'elle venoit pour savoir de ses nouvelles. Le Roi soupe ce soir dans ses cabinets.

Du mardi de Pâques 4, Versailles. — Avant-hier, le Roi et la Reine entendirent la messe en bas. C'étoit M. l'archevêque d'Embrun qui officioit; ce fut Mme d'Ancenis qui quêta; il n'y avoit point eu de quête depuis le jeudi saint que Mme de Bouzols avoit quêté, et le dimanche des Rameaux c'étoit Mme de Flavacourt.

Le Roi entendit avant-hier le sermon et les vêpres en bas, et revint à la tribune à complies et au salut. Le sermon fut fort beau; le compliment fut plutôt une instruction qu'un compliment; il fut très-court, très-instructif et très-touchant.

Hier et aujourd'hui, une messe basse à l'ordinaire; l'après-dînée, le Roi et la Reine ont entendu les vêpres et complies dans la tribune. Le salut ne se dit plus qu'à six heures depuis Pâques, et la prière à cinq heures trois quarts; mais ces deux jours-ci on a dit la prière immédiatement après complies. Le Roi est sorti après complies et la Reine est restée à la prière. Comme Mme de Mailly est de semaine, elle étoit à la tribune, à la suite de la Reine; pour Mme de Vintimille, elle a toujours été pendant vêpres et complies dans la seconde travée à gauche, ainsi qu'à l'office pendant la semaine sainte. Le jour de Pâques, c'est la chapelle du Roi qui chante les vêpres, et l'organiste de quartier qui joue; mais ce jour-là les complies, ainsi que vêpres et complies ces deux jours-ci, sont chantées par les missionnaires, et alors c'est l'organiste de la chapelle qui joue. Cet organiste sert toute l'année.

On parle toujours ici beaucoup du roi de Prusse ; l'attention même que l'on fait avec raison à la guerre qu'il a portée en Silésie a été suspendue en quelque manière par la déclaration singulière qu'il vient de faire faire. Il a envoyé ordre à tous ses ministres dans toutes les cours de l'Europe de déclarer verbalement que sur de justes soupçons il venoit de faire arrêter sept hommes qu'il avoit fait interroger ; que de ces sept, six avoient déposé qu'ils avoient eu ordre de se rendre dans le lieu où seroit le roi de Prusse ; qu'il devoit même y avoir encore treize ou quatorze autres qui avoient reçu le même ordre ; qu'ils ne savoient à quel dessein ; qu'on leur avoit seulement enjoint d'obéir en tout à un autre homme qui étoit le septième arrêté ; que sur cela le roi de Prusse avoit fait interroger ce septième, lequel avoit déposé qu'il avoit prêté serment devant le grand-duc, dans le conseil aulique, (c'est apparemment le conseil de guerre) de se saisir du roi de Prusse et de l'amener à Vienne mort ou vif. Cette déclaration, qui a aussi été faite à la diète de Ratisbonne et à Francfort, paroît fort extraordinaire et donne lieu à beaucoup de raisonnements.

J'ai marqué ci-dessus l'audience de M. de Caudec ; il n'y a rien à observer dans les termes dont il s'est servi en parlant à la Reine : « Je viens de la part de S. A. R. le grand duc, mon maître, faire part à V. M. de l'heureux accouchement de S. M. la reine de Hongrie, sa femme, qui est accouchée un tel jour d'un archiduc ; il espère des bontés et de l'amitié de V. M. qu'elle voudra bien prendre part à cet heureux événement. » Ce qui peut être plus remarquable, c'est ce que disoit M. le Cardinal il y a quelques jours au sujet du grand-duc ; c'est que le grand duc et lui ne s'écrivoient qu'en tierce personne.

M. de Carignan est à la dernière extrémité ; on dit qu'il est dans de très-bons sentiments de religion.

M. le baron de Caudec a pris congé aujourd'hui. M. de Verneuil dit que ce n'est point une audience; cependant il le conduisoit à la Reine, étoit debout auprès de sa table, comme aux audiences particulières, et lui a remis la réponse pour le grand-duc.

Du mercredi 5, Versailles. — On a appris ce matin que M. le prince de Carignan mourut hier à onze heures. On dit que M. le curé de Saint-Eustache a été fort content de lui. On m'a dit aussi que M. de Carignan avoit fait fermer son jeu depuis quelques jours. Il s'étoit chargé de l'Opéra depuis plusieurs années; j'ai ouï dire à Mme de Carignan qu'il n'en retiroit aucun profit. A l'égard du jeu, elle dit que c'est un droit attaché à l'hôtel de Soissons, et que si on avoit voulu accorder un dédommagement à M. de Carignan, il y a longtemps qu'il auroit renoncé à ce jeu. Ce jeu est la roulette; on y paye un certain droit à chaque coup que l'on joue, je crois que c'est 5 sols, de manière qu'il arrive quelquefois que deux personnes jouant l'une contre l'autre ont perdu tout leur argent sans s'être rien gagné. M. de Gesvres a un jeu pareil à celui-là comme gouverneur de Paris. L'un se tenoit à l'hôtel de Soissons et l'autre à l'ancien hôtel de Gesvres; mais comme ils se faisoient tort l'un à l'autre, on les a établis tous deux depuis quelque temps à l'ancien hôtel de Gesvres. Le Sr Thurette, directeur de l'Opéra sous M. de Carignan, est aussi chargé de ces jeux qui rapportent chacun à M. de Carignan et à M. de Gesvres 120,000 livres par an. On dit que celui de M. de Gesvres, est délégué à ses créanciers, jusqu'en 1746. Ces jeux sont sujets à tant d'inconvénients et sont cause de tant de désordres, que le feu Roi jugea à propos de supprimer celui de M. de Gesvres, grand-père de celui-ci, et lui donna en dédommagement 20,000 livres de pension. M. de Tresmes, son fils, eut la jouissance des mêmes 20,000 livres, et le jeu a été rétabli pour M. le duc de Gesvres d'aujourd'hui. J'entendois dire, il y a quelques jours, au Roi, que le vieux duc de Gesvres, grand-père de celui-ci, avoit toujours vingt-quatre pages de la chambre qu'il habilloit et entretenoit à ses dépens; ils étoient vêtus comme les pages de la chambre et en faisoient même le service quand les autres ne s'y trouvoient pas. Les pages de la chambre ne sont que six; autrefois ils ne faisoient point de preuves; présentement ils en font. Chaque premier gentilhomme de la chambre est en droit d'en nommer six nouveaux qui y demeurent pendant son année. Cet usage même s'observoit il n'y a pas plus de trente ans. Il en coûtoit ordinairement près de 1,000 écus en entrant; ils sont vêtus magnifiquement, et c'est à leurs dépens. Depuis quelques années, ne s'étant point trouvé de gentilshommes en état de faire cette dépense, les premiers gentilshommes de la chambre ont été obligés d'y suppléer à leurs frais, et souvent un premier gentilhomme de la chambre aujourd'hui prend les pages de son prédécesseur. Il y a actuellement un page de la chambre de la Reine qui a été cinq ans page de la chambre.

M. de Chalais a appris aujourd'hui la mort de Mme sa mère, à Chalais (1), arrivée le 30 du mois passé; elle étoit sœur de feu M. de Pompadour, père de Mme de Courcillon. On prétend que la maison de Pompadour est une branche sortie des anciens vicomtes de Limoges. MM. de Pompadour portoient au commencement le nom de Hélie. Geoffroy Hélie, premier de ce nom, vivoit en 1179; ils sprirent en 1240 le titre de seigneurs de Pompadour. M. de Pompadour, père de Mme de Courcillon, étoit d'une branche cadette. La branche aînée étoit finie en 1664. Il avoit épousé Gabrielle de Montault, fille de Philippe duc de Navailles, maréchal de France; c'est celle qui fut dame d'atours de Mme la duchesse de Berry. Leur fille unique est Mme de Courcillon, mariée en 1708.

---

(1) C'est un bourg avec un château dans le Périgord, aux confins de l'Angoumois, de la Saintonge et du Bordelois. (*Dict. de la Martinière.*)

On a appris aujourd'hui que M. le marquis de Vassé avoit la petite vérole. Ils sont trois frères : deux jumeaux, l'aîné le marquis et le second le vidame, et le troisième chevalier de Malte, que l'on appelle le chevalier de Vassé, et par sobriquet Mathurin. Ils sont fils de Mme de Vassé, sœur de M. le Premier.

Du samedi 8, Versailles. — J'ai marqué que le jeu de M. de Carignan avoit été fermé quelques jours avant sa mort. M. de Gesvres a fait aussi fermer le sien; il n'a point eu d'ordre précis de le faire, mais il passe pour constant que, la veille, M. de Maurepas dit tout haut, à son audience, publiquement, à Thurette, qu'il lui conseilloit de faire fermer son jeu. Ce même jour, Mme de Mailly fit dire à M. de Gesvres par M. Turgot, ci-devant prévôt des marchands, que le Roi s'étoit déclaré si ouvertement contre ces jeux qu'elle lui conseilloit de faire fermer le sien. Mme de Mailly n'a pas voulu publier ce conseil pour en laisser l'honneur à M. de Gesvres. Ce jeu avoit été regardé comme un droit du gouverneur de Paris, et l'on m'a dit que M. de Créqui en jouissoit; il avoit été supprimé du temps de M. le duc de Tresmes qui avoit eu 20,000 livres de pension pour cela, comme je l'ai marqué ci-dessus, et lorsque M. le duc de Gesvres eut la survivance, il obtint le rétablissement de ce jeu, sans aucun retranchement de la pension de M. son père.

Le marché de l'hôtel de Soissons n'a point été signé par M. de Carignan avant sa mort; mais on dit que les arrangements sont faits et que le prince Louis, que l'on appelle aujourd'hui le prince de Carignan, ou plutôt son conseil, car il est mineur, tiendra le même arrangement. Moyennant cela, on prétend (1) toutes les dettes de M. de Carignan payées, même telles qu'elles sont, et plusieurs sont fort enflées; il restera au moins deux

---

(1) C'est Laverdy, avocat du conseil de M. de Carignan, qui l'a dit à M. le cardinal de Rohan. (*Note du duc de Luynes.*)

millions de biens en France. Mme de Carignan est tutrice et, par le testament de M. de Carignan, maîtresse de tout. On dit qu'elle aura bien 245,000 livres de rente ; il faut compter sur cela 110,000 livres de pension du Roi. Elle obtint cette pension du temps du maréchal de Villeroy. Les uns disent que ce fut une fort bonne affaire que le Roi fit dans ce temps-là, à cause des prétentions qu'avoit M. de Carignan, et qu'il céda; d'autres prétendent que ce fut l'effet de la grande amitié du maréchal pour Mme de Carignan ; on disoit même qu'il en étoit amoureux. Cet amour assurément ne pouvoit faire tort à Mme de Carignan. Ce qui est certain, c'est que le Roi créa 160,000 livres de rente viagère sur la tête de M. de Carignan, et même sur le prince Louis leur fils ; que depuis ce temps, M. de Carignan ayant eu besoin d'une somme considérable, le Roi voulut bien payer sur cette pension un million d'avance, qui ne seroit retenu qu'en vingt ans, à raison de 50,000 livres par an. Il y a déjà onze ou douze années que cette retenue est commencée, de sorte que jusqu'à la fin des dites vingt années, Mme de Carignan ne jouira que de 110,000 livres.

Il n'y a encore rien de décidé pour le deuil. M. de Solar a écrit au roi de Sardaigne pour recevoir ses ordres, et le Roi a dit que si le roi de Sardaigne le portoit comme d'un frère, S. M. le porteroit comme d'un oncle. Mme de Carignan est fille du feu roi Victor et de Mme de Veruë.

Mme de Castel dos Rios n'a point encore payé son tabouret. Mme de Luynes en a parlé plusieurs fois à M. Amelot, qui convient que le tabouret est dû sans difficulté ; elle en a parlé aussi à M. le Cardinal, qui pense de même. M. le Cardinal lui a dit aujourd'hui qu'il en avoit parlé à M. de Campo-Florido ; mais que c'étoit un pantalon avec lequel il n'étoit pas aisé de terminer. M. le Cardinal paroît plus indisposé que jamais contre l'Espagne; il a ajouté à Mme de Luynes que c'étoit un des plus grands malheurs qui fût arrivé au royaume que la nécessité où nous nous trouvions que nos intérêts fussent communs avec ceux de l'Espagne ; qu'il se souvenoit toujours que dans un temps où il ne se mêloit en aucune manière des affaires de l'État, il avoit entendu dire à M. de Torcy que l'on avoit offert au feu Roi, en cas qu'il pût déterminer le roi d'Espagne à céder ce royaume au duc de Savoie, de donner en échange la Savoie et le Piémont, et que vraisemblablement même on y auroit joint le royaume de Naples; que la France auroit beaucoup gagné dans cet échange; mais que pour négocier cette affaire on avoit envoyé en Espagne un M. d'Iberville qui n'étoit nullement propre à cet emploi et qui y avoit échoué. M. le Cardinal a ajouté qu'il ne put s'empêcher alors de dire à M. de Torcy : « Vous n'étiez pas, monsieur, trop bon vous-même pour travailler à cette négociation. » Mme de Luynes lui a dit qu'il paroissoit cependant que le roi d'Espagne avoit le cœur françois ; « Cela est très-vrai, dit M. le Cardinal, mais tout ce qui l'entoure déteste la France. »

Du dimanche 9, Versailles. — M. le Dauphin fit hier sa première communion et ses pâques à la paroisse Notre-Dame ; ce fut M. le cardinal de Rohan qui dit la messe et le communia. La nappe de communion fut tenue par M. le duc de Chartres et par M. le comte de Clermont. Ce fut un chapelain qui dit la seconde messe.

Mme la comtesse de Tessin prit hier congé du Roi dans son cabinet; ce fut Mme la princesse de Montauban, qui est son amie, qui la mena chez le Roi. Mlle de Spa, sa nièce, n'a pris congé du Roi qu'aujourd'hui. C'est toujours chez la Reine que les filles prennent congé du Roi, et le Roi ne les salue point; cela s'est passé de même pour Mlle de Spa. C'est Mme de Luynes qui lui a fait prendre congé du Roi dans le temps que le Roi passoit pour aller dîner au grand couvert.

Du mardi 11, Versailles. — Le Roi partit hier pour Choisy, où il restera jusqu'à vendredi. Les dames de ce voyage sont les quatre sœurs, Mme d'Antin et Mme de Ségur. Mme la maréchale d'Estrées devoit y être, mais elle s'est trouvée incommodée.

M. de Gesvres, en conséquence de la suppression de son jeu, a fait un retranchement considérable dans sa maison; il a renvoyé trente-cinq domestiques; on ne dit point encore qu'on lui ait accordé aucun dédommagement.

On apprit avant-hier une aventure arrivée aux équipages de M. de Belle-Isle à Francfort, qui montre la sagesse et l'exactitude avec lesquelles ses domestiques suivent ses intentions. Un de ses gens, chargé de lui faire faire une grande quantité de bois de lits et de chaises de paille, s'adressa aux ouvriers de Francfort, qui demandèrent pour ces ouvrages un prix huit ou dix fois plus considérable que la valeur réelle; en conséquence et sur les ordres de M. de Belle-Isle, il fit faire ces ouvrages à Mayence, à Manheim et autres lieux voisins; et quoique M. de Belle-Isle ait des passe-ports généraux, il eut la précaution d'en demander aux magistrats de Francfort, nommément pour les ouvrages qu'il avoit commandés. Il crut après cela pouvoir sans aucun inconvénient les faire apporter à Francfort, et les fit embarquer dans des bateaux. Le premier bateau fut déchargé sans aucun trouble; mais au second, les ouvriers en bois de Francfort s'étant ameutés avec des haches et des cognées cassèrent et mirent en pièces tous ces différents ouvrages sans qu'on leur fît la moindre résistance. Les magistrats avertis vinrent aussitôt, firent retirer les ouvriers, en envoyèrent plusieurs en prison, et ordonnèrent que les dits ouvrages fussent refaits dans un temps limité aux dépens des ouvriers de Francfort, sous peine d'avoir leurs boutiques fermées. Ils demandèrent à l'homme de M. de Belle-Isle quelle autre satisfaction il désiroit, et lui marquèrent le désespoir où ils étoient de cette aventure. L'homme de M. de Belle-Isle leur répondit qu'il ne se plaignoit de rien, qu'il ne demandoit rien, qu'il se contenteroit de rendre compte à M. le maréchal de Belle-Isle. Cette réponse surprit beaucoup les magistrats et les détermina à envoyer deux députés à M. de Belle-Isle pour recevoir ses ordres. Un ministre, qui est à Francfort, après avoir mandé le détail de cette aventure, ajoutoit cette réflexion : « Oh! que ne doit-on point penser d'un ambassadeur dont les domestiques montrent autant de prudence et de sagesse ! »

On a appris aujourd'hui que M. le marquis de Vassé étoit mort de la petite vérole; il étoit colonel du régiment Dauphin-dragons.

Du lundi 17, *Versailles.* — M. de Saint-Chaumont, ancien colonel d'un régiment de dragons, qui a été réformé en 1714, et beau-frère de M. de Cambis, est venu ici pour demander le régiment de M. de Vassé; on croit qu'il sera donné au vidame de Vassé.

M. le chevalier de Gesvres mourut il y a deux ou trois jours. Il étoit frère de feu M. le duc de Tresmes et assez riche, mais apparemment fort attaché au jansénisme, car par son testament il fait ses légataires universels, un avocat et M. Dugué-Bagnols, lequel est très-zélé pour ce parti. M. Dugué-Bagnols est frère de Mme de Tillières, mère de Mme la duchesse de Châtillon. Il y a des terres auprès de Chevreuse que l'on appelle les Troux et Méridon. Les Troux est fort voisin de l'abbaye de Giffe, laquelle, depuis la destruction de Port-Royal des Champs, a été regardée comme la plus digne de la remplacer.

Le Roi revint vendredi de Choisy, et samedi il vola ici près avec la Fauconnerie. C'est une chasse où il ne va jamais que par une espèce de nécessité de convenance, mais qu'il n'aime en aucune façon.

M. de Castro-Pignano, ambassadeur du roi des Deux-Siciles, vint ici il y a deux jours dire au Roi que le roi son maître le rappeloit auprès de lui et lui avoit nommé un successeur qui doit même partir incessamment. M. de Castro-Pignano est, comme je l'ai marqué ci-dessus, capitaine général, et apparemment que l'on juge sa présence nécessaire dans le royaume de Naples. Il est bien affligé de quitter la France, d'autant plus qu'il commençoit à espérer qu'il ne seroit pas obligé de s'en retourner. C'est un homme d'un esprit sage, doux et poli ; il parle bien françois. Sa femme, qui est fort douce et fort aimée ici, commençoit aussi à parler assez bien notre langue ; elle n'est pas moins affligée que lui de s'en aller.

M. de Maurepas me dit il y a quelques jours qu'il avoit donné le soin et la surintendance de l'Opéra à M. de Bombarde, frère de la première femme de M. Amelot, et par conséquent oncle de Mme d'Armenonville. Ce n'est pas que cette place ait aucun titre ni appointements, mais c'est ce qu'avoit M. de Carignan. M. de Bombarde (1) est homme de goût et d'esprit.

Le régiment Royal qu'avoit M. de Carignan a été donné à M. de Saint-Séverin, ambassadeur en Suède.

Du mardi 18, *Versailles*. — Le Roi dîna dimanche au grand couvert. Ordinairement ces jours-là il soupe chez Mme la comtesse de Toulouse quand elle est ici, mais elle est à Buc pour jusqu'à la Pentecôte. Le Roi voulant souper dans les cabinets se fit servir un petit souper dans son tour ; c'est ce qu'il appelle en badinant le souper de Mme la comtesse de Toulouse. Mme de Mailly et Mme la comtesse de Vintimille y étoient et quelques hommes.

Aujourd'hui, j'ai vu chez Mme de Mailly un présent qu'on lui a apporté ; c'est une cassette de bois tout unie, dans laquelle il y avoit quatre beaux flambeaux d'argent, une bourse et 200 jetons d'argent, et une boîte de quadrille. L'origine de ce présent vient vraisemblablement de ce que Mme de Mailly, ne tenant point de maison et ne jouant jamais chez elle, n'avoit ni jetons, ni flambeaux, et

---

(1) Il était fils de Jean-Paul Bombarda, romain de nation, trésorier général de l'électeur de Bavière.

qu'elle en avoit emprunté pour les jours que le Roi vient chez elle jouer après souper.

M. le bailli de Froulay a eu aujourd'hui audience particulière. Comme son entrée demande des préparatifs qui dureront encore quelques mois et qu'il a reçu ses lettres de créance, il est venu les apporter au Roi et à la Reine. L'audience a été chez le Roi, dans le cabinet (1), et chez la Reine, dans sa chambre ; la Reine debout, à l'ordinaire, auprès de sa table qui est entre les deux fenêtres. Il a été chez le Roi avant la messe, et chez la Reine au retour de la messe. Le nonce et plusieurs ministres étrangers sont entrés d'abord chez la Reine pour faire leur cour ; M. Amelot y est venu, ensuite M. le Cardinal. Peu de temps après, M. le bailli de Froulay est entré, conduit par M. de Verneuil ; il étoit vêtu à l'ordinaire avec un habit neuf galonné ; après les trois révérences il a fait un compliment à la Reine, fort court, dans lequel il a dit qu'il regardoit l'honneur qu'il avoit d'être nommé ambassadeur de la Religion comme un effet des bontés de S. M., qu'il chercheroit de plus en plus à les mériter, et qu'il espéroit que S. M. voudroit bien lui accorder sa protection. Ce sont à peu près les termes dont il s'est servi. Ensuite il a remis ses lettres de créance à la Reine ; après, il a ajouté qu'il étoit chargé de faire part à S. M. de la mort du grand maître et de l'élection unanime de celui-ci ; que le grand maître osoit espérer que la Reine voudroit bien

---

(1) M. de Verneuil a conduit M. de Froulay à cette audience, et est entré avec lui dans le cabinet du Roi. Après les trois révérences, on a fait passer tout le monde ; M. de Verneuil est sorti, M. de Maurepas, M. le contrôleur général et tout ce qui étoit dans le cabinet ; M. le duc de Charost même, qui y étoit, a passé dans le cabinet des perruques dont on a fermé la porte, et il n'est resté dans le cabinet que le Roi, M. le Cardinal et M. Amelot. L'huissier, qui étoit en dedans, est aussi entré dans la chambre ; c'est de lui que je sais ce détail. M. de Froulay a remis les trois lettres au Roi, et lorsque son compliment a été fini on a rouvert le cabinet. M. de Verneuil est entré, a fait les révérences avec l'ambassadeur, et est sorti avec lui, et n'est point ensuite rentré comme il a fait chez la Reine. (*Note du duc de Luynes.*)

lui accorder l'honneur de sa protection. Immédiatement après, il a remis à la Reine une lettre du grand maître, et s'est retiré après les trois révérences comme en entrant. L'instant d'après, M. de Verneuil est entré chez la Reine, et lui a apporté une troisième lettre que M. de Froulay avoit oubliée. La Reine, quelque temps après, a ouvert les trois lettres, et les a lues tout haut. La première ne contient que le choix de M. de Froulay pour ambassadeur de la Religion, et comme MM. de Tessé, proches parents de M. de Froulay, sont attachés à la Reine, le grand maître marque que l'attachement de la famille du vénérable bailli de Froulay à S. M. joint aux bontés du Roi l'ont déterminé à le nommer ambassadeur de la Religion, et qu'il supplie S. M. de vouloir bien l'honorer de sa protection. La seconde est pour mander la mort du grand maître et son élection; il demande en même temps ses bontés et sa protection pour le vénérable bailli de Mesmes (dont il ne savoit pas encore la mort) et pour son ordre. La troisième est pour les oranges; c'est celle qui avoit été oubliée, et les oranges ont été données comme j'ai marqué ci-dessus. Il marque encore dans cette lettre qu'elles doivent être présentées à la Reine par le vénérable bailli de Mesmes.

Du jeudi 20, Versailles. — Les régiments furent donnés avant-hier. Le régiment de dragons a été donné au vidame de Vassé, et le régiment de cavalerie qu'avoit le vidame a été donné au second fils de M. le maréchal de Broglie, qui s'appelle, je crois, Revel; c'est un régiment gris, qui étoit autrefois Beringhen. Il y avoit aussi un guidon de gendarmerie de vacant par la mort de M. le Veneur, cousin germain de M. de Tillières, père de Mme de Châtillon. Ce guidon a été donné à M. de Lannoy, cousin germain de Mme la duchesse de Luxembourg. Mme de Lannoy, sa mère, est sœur de Mme de Seignelay, mère de Mme de Luxembourg, toutes deux filles de Mme la princesse de Furstenberg.

Le Roi est parti aujourd'hui pour Choisy. Les dames de ce voyage sont les quatre sœurs, et Mme la maréchale d'Estrées. Mme de Mailly est venue ce matin chez la Reine lui demander permission. Il n'est pas vraisemblable que les dames du palais manquent à cette règle, puisque M. le Cardinal lui-même, en qualité de grand aumônier de la Reine, ne va jamais à Issy sans lui demander sa permission.

On ne parle plus du tout ici de M. Chauvelin; il est toujours à Bourges. On dit cependant qu'il a encore un parti dans ce pays-ci. On me contoit il y a quelques jours un discours qu'il avoit tenu chez lui dans un dîner devant quatorze ou quinze personnes, dans le temps qu'il étoit adjoint à la place de premier ministre. M. de Mesgrigny, oncle de Mme Chauvelin, étoit à l'extrémité; il étoit fort riche et Mme Chauvelin en héritoit; pendant que M. Chauvelin dînoit, on vint lui apporter des nouvelles de M. de Mesgrigny; ce jour-là il étoit mieux; sur cela, M. Chauvelin dit tout haut : « Il faut avouer que les éternités ne sont faites que pour moi. » Il est vraisemblable que ce discours fut bientôt après rapporté à M. le Cardinal.

On ne parle point ici du tout du jubilé; le Pape l'a cependant envoyé en France. Il y avoit eu quelque difficulté à l'occasion du dernier, qui ne fut point publié, à cause de quelques termes de la bulle, laquelle exceptoit ceux qui étoient rebelles à l'Église du nombre des fidèles qui pourroient gagner les indulgences accordées par le jubilé. A ce jubilé-ci, le Pape a adouci ces termes, et il paroît même que l'on a été content de cet adoucissement. Cependant il y a lieu de croire que le jubilé ne sera pas publié en France, au moins par les évêques dont les villes épiscopales sont soumises à la juridiction du Roi; car, par exemple, dans les évêchés de Spire et de Bâle, il y a des cantons qui sont soumis au Roi; il n'est pas douteux que les évêques de Spire et de Bâle, faisant publier le jubilé dans leurs diocèses, ces cantons n'en sont point exceptés; mais Strasbourg et Cambray sont dans un cas tout différent; il n'y a qu'une partie de ces diocèses qui soit du royaume, et vraisemblablement le jubilé sera publié dans ces deux diocèses, à la réserve des parties qui sont sous la domination françoise.

Du samedi 22, *Versailles.* — Le Roi a fait acquisition depuis environ un mois d'une parfaitement belle girandole qui coûte à ce que l'on dit 40,000 francs. Les morceaux de cristal de roche sont grands, beaux, bien choisis et d'une grande blancheur; ils sont montés sur argent. Cette girandole est actuellement dans la petite galerie sur la cheminée.

M. le cardinal de Rohan donna, il y a quelques jours, au Roi une collection de marbres d'Italie fort curieuse; ce sont des échantillons de différents marbres taillés et accommodés pour mettre sur des papiers; il y a 58 morceaux et trente-neuf espèces de marbres différents.

Il paroît depuis quelque temps une déclaration du Roi portant renouvellement de défense des jeux. Cette déclaration est précédée d'une espèce de détail des inconvénients et des désordres auxquels ces jeux ont donné occasion. Les jeux défendus y sont nommés: *le mormonique, le quinquenove, le passe dix, les trois dés, le tope et tingue, les deux dés, la bassette, le pharaon, le biribi, la dupe, le quinze, les petits paquets, le pair ou non,* et il est dit ensuite, et autres jeux semblables. Le trente et quarante n'y est point nommé. Il est dit que ces jeux sont défendus, même dans les Maisons royales, sous peine de prison, et ordre au lieutenant de police d'y tenir la main. Dès le voyage de Choisy d'avant celui-ci, le Roi ne joua point au passe dix. Ce voyage-ci, la table où l'on jouoit aux dés a été ôtée; le Roi n'a joué qu'à l'hombre, au piquet et au trictrac.

Je fus hier à Choisy. Le Roi s'y promena beaucoup. Il n'y avoit d'abord de femmes à la promenade que Mlle de Clermont; ensuite le Roi s'embarqua dans une chaloupe;

Mlle de Clermont et Mme de Mailly s'embarquèrent aussi ; on revint ensuite dans le jardin faire une grande promenade où ces deux dames furent toujours. Vers la fin de cette promenade, le concierge vint au-devant du Roi, portant une lettre qu'il remit à Champcenetz le fils, premier valet de chambre du Roi, qui exerce en survivance de son père ; Champcenetz remit sur-le-champ la lettre au Roi. Le Roi lut attentivement et assez longtemps, toujours en se promenant ; quelque intervalle de temps après, il se retourna et portant la parole à M. de la Rochefoucauld, qui étoit le seul de ce que nous étions là qui eût servi sur mer (il est dans l'usage de l'appeler : mon Camus, en badinant), il lui demanda s'il savoit que M. de la Rocheallart étoit arrivé à Toulon, et ajouta en rougissant, à ce qu'il me parut : « Il y a eu un combat ; il n'a pas été considérable et s'est donné la nuit, quatre vaisseaux françois contre six anglois, et lorsque le jour est venu, les Anglois ont envoyé faire des excuses, disant qu'ils avoient pris ces vaisseaux pour des espagnols. » Le Roi dit tout de suite qu'on ne lui mandoit aucun détail, que les particuliers en sauroient apparemment davantage, que M. de la Rocheallart comptoit qu'à l'arrivée de M. d'Antin à Brest on seroit instruit, et que c'est ce qui l'avoit empêché d'envoyer aucun détail. Sur cela je pris la liberté de lui dire que M. le marquis d'Antin étoit donc bien près d'arriver à Brest, et le Roi répondit qu'on ne savoit pas où il étoit. Cette nouvelle fit le sujet de la conversation, dans laquelle le Roi entra ; quelques moments après je lui dis qu'un combat de quatre vaisseaux contre six n'étoit guère égal. Je rapporte ceci pour marquer la réponse du Roi, qui mérite d'être retenue. Il me dit : « Quatre vaisseaux comme ceux-là n'en craignent pas six anglois ; ils sont commandés par tout ce qu'il y a de mieux. »

Il y a deux ou trois jours que l'on sait cette nouvelle dans Paris. Certainement mercredi dernier il étoit arrivé un courrier à M. de Maurepas, car ce même jour M. le Cardinal eut une assez longue conversation avec le Roi dans le cabinet des perruques; et l'après-dînée, à quatre heures, S. Ém. fut à Buc, où est Mme la comtesse de Toulouse, et y resta jusqu'à huit heures. M. de Maurepas y vint pendant ce temps-là. Ce que l'on sait jusqu'à présent, c'est que M. de la Rocheallart commandoit une escadre avec laquelle il a été joindre M. d'Antin à l'Amérique. Ces vaisseaux étoient destinés à la conduite de galions. On prétend qu'il n'y a jamais eu de concert entre la marine d'Espagne et la nôtre; on le peut présumer parce que les Espagnols vouloient que nous attaquassions, et qu'il y a toujours eu ordre de ne point attaquer, et d'ailleurs parce que l'argent, au lieu d'être embarqué, ou près d'être embarqué sur les galions, a été envoyé bien avant dans les terres. Dans ces circonstances notre escadre ne pouvoit pas rester plus longtemps en Amérique, car l'usage de la marine est que, lorsque des vaisseaux sont destinés à séjourner en Amérique et surtout à y passer l'été, non-seulement ils sont pourvus d'un plus grand nombre de munitions, mais outre cela il faut les doubler, parce que dans l'été les vers font un si grand tort aux vaisseaux qu'ils seroient en danger de périr; on met donc autour du vaisseau une doublure de bois léger que l'on garnit en dedans. Toutes ces précautions n'ayant pas été prises, parce que ce n'étoit pas l'intention de la Cour qu'ils y restassent plus longtemps, l'escadre s'est mise en chemin pour revenir. M. d'Antin devant débarquer à Brest et M. de la Rocheallart à Toulon, ils se sont séparés à une certaine hauteur (1), et c'est depuis cette séparation que

---

(1) J'appris hier que l'affaire des quatre vaisseaux françois contre les six anglois est arrivée avant la séparation des deux escadres; c'est ce qui prouve que M. de la Rocheallart avoit raison de compter qu'il lui étoit inutile de mander cette nouvelle et qu'on la sauroit ici par l'arrivée de M. d'Antin; ce sont les vents contraires qui ont empêché M. d'Antin d'arriver à Brest. La première nouvelle même que l'on a eue de ce combat est venue par un com-

le vaisseau de M. le chevalier de Piosin et trois autres, éloignés apparemment dans ce moment des autres vaisseaux de M. de la Rocheallart, ont rencontré les six vaisseaux anglois, la nuit. Les Anglois ont voulu savoir qui étoient nos vaisseaux; on a répondu qu'ils étoient françois; non contents de cette réponse, à laquelle ils prétendent avoir souvent été trompés, ils ont demandé qu'on les abordât ou qu'on leur envoyât un canot;'M. de Piosin a refusé, et c'est sur cela que les Anglois ont commencé à tirer, et on leur a répondu. On dit qu'il y a eu quarante ou cinquante hommes de tués ou blessés sur le vaisseau de M. de Piosin et son lieutenant; si le fait est tel que je viens de le marquer, M. d'Antin ne peut pas savoir de nouvelles de ce combat. Il paroît, par ce que le Roi répondit hier à quelques questions qu'on lui fit sur ce sujet, qu'il n'y a point eu de vaisseaux coulés à fond de part ni d'autre. On parla aussi hier des maladies qu'il y avoit eues sur l'escadre et qu'il y étoit mort beaucoup de monde, et le Roi dit : « Je crois bien qu'il y en a quelques-uns à qui on a aidé à mourir, » ce qui prouveroit qu'il y auroit eu plusieurs combats particuliers. On ne sait encore aucun détail circonstancié ni certain de cette expédition. Beaucoup de gens croient que l'on n'est point content de M. le marquis d'Antin; mais cela mérite confirmation, d'autant plus qu'il a toujours paru aimer son métier et y être fort appliqué. L'on dit que l'amiral Vernon (Anglois) avoit parlé et agi avec tant de fierté et de hauteur, que tout le corps des officiers étoit d'avis de le combattre, que M. d'Antin avoit toujours répondu qu'il avoit des ordres contraires, que sur cela M. de la Rocheallart lui avoit dit qu'il savoit ce que c'étoit que les ordres dont il étoit chargé, puisqu'on les lui avoit communiqués et

---

missaire d'artillerie. L'usage est que les commissaires sont obligés d'envoyer un détail exact de la consommation de poudre qui se fait dans les différentes occasions. (*Addition du duc de Luynes,* datée du 23 avril 1741.)

qu'ils ne le devoient point empêcher de punir l'amiral anglois dans une occasion aussi essentielle.

Du dimanche 23. — Mme de Bonneval mourut avant-hier au soir, à Paris; elle étoit fille de M. le maréchal de Biron et par conséquent sœur de Mme la comtesse de Gramont, de feu Mme de Sourches, de Mme la comtesse de Seignelay, de Mme du Roure, de Mme de Bonnac, de M. le duc de Biron et du marquis de Gontaut. M. de Bonneval, peu de temps après avoir épousé Mlle de Biron, passa en Turquie, où il est encore actuellement.

Mme de Courtenvaux mourut hier; elle étoit sœur du feu maréchal d'Estrées et de Mlle de Tourbes. Son mari étoit capitaine des Cent-Suisses et fils de M. de Louvois, ministre et secrétaire d'État de la guerre. Elle avoit eu deux garçons; l'aîné s'appeloit Louvois et avoit épousé une sœur de M. le maréchal de Noailles, qui depuis sa mort s'est remariée et s'appelle aujourd'hui Mme de Manchini. Du premier mariage est venu un fils qui est M. de Montmirel d'aujourd'hui, qui a la charge des Cent-Suisses, lequel avoit épousé la fille de feu M. le duc de Gontaut, frère aîné de M. le duc de Biron d'aujourd'hui, et de Mlle de Gramont, sœur de Mme la duchesse de Ruffec. Mme de Gontaut et Mme de Montmirel sont mortes; il reste à M. de Montmirel un garçon et une fille. Le second fils de Mme de Courtenvaux s'est toujours appelé Courtenvaux jusqu'à son mariage avec Mlle Champagne, sœur de Mme de Choiseul; il prit alors le nom de comte d'Estrées qu'il porte aujourd'hui, et son neveu, M. de Montmirel, a pris aussitôt celui de Courtenvaux.

Du mardi 25, Versailles. — L'on sait depuis deux jours l'arrivée de M. le marquis d'Antin à Brest; il y est arrivé malade et revient même en litière. L'on a eu enfin la relation du combat des quatre vaisseaux; ils étoient commandés par M. le chevalier d'Épinay, frère de l'inspecteur. Il paroît que l'action a été extrêmement vive ; elle fait infiniment d'honneur à M. d'Épinay et aux trois autres capitaines de vaisseau qui sont : M. le chevalier de Piosin, M. d'Estourmel et M. de Létanduère. Le combat est du 18 janvier. Les quatre vaisseaux trouvèrent l'escadre de M. Chaloner-Ogle, qui leur donna la chasse pendant quelque temps et détacha ensuite après eux six vaisseaux qui parurent ne vouloir joindre les nôtres qu'à l'entrée de la nuit; ils nous approchèrent de fort près, demandèrent si c'étoient des vaisseaux françois, et dirent qu'ils étoient anglois. Ils ne se contentèrent pas de savoir que nous étions françois, ils voulurent obliger M. d'Épinay à faire mettre son canot à la mer pour venir les trouver, ce qui, dans la marine, est regardé comme une soumission. M. d'Épinay refusa ; aussitôt un des vaisseaux anglois tira deux coups de canon à poudre, ce qui parut être un signal, car toute leur artillerie tira immédiatement après. A cette première décharge, M. de Béthune, qui étoit enseigne sur le vaisseau de M. de Piosin, eut la tête emportée ; il est frère de père de Mme la maréchale de Belle-Isle. Leur père, M. de Béthune, qu'on appelle le Cosaque ou Béthune-Pologne, a été marié deux fois; sa première femme étoit Harcourt, mère de Mme de Belle-Isle et d'un fils qui est mort. Sa seconde femme est Mlle de Gesvres, dont il a eu ce jeune homme-ci, qui vient d'être tué, et un autre qui est actuellement abbé.

Aussitôt que les Anglois eurent tiré, nous fîmes un grand feu sur eux, et cette première action dura depuis dix heures du soir jusqu'à onze. Ils recommencèrent à tirer à deux heures du matin et le feu fut plus violent que jamais, d'autant plus que la frégate de quarante canons que commandoit M. le chevalier de Piosin fut entraînée par les courants entre deux vaisseaux anglois. Le feu de canon, de mousqueterie et de grenades fut des plus violents. M. d'Épinay eut assez de peine à pouvoir dégager M. de Piosin ; et enfin les Anglois prirent le parti de se retirer, ayant un de leurs vaisseaux en partie démâté, et un autre encore plus incommodé. Dès que le jour fut venu, les Anglois, qui étoient déjà assez éloignés mirent leur canot à la mer et envoyèrent dire à M. d'Épinay qu'ils étoient au désespoir de ce qui étoit arrivé, qu'ils avoient cru que c'étoient des vaisseaux espagnols. M. d'Épinay répondit à l'officier qu'ils étoient en état de recommencer, que ce qui s'étoit passé n'étoit rien, que si le jeu plaisoit aux Anglois, il ne tenoit qu'à eux de combattre de nouveau ; mais qu'ils feroient bien de s'en aller promptement, parce que s'ils différoient il alloit appareiller et s'avancer à eux. Au retour du canot, les Anglois s'en allèrent, et après qu'ils furent partis, M. d'Épinay continua sa route.

On eut nouvelle, avant-hier, d'une bataille de trente-deux mille hommes des troupes de la reine de Hongrie contre vingt-cinq mille Prussiens, où le roi de Prusse a fait des merveilles. La relation a été envoyée par M. de Rottembourg, et M. Chambrier m'a dit ce matin que le fait étoit vrai. Cette relation porte que les Autrichiens ont eu 3,000 hommes tués et que les Prussiens ont perdu 1,500 hommes et pris huit pièces de canon. Cette bataille s'est donnée le 10 de ce mois auprès d'Olaw et s'appelle la bataille de Molwitz.

M. de Solar est venu ici aujourd'hui ; il ne fera point part de la mort de M. de Carignan ; il a ordre de ne porter le deuil que trois semaines ; ainsi le Roi ne le portera que quatre jours, et ce sera apparemment le prince de Carignan d'aujourd'hui qui fera part de la mort de son père.

Le Roi revint hier de Choisy, après avoir couru à Verrières ; il ne fut point chez la Reine, et soupa dans ses cabinets.

Du samedi 29, *Marly*. — On apprit il y a deux ou trois

jours la mort de M. de Camas, à Berlin ; c'est lui qui étoit ici, il y a un an, envoyé du roi de Prusse ; il est mort de maladie. On prétend qu'il n'aimoit pas la France et qu'il en avoit parlé dans son pays en termes à n'être pas ici fort regretté.

MAI.

Voyage de Marly. — Mort du marquis d'Antin. — Conduite du Roi avec la Reine. — Mort de milord Waldegrave. — Mort d'un chapelain du Roi, auteur de plusieurs ouvrages d'horlogerie. — Dispute entre les gardes françoises et les gardes du corps. — Promotion d'officiers généraux de marine. — Les *polissons* ou *salonistes*. — Perte du vaisseau *le Bourbon*. — M. de Chavagnac. — M. de Maupertuis à la bataille de Molwitz. — Mort de M. d'Avéjan, de la princesse de Léon. — Mort du duc de Gramont. — Augmentation dans les troupes. — Retour à Versailles. — Audiences de congé de M. et de Mme de Castro-Pignano. — Héritage de milord Clare. — Logements des gardes françoises et suisses dans les faubourgs de Paris. — Mort de M. de la Trémoille. — Maladie du Dauphin. — Changements dans les logements.

Du mardi 2, Marly. — Le Roi arriva ici mercredi dernier de fort bonne heure, et y tint conseil d'État. Il soupa ce jour avec la Reine et les dames, à l'ordinaire. Tout se passe ici comme les voyages précédents ; le Roi soupe dans ses cabinets les jours de chasse, comme à Versailles ; le premier jour qu'il y soupa fut jeudi ; il n'y avoit de dames que les quatre sœurs ; les deux jours maigres il soupa avec des hommes. Mme de Vintimille fut saignée vendredi dernier, à cause de sa grossesse ; elle loge dans le château, en haut, auprès de Mme de Mailly. Le Roi a été tous les jours chez elle, et même hier il fit un dîner à trois heures, que l'on dit être dans ses cabinets ; mais c'étoit chez Mme de Vintimille avec Mme de Mailly et quelques hommes. Ceux qui sont admis le plus souvent à ce particulier, c'est M. de Luxembourg, M. de Meuse, le comte de Noailles, M. le duc d'Ayen et M. de Coigny, le fils, M. le duc de Villeroy, quand il est ici.

Le Roi avoit nommé les hommes qui devoient souper dans les cabinets et étoit remonté comme pour se mettre à table. M. de Luxembourg entra chez Mme de Vintimille ; derrière lui étoit le Roi ; il fit une visite fort courte ; il arrivoit de la chasse qui avoit été fort rude ; il dit en s'en allant que vraisemblablement le salon ne le verroit guère ce soir-là ; sur cela Mme de Mailly lui dit : « Si cela est, je vais me déshabiller. » Le Roi ne répondit rien. Elle pria M. de Villeroy de lui mander si effectivement le Roi n'iroit point au salon ; un moment après, elle passa chez elle et revint toute déshabillée. Effectivement le Roi ne vint point au salon.

Ce même jour, Mme de Mailly avoit été à Paris avec M. de Meuse dans un des petits carrosses du Roi avec deux relais de la petite écurie. Elle avoit été voir Mme la comtesse de Toulouse sur la mort du marquis d'Antin, qu'on apprit le vendredi au soir. Il est mort à Brest sans sacrement ; on n'a pu lui donner que l'extrême-onction ; il étoit sans connoissance. Il avoit depuis longtemps une hydrocèle ; il n'en avoit jamais rien dit qu'à un seul homme chez Mme la comtesse de Toulouse, à qui il en fit confidence avant que de partir. M. d'Antin avoit perdu tous ses domestiques à l'Amérique, hors un seul, de la maladie contagieuse de ces pays-là qu'on appelle le mal de Siam ; entre autres son chirurgien étoit mort, lequel étoit dans l'habitude de lui faire la ponction ; on prétend que depuis ce temps-là il avoit voulu se traiter lui-même ; soit que ce fût par sa faute ou par l'effet du mal de Siam dont il avoit pensé mourir, à l'hydrocèle s'étoit joint un sarcocèle, qui étoit devenu incurable lorsqu'il est arrivé à Brest. Il laisse une jeune veuve (Mlle de Canisy), qui est fort jolie, qui n'a que seize ou dix-sept ans, et qui a 50,000 livres de rente au moins. On peut juger que les discours dont j'ai parlé ci-dessus ont plutôt augmenté que diminué depuis cet événement ; on en parle peu ici, mais à Paris le déchaînement est fort grand. On rapporte que le marquis d'Antin étant embarqué, ouvrit les ordres qu'il avoit pour la destination de son voyage, selon l'usage, et qu'ayant vu que sa destination étoit pour l'Amérique, il avoit aussitôt donné ordre que l'on reportât à terre sa vaisselle d'argent; que cette détermination fut fort désapprouvée par les anciens officiers de marine; mais qu'il ne voulut jamais ajouter foi à leurs conseils ni à leurs représentations. On ajoute encore que la marine se plaint de la hauteur et de la dureté avec lesquelles il l'a traitée. M. de Roquefeuille, chef d'escadre, que l'on comptoit devoir rester à l'Amérique avec huit ou dix vaisseaux, est parti trente-cinq jours après lui et est arrivé presqu'en même temps, seulement deux jours après, de manière qu'à présent la ville de Carthagène et le trésor que l'on a porté à trois ou quatre journées de Carthagène dans les terres, et qui est de deux cents millions, à ce que me dit il y a quelques jours M. de Campo-Florido, donnent beaucoup d'inquiétude, les deux flottes d'Angleterre étant réunies et celle des Espagnols n'étant que de quatorze vaisseaux. On juge cependant que les vaisseaux anglois ne pourront pas tenir longtemps la mer dans cette saison. On ne dit point encore quelle est la raison qui a fait revenir M. de Roquefeuille; il paroît qu'il n'y a eu nul concert entre les François et les Espagnols, et l'on dit que M. de Roquefeuille, ayant ordre de se joindre à la flotte espagnole commandée par M. de Torres et se trouvant fort éloignée de lui, avoit envoyé pour savoir de ses nouvelles; mais que n'ayant jamais pu apprendre où il étoit, il avoit pris le parti de s'en revenir. J'ai marqué ci-dessus que l'on double les vaisseaux qui doivent passer en Amérique. M. de Maurepas m'expliquoit il y a quelques jours ce détail. Il faut nécessairement doubler ceux qui sont destinés à demeurer dans les ports, mais non pas ceux qui le sont à croiser; et pour ceux qui vont aux Grandes Indes, on y met des clous à large tête, dont toutes les têtes se joignent. Ces précautions conservent les vaisseaux un peu davantage, mais leur font cependant grand tort; et les capitaines ont beaucoup de peine à consentir que leurs vaisseaux soient doublés, parce qu'il leur est plus difficile d'en faire usage dans l'occasion.

Le Roi n'a point joué à l'hombre depuis qu'il est ici, M. le comte d'Estrées n'étant point ici à cause de la mort de Mme sa mère, et M. de Soubise ayant été malade. Mme la Duchesse et M. de Lassay, M. de Courson, M. de Luxembourg et même hier M. Rosen, pour la première fois, ont joué à quadrille avec le Roi. On a remarqué que lorsque le Roi arrive dans le salon, que non-seulement il n'approche point de la table de cavagnole où la Reine joue, mais même, il y a quelques jours, la Reine se tint debout assez longtemps sans que le Roi lui dise de s'asseoir, et pendant ce temps il parloit à Mme de Mailly.

Du mercredi 3, Marly. — On apprit il y a deux ou trois jours la mort de milord Waldegrave, qui a été longtemps ici ambassadeur d'Angleterre ; il est mort en Angleterre. Il avoit été élevé en France et avoit été au collége des Jésuites ; il avoit depuis changé de religion. Lorsqu'il tomba malade à Paris, dans la paroisse Saint-Sulpice, le curé alla le voir; mais il ne put le déterminer à se convertir. On dit qu'il est mort avec grands remords.

Il vaque par la mort de M. le marquis d'Antin la lieutenance générale d'Alsace et la vice-amirauté, qui ne sont point encore données. Le plus ancien lieutenant général de marine est M. de la Luzerne, qui est très-estimé et regardé comme très-digne de cet honneur. Il y a deux vice-amiraux ; il en reste encore un qui est M. de Sainte-Maure. C'étoit la vice-amirauté de M. le maréchal d'Estrées qu'avoit eue M. le marquis d'Antin. M. de Sainte-Maure est fort vieux et ne vient jamais dans ce pays-ci ; il est frère de celui qui étoit premier écuyer de M. le duc de Berry. Il est d'usage de faire un maréchal de France, au moins, dans la marine. On n'a point voulu faire M. de Sainte-Maure, quoique très-estimé dans son métier, mais parce que c'est d'ailleurs un homme singulier, à ce que j'ai ouï dire; et comme c'est l'ancien, on n'en a point fait du tout. Il paroît cependant que ce mécontentement ne regarde point son métier.

Hier le Roi fit une chasse qui le mena fort loin, du côté de Rambouillet. M. le maréchal de Duras y étoit et revint sur un cheval de poste. Le Roi dit en arrivant que c'étoit peut-être le premier exemple qu'un maréchal de France eût couru la poste à cheval.

On apprit hier la mort d'un chapelain du Roi que l'on nommoit le Prieur. Il étoit autrefois vicaire de Saint-Cyr et avoit fait pour le Roi une pendule dans un globe, qui est encore dans le cabinet de S. M. Le Roi lui donna le prieuré de Saint-Sernin d'Autun, et on ne l'appeloit depuis, que le Prieur. Il avoit toutes les entrées chez le Roi et une espèce d'inspection sur les pendules. Il avoit fait en dernier lieu deux pendules qui sont dans le nouveau cabinet ovale du Roi.

Il y a eu ce matin une très-petite dispute entre les gardes françoises et les gardes du corps. Les gardes françoises, lorsqu'ils relèvent la garde, entrent toujours à onze heures au plus tard, parce qu'il est supposé qu'à cette heure-là le Roi est toujours éveillé, et ils battent en entrant; mais la règle est qu'ils doivent arriver ici (1) par les deux portes; ce matin ils sont venus par la grille royale, et lorsqu'ils ont été à la grille qui est au bas de la montagne, auprès de la chapelle, les gardes du corps ont fait difficulté de les laisser entrer, parce que le Roi s'est levé tard aujourd'hui. Cependant ils ont obtenu la permission de passer, sur ce qu'ils ont promis qu'ils ne battroient point, et lorsqu'ils ont été sous la voûte,

---

(1) A Marly. (*Note du duc de Luynes.*)

le long de la chapelle, ils ont commencé à battre ; ce qui est contre la règle.

Du même jour, 3. — Je viens d'apprendre que le Roi avoit donné des pensions aux capitaines des quatre vaisseaux qui ont été attaqués par les Anglois, comme je l'ai marqué ci-dessus, savoir : à M. d'Épinay 1,500 livres, et à MM. de Létanduère, Piosin et d'Estourmel, à chacun 1,200 livres.

On a appris en même temps que S. M. avoit fait la promotion de marine que voici :

MM. de la Luzerne, vice-amiral.
     de Rocheallart et de Roquefeuille, lieutenants généraux.
     de Beauharnois,
     de La Valette-Thomas,
     de Bart,   } chefs d'escadre.
     de Barailh,
     de Rochambeau,

Du samedi 6, *Marly*. — Je crois avoir oublié de marquer que M. le bailli de Froulay est du voyage de Marly et est écrit sur la liste. M. le bailli de Mesmes, son prédécesseur, ambassadeur de Malte, quoique françois, n'étoit jamais des voyages de Marly. Il n'y a d'ambassadeurs que ceux d'Espagne et de Naples comme ambassadeurs de famille.

L'on n'a refusé aucun de ceux qui ont demandé permission de venir faire leur cour ici. Il y en a qui couchent au village, d'autres retournent à Paris ou à Versailles ; c'est ce que l'on appelle les *polissons* ou *salonistes*. On comptoit il y a quelques jours qu'ils étoient plus de cent.

L'ambassadeur d'Espagne paroît fort satisfait que l'on ait accordé quelques grâces aux capitaines des quatre vaisseaux qui ont combattu contre les Anglois ; il dit avoir extrêmement pressé M. le Cardinal de leur donner quelque récompense ; il auroit mieux désiré qu'on les avançât de grade.

La Cour prit hier le deuil de M. de Carignan pour jusqu'à la Pentecôte. Ce temps paroît extraordinaire, parce que ce n'est point de trois semaines, comme oncle, et c'est plus de quatre jours comme le Roi avoit dit d'abord qu'il le porteroit. Les dames qui avoient acheté des habits en sont fort fâchées et disent que c'est parce que Mme de Mailly n'en avoit point. Ce n'est point M. de Solar qui a fait part de la mort; il vint ici mardi dernier, mais il amena avec lui M. de Mongardin, gentilhomme attaché à M. le prince de Carignan d'aujourd'hui, qui remit au Roi une lettre du prince Louis. On a suivi ce qui s'étoit pratiqué pour le prince de Carignan père du dernier mort; ce fut le fils qui donna part; de même à la mort de M. le Duc, ce fut M. le comte de Charolois qui donna part au roi de Sardaigne. Quoique le roi de Sardaigne ne porte le deuil de M. de Carignan que trois semaines, le Roi n'a point regardé cela comme une règle pour lui.

On apprit avant-hier que le Roi avoit donné la lieutenance générale d'Alsace de feu M. le marquis d'Antin au petit marquis de Gondrin, son neveu, fils de M. le duc d'Antin et de Mlle de Luxembourg. Cette lieutenance ne vaut, dit-on, que 8,000 livres quoiqu'elle soit mise plus haut sur l'état du Roi.

M. de Campo-Florido apprit avant-hier au Roi la triste nouvelle que le vaisseau *le Bourbon*, commandé par M. de Boulainvilliers, en revenant de l'Amérique, avoit péri sur les côtes de Galice, près de la Corogne, n'étant tout au plus qu'à deux lieues de terre. C'étoit un vaisseau de 74 pièces de canon; il avoit extrêmement souffert de la tempête et étoit même démâté. Voyant que l'eau le gagnoit, malgré six pompes qui travailloient continuellement, M. de Boulainvilliers fit tirer plusieurs coups de canon d'incommodité (c'est le terme) pour avertir à terre du danger où il se trouvoit; mais il faisoit un si gros temps qu'on ne pouvoit aller à lui; il prit donc le parti de faire mettre son canot à la mer et y fit embarquer vingt-quatre personnes desquelles étoient six officiers et son fils, garde marine; à peine le canot se fut-il éloigné d'une demie-lieue ou trois quarts de lieue du vaisseau, qu'ils virent ledit vaisseau périr entièrement; on le vit aussi des côtes de Galice.

J'ai marqué ci-dessus la mort de Mme de Courtenvaux; elle avoit 8,000 livres de pension sur la charge de son petit-fils, M. de Montmirel; il a demandé avec instance que le Roi voulût bien donner cette même pension à Mme de Manchini, sa mère, ci-devant Mme de Louvois; cette grâce a été accordée et fait beaucoup d'honneur à M. de Montmirel.

J'ai marqué ci-dessus que l'on n'avoit nulle nouvelle de M. de Chavagnac, lieutenant de vaisseau, beau-frère de M. le comte de Tessé. Il commandoit un petit bâtiment que l'on appelle corvette, nommée *la Fée*. Quoiqu'il ne paroisse que trop certain qu'il a péri dans quelque tempête, cependant M. de Chavagnac, son père, qui sert depuis longtemps dans la marine, veut encore douter de ce malheur, disant qu'il s'est trouvé dans des circonstances où il a été huit ou dix mois sans pouvoir donner de ses nouvelles. En conséquence, il a demandé que son fils fût fait capitaine de vaisseau, et on lui a accordé cette grâce.

J'ai aussi marqué ci-dessus la bataille près de Neiss entre les Prussiens et les Autrichiens. Les nouvelles de Vienne ont voulu diminuer beaucoup la perte des Autrichiens; il paroît cependant constant qu'ils ont perdu huit ou dix mille hommes et huit ou dix pièces de canon. M. de Maupertuis, de l'Académie des sciences, qui a fait le voyage de Suède pour des observations sur la figure de la terre, et qui en revint il y a deux ou trois ans, étoit allé à Berlin à la prière du roi de Prusse. Voulant, avant que de revenir, aller prendre congé de ce prince, qui étoit parti pour l'armée, il se trouva que les passages étoient fermés; il fut obligé de rester quelques jours au camp; c'étoit dans le temps de la bataille de Neiss. Le jour de la bataille, le roi de Prusse voulut envoyer M. de Maupertuis à ses carrosses, mais M. de Maupertuis ne voulut jamais accepter cette offre, et demanda à suivre le roi de Prusse. Comme dans le commencement de l'action, la victoire paroissoit vouloir se déclarer pour les Autrichiens, le roi de Prusse se porta en grande diligence à une des ailes de son armée qui avoit plié; Maupertuis, moins bien monté, ne put le suivre, et fut fait prisonnier en chemin et entièrement dépouillé; cependant il obtint la permission d'écrire au général Neuperg. Ce général ayant su qui il étoit, l'envoya querir, lui fit toute sorte d'honnêtetés et le fit conduire en sûreté à Vienne, lui donnant même des lettres de recommandation. Le grand-duc, informé de l'histoire de Maupertuis, lui envoya 300 ducats pour le dédommager en quelque manière des pertes qu'il avoit souffertes. Maupertuis fit supplier le grand-duc de vouloir bien lui permettre de ne point accepter ce présent, et M. de Lichtenstein, ci-devant ambassadeur ici, lui a donné tous les secours dont il avoit besoin. Par les premières nouvelles qu'on avoit eues de la bataille, on ne parloit point de M. de Maupertuis; on croyoit qu'il avoit été envoyé aux carrosses du roi de Prusse. Le père de Maupertuis, riche négociant de Saint-Malo, sur cette nouvelle, se mit en colère et dit que son fils n'étoit sûrement pas capable d'une action si indigne.

M. de Castro-Pignano, qui est sur la liste du voyage, vint ici hier pour la première fois; il compte partir vers la fin du mois. M. le Cardinal, qui est venu aujourd'hui voir Mme de Luynes, lui a dit que son antichambre étoit remplie des créanciers de M. de Castro-Pignano, qui doit ici considérablement. Il paroît que c'est assez l'usage des ambassadeurs d'Espagne de laisser des dettes, car M. le Cardinal nous a ajouté que les dettes du duc d'Ossone n'avoient été achevées de payer que l'année passée, et qu'en dernier lieu M. de la Mina en avoit laissé pour

350,000 livres, quoi qu'il eût donné parole à S. Ém. qu'il ne laisseroit sûrement aucune dette ici en partant. Il a fait des billets portant reconnoissance que le roi d'Espagne devoit les dites 350,000 livres, ce qui a fort déplu à la cour de Madrid, et le roi d'Espagne a mandé à M. le Cardinal qu'il avoit envoyé 30,000 pistoles d'Espagne à M. de la Mina pendant son séjour ici.

J'ai marqué ci-dessus que le Roi avoit dîné chez Mme de Vintimille; je me suis trompé; il dîna dans ses cabinets et Mme de Vintimille y descendit. Hier, Mmes de Mailly et de Vintimille dînèrent chez Mme de Vintimille avec M. de Meuse, M. le comte de Noailles et M. le duc de Luxembourg. Le Roi n'avoit point été à la chasse et il ne dîna point à son petit couvert. Il monta chez Mme de Vintimille pendant qu'elle étoit à table; il redescendit ensuite dans ses cabinets manger un morceau seul; il revint aussitôt après chez Mme de Vintimille, où il resta une heure et demie ou deux heures à voir un homme qui fait des tours d'adresse fort extraordinaires.

Du lundi 8, *Marly*. — On apprit il y a quelques jours la mort de M. d'Avéjan, fils de celui qui est mort commandant des mousquetaires gris; il avoit au plus vingt ans. Il avoit la vue basse, et malgré cela vouloit mener en cocher; il étoit à la campagne auprès de Dreux; il accrocha une borne, tomba du siége et se cassa la jambe en plusieurs endroits; la blessure étoit si affreuse qu'il fallut couper la cuisse; il est mort fort peu de temps après cette opération.

Le Roi partit hier pour la Meutte; il y a couché et revient aujourd'hui après avoir fait la revue des gardes françoises et suisses dans la plaine des Sablons. Le Roi partit dans sa berline à six avec Mmes de Mailly et de Vintimille. Mademoiselle, Mlle de Clermont et Mme la maréchale d'Estrées doivent s'être trouvées à la Meutte.

La Reine a été aujourd'hui à la revue; elle avertit hier elle-même au salon les dames qui l'ont suivie. Mlle de Clermont n'étoit point ici; Mme de Luynes et Mme de Mazarin sont malades.

Du mercredi 10, *Marly.* — On a appris aujourd'hui la mort de Mme la princesse de Léon, à Toulouse, où elle étoit depuis déjà assez de temps à suivre beaucoup de procès qu'elle avoit à ce Parlement. Elle laisse deux garçons : le duc de Rohan, gendre de M. le duc de Châtillon, et le vicomte de Rohan, qui n'est point marié; elle a fait celui-ci son légataire universel. Elle laisse aussi trois filles; l'aînée a épousé M. de Lautrec, la seconde M. Fernand Nunez, espagnol; la troisième est religieuse à Bonsecours.

Du vendredi 12, *Marly.* — L'enseigne vacante dans les mousquetaires gris par la mort de M. d'Avéjan a été remplacée par le cornette, et la cornette a été donnée il y a trois jours à M. de la Chaise. Ce M. de la Chaise (1) est parent de M. le cardinal de Fleury.

Du mardi 16, *Marly.* — Mme de Mailly fut hier à Paris, pour solliciter un procès, avec Mme de la Tournelle; elles furent toutes deux dans le petit carrosse du Roi avec deux relais de la petite écurie. Comme elle est de semaine, elle ne partit qu'après la messe de la Reine et étoit revenue à six heures. Elle soupa hier dans les cabinets avec Mme de Vintimille et Mlle de Clermont. Mademoiselle est depuis huit jours à Madrid.

Avant-hier, le roi ne dîna point à son petit couvert; il dîna dans ses cabinets. Mmes de Mailly et de Vintimille y dînèrent. Mme de Mailly quitta le dîner pour suivre la Reine à la paroisse, au salut. Aussitôt que la Reine fut à

---

(1) Il arriva chez M. de Breteuil à Marly le jour même que M. de Breteuil devoit travailler avec le Roi. M. de Breteuil lui dit que la liste étoit faite et que son nom n'y étoit point. M. de la Chaise alla aussitôt chez M. le Cardinal, et M. de Breteuil y étant venu, M. le Cardinal lui dit de mettre le nom de M. de la Chaise sur la liste. Il fut mis le dernier, et cependant au travail ce fut lui à qui la place fut donnée; il étoit lieutenant des grenadiers au régiment des gardes françoises. (*Note du duc de Luynes*, datée du 20 mai 1741, Versailles.)

l'église, Mme de Mailly revint, se remit à table et retourna prendre la Reine au salut pour revenir avec elle.

Il y a onze ans que l'on avoit accordé au Sr Lemeau de la Jaisse le privilége pour trente ans de faire imprimer tous les ans un livre sous le titre d'*Almanach militaire*. M. de Breteuil dit il y a quelques jours audit Sr de la Jaisse que l'intention du Roi étoit que l'impression de ce livre ne se fît plus. Cet Almanach contient l'état de tous les régiments qui composent les troupes de France, tant de terre que de marine, avec l'état des officiers généraux et particuliers, et les gouvernements.

On vient d'apprendre la mort de M. le duc de Gramont à Paris.

Le Roi vient d'accorder à M. le duc de Gesvres pour le dédommager de son jeu qui a été supprimé, comme je l'ai marqué plus haut, 100,000 francs d'argent comptant et 20,000 livres de pension.

Du vendredi 19, *Marly.* — J'ai mis ci-dessus la mort de M. le duc de Gramont; il sera regretté dans le régiment des gardes; il y rendoit des services aux officiers (1) et avoit une grande considération. On prétend

---

(1) Il y a quelques jours que l'on me contoit ce qu'il fit devant Philipsbourg en 1734. Il savoit que plusieurs officiers du régiment des gardes pouvoient être dans le cas d'avoir besoin d'argent; il remit pour 100,000 livres de lettres de change à M. de Champigny, capitaine aux gardes, et le pria de vouloir bien remettre de l'argent sur cette somme à tous ceux qui pourroient être dans le besoin, lui disant que si cela ne suffisoit pas il lui feroit remettre pareille somme de 100,000 livres; mais en même temps il lui fit donner sa parole qu'il ne diroit jamais que cet argent venoit de lui. Il s'étoit adressé à M. de Champigny, non-seulement parce que M. de Champigny lui étoit attaché, mais parce qu'il a beaucoup de bien et qu'on pouvoit le croire en état de rendre ces services à ses amis. M. de Champigny exécuta à la lettre la volonté de M. de Gramont et donna plusieurs sommes d'argent aux officiers. Au retour de la campagne il vint trouver M. le duc de Gramont et lui demanda en grâce de vouloir bien lui rendre sa parole, ne pouvant pas souffrir d'avoir l'honneur d'une action si généreuse sans l'avoir mérité. M. de Gramont lui répondit que non-seulement il ne lui rendoit point sa parole, mais qu'il ne le verroit jamais s'il étoit capable de trahir son secret, et l'on n'en a

qu'il faisoit toujours tout ce qu'il vouloit, mais toujours pour lui, ne s'étant jamais soucié de personne. Il disoit qu'il n'y avoit que les sots et les dupes qui se mettoient en peine d'avoir des amis : nous l'avons vu tenir bon contre M. Chauvelin dans sa plus grande faveur, parce qu'il croyoit n'avoir pas eu sujet d'être content de lui dans une affaire de famille, et obtenir qu'on ôtât à M. Chauvelin le détail du gouvernement de Béarn, qu'avoit M. le duc de Gramont, et que l'on donnât ce détail à M. de Saint-Florentin. M. de Gramont aimoit beaucoup ses deux filles, et ne marchoit jamais qu'avec Mme la duchesse de Gramont et elles; il ne paroissoit pas avec cela qu'il eût grande amitié pour Mme de Gramont; il étoit plein d'humeur, traitant durement ses domestiques, et cependant bien servi; beaucoup d'esprit et de bonne conversation, très-facile en affaires, faisant une grande dépense mais toujours égale. Mme la duchesse de Gramont n'étoit pas la maîtresse de faire augmenter le dîner ni le souper d'un plat, ni d'une bouteille de vin. On croit qu'il pouvoit avoir 100,000 écus de rente, tous frais faits, et il avoit cependant pour près de 100,000 francs de charges. La coutume de Bayonne, dont il jouissoit de moitié avec le Roi, est un bien patrimonial et considérable. Le gouvernement de Béarn et tous les gouvernements particuliers sont un objet d'environ 90,000 livres. Pour le régiment des gardes, on n'en sait point la valeur; on dit 120,000 livres par an, peut-être est-ce davantage. Il avoit outre cela la terre de Gramont, Lesparre et Semeac, et il ne dépensoit pas son revenu. Lorsqu'il a fait la folie de faire bâtir près de Meaux cette maison, qui n'est pas encore finie, il dit qu'il avoit 120,000 livres pour la payer, d'argent comptant; il croyoit qu'elle ne lui coûteroit pas plus cher. Le comte de Gramont devient

---

rien su effectivement que depuis la mort de M. de Gramont. (*Addition du duc de Luynes*, datée du 13 juillet 1741.)

duc de plein droit et sans aucune nouvelle grâce; il demande avec instance le régiment, préférablement même au gouvernement, quoique celui-ci paroisse presque nécessaire à avoir à cause des difficultés inévitables avec un autre gouverneur. M. d'Aumont demande aussi le régiment; M. de la Trémoille aussi, qui offre de payer le brevet de retenue, qui est au moins de 500,000 livres, et de remettre sa charge et le brevet de retenue qu'il a dessus ; M. de Coigny demande pour M. son père. M. le Cardinal dit hier à Mme de Luynes qu'il porteroit au Roi la liste de tous ceux qui demandoient, que le Roi décideroit seul et qu'il ne lui donneroit même aucun conseil. On croit que M. le duc de Fleury sollicite pour avoir une charge ou de capitaine des gardes ou de premier gentilhomme de la chambre par quelque cascade que l'on arrangeroit. Mme de Fleury ne s'oublie pas lorsqu'il s'agit de demander.

Mademoiselle revint ici mardi. Les quatre sœurs soupèrent ce jour-là dans les cabinets. Le lendemain le Roi ne sortit point de tout le jour ; malgré cela Mme de Mailly fut faire un tour à Paris pour voir Mme de Gramont, qui est de ses amies ; elle revint le soir.

Hier, cabinets et les quatre sœurs.

Aujourd'hui, le Roi a dîné dans ses cabinets, seulement avec les deux comtesses et quelques hommes.

On nomme aussi dans les prétendants à la charge M. de Luxembourg. Mme la comtesse de Toulouse sollicite fortement pour le comte de Gramont, lequel a, dit-on, écrit à M. le Cardinal, qu'à l'égard du régiment il se regarderoit comme déshonoré s'il ne l'obtenoit pas.

Le Roi chasse demain et retourne ensuite à Versailles.

L'ambassadeur d'Espagne me dit, il y a quatre jours, qu'il étoit enfin parvenu à obtenir une augmentation dans nos troupes, qu'elle seroit de trente-quatre mille hommes. Cette augmentation fut publique avant-hier ; elle est pour l'infanterie seulement ; elle est de dix hommes par compagnie et quinze pour les grenadiers ;

elle doit être faite le 1ᵉʳ août. Le Roi donne 50 livres par homme et fournit l'habillement, et outre cela 15 livres par homme de gratification à ceux qui auront fait leur augmentation dans le temps prescrit. On dit qu'il y en aura une incessamment pour la cavalerie et les dragons.

On a commencé aujourd'hui à parler de M. le duc de la Rochefoucauld pour le régiment des gardes ; ce qui peut donner quelque fondement à ce bruit, c'est que M. de la Rochefoucauld n'est point venu ici de tout le voyage ; il étoit à la Rocheguyon avec Mᵐᵉ la duchesse d'Estissac, sa fille, qui y est malade ; on dit même qu'elle a fait une fausse couche. Malgré cela, il est venu ici aujourd'hui. On dit qu'il demande le régiment et offre de remettre sa charge de grand maître de la garde-robe pour M. le duc de Fleury. Ce qui est certain, c'est qu'il a été chez M. le Cardinal, et que pendant ce temps on y a vu entrer Mᵐᵉ la duchesse de Fleury par la porte de derrière.

M. de Breteuil a travaillé ce soir avec le Roi ; au sortir du travail, on n'a rien dit ; mais on a appris une demi-heure après que le Roi a disposé du régiment et du gouvernement qu'avoit feu M. le duc de Gramont en faveur de M. le comte de Gramont son frère, aujourd'hui duc(1) ; il paye 500,000 livres de brevet de retenue qu'il y avoit sur la charge, et le Roi lui a donné un autre brevet de retenue, seulement de 400,000 livres. Feu M. le duc de Gramont avoit non-seulement le gouvernement de Béarn et de Navarre, mais encore tous les gouvernements particuliers qui y sont compris. Le Roi a donné les mêmes gouvernements à M. le duc de Gramont, excepté celui de Saint-Jean Pied-de-Port. Le Roi a accordé à Mᵐᵉ la duchesse de Gramont, douairière, une pension de 10,000

---

(1) On pouvoit cependant douter de cette nouvelle, parce que le Roi, ni avant, ni pendant, ni après son souper, n'en dit pas un mot ; mais elle fut confirmée parce que M. le Cardinal le dit, à son coucher, au comte de Noailles. (*Note du duc de Luynes.*)

livres sur le gouvernement. M. le duc de Gramont entre aujourd'hui en possession de tous les biens de M. son frère, au moyen de l'arrangement fait par le testament de M. de Gramont leur père, par lequel il institue le comte de Gramont héritier de tous ses biens meubles et immeubles après la mort du duc de Gramont, frère aîné du comte, à la charge que ledit comte de Gramont donnera aux deux filles de son frère 1,350,000 livres et qu'elles partageront pour moitié entre elles dans la communauté. Il donne, par ledit testament, un an de temps au duc son fils aîné pour accepter ou rejeter cette disposition ; et au cas qu'il n'y adhère point, il est dit qu'il n'aura que sa légitime ; cette disposition testamentaire a aujourd'hui son exécution.

Du samedi 20, *avant midi, Marly*. — M. le duc de Gramont est venu aujourd'hui ici remercier le Roi. Mme la duchesse de Gramont sera présentée demain par Mme la maréchale d'Estrées.

La Reine est revenue dîner ici (1) aujourd'hui et a été cette après-dînée dans sa tribune fermée entendre les premières vêpres chantées par les chantres de la chapelle du Roi. Il n'y a jamais d'évêque qui officie la veille des fêtes de l'Ordre, et par conséquent le Roi ni la Reine ne descendent point en bas. Le Roi est revenu de la chasse pendant les vêpres et n'a point été à la chapelle; il soupe dans ses cabinets.

Il n'y aura point demain de promotion de chevaliers de l'Ordre; on dit même qu'il n'y en aura point au 1er janvier prochain, mais seulement au 2 février, afin que les nouveaux chevaliers soient reçus à la Pentecôte dans un an, en même temps que M. le Dauphin. M. le duc de Penthièvre, qui vient d'avoir quinze ans, sera nommé à la première promotion.

---

(1) Versailles, 20 mai. (*Note du duc de Luynes.*)

Du mardi 23, *Versailles*. — Dimanche, jour de la Pentecôte, il n'y eut point de chapitre. Le Roi recommença à souper au grand couvert et Madame y soupa; elle est servie par les gentilshommes servants.

Hier, madame de Castro-Pignano prit son audience de congé; elle se rendit chez Mme de Luynes pendant la messe de la Reine; après que la messe fut finie, M. de Verneuil vint l'avertir ici et la conduisit chez la Reine. La Reine étoit dans sa chambre, le fauteuil tournant le dos à la cheminée. Mme de Luynes, avertie de l'arrivée de Mme de Castro-Pignano, sortit dans le cabinet, salua et baisa Mme de Castro-Pignano au milieu dudit cabinet, et entra ensuite marchant devant elle, un seul battant ouvert, suivant l'usage. Mme de Luynes avoit fait avertir des dames qui étoient rangées des deux côtés de la Reine. Après les trois révérences, Mme de Castro-Pignano et Mme de Luynes s'assirent vis-à-vis de la Reine, Mme de Luynes à la gauche de l'ambassadrice. Après quelque temps de conversation, M. de Verneuil traversa le cercle, passa par le cabinet et la galerie, et alla chez le Roi, qui étoit au conseil. C'est toujours le premier gentilhomme de la chambre, ou le premier valet de chambre, qui entre au conseil pour avertir le Roi. Le Roi vint presque aussitôt, resta quelque moment, et avant que de s'en aller salua et baisa Mme l'ambassadrice. Mme de Luynes reconduisit S. M.; la Reine se rassit; Mme de Castro-Pignano et Mme de Luynes reprirent leurs places, et toutes les dames titrées se rassirent en même temps. M. de Verneuil avoit été reconduire le Roi jusqu'à son cabinet; il rentra par la galerie et le cabinet dans la chambre de la Reine, et passa tout de suite pour aller avertir M. le Dauphin. M. le Dauphin monta aussitôt, et, ayant fait la révérence aux dames et à Mme l'ambassadrice, alla droit à la Reine, et après quelque moment il s'avança vers Mme l'ambassadrice, la salua et la baisa, et sortit immédiatement après. Mme de Luynes le reconduisit; la Reine et toutes les dames titrées se rassirent. M. de

Verneuil étoit allé reconduire M. le Dauphin jusque dans son appartement; il me dit même qu'il avoit demandé permission à M. de Châtillon de ne pas suivre M. le Dauphin jusque chez lui et que M. de Châtillon l'avoit refusé. Lorsque M. de Verneuil fut revenu, l'audience finit. La Reine se leva, Mme de Castro-Pignano baisa le bas de la robe et sortit en pleurant; elle paroît fort affligée de quitter la France; elle revint chez Mme de Luynes d'où M. de Verneuil la conduisit chez Mesdames. M. de Campo-Florido et M. de Castro-Pignano étoient tous deux à l'audience chez la Reine. L'usage est, comme je l'ai déjà marqué ci-dessus, que la dame d'honneur donne à dîner chez elle ce jour-là aux ambassadrices de famille, comme à la première audience. Mme de Castro-Pignano, qui devoit aller voir les eaux de Versailles l'après-dînée, avoit demandé en grâce qu'au lieu d'un dîner ce fût un souper; elle soupa donc ici; M. de Verneuil y soupa aussi. Elle est allée aujourd'hui voir les eaux de Marly et doit partir samedi avec M. de Castro-Pignano, son mari, qui n'attend point l'arrivée de M. le prince d'Ardore, son successeur.

Aujourd'hui M. de Castro-Pignano a eu son audience; c'étoit Mlle de Clermont qui avoit fait avertir les dames. C'étoit une audience particulière, la Reine debout auprès de sa table. M. de Verneuil a été avertir M. de Castro-Pignano et l'a conduit chez la Reine. Il a fait un compliment en italien et a remis à S. M. une lettre du roi des Deux-Siciles, écrite en espagnol; il a ajouté ensuite quelques mots en françois, et s'est retiré avec les révérences ordinaires. Il étoit fort question depuis deux jours de décider si ce seroit M. de Verneuil qui conduiroit M. de Castro-Pignano à l'audience. M. de Castro-Pignano représentoit qu'à sa première audience ici, il avoit été mené par M. de la Mina et non par l'introducteur, que c'étoit une distinction qui sembloit être accordée aux ambassadeurs de famille; que M. de Puysieux, à sa première et dernière audience à Naples, n'avoit pas été conduit par l'introducteur ; que nos ambassadeurs en Espagne ne sont pas non plus conduits par les introducteurs, et, qu'en dernier lieu, M. de l'Hôpital à Naples avoit été traité de même. M. le Cardinal parla avant-hier à M. de Puysieux, lequel lui rendit compte du traitement qu'il avoit reçu à Naples, conforme à ce qu'avoit dit M. de Castro-Pignano ; malgré cela il a été décidé que ce seroit l'introducteur. M. de Verneuil prétend que M. de Castellar, à toutes ses audiences, avoit été conduit par l'introducteur des ambassadeurs, et qu'à l'égard de la première audience de M. de Castro-Pignano, on n'avoit averti l'introducteur qu'une heure auparavant, ce qui fit qu'il ne put s'y trouver.

L'on prétendoit que M. de Castro-Pignano devoit prodigieusement dans ce pays-ci ; il me dit, la veille qu'il a pris congé, qu'il avoit payé généralement toutes ses dettes tant en argent que par arrangements faits avec le Sr Cioya, banquier, entre les mains duquel il a laissé plusieurs effets et entre autres beaucoup de galon d'or et d'argent, que ledit Sr Cioya s'est chargé desdits effets, et que, moyennant l'estimation par compte arrêté entre eux, il ne devoit plus qu'environ 22,000 livres, que ledit Sr Cioya s'est aussi chargé d'acquitter moyennant une lettre de change payable au mois d'août par M. de Castro-Pignano, lequel m'a dit qu'elle seroit acceptée au mois de juillet immédiatement après son arrivée ; que pour faire ces payements il avoit fait venir en dernier lieu 140,000 livres de chez lui; que sa dépense, depuis dix-sept ou dix-huit mois qu'il étoit en France, montoit à 550,000 livres; que sur cela le roi des Deux-Siciles lui avoit donné environ 100,000 livres par an, outre 20,000 écus qu'il lui avoit donnés pour son ameublement, et sans compter ses appointements de capitaine général, dont il étoit payé ici comme à Naples; et que malgré cela il lui en coûtoit 100,000 écus de son bien.

Milord Clare, neveu de feu M. le maréchal de Berwick (1), a hérité depuis peu de 20,000 livres sterling d'un oncle à la mode de Bretagne, mort en Angleterre, nommé milord Woutmout [?]. Il devoit hériter de toute la succession en vertu d'une substitution, et cet héritage montoit à plus de 50,000 écus de rente; mais il falloit changer de religion et quitter le service de France. Milord Clare a refusé l'une et l'autre de ces conditions; il étoit dit qu'en ce cas il n'auroit que 20,000 livres sterling une fois payées, ce qui fait environ 450,000 livres de notre monnoie, mais avec obligation de changer de nom et de prendre celui de Woutmout [?].

La direction de M. de Gramont est changée en inspection et a été donnée à milord Clare.

Nous apprîmes hier que Mme de Rupelmonde avoit obtenu la permission de se démettre de sa place de dame du palais en faveur de sa belle-fille, qui est fille de M. le duc de Gramont d'aujourd'hui; elle se réserve les appointements.

Nous apprîmes aussi que M. de Terlay, lieutenant-colonel du régiment des gardes, qui se retire, avoit obtenu le gouvernement de Saint-Jean Pied-de-Port qu'avoit feu M. le duc de Gramont; il est sur l'état du Roi à 10,400 livres.

Quoique M. le duc de Gramont ait eu toutes les charges qu'avoit M. son frère, hors le gouvernement de Saint-Jean Pied-de-Port, il ne jouira pas des mêmes revenus. Premièrement, sur le gouvernement il y a 10,000 livres de pension pour la veuve; son beau-frère a sollicité lui-même cette grâce. Outre cela, il y a changement sur les logements du régiment. Toutes les maisons des faubourgs de Paris, hôtels ou autres, dès qu'elles ne sont point occupées par les propriétaires, sont sujettes au logement des gardes françoises; ce logement est estimé

---

(1) Il était fils de Charlotte de Bulkeley, sœur d'Anne de Bulkeley, duchesse de Berwick; nous n'avons pu trouver le nom de son oncle à la mode de Bretagne.

ordinairement en argent, et forme une recette très-considérable. Un officier, fort instruit de ce qui se passe dans les gardes suisses, m'a expliqué un détail qui peut faire juger à peu près de la valeur de cette taxe. Les gardes suisses n'ont que trois compagnies logées dans les faubourgs de Paris ; leurs compagnies sont de deux cents ; ils logent tous leurs soldats et leur fournissent des lits, draps et quelques ustensiles nécessaires ; ils ont dans chaque compagnie cinq officiers auxquels on paye en argent leurs logements. Les gardes françoises ont sept officiers par compagnie, auxquels il n'est payé aucun logement, et leurs compagnies ne sont que de cent dix hommes ; par conséquent l'on estime que la dépense d'une compagnie suisse par rapport aux logements est plus forte que celle d'une compagnie françoise d'environ 3,000 livres par an. Malgré cela, il est constant que le revenant bon des logements dans les compagnies suisses, toutes dépenses prélevées, monte par an à près de 4,000 livres par compagnie. Il y a trente-trois compagnies dans les gardes françoises ; il est aisé de voir que le produit des logements est un objet très-considérable. Il est d'usage de retenir sur ce produit, tous les ans, une somme de 60,000 livres au moins, que le Roi emploie, sur le rapport du colonel, en gratifications pour les officiers du corps. Le surplus, indépendamment des 1,000 écus de moins de dépense que dans les Suisses, formeroit encore un objet de 72,000 livres. M. le maréchal de Gramont n'avoit sur cela que 25,000 livres ; mais le duc de Gramont, qui vient de mourir, avoit obtenu peu à peu le surplus de ce revenant bon. En donnant la charge à celui-ci, on a réduit le profit aux 25,000 francs anciens ; le logement des cent dix hommes est remis en argent entre les mains de chaque capitaine, lequel y gagne plus ou moins suivant l'arrangement qu'il fait avec ses soldats (1). Les appointements

---

(1) M. le duc de Gramont me dit, il y a trois ou quatre jours, que le total

du colonel des gardes ne sont que 10,000 livres; il y a outre cela une pension de 8,000 francs attachée à la charge. Ces deux articles joints aux 25,000 livres dont je viens de parler, en font 43,000, mais il y a encore les six deniers pour livre, ce que l'on estime encore pouvoir monter à 35,000 livres. Cette somme est regardée comme un droit du colonel qui se lève sur la paye des officiers et des soldats.

M. de la Trémoille mourut le 23 au soir de la petite vérole (1). Il venoit de s'établir depuis peu à l'hôtel de Nesle sur le quai, qu'ils avoient loué. Mme de la Trémoille y a eu la petite vérole dont elle s'est tirée fort heureusement. M. de la Trémoille craignoit beaucoup cette maladie ; sa femme, qui le savoit, lui avoit fait promettre dans d'autres temps que si jamais elle l'avoit il ne s'enfermeroit point avec elle; M. de la Trémoille, qui l'aimoit beaucoup, n'a pas voulu la quitter pendant sa maladie, et Mme de la la Trémoille, à qui on a toujours laissé ignorer qu'elle eût cette maladie, étoit bien persuadée qu'elle ne l'avoit pas parce qu'elle voyoit M. de la Trémoille dans sa chambre. M. de la Trémoille étoit dans sa trente-quatrième année ;

---

des logements montoit effectivement à 160,000 livres au moins, mais qu'il y avoit premièrement à déduire 80,000 livres que l'on donnoit aux capitaines. Il me détailla aussi d'autres diminutions par lesquelles il paroît prouvé clairement que le revenant bon des logements pour le colonel est peu considérable. Il m'ajouta que feu M. son frère n'en touchoit que 20,000 livres, et que lui-même ne comptoit point en toucher davantage; que le Roi accorde cette somme au colonel et qu'il ne peut pas même en recevoir une plus forte; que depuis qu'il avoit la charge il avoit proposé un arrangement qui avoit été accepté, qui étoit de donner sur le revenant bon des logements, aux six commandants de bataillons, chacun 2,000 livres de pension, et que le lieutenant-colonel eût 1,000 livres de plus que les cinq autres ; que supposé que dans le cas d'une augmentation, la dépense des logements seroit plus forte et le revenant bon des logements ne suffisant pas pour payer lesdites 13,000 livres de pension, cette somme seroit prise sur les 20,000 livres qu'il doit toucher. (*Addition du duc de Luynes*, datée du 3 juin 1741.)

(1) On me dit, il y a quelques jours, qu'on lui avoit fait cette épitaphe à Paris : « Ci-gît l'amour martyr de l'hymen. » (*Note du duc de Luynes.*)

il avoit beaucoup d'esprit et une jolie figure. Il étoit premier gentilhomme de la chambre. Il laisse un fils âgé de quatre ans et une fille. Il étoit aussi de l'académie françoise ; on croit que cette place sera donnée à M. l'abbé de Saint-Cyr, sous-précepteur de M. le Dauphin, d'autant plus qu'il en est digne et que c'est assez l'usage. L'affaire du gouvernement de l'Ile de France n'étoit pas entièrement consommée, et M. de la Trémoille n'avoit pas prêté serment (1). Il avoit le régiment de Champagne, qui sera donné apparemment en même temps que la charge ; mais M. le Cardinal est à Issy, d'où il ne reviendra que mercredi matin.

Le Roi a toujours été à Choisy, d'où il revint hier au soir souper dans ses cabinets, et il est parti ce matin pour aller courre à Rambouillet, où il couchera, et ne reviendra que mardi.

Les trois premiers gentilshommes de la chambre ont été trouver M. le Cardinal à Issy pour demander que la charge fût donnée au fils de M. de la Trémoille, et offrent de l'exercer pour lui. M. le duc d'Orléans sollicite aussi fortement pour le fils, et l'on dit même qu'il a cité pour exemple à M. le Cardinal qu'il avoit bien donné à l'âge d'un an la survivance de capitaine des gardes au petit-fils de M. de Béthune. On ajoute que M. le Cardinal a nié que cela fût vrai, mais que M. le duc d'Orléans n'en est pas moins persuadé. Le fait est réellement faux. Cela prouve que M. le duc d'Orléans, qui vit dans une grande retraite, et qui augmente tous les jours, est mal informé de ce qui se passe ici. M. le duc de Charost m'a dit que ni lui ni M. le duc de Béthune n'avoient seulement pas imaginé de demander cette survivance. Mmes de Mailly et de Vintimille se sont déclarées ouvertement pour M. de Luxem-

---

(1) Il avoit assuré à M. le comte d'Évreux sur tous ses biens, sa vie durant, 30,000 livres pour les appointements du gouvernement. (*Note du duc de Luynes.*)

bourg. Il paroît que le goût du Roi et de M. le Cardinal n'est pas de la donner au fils; l'on conclut de là que, s'il l'obtient, S. Ém. aura cédé aux puissantes sollicitations. D'autres gens croient que M. le duc de Fleury pourroit bien avoir la charge ou au moins l'exercice; on doute pourtant que ce soit le goût du Roi. A l'égard de M. de Luxembourg, s'il l'obtient, ce sera une grande marque du crédit des deux sœurs, et c'est ce qui pourroit en faire douter. M. le duc de Châtillon demande aussi cette charge.

M. le Dauphin a été malade ces jours-ci d'une grande fluxion pour laquelle il a été saigné deux fois. La première saignée étoit faite lorsque le Roi partit mardi dernier pour Choisy; cette maladie faisoit croire qu'il pourroit y avoir quelque changement sur ce voyage. M. le Cardinal lui-même n'en savoit rien; j'allai même à son café, où il me demanda s'il n'y avoit rien de changé. Il n'y avoit au voyage de Choisy que les quatre sœurs et Mme la maréchale d'Estrées. J'y allai jeudi. Le Roi étoit allé à la chasse à Sénart pour courre le daim avec les chiens verts. C'est un équipage qui a été d'abord au lièvre et qui n'est pas censé équipage du Roi; c'est Dampierre qui le commande, et les piqueurs sont habillés de vert. Mme de Mailly étoit allée avec le Roi; elle étoit seule de femme; et lorsque le Roi monta à cheval, elle monta dans une calèche avec M. de Luxembourg et M. de Meuse; elle avoit un habit vert. Il n'y a point d'uniforme pour cet équipage, le Roi même n'en porte point. Le Roi avoit à Choisy deux ou trois fois par jour des nouvelles de M. le Dauphin. Un page apporta le jeudi au soir à S. M. une lettre pendant qu'il jouoit à quadrille. Mademoiselle et Mme de Mailly jouoient à cavagnole et j'étois entre elles deux. Mme de Mailly parut avoir grand désir de savoir des nouvelles de M. le Dauphin; le Roi lui envoya sur-le-champ la lettre, qu'elle lut tout bas aussitôt; après quoi, elle se leva et la reporta au Roi. Mademoiselle demanda des nouvelles au page. Mme de Vintimille ne joue point et est toujours assise auprès de la table où le Roi joue. Les deux princesses ne sont pas du voyage de Rambouillet; il n'y a que les deux comtesses et point d'autres dames. Mme la comtesse de Toulouse, qui est incommodée, n'est partie qu'à cinq ou six heures pour y aller.

Il y a déjà quelques jours que M. de Bouville, conseiller d'État, ci-devant intendant d'Orléans, est mort; cette charge va naturellement à M. de la Houssaye qui avoit depuis longtemps une expectative.

Il y a déjà longtemps que M. de Campo-Florido demandoit avec instance à M. le Cardinal la permission de faire présent au Roi d'un chandelier de cristal qu'il a apporté avec lui de Sicile. Ce chandelier est de cristal fondu, extrêmement grand; toutes les branches sont de cristal, dans le goût des chandeliers d'église. Il faisoit assez bien à la fête de M. de Campo-Florido; on l'a mis pendant quelques jours dans la chambre du Roi, ici, où il faisoit très-mal, et on l'a porté au garde-meuble; c'est un présent fort médiocre.

Il y a déjà ici quelques changements dans les logements. Le Roi ôte à MM. les deux gentilshommes de la manche les deux logements qu'ils ont presque au-dessus de celui-ci. Il a donné à M. le chevalier de Créquy le logement de feu M. le marquis d'Antin au-dessus de la salle du conseil. On vient de redemander à Mme de Conflans (1) celui qu'elle avoit auprès de Mme la maréchale d'Estrées dans l'aile neuve; elle n'en faisoit point d'usage depuis deux ans, étant devenue totalement aveugle; on croit que ce logement est pour M. de Puydion, mais cela n'est point encore décidé. Le Roi veut donner des appartements à M. le maréchal de Noailles qui a cédé le gouvernement à son fils, à M. le duc d'Ayen, qui n'en a qu'un de garçon, à Mme la duchesse de Gramont la veuve, à M. et Mme de Fitz-

---

(1) Mme de Conflans, sœur de Mme d'Armentières; toutes deux filles de Mme de Jussac; elle est attachée à S. A. R. (*Note du duc de Luynes.*)

James, qui n'en ont point, et on dit aussi un pour M. et Mme de Mérode, qui sont absents depuis longtemps, mais qui sont extrêmement mal logés. Le comte de Noailles prit congé du Roi, il y a quelques jours, pour son régiment. S. M. lui dit en partant : « Vous trouverez à votre retour bien du changement dans les logemens de Versailles. » Cela prouve que le Roi a dessein de faire ces changements sans travailler avec le gouverneur.

M. le duc de Chartres partit jeudi ; son voyage doit être d'environ six semaines.

JUIN.

L'évêque de Laon. — Mort de M. de Chavagnac et du chevalier Rosen. — Réception du duc de Gramont comme colonel du régiment des gardes françoises. — Le duc de Fleury nommé premier gentilhomme de la chambre ; circonstances de cette nomination. — Mariage de M. de Clermont-Tonnerre avec Mlle de Breteuil ; maison de Clermont-Tonnerre. — Entrée du nonce. — Revue des mousquetaires. — Régiments donnés. — Changement de logements à Versailles. — Serment du duc de Fleury. — Mort de Mme la Duchesse. — Nouvelles de Carthagène. — Présentations de Mme de Fontaine-Martel et de Mme de Montmorency. — Mort de l'abbé du Vigean. — L'abbé de Rochechouart-Faudoas nommé évêque de Laon. — Gouvernement de Champagne accordé au prince de Soubise. — Eau bénite à Mme la Duchesse. — Conseil de dépêches. — Cérémonial pour l'eau bénite aux princes et princesses du sang. — Détail curieux sur le clergé à l'eau bénite de Mme la Duchesse. — Audience de l'ambassadeur de Naples.

Du jeudi 1er, *Fête-Dieu, Versailles.* — Il y a déjà un mois environ que M. l'évêque de Laon est mort ; il étoit frère de M. le marquis de la Fare, ci-devant commandant en Languedoc, mais il ne lui ressembloit point du tout, car il étoit petit et d'une vilaine figure. Il a beaucoup fait parler de lui par son zèle pour la Constitution. Ce sentiment, quelque louable qu'il soit et quoique très-digne d'être approuvé, étoit accompagné dans M. de Laon d'une si grande vivacité que l'on a souvent pensé qu'il poussoit les choses à l'excès.

Dimanche dernier, la Reine alla se promener à Sèvres

dans la maison de Mme d'Armagnac (1). Mmes d'Armagnac et de Villars, toutes deux filles de M. le maréchal de Noailles, qui sont l'une et l'autre dans la dévotion, jouissent d'une des maisons dépendantes de Saint-Cloud. M. le duc d'Orléans, qui est en grande liaison avec elles, leur a donné l'usage de cette maison. Mme d'Armagnac, qui est séparée d'avec M. le prince Charles presque depuis son mariage, habite plus souvent cette maison que Mme sa sœur, et la Reine aime beaucoup Mme d'Armagnac.

J'ai marqué ci-dessus qu'on n'avoit aucune nouvelle de M. de Chavagnac, beau-frère de M. de Tessé, et qu'on le croyoit péri avec le bâtiment qu'il montoit. Ce bâtiment, qui est une corvette nommée *la Fée*, est enfin revenu, et l'on a appris par son retour que M. de Chavagnac étoit mort sur son bord, de maladie, le 16 novembre.

On apprit, il y a quelques jours, la mort du chevalier Rosen. MM. Rosen sont les petits-fils du maréchal de ce nom ; ils étoient deux frères et avoient chacun un régiment ; celui-ci avoit un régiment gris de cavalerie qui avoit été Lordat et Lixin. Il est mort de la petite vérole le douzième jour, à Strasbourg.

Le Roi revint ici mardi de Rambouillet, et soupa avec les deux sœurs et la maréchale d'Estrées dans ses cabinets. Les deux comtesses étoient revenues de Rambouillet dans un vis-à-vis du Roi, de la petite écurie. Pendant ce voyage, Mme de Mailly a encore été à la chasse du Roi, seule de femme, avec M. de Luxembourg et M. de Meuse.

Le Roi en arrivant reçut une lettre de M. le Cardinal, lequel étoit encore à Issy, et de ce moment il parut de fort mauvaise humeur ; il passa chez la Reine avant de se mettre à table ; j'y étois, et nous remarquâmes tous qu'il étoit fort triste. Le lendemain matin, qui étoit hier, j'allai chez Mme de Mailly, qui me parut assez sérieuse ; elle

---

(1) On appelait, dans la société de la Reine, cette maison : le Palais des lilas.

avoit beaucoup de monde à sa toilette, et entre autres M. le comte de Charolois et M. de Luxembourg, lequel avoit l'air triste. M. le Cardinal arriva pour le conseil d'État. Le Roi dîna à son petit couvert.

L'après-dînée se fit la réception de M. le duc de Gramont, à trois heures. Le régiment des gardes étoit sous les armes, dans la grande place qui est entre les écuries et le château, et formoit une espèce de bataillon carré ouvert du côté de la grille; tous les officiers en habit uniforme. Le Roi monta à cheval dans la cour, accompagné de ses gardes dont les officiers étoient aussi en uniforme. La garde ordinaire françoise et suisse étoit dans la cour des ministres. Le Roi s'avança dans la place, à trente pas environ de la grille, M. le duc de Gramont en uniforme et à pied auprès de S. M. Aussitôt que le Roi fut arrivé, tous les officiers quittèrent leurs postes, les sergents et les tambours. Les officiers firent un cercle autour du Roi, les tambours derrière. Le Roi dit suivant le style ordinaire : « Vous reconnoîtrez M. le duc de Gramont pour colonel de mes gardes, et vous lui obéirez en ce qu'il vous commandera pour mon service. » Aussitôt les tambours battirent, les officiers se remirent à leurs postes et le Roi s'avança à droite, du côté des Récollets. Immédiatement après qu'il fut placé, le régiment des gardes se mit en marche par compagnie, M. le duc de Gramont à la tête de la compagnie-colonelle, suivant l'usage, salua le Roi et se plaça ensuite auprès de S. M. Tout le régiment continua à marcher par compagnie, et prit le chemin de Paris. Le Roi s'en retourna immédiatement après. Il étoit resté six compagnies dans la place, à la tête desquelles M. le duc de Gramont monta la garde et renvoya sur-le-champ deux desdites compagnies. L'usage est qu'à la réception du colonel, il est toujours de garde quatre jours comme les capitaines; que la garde relève ce jour-là, et recommence par la tête. La garde du Roi n'est que de quatre compagnies; pour la réception du colonel, il en monte six, mais il en renvoie toujours deux, n'ayant pas de quoi les loger. Mmes de Mailly, de Vintimille et de Gramont étoient dans le carrosse de Mme de Gramont à la réception. Aussitôt que la garde eut monté, les quatre compagnies de la garde nouvelle se retirèrent, le Roi ne devant pas sortir.

Mmes de Lesparre et de Brionne firent hier leurs révérences avec Mme la duchesse de Gramont-Biron; elles n'avoient point de mantes.

Hier après midi, M. le Cardinal manda à M. de Maurepas de ne pas dire un mot de la charge de premier gentilhomme de la chambre dans le travail qu'il devoit faire le soir avec le Roi. M. le Cardinal fut à ce travail suivant sa coutume à six heures; il fut enfermé avec le Roi trois quarts d'heure avant l'arrivée de M. de Maurepas. On comptoit qu'au sortir du travail on sauroit la décision sur la charge, mais on n'en apprit aucune nouvelle, et l'on dit même qu'il n'en avoit pas été question. Ce matin le Roi, après son lever, a dit à M. le duc de Fleury : « Je vous donne la charge de premier gentilhomme de la chambre. » C'étoit immédiatement avant que de sortir pour aller à la paroisse, à la procession. Lorsque le Roi a été sur l'escalier, il a donné à M. de Fleury une lettre qu'il lui a dit de porter à M. le Cardinal. L'on n'a su aucun détail dans le moment. La procession s'est passée à l'ordinaire; il a été à la paroisse à deux chevaux, suivant l'usage. Il y avoit dans son carrosse M. le comte de Clermont, M. le prince de Dombes, M. le comte d'Eu, M. de Béthune et M. le duc d'Ayen; un second carrosse à deux chevaux, à l'ordinaire. Au retour du Roi, M. le Cardinal est venu chez S. M. faire son remercîment dans le cabinet des perruques, en habit long rouge. Le Roi l'a embrassé; il est entré de suite dans la garde-robe du Roi, où il est resté près d'un demi-quart d'heure tête à tête avec S.M. Le Roi étant revenu dans son cabinet de glaces, M. le Cardinal a présenté son neveu qui a fait son remercîment; M. le maréchal de Noailles étoit présent. M. le Cardinal adressant la parole au Roi lui a dit : « M. de Noailles croit que je voulois lui faire un mystère, V. M. sait que je n'ai rien appris de la grâce qu'elle a faite à mon neveu que par la lettre que V. M. m'a fait l'honneur de m'écrire. » On peut juger de l'empressement des compliments que S. Ém. a reçus ; entre autres Mme de Luynes l'a été voir et il lui a dit qu'il n'avoit aucune part à la grâce que le Roi venoit de faire à son neveu et qu'il n'en avoit appris la nouvelle que par la lettre du Roi ; qu'il étoit d'autant plus touché de cette lettre qu'elle étoit remplie de toutes sortes de marques de bonté. On juge par toutes ces circonstances différentes que la lettre que le Roi reçut avant-hier de M. le Cardinal étoit au sujet de cette charge, non pour la demander, mais pour représenter au Roi la nécessité dont il étoit pour son service qu'on pût croire qu'il avoit toujours sa confiance ; et que si le Roi donnoit la charge à M. de Luxembourg, il passeroit pour constant qu'il n'avoit plus droit d'espérer la continuation de cette même confiance, et que dès ce moment il deviendroit entièrement inutile à S. M., ajoutant les instances les plus fortes pour déterminer le Roi en faveur du fils de M. de la Trémoille.

Il est aisé de juger de la cause du chagrin dans lequel le Roi parut être le mardi au soir. Vivement sollicité par les deux sœurs en faveur de M. de Luxembourg et désirant lui donner la charge, la lettre de M. le Cardinal dut faire une furieuse révolution en lui. On a remarqué que le jour que M. de la Trémoille mourut, le Roi en apprit la nouvelle pendant son souper, et qu'au sortir de table Mme de Mailly fit parler M. de Luxembourg au Roi. Ce qui paroît le plus difficile à expliquer, c'est ce qui se passa dans la matinée du jeudi sur les huit heures. Il est certain que M. le Cardinal ne savoit rien de la charge ; il dit en avoir appris la nouvelle par la lettre du Roi ; il ajoute que cette lettre étoit charmante, cependant il parut de très-mauvaise humeur lorsqu'on alla lui faire des compliments, et même lorsque Mme de Luynes y fut et qu'elle lui dit qu'elle craignoit qu'il ne fût bien fatigué de la multitude de visites qu'il recevoit, il lui répondit : « Les peines du corps ne sont rien, ce sont celles de l'esprit. »

Depuis ce qui est écrit ci-dessus, j'ai appris un détail qui éclaircit entièrement ce que j'ai marqué. Premièrement, la mauvaise humeur du Roi, le mardi, se montra non-seulement par le sérieux et la tristesse dont il étoit quand il vint chez la Reine ; mais outre cela Mesdames, qui jouoient avec la Reine, lui ayant demandé permission d'aller voir le Roi qui arrivoit, à peine le Roi les regarda-t-il, et il ne leur donna point sa main à baiser comme à l'ordinaire ; il se mit à table dans ses cabinets, mais le souper fut extrêmement triste, et il n'y eut que sur la fin que le Roi commença à parler un peu.

A l'égard de M. le Cardinal, du premier moment de la mort de M. de la Trémoille, son premier sentiment fut de ne point donner la charge au fils ; mais les sollicitations pressantes de Mme la duchesse d'Orléans, de M. le duc d'Orléans et plusieurs autres l'avoient enfin déterminé en faveur du fils ; il avoit même promis positivement par quatre ou cinq lettres de faire tout ce qui dépendroit de lui auprès du Roi en faveur du fils. Il s'étoit acquitté de cette parole en écrivant fortement au Roi, le mardi, et lui demandant la charge pour le fils, en même temps qu'il donnoit l'exclusion formelle à M. de Luxembourg. Il n'avoit aucune vue pour son neveu, au moins cela paroît clair par les circonstances ; et jeudi matin, M. l'évêque de Mirepoix le vit et fut trois quarts d'heure tête à tête avec lui ; on parla de la charge, et M. le Cardinal ne parut rien savoir de la détermination du Roi. Cette même matinée, M. le contrôleur général travailloit tête à tête avec M. le Cardinal, lorsque M. de Fleury entra, dit à M. le Cardinal la grâce que le Roi venoit de lui faire, et lui remit la lettre de S. M. M. le Cardinal fit répéter deux fois son neveu, disant que cela ne pouvoit pas être, et à chaque fois dit avec douleur et surprise : « Me voilà compromis avec tous les princes du sang. » Ce détail est aussi certain que si je l'avois vu. A la seconde fois que M. de Fleury lui répéta la grâce qu'il recevoit, comme il s'en alloit, M. le Cardinal le fit rappeler et lui dit devant le contrôleur général : « Je vous défends d'en rien dire à personne, » déterminé à ce que l'on croit à aller trouver le Roi au retour de la paroisse et à essayer de le faire changer. Son neveu lui répondit qu'il étoit toujours prêt à exécuter ses ordres, mais qu'il avoit déjà remercié le Roi publiquement et reçu grand nombre de compliments. Il répéta encore alors : « Ah ! me voilà compromis avec tous les princes du sang. » Le moment d'après, Mme de Fleury vint chez lui; elle se jeta à son cou, mais à peine la regarda-t-il, et lui dit à elle et à quatre personnes qui la suivoient qu'il avoit à travailler avec M. le contrôleur général. Cette même matinée, il descendit chez M. le Dauphin ; mais il étoit dans un état qui faisoit peine à voir ; il ne savoit ce qu'il disoit, et ne pouvoit pas même trouver la porte pour sortir, il fallut la lui montrer. Après avoir présenté son neveu à M. le Dauphin, il s'en alla ; mais après avoir fait quelques pas il revint et dit qu'il avoit oublié de dire à M. le Dauphin qu'il avoit fait tout ce qu'il avoit pu pour déterminer le Roi en faveur du fils de M. de la Trémoille, et qu'il n'avoit pas imaginé de demander la moindre chose pour son neveu. Il alla de là chez Mesdames, mais étant dans une telle consternation et un changement si singulier qu'on pouvoit tout croire et tout appréhender dans ce moment. Enfin cela étoit au point que lorsqu'il fut sorti, Madame Adélaïde dit à Mme de Tallard : « Vous dites, maman, qu'il faut faire des compliments à M. le Cardinal ; il devroit donc être bien aise. »

J'oublie de marquer qu'avant d'aller chez Mesdames, il avoit été chez la Reine ; il y étoit arrivé dans un état d'embarras si grand que la Reine avoit cru qu'il se trouvoit mal; il s'approcha de la Reine, ayant peine à se soutenir; elle étoit à sa toilette, où il y avoit même assez de monde dans ce moment; il la pria d'ordonner que l'on passât; l'ordre fut donné sur-le-champ; il demanda aussitôt permission à la Reine de s'asseoir, n'en pouvant plus. Il lui dit alors qu'il lui arrivoit le plus grand malheur du monde; qu'il étoit dans une grande désolation, et ajouta que le Roi venoit de donner la charge à son neveu. La Reine lui dit qu'elle ne voyoit rien dans cette nouvelle de si affligeant pour lui. Il lui raconta ensuite le sujet de sa peine en faisant le détail des engagements qu'il avoit pris.

Le fait est que depuis la mort de M. de la Trémoille, il y avoit eu plusieurs lettres de M. le Cardinal au Roi, et du Roi à M. le Cardinal. La première lettre du Cardinal disoit que ses amis le pressoient extrêmement de demander la charge pour son neveu, mais qu'il étoit si comblé des bontés de S. M. qu'il ne songeoit nullement à faire une telle demande; qu'au contraire il la supplioit très-humblement de songer au fils de M. de la Trémoille. Le Roi lui répondit qu'il ne vouloit point la donner au fils de M. de la Trémoille; qu'il avoit bien songé à son neveu, mais qu'il avoit senti en même temps que c'étoit lui attirer plus d'ennemis que d'amis. Sur cela, nouvelle lettre du Cardinal dans laquelle, sans nommer M. de Luxembourg, il le désignoit et faisoit sentir au Roi que s'il disposoit de cette charge suivant les conseils qu'on lui donnoit, il devenoit lui-même de ce moment inutile au bien de son service, puisqu'il ne seroit plus douteux alors qu'il ne seroit plus honoré de sa confiance, et que dès ce moment il le prieroit de vouloir bien lui permettre de se retirer, sentant même qu'il en avoit besoin. Ce fut cette lettre qui mit le Roi de mauvaise humeur (1). Le

---

(1) Le Roi dit dans le moment : « Je croyois que le Cardinal étoit attaché à

Roi répondit à M. le Cardinal (mais je ne sais si ce ne fut pas verbalement dans le travail) qu'il seroit bien fâché de lui rien demander qui pût intéresser sa santé, et que si elle demandoit absolument qu'il se retirât, qu'il lui donnoit toute permission. Ce fut dans cet état d'agitation et de peine que les deux sœurs, ou au moins Mme de Mailly, déterminèrent le Roi à donner la charge à M. de Fleury (1). Mais par tout ce détail qui est vrai, il ne paroît pas que le Cardinal, pour tirer le Roi d'embarras, lui ait proposé d'autres sujets que le fils de M. de la Trémoille, quoiqu'il y en eût plusieurs qui demandassent. Lorsqu'il fut revenu chez lui il s'y enferma, et personne ne put y aborder; il dîna seul et dormit une demi-heure; après quoi il écrivit quatre ou cinq lettres à Mme d'Orléans et aux autres auxquels il avoit promis par écrit en faveur du fils, pour se justifier auprès d'elle. Après cela il vit tout le monde et parut dans une situation plus ordinaire, quoiqu'il fût encore abattu. Deux autres circonstances remarquables, c'est que le Roi devoit se coucher de bonne heure le mercredi, à cause de la procession du lendemain, et cependant il ne se coucha qu'à deux heures et demie, ce qui fait juger qu'il y avoit eu une longue conversation ; et le jeudi, le Roi étoit encore fort sérieux. Au retour de la procession, en rentrant, il reçut une lettre

---

ma personne, mais je vois qu'il l'est beaucoup plus à son crédit. » (*Note du duc de Luynes.*)

(1) L'état du Roi étoit en effet très-violent; la veille de la fête, il resta après souper tête à tête avec Mme de Mailly, qui fut effrayée de l'agitation extrême de l'esprit de S. M. Mme de Mailly envoya prier Mme de Vintimille de la venir trouver ; elle lui parla avec vivacité de l'état du Roi. Mme de Vintimille lui dit : « Ma sœur, il n'y a pas un moment à perdre, il faut que vous écriviez tout à l'heure au Roi pour lui demander avec instance de donner la charge à M. de Fleury. Nous pourrions peut-être l'emporter sur le Cardinal, mais le Cardinal est absolument nécessaire au Roi, et nous serions renvoyées dans trois jours. ». Mme de Mailly lui dit qu'elle étoit hors d'elle-même et qu'elle ne pourroit jamais écrire ; Mme de Vintimille lui dicta la lettre; cette lettre fut rendue le soir même au Roi, avant qu'il se couchât, ou au plus tard le lendemain jeudi matin (*Note du duc de Luynes.*)

de Mme de Mailly ; il fit réponse sur-le-champ, cacheta lui-même sa lettre, et dès ce moment parut comme à son ordinaire. M. le duc de Fleury paye le brevet de retenue qu'avoit M. de la Trémoille, et le Roi lui en donne un de 400,000 livres.

M. de Varennes est devenu lieutenant-colonel des gardes par la retraite de M. de Terlay.

Jeudi dernier, le Roi avant que d'aller à la paroisse signa le contrat de mariage du fils de M. de Clermont-Tonnerre avec la fille de M. de Breteuil. L'heure de la signature des contrats de mariage est toujours après la messe du Roi, et c'est ici le second ou le troisième contrat qui a été signé avant la messe. M. de Clermont est mestre de camp de la cavalerie. MM. de Clermont sont originaires de Dauphiné et en portent le titre de premiers barons par une concession de Humbert, dauphin, en faveur d'Aynard ou Aymard de Clermont, qui vivoit dans le onzième siècle. Le petit-fils de celui-ci, nommé aussi Aymard, commanda les armées du comte de Bourgogne, l'an 1120, et rétablit sur le siége pontifical Calixte II, frère du comte, après avoir chassé l'antipape Burdin, soutenu par l'empereur Henri V. Les armes de Clermont étoient une montagne avec un soleil ; le Pape leur donna pour armes deux clefs d'argent en sautoir avec la tiare papale, et pour devise la réponse de saint Pierre à N.-S. : *Si omnes te negaverint, non te negabo.* Aynard de Clermont, le huitième de cette maison, eut deux fils. C'est du second, nommé aussi Aynard, que descendoit la duchesse de Retz, qui mourut en 1603. L'aîné, nommé Geoffroy, épousa l'héritière de Montoison. Geoffroy eut pour fils Aynard ; Aynard, de son second mariage avec une Seyssel, eut deux fils ; le cadet fit la branche de Montoison, d'où descendoit Philibert dit le Brave de Montoison, qui se trouva à la bataille de Fornoue en 1495. Charles VIII, dont il étoit chambellan, pensa y être pris ; il appela Montoison à son secours en lui criant : « A la rescousse, Montoison ! » Ces paroles sont devenues une devise pour cette famille, Philibert ayant délivré le Roi. Antoine, frère aîné de Philibert, épousa une Sassenage, petite-fille de la vicomtesse de Tallard. Antoine, par ce mariage, prit le titre de vicomte de Tallard, et eut pour fils Louis et Bernardin. Bernardin fut vicomte de Tallard. Louis eut pour fils Antoine, qui épousa la sœur de Diane de Poitiers, duchesse de Valentinois; il n'en eut qu'un fils, mort jeune, et deux filles dont l'une épousa le comte de Saint-Aignan. Bernardin épousa une Husson, fille du comte de Tonnerre; il eut pour fils aîné Antoine, en faveur duquel Clermont fut érigé en comté en 1547. Henri, second fils d'Antoine, devenu l'aîné, avoit épousé une la Marck, fille du duc de Bouillon. Charles IX érigea en sa faveur le comté de Tonnerre en duché en 1572. Cette érection n'eut pas lieu, Henri étant mort en 1573; MM. de Clermont ont seulement gardé le manteau. Charles-Henri, fils de Henri, épousa une d'Escoubleau de Sourdis. Son fils aîné, François, étoit le père de M. l'évêque de Noyon et le grand-père de M. l'évêque de Langres. Son second fils, Roger, épousa une Pernes, fille de la comtesse d'Espinac; il fit la branche de Crusy et eut un fils qu'on appeloit le marquis de Crusy, qui épousa Mlle de Massol, dont je parlerai ci-après, mère du mestre de camp de la cavalerie. Le troisième fils de Charles-Henri s'appeloit aussi Charles-Henri; il épousa l'héritière de Luxembourg et devint par là duc de Luxembourg; il en eut une fille qui porta ce duché à Henri de Montmorency, duc, pair et maréchal de France. M. le marquis de Crusy avoit fort peu de biens, il étoit fort ami d'un homme que Mlle de Massol devoit épouser et qui fut tué en Italie, le mariage étant arrêté. Mlle de Massol fut dans une très-grande affliction et fit tendre sa chambre de noir. Elle ne voulut voir personne; cependant M. de Crusy, à titre d'ami de celui qu'elle devoit épouser, eut permission de la voir; il lui plut et elle l'épousa et vécut fort bien avec lui. Elle avoit du bien, elle l'employa entièrement à l'éducation de son fils, et après la mort de son mari elle se retira à la campagne avec 1,000 livres de revenus seulement. C'étoit une femme d'esprit, respectable par son mérite et sa vertu. Son fils, qui est le mestre de camp de la cavalerie, vint à Paris, fit connoissance avec Mlle de Novion, qui avoit du bien et étoit maîtresse de son sort, il l'épousa. C'est la mère de celui dont le contrat de mariage fut signé lundi.

Du dimanche 4. — Le Roi entendit jeudi, jour du Saint-Sacrement, les vêpres dans sa tribune, chantées par sa musique. Tous les jours de l'octave il y a un motet au salut, et pendant l'octave il n'y a point de concert chez la Reine.

Le vendredi, le Roi partit pour aller à la chasse et de là coucher à Rambouillet. Les deux sœurs partirent l'après-dînée dans un vis-à-vis du Roi; Mme de Mailly étoit venue la veille chez la Reine lui demander sa permission. Sa semaine commence aujourd'hui; elle ne reviendra cependant que demain.

Du mercredi 7. — Hier le nonce (1) fit ici son entrée; il l'avoit faite dimanche dernier à Paris. C'est le jour de son entrée à Paris qu'il reçoit à Picpus les compliments du Roi et de la Reine; M. le duc de Rochechouart y alla de la part du Roi, et M. de Tessé de la part de la Reine. Il n'y a rien à remarquer sur l'entrée du nonce; il étoit conduit par M. le prince de Lambesc, suivant l'usage; il eut l'honneur des armes, la garde rappela pour lui; les Cent-Suisses et les gardes du corps prirent les armes. M. de Béthune vint le recevoir à l'entrée de la salle des gardes, et chez la Reine ce fut le chef de brigade; lui et M. de Lambesc se couvrirent à l'audience du Roi, suivant l'usage; le Roi debout et couvert pendant la harangue. Chez la Reine, l'audience étoit dans le grand cabinet avant la chambre, M. de Nangis seul derrière le fauteuil. Le nonce

---

(1) Crescenzi, archevêque de Naziance.

porta son bonnet sur sa tête et l'y laissa un instant; M. de Lambesc porta aussi son chapeau sur sa tête, mais ne l'y laissa point. Après cette cérémonie, le nonce parla découvert, la Reine étant debout. L'une et l'autre harangue furent en italien.

Hier à quatre heures après midi, se fit la revue des deux compagnies de mousquetaires, à l'ordinaire. M. le Dauphin ne descendit point en bas parce qu'il a été incommodé ces jours-ci; il vit la revue avec Mesdames par une fenêtre de M. le comte de Clermont (prince). La Reine étoit sur le balcon de la salle des gardes; les officiers la saluent parce qu'ils ne sont plus alors à la vue du Roi. Le Roi passa dans les rangs des deux compagnies, après quoi il revint à la cour de marbre; alors M. de Jumilhac vint prendre l'ordre pour l'exercice, que les mousquetaires gris firent au son du tambour. M. de Jumilhac vint prendre l'ordre une seconde fois pour faire faire le même exercice sans tambours. M. de Montboissier fit de même pour les noirs. Les gris étoient allés pendant ce temps-là prendre leurs chevaux et revinrent passer en revue, et les noirs ensuite. La question de l'année passée au sujet du tambour des gardes s'étoit renouvelée la veille. M. le duc de Gramont répondit à M. de Jumilhac qu'il ne pouvoit pas changer de son chef l'usage qu'il avoit trouvé établi dans le régiment, d'autant plus qu'il n'y avoit point d'ordonnance de rendue sur cet article, mais qu'il lui paroissoit fort convenable que le Roi voulût bien en rendre une, et qu'aussitôt que S. M. auroit décidé ce que son régiment des gardes devoit faire, il le feroit exécuter. En conséquence, les gardes françoises et suisses prirent les armes hier et ne battirent point. Les mousquetaires battirent en allant et en revenant, ce qu'ils n'avoient point fait l'année passée. Apparemment que MM. les capitaines ont reconnu que toutes troupes qui marchent doivent battre, et surtout en entrant dans le château et en se retirant.

JUIN 1741.

Le Roi travailla hier avec M. de Breteuil et donna les deux régiments qui étoient vacants : Champagne, par la mort de M. de la Trémoille ; et Rosen-cavalerie, par la mort du chevalier Rosen. Le régiment de Rosen, qui étoit autrefois Lordat et Lixin, a été donné à M. le prince de Gavre, fils de M. le comte d'Egmont ; c'est un régiment de 22,500 livres, de trois escadrons. Le régiment de Champagne a été donné à M. de Bellefonds, brigadier d'infanterie, dont la femme est du Châtelet. M. de Bellefonds avoit le régiment de la Marche, qui a été donné à M. de Saint-Pern, capitaine dans le régiment du Roi, qui a fait le détail de l'infanterie en Italie et dont on a été fort content. M. de Saint-Pern avoit une lettre de feu M. d'Angervilliers par laquelle ce ministre lui marquoit que le Roi étoit très-satisfait de sa conduite et qu'il pouvoit compter sur le premier régiment vacant.

Il y a beaucoup de projets sur le changement de logements. M. le duc de Gramont va occuper celui de feu M. son frère. M. le maréchal de Duras demande à changer le sien contre celui que quitte M. de Gramont, lequel est au-dessous de M. de Tessé. Le Roi a donné à M. le chevalier de Créquy le logement de feu M. le marquis d'Antin, qui est au-dessus de la salle du Conseil, et a fait redemander à Mme de Conflans celui qu'elle avoit auprès de Mme la maréchale d'Estrées et dont elle ne pouvoit plus faire usage étant aveugle.

Du jeudi 8, Versailles. — Le Roi a signé ce matin le contrat de mariage de M. le comte de Montmorency, lequel quitte le nom de chevalier de Montmorency, après avoir eu celui de comte de Beaumont et celui de marquis de Breval ; il épouse la fille de M. le premier président (le Pelletier) ; le mariage se fera dimanche.

Le Roi a aussi signé celui de M. le président d'Aligre avec la fille d'un conseiller : ce mariage est fait il y a quelques jours ; le Roi a permis qu'on ne lui apportât ce contrat qu'après. Ces signatures se sont faites après le lever, dans le cabinet, à l'ordinaire. M. de Maurepas a présenté la plume; tous les parents étoient à la signature.

Immédiatement après, tout le monde étant encore dans le cabinet, le Roi s'est mis dans son fauteuil, près la cheminée, le dos tourné au mur de la galerie : on a apporté un carreau sur lequel s'est mis M. le duc de Fleury, sans épée; le Roi son chapeau sur la tête. M. de Maurepas a lu le serment, après quoi le Roi s'est levé et est parti pour la Paroisse dans un carrosse à deux chevaux, dans lequel étoient M. le prince de Dombes et M. le comte d'Eu, MM. de Béthune et de Fleury. Nous étions deux dans le second carrosse. Il n'y a rien eu à remarquer, sinon que le nombre des pages qui doivent monter devant et derrière ce carrosse est fixé, parce qu'ils y vouloient tous monter; aujourd'hui ils étoient dix-huit. M. le duc de Gramont s'est mis, en habit noir, la canne à la main, à la tête de la garde, lorsque le Roi a passé, pour lui faire sa cour; et la garde qui relevoit aujourd'hui étoit en bataille, dans la place d'armes, sur le chemin de la Paroisse. Au retour de l'église, le Roi s'est habillé de chasse, a passé ensuite dans sa chambre pour dîner; M. de Fleury l'a servi, MM. de Gesvres et de Rochechouart présents derrière le fauteuil; c'est apparemment l'usage pour le jour du serment. Le Roi est parti en calèche; il y en avoit deux. L'observation que l'on peut faire par rapport aux calèches, c'est que celle où le Roi est marche la première, au lieu qu'aux carrosses celui où le Roi n'est pas marche toujours le premier.

Du vendredi 9, *Versailles.* — Le Roi vient d'arriver de Rambouillet. Mme de Mailly n'étoit point de ce voyage, parce qu'elle est de semaine.

M. de Fleury a aujourd'hui pris ses grandes entrées à la toilette de la Reine.

Du mercredi 14, *Versailles.* — On apprit hier la mort

de M. le duc de Phalaris, à Constantinople; il étoit fils de M. d'Entraigues (1) et frère de feu Mᵐᵉ la duchesse de Béthune; il avoit épousé Mˡˡᵉ d'Haraucourt ; c'est Mᵐᵉ la duchesse de Phalaris d'aujourd'hui.

Du jeudi 15, *Versailles*. — Mᵐᵉ la Duchesse est morte hier à dix heures du matin, après une longue maladie ; elle étoit âgée de vingt-six ans. M. le comte de Charolois vint ici pour en faire part au Roi ; et S. M. étant partie pour la chasse, d'où il alloit coucher à Rambouillet, M. de Charolois s'est rendu à Rambouillet, d'où il est revenu ici en rendre compte à la Reine. Dans ces occasions, c'est un maître de la garde-robe qui va faire compliment aux princes du sang de la part du Roi ; et la Reine y envoie son premier maître d'hôtel. On prendra le deuil samedi 17. Elle a fait un testament par lequel elle donne 6,000 livres une fois payées à chacune des dames qui lui sont attachées, 10,000 livres à celui qui gouvernoit ses affaires et qu'elle fait son exécuteur testamentaire, 10,000 francs aussi à une Allemande qui est auprès d'elle. On fait pour elle la grande cérémonie. Les cours souveraines ont été lui jeter de l'eau bénite ; Mˡˡᵉ de Clermont va lui en jeter de la part de la Reine ; elle sera accompagnée par Mᵐᵉ de Fleury et par Mᵐᵉ de Rupelmonde, la belle-fille. Son corps est gardé par des dames non titrées. Il y a eu des billets d'invitation aux dames qui ont été choisies.

Du vendredi 16, *Versailles*. — Il est arrivé ici plusieurs officiers de marine, entre autres M. le chevalier d'Estourmel, M. du Barrail et M. Bart. M. Bart et M. d'Estourmel ont fait leur cour plus assidûment et le Roi leur

---

(1) MM. d'Entraigues sont fort proches parents de MM. de Luxembourg; Mᵐᵉ de Valence, sœur de M. le maréchal de Luxembourg, étoit mère de Mᵐᵉ d'Entraigues, par conséquent M. d'Entraigues, père de M. de Phalaris, étoit par sa femme cousin germain de M. le maréchal de Montmorency d'aujourd'hui. (*Note du duc de Luynes.*)

a beaucoup parlé, surtout à M. Bart qui est un officier de beaucoup de mérite.

M. de Roquefeuille doit partir incessamment avec une flotte pour aller dans le Nord.

On eut, il y a quinze jours, des nouvelles de Carthagène par lesquelles on a appris que les deux flottes angloises combinées se sont rendues maîtresses de Boccachica et des autres forts qui défendoient l'entrée du port, où ils ont trouvé deux cents pièces de canon. Cette nouvelle a d'abord fait baisser considérablement les actions (1). On attend la suite de cette première expédition, et on commence à espérer que Carthagène ne sera pas pris.

Du dimanche 18, Versailles. — Mme la princesse de Rohan a présenté aujourd'hui Mme de Fontaine-Martel, fille de Mme de Graville. Mme la princesse de Rohan est cousine issue de germain du premier mari de Mme de Graville. Mme la maréchale de Navailles avoit eu trois filles, Mmes d'Elbeuf, de Pompadour et de Rothelin. Mme d'Elbeuf n'a point eu d'enfants; Mme de Pompadour n'a eu d'enfants que Mme de Courcillon, mère de Mme la princesse de Rohan; Mme de Rothelin a eu une fille, qui épousa M. de Clère, et, plusieurs années après, un fils qui est M. de Rothelin d'aujourd'hui. Mme de Clère eut un fils qui étoit M. de Clère, lequel avoit épousé Mlle de Chamilly, fille de M. le comte de Chamilly. M. le comte de Chamilly étoit neveu du maréchal de Chamilly. Mlle de Chamilly, après la mort de M. de Clère, épousa en secondes noces M. de Graville ; c'est de son premier mariage avec M. de Clère qu'est venue Mme de Fontaine-Martel.

Du lundi 19, Versailles. — Mme la maréchale de Montmorency présenta aussi hier Mme de Montmorency, sa belle-fille ; c'est Mlle Pelletier, fille de M. le premier président, qui a épousé M. le chevalier de Montmorency,

---

(1) De la compagnie française des Indes.

second fils de M. le maréchal de Montmorency, et qu'on appelle présentement le comte de Montmorency.

M. le prince de Gavre, fils de M. le comte d'Egmont, vint ici hier faire son remerciment pour le régiment de cavalerie que j'ai marqué ci-dessus. Il a pris le nom de marquis d'Egmont pour que le régiment puisse s'appeler Egmont.

M. l'abbé du Vigean mourut hier d'une inflammation dans les intestins ; il avoit dîné jeudi dernier, à Clatigny, chez Mme de Ventadour et tomba malade au retour. Il étoit maître de l'oratoire du Roi ; c'est une charge sans aucune fonction présentement, mais qui donne les entrées de la chambre ; elle s'achète 80,000 livres et vaut 4,000 livres de rente. M. du Vigean avoit un brevet de retenue de 40,000 livres. Il jouissoit d'environ 10 ou 12,000 livres de rente de son bien, sans compter une petite abbaye qu'il avoit eue à la mort de M. l'évêque de Bayeux (Lorraine) ; ce bien est passé à un cousin, à titre de substitution, lequel a quatre-vingts ans et n'est point marié ; c'est le seul qui reste de cette famille. M. du Vigean avoit quarante-deux ans ; il a laissé une sœur qui est Mme l'abbesse de Saint-Pierre de Metz, qui est ici depuis un an avec Mme l'abbesse de Sainte-Marie pour leur procès avec M. l'évêque de Metz. Le père de M. l'abbé du Vigean, mort depuis quelques années, s'étoit remarié étant fort âgé ; de ce mariage est venue une fille qui a neuf ou dix ans et qui est dans un couvent à Paris. L'abbé du Vigean étoit déjà prêtre dans le temps de ce mariage ; ce fut lui qui en fit la cérémonie. Il étoit aimable et est fort regretté ici. M. du Vigean, qui avoit épousé Mlle de Dreux, avoit laissé un fils, lequel est mort aussi depuis.

Du samedi 24, Versailles. — M. d'Ecquevilly demanda, il a quelques jours, au Roi, l'agrément pour le mariage de son fils avec Mlle de Joyeuse, fille de M. de Joyeuse, lieutenant général de la province de Champagne. Le

Roi, en faveur de ce mariage, permet à M. d'Ecquevilly de se démettre en faveur de son fils du commandement du vautrait et lui conserve l'exercice encore pendant dix ans.

Le Roi revint hier de Rambouillet et y retourne lundi jusqu'à mercredi; après quoi il y fera son dernier voyage le dimanche 2 juillet jusqu'au mercredi 5. La semaine prochaine est celle de Mme de Mailly.

Du lundi 26, *Versailles.* — Nous avons su aujourd'hui que le Roi avoit nommé à l'évêché de Laon M. l'abbé de Rochechouart-Faudoas, frère de M. de Faudoas qui a épousé la fille de Mme d'Armentières, lequel est colonel du régiment d'infanterie, qui étoit Louvigny en 1702, présentement Rochechouart. Cet évêché vaut environ 40,000 livres de rente, toutes charges déduites, et étoit vacant par la mort de M. l'abbé de la Fare. M. l'abbé de Rochechouart étoit grand vicaire de M. l'archevêque de Rouen qui en dit beaucoup de bien, et ce choix paroît universellement approuvé.

Le Roi a accordé à M. le prince de Soubise le gouvernement de Champagne, sur la démission de M. le prince de Rohan, son grand-père. Ce gouvernement vaut environ 72,000 livres de rente. M. de Rohan n'a pas demandé la survivance. Feu M. le prince de Soubise, père de celui-ci, avoit la survivance de ce même gouvernement.

Le Roi est parti aujourd'hui pour Rambouillet jusqu'à mercredi. Les dames sont : Mme la duchesse d'Antin, Mmes de Saint-Germain et de Vintimille, laquelle y est allée seule dans un carrosse du Roi; les deux autres étoient parties le dimanche. Mme de Mailly est de semaine et n'est point du voyage.

Hier le Roi signa le contrat de mariage de M. d'Ecquevilly le fils avec Mlle de Joyeuse; c'est M. d'Auriac (1), secré-

---

(1) Castanier d'Auriac, maître des requêtes.

taire des commandements de la Reine, qui présenta la plume à la Reine pour signer.

A la signature du contrat de mariage de la fille de M. de Breteuil avec M. de Clermont, M. d'Auriac étoit absent; ce fut M. de Breteuil qui présenta la plume à la Reine. Il est chancelier de S. M.; cependant il ne présente jamais la plume à aucun contrat; et en l'absence du secrétaire des commandements c'est la dame d'honneur qui présente la plume à la Reine.

Mme la duchesse de Fleury a été nommée pour accompagner Mlle de Clermont en allant jeter de l'eau bénite de la part de la Reine à Mme la Duchesse deuxième douairière; elle m'a montré la lettre d'invitation que lui a écrite M. de Dreux, grand maître des cérémonies, dont voici à peu près les termes :

J'ai l'honneur de vous donner avis que la Reine vous a choisie pour accompagner Mlle de Clermont qui va jeter de la part de S. M. de l'eau bénite à feu Mme la Duchesse. Ce sera un tel jour, à telle heure. Vous aurez la bonté de vous rendre chez Mlle de Clermont, au petit Luxembourg. Vous savez qu'il faut être en grand habit de deuil et en mantes.

Il y a dans ces cérémonies une différence entre les hommes qui vont de la part du Roi, et les dames qui vont de celle de la Reine. C'est que, de la part du Roi, c'est un carrosse à quatre places seulement, dans lequel sont : le prince du sang dans le fond, avec un de MM. les ducs qui l'accompagne à sa gauche; un homme de condition pour porter le manteau du prince, et le grand maître des cérémonies, sur le devant. Et de la part de la Reine, c'est un carrosse à six places, dont la princesse seule occupe le fond, et les deux dames, titrée et non titrée, se mettent sur le devant. Mme de Ribérac, dame d'honneur de Mlle de Clermont, étoit aussi dans le carrosse à une des portières; cela a paru un peu extraordinaire, d'autant plus qu'on ne sait pas trop à quel titre elle peut y être, puisque Mlle de Clermont représente la Reine. L'usage est ordinairement que ce soit deux dames du palais qui accompagnent la princesse. Ces deux dames se sont rendues chez Mlle de Clermont, laquelle les a menées dans son carrosse jusqu'aux Tuileries où elles sont descendues à l'appartement de Bontemps, premier valet de chambre du Roi, gouverneur des Tuileries, où elles ont mis leurs mantes; ensuite elles ont monté dans le carrosse de la Reine, Mlle de Clermont seule dans le fond, Mme de Fleury et Mme de Rupelmonde la belle-fille sur le devant; et Mme de Ribérac à la portière, comme je viens de le marquer; le carrosse étoit escorté par huit gardes du corps à cheval. Étant arrivées à l'hôtel de Condé, Mlle de Clermont a été reçue par Mlles de Charolois et de Sens, par Mmes les princesses de Pons et de Guéméné; Mme la maréchale de Duras et Mme la comtesse de Tresmes, et quelques autres, qui avoient été invitées de la part de la maison de Condé comme parentes.

Mlle de Clermont marchoit seule, sa queue portée par Mme de Rupelmonde, et suivie par l'officier des gardes. Derrière Mlle de Clermont marchoit Mademoiselle, ensuite Mlle de Sens; immédiatement après Mlle de Sens, Mme de Fleury, la queue de sa mante portée par un gentilhomme. Il n'y eut que Mlle de Clermont qui se mit à genoux sur un drap de pied, comme la Reine; et avec les mêmes cérémonies; toutes les autres dames demeurèrent debout. L'eau bénite jetée, Mlle de Clermont fut reconduite par les princesses et les dames ci-dessus jusqu'au carrosse, de la même manière qu'elle avoit été reçue. Elle revint dans le carrosse de la Reine aux Tuileries, où elle est remontée dans son carrosse avec sa dame d'honneur et les deux autres dames, et les a remenées chez elle, au petit Luxembourg, d'où elle alla ensuite en son particulier avec Mme de Ribérac jeter de l'eau bénite à Mme la Duchesse.

Outre le carrosse de la Reine, où étoit Mlle de Clermont, il y avoit un carrosse des écuyers dans lequel montèrent le grand maître des cérémonies, l'écuyer de quartier, l'écuyer cavacaldour et le porte-manteau.

Dimanche dernier, M. d'Aubigné, directeur d'infanterie et ami particulier de M. le maréchal de Belle-Isle, vint faire sa cour au Roi au grand couvert. S. M. lui dit : « J'ai reçu des dépêches de M. de Belle-Isle, épaisses de quatre doigts ; cependant le style en est concis et il n'y a rien d'inutile ; je ne suis pas trop accoutumé à en recevoir de semblables ; j'en ai pourtant reçu une bien écrite de M. de Rennes. »

Il y eut samedi 24 conseil de dépêches assez long ; il fut question de certains droits dont jouit le commandant de la ville de Péronne (c'est M. de la Pérée qui a épousé une Caulaincourt, parente de MM. de Béthune). M. de Saint-Florentin rapportoit pour ces droits. M. le contrôleur général soutint qu'ils étoient abusifs ; le Roi dit qu'il y avoit moyen de concilier cette affaire : « Il n'y a, dit-il, qu'à lui donner un dédommagement en attendant que je lui donne une autre place où il sera mieux. »

M. de Charost me disoit, il y a quelques jours, qu'autrefois MM. les secrétaires d'État n'étoient point assis au conseil de dépêches, ce qui faisoit qu'ils n'y alloient point ; il me fit même le détail d'une circonstance dans laquelle M. de Louvois, protégeant une des parties qui avoient un procès au conseil de dépêches, y entra par cette raison. Aujourd'hui, non-seulement les secrétaires d'État, mais même les conseillers d'État, sont assis au conseil de dépêches et de finances ; seulement au conseil de finances, quand on fait entrer un maître des requêtes pour rapporter, il se tient debout. Les maîtres des requêtes se tiennent aussi debout au conseil des parties où le Roi n'est point ; ils y rapportent appuyés sur le fauteuil du Roi.

Du jeudi 29. — J'ai raisonné aujourd'hui avec M. de Verneuil, introducteur des ambassadeurs, par rapport à la cérémonie de l'eau bénite aux princes et princesses du sang ; il m'a dit que les ambassadeurs n'étoient dans l'usage d'en aller jeter qu'au premier prince du sang et à sa femme ; que depuis la mort de Henri de Bourbon,

prince de Condé, en 1646, jusqu'en 1709, à la mort de
M. le Prince, il n'y avoit point d'exemple de cette cérémonie par les ambassadeurs pour aucun prince du sang.
En 1709, l'introducteur leur donna part de la mort de
M. le Prince, par ordre du Roi, et de même à la mort de
Mme la Princesse, sa femme. L'usage du cérémonial en pareil cas est que les ambassadeurs sont reçus par le maître
et les officiers des cérémonies; ensuite ils vont chez le
frère ou le fils du défunt, qui leur donne la main et les
reçoit et reconduit, suivant l'étiquette. Le lendemain, le
fils ou le frère va chez les ambassadeurs, où il est reçu
avec le même cérémonial. Dans cette occasion-ci, M. le
comte de Charolois a envoyé de son propre mouvement
M. le chevalier de la Marck aux portes de tous les ambassadeurs, où il a fait écrire par leurs suisses des billets à peu
près dans ces termes : M. le chevalier de la Marck est venu
de la part de M. le prince de Condé et de M. le comte de
Charolois faire part à M. l'ambassadeur de............. de
la mort de Mme la Duchesse. M. le chevalier de la Marck
alla même chez l'ambassadeur de Hollande, qui, étant protestant, ne pouvoit aller jeter de l'eau bénite. En pareil
cas, les ambassadeurs qui doivent faire une entrée et qui
ne l'ont point faite ne doivent point être invités, et même
il faut qu'ils aient fait leurs visites au moins au prince du
sang qui est le plus proche parent. Le nonce, qui venoit
de faire son entrée, n'avoit point encore vu M. le comte
de Charolois; mais il auroit pu réparer cela en allant
chez M. de Charolois le matin du même jour.

Sur ces billets d'invitation, les ambassadeurs s'assemblèrent; on rapporta les exemples de part et d'autre; tout
se passa avec honnêteté, et les ambassadeurs n'ont point
été jeter d'eau bénite. M. le comte de Charolois est convenu qu'il ne s'y étoit pas bien pris, qu'il auroit dû en
parler à M. de Verneuil qui lui auroit sûrement dit que
ce n'étoit pas le cas d'inviter les ambassadeurs, M. le Duc
n'étant pas premier prince du sang.

Le Parlement a été en corps jeter de l'eau bénite à Mme la Duchesse ; il n'a point eu pour cela d'ordre du Roi, mais M. le premier président a assuré la Compagnie que le Roi ne le trouveroit point mauvais. Les princes du sang reçoivent en pareil cas le Parlement à la porte de la chambre du dépôt, c'est-à-dire où est le corps, et le reconduisent au même endroit.

Le Clergé, ayant M. l'archevêque de Paris à la tête, y a aussi été sans ordre exprès de S. M., seulement une lettre de M. de Maurepas, signée de lui, écrite à M. l'archevêque pour lui marquer que le Roi ne le trouveroit point mauvais. Le Clergé reçu comme le Parlement et reconduit de même. M. l'archevêque de Paris avoit oublié son livre, un religieux qui étoit là lui donna le sien. Le caractère étoit si fin qu'il ne put lire dedans, même avec ses lunettes ; il pria M. l'archevêque de Tours de dire l'oraison et lui donna le livre ; M. de Tours se servit des mêmes lunettes sans pouvoir lire. M. l'archevêque de Tours remit le livre à M. de Saint-Brieuc, dont la vue se trouvoit meilleure et qui lut l'oraison. Il se trouva que c'étoit l'oraison pour un prêtre.

M. de Verneuil m'a conté une circonstance au sujet de M. Vénier, ambassadeur de Venise, prédécesseur de M. de Lezzo, qui l'est aujourd'hui. Les ambassadeurs de Venise sont dans l'usage d'être faits chevaliers de l'étoile d'or par le Roi à leur audience de congé. S. M. leur donne une épée d'or et un baudrier : ils doivent se mettre à genoux, ce qui se fait dans le cabinet. M. Vénier ne se mit point à genoux et reçut l'accolade debout. M. de Verneuil lui demanda pourquoi il ne s'étoit pas mis à genoux ; M. Vénier répondit qu'on ne lui avoit pas donné de carreau. M. de Verneuil en parla à M. de la Rochefoucauld et sut que c'est parce que l'on est dans l'usage de payer les carreaux à chaque serment et cérémonie qui se font dans le cabinet du Roi, et que celui-là n'auroit pas été payé, parce que les ambassadeurs ne doivent pas payer.

Aujourd'hui jour de Saint-Pierre, le Roi a été à vêpres à la chapelle, et n'a point retourné au salut; c'est l'étiquette que le Roi aille à vêpres les fêtes d'Apôtres.

S. M. revint hier, jour de jeûne, de Rambouillet, où il avoit dîné; il arriva sur les sept heures, soupa à minuit en gras dans ses cabinets avec les deux comtesses et quelques hommes.

M. le prince d'Ardore, nouvel ambassadeur de Naples, a eu aujourd'hui sa première audience. La question dont j'ai parlé ci-dessus s'est renouvelée à l'occasion de M. d'Ardore; il prétendoit ne devoir point être conduit par l'introducteur, en qualité d'ambassadeur de famille, suivant ce que lui avoit dit M. de l'Hôpital et à l'exemple de ce qui s'étoit passé à Naples pour cet ambassadeur; mais on a suivi la dernière décision qui a été faite et, hier à huit heures du soir, M. d'Ardore donna part à M. de Verneuil de son arrivée. Aujourd'hui après la messe du Roi, M. d'Ardore, M. de Campo-Florido et M. de Verneuil se sont rendus dans la chambre du Roi où j'étois dans ce moment. M. de Verneuil est entré dans le cabinet, où il a pris l'ordre du Roi. Tout ce qui avoit suivi le Roi au retour de la messe est sorti du cabinet, tous les secrétaires d'État et même M. le duc de Charost qui a les entrées familières; ils ont tous repassé dans la chambre du Roi. M. le Cardinal et M. Amelot sont restés seuls avec le Roi. M. de Verneuil est ressorti du cabinet pour venir prendre M. d'Ardore et l'a conduit dans le cabinet d'où il est ressorti aussitôt; l'audience a duré un bon demi-quart d'heure. M. de Verneuil attendoit dans la chambre. Au sortir de l'audience, les deux ambassadeurs, avec M. de Verneuil, ont été chez la Reine attendre qu'elle revienne de la messe. Au retour de la messe, la Reine est demeurée debout auprès de la table de sa chambre; M. de Verneuil est entré pour prendre l'ordre de S. M.; il a repassé ensuite dans le cabinet pour prendre M. d'Ardore. M. de Campo-Florido étoit entré devant. Après les révérences ordinaires, M. d'Ardore a parlé pendant quelque temps à la Reine en italien, et a remis à S. M. une lettre ; après quoi il s'est retiré avec le même cérémonial. M. le Cardinal et M. Amelot n'étoient point à l'audience de la Reine ; ils n'ont point quitté le conseil d'État où ils étoient.

JUILLET.

L'abbé d'Oppède nommé maître de l'oratoire. — Tutelle du prince de Condé. — Mort de l'évêque de Pamiers et de M. de Livry. — Arrivée de M. de Belle-Isle ; détails sur le roi de Prusse et sur l'ambassade de Francfort. — Mort de la reine de Sardaigne. — La Reine à Dampierre. — Mouvement de troupes. — Appartements donnés. — Audiences du prince de Nassau-Weilbourg et de Mme d'Ardore. — Changements dans la maison du Dauphin. — Mariage de M. de Castries avec Mlle de Chalmazel.

Du samedi 1er, *Versailles.* — La charge de maître de l'oratoire de M. l'abbé du Vigean a été donnée à M. l'abbé d'Oppède, le plus ancien des aumôniers du Roi. M. l'abbé d'Oppède a depuis longtemps une assez bonne abbaye ; il a déclaré il y a longtemps à M. le Cardinal qu'il ne vouloit point être évêque et qu'il ne demandoit qu'une marque de bonté du Roi en se retirant. MM. d'Oppède sont provençaux et gens de grande condition. Il paye le brevet de retenue de 40,000 livres et le Roi lui en accorde un de 30,000 livres ; outre cela le Roi a mis sur la charge une pension de 1,000 livres en faveur de Mlle du Vigean, qui a huit ou neuf ans, sœur de père de feu M. l'abbé du Vigean. Mme de Chalmazel, qui est leur parente, l'a amenée aujourd'hui remercier M. le Cardinal et M. de Maurepas. La charge de maître de l'oratoire vaut, à ce que m'a dit Mme de Chalmazel, 4,800 livres.

Mme la Duchesse est ici d'hier. M. le comte de Charolois y vint aussi hier matin et eut une longue conversation avec M. le Cardinal. Il est actuellement en procès avec Mme sa mère au sujet de la tutelle de M. le prince de Condé, et ce procès fait grand bruit. Feu Mme la Duchesse étoit tutrice avec M. le comte de Charolois ; M. le comte de Charolois a demandé par une requête que Mme la Duchesse sa mère fût chargée de l'éducation de M. le prince de Condé ; Mme la Duchesse a présenté de son côté requête pour être adjointe à la tutelle. M. le comte de Charolois répond qu'il n'est point nécessaire d'avoir deux tuteurs, que le cas de pourvoir à la tutelle n'est point arrivé, puisque par sa qualité de tuteur il reste toujours chargé de veiller aux intérêts de M. le prince de Condé. Il cite pour exemple M. le duc d'Orléans qui est seul tuteur de M. le comte de la Marche, et Mme la duchesse d'Orléans et Mme la princesse de Conty, les deux grandes mères, n'ayant point demandé à y être adjointes. M. de Charolois ajoute qu'il est de son honneur que l'on n'adjoigne qui que ce soit à cette tutelle. On dit de la part de Mme la Duchesse qu'elle est blessée avec raison de la requête qui a été présentée par M. le comte de Charolois pour qu'elle soit chargée de l'éducation de M. le prince de Condé ; mais qu'elle auroit encore plus juste sujet de se plaindre si, étant chargée de l'éducation, elle n'avoit aucune part dans la tutelle et fût en quelque manière dépendante de son fils. On ajoute qu'il n'y a point d'exemple que, dans le cas où est Mme la Duchesse, on ait refusé la tutelle lorsqu'elle est demandée. M. le comte de Charolois a demandé à M. le Cardinal que ce fût le Roi qui décidât cette question, et M. le Cardinal lui a répondu que le Roi ne vouloit point s'en mêler. C'est M. de Charolois et M. de Lassay qui m'ont conté ce détail de part et d'autre.

Il n'y a point encore d'arrangement de fait pour les logements ; on a seulement donné à M. de Charolois l'appartement de M. le Duc ; et de l'appartement qu'avoit M. de Charolois on en ôte une pièce, qui étoit anciennement de l'appartement de M. le Dauphin, et qu'on lui rend ; elle servira d'antichambre avant la salle des gardes.

Le Roi a beaucoup parlé ces jours-ci à son dîner et à son souper aux officiers de marine ; il fit hier et avant-hier plusieurs questions à MM. du Barrail et de Nesmond sur Carthagène.

Du dimanche 2. — Jeudi dernier on quitta le deuil de Mme la Duchesse ; on devoit le prendre ces jours-ci pour le prince Frédéric, cousin du roi de Prusse, mort des blessures qu'il avoit reçues à la bataille de Molwitz ; mais cela est changé, on ne le prendra pas. Les parents de la maison de Condé ont continué à porter le deuil pendant quelques jours.

Mademoiselle, Mlle de Clermont et Mlle de Sens vinrent avant-hier ici en même temps que Mme la Duchesse ; elles et M. le comte de Clermont sont réunis avec Mme la Duchesse dans le procès dont j'ai parlé contre M. le comte de Charolois. On a été assez étonné ici de ce que le Roi n'a point été chez Mme la Duchesse ni chez les princesses. En pareille circonstance, elles viennent ici aussitôt après, recevoir les visites du Roi et de la Reine ; mais comme il y a déjà quelque temps que Mme la Duchesse est morte et que même le deuil est fini, apparemment que c'est cette raison qui a empêché ces visites. On dit que c'est Mme la Duchesse qui a désiré cet arrangement.

Il y a déjà huit jours que M. l'évêque de Pamiers mourut à Paris ; il étoit frère de M. le marquis de Fénelon, notre ambassadeur à la Haye.

M. le maréchal de Brancas a fait aujourd'hui sa révérence au Roi ; il arrive de Bretagne, où il ne retournera plus, l'usage étant, comme je l'ai marqué plus haut, que MM. les maréchaux de France sont payés fort cher quand ils sont employés.

On parle beaucoup de guerre depuis quelques jours ; il n'y a point cependant encore d'ordonnance pour l'augmentation de la cavalerie, mais il y a un marché de fait pour fournir des chevaux à la cavalerie, et outre cela un arrangement avec MM. Pâris pour la fourniture des vivres; ils n'ont pas voulu faire de forfait, mais ils serviront et compteront de clerc à maître.

Du mercredi 12, *Dampierre.* — Je ne mettrai point autant de détail sur ce qui se passe à Versailles, parce que je suis ici depuis le 3 de ce mois; cependant voici à peu près ce qui est arrivé depuis mon départ :

Le Roi alla le lundi 3 à Rambouillet; il devoit dans le premier arrangement y rester jusqu'au mercredi; cela fut changé par rapport à des arrangements de chasse; il revint le mardi après souper. Les dames de ce voyage étoient les deux comtesses, Mme d'Antin, Mme de Saint-Germain et Mme la duchesse de Gramont. Ce voyage est le dernier de Rambouillet. Mme la comtesse de Toulouse devoit partir le lendemain pour aller à Forges; elle n'y va plus à cause des maladies qu'on dit être dans le pays; mais cela n'a rien changé au voyage du Roi. S. M. partit le vendredi à huit heures du soir pour aller souper à Choisy; chassa samedi et lundi à Sénart; le lundi, au retour de la chasse, soupa dans sa gondole sur la rivière, et revint ensuite coucher à Versailles. Les dames de ce voyage étoient les deux comtesses.

Nous apprîmes ici, il y a trois ou quatre jours, la mort de M. de Livry le père, arrivée à Livry le 3 ou le 4 de ce mois. Il n'avoit pas soixante ans, mais il avoit beaucoup vécu. Voilà son fils en possession de la charge.

M. de Belle-Isle arriva à Versailles le lundi 10 de ce mois. C'étoit un secret que son arrivée; il n'y avoit que quelques-uns de ses amis qui en étoient instruits. On lui a mandé de venir pour raisonner avec lui sur les partis qu'il y avoit à prendre dans les conjonctures présentes. Il n'a point entré dans Paris et n'y entrera pas même en s'en retournant, de sorte que son fils, qui a huit ou neuf ans et qui est au collége, l'est venu voir à Versailles. Le jour qu'il arriva, M. le Cardinal avoit couché à Vaucresson (1)

---

(1) Cette maison, qui étoit à feu M. Hérault, a été vendue après sa mort à un

et étoit venu dîner chez Mme de Ventadour à Glatigny. M. de Belle-Isle fut enfermé depuis cinq heures jusqu'à neuf chez M. le Cardinal, tête à tête. Le lendemain il fut en conférence avec les quatre secrétaires d'État chez M. Amelot. Le Roi lui donna aussi ce même jour une audience qui dura une demi-heure ou trois quarts d'heure; il n'y avoit à cette audience que M. le Cardinal. Le Roi fit asseoir M. de Belle-Isle. Il a eu depuis une longue conversation avec M. de Maurepas, et plusieurs avec M. de Breteuil. Il ne devoit être à Versailles que cinq ou six jours; il paroît n'être pas sûr qu'on ne l'y retienne quelques jours de plus.

Du dimanche 16, Dampierre. — Je vis hier M. de Belle-Isle; il me conta la manière dont il avoit été reçu par les électeurs. Quoiqu'il n'eût point pris de caractère, le roi de Prusse envoya deux mille hommes au-devant de lui, et lui donna une garde de deux cents hommes, double sentinelle en dedans et en dehors. Il paroît content de l'esprit et de la vivacité du roi du Prusse aussi bien que de la grande beauté de ses troupes. Le roi de Prusse donne tous les jours à dîner à grand nombre d'officiers; ce dîner est composé d'un grand plat de viandes bouillies de toute espèce, d'un plat de bouillon, un grand plat de rôti en pile et un autre grand plat de légumes; on ne sert jamais de fruit sur sa table. Il reste trois ou quatre heures à table à faire la conversation, ne buvant que du vin de Champagne avec de l'eau et très-modérément. M. de Belle-Isle a été reçu par les électeurs de Bavière et Palatin avec toute la distinction possible, quoique toujours sans caractère, logé dans le château, la garde prenant les armes et battant au champ pour lui. Chaque électeur vint le recevoir dans la pièce avant la chambre, lui donna la main et un fauteuil pareil au sien; à table,

---

conseiller au Parlement, fort janséniste à ce que j'ai ouï dire, et qui a prié M. le Cardinal de vouloir bien continuer d'en faire usage. (*Note du duc de Luynes.*)

il eut un fauteuil à la droite de l'électeur, un cadenas pareil et servi de même par un chambellan ; à cette même table, à Manheim, le duc et les princesses de Sultzbach n'avoient point de cadenas ni de chambellan pour les servir.

M. de Belle-Isle n'a point encore fait son entrée. Les maisons qu'il a été obligé de louer à Francfort pour lui et sa suite lui coûtent 34,000 livres de loyer ; il a cinquante laquais, dont trente-six pour sa personne et celle de Mme de Belle-Isle ; douze pages avec gouverneur et sous-gouverneur ; quatre heiduques, autant de coureurs ; quinze personnes principales pour le secrétariat, ce que l'on appelle la chancellerie, desquelles les deux plus considérables ont chacune 2,000 écus d'appointements du Roi. Il y a outre cela plus de cent personnes pour la cuisine et l'office. Il n'a encore demeuré que quatorze ou quinze jours à Francfort en différentes fois. Son état ordinaire est de deux tables de vingt-cinq couverts chacune dans la même pièce, dont une est tenue par le chevalier de Belle-Isle. J'oubliois dans les traitements qu'il a reçus, que la visite faite d'abord par lui à l'Électeur lui fut rendue sur-le-champ. Il vint recevoir l'Électeur une pièce plus loin qu'il n'avoit été reçu, lui donna la main, et le reconduisit au même endroit.

Ce n'est qu'en arrivant à Meaux que M. de Belle-Isle apprit la levée du siége de Carthagène ; il y avoit déjà quelques jours que nous savions cette nouvelle ; elle est venue par l'Angleterre, où l'on a fait tout ce qu'on a pu pour la laisser ignorer. C'est le vice-roi don Blaise qui avec trois mille Indiens a obligé les Anglois à lever le siége ; ils se sont retirés avec grande perte ; on dit que cette expédition leur coûte cent cinquante millions.

On apprit il y a quelques jours la nouvelle de la mort de la reine de Sardaigne (1) ; on doit en faire part mardi, et on prendra le deuil jeudi.

---

(1) Élisabeth-Thérèse de Lorraine, fille de Léopold-Joseph-Charles, duc de

JUILLET 1741.

Le Roi revint lundi de Choisy, comme j'ai dit, après avoir soupé sur l'eau; le souper fut fort long, et il n'y avoit de dames que les deux comtesses. Il y est retourné jeudi, et ne reviendra que demain lundi; il fera toutes les semaines jusqu'à Compiègne un semblable voyage.

La Reine nous fit l'honneur de venir ici jeudi dernier. Nous n'en fûmes instruits sûrement que le mercredi matin; elle arriva ici à trois carrosses; dans celui des écuyers, M. de Nangis, M. de Tessé; et dans les deux du corps, Mmes d'Antin, de Villars, de Montauban, de Châtillon, de Tessé, de Saint-Florentin et de Bouzols. Ces voitures sont des berlines, que l'on vient de faire pour la Reine, qui sont à six places et cependant beaucoup plus légères que les carrosses dont elle se servoit. La Reine arriva ici à midi et demi. J'allai la recevoir au haut de la montagne avec M. de Picquigny. Elle se mit à table un peu avant deux heures; Mme de Luynes lui présenta la serviette, j'eus l'honneur de la servir à table. La Reine me renvoya quelque temps après, et M. de Picquigny la servit après moi. S. M. voulut que M. de Picquigny allât dîner, et M. de Vezanne, qui est un gentilhomme à moi, servit la Reine. La Reine mangea dans le vestibule avec les dames qu'elle avoit amenées, Mme de Luynes, Mme d'Egmont et Mme de Rupelmonde. Quand la Reine se mit à table, elle ne trouva que son couvert seul; elle ordonna qu'on en apportât aux dames. Il y avoit ici le matin deux dames, Mmes de Flavacourt (1) et de Brienne (2); elles s'en allèrent avant l'ar-

---

Lorraine et de Bar; née en 1711; mariée en 1737 à Charles-Emmanuel III, roi de Sardaigne, dont elle fut la troisième femme.

(1) Veuve du maréchal de camp à qui avoit appartenu la terre du Plessis-Longnau proche de Pont-sur-Oise. (*Note du duc de Luynes.*)

(2) Elle est Villate. Mme de Villate, sa mère, épousa en secondes noces M. le marquis de Saumery, sous-gouverneur du Roi, ambassadeur en Bavière, dont elle a eu une fille qui a épousé M. de Coëtlogon. De son premier mariage elle a eu deux filles; l'aînée est Mme de Guitaut. M. de Brienne, mari de la seconde, est fils de la sœur aînée de Mme de Luynes. (*Note du duc de Luynes.*)

rivée de la Reine, n'ayant jamais été présentées. M. le prince de Bisache, second fils de M. d'Egmont, qui n'a pas été présenté, ne parut pas de toute la journée. Il y avoit dans ma chambre une table, où mangèrent M. l'archevêque de Rouen (1), M. de Nangis, M. de Tessé et toute la compagnie en hommes qui étoit ici. Le chef de brigade et l'exempt y mangèrent l'un après l'autre, afin qu'il y en ait toujours un des deux derrière la Reine. L'exempt étoit M. de la Viérue, et le chef de brigade M. le chevalier de Saint-André. Outre ces deux tables, il y en avoit une pour les pages, une pour les gardes du corps, une pour les valets de pied de la Reine, une pour les cochers et postillons et une pour les garçons d'attelage. Après le dîner, la Reine entra dans l'appartement de la Reine, qui est celui à droite vis-à-vis celui de Mme de Luynes. On avoit ôté le lit de la chambre des nœuds pour faire une garde-robe plus commode. La Reine revint dans le salon et se mit à jouer à cavagnole. Elle avoit demandé, en arrivant, un salut à la paroisse; il y avoit quelque difficulté parce que la Reine n'a point droit de faire dire un salut et que le curé d'ici n'avoit point permission de M. l'archevêque; mais M. l'archevêque de Rouen dit qu'il le prenoit sur lui et chargea seulement M. le curé d'en écrire à M. l'archevêque. M. de Nangis demanda, pendant le jeu, à la Reine, si elle souperoit ici; elle dit d'abord que non, et comme nous la pressâmes, Mme de Luynes et moi, de vouloir bien rester, elle dit qu'elle en avoit grande envie, mais qu'elle craignoit de nous embarrasser. A sept heures, elle quitta le jeu et alla à pied à la paroisse. M. le curé la reçut à la porte du cimetière, marcha devant elle jusqu'à la porte de l'église où il se retourna et lui présenta de l'eau bénite; elle fut conduite à un prie-Dieu, au milieu du chœur. Après le salut, la Reine monta en calèche menée par le cocher de Mme de

---

(1) Charles-Nicolas de Saulx-Tavannes.

Luynes, fit le tour de la pièce d'eau, alla à la ménagerie (1), et de là par tout le grand parc. Elle revint à neuf heures, et ayant trouvé un marchand qui avoit des tabatières à vendre, elle en acheta une qu'elle donna à Mme de Luynes. J'oublie de marquer que pendant son jeu elle avoit eu différentes petites musiques. A neuf heures elle se remit à cavagnole, et un peu avant dix heures on servit son souper, et le même nombre de tables que le matin. Je ne mets aucun détail pour le service; tout se passa de même qu'à dîner. Je commençai par la servir, ensuite M. de Picquigny, puis M. de Vezanne, et je vins reprendre le service après que j'eus soupé. La Reine se remit à cavagnole après le souper, jusqu'à minuit, et partit un peu avant une heure. Je montai à cheval pour la suivre, mais elle m'ordonna de rester. Elle parut être ici fort à son aise, et nous donna beaucoup de marques de bonté, à Mme de Luynes et à moi, les accompagnant de grâces et d'attentions jusques sur les plus petites choses.

Du jeudi 20, Versailles. — On ne prendra le deuil de la reine de Sardaigne que mardi.

Le Roi est parti ce matin pour Choisy. Mme de Vintimille et Mme d'Antin sont parties cette après-dînée; Mme de Mailly est de semaine, elle n'y ira que samedi.

Le mariage de M. de Soubise avec Mlle de Carignan n'est pas encore absolument public, mais il est certain; il se fera à Saverne. Mlle de Carignan doit arriver incessamment; elle logera à Saint-Cloud dans la maison de feu M. de Carignan.

M. de Belle-Isle travailla hier trois quarts d'heure avec le Roi et M. le Cardinal; il avoit eu auparavant une longue conférence avec M. Amelot, M. de Maurepas et M. le contrôleur général; c'étoit chez M. Amelot. On a su enfin hier au soir et ce matin qu'on faisoit marcher un gros corps de troupes en Bavière. Ce sera M. de Belle-Isle qui

---

(1) Cette ménagerie n'existe plus.

commandera cette armée, lorsque les négociations faites ou rompues lui permettront de s'y rendre. En attendant elle sera commandée par M. de Leuville, le plus ancien des lieutenants généraux. Je mettrai ci-après la liste des officiers généraux et particuliers ; on ne l'a point encore. Il y aura une autre armée sur la Meuse commandée par M. le maréchal de Maillebois ; on dit aussi une en Flandre, mais de dix mille hommes seulement, sous les ordres de M. le chevalier de Givry ; et un corps de troupes, aussi de dix mille hommes, en Italie, sous les ordres de M. le duc d'Harcourt, lequel se joindra aux troupes espagnoles commandées par M. le duc de Montemar.

On sait actuellement les neuf lieutenants généraux destinés pour aller en Bavière ; c'est MM. de Leuville, de Gassion, d'Aubigné, de la Fare, le comte de Saxe, Clermont-Tonnerre, mestre de camp général de la cavalerie, Polastron, Ségur et comte de Bavière. Nous ne savons encore de maréchaux de camp que MM. de Biron, du Châtelet, de Luxembourg, comte d'Estrées, de Pontchartrain, Champigny, capitaine aux gardes, maréchal de camp et major-général de cette armée.

M. de Polastron quitte M. le Dauphin ; le Roi lui conserve ses appointements, son logement et ses entrées ; il avoit désiré de pouvoir conserver sa place, ce qui n'auroit pas été sans exemple, puisque le Roi a eu trois sous-gouverneurs en même temps ; mais M. le Cardinal lui a dit que cela ne se pouvoit pas.

Il y a eu ces jours-ci plusieurs arrangements de faits pour les logements. J'ai marqué que l'on avoit rendu à l'appartement de M. le Dauphin une partie de celui de M. de Charolois. Cet appartement, qui a deux pièces de moins, vient d'être donné à M. de Bouillon. Celui que M. de Bouillon avoit en dernier lieu, et qui est au-dessus de l'appartement de la Reine auprès de celui de M. l'évêque de Mirepoix, vient d'être donné à M. et à Mme de Fleury ; c'étoit l'ancien appartement de M. de la Trémoille. Celui que

M. de la Trémoille avoit pris en dernier lieu, qui est l'ancien appartement de M. de Bouillon, vers celui de M. de Gesvres au-dessus de M. le Cardinal, a été donné à M. le Premier et à M. de Vassé. Celui de M. et de Mme de Mérode, qui est ici dans l'aile des Princes, est donné à M. de Puiguyon. Celui de M. de Puiguyon et celui de M. le chevalier de Créquy à M. et Mme la maréchale de Maillebois ; c'étoit l'ancien appartement de Mme la maréchale de Rochefort. Celui qu'avoient M. et Mme la maréchale de Maillebois (1), aussi dans l'aile des Princes, est donné à M. et Mme de Mérode. Celui de M. et Mme la maréchale de Duras, dans la même aile, à M. de Soubise. Il reste encore plusieurs logements à donner : celui de M. le Premier dans l'aile des Princes, celui de M. de Vassé dans le corridor en allant chez M. le contrôleur général, celui de M. et Mme de Fleury qui est fort joli et bien accommodé, celui de M. de Soubise (2) dans l'aile des Princes, et celui de Mme de Conflans dans l'aile neuve. Il y a de personnes à loger : Mme de la Trémoille, Mme la duchesse de Gramont, douairière, et ses filles, M. le maréchal de Noailles et Mme de Fitz-James.

J'ai oublié de marquer que la reine douairière d'Espagne a été passer trois semaines à Compiègne ; elle y a logé dans l'appartement de M. le duc d'Orléans.

Outre Mmes de Vintimille et d'Antin, qui sont à Choisy, il y a Mademoiselle, Mlle de Clermont et Mme la maréchale d'Estrées. M. de Richelieu y est aussi ; il est arrivé depuis peu de Languedoc. J'aurois dû marquer son entrée brillante à Toulouse, mais cela est dans toutes les nouvelles publiques.

Mme d'Ecquevilly a été présentée ces jours-ci ; elle est fort grasse, mais elle a le visage agréable.

---

(1) Mme de Maillebois n'ayant point voulu quitter son appartement, celui de MM. les gentilshommes de la manche a été donné à M. et à Mme de Mérode. (*Note du duc de Luynes.*)

(2) Il vient d'être donné à Mme la duchesse de Gramont douairière. (*Note du duc de Luynes,* datée du 27 août 1741.)

Du jeudi 27, *Versailles.* — Lundi 24 de ce mois, le Roi revint de Choisy après souper.

Ce même jour, M. le maréchal de Belle-Isle partit d'ici pour aller coucher à Paris; il avoit dîné chez M. de Breteuil; il lui arriva un courrier pendant le dîner; il sortit de table, alla chez M. Amelot, où il fut enfermé quelque temps. On ne sait rien des nouvelles qu'a apportées le courrier. M. le Cardinal étoit arrivé ici pour dîner; M. de Belle-Isle avoit apparemment pris ses derniers ordres, car il partit sans le voir. Le mardi, il partit à cinq heures du matin de Paris pour retourner à Francfort.

Mardi matin, M. de Sainctot vint avertir Mme de Luynes pour l'audience, chez la Reine, de M. le prince de Nassau-Weilbourg. Il étoit trop tard pour faire avertir des dames, ainsi il n'y eut que celles qui s'y trouvèrent naturellement; ce fut une audience particulière, la Reine debout auprès de sa table, M. de Nassau conduit par M. de Sainctot. C'est le gros prince de Nassau qui jouoit gros jeu ici l'année passée.

Ce même jour mardi, M. de Sainctot dit à Mme de Luynes que Mme la princesse d'Ardore, ambassadrice des Deux-Siciles, devoit arriver l'après-midi et avoir le lendemain son audience de la Reine. L'usage est, comme je l'ai marqué ci-dessus, que la dame d'honneur donne à dîner chez elle, le jour de l'audience, aux ambassadrices de famille. Mme d'Ardore arriva l'après-dînée, et vint rendre visite à Mme de Luynes, laquelle aussitôt retourna chez elle. Mme d'Ardore paroît avoir au plus quarante ans; elle est bien faite, elle est brune, le visage assez agréable, le nez un peu long; elle paroît vive; elle parle fort peu françois. Elle a eu douze enfants. Elle a trois sœurs, dont l'une a épousé le prince de Stilliano, une autre le prince de Masseran, une autre le duc de Solfarino.

Le mercredi, Mme d'Ardore vint chez Mme de Luynes attendre l'heure de la Reine. Mme de Campo-Florido et Mme la marquise de Castel-dos-Rios étoient avec elle. Lorsque la

Reine fut revenue de la messe, Mme de Campo-Florido et Mme de Castel-dos-Rios sortirent d'ici pour aller chez la Reine à l'audience. Fort peu de temps après, M. de Sainctot vint avertir Mme d'Ardore, et lui donna la main. L'audience se passa à l'ordinaire. Mme de Luynes vint recevoir Mme d'Ardore à la porte de la chambre de la Reine, en dedans du cabinet qui la précède; elle la salua et rentra sur-le-champ avec elle. Mme d'Ardore fit ses trois révérences, baisa le bas de la robe, et s'assit ensuite sur un pliant vis-à-vis de la Reine, et Mme de Luynes sur un autre à la gauche de Mme d'Ardore. Le Roi étoit au conseil d'État et avoit permis qu'on l'avertît; M. de Sainctot alla avertir le premier valet de chambre, qui entra dans le cabinet; le Roi vint aussitôt et M. le Cardinal le suivit. S. M. salua et baisa Mme d'Ardore, et après avoir resté quelque temps retourna au conseil. Mme de Luynes reconduisit le Roi, suivant l'usage. La Reine se rassit et M. de Sainctot après avoir reconduit le Roi alla avertir M. le Dauphin, lequel monta aussitôt, salua et baisa Mme d'Ardore, ensuite alla baiser la main de la Reine. Mme de Luynes reconduisit aussi M. le Dauphin, et le suivit jusque dans son appartement. L'audience dura encore quelques moments; la Reine se leva et Mme d'Ardore se retira avec les trois révérences ordinaires; Mme de Luynes la reconduisit au même endroit où elle l'avoit reçue. Mme d'Ardore fut ensuite chez Mesdames, où tout se passa de la même manière que chez la Reine; ensuite elle vint chez moi. M. de Sainctot avoit représenté à Mme de Luynes qu'il étoit nécessaire de prier M. de la Tournelle (1) à dîner; que c'étoit un droit de charge : il fut prié, et dîna à une petite table avec M. de Verneuil, qui n'est point de semestre et que j'avois prié par occasion, M. de Picquigny et le chevalier de Nicolaï. M. de Sainctot étoit à la grande table, à cause qu'il est de semestre. M. le prince d'Ardore,

---

(1) Secrétaire à la conduite des ambassadeurs.

Mme de Campo-Florido et Mme la marquise de Castel-dos-Rios dînèrent aussi ici. M. et Mme Amelot y dînèrent aussi. Il y avoit deux neveux de Mme d'Ardore, dont l'un s'appelle Stilliano ; je ne sais pas le nom de l'autre. On ne put se mettre à table qu'après le conseil, parce que M. le Cardinal vint faire sa visite ici, au sortir du conseil, à Mme d'Ardore. Après le dîner, Mme d'Ardore alla chez M. le Cardinal.

Ce même jour mercredi, l'on sut l'arrangement fait pour la maison de M. le Dauphin ; M. le chevalier de Créquy déclaré sous-gouverneur à la place de M. de Polastron, et M. le chevalier de Montaigu, capitaine aux gardes, a eu la place de gentilhomme de la manche qu'avoit M. de Créquy. Il paroît qu'il n'y a qu'une voix pour M. de Montaigu, dont on loue fort la sagesse, l'esprit et la douceur du caractère. Le Roi lui permet de conserver sa compagnie aux gardes. Il restera seul auprès de M. le Dauphin pendant la campagne. M. de Puiguyon a obtenu la permission d'aller servir à la tête de son régiment, qui marche sur la Meuse ; le Roi lui conserve sa place.

Mme de Maillebois n'a point pris les deux appartements des gentilshommes de la manche ; ce sera M. et Mme de Mérode qui les auront, et Mme de Maillebois reste dans le sien.

M. de Breteuil travailla hier avec le Roi, et ce ne fut qu'au sortir de ce travail que l'on sut positivement que M. de Maillebois alloit commander sur la Meuse. On ne donne point de liste des officiers généraux ni des troupes, mais le ministre dit à chacun sa destination. Dans les lettres des officiers généraux destinés pour la Bavière, il y avoit que le Roi les nommoit pour servir dans l'armée commandée par M. le maréchal de Belle-Isle ; on a fort désapprouvé ce mot parce que M. de Belle-Isle ne peut être regardé comme général pendant qu'il est ambassadeur. Les troupes qui vont en Bavière passent le Rhin sur plusieurs colonnes ; la première sera commandée par M. le marquis de Leuville, le plus ancien lieutenant général et qui doit commander l'armée jusqu'à l'arrivée de M. le maréchal

JUILLET 1741.

de Belle-Isle ; la seconde par M. d'Aubigné ; la troisième par M. de la Fare ; la quatrième par M. le comte de Saxe. Elles passeront au fort Louis ; la première passera le 15, ensuite tous les deux jours jusqu'au 21.

Le Sr Chalut, fils d'un négociant de Lyon, a été nommé trésorier de l'armée de M. de Maillebois. Il avoit eu recours à la protection de Mme de Mailly ; Mme de Mailly ne voulut point demander cette place dans l'armée de M. de Belle-Ile parce qu'elle savoit qu'il avoit un sujet à y mettre ; elle s'adressa à M. de Maillebois, qui n'étant point engagé, lui donna sa parole ; elle écrivit à M. de Breteuil. M. de Launay, trésorier de l'extraordinaire des guerres, s'opposa à la nomination, et dit qu'il en avoit nommé un autre, que c'étoit son droit. M. de Breteuil convenoit qu'à la rigueur M. de Launay avoit raison ; Mme de Mailly sans se rebuter a écrit à M. de Launay, parlé à M. de Breteuil, et enfin l'affaire s'est terminée suivant qu'elle le désiroit. Ce matin M. de Breteuil étoit enfermé et avoit défendu que qui que ce soit entrât chez lui ; Mme de Mailly lui a écrit un mot pour une affaire ; l'instant d'après M. de Breteuil est arrivé chez elle et a passé avec elle dans son cabinet, où il a resté un quart d'heure.

Il paroît deux ordonnances, l'une pour défendre aux officiers généraux de se servir d'aucun des chevaux d'artillerie ni de ceux des vivres, l'autre pour régler les équipages. Il n'y a que le commandant de l'armée qui est en droit d'en avoir tel nombre qu'il voudra ; les lieutenants généraux ne doivent avoir que trente mulets ou chevaux en tout ; les maréchaux de camp, vingt ; les brigadiers et colonels, seize ; les autres officiers autant qu'ils ont de places de fourrage. Les fruits montés (1) expressément dé-

---

(1) *Fruit monté*, dit le dictionnaire de l'Académie, signifie : fruit décoré avec des cristaux, des figures de sucre ou de porcelaine, posées sur un ou plusieurs plateaux. Nous n'affirmerions pas qu'en 1741 la signification fût absolument la même ; mais *fruit* avait alors le sens du mot *dessert*, et comprenait, outre les fruits, les pâtisseries, les confitures, etc. Le fruit, partie fort

fendus. Il y a lieu de croire que ces ordonnances ne sont pas mieux exécutées que celles qui ont été rendues ci-devant sur le même sujet.

On apprit il y a deux jours que la reine de Hongrie avoit fait retirer ses troupes de Brisach et fait sauter les fortifications.

Il y a cinq ou six jours que le procès de Mme la Duchesse contre M. le comte de Charolois fut jugé ; elle perdit tout d'une voix ; il fut décidé que M. le comte de Charolois demeureroit seul tuteur, et que cependant Mme la Duchesse seroit invitée de se charger de l'éducation de M. le prince de Condé.

M. de Verneuil, secrétaire du cabinet, me disoit il y a quelques jours le cérémonial des lettres du Roi et de M. le Dauphin au grand maître de Malte ; il est traité comme cardinal ; le Roi lui écrit : mon cousin, et ensuite dans la même ligne, sans aucun intervalle, la fin est : je prie Dieu, mon cousin, qu'il vous ait en sa sainte et digne garde. M. le Dauphin met aussi : mon cousin, mais ensuite deux doigts de blanc ; la fin est : je suis votre bien bon cousin.

Le Roi est parti aujourd'hui pour Choisy ; les dames de ce voyage sont les quatre sœurs, Mme la maréchale d'Estrées et Mme la duchesse d'Antin.

Du vendredi 28. — On parloit depuis deux jours de l'incertitude du voyage de Compiègne ; Mme de Mailly, hier matin, faisoit semblant de ne rien savoir, et demandoit à tout le monde s'il y avoit quelque changement. Ce matin, le Roi a mandé de Choisy qu'il n'iroit point à Compiègne et qu'il retourneroit jeudi à Choisy, à l'ordinaire. Il a donné ordre ici que l'on retendît les meubles qui

---

importante des repas, exigeait surtouts et vaisselle nombreuse. Le luxe de la table des généraux en campagne était très-considérable, et avait été, depuis 1672, l'objet de plusieurs ordonnances destinées à le réprimer, en fixant le nombre des couverts permis à chaque grade et en déterminant le nombre et l'espèce des mets que les généraux pouvaient servir sur leurs tables.

pourroient avoir été détendus. Ce changement étoit si secret, ou si peu attendu, qu'hier encore on emballoit les meubles des ministres.

Du lundi 31, *Versailles.* — M. le marquis de Castries épousa hier Mlle de Chalmazel; le souper fut chez M. de Maurepas qui avoit prêté à M. de Chalmazel une partie de son appartement. Il y avoit deux tables dont on se leva, au fruit, pour aller se mettre à deux autres tables. On tira au commencement du souper quelques fusées dans la grande cour; on avoit quitté le deuil pour la noce, non-seulement le marié et la mariée, ce qui est d'usage, mais même tous les parents; il n'y en avoit que trois ou quatre en deuil. Les fiançailles furent faites un moment avant la messe; ce fut l'abbé de Choiseul, aumônier du Roi, qui la dit et qui fit la cérémonie dans la chapelle, le curé présent suivant la règle. La Reine vint à la chapelle incognito; elle étoit dans une des croisées, la plus près de l'autel, sans drap de pied. Les mariés entendirent la messe sur le même prie-Dieu où se met le Roi, mais il n'étoit point couvert; il n'y avoit que des carreaux.

AOUT.

Affaire de MM. de Goësbriant et de Locmaria. — Le Roi renonce pour l'année aux voyages de Fontainebleau, Marly, etc.; dernier voyage de Choisy. — Mariages de MM. de Fresne et de Sourches. — Mort de Mlle de Clermont; suppression de sa charge. — Adjudants nommés auprès de M. de Belle-Isle. — Le bassin du Dragon. — Le Roi donne Trianon à la Reine. — Logement de Mme de Vintimille à Versailles. — Funérailles de Mlle de Clermont. — Nouvelles étrangères; perfidies de la diplomatie autrichienne. — Le comte Benne. — Les troupes françoises passent le Rhin. — Appartements de Versailles. — Archevêques et évêques nommés. — Audience de la Ville. — La Reine à Trianon. — Le Roi essaie la voiture qui doit ramener Mme de Vintimille de Choisy. — Mme de Vintimille installée à Versailles dans l'appartement du cardinal de Rohan; son humeur, plaisanterie du Roi. — Audience des États de Languedoc. — Feu d'artifice à Paris pour la fête du Roi. — Appartements de Versailles. — Mort de M. de Gassion le fils; de la maréchale de Brancas. — Circonstances sur les armées. — Présentations de milord Chesterfield et de M. de Bernachea. — Mort du chanteur Thévenard; de l'archiduchesse gouvernante des Pays-Bas; de M. de Montpipeau. — Établissement du dixième.

Du jeudi 3, Versailles. —Avanthier 1ᵉʳ août, la grande affaire entre M. le marquis de Goësbriant et M. le marquis de Locmaria fut jugée au conseil de dépêches, au rapport de M. de Lucé, maître des requêtes, qui parla pendant plus de deux heures et dont on fut fort content. M. de Goësbriant avoit un arrêt du Parlement en sa faveur. M. de Locmaria avoit présenté une requête en cassation de cet arrêt. Les États de Bretagne demandoient à intervenir pour M. de Locmaria, prétendant que le jugement rendu en faveur de M. de Goësbriant étoit contre les usages et la coutume de la province. Il y avoit déjà eu une consignation de faite, en conséquence de cet arrêt, de 750,000 livres. M. de Goësbriant demandoit des biens en Bretagne que l'on appelle biens congéables, c'est-à-dire que le seigneur donne à des particuliers et dans lesquels il est toujours maître de rentrer en payant les améliorations. M. de Goësbriant ne demandoit qu'un seul de ces biens, qui est de peu de valeur, mais s'il avoit gagné ce chef il auroit été en droit d'en demander pour 20 ou 30,000 livres de rente. L'affaire contenoit en tout quatre chefs; M. de Goësbriant en a gagné deux, a été débouté de sa demande sur les biens congéables, et sur l'autre chef il a été ordonné qu'il seroit fait une nouvelle liquidation.

M. le comte de la Suze, grand maréchal des logis, fils de Mᵐᵉ de Chalais et de feu M. de Cany, demanda avant-hier l'agrément du Roi pour son mariage avec Mˡˡᵉ Masson, fille d'un président de la première chambre des enquêtes du parlement de Paris ; elle n'a que douze ou treize ans; on lui donne 20,000 livres de rente actuellement; elle a outre cela des assurances.

M. le chancelier demanda hier l'agrément du Roi et de la Reine pour le mariage de M. de Fresne, son fils, avec Mˡˡᵉ le Bret, qui a vingt ans. C'est la fille de M. le Bret, qui étoit intendant et commandant à Aix, homme de beaucoup d'esprit et de mérite, mais d'un froid singulier.

Le Roi déclara hier qu'il ne feroit aucun voyage cette

AOUT 1741.

année, ni Fontainebleau, ni Marly, ni Rambouillet; qu'il n'iroit qu'une seule fois à la Meutte. On prétend que le voyage de Fontainebleau coûte un million d'extraordinaire. Un fait certain, c'est que la Reine, étant grosse de M. le Dauphin et voulant aller à Trianon pendant une absence du Roi, feu M. de Villacerf, alors son premier maître d'hôtel, demanda 100,000 livres pour la transplantation de Versailles à Trianon.

Le Roi est parti ce matin pour Choisy; c'est le dernier voyage, il y restera jusqu'à mardi. Il n'y a de princesses que Mademoiselle; Mlle de Clermont est malade à Paris. Les deux comtesses partent cette après-dînée pour y aller avec Mme la maréchale d'Estrées et Mme la duchesse de Ruffec. Mme de Saint-Germain y vient de Paris avec Mademoiselle. Mmes de Ruffec et de Saint-Germain n'avoient point encore été à Choisy.

Du jeudi 10, Versailles. — Le mariage de M. de la Suze fut rompu la veille du jour que le Roi devoit signer le contrat; la famille n'approuvoit point ce mariage et n'y avoit consenti qu'avec peine; on a profité pour le rompre des difficultés qui s'y sont rencontrées. MM. Masson auroient donné jusqu'à 500,000 livres, mais il y avoit deux oncles et une tante qui ne vouloient pas signer.

Le Roi revint avant-hier au soir de Choisy après le souper. Mme de Vintimille, grosse de huit mois, y est restée malade d'une fièvre continue avec des redoublements; elle a déjà été saignée trois fois. Le Roi est fort occupé de son état et en parle souvent. Mme de Mailly est restée auprès de Mme sa sœur; toutes les dames qui y étoient sont restées aussi, hors Mademoiselle, qui en partit il y a quelques jours, parce que Mlle de Clermont étoit en grand danger à Paris d'une inflammation d'entrailles. Il paroît, par les nouvelles d'aujourd'hui, qu'elle est hors de danger. M. de Coigny, M. d'Ayen, MM. de Meuse, père et fils, sont aussi restés à Choisy; M. de Luxembourg y alla hier et M. de Richelieu y retourna.

Mon fils, qui va commander les dragons dans l'armée de M. de Belle-Isle, offrit au Roi son équipage de chasse. Le Roi lui dit : « Je n'en ai que trop dans les circonstances présentes, j'en aurois à vous donner. »

Le Roi a signé aujourd'hui deux contrats de mariage ; l'un de M. de Fresne, l'autre de Mlle de Maillebois avec M. de Sourches, fils du grand prévôt. Mlle de Maillebois, fille du maréchal, a deux sœurs religieuses et un frère qui a la survivance de la charge de maître de la garde-robe. On donne à Mlle de Maillebois 10,000 livres de rente, dont le fond est assuré, et outre cela une assurance de 100,000 livres. M. de Sourches est veuf de Mlle de Biron, dont il ne lui reste que des filles.

Mme de Castries fut présentée hier ; sa taille et son visage ne sont pas tels qu'on les pourroit désirer.

Du vendredi 11, *Versailles.* — On croyoit hier effectivement Mlle de Clermont beaucoup mieux ; on la disoit même hors de danger, comme je l'ai marqué ; sur les deux ou trois heures après midi son état changea tout d'un coup ; elle tomba dans un sommeil léthargique qui n'étoit interrompu que par de fortes convulsions ; elle est morte ce matin entre sept et huit heures ; elle avoit près de quarante-quatre ans. Elle étoit polie, avoit de l'esprit ; mais d'un froid singulier, paroissant ne se soucier de personne ; elle portoit cette indifférence jusque sur elle-même. Elle avoit été parfaitement belle et même elle avoit encore de la beauté. M. le comte de Charolois a été ce matin à Choisy donner part de cette mort.

Le Roi retourna hier à Choisy ; il partit sur les sept heures immédiatement après le conseil ; il paroissoit avoir grande impatience de s'en aller ; il ne vint point chez la Reine avant son départ. La maladie de Mme de Vintimille continue toujours ; la fièvre subsiste ; elle a déjà été saignée quatre fois.

Du lundi 14, *Versailles.* — J'allai vendredi dernier à Choisy. Le Roi me fit l'honneur de me dire que je le remerciasse, qu'il avoit supprimé la charge de surintendante de la maison de la Reine qu'avoit Mlle de Clermont. On peut voir dans les mémoires de Mme de Motteville la dispute qu'il y eut entre Mme la comtesse de Soissons, surintendante, et Mme de Navailles, dame d'honneur. Mme de Chevreuse, qui avoit épousé en premières noces le connétable de Luynes, avoit été surintendante de la maison de la Reine mère. Mme la princesse palatine le fut de la Reine et ensuite Mme la comtesse de Soissons. Quand il n'y a point de surintendante, c'est la dame d'honneur qui reçoit les serments.

M. de Belle-Isle a obtenu d'avoir quatre aides de camp, qui seront aides de camp du Roi auprès du général; c'est ce qu'on appelle en Allemagne adjudant. Les aides de camp avec cette qualité font à l'armée le service suivant leur grade. Ces quatre adjudants sont M. de Castellane, M. le chevalier Courten, M. Duplessis et M. le prince de Soubise (1). M. de Breteuil porta, il y a quelques jours, cet état à signer au Roi, et S. M. ajouta de sa main: sans appointements ni fourrages.

Le Roi revint hier de Choisy après souper. Mme de Vintimille est mieux, quoi qu'elle ait toujours la fièvre.

Il n'y a point eu aujourd'hui de premières vêpres. Le Roi est sorti à cinq heures et demie en calèches et a mis pied à terre au Dragon (2). Cette pièce, une des plus belles qu'il y ait ici, n'avoit pas été entièrement achevée du temps de Louis XIV; le Roi y avoit déjà fait travailler, mais en dernier lieu il y avoit un ouvrage considérable à y faire et on demandoit 500,000 livres, tant pour les réparations que pour les augmentations; cette somme a été réduite à 100,000 écus par M. le contrôleur général,

---

(1) M. de Picquigny a été ajouté à cet état; ainsi il y aura cinq adjudants. (*Note du duc de Luynes*, datée du 17 août 1741.)

(2) C'est le bassin de Versailles que l'on nomme aujourd'hui *bassin de Neptune*.

et on l'a fait jouer aujourd'hui pour la première fois.

Le Roi a été de là tirer dans le petit parc, depuis la grille qui mène à Marly jusque derrière Trianon, et en moins de deux heures de temps il a tiré cent cinquante-trois coups et tué cent cinq pièces.

Du mardi 15, *Versailles.* — Le deuil de la reine de Savoie, qu'on a porté trois semaines, est fini aujourd'hui ; et l'on a pris tout de suite celui de Mlle de Clermont pour onze jours, suivant l'usage.

Du jeudi 17, *Versailles.* — On sut hier que le Roi avoit donné à la Reine le château de Trianon, c'est-à-dire la permission d'en faire l'usage qu'elle voudra. La Reine avoit demandé le pavillon de Luciennes vacant par la mort de Mlle de Clermont. Le Roi lui a donné le choix, de Marly, Meudon, Trianon, la Ménagerie, et la Reine s'est déterminée pour Trianon. Cette négociation a passé par M. le Cardinal, qui conseilla à la Reine de choisir Trianon. A l'égard de Luciennes, le Roi veut le garder ; on dit que c'est dans le dessein d'en faire usage, pendant les voyages de Marly, pour des soupers, parce que l'on trouve que les petits cabinets de Marly sont trop petits et étouffés.

Le Roi revient ce soir de Choisy après souper ; les deux sœurs y sont toujours restées ; il y a eu aussi quelques hommes qui y sont demeurés pour leur tenir compagnie, savoir : le duc d'Ayen, M. de Meuse et le chevalier de Meuse, qui n'en ont pas sorti, et MM. les ducs de Gramont et de Richelieu, qui y ont été presque toujours ; Mmes de Ruffec-duchesse (1), de Saint-Germain et maréchale d'Estrées y sont restées pendant un intervalle de voyage. Ce voyage-ci il n'y avoit que Mme la maréchale d'Estrées et Mme d'Antin. Mme de Vintimille compte venir la semaine prochaine s'établir ici ; le Roi lui a donné le logement de

---

(1) C'est-à-dire la duchesse de Ruffec, femme du fils aîné du duc de Saint-Simon. Le second fils de Saint-Simon avait le titre de marquis de Ruffec.

M. et de Mme de Fleury. Le Roi va trois ou quatre fois par jour chez Mme de Vintimille, à Choisy. Toutes les dames soupent en bas avec le Roi, et il reste toujours quelques hommes chez Mme de Vintimille, de ceux qui ne veulent point souper, auxquels on envoie un morceau à manger de la table du Roi. Hier au soir, quand le Roi eut soupé, il monta chez Mme de Vintimille, et y demeura une demi-heure à faire la conversation.

Mlle de Clermont ne fut enterrée qu'avant-hier. Mme la Duchesse a été consultée pour savoir ce que l'on devoit faire, Mlle de Clermont n'ayant point fait de testament; il a été décidé que l'on ne feroit point la grande cérémonie; ainsi le corps n'a point été gardé et a été porté dans un carrosse noir; c'est Mademoiselle qui l'a conduit avec Mme de Marsan; elle avoit prié Mme de Luxembourg de s'y trouver; mais Mme de Luxembourg a cru qu'il étoit plus à propos de s'en excuser, pour éviter des difficultés ou des désagréments. A la mort de Mme la princesse de Conty, la fille de M. le Prince, ce fut Mme sa belle-fille qui la conduisit, et il n'y avoit point d'autres dames; à la mort de Mme la princesse de Conty, fille du Roi, ce fut une princesse, je crois Mademoiselle, et sans autres dames.

On dit l'électeur Palatin fort mal; il a quatre-vingts ans; ce seroit le petit duc de Sultzbach qui hériteroit de l'électorat, comme plus proche parent. Cet événement pourroit faire quelque embarras dans les conjonctures présentes.

On dit aussi que le roi de Prusse a fait son accommodement avec la reine de Hongrie. Il est certain que M. de Wassenaer, ministre de cette princesse, l'a dit à M. le Cardinal; cependant on croit en devoir douter encore.

M. de Thiers, un des fils de M. Crozat, qui étoit à Francfort avec M. de Belle-Isle, arriva à Paris mardi. M. de Belle-Isle en fait grand cas. On ne sait pas pourquoi il est venu à Paris; il dit que c'est pour faire son équipage.

Du samedi 19, *Versailles.* — Il est vrai que M. de Wassenaer a dit à M. le Cardinal l'accommodement du roi de Prusse; mais on n'a ajouté aucune foi à cette nouvelle, qu'il a cependant publiée dans Paris. Il y a déjà quelque temps qu'il vint annoncer ici, de même, un traité fait et signé avec le roi de Pologne; ce qui s'est trouvé absolument faux.

On me contoit aujourd'hui que pendant la régence de M. le duc d'Orléans, le ministre de l'empereur, pressé de rendre une réponse sur certaine proposition, avoit dit à M. le duc d'Orléans qu'il étoit obligé de lui représenter avant toutes choses qu'il falloit exécuter l'article 27 d'un tel traité qu'il lui nomma et dont il lui fit le détail; que M. le duc d'Orléans avoit envoyé querir M. de Morville, lequel ne se remettant pas les conditions de cet article, en avoit parlé au sieur Pecquet, son premier commis, et qu'enfin l'affaire fut vérifiée sur le traité même; on avoit trouvé qu'il n'y avoit pas un mot de vrai ni rien qui en approchât.

Le Roi a été tirer cette après-dînée du côté du Désert, dans le petit parc, et en moins de deux heures a tué cent cinquante-cinq pièces. Il soupe ce soir au grand couvert, va demain coucher à la Meutte; après demain lundi, il va au Roule voir sa statue équestre (1) qui est destinée pour Bordeaux; il va de là courre le cerf à Sénart et coucher à Choisy, d'où il doit revenir mercredi ou jeudi.

Aujourd'hui au dîner de la Reine, il y avoit un ministre d'Espagne (2) qui va ambassadeur en Russie; c'est M. le comte Benne, chef d'escadre; il est frère du prince Masseran et du comte Candel. J'ai déjà marqué ci-dessus que Mme la princesse d'Ardore étoit sœur de Mme de Masseran, et qu'elles étoient encore deux autres sœurs, Mme de Solfa-

---

(1) Faite par Lemoine, fondue par Varin.

(2) Il n'a pas la qualité d'ambassadeur; il n'a que celle de ministre. (*Note du duc de Luynes.*)

rino et Mme de Stilliano. Celle-ci demeure à Naples et l'autre demeure en Espagne. Il y a encore une cinquième sœur, qui demeure à Naples et qui s'appelle Mme de Lavallès; elles sont toutes cinq filles du prince de Santo-Buono, qui a été longtemps vice-roi du Pérou. Le prince de Santo-Buono voulant donner occasion à M. le comte Benne de faire une fortune considérable l'emmena avec lui au Pérou comme son capitaine des gardes; on dit que M. Benne est revenu de ce pays-là avec de grands biens.

Nos troupes pour la Bavière ont passé le Rhin le 15 de ce mois. Outre l'ordonnance pour les équipages dont j'ai parlé ci-dessus, le Roi a parlé fortement à M. de Luxembourg. On me dit hier qu'en conséquence M. de Luxembourg avoit renvoyé vingt-cinq chevaux à Paris pour être vendus, et que M. de Boufflers en avoit renvoyé une vingtaine en Flandre.

Du dimanche 20. — Le Roi disposa hier de plusieurs appartements. Celui de M. le Premier a été donné à M. de Maillebois le fils; celui de M. de Vassé, qui est dans le corridor qui va chez M. le contrôleur général, a été donné à M. le président de Guébriant, lecteur du Roi; l'appartement de Mlle de Clermont, dans la surintendance, qui est fort beau et fort grand et qui comprend celui qu'avoit Mme de Ribérac, sa dame d'honneur, a été donné à M. le maréchal de Noailles pour lui et Mme d'Ayen; le logement de Mlle de Villeneuve, fille d'honneur de Mlle de Clermont, a été donné à Mme de Château-Renaud; celui de M. d'Ayen, dans l'aile des Princes, à M. et à Mme de Fitzjames; c'est un logement un peu petit pour mari et femme; M. de Richelieu l'avoit eu. L'appartement qu'avoit Mme de Vintimille et qui joint celui de Mme de Chalais a été donné à Mme de Talleyrand; celui de M. de Vassé a été donné à M. de Montaigu, gentilhomme de la manche de M. le Dauphin. Pour celui-là, il y a déjà quelques jours que cela est fait; il reste encore à donner celui de Mme de Conflans et celui de Mme de Talleyrand.

Le Roi avant de partir pour la Meutte vient de dire à M. l'évêque de Mirepoix qu'il avoit nommé à cinq évêchés. L'archevêché d'Arles est donné à M. l'évêque de Bayonne, qui est l'abbé de Bellefonds; l'évêché de Bayonne à M. l'abbé de Beaumont, comte de Lyon ; l'évêché de Cahors à l'abbé du Guesclin, aumônier du Roi et grand vicaire de Rouen ; cet évêché est affermé 57,000 livres ; on a mis dessus 10,000 francs de pension ; l'évêché de Pamiers à l'abbé de Lévy-Lérans ; l'évêché de Saint-Claude à l'abbé de Fargues, comte de Lyon.

Le Roi est parti pour la Meutte; il va demain à Choisy, et reviendra mercredi pour donner jeudi audience aux États de Languedoc.

Le Roi a donné ce matin audience à la Ville ; le prévôt des marchands avec les nouveaux échevins conduits par M. de Gesvres et M. de Dreux. Le prévôt des marchands a harangué à genoux, suivant l'usage. L'audience chez la Reine a été après la messe dans le grand cabinet d'avant la chambre. Mme de Luynes en fut avertie hier au soir par un valet de chambre de la Reine, qui n'étoit pas même trop bien instruit de cette audience, et ce matin à la toilette de la Reine on ne savoit encore si ce devoit être dans la chambre ou dans le cabinet. M. de Dreux dit qu'il prend les ordres de LL. MM., mais qu'il ne doit avertir ni le premier gentilhomme de la chambre ni la dame d'honneur.

Du mardi 22, *Versailles*. — J'ai oublié de marquer ci-dessus que M. le marquis de Lanmarie a été nommé depuis peu ambassadeur du Roi en Suède. Il est maréchal de camp et avoit été ci-devant capitaine de gendarmerie ; le Roi lui donne 60,000 francs par an, et outre cela 24,000 livres pour son équipage. Il va relever dans cette ambassade M. le marquis de Saint-Séverin dont la santé est devenue si mauvaise qu'il a demandé à revenir.

La Reine alla hier dîner à Trianon et y passer la journée ; il y avoit douze dames qui eurent l'honneur de dîner avec S. M.; les hommes de la Cour qui s'y trouvèrent dînèrent avec M. de Chalmazel; il y eut plusieurs tables pour les gardes du corps, les Cent-Suisses, les gardes de la porte, les gardes de la prévôté. La Reine a choisi pour son appartement celui où demeuroit la reine de Pologne. S. M. mangea dans la pièce qui est sur la cour à droite, dans laquelle il y a une tribune qui avoit été faite pour la musique. La Reine n'avoit point encore décidé dans quelle pièce se feroit la musique; elle avoit seulement donné ordre qu'elle se rendît à cinq heures à Trianon. On avoit disposé la table pour le cavagnole dans une des pièces qui précèdent la galerie. Sur cela il se présenta une occasion de difficulté pour savoir qui fourniroit le cavagnole et serviroit au jeu, ou des garçons de la chambre de la Reine, ou des garçons du château. La Reine décida que tout se passeroit comme à Marly, et donna ordre en sortant de table que la musique seroit dans la chambre à coucher du grand appartement qui est à gauche en entrant, et le jeu dans le salon qui est au bout dudit appartement du côté du canal. La musique commença à cinq heures; ensuite la Reine se promena quelque temps et se mit au jeu à sept jusqu'à neuf. Ce furent les garçons du château qui servirent au jeu; cependant les ordres que la Reine donnoit pour ouvrir ou fermer des fenêtres, elle les adressoit à sa dame d'honneur ou à sa dame d'atours, qui les rendoient aux garçons du château, et ce fut un valet de chambre de la Reine qui se mit derrière le fauteuil, et non l'officier des gardes. Ces deux circonstances sont différentes du salon de Marly. La Reine dit hier qu'elle retourneroit aujourd'hui dîner à Trianon et qu'elle y passeroit la journée, mais qu'elle ne vouloit ni Cent-Suisses, ni gardes de la porte, ni gardes de la prévôté. Les Cent-Suisses sont venus ce matin représenter qu'ils étoient six attachés à la Reine qui ne la devoient pas quitter.

Du vendredi 25, *Versailles*. — Le Roi revint de Choisy

mercredi au soir après souper ; j'y fus mardi l'après-dînée. Le Roi avoit fait venir une litière et un vis-à-vis pour voir laquelle des deux voitures conviendroit mieux à Mme de Vintimille pour la ramener à Versailles. Le Roi voulut en faire l'essai lui-même et monta dans l'une et dans l'autre desdites voitures ; ensuite il y fit monter Mme de Mailly dans la litière avec M. le comte de Noailles. Il fut enfin décidé que ce seroit le vis-à-vis dont on feroit usage ; en conséquence Mme de Mailly revint hier jeudi avec Mme sa sœur dans ledit vis-à-vis. Mme de Vintimille est allée s'établir dans l'appartement de M. le cardinal de Rohan, où elle doit accoucher. Le Roi y fut hier passer la soirée ; aujourd'hui M. le duc de Gramont a fait porter à dîner aux deux sœurs, et demain elles commenceront à manger chez Mme de Vintimille, avec un petit cuisinier qu'elles ont pris. Mme de Vintimille a toujours un peu de fièvre les soirs et est toujours de fort mauvaise humeur. Il y a quelques jours, à Choisy, que le Roi lui fit plusieurs questions pour savoir d'où venoit cette mauvaise humeur ; il lui demanda si elle sentoit du mal, si elle n'avoit point de chagrin, et n'en put jamais avoir d'autre réponse sinon qu'elle ne se sentoit pas dans son état naturel ; à la fin même elle ne répondit plus aux questions ; ce fut sur cela que le Roi lui dit : « Je sais bien, madame la Comtesse, le remède qu'il faudroit employer pour vous guérir, ce seroit de vous couper la tête ; cela ne vous siéroit même pas mal, car vous avez le col assez long ; on vous ôteroit tout votre sang et on mettroit à la place du sang d'agneau, et cela feroit fort bien, car vous êtes aigre et méchante. » Ce discours fut tenu devant dix ou douze personnes, et l'on peut juger que Mme de Vintimille ne répondit pas un mot.

Hier, les États de Languedoc eurent audience ; ce fut dans la chambre du Roi, le fauteuil le dos tourné à la cheminée. M. l'archevêque de Toulouse (la Roche-Aymon) porta la parole ; il avoit à sa droite M. le prince de Dombes, à sa gauche M. de Saint-Florentin et M. de Dreux le fils. M. l'archevêque de Toulouse a un son de voix agréable ; il parla haut et distinctement; il rappela dans son discours la situation où le Roi s'étoit trouvé les années dernières, et dans lesquelles, maître de l'Europe, il l'avoit été encore plus de lui-même et avoit mieux aimé en être le pacificateur et l'arbitre que le conquérant; il ajouta que quoique l'on pût juger autrement de ses sentiments dans les circonstances présentes, cependant les vues étoient les mêmes, qu'il n'avoit d'autre objet que la paix et la tranquillité, et qu'il n'envoyoit ses troupes que pour la maintenir; il ajouta un mot pour M. le Cardinal dont S. Ém. dut être flattée, et finit par dire, que dans pareille conjoncture, la province de Languedoc, quelque accablée qu'elle fût par les malheurs qu'elle avoit essuyés les années dernières, se feroit toujours un devoir de donner des marques de son zèle et de son respect. Il présenta ensuite au Roi le cahier des États, que S. M. remit sur-le-champ à M. de Saint-Florentin. M. le Cardinal étoit debout auprès de S. M. M. l'archevêque de Narbonne, M. l'ancien évêque de Mirepoix, précepteur de M. le Dauphin, et plusieurs autres évêques de Languedoc étoient appuyés contre le balustre.

L'audience chez la Reine étoit dans le grand cabinet avant la chambre ; M. de Nangis seul derrière le fauteuil. M. le Cardinal n'y vint pas.

Hier au soir, veille de Saint-Louis, il y eut un feu sur la rivière; ce sont les artificiers de Paris, et entre autres l'un d'eux nommé Guérin, qui ont demandé permission à M. le duc de Rochechouart d'entreprendre ce feu ; c'est le premier gentilhomme de la chambre qui a droit d'en ordonner. M. de Rochechouart a obtenu au dit Guérin le privilége de faire ce feu pendant douze ans; ils ont eu outre cela permission de louer les places sur le quai. Guérin avoit fait élever sur deux bateaux un édifice de charpente à peu près vis-à-vis les Quatre Nations;

on le descendit ensuite vis-à-vis le jardin de l'Infante. M. le duc de Rochechouart, qui étoit dans la maison de M. de Fleury, à l'hôtel de Hollande, donna le signal à sept heures trois quarts, et le feu commença aussitôt; il dura douze minutes avec une grande vivacité. Il y avoit à droite et à gauche de l'édifice, des bateaux chargés d'artifice dont il sortoit des serpenteaux qui s'enfonçoient dans l'eau et en ressortoient; c'est ce qu'il y eut de plus agréable dans ce feu, le reste ne consistant qu'en une quantité immense de fusées. Il y eut cependant un soleil au milieu de l'édifice et quatre jets de feu. Guérin nous dit qu'il avoit quatre cents caisses de fusées qui contenoient environ cinq cents douzaines; qu'il comptoit que l'artifice seul leur reviendroit à 10,000 écus, la charpente à 10,000 livres, la décoration à 9,000, et qu'en ajoutant à cela les faux frais, comme la musique et un grand nombre de gens pour servir le feu, ils estimoient que le total leur reviendroit à 60,000 livres; ils ont loué les places sur les quais à tant la toise; les plus chères à 10 livres. C'étoit la Ville qui occupoit le pont Neuf, et les mousquetaires le pont Royal.

Aujourd'hui jour de Saint-Louis, le Roi a entendu la grande messe à la chapelle, et a été l'après-dînée à vêpres et au salut; il n'y avoit point été les années précédentes.

Mardi dernier, qui est le second jour que la Reine fut à Trianon, elle ne fut suivie que par les seuls gardes du corps; il n'y eut ni Cent-Suisses, ni gardes de la porte, ni gardes de la prévôté. M. de la Billarderie, major des gardes du corps, prétend que les Cent-Suisses n'ont point le droit d'accompagner la Reine partout, et rapporte un exemple du temps du feu Roi; que le Roi étant allé dîner à Trianon avec Mme la duchesse de Bourgogne, on avoit envoyé vingt gardes pour la garniture; que les Cent-Suisses s'y étant trouvés d'eux-mêmes, le Roi l'avoit trouvé mauvais et les avoit renvoyés. Les Cent-Suisses disent qu'ils ont droit d'accompagner toujours le Roi et la Reine partout où l'on envoie des gardes du corps à

AOUT 1741.

pied, et demandent, si la Reine retourne à Trianon, qu'elle veuille bien ne se faire suivre que par des gardes du corps à cheval.

M. de Breteuil travailla avant-hier avec le Roi et M. le Cardinal; il fut question dans ce travail du commandement de la gendarmerie que M. du Châtelet, major, demande comme plus ancien brigadier de ce corps et en conséquence de la nouvelle ordonnance qui donne le commandement au plus ancien brigadier. M. de Rubempré, capitaine des gendarmes écossois, le demande selon l'usage de la gendarmerie et le privilége attaché à la compagnie écossoise. M. du Châtelet a cité deux exemples en sa faveur, dont l'un est M. Dauger, qui a commandé en pareilles circonstances. Dans le cas du commandement, le major remet le détail à l'aide-major pour le temps que dure la campagne. On ne dit pas encore publiquement la décision de cette affaire, mais il paroît que c'est M. du Châtelet qui a gagné. On croit que cette décision ne sera pas agréable à la gendarmerie. M. du Châtelet a beaucoup de probité et est parfaitement au fait de tout ce qui regarde ce corps; mais il est froid, et on dit qu'il n'y est pas aimé.

On a quitté aujourd'hui le deuil; la Reine croyoit qu'on le porteroit douze jours afin que les dames fussent six jours en noir et six jours en blanc. Le Roi l'a quitté ce matin.

On apprit hier la mort de l'évêque de Die; c'étoit l'abbé de Cosnac qui a été aumônier du Roi.

La place d'aumônier du Roi qu'avoit l'abbé d'Oppède a été donnée à l'abbé de Grimaldi, dont le frère est attaché à M. le prince de Dombes.

Le Roi a donné l'appartement de M. et de Mme de Talleyrand à M. l'abbé de Pomponne; et celui de M. l'abbé de Pomponne, qui est immédiatement au-dessous, a été donné à Mme de Mailly; il est vis-à-vis le sien, et on en va faire un grand cabinet pour recevoir la compagnie.

Du dimanche 27, Versailles. — J'appris hier que le Roi a

donné à Mme la duchesse de Gramont douairière l'appartement qu'avoit M. de Soubise, dans l'aile des Princes, auprès de celui que M. et Mme de Fleury viennent de quitter; il est un peu petit.

Le fils unique de M. de Gassion, lieutenant général, mourut hier de la petite vérole; il avoit environ vingt-six ans; il reste deux filles à M. de Gassion (1), qui sont Mmes de Peyre et d'Anlezy. Mme de Peyre est veuve et a un fils. Mme d'Anlezy a plusieurs enfants. M. de Gassion a cinquante-cinq à soixante ans; il a un frère président au parlement de Pau, qui n'a point d'enfants. On disoit beaucoup de bien du fils de M. de Gassion qui vient de mourir; il avoit le régiment de Bretagne, où il étoit fort aimé.

Mme la maréchale de Brancas mourut hier presque subitement; M. le maréchal de Brancas a plusieurs enfants : M. de Forcalquier et M. le chevalier de Brancas, Mme de Rochefort; il avoit eu aussi une autre fille qui avoit épousé M. de Souvré, laquelle est morte il y a longtemps.

Madame la Duchesse vint ici hier, Mme la princesse de Conty, Mademoiselle et Mlle de la Roche-sur-Yon. Le Roi a été aujourd'hui voir Mme la Duchesse à cinq heures; Mme la princesse de Conty et Mlle de la Roche-sur-Yon y étoient; elles sont venues recevoir le Roi. S. M. n'étoit point en deuil; il le quitta hier et ne l'a point pris pour cette cérémonie. Mme la Duchesse étoit dans son lit. Le Roi s'est assis et y a resté environ un demi-quart d'heure; toutes les dames titrées et non titrées se sont assises. Le Roi a été delà chez Mademoiselle, où la visite s'est passée de même. Mademoiselle étoit dans son lit. Mme la princesse de Conty et Mlle de la Roche-sur-Yon s'y sont trouvées. Le Roi va au salut et de là chez Mme la princesse de Conty. La Reine ira après le salut faire les trois mêmes

---

(1) Il étoit veuf depuis longtemps. Sa femme étoit fille de feu M. d'Armenonville et de Mlle Gilbert. (*Note du duc de Luynes.*)

visites. Mme la Duchesse ni les trois autres princesses ne recevront point d'autres visites en cérémonie.

Du mardi 29, *Versailles.* — Le Roi fut hier courre à Verrières ; Mesdames furent à la chasse. Le Roi soupa le soir chez Mme de Vintimille, où il fit porter le souper des cabinets; il n'y avoit d'autres dames que les deux sœurs et quelques hommes.

M. de Gassion, qui vient de mourir, avoit le régiment de Bretagne-cavalerie ; on croit que ce régiment sera donné à M. de Poyanne, son cousin germain, fils d'une sœur de M. de Gassion le père. M. de Poyanne a une charge dans les gendarmes de la garde qui deviendra vacante par cet arrangement. Ce jeune homme, qui n'a jamais eu la petite vérole, s'est enfermé avec son cousin; la première chose que M. de Gassion ait faite après la mort de son fils, a été de demander le régiment pour M. de Poyanne.

Il y a deux circonstances particulières par rapport au militaire qui méritent d'être ici marquées. Dans l'armée qui doit servir sous les ordres de M. le maréchal de Belle-Isle et qui est actuellement commandée par M. de Leuville, et que l'on appelle l'armée du Rhin ou de Bavière, c'est M. le marquis de Clermont, lieutenant général et mestre de camp général de cavalerie, qui commande la cavalerie, et c'est mon fils, comme mestre de camp général des dragons, qui commande le corps des dragons. Le régiment mestre de camp-cavalerie est de cette armée. Dans l'armée de M. le maréchal de Maillebois, qu'on appelle l'armée de la Meuse, M. de Bissy, commissaire général de la cavalerie et brigadier des armées du Roi, commande la cavalerie, quoique le régiment commissaire n'y soit pas; c'est M. de Coigny, colonel général des dragons, qui y commandera ce corps. Son régiment y est aussi.

Une autre circonstance, mais qui ne regarde que le détail d'une troupe particulière : dans les gendarmes et chevau-légers il y a deux des maréchaux des logis qui ont le titre d'aide-major. L'un d'eux est chargé du détail de la troupe, dont il rend compte au commandant et prend ses ordres; dans les chevau-légers c'étoit depuis longtemps M. de Fortisson que M. de Chevreuse, mon grand-père, avoit tiré du régiment de Bonnelles-dragons, où il étoit capitaine. Il étoit entré dans les chevau-légers, d'abord sur le pied de simple chevau-léger, et de là avoit été avancé successivement, mais promptement, par tous les grades de porte-étendard, sous-brigadier, brigadier, maréchal des logis et enfin aide major. Lorsque M. le maréchal de Chaulnes remit il y a quelque temps la compagnie à M. le duc de Picquigny, son fils, M. de Picquigny jugea à propos de faire un autre arrangement par rapport au détail de la troupe et d'en charger un gentilhomme de Bourgogne nommé de Chauve de Vezanne, chevau-léger depuis plusieurs années, en qui il connoissoit de l'intelligence et de la capacité. Après un an environ que M. de Vezanne fut chargé de ce détail, M. de Picquigny, dans son premier travail avec le Roi, qui fut il y a environ un mois, demanda à S. M. que M. de Vezanne montât tout d'un coup au grade de brigadier, sans passer par les grades de porte-étendard et de sous-brigadier, ce qui fut accordé; et le Roi me dit le soir même qu'il avoit accordé une grâce qui étoit très-grande.

Ce matin milord Chesterfield, Anglois, un des principaux du parti opposé à Walpole, a été présenté au Roi et à la Reine par l'ambassadeur de Hollande, n'y ayant point ici d'ambassadeur d'Angleterre. C'est M. de Sainctot qui a pris l'ordre du Roi et de la Reine, mais c'est l'ambassadeur qui a présenté. Milord Chesterfield va à Montpellier pour sa santé.

M. de Campo-Florido a présenté aussi, ce matin, M. de Bernachea, Espagnol, qui va ambassadeur d'Espagne à Stockholm. M. de Bernachea est celui qui étoit ambassadeur ici y a quelques années avec M. de Santa-Cruz.

Il y a quelques jours que Bannière, courrier du cabinet,

est arrivé de Stockholm ; il m'a dit n'avoir été que dix jours à aller, dix jours de séjour et dix jours à revenir. Depuis son retour on a su la déclaration de guerre de la Suède à la Russie, et on a vu le manifeste dans la gazette de la Suède.

Il n'y a que quatre ou cinq jours que M. de Stainville a été déclaré ministre du grand-duc à la cour de France.

Il y a peu de jours que Thévenard (1) mourut à Paris ; il étoit connu par la beauté de sa voix et par le goût qu'il mettoit dans son chant.

On attend incessamment un ambassadeur de la Porte ; il s'appelle Méhémet-Effendi. Il est déjà venu en France avec son père, qui étoit ambassadeur ; on sait qu'il est arrivé à Marseille avec une nombreuse suite. Le Roi dit, il y a quelques jours, qu'il comptoit le recevoir dans la galerie, assis sur son trône.

Du mercredi 30, *Versailles*. — Avant-hier, Mme la Duchesse, suivie de Mme la princesse de Conty, de Mademoiselle, de Mlle de la Roche-sur-Yon, allèrent remercier le Roi ; elles furent ensuite chez la Reine, chez M. le Dauphin et chez Mesdames.

Le Roi n'a point été tirer cette année dans les plaines ; on lui a rendu compte qu'il y avoit peu de perdreaux ; il va souvent tirer dans le petit parc ; la dernière chasse il y tua deux cent soixante-six pièces en deux heures et demie de temps.

Mme la comtesse de Toulouse vint hier de Buc ici ; le Roi descendit chez elle, et lui dit qu'il lui donnoit la maison de Mlle de Clermont à Luciennes. On dit que Mme la comtesse de Toulouse n'avoit point demandé Luciennes. Elle rend Buc au Roi. La vue de Luciennes est char-

---

(1) Gabriel-Vincent Thévenard, fameux acteur de l'académie royale de musique, mort le 24 août âgé de soixante-douze ans. « Il étoit inimitable dans le noble et le beau chant ; il avoit fait depuis 1697 les plaisirs du public, qui a toujours honoré ses talents de beaucoup d'applaudissements. Il avoit quitté le théâtre en 1730. » (*Mercure de France*, 1741, page 2120.)

mante, et la maison fort jolie. Buc est extrêmement triste, dans une situation vilaine, et la maison fort désagréable en dehors; mais Mme la Comtesse l'avoit fait accommoder fort bien et avec beaucoup de goût depuis la mort de M. le comte de Toulouse.

On apprit hier la mort de l'archiduchesse gouvernante des Pays-Bas; elle s'appeloit Marie-Élisabeth, étoit dans sa soixante-unième année, et étoit fille de l'empereur Léopold.

M. de Breteuil travailla hier avec le Roi; on sut que le régiment de Bretagne avoit été donné à M. de Poyanne; il reste à donner la place de M. de Poyanne dans les gendarmes.

Du jeudi 31, *Versailles*. — Avant-hier, on apprit la mort de M. de Montpipeau (1); il étoit retiré du service. Son frère est dans la marine.

Nous sûmes hier que M. de Rubempré avoit prié le Roi de vouloir bien accepter sa démission de sa compagnie écossoise des gendarmes; le Roi lui permet de la vendre et lui conserve son rang de brigadier. Dès le premier moment de la difficulté au sujet du commandement entre lui et M. du Châtelet, M. de Rubempré avoit annoncé qu'il quitteroit s'il ne commandoit pas. Mme de Mailly lui avoit fort conseillé de n'en rien faire; mais, le voyant déterminé, elle lui a sûrement fort aidé à obtenir une grâce que l'on doit regarder comme grande. M. de Sassenage, dans un cas plus favorable eu égard aux circonstances, n'a pas été si bien traité.

On parle du mariage de M. de Poyanne avec Mlle de Montcavrel.

Il y a deux ou trois jours que Mlle de Carignan arriva à Saint-Cloud chez Mme sa mère; elle dîne aujourd'hui chez Mme de Ventadour à sa petite maison de Glatigny.

J'appris hier que le dixième avoit été établi; il commen-

---

(1) Charles de Rochechouart, marquis de Montpipeau, brigadier des armées du Roi.

cera du 1ᵉʳ octobre. Quoiqu'il n'y ait point de guerre, les dépenses que le Roi est obligé de faire dans les circonstances présentes ont donné lieu à cette imposition.

SEPTEMBRE.

Logements de Versailles. — Accouchement de Mᵐᵉ de Vintimille. — Armée de Bavière. — Mort de M. de Surbeck. — La reine de Hongrie et le cardinal de Fleury. — Révérence de la duchesse de Buckingham. — Combat naval du chevalier de Caylus contre les Anglois. — Gardes du pavillon. — Gouvernement du fort Louis donné à M. de Meuse. — Mort de Mᵐᵉ de Vintimille; douleur du Roi; son séjour à Saint-Léger. — Mort des abbés Rollin et Sévin. — Partis de la Cour. — Vers sur les maréchaux de Noailles et de Coigny. — Service funèbre pour la reine de Sardaigne. — Mort de M. de Belsunce. — Nouvelles de Suède. — Mort de MM. de Bretonvilliers, de Pons et de Plainmon.

Du samedi 2, Versailles. — J'appris hier que Mᵐᵉ la maréchale de Maillebois avoit obtenu pour M. le maréchal de Maillebois l'ancien logement qu'avoit M. le Premier, quoiqu'il ne soit point à la proximité de celui de Mᵐᵉ de Maillebois ; elle donne un logement dans le sien à M. son fils.

Sur l'état du Roi, le logement de M. le Premier est donné à M. de Maillebois le fils, et Mᵐᵉ de Maillebois, pour sa plus grande commodité, a donné ledit logement à M. le maréchal de Maillebois et s'est chargée de loger M. son fils chez elle.

Tous ces jours passés le Roi a fait porter son souper chez Mᵐᵉ de Vintimille. Hier, parce que c'étoit maigre, il soupa dans ses cabinets et avec des hommes seulement ; après souper, il fut chez Mᵐᵉ de Vintimille, où il resta jusqu'à deux heures. Mᵐᵉ de Vintimille avoit, à ce qu'on dit, dès lors des douleurs ; mais elle les cachoit. Ce matin, à cinq heures, les douleurs ayant augmenté, elle a envoyé éveiller Mᵐᵉ sa sœur et M. de Meuse, et à neuf heures elle est accouchée d'un garçon, qui se porte bien. C'est la Peyronie qui l'a accouchée ; on avoit compté que ce seroit

Bourgeois. Elle n'a été dans les grandes douleurs qu'environ une heure ou une heure et demie.

Le Roi devoit aller tirer aujourd'hui dans la plaine de Villepreux, un peu par complaisance pour MM. de Soubise et d'Ayen, à qui il donne permission de tirer lorsqu'il va hors de ses parcs; la pluie l'ayant empêché d'aller à la chasse, il a fait porter son dîner chez Mme de Vintimille. Mme de Mailly, le duc de Villeroy, le duc d'Ayen et M. de Meuse y étoient.

J'ai vu aujourd'hui une lettre [écrite] de l'armée qui va en Bavière; on mande que nos troupes observent la discipline la plus exacte, payant tout très-régulièrement et ne faisant aucune espèce de désordre. Cette lettre est de la seconde division qui a passé le Rhin. L'on ajoute que les habitants des lieux par où l'on passe, encouragés par ce qu'ils ont éprouvé au passage de la première division, demeurent dans leurs maisons et dans leurs boutiques avec la même tranquillité qu'en pleine paix, et ne songent qu'à apporter les vivres dont l'armée a besoin. On mande encore que ces vivres ne sont pas absolument chers parce que les princes dont on traverse les États ont eu soin d'en faire taxer le prix.

Hier la messe du Roi et celle de la Reine furent des messes de *Requiem*, à cause de l'anniversaire de la mort de Louis XIV; il n'y a point de musique à la chapelle ce jour-là, parce que toutes les voix et les bassons vont à Saint-Denis au service qui s'y fait tous les ans pour le feu Roi.

Du dimanche 3, Versailles. — Le 25 du mois passé, Mme la duchesse de Duras (1), belle-fille du maréchal, accoucha d'un garçon.

Du lundi 4, Versailles. — Il y a quelques jours que M. de Surbeck, capitaine de la compagnie générale du régiment des gardes suisses et frère de feu Mme Béranger, mourut à

---

(1) Elle s'appeloit duchesse de Durfort et n'a pris le nom de Duras que depuis que M. de Duras a été fait maréchal de France; elle est fille de M. de

Paris; il avoit un fils de son premier mariage à qui on a donné une compagnie, dans un autre régiment suisse, de laquelle M. de Surbeck père étoit aussi capitaine; et l'emploi de M. de Surbeck, qui est regardé comme considérable dans le dit régiment, a été donné à M. le baron de Rolle.

Dans l'arrangement qui avoit été fait des troupes destinées pour la Bavière, il y a eu quatre colonnes qui ont passé le Rhin à Lauterbourg et au fort Louis, le 15, le 17, le 19 et le 21 du mois dernier, pour se rendre à Donauwerth par deux différentes routes. Une autre colonne devoit passer sous les ordres de M. de Polastron le 22 de ce mois avec les caissons, et il y avoit outre cela un corps de troupes, que l'on appeloit le supplément, qui devoit passer le 24 en cas de besoin, mais l'on n'étoit pas certain que l'on en eût affaire. J'ai appris aujourd'hui que ce dernier arrangement étoit changé. De la division de M. de Polastron et du supplément l'on forme cinq divisions qui passeront par Lauterbourg et le fort Louis; la première passera le 21.

M. de Wassenaer, ministre de la reine de Hongrie, alla trouver, l'autre jour, M. le Cardinal à Issy, et lui parla de la façon la plus pressante et la plus soumise sur l'état où se trouvoit la reine sa maîtresse. M. Cardinal ne lui répondit jamais autre chose, sinon qu'il rendroit témoignage en toutes occasions de la vivacité de son zèle et de son attachement. Outre cela, la Reine de Hongrie écrivit, il y a quelques jours, à M. le Cardinal pour lui représenter la situation où elle se trouvoit. Cette lettre contenoit entr'autres choses qu'il étoit le père de toute l'Europe et qu'elle ne pouvoit comprendre par quel malheur elle étoit exclue du nombre de ses enfants.

Mme la duchesse de Buckingham fit hier sa révérence au

Coëtquen d'un second mariage, et par conséquent sœur de père de feu M. de Combourg, père de Mme la duchesse de Rochechouart, lequel étoit fils du premier mariage de M. de Coëtquen avec Mlle de Noailles. (*Note du duc de Luynes.*)

Roi, à la Reine, à M. le Dauphin, qui la salua, et à Mesdames. Ce fut Mme de Luynes qui la mena accompagnée de Mme de Bouzols, sa nièce. Mme de Buckingham est sœur de feu M. le maréchal de Berwick, mais d'une autre mère; ils étoient tous deux bâtards du roi Jacques. Il y a quatre ou cinq ans qu'elle se fit présenter ici; ainsi ce n'est point une présentation, mais une révérence. Le Roi la salua; elle ne s'y attendoit pas trop, étant peu instruite des usages de ce pays-ci ; Mesdames la saluèrent, et elle ne leur baisa pas le bas de la robe ; elle baisa le bas de la robe de la Reine et ensuite resta à faire sa cour à la Reine pendant tout le jeu; elle eut même pendant longtemps derrière elle quatre écuyers ou gentilshommes à elle, anglois. Mme de Luynes ne put pas s'empêcher de lui en dire un mot, et elle les envoya l'attendre dans le cabinet qui est avant la chambre de la Reine. Elle est arrivée à Paris avec un grand cortége; on ne dit point quelle en est la raison; on prétend qu'elle veut aller à Rome. Elle n'est ni petite, ni grande; elle paroît avoir environ cinquante-cinq ans ; son visage n'a rien de désagréable ; on prétend qu'elle est un peu extraordinaire; elle parle mal françois et y écrit encore plus mal.

Mme de Vintimille est établie dans le grand cabinet de M. le cardinal de Rohan, où on a mis deux lits. Le Roi paroît très occupé de tout ce qui regarde la santé de Mme de Vintimille et entre dans tous les détails. On a mis du fumier depuis le haut de la rampe qui règne le long de l'aile neuve jusqu'en bas, et les trois jets d'eau qui sont dans le jardin vis-à-vis l'aile neuve ne jouent plus parce qu'ils faisoient trop de bruit. On a porté l'enfant dans les entresols au-dessus de l'appartement que doit occuper Mme de Vintimille. Bourgeois, l'accoucheur, avoit été mandé dès le premier moment, mais il ne se trouva point de voiture pour l'amener; il arriva cependant le soir du jour de l'accouchement et il y est encore actuellement. Depuis que Mme de Vintimille est accouchée, le Roi soupe dans ses cabinets, et il y va dans le moment qu'il a soupé. L'enfant a été ondoyé sur-le-champ; on croit que les cérémonies du baptême seront différées. M. l'archevêque de Paris vint hier exprès voir Mme de Vintimille; il voulut que le marquis du Luc, son neveu (1), y vînt aussi; il n'en avoit pas trop envie; et la visite fut courte.

Pendant qu'il y a eu une surintendante, c'étoit elle qui recevoit les serments des femmes de chambre de la Reine; Mme de Luynes fit pour la première fois cette fonction avant-hier; une des femmes de la Reine, nommée Mme de la Rare, fille de Martin l'apothicaire de la Reine, qui est d'une fort jolie figure et qui joue parfaitement bien du clavecin, a demandé permission de se retirer, et Martin a présenté pour la remplacer une autre de ses filles qui est aussi mariée; il l'amena avant-hier; on lui donna un carreau; elle se mit à genoux, et le secrétaire de Mme de Luynes lut le serment.

Du mardi 5, Versailles. — On eut il y a trois ou quatre jours ici la relation d'un combat de M. le chevalier de Caylus (2) contre les Anglois, aux environs du détroit de Gibraltar (3). M. de Caylus n'avoit que trois vaisseaux et les Anglois en avoient quatre; l'affaire s'est passée de nuit, comme celle dont il a été parlé ci-dessus de quatre de nos vaisseaux contre six. M. de Pardaillan, capitaine de vaisseau, que nous avons vu ici gouverneur de M. de Penthièvre, a été tué du quatrième coup de canon; nous avons eu plusieurs blessés; les Anglois ont été fort maltraités et surtout un de leurs vaisseaux qui a été démâté. Les Anglois envoyèrent un officier le lendemain à M. de Caylus. M. de Caylus dit à l'officier qu'il ne savoit pas pourquoi il lui faisoit des excuses, qu'il n'étoit nulle-

---

(1) Le père du comte de Vintimille, mari de l'accouchée.
(2) Charles de Tubières, de Grimoard, de Pestel, de Lévis, chevalier puis marquis de Caylus, mort en 1750 chef d'escadre des armées navales.
(3) Voir les détails de ce combat dans la *Gazette* de 1741, page 426.

ment fâché, que s'ils avoient des excuses à faire, c'étoit au Roi. « Pour moi, ajouta-t-il, je n'ai qu'à vous remercier ; ceci a servi à égayer cette jeunesse que vous voyez et m'a donné occasion de connoître ce qu'ils savoient faire ; ils n'en seront que plus en état de combattre contre vous lorsque je le pourrai. »

Il paroît présentement certain que le roi de Prusse a fait déclarer à la diète que non-seulement il n'écouteroit aucune proposition de la part de la reine de Hongrie que de concert avec ses alliés, mais même qu'il étoit déterminé à donner sa voix, pour l'élection, à la maison palatine.

Aujourd'hui, après le conseil de finances, le Roi a été chez Mme de Vintimille ; mais comme il y va tous les jours et même plusieurs fois, cela ne fait point une nouvelle dans la maison, et l'on n'en dit mot à ceux qui vont savoir des nouvelles de Mme de Vintimille. Mme de Mailly y est sans aucun ajustement, avec un jupon blanc et un petit manteau de lit de même.

On a appris aujourd'hui la mort de M. le chevalier de Caylus (1) ; il étoit extrêmement bossu ; c'étoit le frère du feu lieutenant général ; il est mort à Paris ; il étoit colonel réformé (2).

Du jeudi 7, Versailles. — La place de commandant des gardes du pavillon étant vacante par la mort de M. de Pardaillan, tué à l'affaire de M. de Caylus, M. le duc de Penthièvre, qui en qualité de grand amiral nomme à cette place avec l'agrément du Roi, y nomma avant-hier le chevalier de Crenay, son capitaine des gardes. Les gardes du pavillon sont comme les gardes de l'amiral. Le chevalier de Crenay est de Normandie ; son frère s'appelle M. de Saint-Denis. La place de capitaine

---

(1) Henri-Joseph de Caylus-Rouairoux, chevalier de Caylus, brigadier des armées du Roi.

(2) Voir plus loin, page 473.

des gardes de M. le duc de Penthièvre, comme gouverneur de Bretagne, a été donnée par lui à M. de Saint-Pern, homme de très-grande condition de Bretagne. On dit qu'ils sont au moins aussi bons que les Duguesclin. J'ai parlé ci-dessus de M. de Saint-Pern; il étoit dans le régiment du Roi; il a eu un régiment d'infanterie; il avoit servi en Italie sous M. le maréchal de Noailles; et on en avoit été fort content.

Le gouvernement du fort Louis du Rhin étoit vacant par la mort de M. de Permangle; le Roi le donna avant-hier à M. de Meuse; ce gouvernement vaut, à ce que l'on dit, 8,500 livres. M. de Meuse avoit une pension de 4,000 livres qu'il a rendue; on lui laisse un autre petit gouvernement de 2,000 livres; mais il perd aussi une gratification annuelle de 1,000 écus; il est vrai qu'il ne l'avoit touchée qu'une fois.

J'ai mis ci-dessus la mort de M. de Caylus le bossu. Cette famille de Caylus n'a aucune parenté avec celui qui est dans la marine. Celui-ci et son frère aîné, qui a quitté le service et qui vit en philosophe à Paris, sont fils de Mme de Caylus, nièce de Mme de Maintenon; au lieu que M. de Caylus qui vient de mourir et son frère lieutenant général des armées du Roi, étoient fils d'une sœur de M. le cardinal de Bonzy. M. le cardinal de Bonzy avoit deux sœurs, dont l'une épousa le père de MM. de Caylus, et l'autre M. de Villeneuve; et la fille de M. de Villeneuve est Mme de Caylus d'aujourd'hui, veuve du lieutenant général et frère de celui qui vient de mourir.

Du vendredi 8, Versailles. — Le Roi fut hier, après le conseil, chez Mme de Vintimille, qui avoit la fièvre, et dont on étoit inquiet; il dîna entre Mme de Mailly et M. de Meuse, et y resta jusqu'à près de sept heures qu'il alla travailler avec M. le Cardinal; il soupa au grand couvert, fut très-peu de temps à table et immédiatement après il alla chez Mme de Vintimille jusqu'à l'heure qu'elle se retire.

Aujourd'hui qui est une fête de la Vierge le Roi va à

vêpres (1) et au salut. La Reine a fait ses dévotions ce matin; M. le Cardinal lui a dit la messe; il lit sans lunettes. Depuis cinq ou six mois la Reine va les fêtes et les dimanches à la grande messe à neuf heures, à la chapelle; ces jours-là et ceux qu'elle fait ses dévotions elle retourne à la messe à la chapelle, comme les jours ouvriers, à midi et demi.

Du samedi 9, Versailles. — Hier au soir, il y eut une consultation de médecins sur l'état de Mme de Vintimille; Sylva avoit été mandé de Paris, et de Versailles Senac, médecin de Saint-Cyr; il fut unanimement conclu que, vu l'ardeur de la fièvre, il falloit la saigner du pied; cette consultation fut faite pendant que le Roi soupoit au grand couvert. Le souper fut fort court, et aussitôt après le Roi retourna chez Mme de Vintimille. Elle fut saignée du pied à minuit; le Roi y étoit et y resta jusqu'à deux heures qu'il vint se coucher. Il paroissoit que la saignée avoit fait un bon effet; Mme de Mailly étoit retournée chez elle; sur les trois ou quatre heures, la fièvre augmenta, Mme de Vintimille demanda son confesseur; il fut assez longtemps enfermé avec elle; elle ne put recevoir N.-S. parce qu'elle perdit connoissance (2), et elle est morte ce matin à sept heures un quart. Mme de Mailly y est toujours restée, on ne put l'emmener que quelques moments avant sa mort. On est entré chez le Roi ce matin à dix heures. La Peyronie y est venu le premier; le Roi lui a demandé des nouvelles; la Peyronie ne lui a répondu autre chose sinon qu'elles étoient mauvaises. Le Roi s'est retourné de l'autre côté et est demeuré entre ses

---

(1) Elles ont été chantées par les chantres de la chapelle. (*Note du duc de Luynes.*)

(2) Mme de Mailly y étoit et voulut absolument qu'on allât éveiller le Roi; ce fut la Peyronie qui s'y opposa. Lui et M. de Meuse, quelque temps avant la mort, emmenèrent Mme de Mailly dans l'appartement de Mme la maréchale d'Estrées, où elle couche. (*Note du duc de Luynes.*)

quatre rideaux. Il a donné ordre que l'on dise la messe dans sa chambre. La Reine a été ce matin pour le voir comme elle va tous les jours; elle y a même été deux fois, et elle n'a pas pu entrer (1). M. le Cardinal y a été aussi deux fois sans pouvoir entrer; cependant à la fin de la messe il est entré avec l'aumônier du Roi, et a resté peu de temps avec S. M. Le comte de Noailles est le seul qui soit entré. Même pendant la messe, l'aumônier étoit dans le cabinet avant la chambre, et il n'y avoit dans la chambre que le prêtre et les deux chapelains pour servir. Après la messe, suivant l'usage, le prêtre a porté le corporal à baiser au Roi; on a entr'ouvert pour cela un des rideaux de la ruelle du lit, et l'aumônier qui en même temps a donné l'eau bénite m'a dit qu'il n'avoit pas vu le Roi. A cinq heures après midi, les deux portes de l'antichambre à œil de bœuf étoient encore fermées (2), comme elles le sont avant le lever du Roi, et on ne laissoit entrer que pour traverser.

Mme de Mailly, qui a couché ces deux jours-ci chez la maréchale d'Estrées pour donner son appartement à Sylva, a resté dans son lit jusqu'à une heure après-midi, fondant en larmes, et ne voyant que ceux qu'elle regarde comme ses amis. A une heure, le duc de Villeroy est venu lui dire un mot; aussitôt elle s'est levée, a monté dans sa chaise, et a été chez Mme la comtesse de Toulouse qui n'étoit pas encore arrivée, mais qu'on attendoit à dîner. Elle s'est couchée dans la niche de Mme la comtesse de Toulouse. Il n'y a eu que le duc et la duchesse de Gramont, MM. d'Ayen et le comte de Noailles, M. de Meuse et le duc de Villeroy qui l'ont vue. Mme la comtesse de Toulouse est arrivée pour dîner et y est entrée; M. de

---

(1) On m'a assuré, depuis, qu'elle n'y avoit point été. La Reine envoya deux fois savoir si elle pouvoit voir le Roi, et on répondit toujours qu'elle ne pouvoit pas. (*Note du duc de Luynes.*)

(2) Le Roi s'étoit levé à une heure et demie, mais il n'y eut que le premier valet de chambre qui entra. (*Note du duc de Luynes.*)

Penthièvre l'a vue aussi un moment. Le Roi étoit toujours resté dans son lit. Il est arrivé un courrier de Francfort ; on a apporté un paquet à M. le Cardinal, qui a envoyé Barjac pour le faire donner au Roi ; Barjac l'a porté ; personne ne s'en est voulu charger. Les premiers gentilshommes de la chambre n'étoient pas entrés (1), pas même M. le duc de Charost, qui a les entrées familières et qui n'a pas pu voir le Roi dans toute la journée. Barjac, se voyant refusé par tout le monde, a pris le parti d'entrer dans le cabinet de glaces ; le duc de Villeroy y étoit qui lui a demandé où il alloit. Barjac a dit que puisque personne ne se chargeoit du paquet, qu'il alloit le donner lui-même. Enfin le duc de Villeroy s'en est chargé ; il vouloit que Barjac en allât demander permission à M. le Cardinal ; Barjac lui a dit que cela n'étoit pas nécessaire ; le paquet a été remis, le Roi y a répondu quinze ou seize lignes, et Barjac l'a reporté à M. le Cardinal.

On étoit incertain jusqu'à deux heures de ce que le Roi feroit ; il devoit aller courre à Saint-Léger et revenir le soir ; c'étoit l'ordre d'hier ; on a contremandé ce matin les gardes du corps, et peu de temps après on a envoyé un ordre contraire. Mme la comtesse de Toulouse et M. de Penthièvre sont partis pour Saint-Léger ; on a su que le Roi y alloit coucher, et le Roi a fait dire à MM. de Meuse, d'Ayen et de Noailles, qu'il les y mèneroit avec lui, et à M. et Mme de Gramont, de s'y rendre. Le

---

(1) Le Roi avant que de partir fit dire à M. le duc de Rochechouart, qui est en année, qu'il étoit fâché de n'avoir pas pu se résoudre à le voir. Le lendemain M. le duc de Rochechouart écrivit à M. de Nyert, premier valet de chambre, à Saint-Léger, et lui manda qu'il n'avoit pas osé aller à Saint-Léger, qu'il avoit cru marquer en cette occasion plus de respect au Roi en n'y allant point ; qu'il prioit M. de Nyert de faire l'usage qu'il jugeroit à propos de sa lettre, et de ne la montrer au Roi qu'en cas que cela lui parût convenable. M. de Nyert lui répondit qu'il avoit montré sa lettre au Roi, que S. M. étoit bien persuadée de son attachement, et étoit bien fâché de ne l'avoir pas mené à Saint-Léger. Je ne mets pas les termes, mais c'est à peu près le sens des deux lettres, comme M. de Rochechouart m'a dit. (*Note du duc de Luynes.*)

Roi, à cinq heures (1) s'est levé, a descendu chez M*me* la comtesse de Toulouse par le petit escalier; tout le monde est sorti, il est resté seul avec M*me* de Mailly, le duc de Villeroy et ces trois messieurs que je viens de nommer. Le jour du retour est incertain (2); on dit mardi, mercredi ou jeudi. On n'avoit point donné d'ordre pour la garde, et elle n'est point entrée. C'étoit hier jour de musique; la Reine la contremanda, sortit à six heures, alla voir M*me* d'Armagnac à Sèvres (3), et revint à huit heures jouer à cavagnole. Il n'y avoit point de gardes dans la cour.

Sur la nouvelle de la mort de M*me* de Vintimille, Mademoiselle est venue exprès de Paris et est arrivée à midi; elle n'a pu voir M*me* de Mailly (4), qui cependant étoit encore chez elle, et elle est repartie à huit heures.

M*me* de Mailly a vu M. du Luc (5) et M. de Nicolaï (6).

---

(1) On m'a assuré que le Roi y étoit descendu dès trois heures et qu'il étoit chez M*me* la comtesse de Toulouse lorsque Barjac alla porter le paquet; que Barjac fit demander M. le duc de Villeroy, et qu'on fut le chercher chez M*me* la comtesse de Toulouse, et que ce fut dans ce même appartement qu'il fit réponse. (*Note du duc de Luynes.*)

(2) M. le Cardinal est parti en disant aux ministres qu'il ne savoit pas quand il reviendroit. (*Note du duc de Luynes.*)

(3) La Reine envoya demander à M. le Cardinal ce qu'elle devoit faire, et ce fut lui qui lui conseilla de sortir avant le départ du Roi pour éviter l'embarras où il auroit pu être de ne point aller chez elle. (*Note du duc de Luynes.*)

(4) Mademoiselle ne parla qu'à une femme de chambre de M*me* de Mailly. (*Note du duc de Luynes.*)

(5) M. du Luc, dont il est plusieurs fois question à propos de l'accouchement et de la mort de M*me* de Vintimille, est Gaspard-Magdelon-Hubert de Vintimille, marquis du Luc, né le 9 mars 1687, mort le 17 mars 1748, lieutenant général les armées du Roi. Il était neveu de l'archevêque de Paris et fils de Charles-François de Vintimille, comte du Luc, mort à Savigny le 19 juillet 1740, à l'âge de quatre-vingt-huit ans. Le mari de M*me* de Vintimille était fils de Gaspard-Magdelon Hubert de Vintimille, marquis du Luc; il s'appelait Jean-Baptiste-Félix-Hubert, comte de Vintimille, né le 23 juillet 1720; marié le 28 septembre 1739; lieutenant général en 1759. Il était petit-neveu de l'archevêque de Paris.

L'Archevêque de Paris, l'un des sept frères de Charles François de Vintimille, comte du Luc, s'appelait Charles-Gaspard-Guillaume de Vintimille; il était né le 15 novembre 1655; il mourut le 31 mars 1746, à quatre-vingt-dix ans.

(6) Armand-Jean de Nicolaï, premier président de la chambre des comptes,

M. du Luc lui a dit : « Je viens de voir mon petit-fils, Madame ; j'ai dit à sa gouvernante de recevoir vos ordres et de vous obéir en tout. » Mme de Mailly paroît fort contente de s'en charger ; le petit garçon s'appelle M. de Savigny.

Le corps de Mme de Vintimille est resté jusqu'à huit heures dans l'appartement de M. le cardinal de Rohan où elle est morte. On ne laisse jamais un corps mort dans le château, celui même de M. le duc d'Orléans fut emporté sur-le-champ (1). On a employé ce temps à peindre Mme de Vintimille ; à huit heures on l'a emportée à l'hôtel de Villeroy.

Du dimanche 10, *Versailles.* — Mme de Vintimille a été ouverte (2) ce matin à l'hôtel de Villeroy, portée à la paroisse Notre-Dame l'après-dînée, et de là aux Récollets où elle est enterrée dans la chapelle Saint-Louis. Il y avoit soixante-dix prêtres et beaucoup de pauvres, et il n'y avoit de parents que M. de Nicolaï.

Du lundi 11. — La Reine est allée aujourd'hui dîner à Trianon et y passer la journée (3).

Il paroît une relation imprimée de la fête que M. de Belle-Isle a donnée à Francfort, pendant trois jours, à

étoit le gendre de Gaspard-Magdelon-Hubert, marquis du Luc, dont il avoit épousé, en 1733, la fille, qui s'appeloit Madeleine-Charlotte-Guillelmine-Léonine de Vintimille, sœur du comte de Vintimille.

(1) Au moins le lendemain matin. (*Note du duc de Luynes.*)

(2) Son corps étoit d'une puanteur excessive ; on l'a recousue après l'avoir ouverte ; il n'est resté ni femme ni prêtre auprès du corps, et il a même été absolument nu pendant quelque temps, tout le monde entrant dans la chambre. On lui a trouvé une petite boule de sang qui commençoit même à toucher au cerveau ; Mme d'Antin m'a dit qu'elle l'avoit entendue se plaindre depuis sa grossesse qu'elle sentoit cette boule étant en carrosse. Elle m'a ajouté que Mme de Vintimille, avant d'être mariée même, sentoit cette boule. — C'étoit une veine dilatée qui avoit fait un petit enfoncement dans le cerveau ; ce qui lui paroissoit être une petite boule. (*Note du duc de Luynes.*)

(3) Il n'y avoit que les gardes du corps. Il y a eu musique composée seulement d'un détachement des musiciens. Après la musique, il y a eu jeu servi par les garçons du château qui recevoient les ordres de Mme de Luynes. Personne derrière le fauteuil de la Reine que M. de Nangis quand il vouloit. (*Note du duc de Luynes.*)

l'occasion de la Saint-Louis; elle a été exécutée avec tout l'ordre et la magnificence possible; on dit qu'elle ne revient qu'à 20,000 écus en tout.

Le roi d'Espagne a fait imprimer une relation de la levée du siége de Carthagène; cette relation contient exactement le détail de l'état où étoit cette place, et fait par conséquent voir un peu trop clairement la foiblesse des fortifications.

Du mardi 12, *Versailles.* — On a eu des nouvelles de Saint-Léger (1). Le Roi y est toujours dans une grande tristesse; il ne mangea ni le samedi au soir ni le dimanche. Le lundi on le pressa d'aller à la chasse; il y fut, mais sans dire mot à personne; il ne répondit pas même quand on lui demanda l'ordre pour la première chasse. Mme de Mailly est toujours dans une extrême douleur et dans un grand abattement; elle fut à la chasse du Roi, lundi, toute seule dans une calèche (2).

Du samedi 16, *Versailles.* — On apprit hier la mort de M. Rollin, celui qui a composé l'Histoire ancienne. Il avoit plus de quatre-vingts ans. Il avoit commencé l'Histoire romaine; le dernier ouvrage qu'il a fait est le sixième volume de ladite histoire. M. l'abbé Sévin est mort ces jours-ci. Ils étoient tous les deux de l'Académie.

Le Roi revint hier de Saint-Léger après y avoir chassé; il avoit l'air fort sérieux. Il demeura quelque temps dans le cabinet aux perruques sans parler à personne, dit seulement un mot à M. le duc de Charost; il envoya presque aussitôt après avertir M. le Cardinal avec lequel il travailla jusqu'à neuf heures et demie. La Reine venoit de se mettre à table avec ses dames de semaine, suivant l'usage de cette semaine-ci. Le Roi ne fut point chez elle et demeura seul chez lui; il se coucha de bonne heure. Ce

---

(1) M. le maréchal de Noailles y fut dimanche. (*Note du duc de Luynes.*)
(2) Mme la duchesse de Gramont et M. de Meuse étoient avec elle. (*Addition du duc de Luynes.*)

matin le Roi a entendu la messe à son ordinaire; il y a eu conseil d'État, après quoi S. M. a dîné à son petit couvert, ayant toujours l'air sérieux et parlant fort peu. Mme de Mailly est toujours dans une extrême douleur; elle a été aujourd'hui aux Récollets entendre la messe sur le tombeau de sa sœur, et dit qu'elle veut l'y entendre tous les jours.

M. de Saint-Aignan a fait aujourd'hui sa révérence; il y a huit jours qu'il est arrivé d'Italie; il y a dix ans qu'il est absent; il paroît un peu changé.

M. de Poniatowski est ici; il est arrivé depuis peu chargé, dit-on, de commissions importantes de la part du roi de Pologne, électeur de Saxe.

Du lundi 18, *Versailles.* — Le Roi est parti aujourd'hui pour Saint-Léger avec Mmes de Mailly et d'Antin, M. le maréchal de Noailles, MM. de Noailles, d'Ayen, de Meuse, de Richelieu et de Soubise; outre cela, M. et Mme de Gramont y vont; le Roi ne reviendra que vendredi au soir après souper. Tous ces jours-ci il a paru extrêmement sérieux et même dans la douleur. Avant-hier, à son petit coucher, il eut une conversation avec M. de Gesvres, qui fut assez longue, parce qu'elle fut souvent entrecoupée de soupirs; quoique ce fût en particulier, il y avoit pourtant quinze ou vingt personnes. Il dit à M. de Gesvres qu'il avoit vu à Saint-Léger les papiers de Mme de Vintimille; qu'il n'y avoit rien que de très-bien et de très-convenable, qu'il n'y avoit qu'une chanson et que c'étoit à la louange de son abbesse (de Port-Royal), et qu'on avoit grand tort de dire qu'elle étoit méchante. Aujourd'hui le Roi a paru comme à son ordinaire; il y a eu conseil de finances et ensuite dîner à son petit couvert. Comme il étoit au fruit, M. du Luc est arrivé; il sortoit de chez Mme de Mailly, qui paroît extrêmement contente de lui, et qui se loue des bons procédés qu'il avoit à son égard. M. du Luc, qui naturellement a la physionomie riante et qui a trouvé au dîner du Roi plusieurs personnes de sa connoisance, leur a fait la révérence avec un air de gaieté qui a surpris la compagnie. Le Roi a rougi beaucoup, et est sorti de table fort brusquement.

Depuis le retour de Saint-Léger, Mme de Mailly a dîné tous les jours chez elle, hors aujourd'hui; c'est M. le duc de Gramont qui lui envoie à dîner. Après le dîner, elle a été dans l'appartement de Mme la comtesse de Toulouse, où le Roi descendoit et restoit jusqu'à six ou sept heures. Le premier jour, qui étoit samedi, il y fut depuis trois heures jusqu'à sept avec Mme de Mailly, M. le maréchal de Noailles, M. d'Ayen, M. de Meuse et M. de Soubise. La conversation étoit fort sérieuse, et l'on y parla peu. Presque tous les soirs, le Roi a été tête à tête avec Mme de Mailly. Hier il soupa avec elle dans l'appartement de Mme la comtesse de Toulouse; ce fut M. le duc de Villeroy qui fit apporter son souper.

Il paroît qu'il y a ici deux partis différents. MM. de Noailles en forment un considérable qui tient auprès du Roi par le père, les deux enfants et Mme la comtesse de Toulouse, et même auprès de la Reine par Mmes de Villars et d'Armagnac. L'autre parti est celui de Bachelier et de toute la chambre du Roi. Le duc de Villeroy seroit pour ce parti plus que pour aucun autre, étant fort lié avec Bachelier. On prétend que MM. de Noailles ont dessein d'engager M. de Richelieu à épouser Mlle de Noailles (1).

Je mets ici des vers à la louange de MM. les maréchaux de Noailles et de Coigny.

> Consolez-vous, Coigny, Noailles, et cætera,
> De ne point voir inscrits vos noms dans cette guerre;
> Louis ne fait encor qu'amorcer son tonnerre;
> Laissez-le s'allumer, et votre tour viendra,

---

(1) Le parti des Noailles était opposé au cardinal de Fleury, et cherchait à le supplanter; il avait l'appui de la maîtresse du Roi, Mme de Mailly, et de la comtesse de Toulouse, qui avait remplacé Mademoiselle dans ses tristes fonctions de complaisante. (Voy. *d'Argenson*, édit. Jannet, t. III, p. 229 et 230.)

C'est lorsqu'il s'agira de foudroyer des villes,
De forcer des remparts, rompre des bataillons,
Qu'il se ressouviendra qu'il laisse tant d'Achilles
Dans un honteux repos, indigne de leur noms;
Alors tous vos exploits venant à sa mémoire,
Vous serez rappelés en dépit des jaloux.
Laissez à vos rivaux le soin de votre gloire,
Ils y travailleront tout aussi bien que vous.

Du samedi 23, *Versailles.* — Le Roi revint hier de Saint-Léger, après y avoir dîné. En arrivant il travaille avec M. le Cardinal; il n'alla chez la Reine ni dans ce moment ni après le travail; il paroissoit assez comme à son ordinaire après que M. le Cardinal en fut sorti. Le soir à son coucher, il étoit triste et avoit mauvais visage.

Le voyage de Saint-Léger a été assez sérieux, à ce que j'ai appris (1). Mme de Mailly n'a point joué du tout, et le Roi n'a joué qu'au trictrac; au reste, il y eut plusieurs discours de religion, le Roi disant tantôt qu'il falloit bien souffrir, qu'il n'en étoit pas plus exempt qu'un autre et qu'il devoit même souffrir davantage; tantôt, à propos de ce qu'on disoit dans la conversation, disant qu'il n'y avoit rien [de] pire que le scandale. Il y eut une autre occasion où l'un de ceux qui lui font la cour à Saint-Léger, et qui est un homme de cinquante-cinq ans environ, disant que les sacrifices qu'il auroit à faire s'il devenoit fort dévot ne seroient pas considérables, par rapport à son âge, le Roi dit : « Et pourquoi ce sacrifice? Ne peut-on pas avoir de la religion et continuer à me voir, aller à la chasse et souper avec moi? »

Aujourd'hui à dîner, le Roi a peu mangé et a paru en-

---

(1) M. le maréchal de Noailles y a été, mais ce n'étoit qu'en passant pour aller à Maintenon. MM. de Soubise et de Richelieu y étoient, mais ils alloient coucher à Rambouillet. Il paroît que le Roi se plaît beaucoup à Saint-Léger, et qu'il en trouve la vie et la situation commodes. (*Note du duc de Luynes.*)

core fort sérieux; il retourne lundi à Saint-Léger, pour jusqu'à vendredi.

Hier, l'on fit à Notre-Dame le service pour la reine de Sardaigne; le catafalque est fait par les ordres du premier gentilhomme de la chambre en année, et sous lui par l'intendant des Menus. Il y a eu une oraison funèbre; le Clergé a été invité, et y a assisté; le Parlement, la chambre des comptes, etc. Il y avoit trois princesses; chacune avoit deux hommes de condition pour porter la queue de sa mante. Pour Mme la princesse de Conty, c'étoit M. de Fontanges et son beau-frère M. de Fontaine; — Mlle de la Roche-sur-Yon, M. de Sabran et M. de Chatte; — Mlle de Sens, M. de Saulx, frère de M. l'archevêque de Rouen, et M. de Fimarcon. Les trois princes du sang qui leur donnoient la main étoient M. le duc de Chartres, M. le comte de Clermont, M. le prince de Conty. M. le prince de Conty avoit déclaré que s'il avoit manqué un troisième prince du sang il auroit plutôt fait marcher M. le comte de la Marche, son fils, quoiqu'il n'ait que six ou sept ans, ne voulant point que les légitimés pussent être admis avec eux.

J'ai oublié de marquer que dès avant le dernier voyage de Saint-Léger le Roi avoit donné au fils de Mme de Vintimille l'appartement que Mme de Conflans a rendu il y a a longtemps; c'étoit l'ancien appartement de M. le maréchal d'Estrées; il joint celui de Mme la Maréchale, et par conséquent est fort près de celui de Mme de Mailly.

On apprit hier que l'électeur de Bavière étoit entré en Autriche et avoit pris le titre d'archiduc d'Autriche.

Du mardi 26, *Versailles.* — Avant-hier M. le comte de Saint-Séverin fit sa révérence : il arrive de Suède, il n'a demandé son rappel que par rapport à sa mauvaise santé : il est extrêmement maigri et changé.

Mme de Maillebois présenta aussi avant-hier sa fille, Mme de Sourches; elle est assez grande, bien faite, a un visage agréable et un fort bon maintien.

On apprit avant-hier la mort de M. de Belsunce; c'étoit le fils aîné de M. de Castel-Moron ; il est mort à Liége, de la petite vérole. Il étoit de l'armée de M. de Maillebois; il avoit une compagnie de gendarmerie, et outre cela la charge de grand-louvetier; il avoit eu cette charge par son mariage avec la fille de M. d'Heudicourt. On croit que cette charge ne sera point donnée, parce que M. d'Heudicourt s'est réservé les appointements en la cédant à son gendre. M. de Belsunce a un frère; il laisse un fils dont Mme de Belzunce vient d'accoucher, il y a un mois ou deux.

Pendant tout le temps que le Roi est resté ici, il a passé toutes les après-dînées dans l'appartement de Mme la comtesse de Toulouse avec Mme de Mailly et deux ou trois personnes. A ce voyage de Saint-Léger, il y a à peu près les mêmes gens que l'autre voyage ; il n'y en a de changé qu'un ou deux; M. de Rochechouart n'y a point été; il n'y a point de premier gentilhomme de la chambre. J'ai marqué ci-dessus qu'au premier voyage, M. de Rochechouart avoit écrit à M. de Nyert. Une circonstance de la réponse qui fut faite, et qui mérite d'être observée, c'est que le Roi dit d'abord à M. de Nyert : « Mandez-lui qu'il est le maître ! » De Nyert alla écrire en conséquence; le Roi le rappela, et lui dit : « Mandez-lui que je suis bien fâché de n'être pas en état de le voir, et que je lui en demande pardon. » Ce sont les propres termes qui furent mis dans la lettre.

Il paroît qu'il y a dans l'esprit du Roi un grand combat; sa santé donne quelque inquiétude; il doit se purger demain à Saint-Léger.

M. le Dauphin monta hier à cheval au manége, pour la première fois; c'est sous M. de Salvère, premier des écuyers de la grande écurie.

On a eu des nouvelles de Suède, mais on ne les a eues encore que par la Russie ; elles portoient qu'il y a eu un combat, que les Suédois ont été défaits, qu'ils ont perdu deux mille hommes, sans compter les prisonniers. M. de Saint-Séverin assure que ce détail est exagéré, que le combat n'est autre chose [que la prise d'un] poste, qui est à trente lieues de Stockholm, c'est-à-dire environ soixante lieues de France, et qui étoit occupé par un colonel avec un seul régiment. Les régiments ne sont que de quinze à seize cents hommes. Le poste a été emporté, et les Russiens ont pris l'artillerie qui y étoit.

Du vendredi 29, *Versailles*. — Mardi dernier, M. le comte d'Évreux tomba en apoplexie à Saint-Ouen ; il est mieux, cependant avec la bouche tournée et la paralysie sur la langue.

M. de Bretonvilliers le fils est mort à l'armée de M. de Maillebois. M. de Bretonvilliers venoit déjà de perdre depuis peu de temps sa femme et sa fille.

M. de Pons mourut hier ; c'est celui qu'on appeloit Pons-duchesse, sa femme ayant été dame d'honneur de feu Mme la Duchesse (Conty). M. de Pons laisse un fils, qui est marié depuis plusieurs années avec Mlle de Brosse. Mme de Pons, femme de celui qui vient de mourir, est fille de feu M. le comte de Verdun. Elle avoit épousé en premières noces M. de la Baume, fils aîné de M. le maréchal de Tallard, qui étoit son cousin et de même nom ; elle s'étoit mariée en secondes noces, malgré M. de Verdun, son père, qui la déshérita et donna son bien à M. le duc de Tallard d'aujourd'hui, qui n'en voulut point profiter, et le rendit à Mme de Pons.

M. de Plainmon (1) mourut hier ; c'étoit le troisième fils de M. le chancelier ; il étoit avocat général ; il est mort de la poitrine.

---

(1) Henri-Charles Daguesseau, seigneur de Plainmon.

APPENDICE

A LA NOTE DE LA PAGE 445.

Nous croyons devoir compléter la note que nous avons mise, p. 445, à l'analyse de l'ordonnance du Roi que donne le duc de Luynes dans ses Mémoires, en ajoutant ici le texte de diverses ordonnances destinées à réprimer le luxe des armées et une lettre du maréchal de Belle-Isle, ministre de la guerre, adressée au duc de Chevreuse à ce sujet.

1. Extrait de l'ordonnance du Roi, du 8 avril 1735.

Art. IX.

Nul colonel d'infanterie, mestre de camp de cavalerie ou de dragons, ni aucuns capitaines, officiers subalternes ou volontaires, ne pourront avoir dans leurs équipages d'autre vaisselle d'argent, que des cuillers, des fourchettes et des gobelets.

Art. X.

Défend Sa Majesté à ceux desdits officiers ou volontaires qui tiendront table à l'armée, même aux lieutenants généraux, maréchaux de camp, brigadiers et autres officiers généraux de faire servir autres choses que des potages et du rôt, des entrées et entremets de grosses viandes; défendant Sa Majesté toutes assiettes volantes et hors d'œuvre.

Art. XI.

A l'égard du fruit, veut Sa Majesté qu'il soit servi dans des plats ordinaires, et non dans des porcelaines, cristaux ou autres vases de cette nature, dont elle défend très-expressément à tous sesdits officiers de continuer à se servir pour cet usage (1).

---

(1) Tome Ier des *Détails militaires*; par M. de Chennevières, p. 135, 136. 1re édit.; 1742.

2. EXTRAIT DE L'ORDONNANCE du 20 juillet 1741 (1).

Tables.

ART. IX.

Défend Sa Majesté à ceux desdits officiers ou volontaires qui tiendront table à l'armée, même aux lieutenants généraux, maréchaux de camp, brigadiers, et autres officiers généraux, de faire servir autre chose que des potages et du rôt, des entrées et entremets de grosses viandes.

ART. X.

A l'égard du fruit, veut S. M. qu'il soit servi dans des plats ordinaires, et non dans des porcelaines, cristaux, ou autres vases de cette nature, dont elle défend très-expressément à tous lesdits officiers de se servir pour cet usage.

ART. XI.

Enjoint S. M. aux généraux de ses armées de se conformer à ce que dessus; de faire entendre à tous ceux qui sont sous leurs ordres que l'esprit militaire s'accorde mal avec la mollesse et le luxe, et que S. M. sera attentive à donner des marques de sa satisfaction à ceux qui se contiendront dans les bornes qu'elle leur prescrit; et de l'informer au surplus, sans aucun ménagement, de ceux qui y contreviendront (2).

3. EXTRAIT DE L'ORDONNANCE DU ROI pour régler les équipages et les tables dans les armées, du 3 juin 1758.

L'article 4 porte que le nombre des chevaux sera fixé à seize pour un brigadier d'infanterie, de cavalerie ou de dragons employé, outre ce qu'il pourra avoir en sa qualité de colonel, de mestre de camp, de lieutenant-colonel ou de capitaine.

Par l'article 6, Sa Majesté permet qu'il y ait à la suite de chaque bataillon et de chaque régiment de cavalerie et de dragons un vivandier avec un chariot, et à la suite de chaque régiment soit d'infanterie, de cavalerie ou de dragons, un boulanger aussi avec un chariot.

Par l'article 7, les autres vivandiers ne peuvent avoir que des che-

---

(1) Détails militaires, édition de 1750, t. I, p. 314.

(2) L'ordonnance du 15 avril 1707 prescrivait à tous les officiers de ne pouvoir faire servir pour le dessert que des compotes, du fromage, du lait, ou des fruits crus ou cuits, sans sucreries, biscuits, ni massepains.

vaux de bât, et ceux qui ne seront point à la suite des corps seront obligés d'aller camper au quartier général, dans les endroits qui leur seront marqués par le prévôt de l'armée.

L'article 8 défend aux commandants ou autres officiers des régiments qui n'auroient ni vivandiers ni boulangers à leur suite avec des chariots de substituer d'autres chariots à la place de ceux desdits vivandiers ou boulangers, Sa Majesté n'en permettant que pour le besoin et la subsistance des régiments.

L'article 9 prescrit qu'on ne se servira dans les armées que de chariots à quatre roues avec un timon, lesquels seront tirés au moins par quatre bons chevaux attelés deux à deux.

L'article 10 permet aux chirurgiens majors des régiments d'avoir une chaise pour porter leurs médicaments.

L'article 12 défend à toutes personnes sans distinction de prendre ou de se pourvoir par quelque voie que ce soit aucune voiture, chariot ou cheval du pays que sur un ordre par écrit signé du général et visé de l'intendant, lequel ordre ne sera donné que sous la condition expresse de payer 25 sols par jour pour chaque cheval de trait et 20 sols pour chaque cheval de selle.

L'article 15 borne les tables des lieutenants généraux à dix-huit couverts, celles des maréchaux de camp à quatorze, celles des brigadiers à douze et celles des colonels ou mestres de camp des régiments à dix.

L'article 17 fixe la table d'un maréchal de camp à treize plats et celles des brigadiers et colonels à dix, en diminuant à proportion chaque service.

L'article 18 n'admet d'autre vaisselle d'argent sur les tables, que les couverts, les cuillers à potage et à ragoût et les gobelets; les plats et les assiettes doivent être d'étain, de fer-blanc ou d'autre métal de moindre prix. Cet article supprime les cristaux, les porcelaines et même la faïence ou autre terre cuite (1).

4. LETTRE DU MARÉCHAL DE BELLE-ISLE AU DUC DE CHEVREUSE.

Versailles, le 26 mai 1759.

On ne peut être plus touché que je le suis, monsieur le duc, de votre exactitude à me donner de vos nouvelles. L'attention avec laquelle vous voulez bien me parler de votre exactitude sur le nombre de plats et de couverts me fait voir tout le mérite que vous y avez, par la peine que vous en ressentez; je suis charmé que votre estomac s'en trouve mieux. Je vous exhorte à continuer de même, car outre le vif intérêt

---

(1) *Archives du château de Dampierre*, (Papiers militaires du duc de Chevreuse).

que je prends à votre santé, rien n'est si utile que le bon exemple que donnent des personnes de votre rang; et il faut absolument que nous venions à bout de bannir le luxe de nos armées; d'autant que je prévois avec bien de la peine que les payements, même des appointements des officiers généraux, vont devenir fort difficiles et ne se feront peut-être point du tout. Je ferai certainement tout ce qui peut dépendre de moi pour n'être pas réduit à cette extrémité. Je vous assure, monsieur le duc, que le métier que je fais est bien pénible.

Il paroît que M. le prince Ferdinand voudroit reporter la guerre sur la Westphalie; nous serons éclaircis avant qu'il soit peu. Je vois cependant avec grande satisfaction que les troupes sont en bon état. Rappelez-vous celui où elles étoient il y a un an, et tout ce qu'il a fallu faire pour arriver au point où nous sommes. Je sais bien que les chevaux de cavalerie ne sont pas en aussi bon état qu'ils devroient l'être, ayant été en repos tout l'hiver. Il a fallu prendre le fourrage où on l'a trouvé, le faire voiturer pendant l'hiver et par toutes sortes de temps. Je me trouve encore bien heureux d'y être parvenu; je n'osois en vérité pas l'espérer au mois de septembre.

Vous connoissez, monsieur le duc, le tendre et inviolable attachement avec lequel j'ai l'honneur d'être votre très-humble et très-obéissant serviteur,

LE MARÉCHAL DUC DE BELLE-ISLE (1).

---

(1) *Archives du château de Dampierre.*

TABLE ALPHABÉTIQUE

DES NOMS ET DES MATIÈRES

MENTIONNÉS DANS CE VOLUME.

A.

Aboville (Antoine-Julien, chevalier d'), brigadier, 167.
Adélaïde (Madame). *Voy.* France (Marie-Adélaïde de).
Adresses au roi d'Angleterre (Forme des), 88.
Agde (Évêque d') *Voy.* Charleval et Chatre.
Agénois (Emmanuel-Armand du Plessis, comte d'), 105, 106.
Agon (Abbé d'), chanoine de Notre-Dame, 151.
Aguesseau (D'). *Voy.* Daguesseau.
Aiguillon (Armand-Louis du Plessis-Richelieu, duc d'), 105, 106.
Albani (Cardinal), 246, 247, 263, 264, 330, 331.
Albert (Louis-Nicolas d'Albert de Luynes, chevalier d'), mort en 1701, 148.
Aldovrandi (Cardinal), 244, 246, 247, 263, 264, 330, 331.
Alègre (Louis-Léonard, abbé d'), aumônier de la reine, 274.
Alexandre, premier commis du bureau de la guerre, 142.
Aligre (Étienne-Claude d'), président à mortier, 419.
Aligre de Boislandry (Étienne-Jean-François-Marie d'), conseiller au Parlement, 238, 239.
Alincourt (Marie-Joséphine de Boufflers, duchesse d'), dame du palais de la reine, 69, 280.
Allemans (Chevalier d'), lieutenant-colonel du régiment du Roi, 358, 359.
Almanach militaire, 392.
Amelot (Jean-Jacques), seigneur de Chaillou, ministre et secrétaire d'État au département des affaires étrangères, 21, 116, 156, 199, 229, 234, 258, 304, 366, 371, 431, 435, 439, 442, 444.
Amelot (Anne de Vougny, Mme), femme du précédent, 115, 116, 175, 227, 229, 430, 444.
Ancenis (François-Joseph de Béthune, duc d'), capitaine des gardes du corps, 61, 62, 64, 86.
Ancenis (Marthe-Élisabeth de Roye de la Rochefoucauld, duchesse d'), dame du palais de la reine, 169, 274, 280, 359, 361.
Ancezune (Joseph-André d'Ancezune d'Ornaison de Caderousse, marquis d'), maréchal de camp, 158.
Andelot. *Voy.* Andlau.
Andlau (Léonor, comte d'), mestre de camp de cavalerie, 86.

ANDLAU (Mme d'), 149.
ANGENNES (Mme d'), 179.
ANGERVILLIERS (Prosper-Nicolas Bauyn d'), ministre secrétaire d'État, 141, 143, 154.
ANGERVILLIERS (Marie-Anne de Maupeou, Mme d'), femme du précédent, 142, 143, 341.
Angleterre (Forme des jugements en), 190.
Angleterre (Le roi d'). *Voy.* GEORGES II.
ANJONY (Claude d'Anjony de Foix, marquis d'), maréchal de camp, 158.
ANLEZY (Louis-François de Damas, marquis d'), gouverneur du prince de Condé, 120, 121; brigadier, 159.
ANNE IWANOWNA, czarine de Russie, 270, 271.
Anti-Machiavel (L'), 266.
ANTIN (Louis de Pardaillan de Gondrin, d'abord duc d'Épernon, puis d'), 73.
ANTIN (Françoise-Gillone de Montmorency-Luxembourg, duchesse d'Épernon, puis d'), dame du palais de la reine, femme du précédent, 13, 37, 40, 68, 71, 74, 98, 103, 104, 109-111, 129, 139, 144, 146, 175, 186, 191, 202, 208, 211, 212, 215, 264, 266, 268, 273, 280, 281, 290, 293, 296, 298, 308, 318, 319, 324, 335, 348, 359, 368, 424, 434, 437, 439, 441, 446, 452, 480.
ANTIN (Antoine-François de Pardaillan de Gondrin, marquis d'), vice-amiral du Ponant, 4, 108, 149, 375-378, 382-384.
ANTIN (Françoise-Renée de Carbonnel de Canisy, marquise d'), femme du précédent, 109.
APCHIER (Claude-Annet, chevalier, puis comte d'), maréchal de camp, 64, 65.
Archevêque (M. l'). *Voy.* VINTIMILLE.
ARDORE (Prince d'), ambassadeur de Naples, 398, 430, 443.
ARDORE (Princesse d'), 442-444.
ARGENCE (Pierre-François Achart de Joumare, marquis d'), mestre de camp, 138, 148, 183.
ARGENCE (Mme d'), mère du précédent, 182.
ARGENSON (Marc-Pierre de Voyer de Paulmy, comte d'), intendant de la généralité de Paris, 225, 226.
ARGENTRÉ (Charles du Plessis d'), évêque de Tulle, 66.
ARIMONT DE BONLIEU (Abbé d'), 254.
ARMAGNAC (Charles de Lorraine, comte d'), dit le *prince Charles*, grand-écuyer de France, 31, 37, 136, 297, 407.
ARMAGNAC (Françoise-Adélaïde de Noailles, comtesse d'), femme du précédent, 407, 477, 481.
ARMENONVILLE (Jean-Baptiste Fleuriau, marquis d'), brigadier, 159.
ARTAGNAN (Pierre de Montesquiou, chevalier d'), brigadier, 166.
ASFELDT (Claude-François Bidal, marquis d'), maréchal de France, 250.
Assemblée du clergé, 196.
ASTER (Antoine-Adrien-Charles de Gramont, comte d'), 165.
AUBETERRE (Marie-Françoise-Bouchard d'Esparbès de Lussan-Jonsac, vicomtesse d'), 309.
AUBIGNÉ (Louis-François d'Aubigné de Tigny, comte d'), lieutenant général, directeur général de l'infanterie, 335, 427, 440, 445.

AUGUSTE III, roi de Pologne, électeur de Saxe, 342.
AUMONT (Louis-Marie-Victor-Augustin, duc d'), premier gentilhomme de la chambre du roi, brigadier, 159, 394.
AUNEUIL DE CHARLEVAL (M. d'), colonel, 160.
AURIAC (Castanier d'), secrétaire des commandements de la reine, 424, 425.
AUVERGNE (Cardinal d'). *Voy.* TOUR D'AUVERGNE (Henri Oswald de la).
AVARAY (Charles-Théophile de Béziade, marquis d'), brigadier, 129, 160.
AVÉJAN (Jacques de Bannes, marquis d'), 390.
AVÉJAN (Marie-Angélique du Four de Nogent, marquise d'), mère du précédent.
AVIGNON (Guillaume d'), major des gardes du corps, mort en 1724, 181.
AYDIE (L'abbé d'), aumônier du roi, 24.
AYDIE (Le chevalier d'), brigadier, 167, 181.
AYEN (Louis de Noailles, duc d'), 31, 130, 132, 151, 153, 155, 156; brigadier, 160, 172, 175, 177, 278, 307, 360, 381, 405, 409, 449, 452, 468, 475, 476, 480, 481.
AYEN (Catherine-Françoise-Charlotte de Cossé-Brissac, duchesse d'), femme du précédent, 455.

B.

BACHELIER (François-Gabriel), premier valet de chambre du roi, 56, 481.
BALBI (Baron), 227.
BALINCOURT (François Testu, comte de), brigadier, 166.
BANNIÈRE, courrier du cabinet, 464.
BARBARINE, danseuse, 164.
BARJAC, valet de chambre du cardinal de Fleury, 346, 476.
BARRAILH (Jean de), chef d'escadre, 386, 421, 433.
BART (M. de), chef d'escadre, 386, 421.
Bassin de Neptune à Versailles, 451.
BASTIE (Jean-Joseph de Fougasse d'Entrechaulx de la), évêque de Saint-Malo, 74.
BAUDOUIN (Abbé), 74.
BAUDRY (Gabriel Tachereau de), conseiller d'État, 174.
BAUFFREMONT (Louis-Bénigne, marquis de), lieutenant général, 298, 299, 304.
BAUFFREMONT (Louis, marquis de), brigadier, fils du précédent, 160.
BAUSSAN (François de), intendant de la généralité d'Orléans, 146.
BAVIÈRE (Charles-Albert, électeur de), 268, 269, 272, 277, 284, 303, 435, 436, 483.
BAVIÈRE (Maximilien-Emmanuel-François-Joseph, comte de), lieutenant général, 440.
Basile et Quitterie, opéra-ballet, 152.
BEAUHARNOIS (Charles de Beauharnois de la Boische, marquis de), chef d'escadre, 386.
BEAUMONT (Christophe de), évêque de Bayonne, 456.
BEAUMONT-GIBAULT (Jean-Hippolyte, chevalier, puis comte de), brigadier, 158.

BEAUPOIL DE SAINT-AULAIRE (Pierre de), évêque de Tarbes, 254.
BEAUPRÉ (M. de), intendant de Champagne, 97.
BEAUVAIS (Le chevalier de), brigadier, 167.
BEAUVAU DU RIVAU (René-François de), archevêque de Narbonne, 7.
BEAUVAU (Louis-Charles-Antoine, marquis de), inspecteur de cavalerie, 161, 230.
BEAUVILLIERS (Paul, duc de), mort en 1714, 288.
BEAUVILLIERS (Paul-François, duc de), 106, 304.
BEAUVILLIERS (Marie-Françoise-Suzanne de Creil, duchesse de), femme du précédent, 304.
BELLANGER, notaire, 330.
BELLAY (Martin du), évêque de Fréjus, 99.
BELLEFONDS (Charles-Bernardin-Godefroy Gigault, marquis de), brigadier, 419.
BELLEFONDS (Jacques Bon Gigault de), archevêque d'Arles, 456.
BELLE-ISLE (Louis-Charles-Auguste Fouquet, marquis de), lieutenant général, 156, 255; ambassadeur à Francfort, 288, 291, 308, 318; maréchal de France, 327-329, 368, 427, 434, 435, 439, 442, 444, 451, 453, 463, 478.
BELLE-ISLE (Marie-Casimire-Thérèse-Geneviève-Emmanuelle de Béthune, marquise de), femme du précédent, 436.
BELLE-ISLE (Louis-Charles-Armand Fouquet, chevalier de), maréchal de camp, frère du précédent, 207, 436.
BELZUNCE (Antonin-Armand de), comte de Castelmoron, grand-louvetier, 349, 350, 484.
BENNE (Comte), ministre d'Espagne en Russie, 454, 455.
BENOIT XIV (Prosper Lambertini), pape, 244, 246, 247, 263, 330, 333, 373.
BERCHÉNY (Ladislas, comte de), maréchal de camp, grand-officier du roi de Pologne, 207.
BERCHINY. *Voy.* BERCHÉNY.
BERNACHEA (M. de), ambassadeur d'Espagne à Stockholm, 464.
BÉRINGHEN (Henri-Camille, marquis de), premier écuyer du roi, appelé *M. le Premier*, 31, 55, 75-78, 106-108, 132, 169, 252, 273, 297, 441.
BERNAGE DE CHAUMONT (Louis-Antoine de Bernage, comte de), brigadier, 169.
BERNARD (Samuel-Jacques), surintendant des finances de la reine, 80.
BERRY (Charles de France, duc de), petit-fils de Louis XIV, 288.
Besançon (Émeute à), 260.
BESENVAL (Mme de), 197.
BÉTHUNE (Paul-François, duc de), lieutenant général des armées du roi, capitaine des gardes du corps, 61, 64, 86, 175, 205, 360, 379, 403, 409, 417, 420.
BÉTHUNE (Julie-Christine-Régine-Georges d'Antraigues, duchesse de), femme du précédent, dame du palais de la reine, 280.
BEUVRON (Thérèse-Eulalie de Beaupoil de Saint-Aulaire, comtesse de), 69.
BEVEREN (Comte de), 117.
BEZONS (Louis-Gabriel Bazin, marquis de), maréchal de camp, 216, 226.
Bibliothèque du roi, 168.
BIGNON (Jean-Paul), abbé, conseiller d'État ordinaire, 215.

BILLARDERIE (M. de la), major des gardes du corps, 157, 182, 460.
BIRKENFELD (Mme de), 57.
BIRON (Charles-Armand de Gontaut, duc de), maréchal de France, 189.
BIRON (Marie-Antoinette de Bautru, duchesse de), femme du précédent, 80, 169, 340.
BIRON (Louis-Antoine de Gontaut, comte, puis duc de), fils des précédents, colonel du régiment du Roi, 138, 139, 227, 440.
BIRON (Pauline-Françoise de la Rochefoucauld de Roye, duchesse de), femme du précédent, 139, 169.
BISACHE (Thomas-Victor Pignatelli, prince de), 438.
BISSY (M. de) le père, 120.
BISSY (Anne-Louis-Henri de Thiard, marquis de), commissaire général de la cavalerie, 151, 156, 345, 463.
BISSY (Henri de Thiard de), cardinal, 345.
BLACHE (Marquise de la), 309.
BLAISE (Dom), 436.
BLAMOND (François Colin de), surintendant de la musique du roi, 152.
Blés (Cherté des), 255.
Blois (Capitainerie du château de), 48.
BOMBARDE (M. de), surintendant de l'Opéra, 370.
BONAC (Madeleine-Françoise-Marie-Louise Bidé de la Grandville, marquise de), 169.
BONNEVAL (Claude-Alexandre, comte de), 378.
BONNEVAL (Judith-Charlotte de Gontaut-Biron, comtesse de), femme du précédent, 378.
BONNEVAL (César-Phébus-François, comte de), brigadier, 159.
BONNEVAL (M. de), intendant des Menus, 10.
BONTEMPS (Louis), l'un des quatre premiers valets de chambre du roi, gouverneur des Tuileries, 336.
BONZY (Cardinal de), 473.
BORDAGE (René Amaury de Montbourcher, marquis du), 8, 54, 76, 227, 264, 287.
BORIO (Anne-Françoise), comtesse de Lutzelbourg, 330.
BORSTEL (Gabriel, comte de), brigadier, 167.
BOSNIER (M.), 128.
BOSSIÈRE (Mlle de). *Voy.* PUIGUYON (Mme de).
BOUCHEFOLIÈRE (M. de), mestre de camp, 161.
BOUFFLERS (Catherine-Charlotte de Gramont, maréchale duchesse douairière de), 251, 281.
BOUFFLERS (Joseph-Marie, duc de), gouverneur général de Flandre, 133; maréchal de camp, 158, 292, 455.
BOUFFLERS (Madeleine-Angélique de Neufville-Villeroy, duchesse de), femme du précédent, dame du palais de la reine, 175, 280, 359.
BOUILLON (Charles-Godefroy de la Tour d'Auvergne, duc de), grand-chambellan, 31, 32, 37, 93, 133, 134, 155-157, 191, 205, 206, 259, 296, 316, 347, 440.
BOUILLON (Marie-Charlotte Sobieska, duchesse de), femme du précédent, 155, 191.

TABLE ALPHABÉTIQUE

Bouillon (Marie-Louise-Henriette-Jeanne de la Tour d'Auvergne, Mlle de), fille des précédents, 155, 316, 346.

Bouillon-Guise (Mlle de), 317.

Boulainvilliers (M. de), capitaine de vaisseau, 387.

Bourbon (Louise-Françoise de Bourbon, duchesse douairière de), nommée *Madame la Duchesse,* 3, 19, 24, 25, 117, 121, 122, 127, 150, 276, 309, 432.

Bourbon (Louis-Henri de Bourbon, duc de), prince de Condé, nommé *Monsieur le Duc*, grand-maître de la maison du roi, 2-4, 12, 19, 85, 117-119, 121-125, 127, 128, 132, 138, 276, 356, 357.

Bourbon (Caroline de Hesse-Rhinfels, duchesse de), nommée *Madame la Duchesse la jeune*, femme du précédent, 3, 4, 12, 23, 59, 60, 85, 117, 119, 122, 123, 125-127, 150, 152, 355, 384, 421, 431, 433, 446, 453, 462, 463, 465.

Bourbon (Louise-Anne de), nommée *Mademoiselle*, et *Mlle de Charolois*, fille de Louis III, duc de Bourbon, prince de Condé, 2, 6, 7, 12, 13, 19, 25, 35, 36, 38, 41, 43-47, 51, 52, 54-56, 60, 66, 68, 72-76, 82, 87, 90, 95, 98, 103, 107, 109-112, 118-120, 122, 130, 133, 136, 139, 140, 143, 146, 150, 153, 154, 157, 168-170, 172, 178, 179, 184, 186, 191, 193, 195, 196, 202, 211, 212, 215, 219, 224, 227, 229, 236, 237, 241, 242, 248, 250, 256, 258-262, 264, 266, 268, 272-274, 279, 287, 290, 293, 294, 301, 307, 308, 318, 319, 324, 335, 336, 339, 348, 351-357, 368, 373, 381, 390, 391, 394, 404, 426, 433, 441, 446, 449, 453, 462, 465, 477.

Bourgeois, accoucheur, 468, 470.

Bourges (Archevêque de). *Voy.* Rochefoucauld.

Bourgogne (Louis de France, duc de), puis Dauphin, mort en 1712, 288.

Bourgogne (Marie-Adélaïde de Savoie, duchesse de), puis Dauphine; morte en 1712, 150, 460.

Bourgogne (Gouvernement de), 125.

Bournays (Pierre-Louis Sénéchal des), maréchal de camp, 166.

Boursault (Le P.), 334.

Bouteville (Charles-Paul-Sigismond de Montmorency-Luxembourg, d'abord duc de Châtillon, puis de), maréchal de camp, 141.

Bouville (Louis-Guillaume Jubert de), conseiller d'État, 405.

Bouzols (Marie-Hélène Charlotte Caillebot de la Salle, marquise de), dame du palais de la reine, 274, 280, 361, 437, 470.

Boyer (Jean-François), évêque de Mirepoix, précepteur du Dauphin, 55, 198, 209, 253, 256, 265, 294, 302, 411, 456, 459.

Brancas (Louis, marquis de), grand d'Espagne, lieutenant général des armées du roi, 63, 104, 110; maréchal de France, 327, 433, 462.

Brancas (Élisabeth-Charlotte de Brancas, marquise de), femme du précédent, 462.

Brandebourg (Frédéric, margrave de), 433.

Bret (Marie-Geneviève-Rosalie Cardin le), 448.

Breteuil (François-Victor le Tonnelier, marquis de), secrétaire d'État de la guerre, 142, 143, 154, 156, 161, 164, 165, 177, 248, 283, 299, 327, 328, 337, 391, 392, 395, 419, 425, 435, 442, 444, 445, 451, 461, 466.

Breteuil (Marie-Anne-Julie le Tonnelier de), fille du précédent, 415.

BRETONVILLIERS (Le Ragois de) le fils, 485.
BRÉZÉ (Michel de Dreux, marquis de), maréchal de camp, grand-maître des cérémonies en survivance, 135, 136, 229, 230, 237, 240, 345.
BRIÇONNET (Alexandre-Jacques), intendant de la généralité de Montauban, 162, 187.
BRIENNE (Anne-Gabrielle Chamillart de Villette, comtesse de), 437.
BRIFFE (Pierre-Arnaud de la), intendant du duché de Bourgogne, 174.
BRIFFE (Louis-Arnaud de la), intendant de la généralité de Caen, fils du précédent, 178.
BRIONNE (Charles-Louis de Lorraine, comte de), 99, 102, 105, 128, 173, 250.
BRIONNE (Louise-Charlotte de Gramont, Mlle de Guiche, comtesse de), 99, 102, 105, 127, 129, 237, 409.
BRISAY (Louis-René de Brisay-Dénonville, marquis de), maréchal de camp, 157.
BRISSAC (Albert de Grillet de), major des gardes du corps, mort en 1713. 181.
BRISSAC (Marie-Louise Bechamel de Nointel, duchesse de), 171.
BROGLIE (François-Marie, duc de), maréchal de France, 248, 249.
BROGLIE (François de), appelé le comte de Revel, fils du précédent, 372.
BROGLIE (L'abbé de), 106.
BROSSORÉ (M. de), maître des requêtes, 90.
BRUN (Étienne le), maréchal de camp, 166.
BRUNET, 251.
BRUZAC (Henri d'Hautefort, comte de), major des gardes du corps, 181.
BUCKINGHAM (Duchesse de), 469, 470.
BURY, organiste, 211.
BUSSET (François-Louis-Antoine de Bourbon, comte de), 292.

C.

CALVIÈRES (Charles-François, marquis de), brigadier, 166.
CAMAS (Paul-Henri Télio de), envoyé extraordinaire du roi de Prusse, 213, 214, 262, 270, 277, 381.
CAMBIS (Le comte de), ambassadeur en Angleterre, 26, 27, 143.
CAMBIS (La comtesse de), 318, 319, 336.
CAMPO-FLORIDO (Le prince de), ambassadeur extraordinaire du roi d'Espagne, 152, 192, 210, 222, 227, 229, 236, 326, 339, 366, 383, 387, 398, 405, 430, 464.
CAMPO-FLORIDO (Princesse de), 227, 228, 235-237, 291, 442-444.
CAMPO-FLORIDO (Fils de M. de). *Voy.* YACUI.
CAMPRA (André), maître de la chapelle du roi, 210.
CANILLAC (Pierre-Charles de Montboissier-Beaufort, vicomte de), brigadier, 167.
CANTIMIR (Prince de), ambassadeur de Russie, 281.
CARACARAL (M. de), 339.
CARIGNAN (Victor-Amédée de Savoie, prince de), 362, 363, 365, 366, 397.

CARIGNAN (Victoire-Françoise, légitimée de Savoie, princesse de), femme du précédent; 366.
CARIGNAN (Louis-Victor de Savoie, prince de), nommé *le prince Louis*, fils des précédents, 201, 365, 387.
CARIGNAN (Anne-Thérèse de Savoie, Mlle de), fille des précédents, 439, 466.
CARLOS (Don), infant d'Espagne, roi des Deux-Siciles, 179, 193, 258, 310, 311, 313, 398.
CASTEL-DOS-RIOS (Marquise de), 291, 366, 442-444.
CASTELLANE (M. de), ambassadeur du roi à Constantinople, 202, 260, 279.
CASTELLANE (M. de), aide de camp de M. de Belle-Isle, 451.
CASTELLAR (M. de), 399.
CASTRIES (Armand-Pierre de la Croix de), archevêque d'Alby, 7.
CASTRIES (Joseph-François de la Croix, marquis de), mort en 1728, frère du précédent, 165.
CASTRIES (Armand-François de la Croix, marquis de), fils du précédent, 447.
CASTRIES (Marie-Louise-Angélique de Talaru de Chalmazel, marquise de), femme du précédent, 445, 470.
CASTRO-PIGNANO (Duc de), ambassadeur du roi des Deux-Siciles, 89, 113, 116, 192, 193; 223, 257, 258, 270, 271, 369, 389, 398, 399.
CASTRO-PIGNANO (Duchesse de), 112-116, 218, 397.
CATHERINE BNIN-OPALINSKA, reine de Pologne, duchesse de Lorraine et de Bar, 190, 197, 201, 207, 210.
CAUDEC (Baron de), 362, 363.
CAUMONT (Jacques Nompar, duc de), 313.
Cavagnole ou cavayolé (Jeu de), 80, 83.
CAYLUS (M. de), 185.
CAYLUS (Charles de Tubières de Grimoard de Pestel de Lévis, chevalier, puis marquis de), 471.
CAYLUS (Henri-Joseph de Caylus-Rouairoux, chevalier de), brigadier, 472.
CAYLUS (Famille de), 473.
CÉRESTE (Bufile-Hyacinthe-Toussaint de Brancas, comte de), conseiller d'État d'épée, 215.
CÉZILE (M. de), trésorier des aumônes, 192.
CHABANNES (Gilbert Honoré de Chabannes-Mariol, marquis de), maréchal de camp, 158.
CHABANNES (Gaspard-Gilbert de), comte de Pionzac, 200.
CHABANNES (Jean-Baptiste de), fils du précédent, 200.
CHABOT (Yvonne Sylvie du Breuil de Rays, Mme de), 215.
CHAISE (M. de la), 391.
CHALAIS (Julie de Pompadour, princesse de), 364.
CHALAIS (Louis-Jean-Charles de Talleyrand, prince de), fils de la précédente, 23, 46, 55, 229, 273, 364.
CHALAIS (Marie-Françoise de Rochechouart-Mortemart, princesse de), dame du palais de la reine, femme du précédent, 2, 13, 43, 44, 51, 59, 60, 66, 82, 87, 90, 95, 110, 130, 133, 143, 172, 261, 264, 279, 280, 281.
CHALMAZEL (Louis de Talaru, marquis de), premier maître d'hôtel de la reine, 2, 447, 457,

CHALMAZEL (Marie-Marthe-Françoise de Bonneval, marquise de), femme du précédent, 175, 431.
CHALMAZEL (Mlle de). *Voy.* CASTRIES (Marquise de).
CHALONER-OGLE, amiral anglais, 379.
CHALONS (Hardouin de), évêque de Lescar, 240.
CHALUT, trésorier de l'armée de M. de Maillebois, 445.
CHAMBONAS (M. de), 279.
CHAMBRIER (M.), ministre du roi de Prusse, 262, 267, 380.
CHAMPCENETZ (Jean-Louis-Quentin de), premier valet de chambre du roi en survivance, 375.
CHAMPERON (François-Henri de Montbel, chevalier de), brigadier, 159.
CHAMPIGNY (Jean-Paul de Bochart, comte de), maréchal de camp, 158, 392, 440.
CHAMROND (Abbé de), trésorier de la Sainte-Chapelle, 49, 86.
Chancelier (Le). *Voy.* DAGUESSEAU.
Chandelier de cristal de roche, 405.
Chapitre de Notre-Dame de Paris, 151.
CHAPT DE RASTIGNAC (Louis-Jacques de), archevêque de Tours, 154, 429.
CHARLES (Le prince). *Voy.* ARMAGNAC (Charles de Lorraine, comte d').
CHARENCY (Georges-Lazare Berger de), évêque de Montpellier, 254.
CHARLES VI, empereur d'Allemagne, 75, 265.
CHARLES-EMMANUEL III, roi de Sardaigne, 366, 387.
CHARLES-PHILIPPE DE NEUBOURG, électeur palatin, 435, 453.
CHARLEVAL (Joseph-François de), évêque d'Agde, 197.
CHARNY (Comte de), 192.
CHAROLOIS (Charles de Bourbon-Condé, comte de), 5, 19, 119, 124, 126, 127, 136, 146, 150, 164, 219, 241, 257, 352, 353, 356, 408, 421, 428, 431-433, 446, 450.
CHAROLOIS (Mlle de). *Voy.* BOURBON (Louise-Anne de).
CHAROST (Armand de Béthune, duc de), capitaine des gardes du corps du roi, 58, 237, 268, 269, 274, 278, 282, 288, 289, 359, 371, 403, 427, 430, 476, 479.
CHARRON DE MÉNARS (Jacques), mort en 1718, 48.
CHARTRES (Louis-Philippe d'Orléans, duc de), 5, 19, 23, 24, 92, 129, 155, 173, 176, 185, 192, 257, 297, 360, 367, 406, 483.
CHASTELUX (Guillaume-Antoine de Beauvoir, comte de), lieutenant général, 86.
CHATEAURENAUD (Mme de), 455.
CHATEL (Louis-François Crozat, marquis du), maréchal de camp, 190.
CHATELET (Florent-Claude du Châtelet-Lomont, marquis du), maréchal de camp, 440.
CHATELET (Florent-François, chevalier du), frère du précédent, major de la gendarmerie, 96, 461.
CHATELLERAULT (Anne-Charles-Frédéric de la Trémoille, duc de), 132, 135.
CHATILLON (Alexis-Madeleine-Rosalie de Châtillon, comte, puis duc de), gouverneur du Dauphin, 54, 93, 131, 138, 146, 147, 175, 197, 201, 203, 253, 256, 265, 275, 276, 294, 302, 303, 316, 335, 337, 338, 398, 404.
CHATILLON (Anne-Gabrielle le Veneur de Tillières, duchesse de), 2, 101, 137, 138, 253, 256, 309, 359, 437.

CHATRE (Claude-Louis de la), évêque d'Agde, 191.
CHATRE (Marie-Élisabeth de Nicolaï, marquise de la), 236.
CHATRE (Mlle de la). *Voy.* YACHI.
CHATTE (M. de), 483.
CHAULNES (Louis-Auguste d'Albert d'Ailly, duc de), lieutenant des chevau-légers de la garde, 18, 241, 242; maréchal de France, 327, 328, 334, 347, 464.
CHAULNES (Marie-Anne-Romaine de Beaumanoir, duchesse de), femme du précédent, 236.
CHAUVE DE VEZANNE. *Voy.* VESANNES.
CHAUVELIN (Germain-Louis), seigneur de Grosbois, 373, 393.
CHAUVELIN (Anne Cahouet, Mme de), femme du précédent, 373.
CHAVAGNAC (Comte de), chef d'escadre, 388.
CHAVAGNAC (Gilles-Henri-Louis-Clair, marquis de), capitaine de vaisseau, fils du précédent, 388, 407.
CHAVIGNY (M. de), envoyé extraordinaire en Danemark, 4.
CHAYLA (Nicolas Joseph-Balthasar de Langlade, vicomte du), lieutenant général, 138.
CHAZERON (François-Charles de Monestay, marquis de), maréchal de camp, 132.
CHEPY (Jacques-Étienne de Grouches de Gribeauval, comte de), brigadier, 159.
CHESTERFIELD (Milord), 464.
CHEVREUSE (Marie-Charles-Louis d'Albert, duc de), fils du duc de Luynes, 64, 151, 156, 235, 290, 293, 450, 463.
CHEVREUSE (Henriette-Nicole d'Egmont-Pignatelli, duchesse de), femme du précédent, 60, 189, 290, 293.
CHIFFREVILLE (Louis-François de Gauthier, marquis de), maréchal de camp, 157.
CHIMAY (Charles-Louis-Antoine-Galéas Hennin de Bossut, prince de), 137.
CHOISEUL (L'abbé de), aumônier du roi, 447.
CHOISEUL (Chevalier de), 340.
CHOISEUL (M. de), 136.
CHOISEUL-BEAUPRÉ (Charles-Marie de), brigadier, 166.
Choisy (Acquisition du château de), 51, 67; ses bâtiments 68, 77, 88, 170, 256, 273.
CHRÉTIEN VI, roi de Danemark, 4.
CILLY (André de Fay d'Athies, comte de), maréchal de camp, 157.
CIOYA, banquier, 390.
CLAIRAMBAULT (Pierre de), généalogiste des ordres du roi, 111, 112.
CLARE (Charles O'Brien de), comte de Thomond, maréchal de camp, 399, 400.
CLAVIÈRE (Claude de Chamborrant, comte de la), brigadier, 167.
CLÉMENT XII, pape, 141.
CLERMONT (Louis de Bourbon-Condé, comte de), 3, 19, 31, 98, 119, 136, 150, 164, 219-221, 240, 282, 286, 355, 356, 367, 409, 418, 433, 483.
CLERMONT (Marie-Anne de Bourbon-Condé, Mademoiselle de), surintendante de la maison de la reine, 2, 3, 6, 7, 19, 25, 32, 35, 38, 43-46, 49, 51, 54, 59, 60, 66, 68, 72, 74-76, 81, 82, 87, 95, 103, 110, 112, 118, 122, 130,

143, 146, 150, 152, 154, 170, 175, 176, 179, 184, 186, 191, 196, 202, 211, 212, 215, 219, 224, 227, 229, 235-237, 242, 248, 250, 252, 258-262, 264, 266, 268, 273, 274, 279, 287, 294, 305, 307, 308, 318, 319, 324, 335, 339, 348, 355, 359, 368, 373-375, 381, 390, 391, 394, 398, 421, 425, 426, 433, 441, 449, 450, 452, 453.

CLERMONT D'AMBOISE (Jean-Baptiste-Louis de Clermont, marquis de Resnel, puis de), maréchal de camp, 191, 192, 200,

CLERMONT D'AMBOISE (Pierre-Gaspard de Clermont, comte de), lieutenant général, capitaine des gardes du duc d'Orléans, 321.

CLERMONT DE CHASTE (François-Alphonse de), premier gentilhomme de la chambre du duc d'Orléans, 105.

CLERMONT-GALLERANDE (Marquis de), colonel du régiment d'Auvergne, 129.

Clermont-Tonnerre (Maison de), 415.

CLERMONT-TONNERRE (Gaspard, marquis de), lieutenant général, mestre de camp général de la cavalerie, 440, 463.

CLERMONT-TONNERRE (Charles-Henri-Jules de), fils du précédent, 415.

CLERMONT-TONNERRE (Marquis de), colonel du régiment de Gesvres, 161.

COETLOGON (Comte de), brigadier, 167.

COETLOGON (M. de), premier écuyer du comte de Clermont, 283.

COETLOGON (Mlle de). *Voy.* SABRAN (Mme de).

COETLOGON (Mlle de), 283, 285. *Voy.* SABRAN (Mme de).

COGORANI (M. de), envoyé extraordinaire d'Espagne en Danemark, 199.

COIGNY (François de Franquetot, duc de), maréchal de France, 72.

COIGNY (Jean-Antoine-François de Franquetot, comte de), colonel général des dragons, gouverneur de Choisy, fils du précédent, 67, 76, 77, 89, 112, 163, 168, 169, 296, 348, 381, 394, 449, 463.

Comédies à la cour, 349.

Compiègne (Usages de), 225.

Comtesses (Les deux). *Voy.* MAILLY (Comtesse de) et VINTIMILLE (Comtesse de).

Conclave pour l'élection d'un pape, 331.

CONDÉ (Henri de Bourbon II, prince de), mort en 1646, 128.

CONDÉ (Louis-Joseph de Bourbon, prince de), 121, 124, 125, 138, 146, 150, 164, 431, 432, 446.

CONFLANS (Philippe-Alexandre de), bailli de l'orde de Malte, 279.

CONFLANS (Mme de), 69, 405, 419.

CONTADES (Louis-Georges Érasme de), maréchal de camp, 129, 158.

Contrôleur général (Le). *Voy.* ORRY.

CONTY (Anne-Marie de Bourbon, princesse de), fille de Louis XIV, morte en 1739, 89.

CONTY (Louise-Élisabeth de Bourbon-Condé, princesse douairière de), 19, 25, 45, 59, 118, 120, 121, 134, 139, 150, 152, 155, 219, 261, 355, 432, 462, 465, 483.

CONTY (Louis-François de Bourbon, prince de), fils de la précédente, 19, 119, 120, 122, 123, 132, 135-137, 219, 240, 355, 483.

CONTY (Louise-Henriette de Bourbon, Mlle de), sœur du précédent, 218.

CORIOLIS (Abbé de), 254.

Corse (Détails sur l'île de), 65.

Cosnac (Daniel-Joseph), évêque de Die, 90, 91, 461.
Cossé (Hugues-René-Thimoléon de Cossé-Brissac, comte de), brigadier, 159.
Cotte (Louis de), architecte, 9.
Courcillon (Françoise de Pompadour-Laurière, marquise de), 364.
Courlande (Ernest-Jean, comte de Biren, duc de), 271, 286, 287.
Courson (M. de), capitaine de cavalerie, 44, 134, 384.
Courson (Urbain-Guillaume de Lamoignon de), conseiller d'État, 196, 197.
Courtebonne (Louis-Jacques de Calonne, marquis de), brigadier, 158.
Courteil (Mme de), 143.
Courten (Maurice, chevalier), brigadier, 451.
Courtenvaux (M. de), 160.
Courtenvaux (Marie-Anne-Catherine d'Estrées, marquise de), 378, 388.
Courtomer (Raoul-Antoine de Saint-Simon, comte de), maréchal de camp, 158.
Creil (Jean François de), intendant de Metz, 182.
Crenay (Chevalier de), capitaine des gardes du duc de Penthièvre, 472.
Créquy (Jacques-Charles, marquis de), brigadier, 159.
Créquy (Robert, chevalier de), gentilhomme de la manche, puis sous-gouverneur du Dauphin, 55, 405, 419, 444.
Crescenzi, archevêque de Nazianze, nonce du pape, 56, 417.
Crillon (Jean-Louis de Bertons de), archevêque de Toulouse, puis de Narbonne, 38, 230, 237, 459.
Crillon (Abbé de), 254.
Croissy (Jean-Baptiste-Joachim Colbert de Torcy, marquis de), maréchal de camp, 158.
Croissy (Henriette-Bibienne de Franquetot de Coigny, marquise de), femme du précédent, 212.
Croy (Emmanuel de Croy-Solre, prince de), mestre de camp, 324, 328, 330.
Crozat (Chevalier), 190.
Crussol (Pierre-Emmanuel, marquis de), colonel, 289.
Crussol des Sales (François-Emmanuel de Crussol d'Uzès, marquis de), brigadier, 160.
Cuisine (Nouvelle), 185, 187.

D.

Daguesseau (Henri-François), chancelier de France, 228, 240, 315, 448.
Daguesseau (Henri-Louis, chevalier), brigadier, 159.
Daguesseau (Henri-Charles), seigneur de Plainmon, avocat général, 485.
Damas (Jean-Jacques, chevalier de), lieutenant général, 105.
Dampierre (M. de), 404.
Danemark (Roi de). Voy. Chrétien VI.
Danemark (Reine de), Voy. Sophie-Madeleine de Brandebourg-Culmbach.
Danemark (Frédéric, prince royal de), 4.
Dauger (Louis-Philippe, chevalier), lieutenant général, 461.
Dauphin (Le). Voy. Louis de France, dauphin.
Desbech (M.), 57.

DESCAJEULS (Marie-Jacques, baron), chef de brigade, 71 ; brigadier, 160.
DESFORTS. *Voy.* FORS.
DESGRANGES, maître des cérémonies, 21, 37.
DESMAZIS (Henri, chevalier), brigadier, 167.
DESSECORRE (Abbé), 192.
DEUX-PONTS (Caroline de Nassau, duchesse douairière de Birkenfeld et de), 57 ; sa lettre à la duchesse de Luynes, 58.
DEUX-PONTS (Chrétien IV, duc de Birkenfeld et de), fils de la précédente, 57, 58, 305.
DEUX-PONTS (Frédéric, prince palatin de Birkenfeld et de), colonel du régiment d'Alsace, frère du précédent, 57, 305.
Deux-Siciles (Roi des). *Voy.* CARLOS (Don).
Deux-Siciles (Reine des). *Voy.* MARIE-AMÉLIE DE SAXE.
DEVOLI (Abbé), 111, 228.
DIGOINE (Nicolas de Bay-Damas, marquis de), maréchal de camp, 158.
DILLON, colonel irlandais, brigadier, 160.
DODUN (Charles-Gaspard), contrôleur général des finances, mort en 1726, 48.
DOMBES (Louis-Auguste de Bourbon, prince de), grand-veneur de France, 19, 23, 31, 73, 92, 108, 119, 130, 146, 176, 198, 230, 237, 253, 255, 258, 260, 360, 409, 420, 458.
DONGES (Guy-Marie de Lopriac de Coëtmadeux, comte de), brigadier, 159.
DREUX (Thomas, marquis de), grand-maître des cérémonies, 17, 425, 456.
DREUX (M. de), fils. *Voy.* BRÉZÉ.
DROMESNIL (Mme de), 321.
DROMESNIL (Charles-François d'Hallencourt de), évêque de Verdun, 321.
DRUY (François-Eustache Marion, comte de), chef de brigade, mort en 1712. 181, 182.
DUBOIS (Joseph), frère du cardinal, 225.
Duc (M. le). *Voy.* BOURBON (Louis-Henri de).
Duchesse (Mme la). *Voy.* BOURBON (Louise-Françoise de Bourbon, duchesse douairière de).
Duchesse (Mme la), la jeune. *Voy.* BOURBON (Caroline de Hesse-Rhinfels, duchesse de).
DUGUÉ-BAGNOLS (M.), 369.
DUGUESCLIN. *Voy.* GUESCLIN.
DUMOULIN (Jacques), médecin consultant du roi, 121.
DUNOIS (Charles-Marie-Léopold d'Albert de Luynes, comte de), 189.
DUPLESSIS. *Voy.* PLESSIS DE LA CORÉE.
DURAS (Jacques-Henri de Durfort, duc de), maréchal de France, mort en 1704, 329.
DURAS (Jean-Baptiste de Durfort, duc de), fils du précédent, 260 ; maréchal de France, 327, 344, 350, 385, 419.
DURAS (Angélique-Victoire de Bournonville, duchesse de), femme du précédent, 79, 80, 105, 131, 154, 329, 428.
DURFORT (Emmanuel-Félicité, duc de), puis de Duras, fils des précédents, 329.
DURFORT (Louise-Françoise-Maclovie-Céleste de Coëtquen, duchesse de), puis de Duras, femme du précédent, 79, 80, 131, 468.

DURFORT (Louise-Jeanne de), fille des précédents, 46, 154.
DURFORT (Mlle de), fille d'honneur de la reine douairière d'Espagne, 307, 308.
DUVAL, 340.
DUVAUX (Abbé), prédicateur, 329.

E.

ECQUEVILLY (Augustin-Vincent Hennequin, marquis d'), capitaine du vautrait, 177, 423, 424.
ECQUEVILLY (Augustin-Louis Hennequin, marquis d'), fils du précédent, 423, 424.
ECQUEVILLY (Honorée de Joyeuse, marquise d'), femme du précédent, 423, 424, 441.
EGMONT (Henriette-Julie de Durfort, comtesse d'), 120-122, 280, 437.
Égout du Pont-aux-Choux, 212.
ÉLISABETH FARNÈSE, reine d'Espagne, 73.
ÉLISABETH-THÉRÈSE DE LORRAINE, reine de Sardaigne, 436, 452, 483.
ELTZ (Baron d'), chanoine de Metz, 310.
Embrun (Archevêque d'). *Voy.* FOUQUET.
Empereur (L'). *Voy.* CHARLES VI.
Empire de l'Amour dans l'univers (L'), opéra, 211.
ÉPINAY (Chevalier d'), capitaine de vaisseau, 378-380, 386.
ERLACH (M.), capitaine aux gardes suisses, brigadier, 166.
ESCAYEUL. *Voy.* DESCAJEULS.
Espagne (Gouvernement de l'), 61.
Espagne (Le roi d'). *Voy.* PHILIPPE V.
Espagne (La reine d'). *Voy.* ÉLISABETH FARNÈSE.
Espagne (Reine douairière d'). *Voy.* MARIE-ANNE DE NEUBOURG, et ORLÉANS (Louise-Élisabeth d').
ESPALUNQUE (Abbé d'), 254.
ESTAING (Jean-Baptiste-Charles d'), 55.
ESTERHAZY (Princesse), 284.
ESTEVON, receveur des bois et domaines de Franche-Comté, 234, 235.
ESTISSAC (Louis-François-Armand de la Rochefoucauld de Roye, duc d'), 132, 135-137.
ESTISSAC (Marie de la Rochefoucauld, duchesse d'), femme du précédent, 390, 395.
ESTOURMEL (Chevalier d'), capitaine de vaisseau, 379, 386, 421.
ESTRÉES (Abbé d'), 254.
ESTRÉES (Duchesse d'), 6, 341.
ESTRÉES (Lucie-Félicité de Noailles, maréchale duchesse d'), 6, 52, 54, 57, 60, 66, 72, 74, 76, 87, 90, 98, 103, 118-120, 130, 144, 146, 157, 170, 178-180, 184, 191, 248, 252, 258, 260-262, 264, 268, 272, 273, 287, 296, 301, 307, 308, 310, 317, 318, 324, 335, 348, 368, 373, 390, 396, 404, 407, 441, 446, 449, 452, 475.
ESTRÉES (Louis-César le Tellier de Courtenvaux, comte d'), maréchal de camp, 76, 133, 185, 187, 270, 287, 378, 384, 440.

États de Languedoc, 458.
ÉTANDUÈRE (Henri-François Des Herbiers, marquis de l') capitaine de vaisseau, 379, 386.
Eu (Louis-Charles de Bourbon, comte d'), 19, 23, 31, 176, 198, 360, 409, 420.
ÉVREUX (Henri-Louis de la Tour d'Auvergne, comte d'), 205, 206, 346, 485.
EXLFORT (Milord). *Voy.* MELFORT.
EYNARD (Mlle). *Voy.* HÔPITAL SAINTE-MESME (Mme de l').

F.

FAGON (Louis), conseiller d'État, 196-198.
FARDELLA (M. de), capitaine de dragons de la reine de Naples, 111, 113, 117.
FARE (Abbé de la), aumônier du roi, 24, 135.
FARE (Étienne-Joseph de la), évêque de Laon, 406.
FARE (Philippe-Charles de la Fare-Laugère, marquis de la), lieutenant général, 45, 224, 227, 440, 445.
FARE-TORNAC (Antoine-Denis-Auguste, comte de la), maréchal de camp, 250.
FARGUES (Joseph de Madet de), évêque de Saint-Claude, 456.
FEEDORF. *Voy.* SEEDORFF.
FÉNELON (Barthélemy de Salignac de la Motte-), évêque de Pamiers, 433.
FÉNELON (Gabriel-Jacques de Salignac, marquis de), lieutenant général, ambassadeur à La Haye, 104, 118, 129, 185, 215.
FÉNELON (Louise-Françoise le Pelletier, marquise de), femme du précédent, 177.
FÉNELON (François-Louis de Salignac, marquis de), fils des précédents, guidon de la compagnie des gendarmes de Berry, 161.
FERNAND-NUNNÈS (Pierre-Joseph de Los Rios, comte de), général des galères d'Espagne, 38.
FERVAQUES (Marie-Madeleine Gigault de Bellefonds, marquise de), 50, 348.
FERVAQUES (Mlle de). *Voy.* LAVAL (Mme de).
FIENNES (Charles-Maximilien, marquis de), brigadier, 159.
FIEUBET (Arnaud-Pierre de), brigadier, 159.
Fille sauvage, 96.
FILLEUL, concierge de Choisy, 77.
FIMARCON (Aimery de Cassagnet de Tilladet, marquis de), maréchal de camp, 133, 158.
FITZ-JAMES (Charles, duc de), brigadier, 167, 309, 455.
FITZ-JAMES (Victoire-Louise-Sophie de Goyon de Matignon, duchesse de), femme du précédent, 309, 405, 441, 455.
FITZ-JAMES (Édouard, comte de), brigadier, 160.
FLAMARENS (M. de), 348.

FLAVACOURT (François-Marie de Fouilleuse, marquis de), brigadier, 159.
FLAVACOURT (Hortense-Félicité de Mailly-Nesle, marquise de), femme du précédent, 15, 47, 55, 140, 154, 175, 212, 236, 283, 320, 361, 437.
FLÈCHE (M. de), 64.
FLEURY (André-Hercule de), cardinal, premier ministre, grand-aumônier de la reine, 4-6, 11, 15-18, 20,23, 24, 27-30, 38, 39, 42, 43, 45, 47, 49, 50, 57, 64, 82, 84-86, 102, 104, 109, 111, 113, 116-118, 120, 124, 141, 142, 148, 151, 154, 163-165, 173, 175, 186, 187, 189, 194, 196, 200, 202, 204, 205, 209, 213, 216, 217, 219, 225, 228, 234, 241-243, 245, 246, 253-256, 258, 262, 266, 270, 271, 276, 281, 283, 299, 303, 304, 307-309, 315, 321, 323, 327, 328, 336, 340, 341, 344, 346, 350, 355-359, 362, 366, 367, 371, 373, 376, 386, 389, 391, 394, 395, 399, 403-405, 407, 414, 430-432, 434, 435, 439, 440, 442-444, 452-454, 459, 461, 469, 473-476, 479, 482.
FLEURY (André-Hercule de Rosset, duc de), brigadier, 160, 162, 163, 229, 316, 394, 395, 404; premier gentilhomme de la chambre du roi, 409, 411, 412, 414, 415, 420, 440, 453.
FLEURY (Anne-Madeleine-Françoise d'Auxy de Monceaux, duchesse de), femme du précédent, dame du palais de la reine, 32, 45, 129, 162, 175, 187, 197, 212, 229, 245, 280, 394, 395, 412, 421, 425, 426, 440, 453.
FLEURY (Pierre-Augustin-Bernardin de Rosset de), abbé, frère du précédent, 154.
FLORIAN, capitaine de cavalerie, 161.
FONTAINE (M. de). *Voy.* FONTAINE-MARTEL.
Fontainebleau (Bâtiments de), 68; dépenses des voyages de Fontainebleau, 449.
FONTAINE-MARTEL (Charles de Martel d'Émalleville, comte de), brigadier de cavalerie, 241, 483.
FONTANGES (Abbé de), 74.
FONTANGES (M. de), 483.
FONTANIEU (Gaspard-Moïse de), conseiller d'État, intendant et contrôleur général des meubles de la couronne, 226.
FORCE (Armand-Nompar de Caumont, duc de la), 313.
FORESTIER, commandant les suisses des Douze, 256.
finances, 196, 212, 215.
FORS (Michel-Robert le Pelletier, seigneur des), ex-contrôleur général des finances, 196, 212, 215.
FORS (Marie-Madeleine Lamoignon, Mme des), femme du précédent, 215.
FORTISSON (Jean-Godefroy de), maréchal de camp, 241, 464.
FOUCIÈRES (François, marquis de), brigadier, 159.
FOUQUET (Bernardin-François), évêque d'Embrun, 253, 361.
FOURNIER, maître d'hôtel ordinaire de la reine, 80.
FRANCE (Louise-Élisabeth de), première fille du roi, nommée *Madame*, puis *Madame Infante*, 5, 8, 10, 19-22, 24-30, 32, 34-37, 39, 40, 69-72, 268.
FRANCE (Anne-Henriette de), deuxième fille du roi, nommée *Madame Henriette*, puis *Madame*, 8, 16, 19-22, 24, 25, 27-30, 32, 34-39, 45, 89, 92, 115, 131, 147, 149, 150, 152, 174, 176, 180, 197, 199, 201, 203, 207, 256, 268, 269, 281, 288, 289, 291, 294, 300, 320, 338, 359, 397, 398, 411, 418, 443, 463, 465, 470.

France (Marie-Adélaïde de), troisième fille du roi, nommée *Madame Adélaïde*, 9, 16, 19-22, 25, 27-29, 32, 34, 35, 45, 89, 115, 131, 149, 150, 152, 175, 176, 197, 199, 201, 203, 207, 256, 269, 281, 288, 291, 294, 300, 338, 359, 398, 411, 412, 418, 443, 463, 465, 470.

Francs-Maçons ou frimassons (Ordre des), 183.

Franquini (L'abbé), chargé des affaires du grand-duc de Toscane, 24.

Frédéric-Guillaume Ier, roi de Prusse, 194, 233.

Frédéric II, roi de Prusse, 195, 214, 230, 248, 249, 263, 267, 286, 342, 343, 362, 380, 435, 453, 454, 472.

Frédéric (Prince). *Voy.* Brandebourg.

Freisch (M.), 303.

Fremeur (Jean-Toussaint de la Pierre, marquis de), brigadier, 159.

Fresne (Jean-Baptiste-Paulin Daguesseau, seigneur de), conseiller d'État, 448, 450.

Fretoy (M. du), chef de brigade, 181, 186.

Froulay (Louis-Gabriel, bailli de), ambassadeur de Malte, 279, 321, 359, 371, 372, 386.

Froulay (Charles-Élisabeth, marquis de), neveu du précédent, 359.

Fuenelorra (M. de), ambassadeur d'Espagne à Naples, 312.

G.

Gabaret (M. de), chef d'escadre, 279.

Gabriel (Jacques), premier architecte du roi, 12, 68, 205, 212, 242, 341.

Gabriel (Ange-Jacques), architecte, fils du précédent, 67.

Gagnier, 169.

Gassion (Jean, marquis de), lieutenant général, 440, 462, 463.

Gassion (Pierre, comte de), mestre de camp, fils du précédent, 462, 463.

Gaudion (M.), 102, 104.

Gavre (Prince de) 419, 423.

Gencienne (M. de), capitaine de vaisseau, 110.

Georges II, roi d'Angleterre, 14, 189.

Gérard (M.), 253.

Gesvres (Léon Potier, duc de), mort en 1704, 364.

Gesvres (Léon Potier de), cardinal, fils du précédent, 141.

Gesvres (Jules-Auguste Potier de), chevalier de Malte, 369.

Gesvres (François-Joachim-Bernard Potier, duc de), premier gentilhomme de la chambre du roi, gouverneur de Paris, 3, 6, 8-11, 31, 37, 38, 42, 72, 80, 83, 84, 136, 229, 236, 238, 239, 363, 365, 368, 392, 420, 456, 480.

Gilbert de Voisins, avocat général au Parlement, 171.

Girandole de cristal, 374.

Givry (Alexandre-Thomas du Bois de Fiennes, chevalier de), lieutenant général, 111, 440.

Glucq (M.), 28.

Goesbriant (Louis-Vincent, marquis de), lieutenant général, 101, 138, 448.

GONDRIN (Louis de Pardaillan de Gondrin, marquis de), 387.
GONTAUT (Marie-Adélaïde de Gramont, duchesse de), dame du palais de la reine, 17, 32, 39, 245, 280.
GOUFFIER (Louis-Charles de Gouffier d'Heilly, marquis de), maréchal de camp, 158, 164.
GOUYON DE LAUNAY-COMMATS (Abbé de), 254.
GOUYON DE VAUDURANT (Abbé de), 74.
GRAMONT (Louis-Antoine-Armand, duc de), colonel du régiment des gardes françaises, 99, 103, 106, 173, 216, 228, 350, 392, 393, 395, 401.
GRAMONT (Louise-Françoise d'Aumont de Crevant d'Humières, duchesse de), femme du précédent, 179, 218, 237, 393, 395, 405, 441, 462.
GRAMONT (Louis, comte, puis duc de), lieutenant général, frère du précédent, 102, 119, 132, 162, 335, 348, 393, 394, 396, 400, 408, 418-420, 452, 458, 475, 476, 480, 481.
GRAMONT (Geneviève de Gontaut-Biron, comtesse, puis duchesse de), femme du précédent, 108, 119, 396, 409, 434, 475, 476, 480.
GRAMONT (Jean-Georges de Caulet, chevalier de), brigadier, 166.
Grand-Duc (Le). *Voy.* TOSCANE.
GRANDVILLE (Bidé de la), chef du conseil du comte de Toulouse, intendant de Flandre, 182.
GRASSE (La marquise de), dame d'honneur de la comtesse de Toulouse, 196.
GRAVE (Henri-François, marquis de), 284, 292.
GREFFEC (M.), 152.
GRIGNAN (Chevalier de), 64.
GRIGNAN (Marquis de), 64.
GRIMALDI (Abbé de), aumônier du roi, 461.
GRIMBERGHEN (Louis-Joseph d'Albert de Luynes, prince de), 277, 303.
GRISARD (Le P.), 74.
GROSBOIS (Abbé de), 178, 254.
GUÉBRIANT (Le président de), lecteur du roi, 80, 81, 455.
GUELING (Baron de), 314.
GUÉMENÉ (Louise-Gabrielle-Julie de Rohan, princesse de), 426.
GUER (Jean-François de Marnières, chevalier de), brigadier, 159.
GUERCHOIS (Pierre-Hector le), conseiller d'État, 171.
GUERCHY (Claude-Louis-François de Regnier, comte de), 180.
GUERCHY (Gabrielle-Lydie de Harcourt, nommée Mlle de Messé, comtesse de), 180, 288.
GUÉRIN, artificier, 459.
GUESCLIN (Bertrand-Jean-René du), aumônier du roi, 333; évêque de Cahors, 456.
GUESCLIN (Bertrand-César, marquis du), premier gentilhomme de la chambre du duc d'Orléans, 105.
GUICHE (Mlle de). *Voy.* BRIONNE.
GUICHE (M. de la), 85, 164, 276.
GUILLAUME-AUGUSTE, prince de Prusse, 248.
GUISE (M. de), 317.
GUISTEL (Abbé de), aumônier du roi, 253.

H.

Haddock, amiral anglais, 14.
Harangue de la ville de Paris, 238.
Harcourt (Marie-Anne-Claude Brulart, maréchale d'), 288.
Harcourt (François, duc d'), capitaine des gardes du corps du roi, fils de la précédente, 52, 54, 58, 92, 93, 95, 186, 197, 273, 297, 324, 360, 440.
Harcourt (Henri-Claude, chevalier d'), brigadier, frère du précédent, 159.
Harcourt (Angélique-Adélaïde de), 288, 324, 328; princesse de Croy, 330.
Harlay (Louis-Auguste-Achille de), conseiller d'État, intendant de la généralité de Paris, 89, 98, 171.
Hautefort (Emmanuel-Dieudonné, marquis de), brigadier, 133; maréchal de camp, 158, 164.
Helvétius, premier médecin de la reine, 274.
Helvétius (Mme), 302.
Hennesy (Richard d'), brigadier, 167.
Hérault (René), lieutenant général de police, 11; intendant de Paris, 98, 225.
Héricourt (Le P. d'), théatin, 334.
Hertenberg (Baron de), 314.
Hesse-Darmstadt (Louis IV ou Ernest Louis, landgrave de), 56, 305.
Hesse-Darmstadt (Louis V, landgrave de), fils du précédent, 306.
Hesse-Darmstad (Louis, prince de), fils du précédent, 305, 306, 314, 334.
Hesse-Darmstadt (Georges-Guillaume, prince de), frère du précédent, 306, 310, 314, 334.
Hesse-Darmstadt (Georges-Frédéric-Charles, prince de), frère cadet des précédents, 306, 310, 314, 322, 323.
Hesse-Rhinfels (François-Alexandre, prince de), 12.
Hesse-Rhinfels (Christine-Henriette, princesse de), 201.
Heudicourt (M. d'), 484.
Hongrie (Reine de). *Voy.* Marie-Thérèse d'Autriche.
Hôpital (Paul-François de Gallucci, marquis de l'), ambassadeur à Naples, 4, 56; maréchal de camp, 158.
Hôpital (Élisabeth-Louise de Boullongne, marquise de), femme du précédent, 149, 173, 175, 176, 348.
Hôpital (Jacques-Raimond de Gallucci de), comte de l'Hôpital-Sainte-Mesme, 56, 324, 328, 399, 430.
Hopital-Sainte-Mesme (Louise-Constance Eynard de Ravannes, comtesse de l'), 324, 328, 348.
Hostun (Marie-Joseph, duc d'), 49, 64.
Houllier (L'abbé), aumônier des mousquetaires, 74.
Houssaye (Félix-Claude le Pelletier de la), conseiller d'État, 226, 405.
Huart, avocat, 123, 126.
Hugues (Guillaume d'), évêque de Nevers, 253.
Humières (Louis-François d'Aumont, duc d'), 228.
Humières (Anne-Louise-Julie de Crevant, duchesse d'), femme du précédent, 218, 228, 237.

I.

IBERVILLE (M. d'), 367.
IMBERT (Le P.), théatin, 359.
Incendie au vieux Louvre, 167.
Inondation de la Seine, 295.
ISENCHIEN (Louis de Gand-Villain, prince d'), maréchal de France, 327, 328, 334.

J.

JABLONOWSKI (M. de), 303, 304.
JAUNAY (François de), maréchal de camp, 166.
Jeux de l'hôtel de Soissons et de l'hôtel de Gesvres, 363; jeu de M. de Carignan, 365; défense des jeux, 374.
JOLY DE FLEURY (Guillaume-François), procureur général au parlement de Paris, 85, 283.
JOLY DE FLEURY (Guillaume-François-Louis), fils du précédent, avocat général au parlement, 283.
JOYEUSE (Mlle de). Voy. ECQUEVILLY (Mme de).
JUMILHAC (Pierre-Joseph de Chapelle, marquis de), lieutenant des mousquetaires, 6; maréchal de camp, 158, 418.

L.

LAIGLE (Louis-Gabriel des Acres, comte de), brigadier, 159.
LALAU (M. de), 352, 353.
LAMASSAIS. Voy. MASSAYS.
LAMBERTI (Marquis de), chambellan et capitaine des gardes à cheval du roi de Pologne, 197.
LAMBESC (Louis de Lorraine, prince de), 52, 173, 417, 418.
LANGUET DE GERGY (Jean-Baptiste-Joseph), curé de Saint-Sulpice, 123.
LANMARY (Marc-Antoine Front de Beaupoil-Saint-Aulaire, marquis de), maréchal de camp, ambassadeur en Suède, 456.
LANNOY (M. de), 372.
LANSAC (Abbé de), 254.
Laon (Évêque de). Voy. FARE.
LASSAY (Léon de Madaillan de Lesparre, comte de), 85, 276, 384, 432.
LATOUR (Maurice-Quentin de), peintre de portraits au pastel, 90.
LAUNAY (M. de), trésorier de l'extraordinaire des guerres, 445.
LAUTENSTHAUSEN (M. de), 57.
LAUZUN (Geneviève-Marie de Durfort, duchesse de), 188, 201.
LAVAL (Guy-André-Pierre de Montmorency, marquis de), 284, 292.
LAVAL (Jacqueline-Hortense de Bullion-Fervaques, marquise de), femme du précédent, 284, 292, 348.

LAVAL (Guyonne-Marie-Christine de Montmorency, Mlle de), sœur du précédent, 284, 292.
LAVARDIN (M. de), ambassadeur à Rome, 192.
LAVERDY, avocat, 365.
LEGENDRE, brigadier, 160.
LEMAGNAN, joaillier, 7.
LEMAURE (Mlle). Voy. MAURE.
LEMEAU DE LA JAISSE, 392.
LÉON (Abbé de), 254.
LÉON (Françoise de Roquelaure, princesse de), 38, 391.
LERCARI (Abbé), 39.
LEROUGE (Abbé), chapelain de la reine, 254.
LESDIGUIÈRES (Gabrielle-Victoire de Rochechouart-Mortemart, duchesse de), 165.
LESPARRE (Antoine-Antonin de Gramont, duc de), 160, 162, 348.
LESPARRE (Marie-Louise-Victoire de Gramont, comtesse de), cousine-germaine et femme du précédent, 103, 237, 409.
LESSEVILLE (Le Clerc de), 182.
LEUVILLE (Louis-Thomas du Bois de Fiennes, marquis de), lieutenant général, 440, 444, 463.
LÉVIS (François-Charles de Lévis-Châteaumorand, comte de), brigadier, 159.
LÉVIS (Marie-Françoise d'Albert de Luynes, duchesse de), morte en 1734, 236.
LÉVIS-LERAN (Henri-Gaston de), évêque de Pamiers, 456.
LEYDE (Mme de), camerera-mayor de Mme Infante, 71, 72.
LEZONNET (M. de), 125.
LICHTENSTEIN (Prince de), ambassadeur de l'empereur, 84, 110, 117, 129, 145, 214, 217, 237, 238, 266, 269, 271, 272, 310, 314, 315, 389.
LICHTENSTEIN (Princesse de), 23, 145, 215, 217, 226, 252.
LINIÈRES (Le P. de), jésuite, confesseur du roi, 175.
LISTENOIS (M. de), 129.
LIVRY (Louis Sanguin, marquis de), premier maître d'hôtel du roi, 101, 124, 434.
LIVRY (Louis-Paul Sanguin, marquis de), fils du précédent, 294, 307, 434.
LOCMARIA (Marquis de), 448.
Logements des compagnies suisses, 401.
LOGNY-MONTMORENCY (Philippe-François, chevalier, puis comte de), brigadier, 159.
LOMELLINI (M. de), envoyé de Gênes, 227, 244.
LOMELLINI (Chevalier de), frère du précédent, 227.
LORGES (Comte de), 189.
LORGES (Duchesse de), 307.
LORRAINE (Duc de), 102.
LORRAINE (Élisabeth-Charlotte d'Orléans, duchesse de), 284.
Loterie (Publication d'une), 317.
LOUIS XIV, 58, 80, 150, 181, 236, 287, 288, 312, 354, 363, 367, 460, 468.
LOUIS XV, 9-25, 29-61; sa lettre à Mme de Ventadour, 62, 63, 66-79, 83, 86-99, 102-105, 108-114, 117-135, 139-157, 161-165, 168-219, 224, 228,

236-243, 248-300, 303-319, 322-329, 333-342, 346-348, 351, 355-357, 360-363, 366-374, 380-387, 390-392, 395-397, 403-421, 424, 427, 430-476, 479-484.

Louis de France, Dauphin, fils de Louis XV, 9, 19-25, 32-37, 45, 51, 54, 75, 92, 95, 98, 102, 104, 110, 115, 131, 147-152, 162, 173-176, 180, 189, 197-203, 207-212, 228, 237-242, 249, 253, 256, 264, 265, 269, 275, 281, 288, 291, 294, 297, 300-303, 320, 329, 333-338, 360, 367, 396-398, 404, 412, 418, 432, 440, 443-446, 465, 470, 484.

Louis (Le prince). *Voy.* Carignan (Prince de).

Louvois (François-Michel le Tellier, marquis de), mort en 1691, 427.

Luc (Charles-François de Vintimille, comte du), conseiller d'État d'épée, 47, 193, 194, 211, 215.

Luc (Gaspard-Madelon-Hubert de Vintimille, marquis du), lieutenant général, fils du précédent, 47, 52, 60, 111, 471, 477, 478, 480.

Luc (Marie-Charlotte de Refuge, marquise du), femme du précédent, 51.

Lucé (M. de), maître des requêtes, 448.

Luciennes (Pavillon de), 452, 465.

Luceac (Charles-Antoine de Guérin, marquis de), capitaine au régiment de dragons de la Suse, 41, 349.

Lussan (Charles-Claude-Joachim d'Audibert, comte de), colonel du régiment de la Sarre, 65 ; brigadier, 129, 160.

Lussan (Chevalier de), guidon de la compagnie des gendarmes de Bretagne, 161.

Lussebourg. *Voy.* Lutzelbourg.

Lutzelbourg (Marie-Joseph-François de Velter, comte de), mestre de camp de cavalerie, 329.

Luxembourg (Charles-François de Montmorency, duc de), maréchal de camp, 8, 23, 41, 170, 224, 227, 259, 261, 264, 296, 307, 381, 382, 384, 390, 394, 404, 407, 408, 410, 411, 413, 440, 449, 455.

Luxembourg (Marie-Sophie-Émilie-Honorate Colbert de Seignelay, duchesse de), femme du précédent, 453.

Luynes (Charles-Philippe d'Albert, duc de), 27, 31, 64, 88, 125, 134, 170, 237, 287, 348, 351, 375, 420, 437-439, 450.

Luynes (Marie Brulart, duchesse de), dame d'honneur de la reine, femme du précédent, 2, 3, 15, 19, 23, 24, 32, 42, 45, 49, 56-60, 80-84, 93, 105, 109, 113-117, 134, 135, 139, 151-153, 161, 162, 177, 187, 200-203, 218, 227-229, 234-237, 248, 251, 257, 274, 281, 284, 290, 291, 294, 297-305, 310, 314, 318, 323, 324, 328, 329, 334, 336, 345-348, 351, 360, 366, 367, 389, 391, 394, 397, 398, 410, 411, 437-439, 442, 443, 456, 470, 471, 478.

Luynes (Paul d'Albert de), évêque de Bayeux, 251, 293.

Luzerne (François de Briqueville, comte de la), vice-amiral, 384, 386.

M.

Maboul (M.), 63, 67.

Macei (Cardinal), 264, 330.

Macheco de Prémaux (Abbé de), 254.

DES NOMS ET DES MATIÈRES.

Madame. *Voy.* FRANCE (Louise-Élisabeth et Anne-Henriette de).
Madame Infante *Voy.* FRANCE (Louise-Élisabeth de).
Mademoiselle. *Voy.* BOURBON (Louise-Anne de).
Magnifique (Le), comédie, 205.
MAILLEBOIS (Jean-Baptiste-François Desmaretz, marquis de), maréchal de France, 31, 37, 133, 327, 440, 441, 444, 445, 463, 467.
MAILLEBOIS (Marie-Emmanuelle d'Alègre, marquise de), femme du précédent, 13, 49, 50, 329, 441, 444, 467, 483.
MAILLEBOIS (Marie-Yves Desmaretz, comte de), fils des précédents, 69, 455.
MAILLEBOIS (Mlle de). *Voy.* SOURCHES (Mme de).
MAILLY (Louis-Alexandre de Mailly Rubempré, comte de), 183.
MAILLY (Louise-Julie de Mailly-Nesle, comtesse de), femme du précédent, dame du palais de la reine, 2, 3, 6, 7, 13, 32, 35-38, 41-56, 59, 60, 66, 68, 72-78, 82, 83, 87, 90, 95, 98, 99, 103, 107-112, 118-121, 130-135, 139-141, 149, 153, 154, 157, 164, 168-179, 182-186, 191-196, 202, 208-212, 215, 220, 223-229, 237, 242, 248-255, 258-269, 272-274, 278-290, 293, 296, 298, 301, 307-310, 316-319, 323, 324, 327-329, 334, 335, 339-341, 345-348, 351, 361, 365, 368, 370, 373, 375, 381-384, 387, 390-394, 403, 404, 407, 409, 410, 414, 415, 417, 420, 424, 434, 439, 445, 449, 458, 461, 466-468, 472-484.
MAILLY (François de Mailly-Rubempré, chevalier de), colonel du régiment de dragons de Condé, beau-frère de la précédente, 148, 183.
MAINE (Anne-Louise-Bénédicte de Bourbon-Condé, duchesse du), 353, 356.
MAINE (Louise-Françoise de Bourbon, Mademoiselle du), 19, 21, 23, 25.
MAINTENON (Mme de), 289.
MALAUSE (Armand de Bourbon, comte de), brigadier, 160.
MANCINI (Anne-Louise de Noailles, Mme de), 388.
MANERBE (Pierre-François-Thomas de Borel, chevalier, puis comte de), brigadier, 166.
MANIBAN (M. de), premier président au parlement de Toulouse, 307.
MANIBAN (Mlle de), 294, 307.
MANS (Jacques-Emmanuel de Vassé, vidame du), 106.
MARBEUF (L'abbé de), lecteur du Dauphin, 265.
Marbres d'Italie (Collection de), 374.
MARCHE (Louis-François-Joseph de Bourbon-Conty, comte de la), 198, 432, 483.
MARCIEU (Chevalier de), 64.
MARCK (Louis-Pierre, comte de la), lieutenant général, ambassadeur en Espagne, 73, 112 226, 284.
MARCK (Louis-Engilbert, comte de la) brigadier, fils du précédent, 158.
MARCK (François-Marie, chevalier de la), officier du prince de Condé, 428.
MARIE-AMÉLIE DE SAXE, reine des Deux-Siciles, 257.
MARIE-ANNE DE NEUBOURG, reine douairière d'Espagne, veuve de Charles II, 222.
MARIE-ÉLISABETH-LUCIE, archiduchesse d'Autriche et gouvernante des Pays-Bas autrichiens, 466.
MARIE LECZINSKA, 1-3, 8, 9, 15, 16, 19, 21, 24, 25, 32, 35, 36, 39, 42-46, 49,

60, 75, 76, 80-84, 89-92, 95, 98, 101-105, 110, 114, 115, 123, 124, 129-135, 139, 140, 144, 147-152, 155, 157, 161, 162, 171-177, 180, 185-187, 197, 200-203, 210-218, 227-230, 236-242, 246, 248, 251, 253, 257, 258, 261, 268, 269, 272-278, 281, 284-291, 294, 295, 299, 300-305, 308-310, 318, 319, 322, 323, 327, 329, 335-339, 345, 346, 351, 359-363, 371, 372, 380, 381, 384, 390-392, 396-398, 406, 407, 411 413, 417-420, 430, 437-439, 442, 443, 447, 449, 452, 456-465, 470, 474-479, 482.

Marie-Thérèse-Antoinette-Raphaelle, infante d'Espagne, 12, 18.

Marie-Thérèse d'Autriche, grande-duchesse de Toscane, reine de Bohême et de Hongrie, 265, 269, 284, 350, 362, 446, 453, 469, 472.

Marignane (Joseph-Marie de Cosset, marquis de), maréchal de camp, 166.

Marion Delorme, 91.

Marivaux (Louis-Jean-Jacques de l'Isle, marquis de), brigadier, 158.

Martel (Charles de Martel d'Ematleville, chevalier de), maréchal de camp, 158.

Marsan (Charles-Louis de Lorraine, comte de), 15, 20, 21, 348.

Marsan (Élisabeth de Roquelaure, comtesse de), femme du précédent, 453.

Martin, apothicaire, 276, 471.

Marville (Claude-Henri Feydeau, seigneur de), lieutenant général de police, 99.

Massays (Henri-Gabriel Amproux, comte de la), colonel du régiment de Piémont, 160.

Masson (MM.), 449.

Masson (Mlle), 448.

Matignon (Edmée-Charlotte de Brenne de Bourbon, marquise de), dame du palais de la reine, 111, 175, 215, 280, 281, 309, 318.

Matignon (Mlle de). *Voy.* Laval (Mme de).

Maulevrier (Louis-René-Édouard Colbert, comte de), maréchal de camp, 158.

Maupeou (René-Théophile, marquis de), maréchal de camp, 158.

Maupeou (Louis-Charles-Alexandre, chevalier de), colonel du régiment de Bigorre, 160.

Maupertuis (Pierre-Louis Moreau de), de l'Académie française, 388, 389.

Maure (Mlle Le), cantatrice, 164, 168, 205.

Maurepas (Jean-Frédéric Phélypeaux, comte de), secrétaire d'État, 5, 27, 48, 87, 105, 143, 196, 199, 238-240, 251, 261, 289, 294, 295, 299, 300, 304, 341, 358, 359, 365, 370, 371, 376, 383, 409, 420, 429, 431, 435, 439, 447.

Maurepas (Marie-Jeanne Phélypeaux de la Vrillière, comtesse de), cousine et femme du précédent, 83, 260.

Mazarin (Françoise de Mailly, duchesse de), dame d'atours de la reine, 19, 23, 24, 32, 45, 55, 103, 150, 154, 161, 200, 212, 218, 229, 237, 248, 281, 300, 305, 391.

Mazis (Des). *Voy.* Desmazis.

Meaux (Évêque de). *Voy.* Roche de Fontenille.

Méhémet-Effendi, ambassadeur de la Porte, 465.

DES NOMS ET DES MATIÈRES.

MELFORT (Milord), 345, 349.

MELUN (Louis-Gabriel, vicomte de), lieutenant général, 18.

MÉNARS (Jean-Baptiste Charron, marquis de), 47.

MÉNARS (Marquise de), 48.

MÉNARS (Michel-Jean-Baptiste Charron, marquis de), fils des précédents, 48, 50.

MENOU (Louis de Menou de Cuissy, comte de), maréchal de camp, 166.

MERCIER (Mme), nourrice du roi et première femme de chambre de la reine, 337.

MÉRINVILLE (François-Louis-Martial de Monstiers, marquis de), maréchal de camp, 157.

MÉRODE (Alexandre-Maximilien-Bathazar-Dominique de Gand-Villain, comte de), maréchal de camp, 406, 441, 444.

MÉRODE (Pauline-Louise-Marguerite de la Rochefoucauld de Roye, comtesse de), femme du précédent, dame du palais de la reine, 280, 281, 318, 406, 441, 414.

Mesdames. *Voy.* FRANCE (Louise-Élisabeth, Anne-Henriette et Marie-Adélaïde de).

MESLAY (Urbain-Pierre-Louis Bodineau, baron de), brigadier, 167.

MESGRIGNY (M. de), 373.

MESMES (Le bailli de), ambassadeur de l'ordre de Malte, 320, 372, 386.

MESSÉ (Mlle de). *Voy.* GUERCHY.

METTERNICH (M. de), 233.

Metz (Évêque de). *Voy.* SAINT-SIMON.

MEUSE (Henri-Louis de Choiseul, marquis de), lieutenant général, 108, 119, 130, 173, 296, 307, 381, 382, 390, 404, 449, 452, 467, 468, 473, 475, 476, 480, 481.

MEUSE (François-Honoré de Choiseul, chevalier de), fils du précédent, 449, 452.

MÉZIÈRES (Eugène-Eléonor de Béthisy, marquis de), brigadier, 166.

Milices de Bretagne, 110.

MINA (Le marquis de la), ambassadeur d'Espagne, 5, 6, 10, 11, 15, 16, 18, 20-25, 27-30, 61, 82, 84, 89, 101, 112, 114, 117, 126, 152, 200, 204, 210, 222, 389, 390, 398.

MINA (La marquise de la), 23, 29, 30, 82, 112, 116, 152, 161, 162.

Mirepoix (Évêque de). *Voy.* BOYER (Jean-François).

MIREPOIX (Pierre-Louis de Lévis, marquis de), ambassadeur à Vienne, 307, 320, 321.

MODÈNE (Marie-Thérèse-Félicité d'Este, princesse de), 219.

Molwitz (Bataille de), 380, 388.

MONACO (Honoré-Camille-Léonor Grimaldi, prince de), 56, 64, 316, 346.

MONDONVILLE (Joseph), compositeur de la musique-chapelle du roi, 210.

MONGARDIN (M. de), 387.

MONNIN (François de), maréchal de camp, 158.

MONTAIGUT (Pierre-François, comte de), brigadier, 166, 444, 455.

MONTAL (Louis-Charles de Montsaulnin, marquis de), 250.

MONTANÈGRE (Duc de), 228.

MONTAUBAN (Éléonore-Eugénie de Béthisy, princesse de), dame du palais de la reine, 16, 50, 110 111, 129, 144, 202, 215, 274, 280, 318, 360, 367, 437.

MONTAUBAN (Eléonore-Louise-Constance de ROHAN), fille aînée de la précédente, 16.

MONTAUBAN (Louise-Julie-Constance de ROHAN-), seconde fille de la précédente, 289.

MONTBOISSIER (Philippe-Claude de Montboissier-Beaufort, marquis de), lieutenant général, 418.

MONTCAVREL (Diane-Adélaïde de Mailly-Nesle, Mlle de), depuis duchesse de Lauraguais, 154, 283, 466.

MONTEMAR (M. de), ministre de la guerre en Espagne, 440.

MONTÉNÉGRO (Duc de), 111, 113.

MONTESPAN (Mme de), 108.

MONTESQUIOU (Abbé de), 74.

MONTGIBAUT (Bertrand de), maréchal de camp, 158, 201, 203.

MONTIJO (Comte de), ambassadeur d'Espagne à Francfort, 318, 319, 338, 339.

MONTMIRAIL (François-Michel-César Le Tellier, marquis de), capitaine-colonel des Cent-Suisses, 378, 388.

MONTMIREL. Voy. MONTMIRAIL.

MONTMORENCY (Christian-Louis de Montmorency-Luxembourg, prince de Tingry, appelé le maréchal de), maréchal de France, 317.

MONTMORENCY (Louise-Madeleine de Harlay, maréchale de), femme du précédent, 422.

MONTMORENCY (Joseph-Maurice-Annibal de Montmorency-Luxembourg, comte de), fils des précédents, 296, 419, 423.

MONTMORENCY (Françoise-Thérèse-Martine Le Pelletier de Rosambo, comtesse de), femme du précédent, 419, 422.

MONTMORENCY-LIGNY (Anne de Montmorency-Luxembourg, comte de), maréchal de camp, oncle du précédent, 129, 158, 295, 296.

MONTMORIN (M. de), 348.

MONTMORIN (Mme de), 95, 112, 118, 215, 224, 229, 258, 272.

Montpellier (Évêque de). Voy. CHARENCY.

MONTPIPEAU (Charles de Rochechouart, marquis de), brigadier, 460.

MORANGIÈS (Pierre de Molette, marquis de), brigadier, 160.

MORTEMART (Jean-Victor de Rochechouart, marquis de), colonel du régiment de Navarre, 160.

MORVILLE (Charles-Jean-Baptiste Fleuriau, seigneur de), secrétaire d'État des affaires étrangères, mort en 1732, 289, 454.

MORVILLE (Charlotte-Élisabeth de Vienne, Mme de), femme du précédent, 289.

MORVILLE (Charlotte-Marguerite Fleuriau de), marquise de Crussol, fille des précédents, 289.

MOTTE-GUÉRIN (Joseph, comte de la), brigadier, 159.

MOTTE-TIBERGEAU (M. de la), brigadier, 167.

MOTTEVILLE (Mémoires de Mme de), 451.

MUNICH (Le général), 286.

MUY (Jean-Baptiste de Félix, marquis du), sous-gouverneur du Dauphin, 55, 215, 275, 276.

Muy (Marguerite d'Armand de Miron, marquise du), femme du précédent, sous-gouvernante des enfants de France, 37, 40, 131.
Muy (Joseph-Gabriel Tancrède de Félix, marquis du), brigadier, 166.

N.

Nangis (Louis-Armand de Brichanteau, marquis de), chevalier d'honneur de la reine, 15, 93, 161, 274, 276, 286, 300 ; maréchal de France, 327, 334, 335, 417, 437, 438, 459, 478.
Nangis (Mme de), 16, 329.
Narbonne (Archevêque de). *Voy.* Crillon.
Nassau-Weilbourg (Prince de), 53, 59, 246, 305, 442.
Néel de Cristot (Louis-François), évêque de Séez, 184.
Neiss (Bataille de), 389.
Nemours (Marie d'Orléans-Longueville, duchesse de), morte en 1707, 233.
Nesle (Louis de Mailly, marquis de), père de Mmes de Mailly, de Vintimille, etc., 63, 67, 154, 235.
Nesle (Armande-Félice de la Porte-Mazarin, marquise de), femme du précédent, dame du palais de la reine, morte en 1729, 85, 280.
Nesle (Mlle de). *Voy.* Vintimille.
Nesmond (M. de), officier de marine, 433.
Nestier (M. de), brigadier, 160.
Neufchatel (Louis-Henri de Bourbon-Soissons, prince de), mort en 1703, 233.
Neufchatel (Angélique-Cunégonde de Montmorency-Luxembourg, princesse de), femme du précédent, morte en 1736, 234.
Neufchâtel (Principautés de) et de Vallengin, 233.
Neuperg, général de l'empereur, 75, 389.
Neuville (Le P.), jésuite, 129, 153, 163, 175, 176, 334.
Nicolai (Aimard-Jean de), premier président de la chambre des comptes, 47, 200, 477, 478.
Nicolai (Madeleine-Charlotte-Guillelmine-Léonine de Vintimille, Mme de), femme du précédent, 51.
Nicolai (Antoine-Chrétien), chevalier de Malte, brigadier, frère du précédent, 160, 443.
Nida (Comtes de). *Voy.* Hesse-Darmstadt.
Noailles (Adrien-Maurice, duc de), maréchal de France, capitaine des gardes du corps du roi, 50, 109, 126, 177, 181, 182, 243, 244, 301, 313, 342, 405, 441, 455, 480-482.
Noailles (Françoise-Charlotte-Amable d'Aubigné, maréchale-duchesse de), femme du précédent, 14, 54, 55, 69.
Noailles (Philippe, comte de), gouverneur de Versailles, fils des précédents, 8, 23, 36, 49, 50, 119, 130, 134, 243, 244, 287, 301, 307, 313, 381, 390, 458, 475, 476, 480.
Noailles (Marie-Anne-Françoise de), sœur du précédent, 69.
Nogent (Louis-Armand de Bautru, comte de), lieutenant général, mort en 1736, 340.

Nogent (Henriette-Émilie de), fille du précédent, 339-341.
Noisette, commis de M. d'Angervilliers, 207.
Nugent (Jean de Nugent de Westmeath, comte de), brigadier, 166.
Nunnès (Fernando). *Voy.* Fernand Nunnès.
Nyert (Alexandre-Denis de), premier valet de chambre du roi, 476, 484.

O.

Œls (Baron d'). *Voy.* Eltz.
Olric, capitaine saxon, 33, 42.
Opède de Forbin (Abbé d'), aumônier du roi, 21, 431.
Opter (Mme d'). *Voy.* Aubeterre.
Oracle (L'), comédie, 205.
Ordres étrangers en France, 205.
Orival (Alphonse-Théodore de Riencourt, marquis d'), brigadier, 166.
Orléans (Philippe, duc d'), régent du royaume, mort en 1723, 107, 108, 151, 289, 454.
Orléans (Françoise-Marie de Bourbon, duchesse-douairière d'), fille de Louis XIV et de Mme de Montespan, femme du précédent, 16, 248, 253, 356, 411, 414, 432.
Orléans (Louis, duc d'), fils du régent, premier prince du sang, 19-21, 24, 58, 96, 155, 164, 185, 219, 257, 315, 352, 403, 407, 411, 432.
Orléans (Louise-Élisabeth d'), fille du régent, reine douairière d'Espagne, 26, 308, 441.
Ormesson (Henri-François de Paule le Fèvre, seigneur d'), conseiller au conseil royal des finances, 174, 196.
Orry (Philibert), contrôleur général des finances, 9, 43, 68, 87, 88, 174, 196, 240, 315, 328, 371, 411, 412, 427, 439, 451.
Ossolinska (La duchesse), 304.
Ossone (Duc d'), 389.
Ottoboni (Cardinal), doyen du sacré Collège, 156.

P.

Pajot (Pierre), seigneur de Nozeau, maître des requêtes, intendant d'Orléans, 163.
Palatin (Électeur). *Voy.* Charles-Philippe de Neubourg.
Pamiers (Évêque de). *Voy.* Fénelon.
Parabère (Mme de), 107, 204.
Parabère (Mlle de), 286.
Pardaillan (M. de), gouverneur du duc de Penthièvre, capitaine de vaisseau, 471.
Paris (Archevêque de). *Voy.* Vintimille.
Paris (MM.), 433.
Parlement de Paris, 255, 429.
Paumier, valet de chambre, 253.

DES NOMS ET DES MATIÈRES. 519

Pecquet, premier commis des affaires étrangères, 259, 454.
Pelletier (Louis le), premier président au parlement de Paris, 429.
Pelletier des Fors (Michel-Robert le). *Voy.* Fors.
Pelletier de Rosambo (Mlle Le). *Voy.* Montmorency.
Pendules du roi, 385.
Penthièvre (Louis-Jean-Marie de Bourbon, duc de), 19, 23, 92, 126, 176, 218, 355, 356, 360, 396, 472, 476.
Perdriguier (David du Larry de), brigadier, 167.
Perée (M. de la), commandant de la ville de Narbonne, 427.
Permangle (Gabriel de Chouly de), lieutenant général, 473.
Pernault, huissier de l'antichambre du roi, 217.
Pérouse (M. de la), ministre de Bavière à Vienne, 277.
Perussis (Louis-Élisabeth, marquis de), brigadier, 167.
Peyrard, accoucheur, 189.
Peyronie (François Gigot de la), premier chirurgien du roi, 93, 207, 467, 474.
Phalaris (Duc de), 421.
Phalaris (Duchesse de), 421.
Philippe V, roi d'Espagne, 40, 70, 73, 222, 288, 367, 479.
Philippe (Don), infant d'Espagne, 16, 72.
Picquigny (Michel-Ferdinand d'Albert d'Ailly, duc de), 54, 151, 156 ; brigadier, 160, 241, 437, 439, 443, 451, 464.
Pillage du bois des Célestins, 145.
Pinon (Bernard-Louis), brigadier, 166.
Pinto (Emmanuel), grand-maître de l'ordre de Malte, 330.
Piosin (Chevalier de), capitaine de vaisseau, 377, 379, 380, 386.
Plessis de La Corée (Simon-Louis du), maréchal général des logis, 451.
Porcelaine de Réaumur, 184.
Planta (Baron de), gentilhomme des princes de Hesse, 305, 306, 314, 322, 323.
Plelo (Mlle de), 105, 106.
Polastron (Jean-Baptiste, comte de), lieutenant général des armées du roi, sous-gouverneur du Dauphin, 40, 55, 131, 440, 469.
Polastron (Chevalier de), 161.
Polastron (Louis-Gaspard, abbé de), 254.
Polignac (Melchior, cardinal de), 141.
Polignac (Chevalier de), 185.
Polissons ou salonistes de Marly, 183, 386.
Pologne (Frédéric-Chrétien-Léopold, prince royal de), électeur de Saxe, 311.
Pologne (Roi de). *Voy.* Stanislas Leczinski et Auguste III.
Pologne (Reine de). *Voy.* Catherine Bnin-Opalinska.
Pomponne (L'abbé de), chancelier de l'ordre du Saint-Esprit, 102, 144, 215, 461.
Ponce (Le P.), jésuite, 66, 79.
Poniatowski (M. de), envoyé d'Auguste III, roi de Pologne, 303, 480.
Pons (Charles-Louis de Lorraine, prince de), maréchal de camp, 136, 485.
Pons (Élisabeth de Roquelaure, princesse de), femme du précédent, 426, 485.
Pons (Emmanuel-Louis-Auguste de Pons Saint-Maurice, chevalier de), 129.

Pons (Vicomte de), brigadier de cavalerie, 159.
Pons-Chavigny (Claude-Louis de Bouthillier de Chavigny, comte de), 129, 157.
Pontac (Abbé de), aumônier de la reine, 254.
Pontchartrain (Louis Phélypeaux, comte de), chancelier et garde des sceaux de France, mort en 1727, 143.
Pontchartrain (Jérôme-Phélypeaux, comte de), fils du précédent, 143.
Pontchartrain (Paul-Jérôme, marquie de), maréchal de camp, fils du précédent, 158, 440.
Pont-Saint-Pierre (Michel-Charles-Dorothée de Roncherolles, marquis de), brigadier, 159, 314.
Portraits de vieillards, 237.
Pot royal (Le), 44.
Povanne (Charles-Léonard de Baylens, marquis), mestre de camp, 463, 466.
Praigne (Chevalier de), brigadier, 86.
Prat (Abbé du), vicaire général de Montpellier, 254.
Premier (M. le). *Voy.* Beringhen.
Premier Président (Le). *Voy.* Pelletier (Louis le).
Pressure (M. de), mestre de camp, 86.
Prévôt des marchands (Le). *Voy.* Turgot.
Prie (Agnès Berthelot, marquise de), morte en 1729, 123, 280.
Prieur (Le), chapelain du roi, 385.
Prophétie du onzième siècle, 323.
Promotion d'officiers généraux, 157.
Prusse (Roi de). *Voy.* Frédéric-Guillaume Ier et Frédéric II.
Puiguyon (Charles-François de Granges de Surgères, marquis de), gentilhomme de la manche du Dauphin, 55, 89, 405, 441, 444.
Puiguyon (Mlle de la Boëssière, marquise de), femme du précédent, 89, 316.
Puisieux (Louis-Philogène-Brulart, marquis de), ambassadeur à Naples, 7, 204, 310-313, 398, 399.
Puydion. *Voy.* Puiguyon.

Q.

Quénaut de Clermont (Armand-François), maréchal de camp, 166.

R.

Rambouillet (Voyages de), 195.
Rambures (Louis-Antoine de la Roche-Fontenille, marquis de), maréchal de camp, 158, 330.
Randan (Guy-Michel de Durfort de Lorges, duc de), maréchal de camp, 158, 188, 344.
Rannes (Anne-Françoise d'Argouges de), baronne de Tréville, 6.
Rare (Mme de la), femme de la reine, 471.
Rasaud (Joseph de), brigadier, 167.
Ravannes (Michel-Gabriel Petit de), abbé, conseiller d'État, 215.

RAZILLY (Armand-Gabriel, comte de), brigadier, 159.
RÉAUMUR (René-Antoine-Ferchault de), de l'Académie des Sciences, 184.
RELINGUE (Charles-Antoine, comte de), brigadier, 159.
Reine (La). *Voy.* MARIE LECZINSKA.
Reliquaire de l'église de Dampierre, 237.
RENAUD (Le P.), dominicain, 268.
Rennes (Évêque de). *Voy.* VAURÉAL.
RESNEL (Marquise de), 280.
RHODES (Mme de), 131.
RIBÉRAC (Mme de), dame d'honneur de Mlle de Clermont, 425, 426.
RICHELIEU (Le cardinal de), 91, 92.
RICHELIEU (Louis-François-Armand de Vignerot du Plessis, duc de), maréchal de camp, 46, 224, 441, 449, 452, 480, 482.
RICHELIEU (Élisabeth-Sophie de Lorraine, duchesse de), femme du précédent, 205, 224.
RIDELS (Baron de), 314.
RIOM (Sicaire-Antonin-Armand-Auguste-Nicolas d'Aydie, comte de), 350, 359.
RIVIÈRE (Charles-Yves-Thibault, comte de la), maréchal de camp, 166.
ROCHAMBEAU (César-Gabriel de Vimeur de), chef d'escadre, 386.
ROCHEALLART (M. de la), chef d'escadre, 375-377 ; lieutenant général des armées navales, 386.
ROCHE-AYMON (Charles-Antoine de la), évêque de Tarbes, puis archevêque de Toulouse, 108, 193, 458, 459.
ROCHEBONNE (Charles-François de Châteauneuf de), archevêque de Lyon, 149.
ROCHECHOUART (Charles-Auguste, duc de), premier gentilhomme de la chambre, 133, 160, 298, 299, 314, 339, 417, 420, 459, 460, 476, 484.
ROCHECHOUART (Augustine de Coëtquen-Combourg, duchesse de), femme du précédent, 144.
ROCHECHOUART-FAUDOAS (Jean-François-Joseph de), évêque de Laon, 424.
ROCHE DE FONTENILLE (Antoine-René de la), évêque de Meaux, 176.
ROCHEFOUCAULD (Frédéric-Jérôme de Roye de la), archevêque de Bourges, 138.
ROCHEFOUCAULD (Alexandre, duc de la), grand-maître de la garde-robe du roi, 31, 32, 375, 395, 429.
ROCHE-SUR-YON (Louise-Adélaïde de Bourbon-Conty, Mademoiselle de la), 2, 19, 25, 32, 139, 355, 462, 465, 483.
ROCOZEL (Pons de Rosset, marquis de), lieutenant général, 85.
ROGER, notaire, 126.
ROHAN (Armand-Gaston de), cardinal, grand-aumônier de France, 21, 93, 135, 141, 192, 263, 321, 329-331, 333, 335, 367, 374, 458.
ROHAN (Hercule-Mériadec de Rohan, duc de Rohan-Rohan, appelé le prince de), 23, 80, 229, 335, 424.
ROHAN (Marie-Sophie de Courcillon, princesse de), femme du précédent, 132, 422.
ROHAN (Charlotte-Rosalie de Châtillon, duchesse de), 293.
Roi (*Le*). *Voy.* LOUIS XV.
Roi de Cocagne (*Le*), comédie, 164.

ROLLE (Baron de), 469.
ROLLIN, historien, 479.
ROQUEFEUILLE (Comte de), chef d'escadre, 383; lieutenant général des armées navales, 386, 422.
ROSEN (Anne-Armand, marquis de), brigadier, 160, 384.
ROSEN (Éléonor-Félix de), chevalier de Malte, frère du précédent, 407.
ROTTEMBOURG (M. de), 286, 380.
ROTTEMBOURG (Mme de), 101.
ROURE (M. du), 167.
ROURE (Mlle du), 279.
ROUSSEAU (Jean-Baptiste), sa réponse à Voltaire, 233.
ROUSSILLON (M. de), 178.
ROYE (Mlle de). *Voy.* BIRON (Duchesse de).
RUBEMPRÉ (M. de), capitaine des gendarmes écossais, 461, 466.
RUFFEC (Catherine-Charlotte-Thérèse de Gramont, duchesse de), 13, 41, 43, 44, 46, 49, 50-52, 66, 74, 75, 264, 268, 449, 452.
RUFFEC (Armand-Jean de Saint-Simon, marquis de), maréchal de camp, 177, 229.
RUFFEC (Marie-Jeanne-Louise Bauyn d'Angervilliers), marquise de), femme du précédent, 112, 177.
RUMAIN (M. du), 160.
RUPELMONDE (Marie-Marguerite-Élisabeth d'Alègre, comtesse de), dame du palais de la reine, 175, 212, 258, 280, 281, 345, 360, 400.
RUPELMONDE (Marie-Chrétienne-Christine de Gramont, comtesse de), dame du palais de la reine et belle-fille de la précédente, 400, 421, 426, 437.

S.

SABRAN (M. de), 158, 283, 285, 286, 483.
SABRAN (Mme de), 285, 309.
SADE (M. de), 185; envoyé du roi près de l'électeur de Cologne, 314.
SAINCTOT (M. de), introducteur des ambassadeurs, 24, 52, 57, 58, 213, 227-229, 246, 250, 281, 442, 443, 464.
SAINT-AIGNAN (Paul-Hippolyte de Beauvilliers, duc de), ambassadeur à Rome, lieutenant général, 82, 106, 125, 480.
SAINT-ALBIN (Charles de), archevêque de Cambrai, 295.
SAINT-ANDRÉ (René-Ismidon-Nicolas Prunier, comte de), brigadier, 159.
SAINT-ANDRÉ (Chevalier de), chef de brigade, 438.
SAINT-ANDRÉ (Maréchale de), 128.
SAINT-AULAIRE (François-Joseph de Beaupoil, marquis de), de l'Académie française, 69.
SAINT-AVENT (Comte de), 161.
Saint-Brieuc (Évêque de). *Voy.* VIVET DE MONTCLUS.
SAINT-CHAMANT (Mme de), 336.
SAINT-CHAUMONT (M. de), 369.
SAINT-CONTEST (M. de), 178.
SAINT-CYR (Abbé de), sous-précepteur du Dauphin, 403.

DES NOMS ET DES MATIÈRES. 523

Saint-Florentin (M. de), secrétaire d'État, 105, 148, 230, 393, 427, 459.
Saint-Florentin (Mme de), 111, 437.
Saint-Germain (M. de), 452.
Saint-Germain (Mme de), 68, 98, 262, 264, 424, 434, 449.
Saint-Hilaire (M. de), 281, 284.
Saint-Jal (Jean-Claude de Lastic, marquis de), maréchal de camp, 158.
Saint-Jean (M. de), gentilhomme de la chambre du roi d'Espagne, 73.
Saint-Micault (M. de), 298.
Saint-Onésime (Châsse de), 256.
Saint-Pern (M. de), 419, 473.
Saint-Pierre (Abbé de), 254.
Saint-Pierre (Comtesse de), 146, 162.
Saint-Sauveur (Abbé de), 254.
Saint-Séverin (M. de), ambassadeur en Suède, 370, 456, 483, 485.
Saint-Simon (Claude de Rouvroy de), évêque de Metz, 142, 285, 306, 315, 322, 423.
Saint-Simon (Louis de Rouvroy, duc de), 137, 316.
Saint-Simon (Geneviève-Françoise de Durfort, duchesse de), 137, 189.
Saint Simon (Charlotte de), princesse de Chimay, fille des précédents, 137.
Sainte-Hermine (Abbé de), aumônier de la reine, 523.
Sainte-Maure (Louis-Marie, comte de), maréchal de camp, 158.
Sainte-Maure (M. de), vice-amiral, 384, 385.
Sainte-Mesme (M. de). *Voy.* Hôpital.
Saissac (Mme de), 188.
Salonistes ou polissons de Marly, 183, 386.
Salvère (M. de), premier écuyer de la grande écurie, 484.
San-Estevan (Comte de), 312.
Santo-Buono (Prince de), 455.
Sardaigne (Le roi de). *Voy.* Charles-Emmanuel III.
Sardaigne (Reine de). *Voy.* Élisabeth-Thérèse de Lorraine.
Sassenage (M. de), 167, 466.
Sassenage (Mme de), 49, 132, 309.
Saujon (M. de), 156, 173.
Saujon (Mme de), 336.
Saujon fils (M. de), 174.
Saulx-Tavannes (Charles-Nicolas de), archevêque de Rouen, 438.
Saulx-Tavannes (Charles-Michel-Gaspard, comte de), brigadier, 160, 483.
Saumery (Alexandre de Johanne de la Carre, chevalier de), brigadier, 159.
Saunoy (Joseph Durey de), marquis du Terrail, 200.
Savoie (Reine de). *Voy.* Élisabeth-Thérèse de Lorraine.
Saxe (Prince électoral de). *Voy.* Pologne.
Saxe (Arminius-Maurice, comte de), lieutenant général, 440, 445.
Schmerling (Baron de), ministre de l'empereur en France, 167.
Schmidberg (M. de), brigadier, 167.
Schwartzbourg (Comte, puis prince de), 314, 315.
Sédition à Versailles, 243.
Seedoref (Jean-Balthazar Fegelin de), brigadier, 166.
Segaud (Le P.), prédicateur, 224.

Ségur (M. de), 291, 440.
Ségur (Mme de), 6, 13, 35, 38, 54, 57, 59, 66, 68, 76, 83, 110, 112, 118, 119, 144, 146, 147, 179, 182, 184, 193, 208, 224, 248, 368.
Selle (M. de), intendant des Menus, 10.
Sénac, médecin de Saint-Cyr, 474.
Senozan (M. de), receveur général du clergé, 211.
Sens (Élisabeth-Alexandrine de Bourbon-Condé, Mademoiselle de), 19, 25, 32, 44, 118, 122, 127, 128, 131, 150, 152, 219, 261, 426, 433, 483.
Sens (Les), opéra, 205.
Sevin (Abbé), 479.
Silva, médecin, 121, 122, 141, 142, 474, 475.
Sœurs (Les deux). Voy. Mailly et Vintimille (Mmes de).
Sœurs (Les quatre), 74. Voy. Bourbon (Louise-Anne de), Clermont (Mlle de), Mailly (Mme de) et Vintimille (Mme de).
Solar (Le commandeur de), ambassadeur de Sardaigne, 52, 366, 380, 387.
Solferino (M. de), majordome major de Mme Infante, 71.
Soubise (Charles de Rohan, prince de), capitaine des gendarmes de la garde, 23, 69, 76, 141, 151, 176 ; brigadier, 160, 172, 187, 229, 384, 439, 441, 451, 468, 480-482.
Soubise (Anne-Marie-Louise de la Tour d'Auvergne, princesse de), femme du précédent, 47, 49, 80.
Sourches (Marquise de), 13, 87, 108, 119, 196, 208, 209.
Sourches (Louis du Bouchet de), fils de la précédente, brigadier, 167, 450.
Sourches (Mme de), née Maillebois, femme du précédent, 450, 483.
Spa (Mlle de), 15, 367.
Staffort (Milord), 292.
Stainville (M. de), 465.
Stanislas Leczinski, roi de Pologne, duc de Lorraine, 190, 197, 201, 205, 207, 210.
Statue équestre de Louis XV, 454.
Stilliano (M. de), 444.
Stolberg (Comtes de), 53, 57.
Suisses des Douze, 256.
Sully (Louis-Pierre-Maximilien de Béthume, duc de), 304.
Sultzbach (Duc de), 436, 453.
Sultzbach (Prince de), 58.
Sultzbach (Princesses de), 436.
Surbeck (M. de), 468.
Suze (Louis-Michel de Chamillart, comte de la), brigadier, grand-maréchal des logis, 160, 448, 449.
Suzy (Charles-François de Ronty, vicomte de), brigadier, 159.

T.

Tallard (Duc de), 41, 56, 62, 44, 71, 74, 201.
Tallard (Marie-Élisabeth-Angélique-Gabrielle de Rohan, duchesse de), gouvernante des enfants de France, 5, 16, 24, 29, 30, 37, 40, 62, 68, 71, 73, 74, 115, 131, 149, 201, 203, 280, 294, 300, 337, 338, 412.

DES NOMS ET DES MATIÈRES. 525

TALLEYRAND (Mme de), 13, 43, 44, 51, 66, 72, 75, 82, 90, 98, 119, 252, 279, dame du palais de la reine, 280, 281, 301, 455.

TALMOND (Prince de), 86.

TALMOND (Princesse de), 197, 304.

Tapisseries des Gobelins, 282.

TAVANNES (Abbé de), 74.

TENCIN (Pierre Guérin de), cardinal, archevêque d'Embrun, 82, 245; archevêque de Lyon, 253.

TERLAY (M. de), lieutenant-colonel du régiment des gardes, 400, 415.

TERME DU SAUX (M. de), brigadier, 160.

TERRAIL (M. du). 200. Voy. SAUROY.

TERRISSE (Abbé), 74.

TESSÉ (René-Marie de Froulay, marquis de), premier écuyer de la reine, 138, 160, 167, 168, 229, 257, 278, 302, 417, 437, 438.

TESSÉ (Marie-Charlotte de Béthune, marquise de), femme du précédent, 37, 40, 71, 74, 229, 274, 359, 437.

TESSÉ (Chevalier de), 129.

TESSIN (Comte de), 15, 225.

TESSIN (Comtesse de), 15, 367.

Testament de Ferdinand Ier, empereur d'Allemagne, 271, 277.

THÉVENARD, acteur de l'Opéra, 465.

THIBOUTOT (Louis-François, marquis de), brigadier, 167.

THIERS (M. de), 453.

THURETTE, directeur de l'Opéra, 363, 365.

TILLIÈRE (Mme de), 152.

TILLY (Dom de), 254.

TILLY (Jean-Baptiste Roussel, marquis de), brigadier, 166.

TINGRY (Anne-Charles-François-Chrétien de Montmorency-Luxembourg, prince de), brigadier, 160, 212.

TINGRY (Princesse de), 211.

Tonnerre (Accident causé par le), 325.

TORCY (Jean-Baptiste Colbert, marquis de), secrétaire d'État, 367.

TORELA (Prince de la), ambassadeur extraordinaire du roi des Deux-Siciles, 73, 84, 112, 117.

TORILLIÈRE (La), comédien, 146.

TORRÈS (M. de), 383.

TOSCANE (François-Etienne de Lorraine, grand-duc de), 265, 267, 362, 389.

TOSCANE (Grande-duchesse de). Voy. MARIE-THÉRÈSE.

TOULOUSE (Archevêque de). Voy. ROCHE-AYMON.

TOULOUSE (Louis-Alexandre de Bourbon, comte de), 351, 355.

TOULOUSE (Marie-Victoire-Sophie de Noailles, comtesse de), 12-14, 38, 87, 95, 106, 108, 109, 119, 124, 130, 135, 144, 148, 153, 168, 172, 177, 196, 208, 219, 258, 259, 262, 283, 287, 290, 293, 309, 310, 313, 317-319, 324, 334, 351-357, 370, 376, 382, 394, 405, 434, 465, 475-477, 481, 484.

TOUR D'AUVERGNE (Henri Oswald de la), cardinal, archevêque de Vienne, premier aumônier du roi, nommé le *cardinal d'Auvergne*, 93, 94, 134, 135, 141.

TOURNELLE (M. de la), sous-introducteur des ambassadeurs, 246, 278, 279, 283, 334, 335, 443.
TOURNELLE (Marie-Anne de Mailly-Nesle, marquise de la), 39, 47, 55, 140, 154, 164, 175, 212, 236, 278, 391.
Tours (Archevêque de). *Voy.* CHAPT DE RASTIGNAC.
TRAUN (Comte de), 215.
TRAVERS (Jean-Victor, baron de), brigadier, 159.
TRÉMOILLE (Charles-Armand-René, duc de la), premier gentilhomme de la chambre du roi, 113, 114, 116, 117, 133, 157, 163, 164, 205, 210, 217, 218, 229, 336, 290, 291, 301, 317, 346, 394, 402, 403.
TRÉMOILLE (Marie-Victoire-Hortense de la Tour d'Auvergne, duchesse de la), femme du précédent, 152, 402, 441.
TRESMES (François-Bernard Potier, duc de), 363.
TRESMES (Louis-Léon Potier, comte de), maréchal de camp, fils du précédent, 158.
TRESMES (Éléonore-Marie de Montmorency-Luxembourg, comtesse de), femme du précédent, 426.
TRESSAN (Louis-Élisabeth de la Vergne, comte de), brigadier, 166, 176.
TRÉVILLE (Jean de Moneins, baron de), 6.
Trianon (Dépenses des voyages de), 449 ; Trianon donné à la reine, 452.
TRIPLET (M.), 339.
TRUDAINE (M.), 156.
TURBILLY (Marquis de), 161.
Turenne (Vicomté de), 155, 206.
TURENNE (Prince de), 205, 206.
TURGOT (Michel-Étienne), prévôt des marchands de Paris, 33-35, 42, 78, 225, 238, 239, 295, 365, 456.
TURGOT fils (M.), avocat au Châtelet, 42.

U.

Ulysse (Démolition de la galerie d'), à Fontainebleau, 55.
URS. *Voy.* URSEL.
URSEL (Conrad-Albert-Charles Schets, duc d'Hobokes et d'), 117.
UZÈS (Comte d'), 348.
UZÈS (Comtesse d'), 347.
UZÈS (Duchesse douairière d'), 347.

V.

VALCOURT (Jean-François de Quesse de), maréchal de camp, 157.
VALENCEAU (M. de), brigadier, 167.
VALENTINOIS (Duc de), 316, 317.
VALETTE-THOMAS (M. de la), chef d'escadre, 386.
VALLIÈRE (Duc de la), 14; brigadier, 159.
VANDEUIL (M. de), brigadier, 159.
VARENNE (M. de la), brigadier, 166.

VARENNES (M. de), 415.
VASSÉ (Marquis de), 106, 365, 369, 441.
VASSÉ (Vidame de), 112, brigadier, 160, 274, 296, 307, 328, 372.
VATAN (M. de), 238, 239.
VAUBAN (Maréchal de), 278, 279.
VAUBECOURT (M. de), 160.
VAUBOURG (M. de), 179.
VAUBRUN (Abbé de), 154.
Vaucresson (Maison de), 134.
VAUGUYON (Mme de la), 176.
VAURÉAL (Louis-Guy Guérapin de), évêque de Rennes, maître de la chapelle-musique du roi, 284, 427.
VENCE (Chevalier de), 13.
VENEUR (M. Le), 372.
VÉNIER, ambassadeur de Venise, 22, 53, 429.
VENTADOUR (Armand de Rohan-Soubise, abbé de), 38, 329.
VENTADOUR (Charlotte-Éléonore-Madeleine de la Mothe-Houdancourt, duchesse-douairière de), gouvernante des enfants de France, 47, 338, 423, 435, 466.
VÉRAC (MM. de), 430.
VÉRAC (Marquis de), 327.
Verdun (Évêque de), *Voy.* DROMESNIL.
VERNEUIL (M. de), introducteur des ambassadeurs, secrétaire du cabinet, 39, 71, 111, 113-117, 153, 161-163, 199, 202, 203, 225, 305, 310, 314, 319, 334, 339, 345, 363, 371, 372, 397-399, 427-430, 443, 446.
VERNEUIL (Mme de), 354.
VERNEUIL (Mlle de), 90, 276.
VERNON, amiral anglais, 377.
Vers à la louange des maréchaux de Noailles et de Coigny, 481.
VEZANNES (Georges-Philippe-Léon de Channes de), 437, 439, 464.
VIERUE (M. de la), 438.
VIEUVILLE (Marquise de la), 203.
VIGEAN (Abbé du), 423.
VIGEAN (Mlle du), 431.
VIGIER (François-Joseph-Guillaume), brigadier, 158.
VIGNE (M. de la), médecin, 274.
VIGNY (M. de), lieutenant général des bombardiers, 172.
VIGNY (M. de) fils, écuyer du roi, 172, 173.
VILLARS (Louis-Hector, duc de), maréchal de France, 223.
VILLARS (Jeanne-Angélique Roque de Varengeville, maréchale duchesse douairière de), veuve du précédent, dame du palais de la reine, 27, 28, 30, 259, 280.
VILLARS (Honoré-Armand, duc de), fils des précédents, 261.
VILLARS (Amable-Gabrielle de Noailles, duchesse de), dame du palais de la reine, femme du précédent, 54, 110, 175, 274, 280, 357, 359, 437, 481.
VILLEFORT (Marie-Suzanne de Valicourt, Mme de), sous-gouvernante des enfants de France, 167.
VILLEMUR (Jean-Baptiste-François, marquis de), 129; maréchal de camp, 158,

VILLENEUVE (M. de), ambassadeur à la Porte, 171, 202.
VILLENEUVE (Mlle de), 81.
VILLEROY (François de Neufville, duc de), maréchal de France, gouverneur de Louis XV, mort en 1730, 289, 366.
VILLEROY (Louis-François-Anne de Neufville, duc de), capitaine des gardes du corps du roi, petit-fils du précédent, 3, 9, 17, 32, 36, 37, 67, 103, 132. 165, 298, 360, 361, 381, 382, 468, 475-477, 481.
VINTIMILLE (Charles-Gaspard-Guillaume de), archevêque de Paris, 47, 51, 52, 193, 196, 211, 240, 429, 471.
VINTIMILLE (Jean-Baptiste-Félix-Hubert, comte de), mestre de camp de cavalerie, 46, 47, 50-52, 56, 477.
VINTIMILLE (Pauline-Félicité de Mailly, nommée Mlle de Nesle, comtesse de), femme du précédent, 2, 6, 13, 35, 38, 41-44, 46, 49, 50, 52, 54-56, 59, 60, 68, 72-76, 82, 87, 90-92, 98, 103, 110, 112, 118, 119, 130, 132-134, 139-141, 143, 144, 146, 148, 154, 157, 168, 170, 172, 175, 177-179, 182, 184-186, 191, 193, 194, 196, 202, 208, 211, 212, 220, 221, 224, 227, 229, 237, 242, 248, 252, 254, 258-262, 264, 266, 268, 272, 273, 278, 279, 282, 287, 288, 290, 293, 296, 298, 301, 307, 308, 317-319, 328, 329, 339, 348, 351, 361, 368, 370, 373, 381, 382, 390, 391, 394, 403, 404, 407, 409, 410, 414, 417, 424, 434, 439, 441, 449-453, 458, 463, 467, 468, 470, 472-474, 477, 478, 480.
VINTIMILLE (Le fils de Mme de), 483.
VIVET DE MONTCLUS (Louis-François de), évêque de Saint-Brieuc, 429.
VOISENON (Abbé de), 254.
VOLTAIRE, 230; son Épître au roi de Prusse, 231, 266.
VOLVIRE (Philippe-Auguste, comte de), maréchal de camp, 166.

W.

WALDEGRAVE (Milord), 384.
WALIS, général autrichien, 12, 75.
WALPOLE (Robert), ministre du roi d'Angleterre, 74.
WARGEMONT (M. de), 64; brigadier, 167.
WASSENAER (M. de), ministre de la reine de Hongrie, 303, 453, 469.

Y.

YACHI (Prince), fils de M. de Campo-Florido, 191, 199, 200.
YACHI (Mlle de la Châtre, princesse), 191, 199, 200, 236.

Z.

ZURLAUBEN (Béat-François-Placide de la Tour-Châtillon, baron de), maréchal de camp, 157.

FIN DE LA TABLE.

www.ingramcontent.com/pod-product-compliance
Lightning Source LLC
Chambersburg PA
CBHW051408230426
43669CB00011B/1804